虚假会计信息成因分析与审计诚信文化体系的构建

Xujia Kuaiji Xinxi Chengyin Fenxi yu
Shenji Chengxin Wenhua Tixi de Goujian

刘辉 谭焱 著

中国社会科学出版社

图书在版编目（CIP）数据

虚假会计信息成因分析与审计诚信文化体系的构建／刘辉，谭焱著．—北京：中国社会科学出版社，2008.12
ISBN 978 – 7 – 5004 – 7539 – 2

Ⅰ．虚… Ⅱ．①刘…②谭… Ⅲ．①会计检查 – 研究 – 中国 ②审计 – 信用 – 研究 – 中国 Ⅳ. F231.6　F239.22

中国版本图书馆 CIP 数据核字（2008）第 209044 号

出版策划　任　明
责任编辑　高　涵
责任校对　王兰馨
封面设计　弓禾碧
技术编辑　李　建

出版发行	中国社会科学出版社		
社　　址	北京鼓楼西大街甲 158 号	邮　编	100720
电　　话	010 – 84029450（邮购）		
网　　址	http://www.csspw.cn		
经　　销	新华书店		
印　　刷	北京奥隆印刷厂	装　订	鑫鑫装订厂
版　　次	2008 年 12 月第 1 版	印　次	2008 年 12 月第 1 次印刷
开　　本	710×980　1/16		
印　　张	35.25	插　页	2
字　　数	648 千字		
定　　价	60.00 元		

凡购买中国社会科学出版社图书，如有质量问题请与本社发行部联系调换
版权所有　侵权必究

目　录

绪言 …………………………………………………………………… (1)

第一篇　虚假会计信息成因分析

第一章　信用经济在市场经济中的地位 ………………………… (3)
一　信用经济概述 ………………………………………………… (3)
二　商业信用的价值 ……………………………………………… (4)
三　商业信用缺失的表现 ………………………………………… (7)
四　商业信用缺失的成因及后果 ………………………………… (9)
五　构建诚信文化体系的必要性 ………………………………… (15)

第二章　虚假会计信息成因的多维审视 ………………………… (32)
一　会计信息真实性的质量要求 ………………………………… (32)
二　虚假会计信息的分类 ………………………………………… (34)
三　虚假会计信息的主要表现 …………………………………… (34)
四　虚假会计信息的生成手段 …………………………………… (35)
五　会计信息失真成因的多层次分析 …………………………… (49)
六　引起合法会计信息失真的原因 ……………………………… (56)
七　虚假会计信息形成的学科分析 ……………………………… (59)
八　虚假会计信息的形成和披露过程原因分析 ………………… (66)
九　虚假会计信息产生的内外动因分析 ………………………… (68)
十　财务欺诈成因的文化审视 …………………………………… (74)

第三章　上市公司财务欺诈的形成原因及识别方法 …………… (76)
一　上市公司财务欺诈手段综述 ………………………………… (76)
二　上市公司财务欺诈成因 ……………………………………… (90)
三　暗藏财务欺诈风险的因素 …………………………………… (93)
四　财务欺诈的识别与判断 ……………………………………… (95)

第二篇　注册会计师管理对策

第四章　注册会计师诚信危机透析 …………………………… (105)
　　一　注册会计师和会计师事务所自身原因是引起诚信危机的
　　　　重要因素 ……………………………………………………… (105)
　　二　上市公司的制度缺陷与管理缺陷 ………………………… (108)
　　三　审计执业环境的缺陷 ……………………………………… (111)

第五章　国外注册会计师管理制度对比研究和借鉴 ………… (116)
　　一　英国注册会计师管理模式 ………………………………… (117)
　　二　美国注册会计师管理模式 ………………………………… (119)
　　三　日本注册会计师管理模式 ………………………………… (121)
　　四　德国注册会计师管理模式 ………………………………… (122)
　　五　法国注册会计师管理模式 ………………………………… (123)
　　六　对我国注册会计师管理的启示 …………………………… (125)

第六章　国外注册会计师法律责任研究 ……………………… (134)
　　一　外国注册会计师的行政责任 ……………………………… (134)
　　二　外国注册会计师的民事责任 ……………………………… (134)
　　三　外国注册会计师的刑事责任 ……………………………… (135)
　　四　美国注册会计师的反舞弊审计责任 ……………………… (135)
　　五　对于完善我国审计规范以及加强执法力度的启示 ……… (137)

第七章　打造注册会计师行业诚信文化体系 ………………… (151)
　　一　建立以"诚信"为核心的道德规范教育体系 …………… (151)
　　二　建立以注册会计师个人信用制度和会计师事务所信用制度为
　　　　基础的规范的会计服务市场信用体系 ……………………… (153)
　　三　加快会计师事务所"合伙制"改革 ……………………… (160)
　　四　完善会计准则和上市公司信息披露制度 ………………… (162)
　　五　建立和完善注册会计师监管机制 ………………………… (163)
　　六　进一步搞好独立审计准则建设工作 ……………………… (166)
　　七　建立和完善会计师事务所激励机制 ……………………… (167)

第八章　审计轮换制
　　　　——以淡化注册会计师与上市公司关系为目的的
　　　　　　审计委托管理新模式 ……………………………………… (168)
　　一　实行强制审计轮换制的必要性和可行性 ………………… (168)

二　我国实行审计轮换制的建议 ……………………………………（169）

第三篇　健全公司治理结构

第九章　财务舞弊与公司治理环境 ………………………………（175）
一　注册会计师的独立性与公司治理制度 …………………………（175）
二　财务报告的真实性与公司治理的关系 …………………………（176）
三　改进监管的根本点是深化公司治理 ……………………………（177）
四　中国上市公司治理 ………………………………………………（179）

第十章　对美国公司治理模式的重新审视与借鉴 ………………（181）
一　由美国公司假账丑闻引发的对美国公司治理模式的重新审视 ……（181）
二　美国公司治理机制的改革 ………………………………………（187）
三　对我国的借鉴意义 ………………………………………………（191）

第十一章　对美国的审计委员会制度的评价与借鉴 ……………（195）
一　对美国的审计委员会制度的评价 ………………………………（195）
二　对完善我国上市公司审计委员会形成机制的思考 ……………（199）

第十二章　日本公司治理机制的文化启示 ………………………（208）
一　日本公司治理模式的特点 ………………………………………（208）
二　团队精神是日本公司治理模式形成的文化根源 ………………（212）
三　日本公司治理机制的改革 ………………………………………（213）
四　日本公司治理对改善我国公司治理结构的启示 ………………（213）

第十三章　德国公司治理机制的特点及启示 ……………………（216）
一　德国式公司治理结构的特点 ……………………………………（216）
二　德国公司内部监控模式的特点 …………………………………（218）
三　对我国公司治理结构调整的启示 ………………………………（221）

第十四章　国外公司独立董事制度研究与借鉴 …………………（224）
一　欧美国家独立董事制度 …………………………………………（224）
二　美国的独立董事制度与德国的监事会制度比较分析 …………（226）
三　我国上市公司建立健全独立董事制度 …………………………（227）

第十五章　建立会计信息披露监管体系 …………………………（245）
一　上市公司会计信息披露制度的形成机理与会计信息
　　虚假披露的成因 …………………………………………………（245）
二　我国黎明股份会计信息虚假披露事件 …………………………（246）
三　现行会计信息披露中存在的问题及成因 ………………………（247）

四　健全公司治理结构，完善信息披露的内在机制 …………（250）
　五　把信息引入到公开范围内披露 ……………………………（251）
　六　充分披露的建议 ……………………………………………（252）

第十六章　完善内部控制机制，优化企业内环境 …………（257）
　一　内部控制制度的重要性 ……………………………………（257）
　二　我国企业内部控制制度方面存在的问题 …………………（261）
　三　企业内部控制薄弱的深层原因分析 ………………………（263）
　四　完善内部控制机制 …………………………………………（266）

第十七章　股票期权激励制度 …………………………………（274）
　一　股票期权激励制度的设计理念及其效果评价 ……………（274）
　二　我国企业实施股票期权激励制度 …………………………（280）
　三　股票期权激励制度与公司治理 ……………………………（282）
　四　股票期权激励制度审计 ……………………………………（283）

第十八章　建设会计诚信文化体系 ……………………………（284）
　一　建立健全会计诚信的教育机制 ……………………………（284）
　二　建立健全会计诚信法律机制 ………………………………（287）
　三　建立健全会计诚信的内控机制 ……………………………（289）
　四　建立健全会计诚信的外部治理机制 ………………………（294）

第十九章　会计委派制 …………………………………………（297）
　一　会计委派制实现了会计人员与企业的利益剥离 …………（297）
　二　会计委派制的管理机构和委派机构 ………………………（298）
　三　实施会计委派制应处理好的几个关系 ……………………（299）
　四　建立和完善对委派会计人员的管理机制 …………………（302）
　五　建立与其他法律法规的协调机制 …………………………（305）

第四篇　审计诚信文化的构建

第二十章　完善企业内部审计制度应理顺的关系 ……………（309）
　一　内部审计与审计委员会 ……………………………………（309）
　二　内部审计与内部控制 ………………………………………（312）
　三　内部审计与风险管理 ………………………………………（314）

第二十一章　现代内部审计的职能变迁解析 …………………（317）
　一　现代内部审计的产生 ………………………………………（317）
　二　西方发达国家企业内部审计发展概况 ……………………（321）

三　当代国际内部审计的主要变化 …………………………………（323）
　　四　内部审计工作的重要性和优势 ……………………………………（328）
　　五　内部审计的作用 ……………………………………………………（332）
　　六　内部审计职能 ………………………………………………………（355）
第二十二章　我国企业内部审计存在的主要问题与成因分析 …………（372）
　　一　我国企业内部审计存在的主要问题 ………………………………（372）
　　二　我国企业内部审计问题形成原因分析 ……………………………（375）
第二十三章　内部审计的独立性建设 ……………………………………（385）
　　一　内部审计独立性建设的必要性 ……………………………………（385）
　　二　企业内部审计独立性的主要内容 …………………………………（386）
　　三　建立合理的内部审计模式 …………………………………………（387）
　　四　坚持内审工作的独立性要注意处理好的几个关系 ………………（390）
第二十四章　内部审计法规体系建设 ……………………………………（392）
　　一　内部审计法规体系建设存在的问题 ………………………………（392）
　　二　建立完善的内部审计法规体系 ……………………………………（394）
第二十五章　风险导向审计理论在我国审计实践中的应用 ……………（395）
　　一　风险导向审计的基本问题 …………………………………………（395）
　　二　风险导向内部审计理论及其在我国的实施 ………………………（407）
第二十六章　实施治理型内部审计 ………………………………………（415）
　　一　公司治理与治理型内部审计的产生 ………………………………（415）
　　二　对内部审计参与公司治理的深层探索 ……………………………（416）
　　三　治理型内部审计的现实意义 ………………………………………（417）
　　四　治理型内部审计的主要特性——基于审计关系及审计
　　　　方法的探讨 …………………………………………………………（418）
　　五　我国治理型内部审计存在的问题 …………………………………（420）
　　六　基于公司治理的角度改进内部审计 ………………………………（421）
第二十七章　引入内部审计创新理念，培育增值型内部审计 …………（424）
　　一　增值型内部审计形成的动因 ………………………………………（424）
　　二　增值型内部审计的内涵 ……………………………………………（426）
　　三　确保内部审计增值的条件 …………………………………………（428）
　　四　内部审计促进企业价值增值的途径 ………………………………（430）
第二十八章　提高内部审计人员素质 ……………………………………（434）
　　一　提高内部审计人员素质的必要性 …………………………………（434）

二　内部审计人员的必备素质 ……………………………… (435)
　　三　影响内审人员素质的原因 ……………………………… (436)
　　四　提高内部审计人员素质的对策 ………………………… (437)
第二十九章　推进内部审计职业化 ………………………………… (443)
　　一　内部审计职业化发展历程 ……………………………… (443)
　　二　内部审计职业化标准 …………………………………… (444)
　　三　内部审计职业化的基本特征 …………………………… (445)
　　四　职业化内部审计与社会审计的联系和区别 …………… (446)
　　五　实现内部审计职业化的主要内容 ……………………… (447)
第三十章　舞弊审计的实施方略 …………………………………… (450)
　　一　舞弊审计体系的初步建立 ……………………………… (450)
　　二　美国舞弊审计的发展 …………………………………… (451)
　　三　舞弊审计的主要特征 …………………………………… (452)
　　四　舞弊审计与内部控制的关系 …………………………… (453)
　　五　舞弊审计与财务审计的区别 …………………………… (454)
　　六　舞弊审计的层次性 ……………………………………… (456)
　　七　创新舞弊审计的程序和方法 …………………………… (457)
　　八　舞弊审计策略 …………………………………………… (464)
　　九　内部审计是舞弊审计的重要力量 ……………………… (467)
第三十一章　会计信息化控制和审计信息化建设
　　　　　　——建立以先进信息处理技术为核心的会计信息
　　　　　　保真鉴别体系 ………………………………………… (471)
　　一　会计信息化的特征 ……………………………………… (471)
　　二　计算机会计信息系统对内部控制的影响 ……………… (472)
　　三　计算机会计信息系统内部控制的特点 ………………… (475)
　　四　计算机会计信息系统内部控制内容 …………………… (476)
　　五　计算机会计信息系统对审计的影响 …………………… (476)
　　六　计算机辅助审计 ………………………………………… (481)
　　七　计算机舞弊审计 ………………………………………… (484)
　　八　会计信息化审计 ………………………………………… (484)
第三十二章　现代审计技术和手段革命 …………………………… (486)
　　一　审计技术建设的发展 …………………………………… (486)
　　二　审计技术建设的科学化、规范化、智能化和系统化 … (486)

三　计算机审计技术 …………………………………………………… (488)
　　四　数学分析法在现代审计中的应用 ………………………………… (497)
　　五　抽样审计技术在现代审计中的应用 ……………………………… (498)
　　六　分析性复核技术在现代审计中的应用 …………………………… (499)
　　七　审计方法的历史演进 ……………………………………………… (501)
　　八　审计方法历史演进的内在动因分析 ……………………………… (503)
　　九　审计技术与方法的发展方向 ……………………………………… (506)

第三十三章　建立审计风险控制体系 ……………………………………… (510)
　　一　审计风险的分类和特征 …………………………………………… (510)
　　二　审计风险的成因 …………………………………………………… (513)
　　三　审计风险评估 ……………………………………………………… (516)
　　四　审计风险的防范与控制 …………………………………………… (521)
　　五　信息时代的新增审计风险及其防范 ……………………………… (529)

第三十四章　构建多维动态虚假会计信息防范体系 …………………… (532)
　　一　明确界定会计责任和审计责任 …………………………………… (532)
　　二　正确处理注册会计师行业自律监管与政府行政监管的关系 …… (538)
　　三　正确处理内部审计与外部审计的关系 …………………………… (542)

参考文献 ……………………………………………………………………… (545)

绪　　言

　　诚信是会计、审计的生命。诚信也是会计、审计职业道德的核心。本书以构建防范会计信息失真与财务欺诈行为的体系为切入点，探讨会计、审计领域互动、立体的诚信体系的模块、内容、结构以及实施机理，以求从根本上减少或消除会计信息失真的生成因子和环节，有效防控财务欺诈行为的发生，构筑起人文化、法制化、制度化、技术化、信息化和多维化的动态防范体系。

　　内部审计与国家审计、社会审计构成我国审计体系的三大主体。西方发达国家企业内部审计制度取得了举世瞩目的成就。企业内部审计与外部审计相比，最贴近企业管理，了解情况方便，对企业的目标、各部门的经济责任考核、企业制度的要求、生产经营情况等较为熟悉，加之对审计对象的相对稳定性，比较容易发现管理上的漏洞，比较容易采取有针对性的审计方法，从多角度、多环节上发现问题和风险，提出处理意见和建议，控制成本，减少损失，以提高审计效果和企业效益。我国内部审计在新时期虽然在一定程度上有了新的发展，但由于我国的市场经济起步较晚，企业内部审计所依存的客观环境并未达到理想状态，致使其还存在诸多不足和问题。该书从现代内部审计的发展变化及其作用、职能变迁解析入手，较为深入分析了我国企业内部审计存在的主要问题与成因，并在实证的基础上提出了完善现代企业内部审计制度的对策和建议。

　　本书由34章组成，其中第1—4章、8章、15—34章由刘辉著述完成，第5—7章、9—14章由谭焱著述完成。

　　全书论述力求立意新颖、思路明晰、资料翔实、针对性强、突出可操作性，具有较强的学术价值和实践指导意义。不足之处望读者斧正。

作者于淮阴师范学院

2008 年 9 月

第 一 篇

虚假会计信息成因分析

第一章 信用经济在市场经济中的地位

一 信用经济概述

信用在市场经济发展中具有非常重要的作用。从近来发生的一些大案、要案，诸如银广夏、猴王集团等案件，造假行为非常厉害，严重影响人们对国家的信任。这些事件或案件都暴露出中国经济生活中严重缺乏信用，信用已到了崩溃的边缘。现在个人与个人之间、朋友与朋友之间、企业与企业之间没有信用可言。市场经济是法制经济，更是信用经济，没有信用为基础，经济就不可能得到顺利发展。

社会主义市场经济要实现跨越式发展，须安插上两个翅膀：信用与法制。信用是发展的基础，法制是前进的保障。市场经济既是信用经济，又是法制经济，新型市场经济是完善的信用经济与发达的法制经济的合璧。市场经济的素质高低关键取决于其信用水平和法制水平两个方面。

诺贝尔经济学奖获得者诺思认为："自由市场经济制度本身并不能保证效率，一个有效率的自由市场制度，除了需要有效的产权和法律制度相配合之外，还需诚实、公正、正义等方面有良好道德的人去操作这个市场。"[1]

（一）信用经济的概念

"信用经济"是一个既时尚又古老的名词。早在19世纪德国经济学家布鲁诺·希尔布兰德（Bruno Hildbrand）在以交易方式划分经济时期时就提出社会经济发展经历了自然经济、货币经济和信用经济。但是马克思批驳了这种观点。他认为，以交易方式划分是不科学的，信用危机和货币危机是交织在一起的，其产生的原因是资本主义经济危机。笔者以为，所谓信用经济就是指以诚信原则为基石，以强化交易过程的信用度为核心的经济发展形式。从狭义上讲，是以商业信用为基础的一种经济形式；从广义上讲，信用经济还涉及政府

---

[1] [美] 诺斯、托马斯著，厉以宁、蔡磊译：《西方世界的兴起》，华夏出版社1999年版。

信用、信用环境、信用制度，以及道德规范和法律保证等诸多问题。市场经济的发展与诚信原则导入市场的过程密切相关，可以说，市场经济越发展，诚信在市场中的作用越大。也可以认为，市场交易的信用度越高，市场经济的发展速度和发展层次也就越高。市场经济理应成为信用经济。信用经济的发展水平标志着市场经济的素质高低。

（二）信用经济的发展历程

加快建立和完善社会主义市场经济体制的过程，应成为培育信用经济、提升我国市场经济素质的过程。

一般来讲，一个地区人均 GDP 达到 2000 美元，合同契约量达到 40%—60%，信用卡消费达到 25%—40% 时，就具备了信用制度建设的基础；当人均 GDP 超过 5000 美元时，社会的交易方式将从实物、货币为主向信用为主转变，形成了对信用制度构建的内在需求，市场经济将进入以信用方式为主要特征的高级阶段。

还有一个指标也很能说明问题，这就是信用的"非中介程度"。我们可以把信用中介大致解读为金融机构，企业与企业之间不通过金融机构直接发生的信用经济，就是"非中介"的信用经济。在中国，银行信用规模占社会总信用规模的比例高达 85% 以上，也就是说，中国相当多的信用行为都是通过银行这个中介发生的，个人与个人之间、企业与企业之间直接发生的比较少。而美国，银行信用规模占社会总信用规模的比例只有 25%。如果一个社会没有比较完备的信用制度，就很难摆脱传统的"熟人圈经济"，只有当社会总体信用度提高了，才可能"进化"到彼此信任的"陌生人经济"。

就我国目前的水平，只能说进入了"简单信用经济社会"，离信用交易为主的市场经济高级阶段差之甚远。在我国现有的市场经济基础上，进行诚信化改造，培育信用经济，是一个复杂的工程，须进行多层面的导入和开发。

二 商业信用的价值

（一）商业信用的社会价值

1. 是衡量市场经济信用水平的关键指标

在市场经济活动中，人们基于对相对人的信任而开展商业活动，因此商业信用成为市场经济不可或缺的东西。商业信用，是人们基于商业活动主体主观上的诚实和客观上对承诺的兑现，而产生的商业信赖和好评。客观地看，就是商业活动主体所形成的综合可信度的一种外在体现。市场交易活动当事人的商业信用越好，则整个市场交易的信用度就越高，当事人的商业信用成为决定市场经济发展的关键因素，成为衡量市场经济信用水平的关键指标。目前我国的商业信用状况不尽如人意，出现的商业信用缺失现象已经成为了我国的一大社会公害，严重地影响了我国市场经济的发展。从抓商业信用入手，构建一个比较完善的商业信用制度是市场经济发展的必然要求。

市场经济鼓励交易，要求市场流通活跃，渠道畅通，使物畅其流、物尽其用，资源得到充分有效的配置。市场经济的发展基础就是互信，如果缺乏了相互之间的信任，买卖双方的交易就只能采用传统的交易方式。

2. 促进现代化交易形式的推广

随着社会经济环境的变化，交易的手段变得越来越先进，交易双方交易的信用性也越来越强。从物物交换、现货交易，发展到今天迟延付款、迟延付货，甚至发展到网上交易、证券期货交易，无不反映出先进科技条件下的社会经济活动的信用化发展里程。当场的现货交易可以通过双方对货物的查验来确定诚实无欺和检验商业信用程度，而跨国界的交易活动或者是远期的合约交易、网上交易，对信用的依赖程度就大大增加了。有良好的商业信用，才有可能真正实现现代化的远期交易和异地交易。

3. 弥补法律制度的缺失

商事活动中，尽管可以通过书面的契约形式对各自的义务加以事先的严格规范，但一些商事活动主体签订契约不履行，法院判决后钻空子逃避债务等，不但是缺乏商业信用的表现，也反映出了没有商业信用"放大"了法律制度的不足。如果当事人讲究商业信用，就能够依照诚实信用原则，按照符合契约本意、契约目的及结合契约条款内容加以灵活的协商处置，从道德的角度弥补法律制度之不足，进而也促进了法制的完善。

(二) 商业信用的经济价值

1. 为商事活动主体带来信誉杠杆效益

信誉的杠杆效益是指一定量的信誉投入，会产生大量的经济回报。一种观点认为，讲诚信就得牺牲利益，认为现在做生意不使用一点如商业欺诈、背信毁约、欠债赖账等手段就赚不到钱。如果对增加自己的财富产生了激烈竞争的念头，一心想比别人拥有更多的财富，发展至极，就会完全背弃道义观念，为了达到目的而不择手段。就会做出欺骗同行，摧毁他人之事。另一种观点认为，要获得利益就得讲诚信。只有诚实守信才能赚到更多的钱。诚信不仅是一个人，一个企业，更是一个地方乃至一个国家的精神财富，是市场经济必备的道德理念。发展社会主义市场经济，就必须在广泛倡导信用精神的基础上培植和维护信誉，这样才能以良好的形象在激烈的国内外市场竞争中立于不败之地。

经过市场调查证明，良好的信誉具有以下效果：（1）是招徕顾客的吸铁石；（2）具有良好信誉的产品在市场上可以增值；（3）吸引优秀人才为企业工作；（4）对于可能的竞争具有遏制效果；（5）从长远来说，给企业带来良好的资金业绩。

笔者以为，商事主体应重视商业信用投资，通过各种形式的商业信用构建，树立商事主体的良好形象，获得社会公众的信赖。商事主体可以利用良好的商业信用获得诸如投资、贷款、赊购等方面的便捷，从而获得由此带来的表面上的资信利益和实际上的经济利益的增值。

2. 节省市场交易成本

商业信用问题，既是一个道德问题，又是一个经济学问题。一个人或一间公司在商业经营过程中，是遵守道德，还是践踏道德？说到底是一个成本—收益的问题。当大多数人都不遵守诚信时，遵守诚信的成本是高昂的，而收益则是低廉的；当大多数人都遵守诚信时，遵守诚信的成本就是低廉的，而收益则是高昂的。买卖双方只是偶尔做一把生意时，不遵守诚信的成本是低的，而收益是高的。比如旅游景点购物的不可靠性，更具有一锤子买卖的含义。双方的买卖往来是定期的，或经常发生的，情景就会大不一样了。重复欺诈，将会导致消费者的诉讼行为或合作伙伴的对策性反映。而这一切都会增加不道德行为者的行为成本，从而降低预期收益。常言道"兔子不吃窝边草"就是这个道理。

成熟的市场环境条件下，无论是交易的哪一方，都希望通过长期的经营，获取长远利益。如果没有良好的商业信用，必然增加交易过程中的风险预算，无形中就增加了交易的成本开支。从经济活动主体内部的成本方面分析，怀疑和不信任是公司真正的成本之源，它们不是生产、销售、管理成本，却会影响生产、销售和管理的成本。

商业信用看不见，摸不着，但它确实能够降低交易成本。在新经济时代，人与人之间无时无刻不在发生着密切的联系。如果在每一个环节上增加一点点的成本，那么，整个社会将会为此付出沉重的代价。因此，发达的地区，一般都是交易便利的地区，也是诚信度最高的地区。所以，商业信用是一笔财富，一笔通过降低社会交易成本而增加的巨额财富。

3. 降低政府的管理成本

商业信用的提升，不但节省了交易的成本，而且降低了政府的管理成本。在一个讲求诚信的国度，不需要建立庞大的执法队伍，督促企业履行自己的义务，也不需要政府付出太多的人力、物力来排解纠纷。诚信的社会必然是一个有限政府的社会，因为在讲求诚实信用的企业与公民面前，政府的许多功能会逐渐地被淡化。

4. 商业信用是商事主体通向国际市场的"通行证"

我国企业要打出国门，成为国际市场的商事主体，必须注重打造自己的商业信用，良好的商业信用是通往国际市场的"通行证"。企业虽然可以采用各种国际市场营销策略，但塑造良好的国际形象，提高自身的商业信用，无疑是最为关键的营销理念。

实行计划经济之时，企业之间的资金往来与商品交易，不需要考虑信用，手持一张介绍信，就是一张万能的通行证，因为背后的支撑者是政府。转向市场经济后，任何大小企业都必须讲效率、求效益、谋利润，各类纷纭复杂的矛盾接踵而来。共同的原因是，彼此都缺乏诚信。信用犹如机器上的润滑油，是市场经济的基础，没有润滑油，市场经济怎能转动？

市场经济本是严格的法制经济、信用经济，却被一些经营者歪曲为随意经济，一切经营以我的利益为准，不讲双赢，不讲互补。借债还钱，乃天经地义，如今不少人却以借债不还为能事，用别人的钱做自己的生意。债主上门讨债，或百般推脱，或避而不见。有些生产企业给批发及零售企业发出货物，长期收不回货款，大批资金漂流在外，没资金买原料，停工停产，连工资也发不出，更谈不上搞科研开发，苦不堪言。银行贷款给企业，一笔又一笔形成呆账，如果把所有银行无望收回的贷款，加在一起，全国何止几千亿元？

我国刚刚加入世界贸易组织，正在多方与国外企业扩大交流。此刻，讲诚信，创造最佳声誉高于一切。

即是说，我国企业要打出国门，成为国际市场的商事主体，必须注重打造自己的商业信用，良好的商业信用是通往国际市场的"通行证"。企业虽然可以采用各种国际市场营销策略，但塑造良好的国际形象，提高自身的商业信用，无疑是最为关键的营销理念。

三　商业信用缺失的表现

目前，信用危机已对中国社会经济生活造成了严重污染。商业信用缺失是这场危机的直接后果。商业信用缺失的表现形式是多种多样的，因时、因事、因地而异。

（一）信用道德的沦丧

不少商事活动主体以钻制度的空隙甚至不惜以扰乱社会经济秩序来实现其追求经济利益之目的。不顾商业道德，开展不正当竞争，坑害消费者的现象此起彼伏，某些不法商人为了蝇头小利，他们就能冒天下之大不韪，甚至敢践踏人间的一切人伦道德和法律，制假售假，令人发指。

（二）信息失真与欺诈

无论是作为有限责任公司的注册登记资料，还是上市公司披露的信息，或者是其他的经济合作信息、广告、破产等，都有失真造假的可能。在这种氛围下，商事活动主体主观上的不诚实而提供的虚假信息，已经使商事活动如履险境，举步维艰，市场真正成了"战场"，兵不厌诈成了最高竞争法则。信息失真与欺诈现象弥漫了整个市场。

（三）信用惩罚和信用激励机制的缺失

市场需要强有力的信用制衡机制，即信用惩罚和信用激励机制。所有的市场参与者都希望有一个充满诚信的市场经济大环境，使大家能够公平竞争。如果失信者得不到严惩，守信者得不到有力的褒扬，这样，将使失信者与守信者处于不公平的状态，结果少数守信者也会放弃，从而更加恶化市场竞争环境。即是说，如果对失信、造假、欺骗等行为惩罚不力，处罚的代价远低于造假、欺骗所得的利益，那就必然导致失信行为屡禁不止；如果违法比守法能获得更大利益，贪赃枉法比严格执法能获得更多好处，就很难让广大公民信守法律。在西方发达国家，人们爱惜名誉、珍视信用的例子是不胜枚举的，已经成为了普遍的生活方式和价值观。这与对失信者的严惩是分不开的。比如，抓住了超市窃贼，会提供两个选择：一是赔偿从上次抓住窃贼以后失窃的所有物品，往往数额惊人；二是由梁上君子本人登报致歉，费用会少得多。而绝大多数小偷选择的是前者，因为一旦登报，意味着个人信用的崩溃，意味着被社会主流抛弃。严惩失信者，信用将变得弥足珍贵，会被视为第二生命。

（四）信用关系的不健全

由于企业、市场和社会的信用关系不健全，破坏了权利与义务相对称的市场交易原则，失信和欺诈现象严重污染经济生态环境，引起信用链条的大面积断裂,增加了市场交易的难度和摩擦,导致了交易成本的增加,交易方式大有退回到物物交换的原始交易方式的危险。从现代社会来看,市场不仅表现为实际的、特定的买卖场所,更有一套法律规则和道德伦理体系,这些构成了市场经济的前提。现代信用制度实际上就是建立在诚信基础之上的契约关系。有诺必践,违约必究,经济活动才能正常运转。信用度越高,经济运行就越顺畅;信用度越低,经济运行成本就越高,诚信空气稀薄的社会环境甚至会窒息经济发展的活力。

(五) 拒不履约和三角债

不履行合同,欠债不还的失信行为,已成为制约我国市场经济健康发展的顽疾。据统计,目前中国每年订立的合同约有 40 亿份,合同涉及的金额达 140 亿美元,但是却只有五成的合同履约。中国每年因逃废债务造成的直接损失约 1800 亿元。[①]

自 20 世纪 80 年代开始出现的企业"三角债"有愈演愈烈之势。据统计,全国企业间的相互拖欠的三角债总额约在 11000 亿元以上。目前商业活动主体之间尚未清偿的债务有增加的趋势。无论大小企业,不是被别人拖欠就是自己拖欠别人的款项,相互之间的拖欠似乎已经成了客观的必然。

(六) 商业欺诈和不良竞争

不法厂商制售假冒伪劣产品,质量欺诈、商标侵权、专利侵权的范围已渗透到了生产、销售、融资、借贷等各个方面。此外,商业纠纷以及涉及金融等各种诈骗案件大幅度上升。无论是新旧的名牌产品,几乎都有被假冒的经历。假冒伪劣已经不仅仅涉及了产品,甚至牵扯了主体,不少交易相对主体在上当受骗后连对方的主体都找不到,维护权益也就失去了基本的前提。

四 商业信用缺失的成因及后果

(一) 商业信用缺失的成因

当今经济发达的资本主义国家早已将商业信用作为社会最重要与最基本的行为标准。在商事活动中,商业信誉和诚实被认为是最基本的品质,人人必须以讲信用为基本准则,诚实不欺地在市场经济的整体运作中行使权利和履行义

[①] 曹林:《诚信漏斗下的"良俗"危机》,《法制日报》2003 年 2 月 18 日,第 8 版。

务。为什么经济发达国家讲求商业信用已成为一个普遍的习惯,而在我们这样一个道德传承了几千年的文明古国却有那么多人不讲商业信用?探究其原因,是多方面的。

1. 缺乏支持转型时期的经济伦理理论

计划经济社会中,弘扬的是"毫不利己、专门利人"的大公无私的经济伦理,杜绝一切"资本主义的私利",人们的生活通过计划的安排而井然有序,在"大锅饭"的状态下尽管贫困却不会出现"不均"的现象,也不允许先富起来的"冒尖"。但是在市场经济社会中承认"自利",甚至明确了企业是以"赢利"为目的的经济组织。因此,在市场经济中企业赢利是"理性"的,而亏损则是不符合经济组织发展要求的。那么,在从计划经济向市场经济过渡的社会转型时期,应当有一种能够为该时期辩护的经济伦理理论和思想。显然,我们的理论界在"检验真理的标准"讨论中为经济体制改革提供了理论上的支持,但遗憾的是没有转型时期的经济伦理的研究结果来引导社会的经济行为。"让一部分人先富起来"的提法被"不管白猫黑猫,抓住老鼠的就是好猫"的思潮剥掉了应有的符合道德及合法这一最基本的前提条件,甚至出现了"只要我有钱,有啥不可以"和"只要为了钱,有啥不能干"的痞子思潮,并深深地影响着一代人。"人人为我,我为人人"之良性循环的社会公序良俗得不到有效宣传,"共同富裕"的社会主义经济伦理被丢到了一边。

2. "泛法律主义"错误思潮的影响

依法治国是社会发展的必需,但"法制建设需要良知保障"。特别是在提倡"依法治国"的时候,如果忽视了道德应有的作用,甚至产生了"泛法律主义"的思潮,就容易使人们产生一种错觉:以为凡事均须以法律为准绳来衡量和评判;凡事均可以通过法律途径解决;凡事必借助法律的强制力来保障和实施。似乎这样就是"法律意识的提高"。而另一个错误还在于对法律的片面理解,认为"法乃刑(法)",只要不触犯刑律就不是违法。因此,对于某些人来说欠债不还、开具空头支票等违法行为不是违法,只是一般的德行问题,进而出现了"不违法,但是不讲道德你奈我何"的困惑,甚至有人公然叫嚣"我是流氓我怕谁"来向法律制度挑战。

3. 商事活动主体片面追求利润

商事活动讲求投入和产出,追求利润。在制度的设计上,如果没有考虑到利益关系,没有加大对失信行为的惩罚力度,没有考虑到行为主体的心理因素的时候,就会容易出现"不讲信用——秩序混乱——不讲信用——秩序更加混乱——促进了不讲信用"的恶性循环后果。计划经济中的"大锅饭"使人们注重于社会效益而忽视经济效益,而市场经济的竞争和商事主体的独立性迫使商事活动主体注重经济效益。事实上，改革开放的初期，一些没有多少文化、不讲道德的人赚了大钱，而循规蹈矩的人却反倒步入困境甚至面临倒闭。讲道德不得益、失信者得利的"优败劣胜"之"二律背反"现象，在对失信惩罚不力、社会保障体系尚未健全的情况下加剧了。

4. 商业信用制度尚未建立和完善

目前我国仍是"非征信国家"，因此，信用社会中介服务行业发展滞后。虽然也有一些为企业提供信用服务的市场运作机构（如征信公司、资信评级机构、信用调查机构等）和信用产品，例如信用调查报告、资信评级报告等，但不仅市场规模很小，经营分散，而且行业整体水平不高，市场竞争基本处于无序状态，没有建立起一套完整而科学的信用调查和评价体系。我国信用中介服务市场还存在严重的供需双重不足的局面：一方面信用服务行业的社会需求不足，社会和企业对信用产品的需求还十分有限，企业普遍缺乏使用信用产品的意识；社会其他主体在经济交往中未能利用信用产品来保护自己的利益；国家有关部门对信用的需求不够，很多政府债券和企业债券在向公众公开发行时政府并不要求由公正的信用评级机构进行评级。另一方面，从信用服务的供给来看，市场经济本身需要有一个与之相适应的商业信用制度，但我们还缺乏统一、可信的商业征信机构，国内有实力提供高质量信用产品的机构或企业还很少。有关的商业信用信息也没有统一的采信标准和评判机制。同时，我国整个信用中介服务行业缺少健康发展的市场环境。社会相关的信用数据的开放程度很低，各行政部商业信用信息相对封闭，社会商业信息网络没有完善，很多涉及企业的信用数据和资料服务企业无法得到，从而无法依靠商业化、社会化的，具有客观公正性、独立性的信用调查、征信、资信评估和信用专业服务等方式，提高社会信用信息的对称程度，特别是商业信用信息的公开化问题不解决，导致了商事活动主体不了解对方的商业信用状况，犹如"盲人骑瞎马，夜临深渊边"，容易上当受骗。消费者个人信用调查市场更是一个被严格控制的领域，开放度更低。已经试点的上海资信有限公司在个人资信管理方面是一个探索和突破，但是，目前也仍是在较小的范围内试行，而尚未形成市场共享的信用资源。

5. 信用数据的市场开放度低，缺乏企业和个人信息的正常获取和检索途径

在征信国家，企业和消费者个人信用信息数据的开放和市场化运作是信用管理体系的重要内容。许多国家通过相应的法律或法规对信用数据的开放作出明确规定。一般来说，采集和共享的信息包括银行内的借贷信息和政府有关机构的公开记录等。征信服务机构可以通过公开和正常的渠道取得和检索法律规

定可以公开的信息。但我国在征信数据的开放与使用等方面没有明确的法律规定，政府部门和一些专业机构掌握的可以公开的企业资讯没有开放，如公安、工商、人事、税务、统计等部门掌管着大量的企业的信息资源很多没有公开，增加了征信和企业信息获取的难度。目前我国的信用中介机构有些没有自己的信用资料数据库，建有数据库的规模也普遍偏小，信用信息不完整，在这种情况下，无法对企业的信用作出公正、客观、真实的评估。

6. 对商业失信者惩治不力

在市场经济高度发达的当代社会，商业信用通过承诺的方式加以验证，人们相互交往中的失信行为实质上是不诚实和不兑现承诺。不守诚信而对市场秩序的破坏，是对国家法律规范的背离。正如有学者指出的：普遍的缺少诚信，实质上是调整社会交往关系法律规则的无效或者未被遵守。

自改革开放以来，我国的立法不断增多。在一些法律中已经有关于诚实信用的规定，例如《中华人民共和国民法通则》的第4条中就明确了"民事活动应当遵循自愿、公平、等价有偿、诚实信用的原则"之规定，第7条又规定了"民事活动应当尊重社会公德，不得损害社会公共利益，破坏国家经济计划，扰乱社会经济秩序"；《中华人民共和国反不正当竞争法》也有相应的规定。但是，仅有原则性的规定是不够的，由于对不讲诚信的具体行为没有明确的惩罚性规定，很多商业失信行为得不到有效的法律制裁，即使通过司法程序确认，没有惩罚或惩处的力度也相当小（如一般的商事纠纷中的伪证在揭穿后最多也只是"不予采信"），根本不足以起到对行为主体的惩戒作用。现实中存在着大量的开具空头支票的行为，拒不执行生效法律文书确定义务的行为也得不到追究等。当受到处罚的成本远远小于因失信而获得的利益时，商事主体便会很自然的选择失信。即使他们不止一次受到处罚，也会因产出大于成本而继续从事失信行为，失信的行为也就很难杜绝了。

(二) 商业信用缺失的危害

据统计，我国因缺乏诚信每年会造成5855亿元的损失。其中，仅假账一项每年造成的损失就不下1000亿元。诚信缺失的直接后果是，增加了社会交易成本，加大了业务风险，影响了社会资源的有效流动，制约了市场经济的可持续发展。

著名经济学家张维迎认为，由于我国人与人之间缺乏诚信，许多民营企业总是做不大，创始人更愿意将企业交给后代打理，企业的关键岗位也总是由与自己有血缘关系的人来掌握，这样企业会控制在自己手里，结果严重限制了企业的做大。

一项调查显示，我国信用状况已到了严重影响经济运行的程度。经过对5000名企业家的调查结果：(1)信用缺失大大增加了整体社会的交易成本。六成多的经营者认为商务活动中与人打交道需提防；三分之二的经营者在购买原材料和设备时都要经过调查再买或直接到厂家购买。(2)信用缺失制约了新经济的成长。一些更为快捷的现代化交易手段和方式因信用缺失而得不到发展，如，选择"网上交易"的比重仅为1.2%。

具体而言，商业信用缺失的危害可归纳为以下几个方面：

1. 严重影响了社会经济的可持续发展

中国政府在纷繁杂乱的国际关系中，能够以"和平共处五项原则"处理各种关系，树立起了良好的形象。中国政府掷地有声的语句和以后的兑现，证实了"中国人讲话是算数的"。但是，由于一些商家在对外经济活动中违反了诚信的基本准则，使得一些外商在与我国的商事活动主体开展业务的时候蒙受巨大的经济损失；一些地方政府在处理具体问题的时候处置不当，也造成了一些不良的影响。这些都对国家的形象造成了极大的损害。2001年，我国GDP中大概有将近10%—20%为信用的损失成本。[①] 商业信用问题已经不仅仅是商事领域的问题，它已经影响到了国家经济政策能否得以贯彻实施、国家经济安全以及经济能否可持续发展、经济制度是否稳固的大问题。社会的改革是朝着安全、可持续方向进行的，每一项制度的改革都是围绕着效率与公正的目标开展。而效率与公正的实现，必须基于诚实信用。商事领域的改革随着现代科技手段的采用而深化，使传统的交易模式发生了根本性的变化，便捷、安全就成为很大的问题。如果商业信用缺失成为一个普遍的社会现象，我们到底还能相信谁？人们常言："骗得了一时，骗不了一世"，商业信用是长远发展所必须具有的一种基本素质，商业信用的缺失，不仅不能产生积极的社会效果，也严重地影响了整个社会的可持续发展。

2. 促使伦理道德水平的普遍下降

商业信用的危机已经引发了全面的社会信用危机。种种事实警告我们：中国现在面临着信用危机。人与人之间，企业与企业之间充满了不信任感，人人都以戒备的心态来对待别人，人与人之间最起码的信任已经成为了现代社会中不可多得之奢侈品。在充斥假冒伪劣和失信的状态下，有人称我们已经进入一个"怀疑"的时代：怀疑钱币是假的，怀疑货物是假的，怀疑主体是假的，怀疑他人的主观心态有问题，甚至当有人提出"我的父亲到底是谁"也似乎是十分正常的了，怀疑"好心有好报"的人生观，甚至要论证"好人不得好

[①] 傅刚：《低信誉让企业吃了大亏》，《经济日报》2006年4月16日，第2版。

死",因此得出"做人难,做好人更难"的结论。与20世纪50年代我国的社会相比,现在的社会伦理道德水平普遍下降已经作为一个客观的事实摆在了我们的面前。

3. 扰乱经济秩序

在某些人不讲商业信用的情况下,遵守规则和讲商业信用可能会受到损失,而不讲商业信用者反而会获得更多的利益,这种现象一旦成为一种风气,则会导致商事主体的恶性竞争,产生一系列的负面影响,从而将会导致社会信用整体水平的下降,造成一种很难治愈的社会经济秩序被扰乱的严重创伤。如果企业或社会普遍缺乏道德感和人文关怀意识,普遍缺乏对规则和秩序的尊重,普遍缺乏系统的敬业精神,那么社会机体本身就存在着失败的基因,到一定程度就会造成市场经济秩序的失范。当不讲商业信用的主体能够获得利益,而商业讲信用的主体却遭受损失的时候,讲信用的主体也就会背离信用而去。这种现象不断循环,那么社会的经济秩序必然陷入混乱之中,商事活动主体也就无疑要步入畸形发展的轨道。当前的社会经济秩序不尽如人意,表面上是管理和规范的问题,而深层次的则是信用问题。

4. 导致社会相应制度的扭曲

商业信用缺失不单只是牵涉到社会中的某一个制度,而是影响到整个社会的相关制度的正常运作,银行的借贷制度、商业的交往习惯、法律制度的构建、政府行政管理的模式乃至人们的日常生活都会受到影响。整个社会制度是基于信用之上所构建的,一旦信用被打破,则原有的平衡必然陷入混乱,相应的制度就会出现扭曲。我们反思今天的制度构建,往往最后会追根溯源至诚信这一最最基本的话题。签约不履行、欠债不还、拒不执行生效的法律文书,不仅使当事人的权益得不到保障,更重要的是导致了整个法律制度基础的动摇。当社会众多的人不讲信用、不守法律的时候,"法不责众"似乎成了一种无奈的现实。法律在得不到有效执行的情况下,法律就成了摆设,有制度得不到执行其害处远比没有制度大得多。人们想当然地将视点落在了法律制度建设方面,提出了法律制度不健全的责难,于是陷入了"立法增多——法律执行不如意——增加立法"的怪圈之中。不从道德和信用的基本方面寻找社会问题的根源,仅仅着眼于立法是舍本求末的做法。

5. 损害企业形象

市场经济的有序发展,必须是建立在以信用为基础的相互信任之上。企业既然是营利性组织,获取正当的商业利润是必然的,但是获取利润的过程必须理性,亦即以讲究商业信用为前提。由于整体的商业信用缺失,使得社会中形成了"无商不奸"的错误认识,这本身就增加了商事活动主体开展商事活动的困难。不讲商业信用只会骗得了一时，而由此产生的不良后果却是日后所难以弥补的。中国出口到俄罗斯的羽绒大衣开始在当地有很好的销路，但是由于一些不讲道德的生产厂家以废次的填充物充当羽绒，尽管一时得逞，但却是以俄罗斯人不信任中国货的结果收场，严重影响了其他讲信用的企业的出口销售。国内某些不讲商业信用的商人而导致的"温州效应"，也充分说明了这一点。南京的"冠生园"因以过期月饼馅充当新鲜馅坑骗顾客被曝光后，信任度一落千丈，最终导致破产。信用缺失使企业的形象受到损害而最终使企业承受由此带来的后果。要人们淡忘过去曾经出现过的商业信用缺失问题，一需要时间，二需要真正的商业信用的确立。这应验了失信容易，树立信用困难的格言。

五　构建诚信文化体系的必要性

（一）加强诚信教育，倡导诚信文化

有观点认为，进行诚信文化教育，全社会普及教育是基础，企业诚信文化建设是重点，政府诚信示范是关键。

1. 加强对全社会的诚信文化教育

通过大力推行诚信教育，切实把信用意识灌输到每个人的思想观念中，实现人人诚实守信，这就要求把建立社会信用体系与精神文明建设紧密结合起来，大力弘扬中华民族重信用、讲信誉的传统美德，加强公民诚实守信的道德教育。

开展有关诚信的全民教育，树立起全民、全社会讲诚信的良好风气，对于防止信用缺失具有重要的现实作用。教育、宣传部门应扮演积极的角色，要让市场主体认识到商业信用、信用权的重要作用。同时，对于企业、政府的失信行为也要予以披露曝光，让全社会都意识到缺乏信用所应承担的法律责任。只有提高全民的道德素质与法律意识，市场主体更多地知法守法，商业信用制度才能更好地建立起来。

2. 培植企业诚信文化

诚信是企业发展的基本条件。理性的消费者将诚信视为选择企业商品的依据，没有诚信的企业无法生存。诚信也是投资人选择投资对象的依据，失去公信度的企业，不仅会动摇投资人的信心，同时，也会造成市场的混乱。构建企业诚信文化是提升企业诚信层次、形成企业诚信优势和竞争优势的有效途径。企业诚信文化建设与市场经济的信用化改革也密不可分。作为市场主体的企业

之间的诚信交易，是维系市场经济健康运行和发展的重要链条，任何一方的欺诈都将导致交易关系的断裂。企业信用缺失不但妨碍市场秩序，影响经济增长，而且成为社会主义市场经济进一步发展的巨大桎梏。因此，必须把企业诚信文化建设作为市场经济的信用化改革的重要内容之一。通过培植企业诚信文化，推动信用经济的成长。

诚信文化应成为企业文化的核心。诚信文化具有增强组织内聚力、提高企业影响力、赢得社会支持力和提升顾客忠诚度的功能。诚信是企业最宝贵的资源，失去了诚信资源的依托，企业就丧失了持续发展的原动力。不断造就诚信资源优势和诚信文化优势，增强企业核心竞争力，是现代企业诚信管理的最终目标。

（1）创建以诚信为纽带的无障碍管理机制

企业应创建以诚信为纽带的无障碍管理机制。所谓以诚信为纽带的无障碍管理机制，是指企业的整个组织管理过程以诚信为依托，努力消除组织管理各环节的障碍和断层，使一切组织管理活动都在充分、公开、透明、自由的气氛中展开。如公司内部打破了员工与管理者的角色障碍，真诚共商企业大事；采取对内公开企业信息，实行内部信息透明制，以求公正对待每个员工。丰田公司广开言路，推行职工建议制度，充分体现了诚信文化增强组织内聚力的魅力，仅1982年，公司就收到1905682份建议，等于每个员工提出了32.7条，而且95%的建议都被采纳。

（2）实施诚信营销文化

诚信营销文化是诚信文化在营销领域的发展，强调以诚信为先导，讲求通过不断提升诚信层次而推动营销工作，实现营销目标。实施诚信营销文化应微观上从提高企业商品及服务的质量和档次入手，宏观上从提升整个企业的形象入手，真诚面对顾客，最终实现赢得更多忠诚顾客的目的。据美国汽车行业调查结果显示，忠诚顾客每增加50%，企业利润可增加25%—85%。

美国凯文·杰克逊在他出版的《创建信誉资本》一书中建议采取一系列步骤来创建良好信誉：对企业的所有关系都要正确处理；根据企业的处境，确定所要采取的具体措施；把扩大"信誉资本"的目标同企业的其他目标结合在一起；让企业的经理层和普通员工都参加到这项任务中来；把业务、行规和社会等因素纳入到创建信誉的工作中来。不要把公司信誉同企业身份和商标混为一谈，可以把它们联系在一起，但是信誉更加广泛。

松下公司就非常讲求以诚信感召顾客的营销意识，公司制定的"销售服务30条"，其核心内容就是：提升销售服务质量，营造诚信营销文化氛围。公司强调，"不必忧虑资金缺乏，该忧虑的是信用不足"；诚信不是挂在表面上，而要贯彻到服务实践中，因此，"销售前的恭维，不如销售后的服务，这是制造永久顾客的不二法则"。

美国凯皮纳勒公司是世界闻名的推土机和铲车生产公司，50多年来，公司创建了独特的诚信驱动型营销文化，保持了不败的业绩。为了履行保证48小时更换零配件的承诺，曾不惜用一架直升机，耗资2000美元，将价值50美元的零件送到边远地区。诚招天下客，信誉值万金，诚信营销文化的魅力也正在于此。

海尔是诚信营销文化的践行者，高举"服务的海尔"和"真诚到永远"的文化大旗，以真诚的星级服务，征服了顾客，赢得了顾客的忠诚。值得一提的是，海尔人倡导的"卖信誉，不是卖产品"的营销理念，实为诚信营销文化增添了重彩浓墨的一笔。

(3) 建立互信合作文化

互信合作文化是企业诚信文化的高级层次，它讲求互信基础上的相互合作，即在培养企业与员工、企业与顾客、企业与社会相互高度信任的基础上，确立企业与员工、企业与顾客、企业与社会的新型合作关系，最终实现企业与员工、企业与顾客及企业与社会的互赢。

建立互信合作的企业文化是发展健康的市场经济的必然要求。信用缺失已严重制约了我国企业的壮大和成长，进而也影响了我国新型工业化道路的进程。企业扣押、拖欠员工工资的现象的存在自不必说，不尊重员工人格及侵犯员工人身权利事件的时有发生更加阻碍了企业与员工互信合作理念的形成。近年来，相继查处多起财务欺诈大案，银广夏、猴王集团、三九医药等公司的造假行为，严重影响了企业的社会公信度。更有个别"无赖企业"，虽被新闻媒体多次曝光，仍置社会责任于不顾，我行我素，继续违规排污，对整个企业的社会形象的破坏尤其巨大。

因此，呼唤互信合作已成为现代企业管理关注的热点。当然，建立互信合作的企业文化不是单个企业所能完成的，需要全社会的推动和整个企业界的不懈努力。

(4) 诚信文化优势与诚信资源优势

任何企业不重视诚信文化，就不会有持久的原动力。而一个企业若不造成自己的诚信文化优势，则不能形成持久的竞争力。进一步分析可以认为，企业要造就自身的诚信文化优势，必须寻求本企业的诚信资源优势，通过企业诚信资源优势的开发和利用，支持企业诚信文化优势的发挥。

所谓诚信资源，是企业的一种无形财产，它能反映企业诚信水平的高低。诚信资源往往以某种有形资源为载体，是该种有形资源的诚信特征的信息表现。如，产品是企业的有形资源，低价、优质、名牌是该产品诚信层面的特征表现，因而，低价、优质、名牌就是以产品为依托的诚信资源。同样，顾客是有形资源，顾客忠诚度则是以顾客为基础的诚信资源；雇员是人力资源，雇员忠诚度则是人力资源衍生的诚信资源；企业整体资产是有形的物质资源，绿色、生态、环保、健康、人文关怀、满意服务、重约守信等皆是附着在企业之上的诚信资源。

结合本企业实际情况，寻求、开发、利用和保护企业的诚信资源优势，是造就企业诚信文化优势、形成企业核心竞争力的关键。

为此，海尔提出了新的营销管理思想，认为企业最值钱的资源是用户资源，最值钱的用户资源是用户的忠诚度。所以，张瑞敏指出："核心竞争能力并不在于你必须有一个零部件，更多意味着你有没有抓住市场用户资源，能不能得到用户对你的企业的忠诚度。如果能，那就是市场竞争力，核心竞争力。"随着企业形势的发展和变化，海尔不失时机地不断推出企业新概念，如，绿色的海尔、服务的海尔等，丰富和提升了企业的诚信资源，形成了海尔的诚信资源优势。

3. 着力打造诚信政府，发挥政府在诚信文化建设中的核心作用

政府信用始终是最大的信用，影响力大，示范性强，教化效果好，这就要求各级政府切实树立诚信为本、执政为民的施政理念，注重施政形象，打造"规范、公正、透明、廉洁、高效"的诚信施政模式，服务于民，亦垂范于民。

政府在诚信教育和诚信文化培育中的作用可以分为三个层次：

第一层次：政府该做什么。这有三个方面，一是教育、宣传工作，宣传信用的重要性，教育大家诚实守信；二是建立社会保障机制，在信用原则下不能解决的问题由社会保障体制去完成；三是保证现有法律严格执行。

第二层次：政府不能做什么。政府不能直接参与信用市场运作。建立全国范围的信用体制，这项工作虽然浩大，但不能由政府来做，也最好不要由政府授权某个企业去做。如果政府去做，这涉及社会成本和经济成本，同时也产生诸如过分管制、垄断、低效率等很多问题。如果由政府授权，则会产生寻租现象，产生腐败。政府的职能主要在于制定市场游戏规则，并监督这些规则的具体实施。作为政府的助手，行业协会在建立信用体系中起着非常重要的作用。信用制度的建立主要依靠市场经济的力量来完成，政府的作用也只有与市场的作用结合起来才能使这项事业发展起来。单凭政府的号召，而没有市场的支持，信用体系是不可能建立起来的。此外，建立信用体系，一定要体现公平原则和市场原则，在市场竞争中自然地形成。政府的作用主要是制定规则，行使

监管职能。现在市场经济秩序比较乱，需要出台相关法律法规，来规范政府和社会各界的行为。

第三层次：当前社会诚信教育和诚信文化培育对政府的要求。一是要求开放信息资源，不能资源垄断；二是加强信用环境建设。目前社会信用水平低下，与过去实行的一些做法有很大的关系。政府带头遵守诺言、讲信用，可给企业和社会带来良好的示范效应，反之则带来很大的负面影响。北京、天津等地人民法院对破产企业实行"债权凭证制度"，规定对那些破产企业，一旦发现其有财产，就随时可以追究，并将这些企业公布于众，这个政策一出台，马上就有20多家企业主动提出还债。由此说明政府给信用制度的建立提供足够的法律保障，非常必要。在信用体系建立中，政府是关键，是核心的核心。

（二）建立和完善社会信用体系

信用体系是一种威慑力量。对守信者，信用体系是一个"保护神"，对失信者，信用体系则是一把利剑。在完备的信用体系下，失信者对抗的不仅仅是交易对方，而是整个社会，整个社会都会对之采取惩罚措施，使之无处藏身。在西方发达国家，通过社会信用制度的确立，形成了全社会性的信用文化，以及大众诚实守信的道德规范，健全市场运行的规范和秩序，使信用成为整个市场经济运行中的通行证。[①] 曾有美国人戏言说，他宁愿抢银行，也不愿意破坏自己的信用记录。抢银行尚存侥幸不被抓获，可一旦有失信记录在案，在社会经济生活中简直寸步难行。

20多年来，中国实行了以市场化为导向的经济体制改革，经济体制正在逐步由计划经济过渡到市场经济体制，经济得到快速发展，人民生活水平也有了很大程度的提高，但是我国经济体制仍然存在很多不完善之处，主要问题就是社会信用体制不完善，信用环境很差。商业信用严重缺乏，拖欠债务、逃避债务等情况相当普遍，商品交易中的欺诈行为也随处可见。信用是市场经济的基础，要发展经济，促进社会健康发展，必须建立健全完善的社会信用体系。

西方人非常珍视自己的信用，非是其公民天生素质高，而是制度约束使然。建立个人信用档案，是西方人普遍实行的一种信用管理制度。它被视为一个人的第二身份证。不诚实的代价是非常高昂的，不良的信用记录会严重影响工作、学习、生活的各个方面。

信用制度已产生了一百五十多年，有欧式和美式两种。前者由央行和政府深度介入，资信评估机构评估；后者则完全交付市场化的公司进行。由信用记

[①] 张鸿翔：《建立科研管理过程中的信用制度》，《中国科学院院刊》2004年第3期。

录公司实施，提供有偿信用服务。信用制度是市场经济的产物，是社会文明的象征，也是市场经济健康发展的有力保证。国外的信用服务行业十分发达，独立的中介机构每年的营业额高达数百亿美元。我国信用制度建设尚属起步，严重缺失，国内的征信行业还相当薄弱。信用行业的发展是个长期的过程，现阶段需要的是培育与监管并重，循序渐进。

1. 设计社会信用体系的基本框架

(1) 美国社会信用体系简介

美国的信用体系早在一百多年前就开始建立，发展至今已成为一个金字塔式的完善体系。金字塔的基石是政府立法，向上依次为行业协会、信用评估机构和信用消费者。与欧洲国家的信用制度不同，政府和行业协会在信用体系中所起的作用很小，仅在早期的法律制定和企业的信息收集等方面起过一定作用，真正唱主角的是信用评估机构。

经过多年兼并组合，目前美国有三家主要的信用评估机构，分别是美国信用管理协会、信用报告协会和美国收账协会。这些都是民间专业机构，它们在法律的严格规范下，进行着个人和企业信息的收集、评估及发布。这些信息的收集途径和评估标准都是严格保密的。这是商业竞争的需要，也是法律的规定。

美国信用体系运作中最有特色的是其商业化特点。信用评估公司实际上是在经营一种特殊商品，只要交几十美元，任何人都可以购买一份自己的信用评估报告。如果有商业合同、委托书等文件，也可以购买其他公司的信用报告，价格也不贵。不过，美国法律在保护个人隐私权和个人信用评估之间划定了明确的界限，与此相关的法律至少有七部。

美国法律对个人信用评估报告保护得相当严格，但公司的信用资料则很容易拿到。因为美国公司做生意一定要看对方的信用评估记录，反过来，为了做成生意，美国公司也愿意配合信用机构，提供相关资料，更新自己的信用记录。在很多美国大公司里甚至设有专门的信用管理部门，一方面负责评估商业伙伴的信用报告，尽量不与信用差的客户打交道以降低风险；另一方面随时关注自身信用状况，尽可能避免在信用报告中出现负面信息。

在这种信用基础上，经济活动稳定而有序。美国公司之间做生意很少有人开信用证，很多人甚至不知道什么是信用证。如果有人想赖账，一来可以打官司解决，二来这家公司的信用一下子就完了，想再和其他公司做生意就不可能了。所以，做国际贸易的人都知道，和正规的美国公司做生意很少有被骗的。只要签订一份完备的商业合同，确保在出现纠纷时能分清责任就行。

最近，美国华尔街多家公司传出财务造假问题。在美国的信用体系下，出现此类问题对公司的伤害可想而知，不管公司大小都难以全身而退，安然和安达信就属此例。有人说，现代市场经济就是信用经济，在美国的企业运作中，这一点体现得非常清晰。[1]

(2) 我国社会信用体系主体构成

我国社会信用体系的建立应包括政府、企业和个人三个方面。在社会信用体系中，政府信用是关键，企业信用是重点，而个人信用则是基础。

政府是国家信用的代表，政府失信是最具破坏作用的病毒。中国政府的信用从总体上看是好的，国家的各种对外债务都能按期还本付息，对外的其他经济承诺也能兑现，尤其是在亚洲金融危机期间，中国政府一直实行人民币不贬值的货币政策，在国内外享有很高的信用地位。但是，有些地方政府、有些部门还存在信用缺失的现象。这有其深刻的历史和现实根源：一方面，在计划经济向市场经济转型的过程中，由于传统的惯性作用，必然产生法治和人治的碰撞，产生契约管理和身份管理的碰撞，这样政府本来就存在的失信行为在天然要求恪守契约和信用原则的市场经济体制的背景下便浮出水面。另一方面，对政府行为的监督不力是政府失信行为存在的现实制度因素。尽管对政府的监督方式很多，如党委监督、人大监督、司法监督、政府内部监督、舆论监督、人民群众监督等，但由于几千年封建社会"官贵民轻"、"朕言即法"等官本位文化和"官官相护"思想积淀的影响，特别是由于监督不到位，诸多监督制度一旦涉及政府及领导干部就形同虚设。"绝对的权力必是绝对的腐败"，权力一旦游离于强有力的监督之外，再好的政府也会不可避免地发生违约失信乃至腐败变质等行为。

信用在本质上是一种制度。制度的产生，依赖于人们对破坏承诺与互相欺骗行为对妨碍财富增加的认识，依赖于人们消除过高的交易成本的愿望。它在多重维度上将经济主体的行为引向一个可预测的理性的框架，使机会主义和逆向选择行为受到抑制，使人们之间的交易行为变为可计量、可测度的行为和活动。现代经济学认为国家在其资源规模与别国相当的情况下，制度的竞争力是决定性的，甚至制度可以弥补资源、资本、技术不足的劣势。完善信用制度，建设信用社会，是建立社会主义市场经济体制的应有之义。在这一亘古未有的社会巨变中，所有有识之士都不愿看到信用制度会成为国家之痛、企业之痛、百姓之痛。

从一定意义上说，当前社会生活中不讲信用行为的泛滥，与一些地方政府

---

[1] 张海洋：《美国经济建在信用上》，《环球时报》2002年6月24日，第10版。

和部门的失范、无所作为甚至推波助澜有相当大的关系。政府信用在社会中具有示范效应,因此,推进社会信用体系建设,首先必须从建立信用政府入手,政府在信用体系建设中的作用包括制定规划,总体协调;其次要推动信用管理的相关立法;再次要负责国家信用数据库建设,依法披露政府部门所掌握的信用信息;最后要加强失信惩罚机制的建设,加强征信行业管理。

当前,在我国建立政府信用重点要实行三个转变:

一是转变政府职能,变无限政府为有限政府。改革开放以来政府职能转变已取得积极进展,但从适应市场经济和WTO规则的要求看,政府管理中的错位、越位、缺位问题还很突出,各级政府部门仍然管了许多不该管、管不了、也管不好的事。中国加入WTO客观上要求政府职能根据WTO有关规则作出适应性调整,把政府不该管的事该放的放下去,该转移的转移出去,放权于基层,还权于社会和企业,以更好地承担起指导、协调、监督、服务的职能。

二是转变管理方式,变神秘政府为透明政府。我国政府的传统管理方式是以行政手段为主,通过会议、文件的形式贯彻上级的政策措施,政府信息带有很大的神秘性。根据WTO透明度原则的要求,凡涉及货物贸易、服务贸易、与贸易有关的知识产权保护等法律、法规、规章和政策措施都要公开。各级政府应以此为契机,以办公自动化、信息化为突破口,通过设立政府网站、建设"电子政府"等方式和途径公开其政务运作过程。还应提倡实行政府决策公示制、预告制和通报制,向社会公开重要规制、办事程序和办事结果。

三是转变工作作风,变权力政府为责任政府。一方面需要继续精减行政审批事项,对政府进行"限权";另一方面要增强责任意识,切实转变作风,本着对人民负责的精神,努力做到廉洁、勤政、务实、高效,以踏踏实实的作风、实实在在的政绩取信于民。

企业是信用的最大需求者和供应者,在市场经济运行中,企业是市场价格关系、供求关系、竞争关系的主角,企业的行为对市场机制与市场秩序的发展有重大影响。企业要生存、发展,要实现利润的最大化,必须讲求信用,才能赢得市场。企业信誉是企业管理水平、技术水平、道德水平的综合反映,是企业产品、经营、服务等在消费者心目中的形象与声誉,是一种无形资产,在一些企业它的价值甚至超过有形资产。建立企业信用的根本途径是建立现代企业制度,使之产权清晰、权责明确。同时建立企业征信评估制度,由政府牵头,综合运用行政、法律和商业手段,逐步收集、处理分散在工商、税务、银行等不同部门的企业经营行为和信用记录,建立征信数据库,构建信用信息平台,分层次公布企业的红黑榜,实现资源共享。

个人信用是构成社会信用体系的基础。要规范个人信用评估机构的设置和管理体制模式；界定个人信用数据的开放范围，保护个人隐私权，保证数据的真实性及失信的法律责任，建立科学的个人信用评价标准。

目前，西方发达国家已普遍建立起了比较完整的个人信用制度，在这些国家里，个人信用只要一张卡，轻轻一刷就能准确地获知此人的资信记录，并且这一记录由于计算机联网，将伴随每个人的终身。个人信用在某种意义上相当于公民的第二张身份证，个人信用记录的有无和优劣，是个人在经济活动中得到认可的先决条件。在美国，每一个从事经济活动的公民都有一个固定不变的社会保险号码和相应的账户，该账户记录着个人所有的资金往来记录，银行可以通过统一联网的专用网络查询该公民的个人信用情况。此外，公民个人在一些相关的经济活动中都要出示或登记该号码及账户。个人信用对公民的重要性可见一斑。

我国的个人信用还处于刚刚起步和试点阶段，目前我国上海和深圳在做这方面的尝试。深圳市是2001年2月起正式启动个人信用征信及评级项目建设，2001年底深圳市政府出台了《深圳市个人信用征信及评级管理办法》，并组织专门力量进行数据采集、服务品种开发、软硬件系统等项目的建设等工作，2001年底正式运行；上海市进度稍快一些，2000年7月1日起率先建立了个人信用档案数据库，110万曾经和银行打过"信用"交道的上海市民开始拥有了除人事档案之外的另一份重要档案：个人信用档案。通过该档案的查询系统，上海各商业银行只需要几秒钟就能发现贷款人或信用卡使用者有无信用污点。目前已经进入数据库的客户资料基本上都与金融有关，主要分为三类：一是客户的个人基本资料；二是客户的银行信用，包括上海市各商业银行提供的个人的信贷记录、信用卡使用情况等；三是客户的社会信用和特别记录，包括曾经发生的金融诈骗等不良记录。值得一提的是此系统中个人信用档案中的不良记录只保留七年，只要在此后按期还款，还是可以获得良好的信用记录。

在其他一些城市因为开展信贷业务的需要，部分商业银行也在试探着建立自己的信用体系，但由于是独立操作，存在很多问题，首先是评定不全面，只能根据某人在自己银行的情况来评定其等级；其次是在一家银行确定了一个信用等级，在其他银行却不予认可，要重新评定，此外，同一个人在不同银行的信用表现很可能是不一样的。银行与银行之间出于保护商业秘密的考虑，既不联网，也不大沟通，尽管金融界人士都有在整个区域建立个人信用体系的愿望，但真正的实施还是有很大的难度。[①]

---

① 于维勤：《应尽快建立健全我国个人信用体系》，信用中国网，2005年6月1日。

(3) 社会信用体系建设的组织原则

征信数据的采集及评估（企业资信调查及评估、消费者信用调查及评估、资产信用调查及评估）是信用制度建立的核心。具体操作在国外主要有政府主导和民营市场化运作两种形式。其中欧洲部分国家（如法国）、亚洲部分国家（如印度）和拉丁美洲部分国家（如墨西哥）是由政府主导推动的，而在世界上信用制度最发达和完善的美国则主要由民营市场化运作。由于经济效益和服务质量的要求，目前国际上普遍的趋势是征信由政府主导逐渐向市场化运作转化。征信的核心产品主要是信用报告和相应的评级（分）评估。①

借鉴国外经验，我国社会信用体系建设的组织原则应是"政府主导、市场运作"，即处理好政府与市场的定位。政府推动的作用主要在总体规划、法规制定、行业准入与监管、失信惩戒制度的安排等方面，而数据库平台建设、评分模型的开发、征信产品的设计、征信服务流程的安排等方面，则应市场化运作，交由专门企业来承担。

2. 改革传统档案管理制度，建立统一的信用信息库

信用信息的完整性直接决定着信用的有效性。信用信息是信用体系的基础，缺乏完整的信用记录，是不可能建立起科学的信用体系的。现在信用信息把持在各个部门，相互封闭，严重阻碍国家和社会信用体系的建立。改革开放把传统的单位人变成社会人和市场人，因此传统的封闭的档案管理制度也必须进行改革，使之按照市场化的方式进行运作，并成为一种重要的信用资源服务于整个社会的信用体系建设。

尽快建立信息共享的信用动态数据库。政府各部门建立统一的信用信息数据库，公开信用信息，使需求者能够便捷查阅各部门公布的信用信息。建立个人信用记录号码，实行一卡终身制。每个公民不管怎样迁移流动，始终带着一个终身无法伪造的社会安全号码。政府部门、银行、公司、客户都可以用这个号码查询公民的信用记录。

3. 促进信用中介服务行业的市场化发展

信用中介服务行业实际上是一个完整的链，包括信用调查、信用征信、信用评级或评估、信用担保、信用的商账催收、信用监管等环节。

信用信息的市场化是信用服务行业发展的客观基础，是建设信用体系的必由之路。因此，对信用数据的开放和促进信用管理行业的更快发展应是当务之急。即使对于那些不宜在全社会公开的信用信息，政府也应有一套信用管理和获得信息的规范有效的渠道。建议对此应加快立法步伐。我国对信息数据开放

---

① 汪劲：《国外信用制度介绍和比较》，信用中国网，2004 年 2 月 20 日。

的立法应包括两方面：一方面是明确信用数据的开放程度，很多可以公开开放，以及能够通过一定正规的方式和渠道获得的信息应通过一定的渠道和途径尽快开放，增强社会信用信息的透明度；另一方面，在涉及消费者个人信息的采集和共享方面应有相关的法律约束。根据一些国家的经验，对消费者个人信用信息的采集和公布应采取相对审慎的原则。这两个方面的立法都应尽快提上议程。同时，由于对信用的评价主要是建立在企业和个人信用历史记录基础上，建议一方面要鼓励信用中介机构注重自身信用数据库建设，另一方面政府有关部门要建立行业或部门的数据库，待条件成熟时，可将自建数据库中的部分内容提供给信用中介机构或与信用中介机构共享，为我国信用行业的发展提供支持。

4. 逐步建立信用评价体系，发展中国评级事业

信用评级机构之所以有存在的必要，是因为社会经济生活中从宏观到微观都存在着风险和危机。经过十来年的探索和奋斗，中国的信用评级事业取得了一定的成就。但与国际成熟的评级机构比较起来，中国的评级行业仍然处于初级阶段，特别是中国加入世贸组织以后，中国评级公司如何适应在全球经济一体化的崭新格局中开展评级活动，便成为一个新的挑战。

市场经济越发达，信用评级的作用越重要。资本市场，是市场发展的高级形式。中国资本市场，特别是债券市场存在着巨大的发展空间。但我国发展债券市场遇到很多问题，主要是人们对企业债券的信用心中无数。许多企业债券兑付不了，许多企业只好靠发新债还旧债。加强对企业债券的信用评估，并提高评估水平，直接关系到债券市场的发展。信用问题，对债券市场发展已经变得十分迫切了，它不仅影响到我国微观经济秩序的发展，也直接影响到我国经济的持续健康发展问题。培育有权威的评级机构，有利于维护我们的国家利益。加入世贸组织以后，国外许多评级机构将进入中国资本市场，国外评级机构对中国情况不了解，他们的许多评价标准和原则带有很大的偏见。中国经济这么多年连续保持快速、健康发展，我们发行的政府债券竟然不如那些经济发展非常不好的国家。所以从维护国家利益的角度来讲，中国也需要有享誉世界、在国内和国际资本市场上能够一言九鼎的评级机构。

资信评级无疑是征信核心产品的核心。它分为资本、工商企业及消费者个人三大类。世界上最著名的工商企业和资本市场（债券）评级机构分别是美国的穆迪（Moody's Investment Services Inc.）和标准普尔（Standard & Poor's）。它们也能对金融机构和国家风险进行评级。对中小企业的评级主要是根据企业法人和高级管理层的信用状况、相应的财务报表的信用分析，和对趋势、领导管理以及市场前景的调查。对上市公司和大企业，则侧重于对公司市场（股

票）价值及其波动、财务报表、领导管理、市场前景和趋势的分析。对债券的评级更复杂些，但数据相对更齐全。邓百氏也提供企业的信用评估及风险指数。各主要消费者信用局根据收集的消费者信用记录，如品行、还债能力、资金、客观环境、抵押担保等（具体反映在付款记录、收入、债务与开销、就业、居住、婚姻状况、年龄和抵押等上）直接提供对个人的信用评分评级。同时也提供信用评级专业公司（如美国的 Fair Issac 公司）的评级结果。一个值得注意的趋势是个人信用局也越来越多地涉入中小企业的资信调查和评级评估业务。①

中国评级事业发展必须面对的挑战有：一是观念的挑战，在中国的历史转轨中，我们在必须适应高度市场化挑战的同时，必须适应国际化，应对全球竞争的挑战；二是技术的挑战，中诚信虽然在中国第一家实现了与国际评级公司的合资，但在技术的吸收和应用上还存在一定距离；三是组织管理的挑战；四是人才的挑战，中国评级机构如果不迅速采取措施吸纳优秀人才，是不可能在与国际评级机构的竞争中占据主动的。

针对挑战，须从多方面入手：

一要采取得力措施引进国际先进评级技术和优秀人才，提升评级活动的整体技术水平。中国应该有自己权威的评级机构。评级公司应该珍惜自己的信用，并充分借鉴国际成熟的评级技术，加强中国信用科学体系的建设，提高信用评级的技术含量和质量。

二要大力开展评级技术基础研究，并结合中国经济和社会发展的具体情况，完善评级技术体系。必须研究现代先进的评级技术。与国际评级技术比较起来，国内评级技术水平还存在很大差距。评级机构要把加强行业和评级技术研究作为公司的头等大事。评级科学研究，虽然不会给公司带来现成的利益，但它却是公司的根本和基础。评级研究，既要注意研究证券公司、商业银行等行业和机构的最新动态，更要加强对这些行业发展的历史和未来走向的研究，只有全面系统对这些行业和机构进行深入研究，才能作出客观的评级。评级是评信誉，更是以信誉为基础，因此评级机构应该从战略的高度重视研究工作，要投入必要的财力和人力。

三要加强评级文化的宣传，传播信用理念，提高全民族的信用意识。在市场经济环境下，市场主体的行为准则首先应是讲信用，无论是法人主体或公民个人，都应树立守信的公众形象，树立以讲信用为荣，不讲信用为耻的社会意识。信用度高实际上是一种财富，在全社会应形成这样的共识和理念。这种意

---

① 汪劲：《国外信用制度介绍和比较》，信用中国网，2004 年 2 月 20 日。

识和理念要通过各种宣传、教育、典型示范来进行，通过加强全社会范围内的信用教育、科研和培训来实现。

四要逐步完善评级公司的法人治理机构，保证评级公司独立、客观、公正地开展评级活动。评级机构是靠信誉来生存的公司，不仅企业要有信誉，企业的每一个人也要有信誉，评级机构在开展业务中，某一件事没有做好，某一个人的行为稍有不慎，就可能给评级机构带来毁灭性打击。如何处理好商业利益与信用原则之间的矛盾，是评级机构必须着重研究的问题。中国已经有不少评级机构，但这个问题没有处理好，这与国家的大环境有关，也与个别评级机构的做法有很大的关系。当商业利益与评级原则发生冲突的时候，评级机构一定要珍惜自己的名誉。不能因为一时一地的商业利益而影响公司的长远发展。要加强对中介机构自身信用的监管，需要对市场的准入和退出作出明确规定；对不良记录或违约率比较高的评级机构实施严格的监管。一个国家的法制越完善，评级机构的活动越是规范。我国目前法制建设比较落后，客观上有必要明确主管机构，以对评级机构进行严格的监管。

5. 建立商业信用公开和监督制度

市场经济制度完善的国家，商人之间似乎比较"轻信"，这是有前提条件的：即人们普遍比较讲信用，一旦有人不讲信用则会被驱逐出市场，而且其不讲信用的劣迹还会影响到今后个人的就业、银行贷款、商业运作等一系列与社会有关的各个方面。我们已经建立了公民身份证管理制度和单位（法人）代码管理制度，可以在此制度的基础上建立公民社会代码和单位代码的"经济身份证制度"，将商业信用的有关信息纳入其中，并由专门的机关统一管理。这样就可以将有关缺乏商业信用的单位和个人的信息通过相应的途径备案乃至公之于众，让其无所遁形。

信用评估机构及标准的建立，信用档案登记及管理机制，信用资料公开查核机制，信用风险预警和防范机制，公安、法院、银行、工商、税务、海关等相应机关的信息互通机制，失信惩罚机制，社会开放查询等机制是建立良好的商业信用所必需的。上海已经开设了"诚信档案"制度，各商家在工商、税务等部门都留有案底，有关部门随时抽查并依据一定的标准给其打分，一旦发现有诚信缺失现象，商家将会得到严厉的处罚。这种"诚信档案"制度已经起到一定的效果，并应逐步推行。

作为商业运营的信用中介公司是信用社会不可或缺的环节，中介公司为咨询者开出商业信用报告后，有责任保证其准确性。如果因报告内容虚假造成客户经济损失则要赔偿，这就给信息的真实性带来了一套制约机制。除政府管理部门和中介机构外，民间的商会、协会等也要承担起自己在商业信用监督方面的责任。商业信用信息的公开查询和公开的社会监督，是保障商业信用制度健康发展的必备条件。

6. 加强商事活动主体的自我信用管理制度

由于我国目前的市场秩序不完善，企业无论是在设立的形式上还是实质运作方面仍存在着很多不规范的地方。我国现有的企业有个人独资企业、合伙企业、有限责任公司、股份有限责任公司、三资企业等多种形式。不同形式的企业在从事生产经营的过程中往往因为没有相应的规范而出现违法操作。因此，除立法上应进一步完善企业（公司）法外，商事活动主体应当建立自己的商业信用管理系统。我国企业内部普遍缺乏信用管理制度。企业内部办公室、人事部、销售部门似乎一个都不能少，但很少有企业设立专门进行内部信用管理的部门、机构或人员，因此，因授信不当导致合约不能履行以及受信企业对履约计划缺乏管理而违约的现象频繁发生，因对合作客户的信用状况缺乏了解也使许多企业上当受骗，导致经济纠纷大量出现。市场经济需要法律制度来维护，也需要经济伦理来支持，仅仅依靠其中之一是不可能建立起良好的市场秩序的。法律是履行义务的权力支柱，伦理是履行义务的精神支柱；如果市场经济缺乏信誉机制，其交易成本大到足以使交易双方望而却步，就会使契约难以签订和履行。因此，企业最终的竞争力取决于其在一系列价值中如何进行价值选择。共有价值——诚信的理念，才是企业竞争的动力源泉。

企业应当树立正确的企业理念与文化，狠抓企业商业信用体系建设，建立并强化经营者、经理人的商誉意识；注重权利与义务相统一的思想建设和制度建设；每个企业应从自身做起，积极营造公平竞争的市场经济秩序。

（三）构建和维护市场诚信规则体系

一种观点认为，诚信原则与市场经济不相容，搞市场经济就要以牺牲诚信为代价。现实生活中的种种不诚信现象是市场经济的必然产物，是社会转型和经济发展应付出的必要代价。为了谋求经济的发展就需要道德在一定程度上作出让步，尤其是在市场经济发展的初期，不通过欺诈、背信等不正当手段，经济就不可能得以发展。

另一种观点认为市场经济本身就是一种信用经济，市场经济越发达就越要求诚实守信，这是现代文明的重要基础和标志。有人形象地说，商海无涯"信"作舟。没有信用，就没有秩序；没有信用，就没有交换、没有市场；没有信用，经济活动就难以健康发展，社会主义市场经济就无法存在。在市场经济体制下，企业信誉尤其是产品质量信誉的好坏，决定着企业的兴衰和存亡。要使社会主义市场经济健康发展，市场机制正常运行，要抵制假冒伪劣和欺诈等不良现象，就必须倡导诚信原则。

按照信用经济观念，市场是由一系列诚信规则支撑而成的，如公正交易原则、信用制衡机制、互利交易原则等，这一系列诚信规则构成了市场经济的软环境。常说的市场信用缺失实际上是指市场诚信规则的缺失。构建和维护市场诚信规则体系是强化市场经济素质的重要一环。

1. 公正交易原则

没有公正就没有市场经济。如果追求金钱名利超出对智慧和道德的追求，整个社会便会产生道德情操的堕落，结果是公正性原则被践踏，市场经济趋于混乱。

违反公正交易原则自毁长城的企业和产品这几年并不少见，著名的如冠生园、杏花村、金华火腿等。上市公司疯狂造假的如银广夏、猴王集团等。

肆意践踏公正交易原则、信用道德沦丧是信用缺失中最为严重的一种，它像一种瘟疫，会严重侵蚀社会经济肌体，毁损社会经济根基。有效的基于个体自由竞争基础上的市场机制，必须有公正交易原则等道德秩序予以支持。

2. 信用制衡机制

市场需要强有力的信用制衡机制，即信用惩罚和信用激励机制。所有的市场参与者都希望有一个充满诚信的市场经济大环境，使大家能够公平竞争。如果失信者得不到严惩，守信者得不到有力的褒扬，这样，将使失信者与守信者处于不公平的状态，结果少数守信者也会放弃，从而更加恶化市场竞争环境。

3. 互惠互利原则

市场经济以等价交换为基础，讲求交易双方权利与义务均等的互惠互利的原则。由于市场的诚信缺失，失信者只想获得权利而不愿履行义务，破坏了权利与义务相对称的互惠互利原则，引起信用链条的大面积断裂。增加了市场交易的难度和摩擦，导致了交易成本的增加，交易方式大有退回到物物交换的原始交易方式的危险。

（四）建设和强化市场法律监控体系，保障信用经济的健康发展

建设和强化市场法律监控体系的重要意义就是要运用强有力的法律武器去规范人们的市场经济行为，保障信用经济的健康发展。

当前出现的信用缺失现象，虽然原因很多，但法规的滞后与不完善、不健全、不执行是非常关键的因素。由于我国相关的法律、法规还不健全，对已有的法律、法规又执法不严，所以对失信行为的监控惩治力度不够，未能起到足够的震慑和防范作用。从英、美等发达国家的经验和教训来看，在市场经济发展的初期尤其需要建立起严格的对失信者的法律惩戒机制。

社会信用制度的建立和运行，需要有法律上的保障。立法和法律的执行，对于信用体系的建立和巩固具有非常重要的意义。

1. 加强立法建设

在立法中有许多不完善的地方，《中华人民共和国合同法》在第6条规定了"当事人行使权利、履行义务应当遵循诚实信用原则"，第42条对不讲信用的"缔约过失"追究责任作了规定；另外，还有对转移资产以逃避债务、合同履行后有意泄露他人商业秘密等失信行为的惩罚性规定。

然而，仅有关于诚实信用的原则性法律规定是远远不够的，只有将信用保障上升到法律层面而不是仅仅停留在舆论监督的层面，商业信用的遵守才能得到真正的认可。一些国家已将商业信用权明确规定于法律之中，《德国民法典》第824条规定："违背真相主张或传播适于妨害他人的信用或对他人的生计或前途造成其他不利的事实的人，即使其虽不明知，但应知不真实，仍应向他人赔偿由此而发生的损害。"这一条款已经将信用权作为一项独立的权利加以确认和保护。目前我国已出台了《著作权法》、《商标法》及《专利法》，这些无形财产权均已得到了法律的认可与保护，民事权利主体可以为对抗侵权行为寻找到适合的法律依据。相比之下，我国有关商业信用方面的法律法规还不健全，人们往往将商业信用建立在道德和良心之上，仅借助于舆论的力量来保障，以"君子协定"代替制度规则。因此，应将信用权的确认、保护，侵犯商业信用权的惩处等一系列的问题法律化、明确化。这对于将商业信用制度化、法律化，对于保护信用主体，防止商业信用缺失具有十分重要的作用。这不仅有利于维护正常的经济和社会秩序，而且也符合公民道德的基本要求。

在对私营企业进行的调查中，许多私营企业主反映，他们虽然明明知道需要引入家族外的人才加盟公司，但由于参加者往往不讲信用，一有机会就把技术和资金带走，所以即使自己的许多家族成员非常无能，也只好用这些人从而脱离了法律的监督与保护。完善的法律体系是信用制度健康发展的基础和内在要求。为适应中国建立信用体系的迫切需要，首先要借鉴国外成熟的经验，进行有关立法工作，考虑到我国信用体系建设刚刚开始，建议首先以条例或具体规则的方式，来规范信用行业的发展；其次要逐步推出类似美国公平信用报告法这样的法律来推动个人信用制度的建设。

2. 加大执法力度

由于法律对不讲诚信的行为惩罚过轻，在利益比较之下会间接地起到鼓励人们扔掉诚信的后果，客观上助长了不讲诚信的社会风气之蔓延。在发达国家，民事主体因失信造成侵权所承担的赔偿责任相当重。我国应借鉴一些国家的做法，加强商业信用方面的执法，加大对失信主体的惩罚力度，明确其赔偿责任甚至实施惩罚性赔偿，增加失信成本，要让违法的失信者"得不偿失"。同时，要适当调整诉讼和仲裁程序，以便于及时制裁违法的失信行为。增强法律的威慑力，让行为主体意识到失信所要承担的民事责任而自动放弃失信，迫使其选择守信。

没有强有力的监管，就没有社会主义市场经济。工商行政管理工作是建立社会主义市场经济的保障。工商行政管理部门的工作职能包括市场监管和行政执法两大方面。在社会信用体系的建立中，工商行政管理机关担负着非常重要的职责：首先是市场主体"入门"的守门员；其次是市场运行中的裁判员；最后是市场经济的"卫士"。具体职能有：一是完善经济"户口"管理，由静态监管向动态监管变化；二是建立企业信用公示制，建立企业信用"红名单"和"黑名单"。北京和江苏、浙江等地区定时公布企业的信用信息，对于防范失信行为有重大意义。

市场法律监控体系的建立，应符合如下方程式：市场经济＝信用经济＋法制经济。以法制经济保障信用经济。即是说，要提升市场经济素质，保障其健康发展，应加大法律对市场交易的监管力度，强化市场交易的诚信度。而要提高法律对市场交易的监管力度，最为核心的是要消除有法不依、执法不严等现象，真正强化法律监控的有效性。

第二章 虚假会计信息成因的多维审视

虚假会计信息或会计信息失真问题，由来已久，既是一个理论问题，又是一个实践问题。会计信息失真是指会计报告未能真实反映和披露会计主体财务状况和经营成果，以致影响了用表人的判断和决策的现象。会计信息失真能造成国有资产大量流失。据有关资料显示，以较保守的估计，1982年至1992年我国国有资产流失至少在5000亿元以上，是1991年国民生产总值的25.2%，国家财政收入的138.4%，固定资产投资的90.6%，全国职工工资总额的150%。从近年趋势来看还有上升的可能。各种形式的资产流失状况日益增加，已成为国家经济管理部门亟待解决的问题。财政部2001年12月12日发布了第七号《会计信息质量抽查公告》，该公告公布了财政部组织驻各地财政监察专员办事处对320户企业2000年度会计信息质量抽查的结果。在被抽查的320户企业中，资产不实73.75亿元；利润不实35.11亿元。资产不实的比例在1%以上的占全部被查单位的50%，利润不实比例在10%以上的占全部被查单位的57%。抽查结果表明，不少单位的虚假凭证、虚假账簿、虚假报表、虚假审计和虚假评估等"五假"问题仍然不能忽视，部分企事业单位的会计信息失真现象还很严重。一些单位为达到扭亏为盈、享受"债转股"的优惠政策、小集团利益、包装上市、领导人出政绩等目的，随意调整会计报表合并范围，巨额潜亏挂账，人为调节利润。根据统计，这次抽查中发现人为调节利润、虚盈实亏的企业有32户，占被抽查单位的10%，人为调节利润总额达13.7亿元，其中，虚增利润10亿元，虚减利润3.7亿元。上述资料足以说明会计信息失真的严重性。

一 会计信息真实性的质量要求

我国《企业会计制度（2001）》将"真实性"作为企业提供会计信息的首要原则，要求"会计核算应当以实际发生的交易或事项为依据，如实反映企业的财务状况、经营成果和现金流量"。但其并未解释会计核算所要求的"真实性"的实质性含义。

西方国家，都十分重视会计信息"真实性"问题的理论研究。

为明确会计信息的质量标准，美国财务会计准则委员会（FASB）于1980年5月发布了第2号"财务会计概念公告"——《会计信息的质量特征》。在该公告中，FASB正式将"反映真实性"（representational faithfulness）作为会计信息的质量特征之一，并确立了关于会计信息"真实性"的以下观点：(1) 认为真实性"就是一项数值或说明符合它意在反映的现象"。(2) 认为反映真实性与"可核性"、"独立性"等共同构成会计信息的"可靠性"，而可靠性是会计信息的两个主要质量特征之一。(3) 反映真实性存在"反映真实性的程度"、"精确和不肯定性"、"偏向的影响"、"完整性"等问题。

国际会计准则委员会（FASC）在1989年7月发布的《编报财务报表的框架》中，将"真实反映"作为"可靠性"质量特征的首要内容，并认为：(1) "信息要可靠，就必须真实反映其所拟反映或理当反映的交易或事项。"(2) 由于"所应计量的交易或事项的鉴定，或是能够确切传达相应信息的计量和列报技术的设计与运用，存在内在困难"，所以"大多数财务信息都可能存在不足以真实反映所拟反映情况的风险"。国际会计准则没有正面界定会计信息"真实性"之所指。

审计界对会计信息真实性的质量要求更注重其可操作性。按照独立审计实务要求，可以认为，所谓真实的会计信息，是指生产会计信息的程序符合会计制度、会计准则以及相关的法律、法规等法定规范标准，在所有重大方面都能公允地反映会计主体的财务状况、经营成果及现金流量情况的会计信息。由于难以从会计信息结果本身判断和评价会计信息的真实性，所以在实践中真正奉行的只能是相对真实的会计信息。在美国不直接提"真实性"，而只强调程序理性原则，要求会计行为程序无差错和无偏见地被运用，严格按照"一般公认会计准则"编制会计报表。在英国强调"真实公允"，也是要求遵循规范公允的会计行为程序，编制会计报表。在我国，同样要求会计报表的编制，应遵循企业会计准则和国家其他财务会计法规的规定，在所有重大方面公允地反映其财务状况、经营成果和现金流量，会计方法的选用符合一贯性原则。

审计机制与"真实会计信息"的关系表现为：(1) "真实会计信息"与审计目标的协同关系。会计报表审计的目标就是对会计报表的合法性、公允性以及会计方法选用的一贯性发表审计意见。可以说，审计就是针对"真实会计信息"或会计信息的真实性发表审计意见。(2) 审计是"真实会计信息"的鉴证者。按照独立审计准则的规定，注册会计师的审计意见应该合理保证已审计会计报表的可靠性，或者说，应该合理鉴证会计信息的"真实"程序和可靠程度。(3) 审计机制是保证"真实会计信息"的关键环境要素。会计信息失真有其产生机理，概括地说，在一系列的环境要素中，审计机制的建立是至关重要的，不仅可以有效监督会计工作，更能有效鉴证会计信息。

二　虚假会计信息的分类

（一）会计事项失真和会计处理失真

按会计信息产生过程分析，可以将其分为会计事项失真引起的会计信息失真和会计处理失真引起的会计信息失真。前者指会计事项未能真实反映客观经济业务活动，会计事项本身就不真实，从而引起会计信息失真，即"假账真算"，这是一种主观上的造假。如银广夏在核算天津分公司出口业务时就采用的是这种作假方式。会计处理失真引起的会计信息失真，是指虽然会计事项真实地反映了客观的经济活动，但由于会计处理过程中的错误引起会计信息失真，即"真账假算"，这类情况既有故意所为，也有疏忽大意的无意之举。如某企业会计在将一笔 2930 元的管理费用登记入账时误记为 2390 元。也有两种情况同时存在的，即"假账假算"。

（二）故意失真与无意失真

会计信息失真按主观上的有意与否，可分为故意失真和无意失真。故意失真是指经济活动的当事人为了个人利益或小团体利益，营私舞弊，弄虚作假。这是危害最大，后果最严重，也最难以防范的失真行为。故意失真在构成上有两个要件：一是有主观上的故意；二是行为人个人或小团体能得到好处或潜在的好处。无意失真是指会计行为人由于经验不足或主观判断失误或是疏忽大意而造成的会计信息失真。无意失真不存在主观上的故意和谋取非法利益。

会计信息失真现象中，故意造假占的比例很大。因此识别与治理故意制造虚假会计信息是当务之急。

三　虚假会计信息的主要表现

在实务上，不真实、不可靠的会计信息称为失真的会计信息。大体上来说，我们可以将会计信息失真划分为两种方式，即非故意行为导致的错误式会计信息失真和故意行为导致的造假式的会计信息失真。会计信息失真具体体现在以下五个方面：

1. 会计信息的合法性失真

由于会计制度、会计环境等因素的缺陷，行为人利用缺陷或漏洞，合法调节会计信息，致使会计资料严重背离企业实际情况，从而导致了会计信息的失真。

2. 会计信息的不合法

在处理会计事项过程中，由于违反了国家有关的法律、法规和政策，致使会计资料不合法，从而导致了会计信息失真。如会计资料不齐全，办理会计事项的原始依据不合法，会计处理程序不合法，如现金库以白条入账，费用开支不按标准等，这些都是不合法的会计信息。

3. 会计信息不真实

从文字说明、数量、单价、金额、业务发生的时间等方面入手，伪造、编造会计资料，虚假反映社会再生产的运行内容，从而导致会计信息的失真。如实行两套账，或者在进行会计处理时，受理假的或虚开的发票、收据来处理一些业务，甚至有些单位在报送财务决算的时候，虚填数据，或者借贷抵消，随意变动会计科目的核算内容，虚假地反映其财务状况等。

4. 会计信息不准确

违背会计资料记录和审核的手续与程序，或违反会计处理活动的规定，使会计资料的文字表述与数字计算的结果不一致，或是账账之间、账物之间存在一定的差距，从而导致会计信息的失真。如乱列支出，隐瞒利润；或者虚假挂账；或者将自行购置的设备不组资，随意进行摊销等。

5. 会计信息不完整

违反会计核算的基本原则，使会计资料不能够充分地反映生产经营真实内容，也就是说会计资料不能充分反映企业——即会计核算主体的整体生产经营活动的全貌，从而导致会计信息的失真。有些单位对一些已经发生了的会计事项不进行如实的记录和反映，如将甲方支付的优质奖或者提前竣工奖等，不在账上反映，而是另外设一本账等。

四 虚假会计信息的生成手段

会计信息失真现象中，故意造假占的比例很大。会计造假导致了会计信息失真，经营业绩虚假，财务状况不实。会计造假问题严重，给消费者、投资者、债权人造成了巨大的损失，给国家经济带来了很大的损害，造成了国有资产的大量流失，银行贷款沉淀，削弱了国家财经法规的权威，严重干扰了国家的宏观管理，干扰了社会主义市场经济秩序，为行贿受贿、权钱交易、挪用贪污打开了方便之门，严重败坏了社会风气，危及会计工作的生命。

2000年财政部对100家国有企业进行检查，发现有81家虚列资产37亿元，87家虚列利润27亿元；2001年被中国证监会查处或被沪深证交所公开谴责和批评的上市公司近100家；同年有关部门抽查了16家国内会计师事务所出具的32份审计报告，并对21份审计报告所涉及的上市公司进行了审计调查，检查发现因会计信息失真导致财务虚假的金额达71.43亿元。例如，琼民源在1999年年度会计报告中，虚构利润5.4亿元；在对中天勤会计师事务所的专项调查中发现，该所给银广夏出具了严重失实的审计报告，银广夏近四年中，仅其虚增利润就达7.71亿元，使广大投资者损失近68亿元。2001年度在《会计法》执行情况检查中，账外设账的单位580个，私设小金库的单位473个，查出在会计信息质量方面存在各类违法、违规行为的单位3万多个，违法、违规金额总计达757亿元。以上事例，仅为会计造假之冰山一角，难怪财政部长项怀诚提出把"依法强化会计工作，严厉打击作假账"列为财政工作的重点之一。

(一) 假账

假账是会计信息失真最常见的形式。一般是指会计人员不按照《会计法》和相关财会制度等法律、法规的规定进行会计核算，实行会计监督，提供虚假的会计信息的产物，是伴随着会计工作的产生、发展而产生和发展变化的。近年来，假账的手法不断翻新，越来越趋向于复杂化和隐蔽化。假账主要有假凭证、假账簿、假报表等形式，作假的常见手法主要有：真账假做、假账真做、偷桃换李、电脑作弊等形式。

1. 虚假会计凭证形式

(1) 伪造、篡改、不如实填写原始凭证

指行为人使用涂改等手法更改凭证的日期、摘要、数量、单价、金额等，或采用伪造印鉴、冒充签名、涂改内容等手法，来制造证明经济业务的原始凭证。

(2) 白条顶库

所谓白条，是指行为人开具或索取不符合正规凭证要求的发货票和收付款项证据，以逃避监督或偷漏税款的一种舞弊手段。在当今经济生活中，使用"白条"报账的情况较多，有的单位购进商品，支付劳务费用没有取得正式发票，而以收据或手写白条入账；有的单位个人通过一些借口借用单位的现金或银行存款，由于种种原因，钱花掉了，又无正式发票，为了弥补库存现金或银行存款出现的短缺，大都用不符合财务制度规定的"白条"（如由业务经办人员写一纸说明，有的经办人员甚至都不签字而由会计人员作一说明等）顶库，对"白条"的真实性、合法性没有严格审核和把关。例如，有的单位为了给职工多搞"福利",由经办人以付给某公司劳务费 2 万元名义取出现金,直接发给职工,但并未从对方公司取得劳务费发票,而是由其出具一说明并加盖总经理办公室印章入账。

(3) 取得虚假发票

这种虚假发票包括两种情况,一种是发票本身是假的,另一种情况就是发票所记载的内容是虚假的。虽然国家以法律形式明文规定不得使用假发票,并且要求各单位要重视发票的管理和使用,但近年来假发票却风行天下,十分猖獗。单位之间相互开具假发票,甚至有人专门以开具假发票谋利。如 1998 年严肃查处的浙江省金华县虚开增值税专用发票案。这起税案是 1994 年税制改革以来,全国虚开发票数额最大的案件。从 1995 年 3 月至 1997 年 3 月,金华县共有 218 户企业参与虚开发票,开出发票共计 65536 份,价税合计 63.1 亿元。案件涉及 36 个省、市、自治区和计划单列市,涉案企业之多,范围之广,历史之长,数额之大实属罕见,在全国引起了很大反响,再一次为"打假"敲响了警钟。

(4) 自制假单据、虚开发票

虚开发票是指行为人在开具发票时,除在金额上采用阴阳术外,还开列虚假品名、价格、数量、日期等,以蒙混过关,便于报销。按需要开列数量或配合虚假货物价格开列数量,根据收款方、付款方作弊的不同要求,虚假数量具有多计、少计、等计三种方式。

(5) 证证不符

所谓证证不符,就是指原始凭证与记账凭证两者之间的不相符。这种现象可以说是普遍性的,有的原始凭证所记录的经济业务内容,发生日期与记账凭证所用会计科目应反映的内容、记账日期明显不符;有的记账凭证上所列明的原始凭证张数与实际所附张数不符等。

(6) 账证不符

在实际工作中,由于会计人员的疏忽大意造成账证不符的问题是有的,但如果出纳人员利用了这种粗心大意,便为假账提供了方便之门。

(7) 记账凭证上账户对应关系不正常

单位在经济活动中进行会计核算,记账凭证上所使用的会计科目和其所反映的具体经济业务内容,应符合财务会计制度的规定,但有些单位却经常使用一些往来科目进行偷逃税款,隐瞒收入。

(8) 虚构经济业务,编造虚假记账凭证

有的单位为了享受国家税法规定的可用税前利润连续三年补亏的税收政策,而编造虚假的经济业务来体现亏损,也有的单位为了体现业绩而虚构一些经济业务来为大众呈现一种"虚盈实亏"的繁华景象。

(9) 假账真做

无原始凭证而凭空填制记账凭证，或在填制记账凭证时，让其余额与原始凭证不符，并将原始凭证与记账凭证不符的凭证混杂于众多凭证之中。例如，某企业为了骗取"百强企业"称号，将堆压在仓库中的产品虚列为销售，并授意财会部门凭空填制了收款凭证，想煞有介事地将几百万元的"销售"收入登记入账，借以虚增利润。

(10) 真账假做

故意用错会计科目或忽略某些业务中涉及的中间科目，来混淆记账凭证对应关系，打乱查阅人的视线。

2. 会计账簿中常见的虚假情况

会计账簿中常见的一些虚假情况主要发生在记账、算账、转账、结账、报账等过程中，主要有涂改账目、恶意改账、做假账、不正当挂账、业务不入账、账账不符、账证不符、账表不符、抽动账页、毁灭账簿记录、提前结账等办法。

(1) 涂改、销毁、损坏账簿

同类似涂改凭证的方法来篡改有关账簿，有的则故意制造事故，造成账簿不慎被毁的假象，以达到掩盖不法行为的目的。

(2) 不按规定登账

在登记账簿的过程中，不按照记账凭证的内容和要求记账，而是随意改动业务内容，故意使用错误的账户，使借贷方科目弄错，混淆业务应有的对应关系，以掩饰其违法乱纪的意图。

(3) 不正当挂账

挂账作假就是利用往来科目和结算科目将经济业务不结清到位而是挂在账上，或者将有关资金款项挂在往来上，待时机成熟再回到账中，以达到"缓冲"，不露声色和隐藏事实真相之目的。

(4) 收入不入账

这类现象主要指财会人员隐匿收入，不报账、不交公而私自占用。

(5) 结账作假

这类手法主要是指单位在结账及编制报表的过程中，通过提前或推迟结账、结总增列或结总减列和结账空转等手法故意多加或减少数据，虚列账面金额，或为了人为地把账做平，而故意调节账面数据，以达到不法目的。

(6) 账账不符

根据财务会计制度的规定，账簿与账簿之间存在一定的勾稽关系，如总账与明细账余额相等且余额方向一致；所有资产总账余额与负债和权益总额必须相等，一些单位由于会计核对不合规，往来债权、债务长期不清，加上会计人员对国家法律法规和制度的学习理解不准确，账账不符的现象十分严重。

（7）账证不符

根据财会制度的规定，一切账簿记录都是根据会计凭证登记的，会计凭证与会计账簿两者之间应当完全相符。但现实生活中，会计账簿与会计凭证不符，多记、少记、重记、漏记、错记等造成会计信息虚假的情况时有发生。

（8）账实不符

根据国家财会制度的规定，有关存货、货币、固定资产、债券等实物资产，其账簿记录必须与实物保持一致。但各单位账实不符的情况却十分突出，有的有账无物，有的有物无账，还有的账物不符，这种混乱的情势使一些不法分子有可乘之机。

（9）账表不符

根据国家财会制度的规定，单位的账簿金额应与报表对应的资产、负债、权益、收入、费用等项目金额相符，但在现实的经济生活中，许多单位的账簿与会计报表存在出入，有时大相径庭。

（10）设置账外账

虽然国家三令五申严令禁止账外设账，但一些单位置国家规定于不顾，采用虚列费用等多种方式，套取资金，另行设账，以记录不法经济活动。

3. 会计报表常见的虚假形式

在越来越多的注册会计师被推上法庭的背后，我们发现，有相当一部分也可以说是受害者，是连带责任承担者，他们也都是在审计过程中被审计单位的假账所欺骗了。前面我们已谈了假凭证、假账簿的几种手法及危害性，这里我们就来谈谈假报表的一些形式。

（1）表表不符

根据有关会计制度的规定，在单位对外提供的一些报表之间必须存在一定的勾稽关系。如资产负债表中的未分配利润应等于利润分配表中的未分配利润；利润分配表中的净利润应与损益表中净利润的金额保持一致。而在审计人员的审计中发现，单位表表不符的现象却是屡见不鲜的。如某会计师事务所的审计人员在对一企业年度报表审计中就发现这样的问题，该企业近年来未进行任何长、短期的投资，资产负债表中长、短期投资均为零，但在损益表中"投资收益"项目中却记了100万元，经检查企业投资收益账户，发现企业投资收益来源于一笔装修业务，企业为了逃避建筑安装业营业税，而将装修收入列入投资收益，造成表表不符。

(2) 虚报盈亏

一些单位为了达到一些不法目的，随意调整报表金额，人为地加大资产调整利润；或为了逃税，避免检查而加大成本费用，减小利润。报表本意是要向一些使用人提供最真实的会计信息，为使用者的决策行为提供一个真实的参考，但虚假的会计报表传递了虚假的会计信息，误导与欺骗了报表使用者，使他们作出错误的决策。

(3) 表账不符

会计报表是根据会计账簿分析填列的，其数据直接或间接来源于会计账簿所记录的数据，因此，表账必须相符。但在审计人员的审计过程中，发现表账不相符的情况却比比皆是。如某单位为了增大管理费用，直接在损益中多计管理费用 10 万元，在资产负债表中同时增大应收账款和坏账准备金额，造成表账不符。

(4) 报表附注不真实

会计报表附注是会计报表的补充，主要是对会计报表不能包括的内容或者披露不详尽的内容作进一步的解释说明，包括对基本会计假设发生变化；会计报表各项目的增减变动（报表主要项目的进一步注释），以及或有某项或资产负债表日后事项中的不可调整事项的说明：关联方关系及交易的说明等。但有些单位却采用"暗度陈仓"的手法，在会计核算中已改变了某些会计政策，但在报表附注中不作说明；或虽不影响报表金额，但对该单位的一些经营活动及前途有极大影响的事项不做说明，欺骗报表使用者。

(5) 编制合并报表时弄虚作假

根据我国《合并会计报表暂行规定》，凡是能够为母公司所控制的被投资企业都属于其合并范围，即所有的子公司都应当纳入合并会计报表的合并范围。根据此规定，合并会计报表的弄虚作假主要有合并报表编制范围不当，将符合编制合并报表条件的未进行合并，不符合编制合并报表条件的而予以合并或不按规定正确合并，合并资产负债表的抵消项目不完整，尤其是内部债权债务不区分集团内部和外部的往来，使得合并抵消时不能全部抵消；合并损益表也存在内销和外销部分没有正确区分，使得内部交易金额不能全部抵消，出现未实现内部销售利润计算错误等现象。

(二) 报表粉饰

报表粉饰是利用报表编制技巧和会计制度的缺陷，对外提供虚假财务报告。这是一种较为泛滥的会计信息作假方式，其危害性也最大。这是因为它是信息使用者获得会计信息的最主要方式和途径。主要手段是虚列资产负债、虚报盈亏（加大资产或加大成本费用，虚增利润或减少利润）等。倒轧账也可归入报表粉饰。

1. 虚构交易事实

众所周知，财务会计的主要功能是对企业已经发生的交易和事项进行确认、计量、记录和披露，并且在这个基础上对外界提供关于企业财务状况和经营成果的财务信息。显然，如果企业的管理当局想操纵会计信息，只有两种选择：一是影响信息的加工过程；二是影响信息的加工对象。与国外公司一般通过会计手段进行利润修饰、影响信息加工不同，我国的某些企业主要是通过构造各种实质上虚假的经济业务来进行会计信息操纵的。虚构经济交易事实便是一种典型的通过影响信息的加工对象来操纵会计信息的行为。具体说来，就是设计缺乏实质内容的交易，并让交易"真实"地发生，使得用以编制财务报告所依据的经济交易是伪造的、虚假的，从而导致财务报告反映的数据和披露的内容与客观事实不符，甚至严重背离和歪曲。从历史的角度来看，这也是上市公司常用的操作手法之一。在被证监会处罚的58家上市公司中有17家存在虚构经济交易行为，比例为29%。上市公司用以虚构经济交易事实的主要手段有：

（1）编造虚假原始凭证

企业用以虚构经济交易最主要的手段便是编造虚假原始凭证，其具体实现手法有：①伪造、篡改、不如实填写原始凭证。②使用虚假发票或虚开发票。虚假发票包括两种情况：一种是发票本身是虚假的；另一种情况是发票所记载的内容是虚假的。③虚构合同和协议。这类方式往往需要伪造经济合同、税务发票、海关报关单等一系列法律凭证，它不仅违反了会计法规，更是对合同法、税法等重要经济法规的公然藐视和挑衅，是性质严重的经济犯罪行为。④制造假文件。

（2）改组上市公司编造虚假模拟报告

改组上市公司的模拟财务报告就是指，以改组公司三年前即已存在为假设条件，用改组后公司母体会计核算资料为基础，依据企业改组方案、改组后公司的组织结构、经营方式、会计政策等，将相应资产和业务记录从设立前原企业的财务会计记录中分离出来，而编制的改组后公司前三年（及最后一期）可能形成的独立的财务报告。

大部分上市公司由国有企业改组而成，在股票发行额度有限，多数公司不能整体上市的情况下，上市公司往往通过局部改组的方式设立，将原有的资产中的一部分剥离出来折合成发起人股，将一部分经营业务和经营性资产剥离，或者将原本不具有独立面向市场能力的生产线、车间和若干业务拼凑成一个上市公司，并通过模拟手段编制这些非独立核算单位的会计报表。然而从会计理论角度来看，剥离和模拟对财务会计的基本假设和原则产生了巨大的冲击。通过将劣质资产、负债及其相关的成本、费用和潜亏剥离，便可以轻而易举地将亏损企业模拟成赢利企业，这种违背会计主体和会计期间的假设，人为剥离、分割资产、确认利润的会计处理方法，为公司上市前操纵会计信息来进行财务包装创造了条件。

每每到了年中、年末应该公布会计报表的时候，一些寅吃卯粮的上市公司就会坐立不安，不得不纷纷各显神通，显示其粉饰报表的本领，会计作假手段层出不穷。在 2001 年受查处的上市公司中，这类违规事件约占 40%。而这其中虚构交易事实、增加销售收入、其他收益，或者虚增资产最甚。常见造假手段包括虚构销售对象、填制虚假发票和出库单以及混淆会计科目等。

在 2001 年遭受处罚的黎明股份，就是在 1999 年通过"一条龙"的造假手段，假购销合同、假货物入库单、假出库单、假保管账、假成本核算等，主营业务利润虚增 1.53 亿元，利润总额虚增 8679 万元。

同样，在 2000 年遭受证监会处罚的郑百文公司，也是采用在上市前采取虚提返利、少计费用、费用跨期入账等方法，虚增利润 1908 万元，并据此制作了虚假上市申报材料；上市后三年采取虚提返利、费用挂账、无依据冲减成本费用等手段，累计虚增利润 14390 万元。

2001 年引起股市地震的银广夏，通过伪造购销合同、伪造出口报关单、虚开增值税专用发票、伪造免税文件和伪造金融票据等手段，虚构主营业务收入、虚构巨额利润 7.45 亿元，其中，1999 年 1.78 亿元；2000 年 5.67 亿元。银广夏案件为 2001 年的中国股市投下一枚重磅炸弹，而为银广夏审计的中天勤会计师事务所也跟着遭殃。

2. 任意变更或者使用不恰当的会计政策和会计估计

由于会计应计制和收付制的差别，会计准则和会计制度具有一定的灵活性，在同一交易和事项的会计处理上可能给出多种可供选择的会计处理方法。因此，对于急于粉饰报表的上市公司来说，会计政策的选择无疑是一条良策。

(1) 通过提前确认收入操纵会计信息

按照企业会计制度的规定，销售收入确认的必要条件包括：企业已将商品所有权上的主要风险和报酬转移给购货方，不再对商品保留与所有权相联系的控制和管理权，相关经济利益能够流入企业，收入和成本能够可靠的计量。在现实经济活动中，由于会计期间假设的存在，公司披露的会计信息需要有合理的归属期，其中自然会涉及收入在哪个会计期间予以确认的问题。企业为了操纵会计信息的需要，往往对销售期间进行不恰当的分割，从而达到提前确认收入的目的。

一般来说，提前确认收入行为按其手法可分为以下四类：

①销售完成之前、货物起运之前，就确认收入；②有附加条件的发运产品全额确认销售收入；③仍需提供未来服务时确认收入；④在资产控制存在重大不确定性的情况下确认收入。

（2）利用会计政策的变更操纵会计信息

会计政策变更是指：企业在会计核算时所遵循的具体原则及其所采纳的具体会计处理方法发生变化，往往具有强制性和重大性特点。一些上市公司按自己的需要变更会计政策，借用会计政策变更之名来达到操纵会计信息的目的。

①变更会计方法。会计准则在具有统一性和规范性指导作用的同时还兼有一定的灵活性，给会计人员区别不同情况留有一定的活动空间和判断余地，然而多种会计处理方法并存也为企业进行会计信息操纵提供了可乘之机，使得企业根据自身利益的需要选择会计方法。例如：企业可以根据需要，变更存货记价方法、变更坏账计提的方法、变更长期投资的核算方法。

②变更重要的经营政策。为了达到赢利目标，有些企业还可能放弃一贯采用的信用政策，突然放宽标准，延长信用期限，把风险极大的客户也作为赊销对象，把以后年度的销售提到当年，来创造没有现金的赢利。

（3）利用会计估计变更操纵会计信息

由于企业经营活动中内在不确定因素的影响，某些会计报表项目不能精确的计量，而只能加以估计。如果赖以估计的基础发生了变化，或者由于取得了新信息、积累更多的经验以及后来的发展变化，可能需要对会计估计进行修订，这就是会计估计变更。由于会计估计往往需要运用职业判断和经验，对会计估计进行修订，第三方很难说是对是错，所以，会计估计变更也很容易被用来进行会计信息操纵。

（4）通过滥用会计估计操纵会计信息

会计估计是一种计量，有很大的弹性空间。会计估计的滥用主要体现在对"八项计提"的计提比例把握上，企业往往依据自身需要任意确定计提比例，从而实现会计信息操纵。

四川长虹因其收入与利润的增长主要依靠出口，故其自 2001 年以来，应收账款余额直线上升，但截至 2002 年 6 月 30 日，四川长虹对其高达 37.8 亿元应收账款只计提了 207 万元的坏账准备，也就是说，对于长虹 2002 年上半年的 1.1 亿元净利润，如果上半年其货款有 4% 形成坏账，则长虹上半年就变成亏损了。

2001年，因会计处理遭受查处的上市公司有深中浩、北满特钢、福建福连、渤海集团、张家界等。会计核算不合规范的常见手段有：任意变更或者使用不恰当的会计政策和会计估计等。

金路公司在1997年年报中，以多计资本化利息、少转财务费用等手段虚增利润3415.17万元，同时，原四川德阳会计师事务所未勤勉尽责，为金路公司1997年年报出具了无保留意见的审计报告。2001年，中国证监会根据有关证券法规，对金路公司处以警告并罚款100万元，对相关责任人处以警告并分别罚款；对原四川德阳会计师事务所作出了没收20万元，并罚款20万元的处罚，对签字注册会计师分别作出罚款并暂停证券从业资格一年的行政处罚。

1998年8月，张家界公司以2160万元从香港一公司购得张家界地区有关公路的权益。按合同约定，该权益包括资本金和投资利息补偿，且当年应收回591万元投资回收款。公司将这笔款全部计入其他业务利润，在扣除63万元摊销费用后，差额528万元虚增了利润。

2000年，会计师事务所对深中浩的财务报告提出了五点保留意见，其中涉及公司对8065万元的呆账未及时处理和4824万元的待处理流动资产损失未予处理，等等。

1995—1996年，张家界公司先后与张家界电业局、深圳金达贸易有限公司、深圳达佳贸易有限公司签订364亩土地转让合同，金额计7965.9万元，并约定土地使用证在买方付款后移交。公司在未开具发票和收到款项，亦未转让土地使用权的情况下，将约定的以上转让金确认为1996年收入，使收入虚增7965.9万元，税前利润虚增2165万元。1997年，公司与张家界土地房产开发公司、深圳凯莱德实业公司、湖南兆华投资公司签订了150亩土地转让协议，金额合计4295万元。协议约定，受让方需在半年内付清全部价款，才能得到土地使用权证。公司在未开具发票和收到款项，土地使用权亦未转移的情况下，将以上转让金确定为当年收入，使收入虚增4295万元。

北满特钢与母公司财务核算不规范，关联交易未确认收入6620万元，未确认支出7905万元，少计其他业务收入1986万元等，致使虚增资产2399万元，虚增利润2590万元。北满特钢因此遭到财政部批评。

3. 掩饰交易或事实

掩饰交易或事实的常见作假手段有对于重大事项（诉讼、委托理财、大股东占用资金、关联交易、担保事项等）隐瞒或不及时披露。

上市公司信息披露是上市公司与投资者交流的主要渠道，但长期以来，一些企业和上市公司，尤其是经营方面存在问题的上市公司，在编制财务报告时总是想方设法"偷工减料"，对一些重要项目不做披露，或者尽量遮掩，使报表使用者无法获得企业经营状况和财务状况的详尽信息。上市公司自由度过大，甚至避重就轻，对关键信息遮遮掩掩，从而使年报的质量难以得到保证。所谓以掩饰经济交易事实来操纵会计信息，是指上市公司利用财务报表项目掩饰交易或事实真相，或者在报表附注中未能完全披露交易真相的一种欺诈方法。比较常见和典型的掩饰经济交易事实的手法有以下几个方面：

（1）财务报告披露不及时

在股票市场上，如果公司信息披露缺乏及时性，则无异于为内部交易和操纵会计信息行为创造了良机。国家有关信息披露要求中对公司招股说明书、上市公告书、定期报告和临时报告等披露事项都作了严格的时间规定。但实际上，在被证监会处罚的58家上市公司中有11家会计报表披露不及时。

（2）财务报告披露不充分

财务报告披露不充分主要体现在上市公司会计信息披露不对称，具体内容不充分。由于会计报表格式所规定的内容具有一定的固定性和规定性，只能提供货币化的定量财务信息，同时列入会计报表的各项信息都必须符合会计要素的定义和确认标准，使得会计报表所反映的财务信息受到一定的限制。决策者如果想在瞬息万变的市场竞争中及时作出正确的判断和决策，仅仅依靠会计报表的信息是远远不够的，有时甚至会导致决策失误，因此往往需要比报表资料更详细、更具体的信息以及会计报表不能提供的资料，这些一般在会计报表附注中体现。但目前上市公司出于操纵会计信息的目的，在报表附注中通常对以下重大事项隐瞒或不按规定披露。

①委托理财。上市公司将大量由募股、再融资获得的资金，通过直接或间接的方式回流到一级和二级市场去追求利润，由于相当多的资金有时间周转的限制，投机炒作便成为主要的运作方式。这种现象带来的财务隐患令人担忧。

②大股东及关联方占用资金。由于改制不彻底，公司股权结构不合理，监管机制不完善。导致控股股东一股独大，企业关联关系复杂，大股东及关联方占用资金现象屡见不鲜。在占用形式上，有直接的形式，如通过内部融资、借贷，也有隐形的方式，如通过内部银行结算占用等，在这里仅指直接形式的占用。

③诉讼事项。诉讼事项也属于上市公司的重大不确定事项，一旦败诉，可能会遭受灭顶之灾。

④关联交易。这里所说的隐瞒或不按规定披露关联交易主要是通过隐瞒交易事实、隐瞒关联方关系或信息披露不规范实现的。

⑤或有事项。随着市场经济的发展，或有事项这一特定的经济现象已越来越多地存在于企业的经营活动中，并对企业的财务状况和经营成果产生较大的

影响，一般常见的或有事项有：商业票据背书转让或贴现、未决仲裁或诉讼、债务担保、产品质量担保等。可以说，目前绝大部分上市公司在或有事项上的相关信息披露是不明确、不完整的，甚至有些采取回避的态度。尤其是对于其中的担保事项，大多数上市公司更是讳莫如深。

在 2001 年遭处罚的上市公司中，不披露重大事项的上市公司有十几家，约占总数的 15%。

银鸽投资、金马股份、长春长铃、联通国脉、兰生投资、ST 金帝等因未及时披露委托理财遭到批评。2001 年，我国股市的股价一泻千里，许多上市公司的委托理财都遭受巨大损失。银鸽投资前任经营班子委托给上海慧智投资管理有限公司和中德邦资产控股有限公司管理的 1.2 亿元几乎全部购进银广夏股票，购入均价为 35 元，期限即将到期，两公司均表示无力还款。公司称，虽然与两公司的委托理财协议皆规定了保底条款，但鉴于银广夏股票的实际情况，公司 1.2 亿元委托理财资金存在全部或大部分不能收回的巨大风险。而当初的投资者，由于事前并没有得到这样的相关信息，因此不得不品尝由此带来的苦果。

2001 年 2 月，上市公司猴王股份第一大股东猴王集团被裁定破产。经中国证监会调查，短短几年间，猴王集团拖欠上市公司 8.9 亿元，猴王股份还为集团提供担保金额为 2.44 亿元，两项合计 11.3 亿元，猴王股份的总资产才 9.34 亿元，这意味着猴王股份已被大股东掏空，资不抵债戴上 ST 帽子。

2001 年，因未披露关联交易而受处罚的上市公司有 ST 九州、中科健和三九医药等。如 ST 粤海发通过与子公司的一笔资产交换，不仅掩盖了全部亏损，而且还获利了 2 千多万元。可见上市公司的利润有很大一块是来源于关联交易所作的账面调整。另外，一些上市公司与子公司关联交易不在合并报表中抵消，也虚增合并报表的收益。

渤海集团兼并的济南火柴厂欠工行贷款本金和兼并前利息合计 1787 万元，在"免二减三"政策未得到银行批准且与银行就此发生诉讼的情况下，渤海集团 1994 年、1995 年未计提此笔贷款利息，也未计提 1996 年、1997 年、1998 年的利息，导致这三年的年度财务报告中存在虚假数据。2001 年 11 月，中国证监会决定，责令渤海集团公开披露上述未披露事项；对渤海集团原董事长兼总经理、原财务负责人、原副总经理分别处以警告；对在相关年报、中报上签字的 14 名董事分别处以警告；对出具了无保留意见，在渤海集团 1996 年、1997 年和 1998 年年度审计报告上签字的，原山东临沂天成会计师事务所注册会计师三人处以警告。

2001年，南华西、猴王、中科健、粤宏远、万家乐、中关村等上市公司被查出没有披露担保事项。例如：2001年6月，中关村为该公司的参股公司北京中关村通讯网络发展有限公司向银行借款提供了25.6亿元的担保，占该公司净资产的145%。中关村对该事项没有及时履行信息披露义务。又如，截至2001年6月30日，中国科健股份有限公司12个月内累计为他人贷款提供担保24笔，折合人民币63913万元，占该公司2000年经审计的净资产的300.35%。

4. 虚拟资产挂账

虚拟资产挂账主要是指一些公司对于不再对企业有利用价值的项目不予注销，例如已经没有生产能力的固定资产，三年以上的应收账款，已经超过受益期限的待摊费用、递延资产、待处理财产损失等项目，长年累月挂账以达到虚增资产。

被称为中国证券诈骗第一案的红光实业，在上市申报材料中隐瞒固定资产不能维持正常生产的严重事实。其关键生产设备彩玻池炉实际上已经提完折旧，自1996年下半年就出现废品率上升的现象，但是红光实业隐瞒不报。案件披露后，为红光公司审计的蜀都会计师事务所也被解散。

5. 夸大赢利预测

赢利预测数是投资决策的重要依据，因此，高估的赢利预测数会对投资者造成误导，损害投资者的利益。中国证监会规定首次公开发行股票公司应在招股说明书、上市公告书中披露赢利预测信息，预测时间从发行开始不少于一年，并对负偏差过大的上市公司制定了相应的处罚措施。

典型案例有红光实业、东方锅炉以及2001年被处罚的麦科特等。红光实业1997年赢利预测7055万元是在1995年度5400万元基础上进行的，但是1996年的净利润是虚假的，红光公司通过虚构产品销售、虚增产品库存和违规账务处理等手段，虚报利润15700万元，1996年实际亏损10300万元。

东方锅炉为了达到股票上市的目的，伙同有关方面作假，将注册时间和成为试点企业的时间提前，还编造了股东大会决议和分红方案。另外，为表现良好的赢利状况，公司违反国家有关财务制度和会计制度，对1992年至1994年的利润进行调整，编造虚假财务报告，虚增利润1500万元，并在上市公告中作了虚假披露。

2001年被查处的麦科特，通过伪造进口设备融资租赁合同，虚构固定资产9074万港元；采用伪造材料和产品的购销合同、虚开进出口发票、伪造海关印章等手段，虚构收入30118万港元，虚构成本20798万港元，虚构利润9320万港元，其中1997年虚构利润4164万港元，1998年虚构利润3825万港元，1999年虚构利润1331万港元。与麦科特虚假上市一案有关的中介机构也受到处罚。①

6. 利用关联交易

关联交易属于中性经济范畴，其具有两面性，一方面它有利于充分利用集团内部的市场资源，降低交易成本，提高集团公司的资本运营能力和上市公司的营运效率，实现规模经济、多元化经营、进入新的行业领域及获取专项资产等；另一方面由于价格由双方协商确定，因此关联交易为规避税负，转移利润，形成市场垄断，分散或承担投资风险提供了市场外衣下的合法途径，尤其是一些上市公司利用不正当关联交易操纵会计信息，严重损害了投资者和债权人的利益。

(1) 利用无实质内容的关联交易操纵会计信息

所谓没有实质内容，是指并没有真实的交易发生，且这种交易大部分是通过非现金方式进行的，是一种纯粹的报表交易。

1998年9月至11月，渝开发通过与关联方重庆市城乡建设发展公司之间不真实的房屋买卖行为，使1998年年报虚增主营业务收入7987.78万元，虚增主营业务利润2157.06万元。

(2) 利用非公允关联销售操纵会计信息

关联销售是一种较容易有失公允的关联交易，因为判断关联销售是否公允的参照物是同类商品的市场价格，而市场价格经常处于波动状态，参照物不稳定给判断带来了较大的难度。

重庆实业控股子公司南方水务有限公司供水业务的唯一购买方郴州市自来水公司是南方水务第二股东郴州山河集团实业有限公司的全资子公司，郴州山河集团和郴州市自来水公司的法定代表人周和平，同时也是南方水务董事兼总经理，根据《企业会计准则——关联方及其交易》的规定，南方水务销售自来水给郴州市自来水公司属于关联交易。2002年南方水务成本利润率为404.33%，郴州市自来水公司的成本利润率为33.24%。南方水务与郴州市自来水公司之间的关联交易显失公允，根据财政部《关联方之间出售资产等有关会计处理问题暂行规定》，南方水务实际交易价格中超过应确认为收入的部分应该计入资本公积。

(3) 利用受托经营操纵会计信息

受托经营资产既可以指将自己的资产委托给他人经营管理，也可以指接受

---

① 李若山、金日方、洪剑峭：《上市公司作假5种手段大曝光》，中华会计网校，2005年5月18日。

委托，经营管理他人资产。目前，上市公司发生的委托经营事项多属于后一种形式。利用受托经营来操纵会计信息主要是通过以下方式进行的：

①将不良资产委托给母公司经营。上市公司将不良资产委托母公司经营，定额收取回报，在避免不良资产亏损的同时，还能凭空获得一块利润。

②关联方以较低的托管费用委托上市公司经营资产。为了操纵会计信息，在年末签订托管经营协议，母公司将稳定、赢利能力高的资产以较低的费用委托上市公司经营，并在协议中将大部分营业收入留在上市公司，从而直接增加上市公司的利润。

（三）虚假审计报告

不仅上市公司在财务报表中作假，一些中介机构也与之狼狈为奸，沆瀣一气，以假护假，对投资者进行欺骗误导，成为市场一大隐患。股东判断上市公司财务报表的真假，需要注册会计师作为公正的第三方对企业编制的财务报表进行审计。注册会计师出具的审计报告具有一定的法律效力，即鉴证作用和证明作用。注册会计师对被审计上市公司会计报表所反映的财务状况、经营情况等表明意见，是外界和投资者评判上市公司的依据之一。虽然受审计能力、审计条件、审计技术及被审计单位所提供材料的限制，注册会计师不可能发现审计对象的所有问题，但从虚增企业注册资金、虚增法人股权、无利润靠贷款分红等性质十分恶劣的问题中可以看出，一些注册会计师已成为某些公司欺骗投资者的帮凶。[①]

2001年11月底，审计署对16家具有上市公司年度会计报表审计资格的会计师事务所全年完成的审计业务质量进行检查，共抽查了32份审计报告，并对21份审计报告所涉及的上市公司进行了审计调查，发现有14家会计师事务所出具了23份严重失实的审计报告，造成财务会计信息虚假，涉及41名注册会计师。对于注册会计师行业的信誉来说，这是一次严峻的挑战。

五　会计信息失真成因的多层次分析

会计信息失真的成因分析可从多个层面展开：

（一）会计信息失真的信息技术层面分析

在信息技术界面上，会计信息失真是指会计信息在生成、加工、鉴定、传

---

① 陈敏昭：《会计信息失真问题研究》，中国论文联盟网，2008年7月21日。

递等信息处理过程中，由于目前的会计技术方法所存在的局限性，未能真实反映客观经济活动，给会计信息使用者造成不利影响的现象。技术性失真主要是由经济活动中大量存在的不确定性和模糊性造成的。这是形成信息失真的技术性因素。它会随着人们认识的提高和技术的改进而减少。

使用会计软件产生的信息失真是比较典型的技术性失真。会计软件是集会计信息收集技术、传递技术、存储技术、检索技术、处理技术以及会计信息标准化技术等为一体的应用软件。随着计算机技术和网络技术的普及，人们将更多地使用软件以期达到减轻工作强度和实现会计标准化、规范化。目前市场上的会计软件种类繁多，良莠不齐。这类问题有三种类型：一是设计上的不完备所产生的漏洞；二是程序设计员在设计软件时故意预留入口使自己有权访问该系统而导致信息失真；三是软件使用中产生的信息失真。对于前两个问题，只要购买、使用经过严格检测的正版软件基本上就可以解决；后一个问题，一是培训使用者，减少使用中的误操作，二是强化监督，防止利用会计软件提供虚假信息。

信息技术日益广泛和深入的应用，提高了会计工作的效率和效益；但由于信息技术本身的特殊性，会计信息化进程也带来了巨大的信息安全风险。如会计信息系统的数据和信息安全得不到保障，将可能会导致会计信息的失真、企业资产的损失、企业重要信息的泄露以及系统无法正常运行。为全面控制会计数据/信息的安全，会计人员需要改变传统的安全保密观念，根据信息安全技术的要求，在会计信息系统的分析设计、开发、运行和维护工作中充分考虑信息安全需求，将信息安全控制落实到会计工作的每个环节。

（二）会计信息失真的制度层面分析

在制度界面上，会计信息失真是指由于各种管理制度的缺陷未能防范会计报表的错报和漏报，以致影响了用表人的判断和决策的现象。如现行会计制度规定，企业发生赊销业务，期末就要按应收账款余额提取坏账准备。坏账准备的提取，必然影响本期利润指标的真实性。另外，企业经营活动的连续性与会计信息披露的间断性矛盾，也是一种制度性失真。企业经营的连续性和信息披露的间断性之间的矛盾，使会计信息的及时性受到了严重的挑战：当用户得到信息时，许多会计信息已是"遥远的历史"而失去了相关性，而那些占信息优势的人可利用信息披露的时间间隔而进行内幕交易，导致了投资者之间的非公平竞争。在所有权与经营权分离后形成财产经管的委托——代理关系也会造成制度性失真，由于所有者与经营者的目标不一致和信息的不对称，只要当会计信息最终会影响会计行为人的切身利益时，其质量就必然会受到影响。这是一个国际性的难题，目前还难以解决。

1. 由于会计准则以及会计制度自身的不完善造成的会计信息失真

（1）会计准则的制定过程具有很大的不确定因素

首先，取决于会计准则制定机构的人员组成是否具有广泛的代表性，如果代表性过窄，会计准则可能出现偏向性；其次取决于会计准则是否有较长期的适用性和可行性；最后，就是会计准则定义的准确性，如果一项会计准则的含义可能有多种理解，甚至有歧义产生，必然产生实务操作的不确定性。以上这些会计准则制定的不确定因素，都会导致合法会计信息失真的产生。

（2）会计准则和会计制度本身的不完美

当前我国建立现代企业制度要求赋予企业充分的自主权，与之相适应的会计改革也要求给予企业较大的会计政策选择权。同时，随着企业经营方式的多样化，经营活动范围的扩大化，社会、法律和金融环境的日趋复杂化，同类会计事项的个性日益丰富，法定会计政策也趋向于为企业提供更大的会计政策选择范围。会计政策选择的多样性也会加大合法会计信息失真产生的可能性。另外，由于国家法规、会计制度、会计准则都是由人来制定的，人们在制定这些法规、制度的过程中必然或多或少地掺杂进一些个人的主观判断，还由于人们认识水平的有限性和认识对象的复杂性，使得各种规范本身就不能完全符合客观实际，因而在这些法规、规范、准则的指导下所产生的会计信息就有可能偏离实际情况，造成合法会计信息失真。

（3）会计准则与制度中对于一些重要信息的披露没有作出规定或规定得不够恰当

这些重要信息主要有三方面：一是我国现有的会计准则对表外业务的技术规范很少或根本没有。但事实上它们对会计信息使用者的决策有着很大的影响力；二是对于有关无形资产，会计准则中也没有恰当合理的会计处理方法；三是对一些企业社会责任等非经济信息，现行会计准则与会计制度中没有要求对之加以反映。

（4）会计信息提供者与使用者利益的不完全一致性是导致通过选择会计政策引起合法会计信息失真的深层原因

会计反映的结果往往是利润分配方案的依据，会计报表所提供的数据指标有时是其使用人利害得失的关键，利益关系人会为了自身的利益利用一切可能的机会干预这一反映结果，当其中一方隐蔽地实施干预后，就会使其偏离原来的客观情况。会计信息提供者因占有信息优势和直接参与会计活动而最有条件实施干预,在自身利益最大化驱动下,总能作出使自己得益的选择。

(5) 新旧法规以及各个法规之间存在着矛盾及不协调

在由计划经济向市场经济转轨时所导致的会计环境的频繁变动,使会计法规的建设明显滞后,而且现行会计法规中还残存着不少计划经济体制下的内容,不能适应市场经济发展的需要。随着市场经济的发展,新的经济行为、新的经济业务、新的市场工具不断涌现,会计准则使得会计事项的确认、计量和报告带有很大的弹性。另外,各会计法规之间也存着不协调,如基本会计准则与具体会计准则之间,具体会计准则与税收制度之间都存在不协调甚至矛盾、冲突的地方。这些都使合法会计信息失真产生的可能性加大。

2. 由于缺乏内部控制制度而产生会计信息失真

制定严格的内部控制制度,对会计统计和其他经济业务的核算作出较为合理的规定,就能在很大程度上防范错误和舞弊,提高会计凭证、账簿、报表及产品产量与工时等信息资料的可靠性。因此,健全有效的内部控制可以确保各种信息的记录、归类和汇总等过程能够真实地反映企业生产经营活动的实际情况,并能够及时发现和纠正各种错弊,从而保证各种信息的真实性与可靠性。

我国上市公司内部控制的基础十分薄弱。目前相当一部分公司的管理当局对建立内部控制制度不够重视:有的并未建立健全的内部控制制度,有的内部控制制度残缺不全。即使建立了相关的内部控制制度,从总体上来看,仍缺乏科学性与合理性。一是内部控制制度组织不健全,把执行了业务规章制度完全等同于加强了内部控制制度。一些公司受利益驱动,重经营,轻管理,自我防范、自我约束机制尚未建立起来,内部控制的组织网络不健全,控制制度的健全让位于业务的发展,以至于既定的内部控制失控。二是偏重事后控制。内部控制有事前控制、事中控制和事后控制之分。目前我国企业的内部控制从总体上来看,基本上属于以补救为主的事后控制。实际工作中,通常是待违规违纪行为发生后才设法堵塞或予以惩处,这样导致内控成本较高,收效甚微,使内部控制失去效力,无法有效地防止舞弊行为的发生。

3. 两权分离的企业管理制度导致会计信息失真

"两权分离"是指资本所有权(表现为投资者拥有的投入资产权)和资本运作权(表现为管理者经营、运作投资者投入资产权)的分离。也就是说,所有者拥有的资产不是自己管理运作，而是委托他人完成管理运作任务。

"两权分离"经历了一个历史的过程。在出现"企业"这个经济概念之前的两权分离，主要是国家或皇室的财产交托有关官吏管理和使用而形成的所有权与经营权的分离，以及私人财产交托有关人员管理和使用而形成的所有权与经营权的分离。随着生产力水平提高带来的经济发展，国家投资设立了国有企业，私人投资形成了私有企业。对国有企业而言，国家仅是一个抽象概念，不能直接从事企业的经营管理，只能采取委托专人经营管理的方式。很显然，国有企业从一开始就是资本所有权与资本运作权相分离的。对私有企业来讲，其独资、合伙和公司的形式不同，两权分离的程度也不同。独资企业是自己出资自己经营管理，两权没有分离；合伙企业是多人共同出资，共同经营管理或出资多者经营管理，此时的两权是若即若离；公司制企业是若干人出资，并以其出资额承担有限责任，采用指派、委托或聘任专人管理、运作，资本所有权和资本运作权完全分离。尤其是股份制的上市公司，其出资人是社会公众，不能也不可能由社会公众管理、运作公司，必然只能依靠专人进行。更何况出资人由直接投资企业转向间接投资股票，越来越远离企业，两权分离可以说是淋漓尽致。

两权分离是经济发展的产物，更是社会进步的必然。在两权分离的过程中，资本所有权与资本运作权应该是一个统一体，无论是资本的所有者还是资本的运作者，都是为了一个目标，即实现最大化的盈余。但是，在实现这个最大化盈余的过程中，必定会出现这样或那样的问题。如对盈余的分配比例问题，资本所有者总是希望凭借对财产的最终拥有权分享全部盈余，而资本运作者却希望保留一定比例盈余扩大生产经营，甚至还要考虑自身的回报（表现为薪水、福利等）。再比如，资本所有者对资本运作者的信用程度不同，总是会采取必要手段实施对资本运作者的监督，而资本运作者则会采用反侦察手段逃避资本所有者的监督。如此等等，必然会出现资本所有者与资本运作者的矛盾，矛盾的最终结果是：资本运作者虚列成本，虚计收入，虚报盈余，会计造假产生了。

从我国的特定情况看，目前正处在经济转轨过程中，在改革中获得了"经营自主权"的企业、承包制企业以及大多数的"股份制试点"企业，内部人控制广泛存在。在十四届三中全会以前的以"放权让利"为主线的改革中，由于体制问题，放给企业的经营自主权实际上落到了"内部人"手中，有不少国有企业出现了"无所有者控制"的内部人控制状态，企业内部的国有股代表仅是形式，或干脆由原厂长或经理担任，公司董事长、总经理、党委书记集三者于一身，使得决策、执行、监督职能合一，没有有效的约束监督机制，特别是传统的厂长、经理负责制下，厂长、经理权力高度集中，责权不统一，易产生以权谋私、滥用职权，特别是当会计信息成为其粉饰业绩和谋取自身利益的工具时，他们必然用行政手段干预会计工作，造成"书记利润，厂长成本"的虚假会计信息，有不少企业通过"待摊费用"、"递延资产"账户等手段人为调节利润，企业虚盈实亏，所有者权益受到侵蚀，资本得不到保全。

"内部人控制"及导致"内部人控制"的众多因素造成了当前国有企业会计秩序混乱，会计信息严重失真。促成"内部人控制"的因素是多方面的：国有企业所有者虚拟或缺位，剩余控制权与剩余索取权不相匹配。国有企业的理论所有者为极度分散的全体公民，因而每一位所有者不可能直接参与管理，加之最终所有权无法转让，所以事实上只能是大家所有而无人问津。在操作上，公民的所有权只能由政府代为行使，政府再将其委托给国有资产管理局或各主管部门，国有资产管理局进一步委托给各国有资产管理公司，这样不仅每一位所有者对国有资产管理公司或主管部门几乎产生不了什么影响，就是掌握了企业全部控制权的国有资产管理公司或主管部门的管理者对企业的剩余索取权也是十分有限的，这种不统一必然造成外部管理者对控制权的放松。

4. 企业领导行政化和会计人员监督权的弱化，导致会计信息失真

目前我国对大部分集团企业的领导的管理仍然集中于政府部门，这种管理有着浓厚的政治色彩，使集团企业的领导不仅是一个企业家，还要是一个政治家，导致会计信息要迎合企业领导的意志，而使会计信息失真。同时，人事管理制度还未市场化，企业职工流动困难，会计人员不得不按企业领导的意志进行会计核算，会计人员所应有的监督权被弱化，从而使会计信息不能真正反映企业的实际经济状况。

5. 收入分配不均和激励机制不健全导致会计信息失真

由于社会上企业与企业、部门与部门、东部与西部等之间存在着较大的收入差距，企业的经营成果与经营者的收入联系的紧密度低，对经营者的积极性激励不够，导致一些企业经营者为了个人利益或小集体利益铤而走险，违反财经法纪；作假账、设账外账、私设"小金库"，提供虚假的会计信息。

6. 内外部监督机制不完善导致会计信息的失真

从企业内部的会计监督主体看，企业的会计负责人是由企业经营者直接聘任的，会计人员的工资报酬是企业经营者直接决定的，这就意味着企业的会计工作在某种意义上是为企业经营者服务并随着企业经营者的意志而改变。从企

业外部对企业会计信息监督机制看，社会中介审计及政府审计监督受人力、财力的限制以及其事后监督性质的局限，未能查出所有违法违纪行为，这也是造成企业会计信息失真的重要原因之一。

(三) 会计信息失真的法制层面分析

在法制界面上，会计信息失真是指由于会计信息处理的当事人的过失或舞弊，造成了会计报表的错报和漏报，并给他人造成损失的现象。对于过失或舞弊造成的会计信息失真，根据有错责任原则，责任人应承担相应的法律责任。区别在于，过失强调的是不实反映的非故意性，舞弊则是指不实反映的故意行为。

财务欺诈行为是会计信息失真问题特殊化的一个现实表象，指以欺骗或坑害他人为目的的一种财务舞弊行为，对注册会计师而言，是指为了欺骗他人，明知委托单位的会计报表有重大的错报和漏报，却加以虚伪的陈述，出据无保留意见审计报告的行为。

1. 会计法规的严肃性不够引起会计信息失真

应当承认这几年我国在会计法规体系的建设方面是取得了很大成绩的，但执行起来不够严肃。《会计法》已经实施十多年了，但我们很少听到因违背《会计法》而受到法律制裁的事例。目前，假账真算，假账假算的事例已不罕见。如"厂长成本"、"经理利润"仍有市场。有些企业领导和会计人员，为了某种目的，想方设法在成本上做文章，该提费用不提或少提，该摊费用不摊或少摊，最终造成成本计量数据失真。还有的赢利企业乱列乱支，设"小金库"，非法获取巨额收益，经营情况较差的单位隐瞒收入以达到多留多分的目的。还有的企业明明赢利，却在账上人为制造亏损，将应当在本年计入的收入挂在账上，转到下一年结收。

2. 会计法规、制度缺陷引起会计信息失真

会计法规、制度不够健全与完善，特别是深化改革中出现的许多新问题、新情况，由于会计法规、制度的不配套，使会计处理出现了"难点"。

现行的《会计法》至少存在三个方面的突出问题：一是规范过于抽象，不具有操作性；二是对会计信息失真问题没有引起足够的重视，特别是对于领导者的责任规定不到位，三是处罚标准不明，力度不够。《会计法》的严肃性不高，法律条文流于形式。

我国会计监督法律约束机制不全，使得会计不能有效地行使其监督职能，导致企业会计监督不力。比如，新的《会计法》虽已颁布，但是相关配套的法律法规却没有跟上。在前段时间发生的"琼民源"事件，它的发生对我国

证券市场产生了巨大冲击,严重损害了公众股东的利益,但是却没有相应的法律条款对其直接责任人进行制裁,使得会计监督形同虚设。还有有的企业在新的财务制度运行之后,仍用传统的做法来看待新制度,没有按新制度的要求建立健全企业内部的管理制度,使得出现"新制度、老观念、老办法",会计管理混乱。再者,在会计监督过程中有些概念很模糊,比如说会计监督、审计监督概念模糊,执法机构职责、权限有待明确。很多企业将审计监督等同于会计监督,而事实上审计监督是对会计监督的再监督,它侧重于事后监督,两者有着本质的区别,对同一经济事项的监督有着截然不同的效果。因此随着我国经济多元化的发展,如果有针对性的会计制度和核算体系还不健全,也就难以适应复杂多样的经济活动。

3. 监管不力引起会计信息失真

一是监督机构设置不规范。对企业的审计监督表面上有财政、税务、审计、物价、纪检、监察、工商等行政执法机关和会计师事务所、审计事务所等社会监督力量,实际上各自为政,对企业的违法违纪行为谁都可以过问,谁都可以不问。二是检查中执法不严。一些部门只是想通过提成、分成等形式到企业"捞一把",但对企业个别人真正的违纪违法行为又总是顾及人情关系,避重就轻或视而不见,对查出的问题大事化小,小事化了,或以罚代法。三是对监督机构缺乏再监督。一方面,监督机关对企业实施监督不力,执法不严;另一方面,审计机关代表政府对财税、工商、司法、公安等部门的审计,财政部门对注册会计师审计企业的再审计流于形式。四是企业内部监督不力。有些企业内审机构与财务机构两块牌子,一套人马,对财务机构本身不实施监督;有些内审机构只查个人不查单位,对企业的财会信息更是无权过问。

由于我国对公司造假的处罚力度轻,执法不严,也是我国会计造假泛滥的一个重要原因。目前我国对检查出来的会计造假往往是"重经济处罚,轻行政、法律处罚;重对单位处罚,轻对个人处罚;重内部处理,轻外部公开处理",减弱了法律的效力。因为经济处罚是需要由造假公司的权益来承担,即用本应属于股东的利益来偿还股东的损失,由投资者来为公司的造假行为承担责任,从而转嫁上市公司及其主要责任人应负的责任,极少影响到单位负责人及会计人员的利益。

六 引起合法会计信息失真的原因

(一) 会计原则为会计信息虚假提供了操作空间

现代财务会计是以权责发生制为确认基础,从而产生了大量的应计、预提和待摊项目，会计信息制造者就可以通过操纵应计项目的确认时间来制造虚假业绩，如提前确认收入、推迟确认费用；而稳健性原则在会计实务中的运用是建立在会计人员职业判断基础上的，存在较强的主观随意性，会计信息制造者很容易借此高估费用和损失、低估收入和利得来操纵利润；另外重要性原则、实质重于形式原则都为制造虚假会计信息提供了想象的空间。

（二）会计工作内容需要凭会计人员的主观判断来进行，这为会计人员制造虚假会计信息提供了职务上的方便

会计核算工作就其内容而言，虽然具有客观的一面，但也不能完全脱离会计人员的主观判断。在日趋复杂的经济活动中，会计核算方法、会计核算程序的选择及财产价值的评估等，都需要会计人员客观、公正的主观判断。如果会计人员不能完全排除利益的干扰，其主观判断就会失去客观和公正，这就为会计人员制造虚假会计信息提供了职务上的便利。

（三）会计准则的滞后性，为会计造假提供契机

随着经济的飞速发展，新的经济事项不断出现，如近年来"衍生金融工具"的不断涌现，使原有的会计制度、会计准则已不能适应新的经济形势的发展需要，而新会计政策又不能及时制定及颁布。特别是目前我国的会计准则还没有涉及金融衍生工具，这就很容易被上市公司利用会计准则的空白来选择有利于自身利益的会计政策。

（四）会计准则的偏差因素

首先会计准则制定机构的人员组成是否具有广泛的代表性，如果代表性过窄，会计准则就可能出现偏向性；其次，会计准则是否具有较长的适用性和可行性，如果是一种临时应急性措施，不用多长时间就会丧失作用，需要修订；最后就是会计准则定义、释义的准确性，如果一项会计准则的含义可能有多种理解，甚至有歧义，必然产生实务操作的不确定性。以上这些会计准则的偏差因素，都会导致合法会计信息失真的产生。[1]

（五）会计准则和会计制度的可选择性

任何一个会计准则和会计制度不可能尽善尽美、涵盖一切，它们只是对会计工作提出基本的原则和规范，而且大多数只是对以往会计实践的总结，

---

[1] 罗正英：《现代企业制度与会计信息含量》，《会计研究》1996年第6期。

每当许多新情况、新领域、新行业出现的时候,总是很难找到一个恰当的会计准则作为会计操作的依据。也就是说法定会计政策往往滞后于会计实践的发展,因此,客观上需要不断创新会计惯例,但为了在一定时期内保持法定会计政策的相对稳定,法定会计政策必须有一定的弹性,如会计计量方面的区间规定以及会计计价方法的多样性规定等。虽然制度规定同一企业在不同时期计价方法要保持一致,但不同企业可以选取不同的计价方法。当前我国建立现代企业制度要求赋予企业充分的自主权,与之相适应的会计改革也要求给予企业较大的会计政策选择权。同时,随着企业经营方式的多样化,经营活动范围的扩大和社会、法律、金融环境的日趋复杂化,使同类会计事项的个性日益丰富,法定会计政策也趋向于为企业提供更大的会计政策选择范围。这样,合法会计信息失真产生的可能性也因此加大。如美国的安然公司就是利用"特别目的实体"(SPE)符合条件可以不纳入合并会计报表的会计政策,将本应纳入合并会计报表的三个 SPE 排除在合并报表范围外,导致 1997 年到 2000 年期间高估 4.99 亿美元的利润,低估数亿美元的负债,给投资者提供虚假会计信息。

(六)会计准则与制度中对于一些重要信息的披露没有作出规定或规定得不够恰当

这些重要信息主要有三方面:一是一些重要的表外信息,如衍生金融工具、或有事项等,我国现有的会计准则对这些表外业务的披露规范很少或根本没有。但事实上(尤其是近年来衍生金融工具的迅速发展)他们在很大程度上对会计信息使用者的决策产生影响作用。二是对于有关无形资产,会计准则中也没有恰当合理的会计处理方法。无形资产是一种特殊形式的资产,它所凝聚的价值与成本高度分离,有时较小的投资便可获得价值极大的无形资产,而有时很大的投资却难以取得与之相称的无形资产。无形资产只要保护使用得当,便可产生极大的增值,它在企业生产经营中占有极其重要的地位。所以在某些情况下,无形资产的真实价值可以左右投资者的决策行为。而我国会计准则中对无形资产无论以费用形式抵减当期收益或以成本形式记入资产,都未能精确反映企业无形资产的创利能力与价值,以正确引导投资者的投资决策。三是对一些企业社会责任等非经济信息,现行会计准则与会计制度中也没有要求对之加以反映。但是随着人类认识的提高和社会的进步,人们对于这部分非经济信息也越来越关注,成为决策的依据之一。由于会计准则对一些重要信息的规定不全或不够具体,使得会计报表虽然严格遵循了会计准则的要求却不能全面反映企业的实际情况,有可能对信息使用者产生误导作用。

（七）会计信息提供者与使用者利益的不完全一致性是导致通过选择会计政策引起合法会计信息失真的深层原因

会计反映的结果往往是以利益分配方案为依据，会计报表所提供的数据指标可能直接影响使用人利益，会计信息提供者（如经理阶层）因占有信息优势和直接参与会计活动而最有条件实施干预，经理直接或间接参与企业会计工作，在追求本身利益最大化驱动下，在合法的范围内选择有利于自身绩效评价或其他目标的会计政策，造成会计信息偏离实际情况。事实上，在会计准则和制度的空隙间，信息提供者总能作出使自己得益的选择。而一旦会计信息的生成有隐蔽的主观意愿参与，会计信息的真实性必然会受到影响。

（八）新旧法规以及各个法规之间存在着矛盾及不协调

在由计划经济向市场经济转轨时所导致的会计环境的不断变化，致使会计法规的建设明显滞后，如1992年11月颁布的《企业会计准则》，随着社会主义市场经济体制的建立和逐步完善，已显示出一定程度的不适应性。到目前为止，具体会计准则也只出台了9个，其中6个还只在上市公司中实施。随着市场经济的发展，新的经济行为、新的经济业务、新的市场工具不断涌现，会计准则的缺位使得会计事项的确认、计量和报告带有很大的弹性。另外，各会计法规之间也存在着不协调，如基本会计准则与具体会计准则之间，具体会计准则与行业会计制度之间，会计准则与财务通则之间都存在不协调甚至矛盾的地方。会计法规体系内部的不协调，必然会增大经营者、会计人员与监管部门、社会公众之间的"博弈空间"，增加全社会的交易成本。这些都使合法会计信息失真产生的可能性加大。

七 虚假会计信息形成的学科分析

（一）会计造假的心理分析

会计造假心理是指造假行为人的内心活动以及对造假的态度、观点和看法。会计造假是一种有目的的行为，因此会计造假活动的背后总有一只看不见的手在指挥、操纵着，这就是会计造假的需求、意识和动机，即其心理。会计造假者的心理特点是：造假行为实施前就开始心理准备，并对造假活动进行了较充分的筹划、设计、选择、分析等思维活动。会计造假心理源于思维者的世界观、人生观、价值观、道德观,源于其对周围事物的认识,源于周围环境的影响和感应,源于其阅历和生活工作的积累,源于其对正直和良知的感悟。[①]不同的造假主体在不同的环境、不同的经济活动中表现出来的心理是不一样的,其常见的心理主要有:

1. 逐利心理

经济利益是最为常见的造假动机,是造假者最强大的内在驱动力,造假者通过造假旨在得到直接的或间接的、现实的或潜在的经济利益,另外对政治利益的追逐和强烈的虚荣心也使造假者铤而走险,不顾后果。造假者的逐利心理突出地表现在他们对发财致富的渴望、对物质财富和富足生活的羡慕,对保官升官平步青云的企盼,对出人头地的向往。而当这一切不能通过正常渠道获得时,就不得不依靠作假账来改变企业与国家、企业与个人、个人与个人之间的利益格局和分配关系,改变衡量其政绩的各项经济指标。

2. 冒险心理

造假者知道要想通过造假捞到好处并逃避来自各方的监督和检查是需要冒一定风险的,但这种冒险的心理逐步被致富后的快慰和蒙混过关后的侥幸所抚平。这种心理导致造假者胆大妄为,铤而走险,甚至达到登峰造极的地步。

3. 机遇心理

会计造假者大多是利用职务之便,认为机不可失,时不再来,有权不用过期作废,因此当造假者等待许久的机会终于到来的时候,私欲便恶性膨胀,急不可耐,抓住一切可利用的机会和场合造假谋利。

4. 攀比心理

会计造假者特别是策划者往往根据所见所闻,或者通过不合理的推理认为他人通过造假获得了多少利益,这种不正常心态,无形中诱发和刺激了思想意志薄弱者,使之私欲急剧膨胀,盲目追逐非法利益,在工作环境、福利待遇等方面盲目攀比,置国家法律、法规于不顾。

5. 从众心理

造假者认为当今社会假账泛滥而被发现的概率很小,即使被查出,受到制裁的个人甚少,反而有不少造假者在政治上、经济上、名誉上得到了在正常情况下得不到的好处。于是产生了"法不责众"、"跟风无过"、"老实人吃亏"、"小干不如大干"的心理,这种从众心理所导致的行为,不是其他造假者的简单复制和添加,而是对其总结和提高,并在新情况下变本加厉地实践。

---

① 仇俊林、李宇飞:《会计造假:主体、环境与心理分析》,中国会计师网,2006年5月21日。

6. 侥幸心理

造假者自认为手段高明，不会被发现；或是掌握了应付检查的方法，认为可以与检查人员周旋；或是了解到本单位涉案人员甚多，即使查出了自己的问题还可拉众人一齐下水，于是法不责众，不了了之；或是认为自己后台硬，有关系网保护，查出问题来也是有惊无险。

7. 抗拒心理

对待各方的监督检查不在乎，采取不配合、不合作的策略。不提供有关的事实证据，不说明有关的事实真相，甚至制造伪证，销毁证据，订立攻守同盟，企图瞒天过海、欺骗检查；或者明知不对也拒不承认；或是诬陷他人，推脱责任。

8. "合理"心理

很多造假者认为，只要不将钱直接装进自己腰包，只要能得到群众的支持，只要把生产搞上去了，只要是集体研究决定的，这种造假就是"合理"的。特别是一些单位领导认为，自己为官一任就应该"造富"一方，就应该为职工谋福利，"国家是人民的国家，人民是国家的人民"。于是置国家有关法律法规于不顾，大肆造假且心安理得。

（二）虚假会计信息形成的经济学分析

1. 个人、本位利益驱动

关于公司会计造假的案例早在 1720 年的英国南海事件就已发生，为什么现在还有不少公司铤而走险，屡禁不止，甚至在美国这样一个拥有成熟市场经济体系、法制健全的国家，也有公司进行会计造假。其主要原因就是：会计造假的背后有着巨大的经济利益作为动力。对于企业而言，它的目的是利润，只有当诚信能带来利润，不诚信会带来损失时，它才会讲诚信；对于个人而言，他们的目的是自己价值的实现，只有当诚信与自己的最终价值相符合时，他们才会诚信。在利益的驱使下，关键时刻就出现了诚信问题。已上市的股份公司为取得配股资格和保持较好的股票交易价格，往往虚报业绩，虚增利润。未上市的股份公司为争取上市，虚列股本，虚报业绩。企业负责人作为企业管理的最高首长，他们有能力也有条件影响会计人员，通过制造虚假会计信息，骗取投资者的信任，并因此获得职务、薪金、股票升值等方面的利益；会计人员作为会计信息的直接生产者，他们对会计信息质量的影响也发挥着重要作用，一方面，他们必须遵守国家的法律，避免因违反法规而影响自身的利益；另一方面，他们必须接受企业负责人领导，按企业负责人的管理要求完成会计工作，并由此获得薪金、升迁、奖励等利益。而会计师事务所在我国目前处于买方市场的困境下，为了占有一席之地，也为迎合上市公司的要求，出具虚假报告。虚假会计信息能实现"多赢"，正是这些复杂的利益关系构成了虚假会计信息产生的内在动因。

非亏损企业的"良好"形象能使企业多方受益：其一，与业务单位打交道时，在客户心目中留下良好形象；其二，有利于争取国家项目、银行贷款、其他企业贷款担保；其三，有利于多吸引外资、壮大自身实力。

企业经济效益考核指标经常与企业领导者个人的切身利益挂钩，从而导致了企业领导的短期行为，而置企业的长远发展及职工利益于不顾。于是乎在迎合地方政府和主管部门心意的前提下，自己也得到了所谓"目标管理奖"、"扭亏增盈奖"、"超额分成奖"。

2. 地方利益驱动

企业上缴税利是地方财政收入的主要来源，企业效益好，经济繁荣，无疑有助于地方财政状况的改善。因此，当企业实际效益欠佳时，一些地方政府会自觉或不自觉地默认企业弄虚作假，对于部门或外界的监督审查亦采取地方保护主义，其审计结论的可信度便可想而知。当企业为追求上市额度而制造虚假会计信息时，某些地方政府对此是睁一只眼闭一只眼，审计、评估、验证统统开绿灯。当地方经济出现滑坡时，一些地方政府或部门为保护所谓的本地区形象，维护"扭亏增盈"业绩，往往通过扭亏增盈目标管理考核等形式有意识地引导企业虚报赢利，隐瞒亏损。

地方政府和企业主管部门为了在自己的任期内显现"政绩"，有的地方政府和企业主管部门的负责人热衷于搞浮夸，通过对企业实行效益目标、扭亏增盈考核等形式来给企业下达效益指标。当企业完不成目标任务时，又有意识地引导企业虚报利润，隐瞒亏损。此即流行的所谓"市长利润、县长利润"……

3. 失信成本低是虚假会计信息产生的动力

失信成本，包括受法律惩罚的成本、受舆论批评的成本和受良心谴责的成本。我国正处在市场经济体制创建初期，市场发育还很不完善，计划经济时期调节经济活动的手段已不再适用，而适应社会主义市场经济需要的调节经济活动的手段尚未健全，这就使不讲诚信的人有空子可钻。北京工商大学曹冈教授曾经举了一个例子来说明：一个美国人，现在中国办公司。过去我以为他是非常诚信的，例如在微软发行新的操作系统时他买了两套，因为他有一个台式机、一个便携机，绝不为了省钱做亏心事。来到中国以后，别人买盗版电影光盘，他不买，但有时跟着别人看，以后是借来看，现在自己已经拥有700张盗版光盘。如何解释呢？这个人一年间就由道德变得不道德了吗？诚信作为一种人的品质，是具有稳定性的。偶尔或一时的行为，并不足以说明一个人已经具有或不具有某种品德。生于淮南为橘，生于淮北为枳，水土异也。曹教授认为：首先，法律环境不一样，我国只惩罚盗版光盘的生产者和贩卖者，几乎不惩罚使用者，因为法不责众；其次，社会环境不一样，舆论很少批评使用者，使用者人多力量大；再有，周围许多人都这样做，入乡随俗，本人良心上可以承受。不诚信的利益大于其成本，导致了非诚信行为。具有诚信品质的人，也会做非诚信的事。经常做不诚信的事，就会渐变成不诚信的人。因此，与其让人做一个诚信的人，不如让人别做骗人的事。防止发生欺骗行为的办法，就是让欺骗的成本超过欺骗的收益。而我们对于非诚信行为的法律惩罚，总体上力度不够，但还不是关键问题所在。主要是谁承担惩罚的成本有诸多问题。我们的国有、集体单位的产权主体未能人格化，即使是公司制企业，其中属于国有或集体的股份的权利和责任也没有真正落实到具体的人。由于产权关系不明确，使得惩罚对象不明确。国有企业（法人）受惩罚，实际受损失的人是谁？不清楚。针对会计造假的舆论批评，总体上批评这种现象的多，针对特定企业或个人的少，舆论批评的成本未能"分摊"到具体对象；至于良心谴责成本，由于造假的普遍性，许多人的良知已经麻痹。因此，非诚信行为是吃小亏占大便宜。

非诚信行为的收益包括货币与非货币的收益、当前与将来的收益、有形的与无形的收益等。会计造假的受益人很多，单位的领导和高级管理人员、主管部门及政府有关部门的官员可以因为"业绩优秀"而谋取更高的职位，获取更多的经济利益和政治荣誉；帮助作假的中介机构可以因为"增加业务"而得到更多的收益；甚至职工也可以因为单位"效益好"而多拿工资奖金……同时，非诚信行为的收益高而成本低、风险小，在这样的情况下，又有多少人能自觉地恪守诚信原则呢？在非诚信行为的收益超过成本时，非诚信行为就会增加。两者的差距越大，社会平均的诚信水平越低。整个市场诚信水平的下降必然导致会计诚信水平的下降。

正是由于会计造假的预期收益明显大于预期成本，不造假的机会成本过于高昂，才会不断上演公司会计造假的闹剧。

（三）虚假会计信息形成的社会学分析

1. 企业负责人的行政任命制是导致虚假会计信息形成的直接原因之一

目前我国国有企业的经营管理体制是厂长（经理）负责制，而厂长（经理）大部分由行政任命。这种行政任命制容易产生以下问题：①这些负责人是组织安排的，他们无法也不可能有长期的奋斗目标和打算，加上频繁调动与升迁，助长了他们的短期行为；②企业负责人的任命取决于上级主管部门领导人的意见，这些被任命的负责人可能并不具备应有的专业知识和业务能力，在日趋激烈的市场竞争中企业也就难以获得发展。而他们为了自己的仕途，在无能力改善企业财务状况及效益的情况下，就只有通过操纵会计行为，粉饰经营业绩；③作为上级行政主管部门领导人不愿或不能有效地制止企业负责人的虚假行为，从而使会计信息失真问题日益严重；④政企没有彻底分开，有些地方党政官员直接兼任企业要职，如"峨眉山"股份有限公司的董事长是由当地的一位副市长兼任。"官出数字，数字出官"，导致地方政府对当地上市公司频频干预。

2. 我国会计法规制度的形成，缺乏一个有效的、利益各方的博弈过程

我国会计法规制度的改革力度很大，进行的也比较顺利。改革中我们也较多地借鉴了国际会计标准，目前执行的会计准则和企业会计制度与国际会计基本接轨，这本身是一件好事。但从本质上讲，会计法规制度是社会人为降低交易成本而经过各方长时间的多次博弈后形成的、既兼顾各方利益又自愿执行的有约束力的社会契约。任何一方从违反契约中得到的收益远比其付出的成本要少得多，即违规将受到更大的惩罚。这样的契约就变成各方普遍接受的法规制度。我国的法规制度基本上是"舶来品"（并非贬义，其先进性、规范性是有目共睹的），缺乏利益各方"真刀真枪"的"拼杀"（充分博弈），人们还没有完全认可其约束力。另外，我国处于急剧的社会变革之中，经济环境不断变迁，新情况、新业务不断涌现，旧的亟待更新，新的尚未完全建立，会计法规制度也还有待完善之处。新制度的贯彻执行力度不大，没有在全社会范围内进行广泛的宣传而形成社会性的舆论监督、群众监督氛围。更缺乏有效的监督与及时纠察。

3. 权力集中，无力制衡

社会权力在不同利益集团、不同社会阶层之间的适当分配，是保证社会平稳、健康发展的关键。在我国企业中，权力集中的问题很严重，缺乏有效的制约机制。公司的治理结构由两部分组成。其一是通过竞争的市场所实施的间接控制——外部治理结构，包括产品市场、资本市场、经理市场、兼并市场等。其二为公司内部治理结构。它由股东大会、董事会和经理组成的一个三级结构。在我国现有的国有企业公司治理结构中，企业外部所面临的产品市场变得激烈了，但是仍缺乏来自资本市场和经理市场的自由竞争，因此外部治理结构是不健全的。内部治理结构方面，我国国有企业形成了六套组织机构（职工代表大会、党委会、工会等老三会和股东大会、董事会、监事会等新三会），但相互之间责权界限不清，运作中出现了许多问题。在个别企业，会计不是兼顾投资者和债权人的利益，而是成了经营者直接操纵并

反映其意图的工具。

(四) 虚假会计信息形成的信息学分析

信息学认为，信息不对称是会计失信的前提。信息不对称是 2001 年诺贝尔经济学奖获得者美国加州大学的乔治·阿克尔洛夫等人提出的，它指市场经济的活动主体具有不相同的信息。我们知道如果会计信息是对称的，会计信息的提供者（主要指厂商）与会计信息的使用者（主要是投资者）对信息的了解和掌握程度相同，虚假的会计信息就很容易被识破，那么就谈不上会计失信的问题，甚至会计这种职业也没有存在的必要。现实的经济并非一个有效率的市场，信息不对称始终存在，因此信息的不对称是会计信息制造者提供虚假会计信息的前提。

首先是会计信息的制造者与会计信息的使用者的信息不对称。由于信息不对称，会计信息的制造者比会计信息的使用者在会计信息的获取时间、内容等方面都存在优势。由于会计信息的制造者一般是直接参与公司的运作管理，控制着企业经营活动的全过程，拥有企业内部的各种信息。而会计信息使用者由于不直接参与企业的生产经营，只能靠会计信息制造者提供信息来了解企业的经营状况。结果会计信息制造者就可能出现"道德风险"或进行逆向选择，违反诚信原则，提供虚假会计信息。

其次是由于信息的不对称，使我国的会计陷入"囚徒困境"。在不同的会计个体之间，存在三种选择：一个会计主体选择提供虚假会计信息，则该会计主体可能获得好处；两个会计主体都选择提供虚假会计信息，则可能都受到严厉的处罚；两个会计主体都选择提供真实会计信息，则什么益处都没有，由于信息不对称，结果都选择了提供虚假会计信息。同样在会计人员中，也存在三种选择：一个会计人员执行领导授意作假账，另一个不执行领导授意，则执行领导意图的会计人员可能获得好处；两个都拒绝领导授意，则可能面临一起受到不公正待遇；两个都执行领导授意，共同作假账，大家都得不到好处。结果会计人员在现实生活中更多表现为一起执行领导授意而作假账。结果是制造虚假信息者获得好处的机会大，导致会计信息制造者竞相提供虚假会计信息。

最后，信息不对称容易产生次品驱逐良品。阿克洛夫以旧车交易市场为例来解释了这一点，他认为：由于卖者比买者对车辆拥有更多的信息，信息的不对称使买车的人难以完全信任卖车人提供的信息，因而试图通过低价来弥补其信息上的损失；因买者出价过低，卖者不愿提供好的产品，从而导致次货的泛滥，最终导致高质量的产品从市场中退出，留下来的只是低质量的产品。当前我国的会计市场同样证明了这一点，会计信息制造者出具大量的虚假会计信息，加之我国市场特别是证券市场上投机盛行，投资者喜欢猎取小道消息，只关心股票价格的升降，对会计信息真假缺乏研究，造成市场对虚假信息的大量需求，由于需求的增加，必然导致虚假信息供给的增加，结果导致高质量的财务报告挤出市场，形成"虚假会计信息——大量需求——提供更多的虚假信息"的怪圈。

八 虚假会计信息的形成和披露过程原因分析

虚假会计信息通常产生于两个主要的信息处理环节：信息的形成过程和信息的披露过程。

从会计信息的形成过程来看，信息失真可能表现在这些方面：搞数字游戏，虚增发生额和余额；隐瞒截留转移收入，私设"小金库"；虚增成本以便偷漏税款；捏造事实，开虚假发票报销；串用或乱用会计科目等。另外，一些核算单位为了小团体的利益，甚至为了某些不可告人的目的，根本不按国家统一会计制度的规定确认、计量和记录科目，特别是在收入、费用和成本等科目上没有按照权责发生制原则、配比原则或谨慎性原则进行核算，不按规定计提固定资产折旧、摊销预提费用、待摊费用和递延资产，推迟或者提前确认收入或支出，人为地操纵成本费用的计算标准和利润分配方法，从而掩盖企业经营过程的实际情况，不利于投资者和债权人正确了解企业的财务状况及经营成果。

虽然造成会计信息失真的主要因素是在会计信息的形成过程中，但对于企业外部的会计信息使用者来讲，他们难以得到来自企业内部的会计核算实际情况，他们的投资或贷款行为主要受公开披露的会计信息的影响。因此，许多企业又在会计信息的披露环节上对报表进行再加工。曾经对中小投资者产生过重大投资决策影响的失算财务报告，在我国证券市场的上市公司中屡见不鲜。而银广夏的影响之深远，在于其波及一些"投资"银广夏的上市公司，甚至是专家理财的证券投资基金。银广夏事件只是中国证券市场会计信息披露失真的案例之一，它所反映的问题，恰好说明在会计信息披露环节上存在着严重的失真风险。上市公司在会计信息披露过程中弄虚作假，导致会计信息失真。[①]

我国证券市场根据本国的实际情况，并借鉴西方国家的经验，对上市公司

---

① 殷官林：《上市公司会计信息披露缺陷的分析》，《财务与会计》2000年第5期。

实行强制信息公开制度。其中《公开发行股票公司信息披露的内容与格式准则》第二号和第三号，分别对上市公司必须披露的年度报告和中期报告的内容与格式进行了说明。

作为上市公司，其会计信息必须通过财务报告向社会公众提供客观真实、公正可信的企业财务信息，而且其所提供的财务报告还必须经过注册会计师的审计，以减少信息使用者使用会计信息的风险。但是，有不少上市公司在会计信息披露过程中弄虚作假，导致会计信息失真。主要表现在以下三个方面：

(1) 报表附注说明简单，甚至被忽略

在规定公布的财务报告中，必须包括基本财务报表和其他财务报告，其中基本财务报表又包括报表主体和附注。上市公司必须在附注中向外部信息使用者传递补充的会计信息，如：采用何种会计处理方法等。因为不同的会计处理方法将产生不同的报表数据。所以，如果不充分揭示企业会计核算所选择的方法，将使会计信息缺乏可比性。虽然核算单位会计处理方法的选择，最终将由其相关主管部门批准确认，但企业在会计方法的使用上还是存在很大的选择余地，倘若没有在报表附注中加以说明的话，其所提供的会计信息的可用性将大打折扣。

(2) 审计部门监督不力

按照国际惯例，上市公司会计信息披露的真实性和可靠性，必须由注册会计师审计并签字才能最终确认，其目的是通过独立第三方认证，增加会计信息的可信度，降低会计信息使用者的风险。在上文提到的银广夏事件中，深圳中天勤会计师事务所及其签字注册会计师却担当了一个不光彩的角色。最近三年，该所均为银广夏出具了无保留意见的审计报告，其中1999年和2000年度负责审计的注册会计师为相同的人。

(3) 数据不准确和不真实

这是会计信息披露中存在的最主要问题。上市公司可以随意调整资产价值的大小、虚增收入、利用费用或折旧或应收应付等科目任意调节利润，从而达到迷惑广大社会公众的目的。

我们以银广夏为例。中国证监会经调查核实之后查明，银广夏公司通过伪造购销合同、伪造出口报关单、虚开增值税专用发票、伪造免税文件和伪造金融票据等手段虚构主营业务收入。经重新调整相关账务后，银广夏1999年年报公布的净利润1.27亿元，每股收益0.51元，应调整为净利润-5100万元，每股收益-0.202元；2000年年报公布的净利润4.17亿元，每股收益0.827元，应调整为净利润-1.5亿元，每股收益-0.297元；2001年9月1日公布的2001年中报，净利润-1953万元，每股收益-0.039元。

从这组数字可以看出，在公司虚假财务报表被揭露出来前后，其数据差异是相当大的。银广夏事件及其所引发的证券市场的剧烈动荡，说明我国上市公司财务信息的公信力已经受到挑战，而会计信息披露的失真将对中国证券市场，乃至整个中国经济产生巨大的影响。

我国证券市场的建立和维护一直遵循着"公开、公平、公正"的三公原则。而中国证监会副主席史美伦上任不久，就提出应增加一项原则，即"公信"原则。从最近一系列的证券市场监管措施的制定与实施中，我们不难发现，中国证券市场正朝着建立"公信"原则的方向良性地发展着。当然，这既不是一件轻松的事，也不是能够在短时间里完成的任务，它是一个长期的过程。但是，"公信"原则的建立是广大投资者恢复对我国证券市场投资信心的必要条件。[1] 而如何有效防范会计信息失真则是其中的一项重任。

九 虚假会计信息产生的内外动因分析

（一）虚假会计信息产生的内部动因

以往人们谈论会计信息失真，往往只关注会计人员制造虚假会计信息的主观故意性，这样就很容易把会计信息失真问题归结为个别会计人员自身的道德修养或思想品质问题，在此认识基础上所制定的治理方法如隔靴搔痒，难于切中要害，也就无法达到理想的效果。表面看来，多数虚假会计信息的产生都具有主观故意性，但如果不搞清楚会计人员制造虚假会计信息的主观动因，也就很难正确评价虚假会计信息的性质，无法采取切实有效的措施，提高会计信息质量。因此，探讨会计信息失真的治理手段，应首先从虚假会计信息的产生机理入手。

一般来说，虚假会计信息的产生与会计信息的生成过程有着极为密切的联系。虚假会计信息的产生机理包括内在（主观）动因和外部（客观）环境两个方面。就会计信息失真而言，内在动因是其主观基础，外部环境是其客观条件，只有这两方面共同发挥作用，才会导致虚假会计信息的产生。

1. 会计信息生产者（包括会计人员、企业负责人及其他可以对会计信息施加影响的人员）与会计信息之间存在一定的利益关系，是产生虚假会计信息的内在动因

这里所讲的"利益"，既包括企业利益，也包括企业负责人、会计人员及

---

[1] 李爽、吴溪：《审计失败与证券审计市场监管——基于中国证监会处罚公告的思考》，《会计研究》2002年第2期。

其他相关人员的个人利益；既包括直接利益，也包括间接利益。在与会计信息相关的利益中，处在首位的是企业利益。企业通过提供虚假会计信息可骗取投资者、债权人及国家有关管理机关的信任，并因此获得投资、贷款或减少税金支出等经济利益。其次，是个人利益。企业负责人作为企业管理的最高首长，他们有能力也有条件影响会计人员，通过制造虚假会计信息，骗取投资者的信任，并因此获得职务、薪金、股票升值等方面的利益；会计人员作为会计信息的直接生产者，他们对会计信息质量的影响也发挥着重要作用，一方面，他们必须遵守国家的法律，避免因违反法规而影响自身的利益；另一方面，他们必须接受企业负责人领导，按企业负责人的管理要求完成会计工作，并由此获得薪金、升迁、奖励等利益。与会计信息有关的利益中有些是直接利益，即相关人员可直接通过制造和提供虚假会计信息所获得的好处，如通过虚计利润骗取奖励等；也有些是间接利益，如企业负责人通过为企业谋取非法利益并因此获得相应的好处，会计人员为讨好企业负责人，按其授意制造虚假会计信息并因此获得好处等。虽然与会计信息相关的利益极为复杂，但正是这些复杂的利益关系构成了虚假会计信息产生的内在动因。

值得注意的是，企业并非完全拒绝真实会计信息而单纯制造虚假会计信息，因为真实会计信息对企业具有非常重要的意义，为企业所必需。众所周知，经济越发展，会计越重要。在经济高速发展的今天，会计信息已逐步成为管理者、投资人、债权人以及政府部门改善经营管理、评价财务状况、作出投资决策的重要依据。所以，为了满足企业管理的需要，管理者也要求提供真实会计信息。这就足以说明，在实际工作中，为什么有的企业会设置真假两套账，以分别满足企业利益的不同需要。从这种看似矛盾的做法中，我们更应看到其中一致的地方，即对利益的追逐。如果不制定良好的制约机制，限制和杜绝企业通过会计信息去追逐非法经济利益的行为，会计信息失真的现象就会愈演愈烈。

2. 会计工作中的某些工作内容需要凭会计人员的主观判断来进行，这为会计人员制造虚假会计信息提供了职务上的方便

会计核算工作就其内容而言，虽然具有客观的一面，但也不能完全脱离会计人员的主观判断。在日趋复杂的经济活动中，会计核算方法、会计核算程序的选择及财产价值的评估等，都需要会计人员客观、公正的主观判断。如果会计人员不能完全排除利益的干扰，其主观判断就会失去客观和公正，这就为会计人员制造虚假会计信息提供了职务上的便利。在已查处的会计信息失真案例中，有许多是在折旧的计算、费用的摊销、各项准备金的计提等方面，通过核算方法舞弊造成的。这样形成的虚假会计信息往往非常隐蔽

3. 会计信息生产过程的内部操作性，进一步强化了虚假会计信息产生的内部动因

我国会计法规规定，企业应设置会计机构并配备会计人员。现实生活中除了部分小企业采用代理记账外，多数企业都设置了专门的会计机构，并配备了相应的会计人员，这样就把整个会计信息的生产过程置于企业内部，由企业控制会计信息的整个生产过程。当会计信息的整个生产过程完全由会计信息的生产者控制时，就为会计人员制造虚假会计信息提供了方便条件。如果企业负责人主观上想通过制造虚假会计信息获取相应的利益，就可以充分利用全部会计工作被企业控制的有利条件有针对性地制造虚假会计信息。这也是虚假会计信息难于发现和治理的根本原因。

（二）虚假会计信息产生的外部条件

虚假会计信息产生的内部动因是造成会计信息失真的决定因素，但有了内部动因，并不意味着一定会产生虚假会计信息，而虚假会计信息的产生还有赖于一定的外部条件。归纳起来，虚假会计信息产生的外部条件主要包括：法律环境、政治经济环境、文化环境和会计人员平均业务、道德水平等因素。

1. 会计环境的质量缺陷

（1）会计环境具有不确定性

我国过去长期实行高度集中的计划经济体制，处于这种环境下，会计以国家宏观管理为目标。改革开放以来，尤其是实行社会主义市场经济体制以来，会计环境发生了巨大变化，会计工作围绕企业经济效益，以向外提供有用的会计信息为基本职能。由于在经济体制转轨过程中，新的经济情况不断涌现，相关的制度法规尚未健全，使得会计对经济事项的处理产生不确定性。即使是较为稳定的社会经济环境，也有局部政策调整变化问题，因而或多或少会对会计信息质量产生影响。

（2）环境变化与会计方法变化的不同步性

会计环境变化的不确定性，必然导致会计核算难以准确地提供价值运动的信息。在社会主义市场经济条件下，价值运动环境是瞬息万变的，我国对会计核算的规定，原则上又是相对稳定的，所以当客观的会计环境变化后，会计方法却不能同步跟踪反映；这就必然会产生会计信息反映的误差和失真，市场越是不稳定，竞争越是激烈，这种误差和失真度就越大。

（3）科技因素的影响

会计是经济发展到一定阶段的产物，并随着经济的发展而发展，为经

济的发展服务，而经济的发展又离不开科学技术的发展。所以，科学技术的先进与发达及其在会计上的运用，会直接影响会计信息质量的差异。如会计信息在搜集整理、汇总加工、传输过程中，不仅依靠财务会计本身的有关资料，在很大程度上还依据统计和业务核算等资料，科技的发展直接影响着这些外部资料的精确性，从而影响着会计信息的质量。而我国的科学技术还不是特别发达，电子计算机运用到会计也只是刚刚开始，所以在会计工作中常常会遇到一些科学技术无法精确解决的问题，这自然会影响到会计信息的质量。

2. *法律环境的缺陷*

一般来说，要想通过法律手段治理会计信息失真，必须以法律形式明确虚假会计信息的非法性。虚假会计信息的产生，在很大程度上取决于一定时期法律环境的具体情况。首先是受法律制度的科学性制约。会计工作是一项技术性很强的工作，有其自身的工作规律。会计法规的制定应符合会计工作客观规律的要求，尤其是关于会计信息质量的规定，必须符合会计科学的一般规律。如果会计法规缺乏科学性，就会为会计信息真实性的判断带来困难，从而影响会计法规的贯彻执行，给不法分子钻法律空子制造虚假会计信息留有余地。其次是受会计法规的可操作性制约。会计法规中关于会计信息质量方面的判定方法和判定标准要有良好的可操作性，只有这样，才便于执法部门对虚假会计信息的认定和管理。这就要求制定会计法规不仅要有原则要求，还要制定体现各种原则的具体措施和手段，为会计法规的贯彻执行奠定良好的基础。如果会计法规模棱两可，操作性不强，其贯彻执行就会大打折扣，虚假会计信息就会乘虚而入。再次是受人们的法律意识制约。一定时期人们的法律观念和法律意识，直接影响着人们对法律法规的遵守情况。如果人们能自觉遵守会计法规的有关规定，虚假会计信息产生的可能性就会大幅度下降。最后是受对违法行为的处罚力度和执行情况的制约。对会计法规违法行为的处罚力度和处罚的执行情况是影响会计信息质量的关键。如果对违反会计法规的行为处罚不力，或疏于对会计法规违法行为的检查，客观上就会形成对违法行为的纵容，导致虚假会计信息的日益泛滥。

3. *政治经济环境的缺陷*

我国当前的法制建设尚不健全，经济管理工作还必须依靠各种行政手段。如果行政管理部门不能很好地发挥其工作职能，甚至袒护和纵容各种会计工作中的不法行为，就会提供虚假会计信息产生的温床。长期以来政府职能定位有些不妥——各级政府花了很大精力及财力直接组织、管理、经营各种经济活动；各级政府行政管理部门由于部门利益驱动而各自为政，层层设卡，人为地抬高了企业经营成本,提高了交易费用;各级各类政府机关都千方百计地为自己的直管企业层层设置形形色色的垄断保护网,保护地方产品,抑制了市场竞争力量的发挥,最终降低了整个国有企业的竞争力。当然,"官出数字,数字出官"也是一个不可忽视的问题,有一些单位负责人,为了取得"辉煌的政绩",就挖空心思地在会计报表上做文章,进而提供虚假的会计信息。例如,我国的个别地区或部门,由于某些领导功利思想严重,为了突出自己的"政绩",明确要求所属企业必须上报夸大的工作业绩,迫使企业制造虚假会计信息;也有些管理部门严重失职,对企业的会计工作管理不严,对会计信息造假现象更是不闻不问,从而使会计信息失真现象越来越严重;也有的企业(特别是国有企业),内部管理混乱,国有资产流失严重,会计工作无法发挥其应有职能,会计信息失真自然不可避免;没有良好的经济秩序,也是会计信息失真的重要原因,如果社会上的各种造假行为都极为严重,虚假会计信息泛滥成灾也就不足为怪了。若从反腐倡廉角度来说,虚假会计信息的产生与腐败现象有着极为密切的关系,如果不根除腐败现象,虚假会计信息也就难以彻底治理。

4. **不良的社会风气**

诚信问题不仅是行业品质问题,更是社会风气问题,要靠道德来规范,靠强大的舆论压力和广泛的公众认同来保证。而不良的社会风气正严重污染着道德环境,20世纪50年代的浮夸风和"文化大革命"中实用主义的颠倒黑白、弄虚作假思潮的影响在延续,遇到市场经济环境又迅速膨胀,使会计信息服从所谓的"政治"需要。随着深化改革、扩大开放,会计领域也遇到了经济发展与道德进步"二律悖反"的困惑。许多会计人员、企业领导的价值观、价值取向变成了"利益驱动",一切向钱看。历史遗留的痕迹或许已经无法改变,但是而今的行为却又为何屡禁不止呢?作假账的单位实在太多,单位负责人大胆决策作假账,中介机构帮助策划作假账,会计人员具体操作作假账,政府官员默许保护作假账,作假账大有法不责众之势。舆论一般也不谴责作假账行为,有的人反而认为为了搞活国有企业,提高经济效益,搞一些"包装"也无可厚非,即使对一些严重的作假账行为进行批评,也往往是避实就虚、泛泛而谈的多,谴责具体单位和个人的少。公众的评论和舆论的力量并未给做假者带来多少影响,于是,做假者就不会感到有良心谴责和道德约束。

5. **群体道德素质缺陷**

一个地方风气好坏,起决定性影响作用的往往是一个地方是否具有群体倾向的道德意识。例如假冒伪劣,许多地方都可能萌生,然而有的地方,这种行为一冒头,就遭到公众的批评和指责,从而始终只是少数个别人的、"偷偷摸摸"的行为，而在另外一个地方，却可能得到众人的理解、欣赏、保护、模仿，形成风气，甚至造成一支公开、半公开的制假售假大军。实现社会风气、行业风气的根本好转，必须制止"群体不道德"。

制止"群体不道德"，不是单靠说服教育就能完成的。道德不是纯粹的内心活动，它离不开客观物质基础，离不开人世间的利益关系。作为道德的直接根源，利益往往决定社会道德的基本原则和主要规范，深刻影响人们的思想与行为。在市场经济条件下，各地方、各行业、各集团，都是独立或相对独立的利益群体，合理的社会利益关系能产生合理的道德观念，不合理的社会利益关系则会引发不合理的道德行为。计划经济的垄断、供不应求造成的短缺、行业发育过度的恶性竞争，都是社会关系不合理的表现。过去某些"老虎"的淫威，如今某些"老大"的恶习，一些"窗口"服务质量的低劣，某些地方假冒伪劣泛滥，这些具有群体特征的不道德，都与特定群体内在的利益冲动有关，与人与人之间、利益团体之间地位的不平等有关。克服"群体不道德"，就要努力构建与市场经济发展相适应的社会利益关系。

然而，并非任何情况下利益诱惑都能引发"群体不道德"。对道德行为有重要影响的还有人们的利益观。利益观是对利益关系的判断、分析和权衡，是人们对"利益规则"的理解。是把小团体的、眼前的利益看得高于一切，不顾长远、根本利益，不惜损害他人、他地利益以实现一己、一地的利益，还是在为人民服务中实现自己的利益，这是两种不同的利益观。在大致相同的社会条件下，前者在群体中占上风，"群体不道德"现象就扩散蔓延，反之，"群体不道德"现象就受到遏制。利益观也不是先验的。市场经济实践对人们利益观的形成和变化有深刻的影响。前些年，某地制假售假成风，几乎使经济陷入绝境，市场的无情惩罚告诉那里的人们：靠不道德获利，是短暂、脆弱的。讲道德、重信誉，获利才是长远、巩固的。在不道德的环境中，强调道德可能会受损于一时，但这"损失"终究无法与不道德行为带来的惨重后果相比较。如果各利益群体都能接受和坚持这样的利益观，同时，我们的市场机制和管理体制又能坚持这样的利害导向，那么，即便在现在的条件下，我们也能把"群体不道德"现象抑制到尽可能小的程度。

克服"群体不道德"，不单要求群体领导者有正确的利益观，也不只要求对群体成员进行正确的思想教育，必须把改革放在首位，注重研究、解决群体组织体制、运行机制方面的缺陷，以完善社会主义市场经济体制的目标，坚持用"两个文明"调整组织行为道德评价体系，管理部门、行业组织应建立诸如"不道德记录"、"市场不准入"等制度、行规，以"德治"提升群体道德，引导、鼓励人们在平等互利的道德平台上进行公平竞争。

十　财务欺诈成因的文化审视

（一）"包装"文化环境滋生了财务欺诈

市场机制是"包装"文化产生的温床，"包装"文化环境滋生了财务欺诈。(1) 为了争取上市或满足配股要求，有的政府部门变相要求、默许和鼓励企业和注册会计师把企业的各项指标包装得符合有关规定。（2）股份公司实行现代企业制度，经营权与所有权分离，经营者为了达到所有者期望的经营目标，防止被解聘，在未达到所有者期望值的情况下，必然会粉饰财务报表，包装企业利润。(3) 在上市公司，由于管理层会计信息编报权力过大，又缺乏有效的监管和制衡，信息披露不对称问题突出，管理层按照自身需要包装披露信息。这样，会计造假、财务欺诈会应巨大的虚假信息需求而产生和泛滥。(4) 虚假会计信息往往会产生巨大的经济利益诱惑，为了追逐不菲的非法收益，造假者不惜铤而走险，因此，注册会计师参与财务造假已是我国证券市场久治未愈的痼疾。

包装文化也是美国大公司纷纷作假账的心理基础。美国是世界金融市场的榜样，美国经济的活力、美国企业的创造力、美国会计的科学性、美国股市的牛性皆堪为世界之最。近年来虽然美国IT产业纷纷跳水，泡沫被挤，但美国牛市的心理仍根深蒂固，为了支撑盛境，包装造假成了大公司的热切需求，注册会计师的财务欺诈行为也就登峰造极了。

（二）违规竞争的执业环境助长了舞弊行为

根据我国注册会计师法和独立审计准则的有关规定，会计师事务所应按规定收费，不得任意压价进行不正当竞争。由于违规成本不高，造成许多会计师事务所竞相压价抢业务，压价的结果必然使审计质量没有了保障。由于收费低廉，事务所尽量减少时间、人力、物力的投入，对一些明显的舞弊行为不能发现，甚至为了稳定客户和争取更多的客户，不惜共同作弊，制造虚假信息。

违规竞争成本不高，因而注册会计师不怕违规，敢于压价抢业务，而不关心审计质量。

（三）薄弱的风险意识固化了造假心态

会计师事务所过于重视经济利益，审计风险防范意识不强，对保障审计质量的内部控制机制的建设不够重视，对事务所人员的监控力度不够，一定程度上削弱了对财务欺诈的防范。致使一些事务所在对人员的要求上，只求拉到项目，不论素质高低；一些注册会计师在执业过程中，抱有"拿人钱财，为人消灾"的不良心态，坦然参与会计造假，漠视执业风险，赌博心理严重。

（四）不完善的管理制度造成了审计怪圈

我国大约有 70 家会计师事务所具备证券从业资格。但业内人士以为此数不实，理由是许多无资格的事务所依附于具备资格的事务所，作为分所，堂而皇之地从事上市公司的审计业务，使独立审计陷入恶性竞争的怪圈。

独立审计准则规定，一项审计业务能够按规完成，须有审计委托人、审计人、被审计人的三方关系存在。我国实际情况是，上市公司审计委托人与被审计人常常同为公司董事会，实际是由董事会聘请会计师事务所审计监督自己的行为，审计费也由其决定。从根本上破坏了审计平衡关系，使会计师失去独立性和公正性。注册会计师完全依附于被审计人，默许、帮助上市公司造假则并不奇怪。

（五）防范无力的监管体系致使虚假信息不断出现

中国证券的法规体系建设经历了一个不断完善的过程。监管体系也经历了由行政监管为主，向自律化管理转化。但由于证券法规执行不到位，再加之行业自律组织监管权限的限制，以及行政监管的无力，致使会计造假现象屡禁不止，市场虚假信息不断出现。

我国证券法规体系建设已比较完善，但有法不依、执法不严、执行无力问题严重，致使防范无效。上市公司造假被发现的概率极小。据粗略估计，过去近十年证监会发现并处罚的上市公司不足百家。再者，我国实行的是行政管理，对责任人追究刑事责任的少之又少，民事赔偿的微乎其微，很难起到以儆效尤之效果。[①]

[①] 汤云为、陆建桥：《论证券市场中的会计研究：发现与启示》，《经济研究》1998 年第 7 期。

第三章 上市公司财务欺诈的形成原因及识别方法

十多年来，我国证券市场屡屡爆出上市公司假账丑闻，上市公司前赴后继地进行财务报告舞弊，使投资者遭受损失并蒙上心灵的阴影。据统计，1994年1月到2000年12月，上市公司有346项违反证券法规行为，其中，上市公司披露虚假财务信息的比重为13.87%。自我国证券市场成立至2003年5月31日，共有45家上市公司因财务报告的舞弊行为受到处罚，约占上市公司总数的4%。2001年11月底，审计署对16家具有上市公司年度会计报表审计资格的会计师事务所全年完成的审计业务质量进行检查，共抽查了32份审计报告，并对21份审计报告涉及的上市公司进行了审计调查，发现有14家会计师事务所出具了23份严重失实的审计报告，造成财务会计信息虚假，涉及41名注册会计师，造假金额达70多亿元。

一 上市公司财务欺诈手段综述

财务报告中财务欺诈的虚假信息的分布面很广，几乎涉及了所有的报告内容。但虚假程度最严重的是利润，然后是资产、资本金和股份数的虚假陈述，改变募集资金用途和挪用募集资金亦占很大比重。这说明：（1）编制虚假财务报告的主要目的是调节利润，粉饰公司经营业绩，以误导投资者的资金去向；（2）上市公司筹资只是一种"圈钱"，并没有好的投资项目，他们在内部资金的压力下匆忙上市融资，当资金到手后却不知如何花，最终资金的用途被改变，更有甚者就直接被大股东侵占和挪用。

通过对历年来被证监会查处的财务欺诈公司的分析，上市公司财务欺诈的手段不外乎以下几种：

（一）信息披露方面的财务欺诈

1. 信息披露不真实

股份公司为了公司股票上市需要、影响股票的市价、公司管理业绩评价或筹资的方便等目的，往往采取操纵行为，弄虚作假，披露不真实的会计信息。1997年2月琼民源的年报所披露的所谓4.41亿元的其他业务利润和6.57亿元的资本公积金的解释，便是典型的一例。这一违规事件随着"中关村"的上市已经告一段落。不过，1999年中国证监会仍几度公告处罚出具虚假公告的上市公司，如：东方锅炉为达到上市目的，虚增1992—1994年利润1500万元，在上市公告中做虚假披露；蓝田股份在股票发行申报材料中，虚增无形资产1100万元，虚增银行存款2770万元；四通高科虚假披露上市募集资金的使用情况，虚假披露1996—1998年中期公司的资产、收入、利润的财务报告；此外，还包括飞龙实业、中国高科等公司的违规虚假披露行为，类似此种情况屡见不鲜。

2. 信息披露不充分

表现为公司对应披露的信息不作全面的披露，而是采取避重就轻的手法，故意夸大部分事实，隐瞒部分事实，误导投资者。有的公司甚至对一些重大事件不予披露，如深发展1996年3月至1997年4月间，动用3.11亿元直接炒作本公司股票；佛山照明在1995年5月至1996年11月间，违规贷款6.3亿元给银行和证券公司。这些重大的违法、违规事件在被查处之前有关公司根本没有通过任何方式予以披露。①

3. 信息披露不及时

《股票发行与交易管理暂行条例》规定：发生可能对上市公司股票市场价格产生较大影响，而投资人尚未得知的重大事件时，上市公司应当立即将有关重大事件的报告提交证券交易所和证监会，并向社会公布，说明事件的实质。这一规定对于防止知道未公开信息的内幕人士进行内幕交易有积极的意义。不过，信息披露不及时的现象也是时有发生，如1997年6月，石家庄宝石电子公司市场萎缩，黑白玻壳及显像管生产线相继停产，这一重大生产经营环境变化的情况在年报中没有公布，直到1998年4月30日才予以披露。②

（二）上市公司操纵企业利润

利润是企业生产经营结果的综合反映，利润指标是反映企业的经济效益，表明企业在一个经营期间的最终经营成果和考核企业经济发展状况的核心指标之一。在实际工作中，有些企业为了获取配股资金，保持配股资格、信贷资金和商业信用，偷逃税或出于政治目的，人为操纵调节利润，粉饰会计报表。尤

---

① 李沐红：《上市公司会计信息披露的问题及对策》，中国论文下载中心网，2006年8月1日。
② 同上。

其对上市公司来说，投资者通常根据公司财务报表所提供的利润对所投资的股票定价，根据其盈余水平和未来变动趋势来判断目前及未来企业经济价值并据以作出投资判断；债权人根据企业的获利能力和资产规模确定对企业的信用规模，判断信贷资金的风险程度；政府部门则根据企业的利润产生情况制定不同的财税政策，保证国家财政，扶植企业发展。但是出于不同的目的，很多企业都不同程度地存在着利润操纵问题，引起财务数据不真实，给通过财务报表获取会计信息的各方造成损失，使这些主体控制失灵、决策失误。

既然利润操纵会带来很多不利后果，为什么企业还这样做呢？其目的主要有以下几个方面：

一是新股发行时，为提高发行价格，人为拔高利润。由于国家对公司新股上市管理得十分严格，对发行股票采取额度控制，每年按条块、隶属关系分配到各省、部委。上市公司在相对固定的流通股额度下，只有提高新股发行价才能在资本市场上筹得更多的资金，而股价的高低又取决于企业每股平均税后净利润和同行业平均市盈率，因此上市公司在准备上市时，都会尽可能地提高企业利润，通过利润指标抬高发行价。

二是上市后，为获得配股资格操纵利润。企业上市后，向社会公开募集资金的主要方法就是配发股票。而国家对配股的控制也很严格，证券法规明确规定，上市公司向股东配股必须符合的基本条件就是"公司在最近三年内净资产税后利润率每年都在10%以上，属于能源、原材料、基础设施类的公司可以略低，但不低于9%"。净资产收益率是否能达到上述要求，制约着企业是否可以通过配股来筹集资金，我们可以看到在上市公司中普遍存在着一个奇怪的现象，即每一年的财务报告中净资产收益率在10%—11%之间的企业特别多，而净资产收益率在9%—10%（能源交通基础设施类上市公司除外）的却几乎没有。

三是股东的压力和利益驱动，违规操作。由于计划经济的影响，许多企业在激烈的竞争中处于劣势。随着原材料价格上涨，人工费也有上升的趋势，许多上市公司特别是早期上市的传统企业的赢利能力越来越低，股价长期低迷。同时，企业来自股东的压力也越来越大，为给股东好交代，让股民有"回报"，只能在企业利润上做文章。加之目前的管理体制采用总经理负责制，企业领导者为维护自己的利益而拉高经营利润，短期行为容易促使企业只看短期利益而忽视长远利益，只要任职期间完成利润指标即可，企业以后的发展则与己无关。另外，股市又是上市公司展现企业形象的一个重要舞台，如企业赢利将能更好吸引投资者，债权人也有信心，使企业处于有利的竞争中。这样，操纵利润者常常借助企业会计上的"技术处理"达到自己的目的。

如黎明股份事件：

（1）造假的事实情况

沈阳黎明服装股份有限公司（证券代号：600167）于1999年1月在上海证券交易所上市，主要从事研究、设计、制作高中档服装、精粗毛纺织品的生产和销售，其上市后的1999年年度财务报告主要指标为：净利润3541万元，每股净收益0.19元，每股净资产2.95元，净资产收益率6.31%；2000年度财务报告主要指标为：净利润-3442万元，每股净收益-0.18元，每股净资产2.33元，净资产收益率-7.66%。其中对1999年的财务报告，沈阳华化会计事务所两位注册会计师都出具了无保留意见审计报告。

2000年初，黎明股份遭到了中国证监会的处罚，原因是其对1999年的赢利预测与实际赢利差了近20个百分点，但是更令人震惊的是在2000年的8月至10月间，财政部驻辽宁省财政监察专员办事处检查组对黎明股份1999年会计信息质量进行了抽查，结果发现该公司在1999年年度对外公布的会计信息严重失真。其中，资产虚增8996万元，主营业务收入虚增1.5277亿元，利润总额虚增8679万元，更为严重的是该企业除了其常规性的少提少转成本、费用挂账等违规行为外，有90%以上的数据是人为编造、虚构盘算出来的。2000年1月8日，财政部检查组调整了黎明股份1999年度的报表，其中一些主要指标发生了质的变化：每股收益变为-0.2038元，每股净资产变为2.56元，净资产收益率则为-7.95%，总利润5231.207617万元调整为-3447.956168万元，净利润由3540.841930万元调整为-3873.073569万元。在2001年4月25日的年报中，公布的亏损是3442万元，由于连续两年发生重大亏损，2001年4月26日该公司被ST。

（2）造假的动机

①为了骗取上市资格。赢利或是在某种条件上没有达到上市的资格，但为了取得1999年年度的上市资格，在这三个会计年度中也对会计报表进行了粉饰，可以说是"包装上市"的公司。在上市后为了继续达到前三个年度的赢利水平，保证业绩不下滑，不引起有关部门的追查，又不得不在上市后的第一年就对报表动手脚，以掩饰其经营业绩有水分的假象。另一个方面，黎明股份赢利造假也抬高了其股票的发行价格，可谓是"一举两得"。

②为了上市后的融资。公司上市的目的是为了能够向公众发行股票筹集资金，以求扩大经营、增强竞争力、取得更多的利润。黎明股份就在这方面表现了强烈的欲望，急于取得再融资的配股权，而好的业绩又是再融资的必要条件。对1999年的经营业绩造假可以为以后再取得融资资格打下基础。若不是在2000年秋季被发现报表有问题，黎明股份必将在随后的几个会计年度继续

造假，以不断取得融资资格，其后果势必更加严重。

③为了维护良好的公司形象。沈阳黎明股份服装有限公司在全国的纺织业享有一定的知名度，甚至在国外也小有名气，控股公司黎明集团更是名声显赫。在业绩不理想的情况下为了继续以往的辉煌，保住头上的光环，铤而走险，走出造假这步棋。另外，上市公司良好的赢利水平会对投资者产生极大的吸引力，引起整个证券市场乃至全社会的关注，从而提高股票价格，更使上市公司受益，这也是公司粉饰报表的又一原因。

上市公司操纵利润的方法主要有以下几种：

1. 通过关联企业的交易

我国证券市场对上市公司的管理也是十分严格的，规定连续三年亏损的上市公司就会被摘牌，失去在证券市场上筹资的权利，同时规定净资产收益率在10%以下的企业不能获得配股资格。当企业自身的经营状况难如人愿时，上市公司为了维持或增强企业融资能力，就会采取从其关联公司转移利润的办法，使上市公司利润虚增，人为提高该企业的获利水平和信用等级，使投资人高估其获利能力和经营状况，增加了金融市场风险。对债权人来说，虚增了利润提高了信用度，同样加大了债权人的风险。我国许多上市公司往往通过对国有企业局部改组的方式设立。股份制改组后，上市公司与其改组前的母公司及母公司控制的其他子公司之间普遍存在着错综复杂的关联关系和关联交易。利用关联交易粉饰、调节利润已成为上市公司乐此不疲的"游戏"。其主要方式有：

（1）虚构经济业务，人为抬高上市公司业务和效益。如一些股份制改组企业因其主营业务收入和主营业务利润达不到70%，通过将其商品高价出售给关联企业，而使其主营业务收入和利润"脱胎换骨"。

（2）采用大大高于或低于市场价格的方式，进行购销活动、资产置换和股权置换，如前面列举的资产重组案。

（3）以旱涝保收的方式委托经营或受托经营，抬高上市公司经营业绩。如曾为证券报刊广为报道的某股份公司，以800万元的代价向关联企业承包经营一个农场，在不到一年的时间内就获取7200万元的利润。

（4）以低息或高息进行资金往来，调节财务费用，如A股份公司将12亿元的资金（占其资产总额的69%）拆借给其关联企业。虽然我们不能肯定其资金拆借利率是否合理，但有一点可以肯定，该股份公司的利润主要来源于与关联企业资金往来的利息收入。

（5）以收取或支付管理费，分摊共同费用调节利润。如B集团公司1997年替其控股的上市公司承担了4500多万元的广告费，理由是上市公司所做广告也有助于提升整个集团的企业形象。

利用关联交易调节利润的最大特点是,亏损大户可在一夜之间变成赢利大户,且关联交易的利润大都体现为"其他业务利润"、"投资收益"或"营业外收入"。但上市公司利用关联交易赚取的"横财",往往带有偶然性,通常并不意味着上市公司的赢利能力发生实质性变化。

例如,1997年广电股份1.13亿元的营业外收入主要来自两处:一是土地开发补贴4000万元;二是将其全资子公司上海录音器材厂有偿出让给自己的国家股大股东上海广电(集团)有限公司,双方协商收购价9414万元,从而使广电股份获得净收益7960万元。因此,在注册会计师对其出具的审计报告中明确指出:该项业务虽已经产权交易所鉴证,但未经过资产评估确认价值,并指出此项关联交易对其1997年损益产生了重大影响。

2. 利用资产重组、债务重组做文章

有些亏损企业,常常利用资产重组、债务重组大做文章。目前,在一些上市公司中,资产重组已被广泛用于粉饰利润。典型做法是:

(1) 借助关联交易,由非上市的国有企业以优质资产置换上市公司的劣质资产。

(2) 由非上市的国有企业将赢利能力较高的下属企业廉价出售给上市公司。

(3) 由上市公司将一些闲置资产高价出售给非上市的国有企业。

例如,X股份公司1998年6月将其拥有的账面价值56万美元的上海Y有限公司40%的股权作价4000万元人民币,与其关联企业进行股权置换。本次股权置换使该股份公司56万美元的不良资产转化为4000万元的优质资产,仅此一项就为该股份公司增加了3000多万元的收益。这不仅使该公司1998年上半年免于亏损,而且在弥补了以前年度2558万元的亏损后,还剩余相当一部分可分配利润。

资产重组往往具有使上市公司"一夜扭亏为盈"的神奇功效,其"秘方"一是利用时间差,如在会计年度即将结束前进行重大的资产买卖,确认暴利;二是不等价交换,借助关联交易,在上市公司和非上市的母公司之间进行"以垃圾换黄金"的利润转移。

例如,有一上市公司,拥有某大厦的部分产权,该部分产权的账面价值为3061万元。该公司欠建设银行债务为16658万元。公司以账面价值仅3061万元的资产抵偿16658万元的债务,并将差额13597万元作为当年利润入账。该公司后来以16658万元的现金向建设银行购回上述产权,并将上述产权列作该公司固定资产。该公司的会计师制造了两笔交易:首先以一项资产抵偿5倍于该项资产账面价值的债务,交易的结果使公司获得了1.35亿元的利润;然后又以相当于原来所欠债务的金额向债权人买回抵偿债务的那项资产，交易的结果是债权人全部收回了借款。最后他又以 1.66 亿元的价值将原来只值 3000 万元的在建楼宇的产权作为该公司的固定资产入账。上述交易的结果是债权人和债务人皆大欢喜：债权人如数收回全部借款，而债务人则获得了 1.35 亿元的账面"利润"。本来很简单一项偿还欠款的交易，经过"精心包装"后竟然会产生巨额"利润"！然而此"利润"的虚假性却一目了然。

3. 确认销售收入欺诈

销售收入的确认是企业获得经营成果的前提。《企业会计准则——收入》规定下列条件均能满足时方可给予确认收入：（1）企业已将商品所有权上的主要风险和报酬转移给购货方；（2）企业既没有保留通常与所有权相联系的继续管理权，也没有对已售出的商品实施控制；（3）与交易相关的经济效益能够流入企业；（4）相关的收入和成本能够可靠地计量。虽然有这样的规定，但是企业为了扩大利润，经常采取提前确定收入的办法，不按《企业会计准则——收入》的规定来确定销售收入，只要产品销售有合同或已发货就确认销售收入。一些企业通过混淆会计期间，把下期销售收入提前计入当期，或错误运用会计原则，将非销售收入列为销售收入，或虚增销售业务等方法，来增加本期利润以达到利润操纵之目的。

公司收入作假的主要手段有：

（1）虚构客户，虚拟销售

公司虚拟销售对象及交易，对并不存在的销售业务，按正常销售程序进行模拟运转，包括伪造顾客订单、伪造发运凭证、伪造销售合同、开具税务部门认可的销售发票等。由于客户和交易是虚拟的，所以顾客订单、发运凭证、销售合同是虚假的，所用的客户印章是伪造的，但销售发票一般是真实的。虽然开具发票会多缴纳税金，但是为了达到增加利润这一更高的目标，公司认为多缴纳一些税金也是值得的。

（2）以真实客户为基础，虚拟销售

公司对某些客户有一定的销售业务，为了粉饰业绩，在原销售业务的基础上虚构销售业务，人为扩大销售数量，使得公司在该客户名下确认的收入远远大于实际销售收入。

（3）利用与某些公司的特殊关系制造销售收入

例如，公司将产品销售给与其没有关联关系的第三方，然后再由其子公司将产品从第三方购回，这样既可以增加销售收入，又可以避免公司内部销售收入的抵消。该第三方与公司虽没有法律上的关联关系，但往往与公司存在一定的默契。

（4）对销售期间进行不恰当分割，调节销售收入

由于会计期间假设的存在，公司披露的会计信息需要有合理的归属期，其中会涉及销售收入在哪个会计期间予以确认的问题。公司为了调节各会计期间的经营业绩，往往对销售期间进行不恰当的分割，提前或延后确认收入。

（5）对有附加条件的发运产品全额确认销售收入

通常，产品发运是确认公司已将商品所有权上的主要风险和报酬转移给购货方的最直观的标志之一，但产品发出并不意味着收入能够确认。例如公司将商品销售给购货方的同时，赋予其一定的销售退货权，此时，尽管商品已经发出，但与交易相关的经济利益未必能全部流入公司，只能将估计不能发生退货的部分确认为收入，但公司为了增加业绩却全额确认收入。

（6）在资产控制存在重大不确定性的情况下确认收入

一般而言，公司只有让渡资产的所有权，才有取得索取该项资产价款的可能，也就是说，如果公司将资产转移给购货方，却仍然保留与该资产所有权相联系的继续管理权，则不能确认该项收入。例如公司出售房屋、土地使用权、股权等交易中，如果相关资产未办理交接过户手续，则相关收入不能确认，但许多公司在相关资产控制存在重大不确定性的情况下确认了收入。

深圳一公司1999年度的主营业务收入中有1563万元（其相应的主营利润为185万元）是在1999年12月31日之前开具销售发票，而产品出库手续于2000年1月10日办理的，产品销售实现在1999年，产品实际出库却在2000年，时间差虽然只有10天，却跨越两个会计年度，无须解释就能知道其中奥秘。还有一家以销定产企业，为提高500多万元的账面利润以达到超过10%的净资产利润率，利用刚签订的产品销售合同做文章，产品尚未生产，更谈不上销售，但却提早向用户开出销售发票，并以此作为确定收入的依据入账，虚增利润500多万元。此种财务欺诈如果做得不是非常彻底，通常会引起相关指标出现异常，例如，相比同行销售收入的现金流量比率、应收账款周转率过低，主营业务税金及附加的比重显得不成比例。

（7）将非销售收入列为销售收入

东方电子前几年把出售股票收入的10.39亿元打到了主营业务利润中去，以支持其业绩的"高增长"。从年报披露的信息看，扣除股票收入所得之后，公司往年的收入和利润等指标与2001年相差悬殊，1999年甚至是亏损的。2000年，公司调整前的主营业务收入、净利润、股东权益分别为13.75亿元、4.73亿元、13.95亿元，追溯调整后只剩8.71亿元、1.23亿元、4.83亿元。

4. 采用漏计费用、费用挂账、推迟确认本期费用方法提高营业利润

对外负债的不当计算。一些企业通过对外欠款在当期漏计、少计或不计利

息费用或少估应付费用等方法来隐瞒真实财务状况。将发生在当期的销售费用有意挪到今后反映，不列入当期；广告费支出人为增大摊销期限，减少当期支出；已安装完毕交付使用的固定资产本应该记入固定资产，却仍挂为在建工程以减少折旧费用；设备维修或装修费用挂待摊费用或递延资产待以后年度摊销等。

比如，有一家公司年末待摊费用高达2500万元，递延资产5200万元，两项共占全部流动资产的22%，如按规定列入费用，该公司应减少利润1520万元。

此时，公司管理费用与销售费用占销售收入比重可能出现异常。如果公司采用费用资本化政策，非经营性资产（待摊费用、递延资产、无形资产、其他资产等）的比重可能显得离奇的高。

其一，提前、延后虚计费用，调节当期利润。

如把当期的财务费用和管理费用列为递延资产，从而达到减少当期费用以进行利润操纵。会计上提前确认费用的手段很多，比如，对原材料以领代耗，将应分担的材料全部计入本期产品成本，对剩余材料不办理假退料手续，致使直接材料成本虚增；采用高定额成本调节利润或少估当期产量，将在产品成本提前确认为完工产品成本；将本该计入"待摊费用"、"长期待摊费用"的支出一次性计入当期增益；一次性大额、全额计提坏账准备、资产减值准备，来年再采取有关办法收回，同时冲销上年费用，调剂各年利润；缩短固定资产的折旧年限或将一般折旧方法改为加速折旧法，增加折旧费用；减少无形资产的摊销期限，从而增加摊销费用；在提供建造合同时，在建造合同能够可靠估计时不是以完工百分比法确认费用，而是在成本发生时全额确认为当期费用。

延后确认费用与上述做法正好相反，尤其是对不是按月结算的费用，如水电费、利息费等，在一季或结算期时，将若干个月的费用一次列入支付月份的生产成本中，或将应由当月负担的费用和损失如广告费、修缮维护费用、试车损失等长期挂在"待摊费用"、"长期待摊费用"、"待处理财产损益"账上，造成损益不真实。一个实例就是，我国上市公司原野公司1989年至1991年共发生管理费用8300万元，其中1989年为1440万元，1990年为2730万元，1991年为4130万元，原野公司将管理费用列作开办费分摊给下属公司，分摊不了的作为"待摊费用"等挂账，直接造成几年的损益不真实。

对外负债的不当计算。一些企业通过对外欠款在当期漏计、少计或不计利息费用或少估应付费用等方法来隐瞒真实财务状况。将发生在当期的销售费用有意挪到今后反映，不列入当期；广告费支出人为增大摊销期限，减少当期支出；已安装完毕交付使用的固定资产本应该记入固定资产，却仍挂为在建工程以减少折旧费用；设备维修或装修费用挂待摊费用或递延资产待以后年度摊销等。

其二，收益性支出资本化，高估当期利润的审计。

支出是作为资产入账还是作为费用反映，其标准是该项支出是资本性支出还是收益性支出。虚盈实亏的舞弊行为往往是利用资本性支出与收益性支出界限并不明显，很难区别或严格划分时进行操作的。如美国的电信龙头——世界通信从 2001 年至 2002 年第一季度共将 38 亿美元的营业支出计入资本支出，目的就是为了虚报利润。因为费用性支出列为资本性支出可以推迟从利润收益中扣减的时间，并且可以将扣减分摊到以后数年之内，这样可以抬高公司当年或当季的账面利润。世界通信将 38 亿美元的收益性支出列为资本性支出，从而导致 2001 年现金流量虚增 63 亿美元，2002 年第一季度现金流量虚增 14 亿美元。

在我国费用计入资产的舞弊手段主要是利用固定资产、无形资产入账价值不易界定的特点将非货币性支出资本化。比如，对专门用于购建固定资产所发生的借款费用、发行债券筹集资金的发行费用，会计制度规定金额大的直接计入所购建的固定资产成本，而发生金额小的则计入当期财务费用。而在实务操作中，金额大小度的确定、发行费用中是否扣减发行期间冻结资金产生的利息收入，则为虚假确认费用舞弊行为的最好机会。

在自创无形资产入账价值的确认方面，费用资本化的舞弊手段就是将自行开发的无形资产在开发过程中发生的材料费，直接参与开发人员的工资及福利费用，开发过程中发生的租金、借款费用直接作为无形资产的价值构成。或者为避免开发失败，先将开发过程中发生的研究与开发费用计入各期损益中，当无形资产获得成功并依法申请取得权利时再将原已计入费用的研究与开发费用资本化。[①]

5. 四项准备金计提不到位，根据利润需求确定应计费用，不提、少提资产减值准备，虚增当期利润

现行《企业会计制度》对八项减值准备的计提只作了原则上的规定，计提标准以及比例的确定都由企业自行根据情况确定。目的在于使企业更稳健地确认当期收益，更真实公允地反映财务状况。《企业会计制度》规定，要求提取的损失准备，只要按照公司管理权限分别由董事会或股东会批准即可。这一政策本身又带来了一些新问题：为达到增加利润的目的，企业往往根据实际需

---

① 湖北省审计厅：《虚假确认费用会计舞弊行为的审计（一）》，中国审计网，2003 年 12 月 10 日。

要来确认损失准备；也就是说上市公司有了调整利润的新工具。一方面，准备的计提比例由公司自己决定，存在较大的弹性。不少上市公司出于种种原因，有调整利润的动机。因此，运用政策所赋予的职业判断权，就可以随意确定准备的计提比例，而社会监督、审计或证管部门却很难找到有说服力的理由进行干涉。另一方面，公司可以通过追溯调整来做文章。这在客观上为上市公司利用计提调节利润提供了可能。上市公司既可以"少提"来掩盖风险、虚增利润，也可以通过"多提"减少利润，为来年的利润增长埋下伏笔。

常见的手法是：对应收账款不计提坏账准备；对存货可变现净值低于历史成本时，不计提存货跌价准备；同时对固定资产、无形资产、在建工程、委托贷款等发生减值时不计减值准备，仍以历史成本反映，这样一方面高估存货，另一方面因少计管理费用、营业外支出而达到实际虚增利润总额。更有甚者，在存货因长期积压已发生霉变、腐烂或已过期且无转让价值时，会计上通过不处理或延期处理达到资产虚估、利润虚增的目的。当然也有些企业通过改变资产减值准备的计提方法来操纵利润数字。如关于短期投资跌价准备的计提方法，会计制度上规定可有三种方法供选择，即单项计提、分类计提、总额计提，企业可根据自己的需要在本该采用单项计提方法时却采用总额计提来抵消一部分跌价损失。再如坏账准备的计提企业可根据自己的需要采用低比例计提，或者在应收账款余额百分比法、账龄分析法和销货百分比法中灵活运用。

如已受到处罚的红光实业上市公司，在管理舞弊手段中就是通过隐瞒重大事项，对关键生产设备彩玻池炉废品率上升，不能维持正常生产的重大事实未做任何披露，导致其在股票发行上市申报材料中利润严重失真，虚盈实亏现象严重，按会计制度规定该项设备实质上已经发生了减值，应全额计提固定资产减值准备。

如某企业1998年末应收账款余额很大，1999年余额却显著减少，通过提高坏账的计提比例，就可以追溯调减1998年年度的收益，从而达到提高1999年净利润的目的，使两个年度的利润都发生了变化，即通过大量计提1998年存货跌价准备，减少存货的账面成本，在1999年将这些存货销售出去时，就可以得到较低的销售成本，从而增加1999年的账面净利润。另外，坏账准备的计提尚不彻底，计提范围有进一步扩大的必要，例如，应包括预付账款。从公布的资料来看，预付账款在总资产中所占的比例也不低，而且不乏账龄在一年以上的。只要是债权，就有发生坏账的可能，从稳健原则的角度出发，就应该照样计提坏账准备。而且，如果预付账款不计提准备，上市公司就可以将一些本来属于应收账款和其他应收款的项目，采用各种方法，在形式上转成预付账款，从而不计提准备，导致利润虚增。虽然有规定不允许为逃避计提准备把应收账款转为预付账款，但是就企业内部经济业务的复杂性来看，要混淆这个问题还是不难的。有人戏称，四项计提会计政策就像一块橡皮泥，可以由上市公司根据需要拉长捏短，搓圆搓扁。根据四项计提的有关规定，存货跌价准备是按照成本低于可变现净值的差额提取，长期投资减值准备按照账面价值低于可收回金额的差额提取。但是，存货和投资的可变现值，以及坏账准备的计提比例，都属于会计估计的范畴，是基于某种可能性而作出的估计，带有很大的不确定性，能不提的损失尽量不提，能由以后年度负担的费用尽量挪到以后年度，以达到操纵当期利润率的目的。靠政策的规定无法完全排除人为控制的因素，于是，对某些公司而言，四项准备金计提成了它们新的"利润增加点"。

如科龙公司在2002年主营业务收入仅增加1.58亿元的情况下，第一次公布的年报却实现了2.01亿元的净利润，这些利润引起了注册会计师的质疑。科龙公司2001年计提坏账准备和存货跌价准备高达6.87亿元而出现巨额亏损，但2002年大量坏账准备及存货跌价准备的冲回，使管理费用从2001年的9.12亿元骤降至0.35亿元。更值得注意的是，原公司第一大股东所欠的8.62亿元债务仍然计在"其他应收款"中，未予冲销。考虑到注册会计师的不同意见，科龙公司第二次公布的年报在24小时内骤降了50%，其中包括对2500万元原材料款拨备（即"存货计提"）冲回项的调整。在这里，计提就像游戏一样。计提的随意性不仅销毁了会计信息的连续性和可对比性，而且抹杀了会计准则的严肃性。

6. 潜亏挂账。潜亏挂账多见于濒临亏损的公司

某公司与三家房地产开发公司发生房地产纠纷，法院终审判决该公司败诉，并需向三家房地产开发公司共赔偿2786万元。公司未将上述终审判决赔偿计入当期损益，虚增当年利润2786万元。法院终审判决具有法律效力，公司纵然表示不服，也不能因此而拒不执行终审判决，即使是出于谨慎考虑，亦应将损失计入当年利润表。另有一家刚上市的高科技企业，上市招股说明书公布不久，上市募集资金刚完成，内部审计结果却是存货跌价损失和多年形成的应收账款呆烂账潜亏1836万元。这也是为争取上市，多筹资金惯用的一个手法。

7. 采用"线下项目"（即诸如投资收益、营业外收支等营业利润以下的项目）操纵利润

如果公司主要通过操纵线下项目来调节利润，反映在财务指标上就是这些公司的主营业务利润占利润总额的比重较同业公司会低。

(1) 操纵其他业务利润

其他业务是企业在经营过程中发生的一些零星的收支业务，其他业务不属于企业的主要经营业务，但对于一些公司而言，它对公司总体利润的贡献确有"一锤定千斤"的作用。比如吉轻工，1997 年主业亏损 4292 万元，可"庆幸"的是，其在 1997 年内兼并了长春轻工业机械厂，该厂于 1997 年 11 月进行了一项土地使用权转让，净利达 5198 万元，吉轻工也由此当年转亏为盈，净资产收益率达到 10.3%。

(2) 操纵投资收益

我国投资准则将投资定义为：企业为通过分配来增加财富，或为谋求其他利益，而把资产让渡给其他单位所获得的另一项资产。因此，投资通常是企业的部分资产转给其他单位使用，通过其他单位使用投资者投入的资产创造的效益后分配取得的，或者通过投资改善贸易关系等达到获取利益的目的。当然，在证券市场上进行投资所取得的收益实际上是对购入证券的投资者投入的所有现金的再次分配的结果，主要表现为价差收入，以使资本增值。但企业往往利用投资收益使之成为掩盖企业亏损的重要手段。例如四川峨铁，1997 年进行法人股转让，以每股 3.1 元价格卖掉 1000 万股"乐山电力"法人股，使其当年扭亏为盈，每股收益为 0.007 元。

(3) 调整以前年度损益

在利润表中，"以前年度损益调整"这个科目反映的是企业调整以前年度损益事项而对本年利润的影响额。因此，一些公司也因此而"置之死地而后生"。例如耀华玻璃在 1997 年度出现业绩严重滑坡，利润总额仅有 143 万元。但在利润表中，却出现了高达 3434 万元的以前年度损益调整。对此公司也给予了充分的解释：根据地方财政的有关文件对部分负责科目进行清理。一是"玻璃熔窑之一九机窑停产清理，不存在更新及大修理问题"，经批准将以前年度"预提的熔窑复置金扣除清理费用的余额 1180 万元冲销"；二是根据有关文件要求，"公司所欠的财政委托贷款利息就地核销，故将以前年度已计入财务费用的应核销利息进行调整，计 1574 万元"；三是"因 1997 年度公司经营效益欠佳，根据公司统一实行的工效挂钩办法，按年终财政部门清算的工资下浮额相应调整下浮工资，调整以前年度累计计提的效益工资计 680 万元"。

(4) 操纵补贴收入

在市场经济条件下，许多地方政府为了不让本地的上市公司失去宝贵的上市资格，也往往运用"看得见的手"，对上市公司进行补贴和帮助，一些公司也因此得到巨额补贴而实现了扭亏目标。例如，南通机床 1997 年获得补贴收入 1088 万元，是利润总额的 5.6 倍，里面含有已收取的增值税退税收入、安置特困企业费用补贴、地方所得税已退抵征、贷款银行利息核销等内容。

(5) 通过变更投资收益核算方法进行利润操纵

企业对外进行长期股权投资,一般使用两种方法核算投资收益:一是成本法;一是权益法。企业持有的长期股权投资,在下列情况下应采用成本法核算:投资企业对被投资单位无控制、无共同控制且无重大影响;不准备长期持有被投资单位的股份;被投资单位在严格的限制条件下经营,其向投资企业转移资金的能力受到限制。

当投资企业对被投资单位具有控制、共同控制或重大影响时,长期股权投资应采用权益法核算。但事实上一些企业却违反法律法规的规定,肆意变更投资收益核算方法,以达到操纵利润的目的。例如某公司1996年对深圳光大木材有限公司的长期投资所持股权为7.31%,远未达到当时有关会计制度的规定,对被投资单位持有25%以上股权时方能以权益法核算长期投资。因此,对被投资单位持有7.31%的股权并不符合采用权益法的条件,公司对被投资单位也未拥有经营控制权。但当年该公司却对投资收益的核算方法由成本法改为权益法,导致当期投资收益增加687万元。1996年其主营业务利润本是巨额亏损,可由于该会计方法变更和其他保留事项虚增的利润,竟然最终变亏为盈。

将长期投资收益核算方法由成本法改为权益法,投资企业就可以按照占被投资企业股权的份额核算投资收益(即实际上没有红利所得)。同时,所得税法则是根据投资企业是否从被投资企业分得红利及分得红利多少来征税的。因此,在被投资企业赢利的情况下,将投资收益核算方法由成本法改为权益法,一方面可以虚增当期利润,另一方面却无须为这些增加的利润缴纳所得税,真是一举两得,生财有度。

(三) 利用资产评估调节资产和所有者权益

例如,渤海公司1996年中期报告称:根据与外商合资的需要,由××会计师事务所、济南市地产交易物业估价所对长清热电厂、渤海康乐城两处资产进行了评估。根据《企业财务通则》第八条之规定,此法定财产重估增值计入了资本公积金。但事实上跟外商合作的康乐城保龄球馆和以长清热电厂部分转让成立东渤海热电有限公司合作企业尚未注册成立,此时不能将评估增值入账。

(四) 制造假文件,达到舞弊目的

例如,罗牛山在有关部门为其制作了虚假文件后达到了上市条件。蓝田公司在股票发行申报材料中还伪造了两份土地证以及三份沈阳市人民政府地价核定批复，伪造银行对账单，虚增巨额银行存款。如为达到虚增资产的目的，蓝田公司伪造了该公司及下属企业三个银行账户 1995 年 12 月份银行对账单，共虚增银行存款 2770 万元，占公司 1995 年财务会计报告（合并资产负债表）中银行存款额的 62%。综艺股份通过地方政府制造假文件和通过审计师事务所编制虚假验资报告，大庆联谊亦通过有关方面制造假文件欺诈上市，活力二八编造 1997 年 2320 万元银行进账单称配股资金到位。

（五）采用调整溢价比例进行缩股

例如，大明公司采用调整溢价比例的方式，对公司的股本进行调节，大明公司的招股说明书宣称："1993 年 4 月 10 日，公司召开创立大会暨第一次股东大会，审议并通过了公司筹委会工作报告、公司章程和股本总额、股权构成及调整溢价发行比例的方案，溢价发行比例为 1∶3，公司股本总额为 4800 万元。1993 年 5 月 8 日公司正式注册成立。"而事实上协议规定大明公司的股权证的发行价格为 1∶1.2，在股票发行和股权证登记时按 2.5∶1 的比例进行缩股，将公司注册资本 12000 万元缩减为 4800 万元。

（六）私自对冲账户款项

例如，西安饮食公司在未经会计师事务所同意，在 1998 年的年报中挂在其他应收款下的回购款分别与短期借款 1600 万元、一年内到期长期负债 2211 万元、其他应付款 1089 万元抵消。

（七）隐瞒重大事项

例如，佛山照明、中远发展、罗牛山、宝石公司、红光公司、顺鑫农业、蓝田公司、中集公司、嘉宝实业、西藏圣地和活力二八、闽福发都不同程度地存在隐匿重大事项行为。

二 上市公司财务欺诈成因

2002 年 1 月，中国总会计师协会向全国 23 家地区总会计师协会进行了问卷调查。其中，"你认为最近出现的上市公司严重虚假财务会计报告主要原因是：A. 会计人员职业道德有问题，占 9.03%；B. 公司治理不到位，占 45.48%；C. 相关法规不配套，占 28.09%；D. 地方政府严重干预，占 17.04%"。调查结果具有一定的代表性，比较客观地体现了建立会计诚信的内外部影响因素。

（一）公司治理结构的缺陷

股权结构的特殊性、国有股的委托—代理机制存在的问题以及公司治理结构的缺陷，使得上市公司在某些情况下成为内部人和大股东进行控制的工具，并为内部人的造假行为提供温床。

目前我国上市公司治理结构的特征和存在的缺陷主要表现在以下几个方面：

1. 上市公司发行的股票种类繁多，持有不同种类股票的股东对公司治理结构有不同的影响

目前在深、沪两市上市公司发行的全部股票中，既有 A 股也有 B 股，而 A 股中又包括国家法人股、社会法人股、职工股和社会公众股，B 股中则包含了外资法人股、外资股、境内社会法人股、境内个人股。因此存在着众多与公司有直接或间接利益关系的主体。这些主体持有公司的股票，就是公司的所有者，就有权参与公司治理以实现自身的投资目的，但不同利益主体各自的投资利益不尽相同，难免发生利益冲突，这就使得我国上市公司治理结构由于涉及面的广泛而变得更加复杂。

2. 股权结构以国家股和法人股等非流通股为主，尤以国家股比重最大，股权结构不合理

大多数上市公司是由国有企业改制或由国家和国家授权投资的机构投资新建而来的，加之《证券法》中关于企业改制过程中其国有净资产的折股比例不得低于 65% 的规定，使得新公司的股权结构中表现出国有股一股独大。而国家关于国家股和法人股不允许上市流通的规定，更从制度上确保了国有股的绝对优势地位。由此市场上就出现了这样的现象：即持有流通股的广大股东承担着由公司的经营业绩好坏引起股价波动的市场风险，却很难作为股东行使参与公司治理的权利，而持有国家股、法人股的股东独揽公司大权却不必承担股票市场的风险。这显然是一种不合理的现象。

3. 上市公司举债比例小，债权结构不合理

上市公司的债务多来自借款和应付款，债权筹资的比重低。由前文所知，广义上的公司治理结构包括股权结构、债权结构和董事会结构。债权人借助债务协议同样也可以对董事会实施一定的影响力，而这种影响力会最终反映在公司的经营活动中。在国外，由于债权筹资有成本低、债权人不能参与公司的日常经营决策和年终利润分配等优点，深受广大上市公司的欢迎。而在我国，情况却恰恰相反，尽管《证券法》中对上市公司发行债券的条件要比申请配股的条件宽松得多，可申请发行债券的公司仍寥寥无几。归结其原因，国家股占

绝对控股地位的现状很好地说明了这一点。上市公司即使给出了 10 配 10 这样高的配股比率，流通股的比重仍然与国家股和法人股相差甚远，加之流通股的股东多数是中小散户投资者，持股分散，所以配股根本无法撼动国家的控股地位。我国股东似乎完全可以忍受上市公司多年不分派股利的行为使得股票筹资成本甚至小于债券筹资的同期成本，上市公司当然会青睐于前者。①

4. 董事会中内部董事占绝大多数，董事会结构不合理导致权力失衡

董事从股东中选举产生，而持股数又代表着所持的选票数，因此控股股东通过推举代表其利益的董事参加董事会的方式掌控着董事会。我国多数上市公司中国家股占控股地位，自然代表国家的董事在董事会中占优势，而代表法人股、社会公众股的董事虽然人数众多，但处于票数上的劣势，这就使得董事会的投票决策机制形同虚设，出现了公司治理上的"无效区"。董事会通过聘任符合自己利益的公司经理阶层，达到层层控制公司的目的。目前我国多数国有企业的董事、经理还是由控股股东委派而来，其代表股东行使的权利过大，甚至出现了不少董事长兼任总经理的情况，总经理取代了董事会的部分职权，将董事会架空，自己管理自己，自己评价自己，成为名副其实的"内部控制人"，使得公司治理中的约束机制和激励机制完全丧失效力，这样的公司治理结构不仅损害了中小股东的利益，也损害了大股东自身的利益。

(二) 相关法规不配套

历来中国法律之特点，是从上（政府）而下达于个人的，是垂直性的，而不是无处不在地平衡地调整各个法律主体之间的关系的。这种历史特点，在当前的立法、司法和执法实践中还有很深的烙印。所以，政府虽然一直高举"保护中小投资者利益"的旗帜，但是，事实上，现有的法律缺乏保护个人投资者应有的诉讼程序，尤其是民事赔偿问题。特别是当个人、小股东面对的是代表着国家的国有上市公司的侵权时，无论从立法、司法，还是具体的行政执法上的法律保障都还很缺乏。这种局面的消极影响，是造成一种社会心理定势，或者说是"理念"，即："在这个市场中，随时随地准备骗别人，也随时随地准备被别人骗。"结果，投资者接收到的信息是"不用守信"，守信者成本太高而效益太低；背信者的成本和风险低得对之毫无阻碍作用。

法律上的这种特点体现在这个市场中，还有更深层的原因。主要是市场构成主体的独特性，除了国有股一股独大外，还在于中国之商业企业有其独特的历史局限性。与欧洲在 19 世纪被工业革命改头换面不同，19 世纪的中国迟迟

---

① 汤云为、陆建桥：《论证券市场中的会计研究：发现与启示》，《经济研究》1998 年第 7 期。

不能工业化，非官方的企业未能在 19 世纪的中国活跃起来。真正的商业在中国历史上一直得不到深入的发展。由此推论出的结果是，中国内地还没有出现完全成熟的真正意义上的商人阶层。

体现在法律上，中国的法律于是便没有按西方所熟知的路线发展。市场上的主体——上市公司还不是真正法律意义上的法人，当中的投资基金也具有众多国有企业的这种本质弊端。由此延伸开去，市场上大公司、大企业都是国有的或家族性的。相应的，生意上的关系还不是一种纯受法律与契约上通用原则控制的事务。也就是说，缺乏法律监管的土壤。[①]

（三）企业、地方政府严重干预

企业管理部门、企业领导人的非法干预造成主观意识上的会计信息失真，企业管理部门出于自身利益的考虑，授意并指使会计人员编造虚假的会计信息，以达到控制、占有或骗取国家及企业、出资人资产的目的，出现贪污腐败、群体犯罪等行为，从而导致大量造假案件的产生。虽然会计对于作假账有不可推卸的责任，但大多数假账的主要责任并不在会计，而在于有权支配会计的人，即单位的主要负责人、法人代表。无论怎么说，会计是受命、受制、从属于单位领导的，领导要求怎么做，会计不敢不那样做。如果胆敢抗命，会计就只有下岗的份。虽然会计也可以以《会计法》为武器在一段时间内使领导的违法指令受到抵制，但这种情形断难长久。领导岂是吃素的，会长期容忍一个敢于和他作对的会计吗？

由于现行体制的原因，上市公司的好坏往往涉及部门或地区的利益，因此上市公司与政府部门都有着千丝万缕的联系。近几年情况虽有明显好转，但还是面临来自行政部门的干预。这种干预，或通过领导打招呼，或通过红头文件给予上市公司税务减免、准予会计调整或其他方式的"输血"，使上市公司能获得一份干净的报告。

三 暗藏财务欺诈风险的因素

为帮助注册会计师在审计中及时发现问题、化解风险，做好会计报表审计工作，中注协专门组织行业权威和业内有关专家，就企业财务造假的诸多特点和表现进行了专题研究，并发布了《审计技术提示第 1 号——财务欺诈风险》。

[①] 李杰：《直面信用缺失，重建我国信用体系》，《新疆石油教育学院学报》2004 年第 1 期。

中注协发布的《审计技术提示第 1 号》列举了九大类 54 种可能导致公司进行财务欺诈或表明公司存在财务欺诈风险的因素，提醒注册会计师在执行公司会计报表审计业务时，应当予以充分关注，保持应有的职业谨慎。

中注协发布的九大类提示分别为：

1. 财务稳定性或赢利能力受到威胁

其中包括：因竞争激烈或市场饱和，主营业务毛利率持续下降；主营业务不突出，或非经常性收益所占比重较大；会计报表项目或财务指针异常或发生重大波动；难以适应技术变革、产品更新或利率调整等市场环境的剧烈变动；市场需求急剧下降，所处行业的经营失败日益增多；持续的或严重的经营性亏损可能导致破产、资产重组或被恶意收购；经营活动产生的现金流量净额连年为负值，或虽然账面赢利且利润不断增长，但经营活动没有带来正的现金流量净额；与同行业的其他公司相比，获利能力过高或增长速度过快；新颁布的法规对财务状况或经营成果可能产生严重的负面影响；已经被证券监管机构特别处理（ST）。

2. 管理当局承受异常压力

其中包括：政府部门、大股东、机构投资者、主要债权人、投资分析人士等对公司获利能力或增长速度的不合理期望；管理当局对外提供的信息过于乐观而导致外界对其产生不合理的期望；为了满足增发、配股、发行可转换债券等对外筹资的条件；可能被证券监管机构特别处理（ST）或退市；急于摆脱特别处理（ST）或恢复上市；为了清偿债务或满足债务约束条款的要求；不良经营业绩对未来重大交易事项可能产生负面影响；为了实现设定的赢利预测目标、销售目标、财务目标或其他经营目标。

3. 管理当局受到个人经济利益驱使

其中包括：管理当局的薪酬与公司的经营成果挂钩；管理当局持有的公司股票即将解冻；管理当局可能利用本公司股票价格的异常波动谋取额外利益。

4. 特殊的行业或经营性质

其中包括：科技含量高，产品价值主要来源于研发而非生产过程；市场风险很大，很可能在投入了巨额研发支出后却不被市场接受；产品寿命周期短；大量利用分销渠道、销售折扣及退货等协议条款。

5. 特殊的交易或事项

其中包括：不符合正常商业运作程序的重大交易；重大的关联交易，特别是与未经审计或由其他注册会计师审计的关联方发生的重大交易；资产、负债、收入、费用的计量涉及难以证实的主观判断或不确定事项，如八项减值准备的计提；尚未办理或完成法律手续的交易；发生于境外或跨境的重大经营活动；母公司或重要子公司、分支机构设在税收优惠区，但不开展实质性的经营活动。

6. 公司治理缺陷

其中包括：董事会被大股东操纵；独立董事无法发挥应有的作用；难以识别对公司拥有实质控制权的单位元或个人；过于复杂的组织结构，或涉及特殊的法人身份或管理权限；董事、经理或其他关键管理人员频繁变更。

7. 内部控制缺陷

其中包括：管理当局凌驾于内部控制之上；有关人员相互勾结，致使内部控制失效；内部控制的设计不合理或执行无效；会计人员、内部审计人员或信息技术人员变动频繁，或不具备胜任能力；会计信息系统失效。

8. 管理当局态度不端或缺乏诚信

其中包括：管理当局对公司的价值观或道德标准倡导不力，或灌输了不恰当的价值观或道德标准；非财务管理人员过度参与会计政策的选择或重大会计估计的确定；公司、董事、经理或其他关键管理人员曾存在违反证券法规或其他法规的不良记录，或因涉嫌舞弊或违反法规而被起诉；管理当局过分强调保持或提高公司股票价格或赢利水准；管理当局向政府部门、大股东、机构投资者、主要债权人、投资分析人士等就实现不切实际的目标作出承诺；管理当局没有及时纠正已发现的内部控制重大缺陷；管理当局出于逃税目的而采用不恰当的方法减少账面利润；对于重要事项，管理当局采用不恰当的会计处理方法，并试图将其合理化。

9. 管理当局与注册会计师的关系异常

其中包括：频繁变更会计师事务所；在重大的会计、审计或信息披露问题上经常与注册会计师发生意见分歧；对注册会计师提出不合理的要求，如对出具审计报告的时间作出不合理的限制；对注册会计师施加限制，使其难以向有关人士进行询证、获取有关信息、与董事会进行有效沟通等；干涉注册会计师的审计工作，如试图对注册会计师的审计范围或审计项目小组的人员安排施加影响。

四 财务欺诈的识别与判断

（一）分析公司行业政策尤其是近期公司大的方针政策，发现不合理的财务指标，揭示舞弊的征兆

通过利用报表和报表附注相关项目之间的勾稽关系，可以对公司存在的

利润操纵行为作出相应的识别。此外，通过计算"应收账款周转率"和"存货周转率"来修订计算出的"流动比率"和"速动比率"，通过现金流量表附注部分的"将净利润调整成生产经营活动获得的现金流量"中所列示的"固定资产折旧"、"无形资产摊销"项目的数额，与资产负债表中的"固定资产原值"和"无形资产"的数额相比较，也可以对公司所披露的相关会计政策的执行情况作出推断。这些都是很有效的鉴别会计报表可靠性的方法。通过这些方法来增强专业判断能力，无疑会大大提高注册会计师的专业胜任能力，提高审计质量，降低执业风险。

行业是影响财务报告舞弊的一个重要因素。充分了解国家宏观经济环境尤其是尽可能捕捉、搜集同行业竞争对手资料，进行横向比较易发现舞弊问题。因为，任何宏观经济环境的变化或行业竞争对手政策的改变都会或多或少地影响着公司的竞争力甚至决定着公司的命运。那些国家产业政策不支持，行业政策变化又较快，发展中或竞争时对新资金有大量需求，对单一或少数产品、顾客或交易过分依赖的夕阳工业，因经济或其他情况导致的产能过剩濒临倒闭的上市公司更容易造假。这类上市公司实际业绩都很差，但为了圈钱和炒作需要，或者利用会计手段调节业绩，或者直接虚构业绩，使之三年微利或保配然后一年大亏，这类企业业绩有太多的粉饰，没有可信性。据实证研究表明，计算机及数据处理服务行业、科学和医药仪器制造行业、家庭用具及电气设备制造业和计算机制造业等行业的公司财务报告舞弊比较集中。

当上市公司融资能力（包括借款及增资）减低，营业扩充的资金来源只能依赖盈余，为维持现有债务的需要必须获得额外的担保品，订单显著减少，未来销售收入下降，成本增长超过收入的增长，应计利润与总资产之间呈反比例相关，应收账款急剧增长，现有借款合约对流动比率、额外借款及偿还时间的规定缺乏弹性，盈余品质逐渐恶化，上述恶化的财务状况表明公司迫切需要维持有利的盈余记录以维持股价，其财务报告比非舞弊公司有更高的财务杠杆、更低的资本周转率，其流动资产的比例更高，其中绝大部分是存货和应收账款。如银广夏舞弊案中有两个比较有趣的同步增长：（1）公司 2000 年年末的货币资金和应收款项合计比 1999 年年末的该合计余额增加 6.67 亿元，而短期借款同期也增长 5.86 亿元；（2）公司的收入和应收款项也保持大致比例的快速增长，如公司合并报表的销售收入，1999 年为 3.83 亿元，2000 年为 9.08 亿元；公司的合并报表显示的应收款项 1999 年年末为 5.05 亿元，2000 年为 9.09 亿元。如果我们稍加分析，就不难看穿：在公司宣称的高科技生物制品大量高价外销的情况下，这样的大致同比例的增长，本身就显示了公司已经存在比较大的财务风险了。①

对财务欺诈颇有经验的美国库珀和莱布兰德兄弟公司（Coopers & Lybrand）会计师事务所总结出，当出现如下财务指标的异常现象时，就需要格外关注管理者是否存在财务欺诈的可能：

（1）现金短缺、负的现金流量、营运资金及/或信用短缺，影响营运周转。

（2）融资能力（包括借款及增资）减低，营业扩充的资金来源只能依赖盈余。

（3）成本增长超过收入或遭受低价进口品的竞争。

（4）现有借款合约对流动比率、额外借款及偿还时间的规定缺乏弹性。

（5）存货大量增加超过销售所需，尤其是存在高科技产业的产品过时的严重风险。

（6）盈余品质逐渐恶化，例如折旧由年数总和法改为直线法而缺乏正当理由。

为了帮助审计师更好地识别上市公司是否存在财务欺诈，本内斯（Beneish）教授（1999）对进行财务欺诈的上市公司和"清白"公司进行比较，发现两者财务指标存在显著差异，如果出现下面的任何一个或几个现象，财务欺诈的可能性上升：应收款项大幅增加；产品毛利率异常变动；资产质量下降（固定资产净额之外的其他长期资产/资产总额）；销售收入异常增加；应计利润率上升。

韦尔斯（Wells，2001）提出注册会计师在分析企业财务报告时，应当关注以下趋势：存货上升幅度超过销售收入；存货周转率下降；运输费用（销售费用）/存货比率下降；主营业务毛利率上升，这些都可能预示企业管理当局虚增利润。SAS 第 82 号《财政决算审计中的欺诈补偿费》（*Consideration of Fraud in a Financial Statement Audit*）也列举了检查企业利用存货操纵利润的分析性方法：存货占资产总额比例上升、主营业务成本占主营业务收入比率下降、存货周转率下降等。

李、英格莱姆和霍华德（Lee，Ingram & Howard）对盈余与经营活动产生的现金流量之间的关系进行研究，结果发现，在公司财务欺诈戳穿以前公司盈余要比戳穿之后的盈余高得多，但是经营活动产生的现金流量则相反，也就是说，在财务欺诈发现前盈余减去经营活动现金流量的值为正。因此，他们认为，盈余—现金流量关系的审核是诊断是否存在财务欺诈的优良工具。

---

① 娄权：《我国上市公司财务报告舞弊行为之经验研究》，《证券市场导报》2003 年第 10 期。

同属一个相同的行业，各个公司的财务指标之间一般不会出现非常大的差异，如果异常差异存在，则预示着公司存在财务欺诈的可能。普尔森（Persons）研究发现，财务欺诈公司比非财务欺诈公司具有更高的财务杠杆、更低的资产周转率，其流动资产的比例更高，其中绝大部分是存货和应收账款，公司规模通常较小。豪威特（Hawetal,1998）对我国上市公司盈余管理行为的研究发现，中国上市公司对账面利润的操纵，很大部分集中于"线下部分"，即诸如投资收益、营业外收支等"非经常性盈余"部分，如果上市公司的主营业务利润率持续降低，或者远远低于同行业水平，说明该公司存在财务欺诈的可能。

以上文献中发现的财务欺诈征兆的财务指标构成了我们研究的变量，同时针对我国上市公司财务欺诈的深入分析，我们增加了以下指标：

产品销售税金及附加占销售收入的比重。企业产品销售税金及附加占销售收入的比重通常是比较稳定的，而且同行业之间不会存在太大的差异。如果企业销售税金及附加占销售收入的比重突然下降，或者显著低于同行业水平，就可能意味着财务欺诈的存在。例如，黎明股份1999年实现主营业务收入40942.56万元，而主营业务税金及附加仅为82.43万元，比例只有千分之二，同期，同行业凯诺科技为0.728%，华茂股份为0.745%。

所得税占利润总额的比例。在应付税款法下，企业所得税费用是根据税法计算而得，由于税法与企业会计制度在收入与成本的计算口径和确认时间上存在差异，根据利润表中的"利润总额"与"所得税"计算的账面税率通常不等于法定税率，如果账面税率显著小于法定税率，则说明企业的会计利润质量可能存在问题。例如，银广夏1999年利润总额1.76亿元，所得税仅508万元，账面税率为4%；2000年实现利润4.23亿元，所得税719万元，账面税率不到1.7%；以公司缴纳的所得税为基数，即使按照15%优惠税率，推算出银广夏1999年应税利润3387万元、2000年应税利润4793万元，应税利润与账面利润两年累计相差51720万元。

（二）分析有关联交易的子公司财务报告及其附注，若不符合披露的充分性及重要性原则，则明显有对投资者欺骗的嫌疑

没有识别关联方交易是导致审计失败的常见例子。银广夏编制合并报表时，未抵消与子公司之间的关联交易，也未按股权协议的比例合并子公司，从而虚增巨额资产和利润。有的上市公司通过关联方交易将巨额亏损转移到不需审计的关联企业，从而隐瞒其真实的财务状况。有的上市公司则与其关联企业杜撰一些复杂交易，大股东截留货款，转为对上市公司的应收款项，长期拖欠

不还，造成上市公司资金拮据，周转不灵，最终陷于困境。如下交易则明显有对投资者欺骗的嫌疑：（1）一些非同寻常的大额和获利丰厚的交易，如以远高于账面价值的价格将下属公司转让给控股股东，但收取少量或未收取现金；（2）在未花费代价或很少代价的情况下，收购控股股东下属的子公司；（3）将大量的款项贷给控股股东，款项回收不理想，或者以高于市场利率计息；（4）控股股东减少客户的利息费用或减免债务；（5）控股股东以非现金资产认缴股份，而且作价远高于账面价值；（6）股东以向公司借款认缴股份或虚构银行进账单认缴股份；（7）巨额的法律诉讼。

对关联交易的分析通常采用交集原则和重要性原则并存手法揭示异常情况。在分析时，往往采用比较分析法（本月与上月比较），从增长额（绝对数）、增长率（相对数）两方面比较以揭示异常情况。假定分别对费用增长额前十位（定义为集合 A）及增长率前十位（定义为集合 B）的子公司进行排名，并定义集合 C＝A∩B，则集合 C 中子公司将是重点分析的对象之一，这就是"交集原则"。然而，交集原则并不一定能够揭示出全部费用异常的子公司，为此遵循"重要性原则"显得必不可少。

在报表附注资料中，天津广夏公司明知银广夏公司的总部没有一分钱的业务收入和业务成本，纯属于一个投资控股公司，却没有披露包含公司最重要业务收入和利润来源的报表及其说明，倒是对投资者判断公司用处不大的数十家子公司股权投资和其他股权投资概况作了大篇幅的列示，不符合披露的重要性原则，明显有对投资者欺骗的嫌疑。

（三）盈余减去经营活动所产生的现金流量的差值指标分析

在舞弊发现前的年份里的盈余要比发现后年份的盈余高很多，但经营活动的现金流量则是舞弊发现前的年份比发现后的年份低，所以在舞弊发现前盈余减去经营活动现金流量的值为正，舞弊公司通常比非舞弊公司报告更高的盈余，因此认为：盈余减去经营活动所产生的现金流量的差值指标为负值，负的现金流量表明现金短缺或信用短缺，影响营运周转，是潜在舞弊的一个信号。当然，这一信号只是发现财务报告舞弊的第一步，如果结合存货（如存货大量增加超过销售所需，尤其是高科技产业的产品过时的严重风险）、应收账款等项目的分析，将会产生更好的效果。

在银广夏舞弊案中，公司在会计报表附注中对公司的货币资金 2000 年年末比 1999 年同期增加 2.27 亿元，增加 69.39% 的原因表述为"公司本年度的销售增加，且回笼现金较多所致"。但是从公司的资产负债表和现金流量表可以知道：（1）公司 2000 年比 1999 年增加短期借款 5.86 亿元。

(2) 在公司的现金流量表中，显示公司的现金净流量主要来源于公司的借款。即公司的净现金流量增加 2.27 亿元，来自于公司经营活动为 1.24 亿元，来自于公司的筹资活动（借款）为 3.45 亿元，来自于公司的汇率变动形成货币资金增加 0.14 亿元，适用于公司的投资活动（主要是购买固定资产、在建工程等）等使现金流量减少 2.56 亿元。(3) 从公司的资产负债表可知，公司 2000 年度的经营和其他活动，使公司的应收款项增加 4.4 亿元，增加 96.5%。因此，从上面的判断来说，公司 2000 年年度的销售及销售货款回笼并不理想，公司资产负债表货币资金的增加绝不是主要来自于公司的销售而是来自于借款，公司希望以巨额的货币资金的囤积来显示销售及货款回笼情况。尽管有各种炫目的所谓高科技生物技术光环在掩护银广夏，但是在银广夏的 2000 年年报里，盈余减去经营活动所产生的现金流量的差值指标为负值，这已经露出许多作弊的马脚。

（四）内部控制制度及环境的分析

健全的内部控制有助于预防及检查员工舞弊，如管理阶层蓄意舞弊以虚报财务报表，则内部控制将被逾越而失去功能。因此，内部控制制度对于预防及检查管理舞弊的作用不大。审计人员在审计时，必须对可能导致管理舞弊的征兆提高警觉，这些征兆有人称之为红旗（Red Flag）或警讯（Warning Signal）。

在很多情况下，除了上市公司管理者的合谋，还可能存在公司与外部相关主体的共谋。所以虚弱的内部控制制度及环境，公司的高速成长与长期趋势不一致的获利水平，管理者对实现赢利预计的过度强调，以往曾经向审计师传递虚假信息或者干脆躲避审计师的管理者，所有权结构以及在财务报告态度的进取性和内部控制虚弱之间的相互作用情况都是财务报告舞弊中具有显著性的风险因素。其他一些现象也是舞弊可能发生的信号，比如，经常更换外部审计师、管理层频繁变动、管理阶层严格要求主管达成预算的倾向、关联交易、与客户或供应商之间不同寻常的关系等。

（五）在审计中应重点关注的事项

由于上市公司在粉饰会计报表方面的手段日趋多样化，并具有一定的隐蔽性，注册会计师按照正常的审计程序往往难以发现公司可能存在的财务欺诈行为。因此要有效识别和防范上市公司财务欺诈，注册会计师应对下列问题重点关注并加以适当评估：

1. 持续经营的能力

经济不景气可能导致有些公司的经营业绩及资产流动性产生恶化。某些个别公司如果对经济情况的负面变化特别敏感,则可能迅速演变成财务危机而产生能否继续经营的疑虑。这些负面的趋势包括持续性亏损,营运资金短缺,借款到期无法偿还,供应商拒绝赊销或主要顾客流失等。面对这些可能的风险因素,注册会计师应主要考察的内容包括:(1)目前的情况及事件是否能借由管理层妥善计划及有效实施而缓和;(2)公司对解决财务困难计划的执行是否能够掌握而不依赖他人的行动;(3)公司对继续经营的假设是否是基于对所需资金或资产变卖所作的切实可行(而非过度乐观)的评价;(4)公司对流动性的挑战是否已适当地应付及披露。

2. 关联交易

公司管理层当面临实现财务目标的压力时,常利用关联交易加以应付。关联交易常只有交易形式而欠缺经济实质,交易的价格及付款条件有时也很特殊。在经营困难之际,不难发现有些交易的对方实质上根本没有能力或动机完成该笔交易。安然公司虚列盈余,有很大部分就是通过关联交易达成的。针对可能的关联交易,注册会计师应考察的重要内容包括:(1)管理层是否有既定过程以辨识关联方及关联交易;(2)是否有足够的信息用以彻底了解及评估交易双方的关系;(3)交易的双方是否有动机及能力执行此项交易;(4)是否按照交易的实质(包括任何不寻常的情况)决定此项交易的会计处理;(5)有关交易的性质、内容及关系的披露是否充分。

3. 非常交易

上市公司定期对外公告经营业绩,万一业绩未达到预期,公司常在季末或年底当日或前数日作重大调整分录或完成非常交易。非常交易包括出售非经常性营业的资产、重大或不寻常的期末收益、推出新的期末促销计划或处置公司的某一部门。由于这些类型的交易或调整,超出了公司的正常经营业务,因此公司内部控制制度不易发挥制衡作用。面对非常交易的风险,注册会计师应重点考察的内容包括:(1)注意非常交易达成的目的,及其产生的效益或义务是否必要及合理;(2)非常交易(尤其是在资产负债表日或前数日完成)是否受到有效的控制;(3)这些类型的交易对年度或季度经营成果的影响是否特殊,以及在财务报告中对这些非常交易是否作了适当披露;(4)在决定适当的会计处理及披露时,对交易的任何"特殊"或"附加协约"的可能安排,是否曾加以考虑;(5)对期末或季末当天或数天前的非正常的调整分录是否加以适当复核。

4. 资产负债表外交易

为显示较好的财务实力,许多企业利用资产负债表外交易的安排以规避资产及负债的入账。安然会计丑闻曝光后,特殊目的的实体(SPE)也引起了广泛的关注。针对资产负债表外交易的风险，注册会计师应重点考察的内容包括：（1）了解设立 SPE 的性质、目的及运作，以了解其是否为合乎条件的特殊目的实体（Qualifying SPE）；（2）了解谁控制 SPE 及其相关风险与报酬由谁承担，以确定不予合并的会计处理是否恰当；（3）注意衍生金融商品的会计处理及披露是否适当。

5. 重大性的应用

会计实务的处理常涉及估计判断，例如银行业对不良放款的呆账准备，保险公司对保险的理赔准备，公司对存货的跌价损失准备及购并商誉无形资产的评价。公司管理层对注册会计师审计过程中发现的差异，常以不具重大性为由，要求不予调整财务报表。由于重大与否，颇具主观性，一般人常试图以经验的量化标准来衡量，例如，以税前收益的 5% 或总资产的 10% 作为门槛。评判不实表达的重大性，注册会计师应主要考察的内容包括：（1）决定不实表达的个别及合计金额是否对财务报表上主要项目金额或比率造成重大影响；（2）决定不实表达的机构是否增加管理层的薪酬与奖金；（3）不实表达金额是否影响公司履行债务合约的财务比率要求；（4）不实表达是否改变盈余或其他指标的趋势，或者隐藏以致未达到证券分析师的预期目的；（5）不实表达如未调整是否会误导报表使用者对公司经营情况及财务状况的理解。

6. 适当披露

要确保会计信息的质量，恢复投资者的信心，增进财务报告的披露内容的及时有效是关键。即管理层应努力做到会计信息透明化，以满足报表使用者及时准确获知的需要。投资者需要的是公正透明的重要信息，不只是公司按照专业准则或法规所提供的格式化的信息，还需要任何有助于其充分了解及评价公司实质的风险及报酬的相关信息。尤其是下列较为复杂或特殊的项目：关联交易、资产负债表外交易、衍生金融商品、企业并购、对外财务保证、背书及其他或有负债、流动性及持续经营、重大估计、风险及不确定性。[①]

---

① 明丽：《浅析上市公司财务欺诈的审计对策》，《中国注册会计师》2002 年第 12 期。

第 二 篇

注册会计师管理对策

第四章 注册会计师诚信危机透析

2001年11月底,审计署对16家具有上市公司年度会计报表审计资格的会计师事务所全年完成的审计业务质量进行检查,共抽查了32份审计报告,并对21份审计报告涉及的上市公司进行了审计调查,发现有14家会计师事务所出具了23份严重失实的审计报告,造成财务会计信息虚假,涉及41名注册会计师,造假金额达70多亿元。

注册会计师作为会计信息的鉴证者,对维护正常的市场经济运行秩序具有重要作用。"独立、客观、公正"是注册会计师职业诚信的重要内涵,离开了这一点,诚信就无从谈起,注册会计师行业就失去了生存和发展的基础和空间。国内外曝光的"银广夏"、"麦科特"、"安然"等事件,再次警示我们,诚信是市场经济的基石,诚信对注册会计师行业尤其重要,任何执业机构和从业人员都必须严格遵守诚信原则和"市场规则",贪图一时之利而置道德和规则于不顾,必将受到严厉惩罚。注册会计师诚信危机的成因,可从以下几个方面进行分析:

一 注册会计师和会计师事务所自身原因是引起诚信危机的重要因素

(一) 利益的驱使

利益的驱使,使注册会计师往往迁就客户,影响了其应有的保持审计过程中的超然独立性。独立性是注册会计师行业的生命所在,一旦失去独立性,注册会计师就其为客户财务报告发表审计意见的真实性、公允性必然大打折扣,独立性的丧失是中天勤和安达信审计失败的重要原因。中天勤会计师事务所在案发前主要合伙人不是把主要精力放在做业务上,而是放在拉项目、拉关系上,合伙人提出"业务量第一,客户至上,应该尽量满足客户的要求"。对此,事务所的一位注册会计师认为,在拼命追求业务量的环境中,注册会计师要想保持超然独立的立场很难。安然公司破产前,安达信一直是它的报表审计机构,2000年安达信从安然公司获得5200万美元的收入，其中咨询收入2700万美元，审计收入2500万美元，英国《金融时报》认为，由于会计师事务所的咨询与审计业务没有完全分开，这种关系过于亲密，缺乏独立性的结构，难免引起会计师事务所与客户的相互勾结，中介机构的诚信值得怀疑。

（二）激烈的竞争

激烈的竞争使注册会计师简化甚至省略了应有的审计程序，弱化甚至放弃了谨慎性，大大增加了审计风险。

会计师的职业行为是一种商业行为，客户接受审计要支付一定的审计费用。对会计师事务所来讲审计成本一般与审计业务量的多少成正比，与审计失败的风险成反比，如果进行详细、全面的审计，则审计失败的风险很小，但审计投入的成本却很高，相反，如果审计程序过于简单，则审计成本很小，但审计失败的风险却很大。通常，会计职业界会在三者之间寻求一种均衡，并由行业组织制定审计业务指导价。但是由于现实中会计市场供求状况是僧多粥少，事务所为保住和扩大市场份额、争取或稳定已有客户，在竞争中必然相互压价，为了在低廉的收费中保持一定的利润空间，事务所愿意支付的审计成本必然降低，这样会计师在审计过程中就会减少甚至省略必要的审计程序，弱化甚至放弃谨慎性这一会计师最基本的职业操守。按照审计准则的要求，审计报告的完成要经过合伙人、项目经理、主审会计师三级复核，但中天勤会计师事务所在对银广夏的审计中只进行了两级复核，更为滑稽的是应收账款询证函竟然由被审计单位寄出，再由被审计单位收回交给事务所。同样安达信公司近年来急于拓展业务，事务所内部约束力有所下降，为了节约审计成本，尽可能减少审计程序，结果在对安然公司的审计中，竟然没有审计出虚增利润、隐瞒债务等重大财务问题。[①]

民间审计职责非常广泛，业务量也非常大，因而各种会计师事务所、会计中介机构如雨后春笋般地迅速发展。民间审计的飞速发展产生了监督市场的竞争，"垄断"性的竞争演绎了竞争的"无序"性。主要表现在：审计委托人成了民间审计的"顾客"，为争得"回头客"，监督还敢当真？民间审计要对"顾客"提供优质"服务"，包括不公开审计委托人认为不能公开的"秘密"，否则审计委托人就另谋他人来"服务"了。有的会计师事务所为了打造品牌，擅自降低收费标准不说，竟然承诺"保证委托人不出问题"，视法律法规为儿

[①] 李永森、张艳辉：《从银广夏到安然，从中天勤到安达信——审视会计师事务所诚信危机》，中国石油网，2002年4月3日。

戏，不负责任地出具无保留意见的审计报告。"银广夏事件"、"红光事件"就是这种无序竞争的结果。

（三）注册会计师审计本身固有的局限性

由于当前不合法、不规范业务的普遍存在，剥离模拟的虚构性，资产重组暗箱操作，关联交易繁多。加上经济转轨时期政策法规的多变，致使注册会计师审计对合法性、公允性、一贯性表示意见变得困难重重。

对注册会计师查错纠弊责任的认识，社会公众与职业界之间一直存在着期望差距。社会公众期望会计师能毫无遗漏地发现被审计单位存在的各种舞弊行为，但注册会计师审计不是万能的。由于受到其自身审计技术、审计方法、审计成本、审计时间等因素的限制，即使是世界上最优秀的会计师事务所和注册会计师出具的勤勉尽职的审计报告，也不能完全保证其审计后的会计报表数据绝对真实、公允。而且，注册会计师审计要以客户的诚信为基础。注册会计师的作用不能盲目夸大，他们的服务没有强制性，只是委托和被委托关系。

（四）会计师事务所组织机构的缺陷

目前国际上会计师事务所组织形式有个人、合伙、有限责任公司和有限合伙制等几种形式，我国的会计师事务所组织形式主要采用两种：合伙制和有限责任公司制。在近5000家事务所中，90%以上的事务所选择了有限责任公司这种组织形式，只有很少一部分采用合伙制，这与国际大多采取合伙制的做法正好相反，这种组织机构最大的区别是对造假行为承担的责任上，是有限责任还是无限责任，进而起到约束会计师的职业行为的作用。有限责任公司仅对其业务行为承担有限责任，大多数会计师事务所注册资本仅为30万元，也就是说会计师事务所违规的最高赔偿也就是30万元，这显然不利于对会计师审计工作的约束，而合伙制则不同，违规一旦被发现，会计师事务所要以其全部财产承担赔偿责任，如果还不足以赔偿，作为合伙人的注册会计师还要以其自家财产承担赔偿责任，甚至有倾家荡产的可能，这种组织形式显然有助于提高注册会计师的风险意识和自我约束意识，提高审计质量。

（五）知识的频繁更新与会计师事务所的人员结构的两极分化

我国现在的会计师事务所一般都实行三级复核。严格的三级复核将有效地减少审计失败的概率。一般而言，第三级复核者是会计师事务所的高层主管，一般由会计师事务所的主任会计师承担。在审计工作底稿的重大问题的把握上，第三级复核者起着关键的作用。因此，严格的三级复核要求会计师事务所的高层主管有丰富全面的知识和良好的经验判断能力。我国早期的注册会计师资格是通过考核取得的，年龄普遍偏大。现在占据会计师事务所高层主管的大多是早期考核制下获得注册会计师资格的人员。我国近十年来证券市场得到了大力发展，各种法规制度不断颁布和修改，知识更新非常频繁。年龄老化的会计师事务所的高管是否能跟上知识更新的步伐？许多会计师事务所的第三级复核形同虚设，完全是走走形式而已，并不能发挥真正的作用。

二 上市公司的制度缺陷与管理缺陷

（一）经济转轨时期的公司上市先天不足

从历史的角度看，我国证券市场发育于经济体制的转轨时期，具有较强的政府推动特征，带有浓重的计划经济色彩。证券市场的一个重要功能就是融资，而我国的上市公司大都担负着国企改革脱困的历史使命。在行政审批制下，由于实行"规模控制，限报家数"政策，股票发行额度成为稀缺资源。地方政府希望通过上市融资解决本地区大型国企的改革脱困。因此，才有地方政府出面争指标额度的做法，并通过政府的行为指定、安排某某企业上市。对于那些质地优良、现金流量充裕的企业来说，自身谋求上市的动因并不是很强，但地方政府也往往用行政方式推动其上市，并附加一些帮助其他企业脱困的条件。比如黎明服装上市时，按照当地政府的要求就必须兼并一家亏损企业。同时，绝大多数国有企业上市前不是股份公司，通过短短几个月的改制便发行上市（直到2000年以后才有一年辅导期的规定）。在这极短时间内完成的改制上市，使大多数上市公司基础不牢，与上市公司本身的运行机制要求相比差距甚远，漏洞和缺陷很多。

（二）剥离与模拟政策使财务会计信息失真成为必然

剥离与模拟等"创新"侵蚀着会计信息真实性的根基。剥离与模拟与企业改制上市相伴而生，在我国证券市场的发展中，剥离与模拟功不可没，没有它就没有上市公司，但它从根本上动摇了会计信息的真实性。剥离与模拟，是化腐朽为神奇的秘籍，三年又一期的会计报表所展示的经营业绩和财务状况往往令国外同行汗颜。通过"整容"上市后业绩滑坡了怎么办？保持"资金运动"，通过配股、增发"圈钱"，以增量掩盖存量的不足，再剥离，再模拟。倘若剥离与模拟继续存在，上市公司只会赢利，不会亏损。但这种赢利是财务会计意义上的利润吗？所以说，剥离与模拟与其说是"会计创新"，不如说是滋生会计造假的温床，进行过重大剥离与模拟的，应视其经营业绩的连续性和可比性遭到破坏，必须经过三至五年的时间重新检验"整容术"的稳定性，方可准许这类企业上市、配股或增发。

所谓剥离与模拟，就是通过剥离劣质资产、负债及其相关的成本、费用和潜亏，将亏损企业模拟成赢利企业。由于拆出来的主体原来并不存在，所以上市主体是虚拟的，上市前三年财务数据是虚拟的，其持续赢利的能力也是虚拟的，没有真实可靠的历史资料，其可信度自然就比较差。

如果公司真有成长的话，通过上市后的公司运营，模拟的问题就会逐步消化。但由于我国上市公司的先天不足，许多首次发行股票的上市公司，特别是剥离劣质资产上市的公司，由于经过大规模的上市改组，其前三年的业绩与实际业绩相差太远。所以，不少招股说明书上讲的三年业绩良好的公司，往往第一年赢利，第二年亏损，第三年就 ST 了。

（三）重组和关联交易成为上市公司掩饰谎言的工具

公司重组对于企业扩大经营规模、改善资产结构等方面有着积极的作用。关联交易作为一种独特的经济现象，在市场经济环境中也是不可避免的。但是在我国，由于上市公司的先天不足和剥离模拟的业绩在公司上市后不能得到持续的实现，重组和关联交易往往演变成公司掩盖赢利缺陷的重要手段。按规定，上市公司申请配股其前三年每年的净资产收益率必须在 10% 以上，上市公司如果连续三年亏损，将被停牌。由于大多上市公司质地不高，上市后只有通过源源不断的配股、增发"圈钱"的"资金运动"，企业才可以增量资金掩盖存量资产的低效率。而公司停牌，不仅对企业稳定，而且对股东、债权人，特别是银行，都将是巨大的损失。因此，通过重组和关联交易操纵利润成为达到配股、增发和避免停牌的最佳途径和主要动机[1]。

一些上市公司的重组和关联交易通过资产置换、股权转让、托管经营、内部转移定价、出售无形资产等，将巨额亏损转移到不需审计的关联企业，以此隐瞒其真实的财务状况，虚构业绩。有的甚至赤裸裸地实施"无偿赠予"。有的上市公司还与其关联企业杜撰一些复杂交易，单从会计方法上看，其利润的确认过程完全合法，但它却永远不会实现。这样，通过重组和关联交易，企业的报表固然好看了，但经营能力却没有得到有效的提高，企业业绩没有得到根本的、长期的改善。几乎所有的上市公司与关联方之间均存在着密切的购销、

---

[1] 姜志华、刘斯敖：《外资并购上市公司的利弊分析》，《投资与证券》2004 年第 1 期。

资产重组、融资往来以及担保、租赁等事项。

资产重组与关联交易会使会计沦为"魔术"之虞。会计是一门科学，还是一门艺术？黄世忠认为会计可能是一门"魔术"。通过资产重组和关联交易，上市公司亏损一夜之间就可变成赢利，从四个案例透视"魔法"："有妈的孩子像个宝"——广电股份，6926万元的土地卖得21926万元，获利15000万元；1454万元的下属企业卖9414万元，获利7960万元。两笔暴利22960万元占当年利润总额9733万元的235.9%，剔除暴利后，亏损13277万元。"发扬雷锋精神"——陕长岭，大股东为解决拖欠债务问题，2000年10月30日将其持有的圣方科技的1000万股股权以每股1元转让给陕长岭，2000年11月22日陕长岭以每股8元的价格将这些股权转让给美鹰玻璃公司（关联企业），获得7000万元的投资收益，占当年利润总额1604万元的436.4%，剔除后，亏损5396万元。令魔术大师们自叹不如的"摘帽高手"——ST包装，2000年11月25日将其持有的四川长信40%的股权以4800万元让给尚未入主的潜在大股东（四川泰港集团），确认4800万元的投资收益（因长信资不抵债，长期投资已减记至零），资不抵债的股权可以卖4800万元，真是匪夷所思！占当年利润总额1622万元的295.9%；若剔除，亏损3178万元。同样是在2000年11月25日这个大好日子里，四川泰港集团将其持有的四川神岩凤景区旅游公司95%股权（评估值18943万元）无偿赠送给ST包装。ST包装由此确认了12692万元的资本公积，其余作为递延税款，每股净资产由1999年年末的0.308元增至2000年年末的2.74元，ST包装如愿以偿地摘掉ST的帽子。"大股东助人为乐"——波导股份，2000年度将10427万元广告宣传费用的70%（即7299万元）转由其大股东奉化波导科技发展公司承担，转嫁的广告宣传费用占当年利润总额4401万元的165.8%；若剔除，亏损2898万元，上市公司有难，大股东解囊相助在中国证券市场上已蔚然成风。

（四）企业法人治理结构的缺位为上市公司操纵利润提供了极大方便

企业法人治理结构的不健全，当前突出表现为内部人控制问题。由于历史和体制上的原因，国有股"一股独大"，上市公司与其母公司、控股股东之间存在着千丝万缕的关系。母公司和控股股东通过关联交易来操纵利润，就像把自己一个口袋的钱放进另一个口袋一样简单。特别是一些没有实现"三分开"的上市公司，与大股东实际是一套人马、两块牌子，上市公司之上还有一个大老板，会计核算非常随意，业绩可以在母子公司之间移来移去，没有任何的可比性及可靠性。正由于这个问题的存在，我们证券市场的正常游戏规则都被变相地予以曲解。

(五) 赢利预测成为不能充饥的"画饼"

赢利预测报告是拟发行股票公司管理当局编制的,作为确定上市后股票走势的重要依据,也是投资者决定是否长期持有股票的依据。按规定,上市公司赢利预测的文件必须经注册会计师审核并出具审核意见。由于赢利预测是建立在某些资料及假设的基础上的,这些资料及假设因素的变化会引起财务报表及预测结果的变动,特别是上市前的剥离与模拟,对赢利能力和赢利的持续性带来极大的不确定性,加上一些上市公司上市后随意改变资金的投向,致使赢利预测的赢利成为不能充饥的"画饼"。但根据现代审计规范,这种审核并不要求注册会计师保证审核过的赢利预测的实现,只希望注册会计师对这些审核提供一定的合理保证。

一些企业虽然改制上市了,但由于基础薄弱,在观念和管理上尚不适应现代企业制度规范运作的要求,面对突如其来的巨额筹资,在驾驭和使用资金上不能适应现代市场经济的需要,不知如何有规划地去"花"。筹资后,改变招股说明书中确定资金投向的,大有人在。更有甚者,一些上市公司发行股票后,几千万的筹资没有投向存入银行,仍然乐此不疲地进行配股筹资。不能正确处理筹资与投资的关系,大肆"圈钱"后的盲目投资,这在我国上市公司中并不是个别现象。

三 审计执业环境的缺陷

(一) 社会信用体系尚未完全建立

信用是市场经济赖以公平运行的基础,上市公司和上市公司会计是注册会计师的审计基础。固然注册会计师不讲诚信,公平的市场秩序就难以得到维护,而如果上市公司不讲诚信,注册会计师审计就失去了稳定的基石。当今,社会信用体系的建立还很不完善,各种"虚假"充斥市场,不仅加大了经济的运行成本和风险,同样也加大了注册会计师执业的成本和风险。李岚清副总理曾深刻地指出:"会计师事务所的服务作为一种产品,究竟谁是用户,与市场需求有很大关系,若市场需要高档质优产品,生产者就会向优质方向发展;若用户需要处理品,生产者就会向假冒伪劣方向发展。"[①] 目前,国有企业缺

[①] 1999年3月3日,李岚清副总理给项怀诚部长的一封信。

少必要的公司治理结构，如果不仅上市公司作假，与上市公司交易的相关方也共同作假，那么注册会计师纵使有再强的专业能力和无比的诚信，也将无能为力。

（二）行政干预还一定程度地存在

由于现行体制的原因，上市公司的好坏往往涉及部门或地区的利益，因此上市公司及会计师事务所与政府部门都有着千丝万缕的联系。近几年情况虽有明显好转，但一些注册会计师发表审计意见，还面临来自行政部门的干预。这种干预，或通过领导打招呼，或通过红头文件给予上市公司税务减免、准予会计调整或其他方式的"输血"，使上市公司能获得一份干净的报告。

（三）审计的独立性得不到根本保障

上市公司审计中存在着审计委托人、被审计单位与审计机构三者之间的特殊关系。委托人是股东，审计机构是会计师事务所，而被审计单位是上市公司，主要是公司经营管理层。理论上讲，注册会计师的职责是受股东委托审计公司经营管理层业绩。在这种委托关系下，注册会计师相对于上市公司应是独立的。但是由于我国目前公司治理结构的不完善，特别是国有股股东的缺位，上市公司的股东大会、董事会不能真正起到对公司经营管理层应有的控制作用，经营者实际上集公司决策权、管理权、监督权于一身，股东大会形同虚设。因此，尽管理论上和法律要求上都提出股东大会有权最终决定审计师的聘任情况，但现实公司治理结构下上市公司的管理当局对审计师的聘任具有举足轻重的影响。经营者既是被审计对象又成了审计委托人，决定着审计机构的聘用、续聘、费用支付等事项，完全成了会计师事务所的"衣食父母"。上市公司管理当局通过提出变更审计机构的威胁来影响注册会计师的决策，规避不利的审计意见。这样，会计师事务所如果不能迁就上市公司，就有遭到解聘的危险。尽管我国对会计师事务所变更的信息披露要求在形式上已初具框架，但仍缺乏实质性的内容和有力的监管，会计师事务所变更的真实原因得不到有效披露，这也一定程度上加大了上市公司对会计师事务所独立性的影响。[①]

（四）法律法规不相配套

我国现阶段财务会计法规的情况是：会计准则和财务通则并存。中国的

[①] 王光远：《注册会计师为何屡屡卷入上市公司"造假"漩涡》，《中国注册会计师》2002 年第 2 期。

会计人员经常处于进退两难境地,财务通则从某种程度上来说,是计划经济的产物,企业财务是政府财政的附属物,政府往往规定了企业的各项财务活动。财务通则主要规范的是如坏账计提、折旧年限和存货计价方法等事项,并要求企业会计人员必须遵循之。注册会计师要求对企业财务报告遵循会计准则和其他法规(包括财务通则)的程度发表意见。毫无疑问,这样经审计的财务报表将会发生偏离。另外,财政部制定会计准则,但会计准则本身亟待完善,虽然我国颁布了不少具体的会计准则,并在上市公司中开始执行统一的企业会计制度,但是基本会计准则与具体会计准则之间,各具体会计准则之间,在应用有关会计原则问题上存在着许多不一致的地方。不断修改颁布与新颁布的会计准则往往使企业的会计人员无所适从,这也给注册会计师的审计带来困难。

独立审计准则的法律地位也是极为尴尬的。注册会计师的执业准则是由中注协负责拟订,报财政部批准后实施,中注协负责对独立审计准则进行解释,那么独立审计准则是法规还是规章?有人认为《独立审计准则》不过是民间制定的文本,在法律上没有引为标准的效力。另外,1998年1月财政部颁布的《违反注册会计师法处罚暂行办法》规定:注册会计师和会计师事务所、审计师事务所在执业中违反注册会计师行业管理的法律、法规和规章应予行政处罚的,适用本办法。行业协会制定的行业管理方面的文件,是否能归结于法律、法规和规章?

还有,我国企业会计由财政部管理,会计师事务所由中注协管理,上市公司则由证监会监管。财政部颁布会计准则,中注协拟订注册会计师执业准则,证监会制定上市公司信息披露的有关规则,"会计准则"、"执业准则"、"信息披露规则"有时并不协调,这也给注册会计师执业带来了困难。

(五) 内部控制制度基础审计下的管理层舞弊的困境

我们国家现阶段审计职业界实行的是制度基础审计,是一种以审查企业内部控制制度着手的审计方法。根据独立审计准则,内部控制制度的建立、健全与执行的有效性,是被审计单位的会计责任,企业管理当局有责任建立良好的内部控制制度。制度基础审计的重点是对制度的各个控制环节审查,目的在于发现控制制度中的薄弱环节并找出问题发生的根源,然后针对这些环节扩大检查范围。企业管理当局是内部控制制度的设计者和执行者,那么在管理当局有意制造某些内控制度的假象时,良好的内部控制假象将让注册会计师收集较少的审计证据,注册会计师往往很难发现管理舞弊。根据独立审计准则,注册会计师有责任发现和披露被审计单位的管理当局的重大舞弊，若没有发现和披露管理当局的重大舞弊，是注册会计师的过错，应承担过失责任。另外，在实际的工作中，对在审计中发现的管理舞弊，注册会计师往往不是选择披露，而是提醒企业有关管理高层改正，而且，审计工作中实际发现的重大管理舞弊与实际发生的重大管理舞弊之间存在很大差距。这样，在公司管理当局，特别是公司最高管理当局与公司各利益群体串通舞弊时，注册会计师往往是力不从心。

(六) 追究机制不健全

目前在我国之所以频频出现各种违规事件，关键就是违规者的违规成本太低，对违规者起不到应有的震慑作用，尤其是对注册会计师本人，以中天勤为例，所接受的处罚是被吊销执业资格，吊销其证券、期货相关业务许可证，追究事务所负责人的责任，吊销签字会计师执业资格。以前为ST康赛、湖北兴化等出具虚假财务报告审计的原湖北立华会计师事务所，也仅仅是被兼并而已，中国注册会计师事业发展至今，中注协对执业人员实行"市场禁入"处罚的约有10人，相对于13万人注册会计师队伍和众多的造假事实，这种处罚根本起不到震慑违规和犯罪的作用。由于民事赔偿机制的缺失，受虚假信息误导损失惨重的投资者尤其是中小投资者无法得到经济赔偿，而造假的巨大收益往往使企业和注册会计师置诚信于不顾去追逐利益。

(七) 审计意见表示与社会公众的理解差距

注册会计师对上市公司财务报表出具的审计报告有四大类，即无保留意见的审计报告、保留意见的审计报告、否定意见的审计报告和拒绝表示意见的审计报告。注册会计师根据独立审计准则进行了审计，出具了恰当的审计报告，但在审计报告"不干净"时（我们可以把标准无保留意见的审计报告以外的审计报告通称为"不干净"的审计报告），财务报告的使用者往往认为审计报告是有问题甚至是错误的。如因审计范围受到严重限制而出具的拒绝表示意见的审计报告，社会公众往往这样认为：审计范围受到严重限制，为什么会受到限制？企业管理层都能对审计的项目进行控制，而注册会计师在获取足够的证据时遭遇到了困难，肯定是企业高管有意隐瞒某些事实，或者故意设置某些障碍阻挠注册会计师获取足够的审计证据，既然企业高管存在问题，就应出具否定意见的审计报告。更有意思的是，在"不干净"的审计报告遭遇到公司的经营失败或重大违法行为时，注册会计师即便出具了恰当的审计报告，社会各界仍认为注册会计师未勤勉尽职，因注册会计师的"审计失败"而导致他们的利益受损，应追究注册会计师的有关责任。

（八）审计报告本身的作用尚得不到有效重视

注册会计师的审计报告提供的只是一个信息，在于揭示公司的真实情况，对公司而言不具有其他方面的强制性。公司的所有者、债权人以及潜在的投资者能否根据这一信息对公司的经营状况有一个真实、全面的了解和评判并作出正确的决策，证券监管部门能否根据这一信息对监管对象存在的问题予以足够的关注和重视，是审计报告作用能否得到有效发挥的重要表现。而这种作用能否得到实现，对注册会计师的勤勉尽职是一个强有力的外部影响，审计报告的作用发挥得越充分，注册会计师就越有勤勉尽职的压力。相反，如果只把审计报告当成法律规定的一个程序要求，而各方并不对其给予应有的重视，注册会计师也就容易放松对审计报告质量的要求。

在投资者群体当中，有相当多的人实际上始终存在于一种矛盾当中：证券投资时，投资者往往更多的是关注"概念"、"题材"、"强庄"，对注册会计师的审计报告似乎并不太关心，很少有投资者能全文阅读完注册会计师出具的审计报告，大多数投资者对其所持有股票的上市公司被出具何种审计报告并不清楚，而一旦投资失败，又往往会归咎于审计报告的失真。如果真是按注册会计师审计揭示的公司业绩投资，为什么"ST板块"、预亏股能源源不断地风起云涌，而绩优股的春天迟迟不到？这与当前证券市场的"庄股时代"特征有相当大的关联。

注册会计师是证券市场防线之一而不是唯一。要彻底杜绝上市公司造假，不仅要提高注册会计师行业的执业质量和职业道德，更需要综合治理证券市场环境，需要建立一个各个环节都发挥作用的完善和有效的监管体系，需要证券监管机构、上市公司、信息中介机构等方面的共同努力。

第五章　国外注册会计师管理制度对比研究和借鉴

注册会计师审计产生的催产剂是 1721 年英国的"南海公司事件"。当时南海公司以虚假的财务信息诱骗投资人上当，其股票价格一时扶摇直上，但好景不长，南海公司最终未能逃脱破产倒闭的厄运，使股东和债权人损失惨重。英国议会聘请会计师查尔斯·斯耐尔（Charles Snell）对南海公司进行审计，斯耐尔以"会计师"名义提出了"查账报告书"，从而宣告了独立会计师——注册会计师的诞生。

1853 年，苏格兰爱丁堡创立了第一个注册会计师的专业团体——爱丁堡会计师协会。该协会的成立，标志着注册会计师职业的诞生。1916 年美国改组 1887 年成立的美国会计师公会为美国注册会计师协会，成为世界上最大的注册会计师专业团体。1917 年，美国开始在全国举行注册会计师统一考试。1918 年 9 月，北洋政府农商部颁布了我国第一部注册会计师法规——《会计师暂行章程》，并于同年批准著名会计学家谢霖先生为中国的第一位注册会计师，谢霖先生创办的中国第一家会计师事务所"正则会计师事务所"也获批准成立。1981 年 1 月 1 日在上海成立了恢复注册会计师审计制度后的第一家会计师事务所——上海会计师事务所。1993 年 10 月颁布新中国第一部注册会计师的专业法律《中华人民共和国注册会计师法》，1996 年 1 月 1 日和 1997 年 1 月 1 日，第一、第二批中国独立审计准则分别开始施行。

中国注册会计师协会是由 1988 年 11 月 15 日成立并接受财政部监督、指导的中国注册会计师协会和 1992 年 9 月 8 日成立并接受审计署监督、指导的中国审计师协会，于 1995 年 6 月 19 日联合组成的注册会计师全国组织。联合后的中国注册会计师协会，依法对全国社会审计行业实行管理，依法接受财政部、审计署监督指导，依据《中华人民共和国注册会计法》和《中国注册会计师协会章程》行使职责。

注册会计师在维护市场经济秩序，保护社会公众利益以及投资者合法权益中发挥着重要作用。世界各国都十分重视和加强对注册会计师行业的管理。按照政府对注册会计师行业管理的介入程度，目前国际上有关注册会计师行业管理体制一般可分为行业自律型和政府干预型两种。行业自律管理体制是指主要由民间职业团体对注册会计师进行管理的一种管理模式。在这种模式下，注册会计师由民间协会实行自律管理，政府不加干预，该模式以美国、英国为代表。加拿大、澳大利亚、新西兰、阿根廷、尼日利亚等国也采用这种模式。政府干预管理体制是指对注册会计师行业的管理，在充分发挥注册会计师协会的自律管理的基础上，由政府进行较大范围和程度干预的一种管理模式。实行政府干预管理体制的国家以德国、荷兰、日本最为典型。此外，法国、意大利、瑞典等欧洲国家以及菲律宾、巴西等许多发展中国家也都采用这种体制。

一　英国注册会计师管理模式

英国是注册会计师职业的发源地。1845年，英国《公司法》规定，公司的账目应当由会计师审计，这标志着注册会计师的产生。一百多年来，随着英国社会经济的发展，英国注册会计师行业也得到长足的发展。由于历史的原因，目前英国注册会计师行业共有六个行业协会组织，即英格兰—威尔士特许会计师协会（ICAEW）、苏格兰特许会计师协会（ICAS）、爱尔兰特许会计师协会（ICAI）、特许注册会计师协会（ACCA）、特许管理会计师协会（CIMA）、特许公共财务与会计协会（CIPFA），其中前四个协会组织（以下简称会计职业团体）是法律认可的注册会计师行业管理组织。

（一）英国注册会计师职业团体高度自律

英国注册会计师职业团体高度自律，负责资格认定、会员注册、业务监管、制定标准等，政府很少干预，英国成为世界注册会计师行业自律的典范。由于英国注册会计师职业团体得到皇家的授权或"特许"，所以注册会计师被称为"特许会计师"或"特许注册会计师"，协会被称为"特许会计师协会"或"特许注册会计师协会"。目前，在英国六大会计职业团体中，只有前四家有权批准其会员从事独立审计业务并颁发执业执照。为了协调行动，六大会计职业团体共同成立了会计团体咨询委员会（CCAB）。会计咨询委员会下设审计实务委员会（APB）、会计教育课程委员会（BAAEC）及其他一些专门机构，在一些领域统一开展工作。

英国注册会计师职业自产生以后，一直保持着由会计师职业团体实施自律化管理的历史传统。会计职业团体的管理职责主要体现在以下几个方面：

1. 组织培训考试

在英国,要想取得注册会计师资格,必须参加协会组织或安排的培训,并通过规定的考试课程。英国是世界上最早推行注册会计师资格考试制度的国家。1880年,英格兰—威尔士特许会计师协会成立后,于1882年7月开始实行通过三次严格考试接收新会员的规则。培训考试涉及的学科和内容、考试次数等受不同时期民间审计业务范围的影响,随着执业环境的变化而不断变化。目前,英国特许会计师培训考试是由各会计职业团体分别组织进行的。各会计职业团体对考试资格要求、考试内容、考试次数的规定大同小异。对考试资格的要求是:大学毕业,获学士学位,并有3—4年的实际工作经验。报考人员考试合格后才能向各协会申请注册为特许会计师。

2. 审计资格的注册管理

根据1984年欧共体发布的第八号指令及英国《1989年公司法》的规定,英国自1991年10月1日起,实行了审计资格注册制度,即特许会计师只有取得审计资格后,才能从事审计业务,同时,会计师事务所要承办审计业务,也必须取得审计资格。而在此之前,所有的特许会计师和会计师事务所均可承办审计业务。目前,英国只有ICAEW、ICAS、ICAI和ACCA四家协会可以注册审计资格。这四个协会都下设注册委员会,负责具体办理从事审计业务的个人和事务所的注册事宜。注册委员会由8名成员组成,其中至少有2名成员为非特许会计师,他们均由会计职业团体理事会任命。除了管理注册外,ICAEW的注册委员会还可以对事务所实施部分管理处罚,但其他协会的注册委员会则无权惩戒事务所。

3. 制定审计准则和职业道德规范

在英国,国家没有制定统一的民间审计法规,用来规范注册会计师职业行为的法律主要是《1989年公司法》。该法第二部分"应聘为公司经济审计师的资格"中,虽然对民间审计的法定地位和特许会计师的资格等作了规定,但对审计标准、行业的具体管理并未提出要求,而是由会计职业团体自己去解决。目前,英国的审计准则由六家协会联合组建的审计实务委员会负责制定,经费由六家协会共同负担。该委员会共有18名有投票权的成员,其中9名为六家协会的执业会员,4名企业界人士,1名会计团体咨询委员会的成员,4名为法律、科研、政府审计等领域的专家。该委员会现已制定并发布的审计准则共有130多个,此外,还制定和发布了一些职业道德规范和业务指南。[①]

---

① 陈汉文、夏文贤:《英国审计委员会制度的最新发展》,《中国注册会计师》2003年第10期。

（二）审计人员

根据现行公司法，有限公司的股东每年都要任命一位或几位审计师，其任期为从本年度股东大会起至下一年度股东大会结束时为止。公司如未按照规定任命审计师，则应于一星期内通知商务部，由其派员充任。

审计人员在执行审计任务时，是股东的代理人，为股东的利益服务。根据公司法和案例法，在对公司违法事件起诉时，审计师又被认为是公司的高级职员，其非法行为同样要受到惩处。因此，审计人员必须尽职尽责。为了保证审计工作的质量，除对审计人员有严格的资格要求外，还要求审计人员对自己的工作承担法律责任、道德责任和社会责任。

（三）协会对注册会计师的管理

在英国，会计职业团体实施的监督检查主要是针对事务所，重点检查其审计业务。监督检查的重要手段是惩戒，为此，各协会都设有调查委员会、惩戒委员会或纪律委员会等机构，负责调查和处理会员的违规行为。惩戒的依据是皇家宪章及其细则和会计职业团体的规定。惩戒的对象包括违规的个人会员和事务所。如协会收到对个人会员投诉后，认为必要的，则将投诉交给调查委员会处理。调查委员会经过查证认为被投诉人有违规行为但并不严重的，则给予警告、严重警告、罚款、要求支付诉讼费用等处罚；如不能处理的，则交给惩戒委员会处理。惩戒委员会有裁决权，可给予被投诉人严重警告、罚款、取消会员资格等处分。如果被投诉人不服，可向申诉委员会申请复议。如果被投诉人对惩戒委员会或申诉委员会的决定不服，有权向法院上诉。

（四）独立的监管体系

在注册会计师行业高度自律的英国，由于注册会计师职业团体的利益同社会公众不尽一致，社会公众越来越不愿承受由此带来的风险，这是改革的根本所在。1998年3月，会计团体咨询委员会提出建立一个独立的监管体系的建议。建议建立一个独立的基金会，成立由非执业会计师占多数的复核委员会，改造审计委员会、道德准则委员会和调查惩戒委员会。

二 美国注册会计师管理模式

（一）美国的立法监管形式

美国对注册会计师资格的要求是以法律形式固定下来的，并非由会计职业团体直接负责。20世纪70年代以来,美国国会对会计职业的立法经历了两次大的立法调整:1984年颁布的《美国统一会计师法案》对原有的纯民间自律体制和联邦制中分散在各州的会计职业管理发挥了统一、规范的巨大作用,既确立了法律授权州政府内设的"会计事务委员会"(public accounting committee)实施行业监管的模式,又明确了行业协会自律的法律地位;《2002年公众公司会计改革法案》则在证券市场财务信息披露的监管方面,授权另一个非政府性质的"公众公司会计监察委员会"对会计师事务所从事公众公司审计的有关监管职能,并确立了美国证监会(SEC)对其行政监督的法律地位。

(二) 注册会计师人员

美国的职业会计师有两种:一是注册公共会计师,另一是公共会计师。注册公共会计师由各州的公共会计师法予以规范,关于注册公共会计师的考试,每年两次在全国范围内同时进行,但考试的组织和资格授予,仍属于各州注册公共会计师审查会的职权。对公共会计师的资格,没有特定的资格考试制度,只需要到州当局办理注册登记手续。由于这种双重的职业会计师制度的不合理性,现在有很多州不再允许办理新的公共会计师注册登记,并打算在不久的将来,把职业会计师整顿成为单一注册公共会计师。

(三) 美国注册会计师行业监管制度

美国注册会计师协会个人会员必须遵守《职业行为准则》,这是行业自律的重要方面。美国注册会计师协会职业道德管理部负责行为准则的落实,对违反职业行为准则的注册会计师进行调查。职业道德管理部建立了调查案卷,从各种渠道,包括新闻报道和对会员的投诉中收集资料。对会员的处罚分为两个级别。对不严重的、可能是无意违反职业行为准则的会员,职业道德部要求会员进行补救或改正。对严重违反职业行为准则的会员,通常由审判委员会(The Trial Board)作出处罚,包括警告、暂停或取消美国注册会计师协会的会员资格等。虽然各州注册会计师职业团体并不隶属于美国注册会计师协会,但美国注册会计师协会与大部分州达成了《职业道德规范联合实施方案》(*Joint Ethics Enforcement Program*)。按照该方案的规定,调查可以由美国注册会计师协会或州注册会计师职业团体完成,但对重大案件仍要由美国注册会计师协会调查。

安然事件发生后,由于对现有的注册会计师自律监管制度的强烈不满,美国社会各界要求进行改革的呼声非常高涨。这种声音不仅来自社会公众、投资者,也来自美国政府和国会。重新建立起来的美国注册会计师行业监管制度,将是独立监管与行业自律相结合、政府适度介入的一种全新模式。

三 日本注册会计师管理模式

(一) 典型的政府监管型模式

日本政府严格控制民间审计,考试合格的公认会计士必须报大藏省认定后方能注册登记,审计法人的成立,必须得到大藏省的同意。日本对公认会计士和审计法人管理较严,如因审计失误,误导了投资者,公认会计士要负民事赔偿责任,并要被取消执业资格;审计法人亦要负连带责任。由于风险很大,审计法人一般都参加了保险。由于日本严格注册会计师的审计责任,多年来公认会计士被诉讼案件极少。

(二) 注册会计师及其审计

在日本,注册会计师为公认会计士。日本公认会计士协会是日本唯一的民间审计团体,所有公认会计士必须参加,负责对会员进行指导和监督,并协助政府管理会计士。

审计依据主要是《商法》和《证券交易法》,具有明确具体的财务审计标准,而且日本政府还将审计标准纳入《商法》,成为必须遵守的法律条文。日本民间审计分为《商法》审计和《证券交易法》审计两种,证券上市的大公司,既要接受《商法》审计,还要接受《证券交易法》审计,一般都有两份审计报告。

《商法》审计是根据《商法》和有关公司审计的《商法特例法》所实行的一种审计制度。1890年颁布的《商法》,最早对会计、审计提出要求,第二次世界大战之前,《商法》在日本会计审计上一直占支配地位,并且模仿德国的监事制度,一直沿用至今,其目的是维护股东和债权人的利益。除进行监事审计外,大公司还要接受公认会计士的审计,以维护各有关团体和个人的利益。

《证券交易法》审计是根据1948年颁布的《证券交易法》而制定的由公认会计士进行审计的制度。《证券交易法》规定,在证券交易所上市有价证券的公司应公布其有价证券报告书、有价证券申请书和各项资料,并由与企业无利害关系的公认会计士或审计法人进行审计,并提出审计报告。

(三) 对注册会计师的监管

如果公认会计士对有虚假、错误或遗漏的财务报表未作出真实、无误、完整的证明，大藏大臣可处其警告或一年以下停业察看，或撤销资格的惩罚。如果公认会计士对有严重虚假、错误或遗漏的财务报表未作出真实、无误、完整的证明，大藏大臣可对其处以警告或一年以上停业察看并撤销资格的处罚。

日本《证券交易法》规定，如果因重大事项审计失误，造成对投资者的误导，那么该公认会计士要负连带赔偿责任，但是如能证明执行审计中并未疏忽，另当别论。1974 年的《商法特例法》也有类似的规定。需要指出的是审计法人在审计时负有连带的无限责任，所冒风险很大。由于这种严格的规定，40 年来，公认会计士被诉讼的案件较少，共发生了 20 亿日元的赔偿额，赔偿率仅为 0.35%。

日本《证券交易法》规定上市公司的重要文书必须真实，如有虚假，将对有关审计人员处 300 万日元以下罚款或三年以下徒刑，还要对审计法人处以 3 亿日元以下的罚款。

此外，日本对公认会计士资格管理严格，《公认会计士法》规定对没有公认会计士资格的人从事审计业务，处以 100 万日元以下罚款或一年以内徒刑。

四 德国注册会计师管理模式

（一）官办和半官办政府控制模式

德国民间审计受政府控制，监督管理民间审计团体的机构是官方组织和半官方组织。德国的注册会计师职业组织有两个：（1）德意志经济审计师委员会（经济检查员协会），该会建立于 1930 年，在法律上具有一定的地位，其主要职责是注意会计技术方面的问题和维护审计人员的利益，并作为德国整个会计审计职业界的政治代表机构。按章程规定，该会应促进审计职业界的发展，培训经济审计师，对会计法律规章和会计原则应用进行解释，组织制定统一会计标准和准则，并要求成员依照执行。（2）德国审计师协会（经济检查员公会）建立于 1961 年 7 月，它是为德国经济事务部监督的一个半官方的法定团体，其宗旨是代表所属成员职业利益并监督其活动。根据该会章程，协会可对成员的职业责任提出建议和指示，负责处理会员间或会员与客户间的争议，并起仲裁作用，有权对失职的会员进行惩处，并对政府权力机构、职业法庭和司法部提供义务协助，担负职业教育，掌握取得会员的资格，组成考试委员会接纳新会员，负责对职业会员进行登记。

(二) 注册会计师人员

在德国，从事民间审计的人员有：监事、宣誓账目审计师和经济审计师。公司分设董事会和监事会，董事必须接受监事对其资产负债表和利润分配方案的审查。监事会是公司的组成部分，监事审计具有内部审计的性质。监事既要对董事的业务执行情况进行监督，又要协助董事对整个业务经营进行管理，还要审查外部审计师的审计报告。此外，德国政府还制定新的法律，要求监事利用其客观公正的面貌协调劳资双方的利害关系。

宣誓账目审计师通过宣誓的形式被商业公会任命为审计师，但不是法定的，水平也良莠不齐，社会地位不高。经济审计师是根据1931年的《股票法》正式建立起的经济审计师制度（同时废除宣誓账目审计师）。德国经济审计公司起源于19世纪末的德国信托公司审计部，一开始是限于从事清算整理业务，后来扩展为财务审计，再后来发展到税务咨询和管理咨询。

(三) 德国注册会计师行业管理新动向

根据德国《法定审计师法》的规定，德国联邦经济事务部对法定审计师行业进行管理和监督。法定审计师公会（WPK）是依照法律规定成立的对法定审计从业者实行管理的公法社团，在政府的监督下开展工作，主要对于法定审计师的执业资格和执业质量进行管理，法定审计师强制入会。而法定审计师协会（IDW）则为会员自发成立的行业组织，法定审计师自愿加入。

德国为贯彻欧盟关于2005年前采用国际会计准则的要求，政府和行业组织正在抓紧研究相关政策和指导意见。德国会计准则委员会会同法定审计师公会针对《法定审计师法》和执业指南中与国际会计准则（IAS）不相符的内容向政府进行游说，以期作出相应修改。同时，为加强对会计师和审计师的监管，政府拟分别设立独立于政府和行业组织的财务评议小组和公共检查委员会，并力争在欧盟各成员国之间实现注册会计师或审计师资格的相互认可。此外，还进一步加强对后续教育体系的调整和完善，加强公众对专业技术和监管工作的了解。近期，政府还计划将法定审计师的全部考试工作移交给法定审计师公会。

五 法国注册会计师管理模式

(一) 法国的注册会计师行业组织

在法国，审计业务和会计服务业务分属两个不同的会计行业，即注册会计师行业和注册审计师行业。目前，法国注册会计师行业存在两个全国性组织，即注册会计师协会和注册审计师协会。法国注册会计师协会、注册审计师协会的组织机构均分为两级，即各有一个全国协会和若干个地方协会。

注册会计师协会是依据1945年9月政府法令成立的由法国注册会计师组成的自律性职业团体，在业务方面接受财政部的监督、指导；注册审计师协会是依据1969年8月政府法令成立的由法国注册审计师组成的自律性职业团体，在业务方面接受司法部的监督、指导。

注册审计师协会是按照司法范畴设立地方协会。法国司法部在全国设立了34个上诉法院，注册审计师协会按各上诉法院的司法管辖区域设立了34个地方协会。注册会计师协会是按照行政区划设立地方协会。法国有22个行政省，注册会计师协会按此设立了22个地方协会。每个地方协会均设有理事会。

（二）执业人员

执业注册会计师只能从事代理记账、会计咨询等会计服务业务，而不能从事审计业务，只有执业注册审计师才能从事审计业务。法国法律规定，注册审计师的注册条件与注册会计师相同，取得注册会计师资格的人员可以同时在注册审计师协会登记注册，取得注册审计师资格。因此，实际上法国85%的注册审计师同时也是注册会计师，具有双重资格，具有双重资格的人不能在同一个企业既做审计又做会计。注册会计师、审计师都是自由职业者。

（三）法国政府部门对注册会计师、审计师行业的监管

法国法律规定，财政部和司法部负责对注册会计师、审计师行业进行监督管理。这两个部门在具体监管方式和手段上有所不同。

财政部对注册会计师行业的监管方式，主要是向全国和各地方协会派出政府专员，由其代表财政部依法行使监管权。财政部派往全国协会的政府专员，是一位职务仅次于部长助理的高等官员，派往各地方协会的政府专员都是当地税务局的负责人。法规规定，全国协会的政府专员负责领导、指挥、监督、协调各地方协会政府专员的活动，并为此目的发布命令。地方协会政府专员向全国协会政府专员负责，全国协会政府专员向财政部长负责。两级政府专员的具体职责是：参加两级协会组织的所有工作会议，会前协会应向其提供书面的会议议程，议程中应附有会议研究的议题内容和应由下届会议批准的书面议题；对协会作出的不合法、不合规的决定有否决权；可以书面或当场对协会的工作状况、预算的执行情况进行

监督，并核实其财务。

六　对我国注册会计师管理的启示

（一）我国注册会计师行业应当实行政府监管与自律相结合的管理模式

从英国的情况来看，注册会计师行业高度自律，政府通过法律引导注册会计师职业的发展，会计职业团体通过自身努力加强监管。由于社会公众的利益往往与会计职业团体的利益不尽一致，因此，外界迫使会计职业团体进行改革。从现在看来，英国即将出现一个全新的独立的监管体系，这是英国会计职业团体迄今为止进行的最重大改革。这次改革给我们带来如下启示：一是注册会计师与社会公众利益密切相关，由于注册会计师职业团体的利益与社会公众不尽一致，社会公众理应要求加强对注册会计师的监管。二是对高度自律注册会计师行业进行改革并不意味着对其全盘否定，自律是行业是否成熟的标志。独立的监管体系可以满足社会公众对注册会计师的监管，是对注册会计师行业自律的更高要求。三是政府对注册会计师直接进行监管并非唯一有效的方式，如果通过非立法途径成立一个有效、透明、独立的监管体系，政府就没有必要参与其中。但是，"如果政府认为未能实现有效、透明、独立的监管目标，就有可能转向法定途径"。因此，如果独立监管体系不能发挥应有的作用，英国政府就会对注册会计师进行直接监管，注册会计师行业的高度自律也将不复存在。

从美国情况来看，可得出如下启示：①注册会计师实现行业自律的必要条件是要制定和完善一个道德准则，并在发现个人会员违反道德准则时对其进行适当惩处。②对会计师事务所的业务质量进行有效监管是保证注册会计师行业实行自律的基础，如果会计师事务所经常执业不当，损害社会公众的利益，政府就会采取措施进行直接监管。③政府机构发放执业证书只是监督和控制注册会计师的一个重要环节，若注册会计师行业自律不能满足社会公众的要求，政府机构将受到责难，社会公众就会怀疑其存在的合理性。

我国注册会计师行业实行完全自律尚不具备条件，是注册会计师努力的方向，是在将来而非现在。

第一，政府监管是保证注册会计师行业持续存在的基础。注册会计师职业作为专门职业之一，有三个特征：一是专业教育；二是建立在职业道德准则基础上的行业自律；三是政府监督和（或）执业证书。具备大学教育水平，通过注册会计师资格考试，是成为注册会计师的必要条件。因为这不仅可保证注册会计师具备专业知识和胜任能力，且有利于树立行业形象。道德准则是实现行业自律所必需的。政府之所以允许注册会计师进行自我管理，是因为接受他们在道德方面的承诺。注册会计师通过行业自律，换取政府的信任，在某些领域取得"特许经营权"，其会员拥有会计职业团体或政府部门发放的"执业证书"。政府监管，无论是直接监管还是间接监管，是保证注册会计师行业持续存在的基础，否则，注册会计师行业就会陷入混乱。近年来，各国家和地区的政府有对注册会计师加强监管的趋势，英、美两国尤甚，我们应该把握这种变化趋势。

第二，注册会计师职业团体的利益与社会公众不尽一致。如果政府不进行有效的监管，注册会计师的行为有可能损害社会公众利益，甚至给社会带来灾难性后果。因此，如果我国注册会计师行业实行完全自律，政府一定要建立相应的监管机构，否则就会出现管理缺位。

第三，我国正处于经济转型时期，有关法律、法规正在逐步完善，注册会计师协会与政府有关部门协调、沟通的事情很多，如果注册会计师行业完全自律，必然在这方面遇到许多困难。

第四，注册会计师协会不仅要代表注册会计师的利益，还要维护社会公众的利益，否则，它就不能取信于政府，政府也不会让其进行自我管理。

第五，职业道德是注册会计师行业自律所必需的，而我国注册会计师职业道德整体水平的提高需要几代人的努力，不是一朝一夕所能完成的。基于以上理由，我们认为我国注册会计师行业应当实行政府监管与自律相结合的管理模式。

(二) 协会、市场、政府的关系

实践证明，单纯的市场调节和政府干预都不是管理和发展经济的灵丹妙药，在某些情况下，市场失灵和政府失灵甚至可能同时出现从而导致社会经济出现失控。因此，越来越多的学者主张在市场这只"看不见的手"和政府这只"看得见的手"之间引入"第三只手"：行业协会。这样，在市场与政府的关系上就出现了三个层面，而行业协会的实质便在于在较小规模上对政府的替代。它拥有社会自我管理、市场自我组织、行业自我约束和降低交易费用四大功能，在一些市场及政府无法涉及的领域发挥其作用。另外，行业协会作为市民社会的基础性力量还能够对政府权力形成较为有力的制约，在一定程度上削弱政府"按照清楚无误的现代性准则管理社会和甚至不惜违背社会的意志来指挥社会的能力"[①]。最后，可能也是最为现实的一点便在于成立行业协会并

---

① [英] 戈登·怀特著，何增科译：《公民社会、民主化和发展：廓清分析的范围》，社会科学文献出版社 2000 年版。

允许其一定程度的自律符合宪法中结社自由权的规定。

就注册会计师行业这一特殊市场来说,行业协会层面上的管理同样是不可缺少的。另外,注册会计师行业是一个专业性强、风险高、组织形式有别于一般公司的特殊行业,这一基本特点决定了在行业管理中协会层面的自律管理比政府监管优势更大。

首先,从信息对称性来看,注册会计师行业是一个信息严重不对称的行业,而监管则是建立在管理部门全面、真实掌握监管对象相关信息的基础上的。在市场、行业协会、政府这三个层面上,政府距离市场主体最远,这使得它很难全面、真实地掌握注册会计师行业特点及运行规律。相比之下,行业协会距离市场主体较近且拥有专业优势,两者之间的信息也是相对对称的,因此能够较全面、客观地掌握行业运行规律以灵活应对。

其次,从管理手段来看,政府监管一般是自上而下进行的,这使得其在行业管理中往往采用"清理整顿"或"搞运动"式的直接监管。考虑到我国注册会计师行业的整体职业道德水平还有待提高,加上政府运作效率一般都低于民间机构,这时如果将监管权力全部移交给政府,恐怕它既无精力也无可能对数千家事务所的审计质量及其纷繁复杂的市场交易进行监督。另外,政府管理手段一般也滞后于行业发展速度,不易及时发现和解决职业服务市场中存在的问题。相比之下,行业协会实行网状式的自律管理,从而可以根据行业出现的问题有针对性地进行事前、事中的监管,并及时运用自律处罚、业务研讨、质量评价、专业指引等手段解决行业中存在的问题。这是一种建设性的管制,效果当然更好。

行业协会的实质不过是在较小规模上对政府的替代,是前者的一个缩影,随着其规模、作用和影响的扩大,政府所固有的那些缺陷也同样会出现在行业协会身上。另外,随着协会规模的扩大,作出决策的人却始终只是那么一小部分,其他成员的作用不过是举手表决一下,那么以协会名义作出的决定就不一定代表全体成员的利益了,这就是著名的"米歇尔规律"。因此,我们在这里强调自律的同时并不排斥政府监管。更何况自律的形成也有赖于他律,因为行业协会拥有了权力,如果是没有监管约束的权力,就很难保证其在使用权力过程中的公正与正直。英国历史学家阿克顿爵士曾一针见血地指出:"权力易使人腐化,绝对权力绝对使人腐化。"[①]

总之,自律型管理模式是依据"政府失灵"和"市场失灵"两个基本假

[①] 刘明辉、徐正刚:《注册会计师行业管理模式的现实选择——兼论行业自律》,《审计研究》2004年第1期。

定建立的。自律是相对他律而言的，是行为主体的自我约束，自律的形成有赖于他律（财政部、证监会、审计署等外部力量的监督和制约）。转轨经济时期，我国注册会计师行业发展应使得注册会计师协会既能作为"公"的代表，协助政府对其成员进行管理，实现公共管理的目的，维护公共秩序，又能作为"私"的代表对政府进行制约监督，并参与政府决策，维护社会成员利益。

（三）加快行业自律体制建设迫在眉睫

就我国的情况来看，注册会计师行业实行的是政府干预模式。

第一，我国长期奉行高度集中的计划经济体制，而统一计划的实现又以政府对所有资源的控制为前提，政府因此享有了全面、直接干预社会经济活动的权力，包括对注册会计师行业的干预。与政府全能化相对应的必然是社会自我组织和自我约束能力的萎缩，从而进一步加大了对政府的依赖。这反过来又为政府职能扩张和对社会领域的渗透提供了理由，形成一种"倒政治参与"的格局。

第二，中央集权制也是我国政府干预型管理模式形成的重要基础。在中央集权制下，各级地方政府都是以中央政府助手形象出现的，行业协会就更是如此了，其主要功能体现为与政府一起完成对其成员的管理，而不是对政府的制约与监督。

第三，我国传统的政治文化是一种对政府"永远不设防"的文化，政府官员是"父母官"，人们绝对没有对其动机产生过怀疑。这种理念极大地限制了独立自主人文精神的发展。长此以往，政府外的社会自我管理极度贫乏，政府也顺理成章地渗透进了各个领域。

我国也曾进行了不止一次"政府职能转换"的尝试以改变中央集权的现状；而对政府的绝对信任，指望它完全以公共利益为导向来管理社会事务早已被公共选择学派证明是不现实的。

随着环境变化，政府监管模式是否还与我国目前的国情相吻合，它在管制成本、管制质量、管制效率等方面是否还是我国的最佳选择也引起了人们的怀疑。况且，世界各国注册会计师行业管理模式也正朝着政府与协会力量相结合的方向变革。因此，我们认为转轨经济时期，我国注册会计师行业应当不同于日、德政府的政府监管和半监管模式，也不同于英、美国家的模式，而应建立一种兼而有之的平衡模式，使得注册会计师协会既能作为"公"的代表，协助政府对其成员进行管理，实现公共管理的目的，维护公共秩序，又能作为"私"的代表对政府进行制约监督，并参与政府决策，维护社会成员利益。

建立这种平衡模式是一个系统工程，是长远目标，那么近期目标又是什么呢？这就要具体分析我国注册会计师行业管理的现状了。我们发现，目前协会和政府存在着严重"错位"的窘境，主要表现为政府职能的"越位"以及行业自律在一定程度的"缺位"。我国注册会计师行业的管理模式，大致分为两个阶段，一是注册会计师协会成立前后的一段时期，主要由各级财政部门直接行使行业管理权限；二是《注册会计师法》颁布后，尤其是"两所、两师、两会"合并后，协会对内作为财政部门的一个事业单位行使法律规定的行政职权，对外作为社会团体行使法律赋予的一部分自律管理权限。从此，协会变成了一个半官方、半自律，扮演着"双重角色"的准政府。好在这种情况目前已经有了一定的改观，例如，中注协于2003年6月发布了《关于加强行业自律管理体制建设的指导意见》，并就建立惩戒、申诉和维权三个专门委员会征求意见。但是，总体上说政府还是越俎代庖地承担了一部分本应由行业协会承担的职能，加快行业自律体制建设迫在眉睫。

1. 完善事务所组织形式

我国目前只允许注册合伙事务所和有限责任事务所，不允许注册个人执业事务所，导致许多小业务由大事务所去做，提高了执业成本，不利于事务所规模经营，也不利于会计市场的公平竞争。因此，有必要借鉴法、英两国的做法，进一步完善我国事务所的组织形式。

2. 建立职业保险制度

注册会计师行业是一个高智能、高风险的行业，为防范职业风险，并能给社会公众以信赖感，世界主要发达国家普遍实行了职业保险制度。我国虽然在现行《注册会计师法》中规定了会计师事务所应当办理职业保险，但在实际执行中并没有开展这项业务，只是按照事务所业务收入的10%提取职业风险准备金，这使事务所很难应对所面临的风险。因此，应当借鉴国外的一些成功做法，采取切实有效的配套措施，尽早建立职业保险制度。

3. 为会员提供优质的服务

我国注册会计师协会的会员服务工作，尤其是对非执业会员的服务更是薄弱。为了适应会计师事务所脱钩改制后行业发展的需要，协会应当进一步强化服务意识，在为会员办实事上多下工夫，使会员与协会之间建立起紧密和谐的关系，树立协会的良好形象。

4. 建立有效的行业监管体系

由于社会公众的利益往往与注册会计师行业自身的利益不尽一致，社会公众不得不承受注册会计师提供信息质量的风险。这就越来越引起社会各界对注册会计师提供的信息质量的广泛关注，进而要求对这一行业的监管和惩戒体系能够最有效地服务于社会整体利益。我国注册会计师行业监管体系尚不健全，已有的监管机制也未能有效地运作起来,监管乏力。应当抓住目前清理整顿经济鉴证类中介机构的有利时机,通过修订注册会计师法及加大行业组织自我监控的制度建设,进一步健全、完善我国注册会计师行业监管体系和运行机制,促进行业的健康发展,维护社会主义市场经济秩序。

5. 建立准会员制度

英国会计职业团体有准会员制度,对接受会计职业团体管理但又不是会计职业团体会员的个人授予准会员资格。如果事务所的一个或多个主管人员不是会计职业团体会员,但当这些人被授予准会员身份时,会计职业团体可以批准事务所注册。这种制度有利于事务所吸收其他专业的优秀人士加入到注册会计师职业,并解决合伙人、董事等不是会计职业团体会员的问题,也有利于事务所提供多元化服务,增强事务所的竞争力。目前,我国事务所的合伙人结构比较单一,绝大多数为注册会计师,这不利于事务所的成长壮大和提供多元化服务,应当借鉴英国的做法,建立准会员制度。[①]

(四) 进一步理顺政府与行业协会的关系

政府与行业协会在注册会计师管理方面的职责分工如何界定是个关键问题。一般说来,注册会计师行业的管理包括执业资格认定、行业准入、执业规则制定、业务监管、违规处罚等内容。这些职责在政府和行业自律组织之间的不同分工,以及政府不同的介入方式和介入程度,构成了不同的行业管理体制。对此,存在两种不同的观点:一是行业管理职责交给行业协会行使,政府对行业进行监督和指导;二是政府与行业协会分工监管。

持第一种观点的理由是:第一,符合中央提出的中介服务行业"法律规范、政府监督、行业自我管理"的改革思路。"法律规范"是指将政府与行业协会在行业监管方面的职责以法律的形式加以规定,"政府监督"是指政府对行业的发展负有监督、指导之责,"行业自我管理"是指行业的具体管理事务由协会负责。第二,这是目前实际运行的行业管理模式的反映。现行《注册会计师法》虽然规定审批会计师事务所和对注册会计师及事务所的违法处罚由财政部负责,实际上财政部全部委托给协会管理,运转起来也还比较顺畅。第三,有利于加强行业的监管,因为协会与行业联系比较多,对行业情况比较熟悉,制定监管措施更有针对性,同时协会相对于政府机关机制比较灵活,可不受行政编制的限制,能够根据工作需要,吸引一批优秀人才,增加监管人员。第四,国际上也存在这样的管理体制。

---

① 颜红:《英国民间审计对我国民间审计的启示与借鉴》,湖北会计网,2005 年 8 月 16 日。

持第二种观点的理由是：第一，现行《注册会计师法》就是政府与行业协会分工监管注册会计师行业的模式，只不过财政部将监管权力委托给协会行使。第二，审批会计师事务所属于行业准入，应属于行政权力，不应由协会行使。第三，行业协会减少管理职责，可以更好地为行业提供服务。第四，国际上也存在这种模式。

我们认为，上述两种模式都是可行的，在国际上都能找到相对应的模式。在具体确定某种体制模式时需要考虑以下几个问题：第一，无论采取哪种模式，都要符合中国国情、符合国际惯例、符合市场经济发展要求，都要处理好行业利益与社会公众利益的关系。第二，注册会计师行业的监管权限，哪些属于政府行政权力，哪些属于行业管理权限，应由法律规定，法律规定是谁的职责，就是谁的职责，应根据行业发展和公共利益的需要来界定行业协会与政府的职责，而不应倒过来，先划分政府与协会的权力，再考虑行业管理体制模式。第三，采取何种监管模式，不仅要考虑行业改革与发展的情况，还要考虑经济体制改革的方向、政府机构改革的情况以及加入WTO的承诺。第四，无论采取何种模式，不能只考虑理论上的可行性，更要考虑实际的可操作性。

如果采取第一种模式，行业利益毫无疑问能够得到保障，关键是要保证投资者和公众利益不受损害，这就需要政府的监督职责能够得到有效行使，行业协会的行为能够得到有效的约束和规范。①要保证政府能够有效履行监督职责。政府可以从四个方面对行业和行业协会的工作进行监督：第一，政府主持或参与制定有关行业重要的法律法规；第二，政府派人参加协会理事会，代表政府参与行业的重大决策；第三，规定有关行业的重大事项须由行业协会报政府部门备案；第四，规定行业协会定期向政府报告工作。②要规范行业协会的组织结构、监管职责和运作方式，协会理事会及相关专业委员会的组成人员必须具有代表性，既要有政府代表，也要有行业内代表，还要有社会独立人士；协会理事会、秘书处和内设部门的职责必须清楚，运作方式必须规范。③要防止协会出现重监管、轻服务的倾向。

如果采取第二种模式，则必须合理界定政府与行业协会的监管职责，如果政府的监管职责比较多，政府部门要设立专门的机构来负责，律师行业即采取这种管理体制，司法部机关有两个司级单位负责律师行业的管理，司法考试办公室（正司级）负责全国统一司法考试工作，律师公证司负责律师行业的行政监管，这两个司在司法部都是比较繁忙的司，注册会计师行业的规模并不比律师小，若采取政府与行业协会分工监管的模式，在政府部门内设置专门的管理机构是必要的。同时要防止政府与行业协会的扯皮，不能有利的事争着管，无利的事都不管。

通过立法，合理界定政府、行业协会在行业监管中的职能划分是非常必要的。在我国，对于注册会计师行业的管理，既有国家法律，也有地方性法规，但目前这些法律和法规都没能很清晰地界定政府、行业协会在行业监管中的职能划分，使得一些本应由政府承担的职能，由协会代为行使。由于协会是行业自律性组织，既承担政府行政职能又要实行行业自律约束，同时还要维护行业自身利益，在很多情况下难以转换角色，在行使行政职能时有相当难度。因此，通过立法，合理界定政府、行业协会在行业监管中的职能划分，使政府与协会发挥应有的作用，对维护公众利益很有必要。协会应更多地发挥行业自律职能，加强行业自身建设，将更多的精力放在制定审计规范、提高执业水平、业务检查、职业道德建设上来，以维护行业长远利益。

（五）提高监管人员素质，改进监管手段和方法

1. 政府监管部门和注协应建立一套严格的监管人员选拔制度。监管人员原则上应通过考试选拔，必须具有与注册会计师相当的知识水平，并有一定年限的相关工作经验，且品行端正、诚信守法。监管部门应该对监管工作人员进行后续培训，使其不断学习和更新知识结构，提高专业技能和素质以适应形势的发展；应建立激励约束机制，争取在待遇、住房、医疗保险、养老保险等问题上有所突破，以吸引和留住人才。

2. 为了有效地改变业务监管工作的不利局面，应利用和发挥好业务报备的"探雷器"作用，实行跟踪检查。目前业务报备方面，注协已着手做了不少工作，但有些工作还可以继续完善，具体体现在：灵活设置业务报备的时间，事务所可在完成业务时就进行报备，以便适时跟踪，及时发现和解决问题。对于报备的程序，建议在事务所接受业务签订业务约定书时，对基本情况（包括应收审计费等）进行初次报备，以便在事前起到监督的作用，而在做完审计业务时对审计结果进行二次报备，这样可以起到事后检查的作用。对于报备表表格建议设计成数据库的形式，以便通过数据库进行查询比较；增加说明性的栏目，以提醒报备阅读者及后任注册会计师审计时需要注意的事项。

3. 发挥好谈话提醒制度的作用。目前注协的谈话提醒制度主要是针对会计师事务所和注册会计师有涉嫌违法、违规等行为时通过谈话提醒的方式予以警示，发现线索，然后进行处理。而笔者认为应进一步扩大谈话提醒制度的范围，把它作为一项事前的防范性日常管理制度，而不是事后的调查制度。如可以将谈话制度分为定期和不定期两种形式，定期谈话形式可以根据

事务所的规模和业务性质规定在一年内的谈话次数和时间,谈话内容应包括事务所的日常事务管理、业务管理、质量控制、人员思想动态等各个方面,帮助事务所和注册会计师树立正确的执业理念,把握行业动态,发现潜在问题,防患于未然;不定期谈话形式则可以根据需要随时进行,如在与本行业相关的国家法律法规发生重大变化时,通过谈话了解事务所和注册会计师对新规定的理解和采取的应对措施,以确定是否需要提供必要的帮助和指导。

4. 开发业务监管软件,改进后续教育培训工作。开发业务监管软件是业务监管的一项十分重要的基础设施建设。目前,应尽快开发全国通用的监管软件,可以节约各地自行开发的成本,形成全国的业务监管网络。建议财政部门和注协对信息系统实行资源共享,不再重复建立相应的制度和系统,既降低监管成本,也减轻注册会计师和事务所的双重报送负担。职业后续教育准则的制定及实施是注协实施行业自律的一项重要职责,为巩固和扩大后续教育,笔者认为注协应采取如下措施:首先应完善后续教育的制度建设,制定职业后续发展实施情况报备(个人和事务所)的具体要求;制定针对课程提供者和学习者的要求;为每一位个人会员建立职业后续发展的主要信息库;与业务监管结合,确保对职业后续发展要求成为事务所监督的一部分。其次应根据注册会计师行业的特点,积极拓展后续教育的手段和方法,大力发展网络远程教育等方式,扩大受教育面,降低教育成本。[①]

---

① 樊千:《浅析我国注册会计师行业监管存在的问题及对策》,无忧会计网,2008年4月2日。

第六章 国外注册会计师法律责任研究

注册会计师的法律责任是指注册会计师在承办业务过程中未能履行合同条款，或者未能保持应有的职业谨慎，或者故意不作充分披露，出具不实报告，致使审计报告的使用者遭受损失，依照有关法律法规，注册会计师或会计师事务所应承担的责任。制定注册会计师执业法律责任是为了发挥注册会计师在社会经济活动中的鉴证。注册会计师的法律责任是处罚性的，其目的是严肃注册会计师职业行为规范。

一 外国注册会计师的行政责任

澳大利亚政府证券与投资管理委员会负责对审计师和清算师的违法、违规行为进行处罚，处罚措施包括警告、暂停资格、吊销资格。

在英国，会计职业团体实施的监督检查主要是针对事务所。有违规行为但并不严重的，给予警告、严重警告、罚款、要求支付诉讼费用等处罚；情节严重的，则给予取消会员资格等处分。

法国法律规定，任何违反法律、法规、职业规则，任何严重的失职，任何损害注册审计师荣誉的注册审计师，即使不再从事其职业，都要受到由于其执业错误而可能给予的纪律惩戒。惩戒的种类包括：警告；严重警告；3个月或半年、最长不超过5年期限的暂停执业；除名，被除名的注册审计师将终身禁止进入本行业，而且不能从事与其原职业内容有关的其他职业。

二 外国注册会计师的民事责任

民事责任对独立审计的约束举足轻重。

美国《1993年证券法》规定只要注册会计师具有普通过失，就要对原始购买公司证券的投资者负责。为了严格注册会计师的审计责任，美国许多法院将注册会计师的重大过失解释为"推定欺诈"。

法国法律规定，注册会计师在执业过程中因过失或舞弊给客户或第三者造成损失的,要承担民事赔偿责任。

日本公认会计士民事责任的有关规定主要体现在《证券交易法》中。该法规定,如果因重大事项审计失误,造成对投资者的误导,那么该公认会计士要负连带赔偿责任。

英国规定,如果特许会计师未保持应有的职业谨慎,存在过失行为,即使是一般过失,客户也可以按民事侵权法控告其侵权。

三 外国注册会计师的刑事责任

根据美国《证券法》和《证券交易法》的规定,如果注册会计师出具的报告不实,违反了《证券法》,注册会计师要承担民事责任;如果这种违法行为被证实是有意的,注册会计师要承担刑事责任,受到刑事处罚。一般判处罚金 10000 美元或 5 年以下有期徒刑,也可并处。

法国规定,注册会计师在任期内担任不相容任务、未充分揭示犯罪行为、同谋等,要承担刑事责任。

在英国,涉及特许会计师刑事责任的法律主要有《公司法》、《盗窃法》和《防止投资舞弊法》。规定审计师企图欺骗股东、债权人,发布或同意发布在重要方面令人误解、虚假的书面证明或账目,可处以 7 年以下的徒刑。

日本《商法》规定,审计中如发现公认会计士就其职务受不正当委托而接受贿赂,或要求、约定受贿时,将判 3 年以下徒刑,或 100 万日元以下罚金。《证券交易法》规定上市公司的重要文书必须真实,如有虚假,将对有关审计人员处 300 万日元以下罚款或 3 年以下徒刑,还要对审计法人处以 3 亿日元以下的罚款。

四 美国注册会计师的反舞弊审计责任

美国 2002 年 7 月 25 日通过的《萨班斯—奥克斯利法案》(*Sarbanes-Oxley Act*),使传统的注册会计师行业自律模式被打破,代之以政府监督下的独立监管为主的模式,即由美国证券交易委员会(SEC)监督下的公众公司会计监管委员会(PCAOB)来负责制定或审批审计准则、事务所质量控制准则、职业道德准则、独立性准则以及其他与审计报告相关的准则。实际上意味着美国注册会计师协会(AICPA)正在逐步失去审计准则制定权。同时,财务报告舞弊的经济后果呈进一步扩大的趋势。仅世通公司财务报告舞弊一案,就导致近

1200亿美元的市值损失和近1000亿美元的财产损失。面对严重的经济后果，公众强烈希望注册会计师能在财务报告审计中及时发现和揭露舞弊。

2002年10月，美国注册会计师协会（AICPA）在综合理论界、实务界众多建议的基础上，颁布了《审计准则第99号——考虑财务报告中的舞弊》（SAS No.99，简称新准则），取代了原有反舞弊审计准则 SAS No.82（简称旧准则），以增强注册会计师执行财务报告审计时发现和揭露上市公司财务报告舞弊的能力。

新准则进一步提升了"职业怀疑精神"。为了增强注册会计师审计舞弊的意识及对舞弊的敏感性，改进其评估舞弊风险的过程，新准则要求审计小组全体成员在审计计划阶段，集中讨论因舞弊导致财务报表重大错报的风险，就被审计单位财务报表可能会怎样作弊或最有可能在哪些方面作弊等交换意见，目的是小组内共享集体智慧结晶和识别舞弊的经验。在实务中，多数审计项目在接受委托阶段就已对客户诚实性及报表公允性作了初评，这会导致注册会计师对客户诚实性缺乏应有的职业怀疑态度。针对此问题，新准则强调了在整个审计过程对蓄意隐瞒的舞弊保持职业谨慎的重要性。先假设不同层次上管理层舞弊的可能性，包括共谋、违反内部控制的规定等，并要求在整个审计过程中保持这种精神状态。正如柏瑞·C.梅勒肯指出：该准则试图使注册会计师在审计每个项目时都要保持高度的职业怀疑精神，不能推测管理层是诚实可信的，注册会计师应首先思考是否有舞弊的嫌疑，以期对注册会计师的审计程序产生实质性指导意义，增强了注册会计师发现和揭露财务报告舞弊的可能性。

新准则提出了新的舞弊风险评价模式，即将重点放在舞弊产生的根源上，而非舞弊产生的表面结果。该准则建议注册会计师将足够的注意力放在舞弊产生的主要条件上，这些条件可以归纳为：压力、机会和借口。当三个条件同时成立时，就意味着出现舞弊的可能性很大，注册会计师必须给予足够的关注，采取有效的审计程序以控制风险。其具体表现之一就是对管理层逾越内控行为的实质性测试。

规定对舞弊风险评估结果作出适当反应的具体方式及程序。新准则要求，注册会计师应对舞弊风险评估结果作出适当反应，并强调在收集及评价审计证据时，应保持职业怀疑态度。新准则还具体规定了注册会计师对舞弊风险评估结果作出适当反应的以下三种方式及程序：①应首先考虑舞弊风险评估结果对审计工作的总体影响，即在制定总体审计计划时，应考虑舞弊风险评估结果的一般影响；②考虑已识别舞弊风险对审计工作的具体影响，即在制定具体审计计划时，应考虑已识别风险对将执行审计程序的性质、时间和范围的特定影响；③考虑执行下列审计程序（但不限于），进一步确定有关管理层逾越内控的舞弊风险对财务报表产生重大错报的影响：a. 检查会计分录和其他调整事项，以收集舞弊可能导致重大错报的证据。不少舞弊报表往往是通过编制不当会计分录或其他一些打"擦边球"的调整分录的方式来操纵的，尽管以前准则包括 SAS No. 94 "信息技术对审计师在财务报表审计中考虑内部控制的影响"也要求注册会计师注意复核非正常或非标准的分录，但新准则更强调注册会计师要了解财务报表的手工或自动编制过程及有关信息的披露过程，特别关注重大错报可能会怎样发生，明确规定注册会计师应依据职业判断评价舞弊风险因素，不是先考虑内部控制在有关财务报告的哪个或哪些方面能够得到有效实施，而是依据财务报表及账户的性质和复杂性，验证各种证据，包括手工或电子证据。b. 复核会计估计，以发现导致重大错报的舞弊偏差。许多公司如安然公司的报表舞弊通常是通过蓄意利用会计估计差错的方式达到目的的。以前准则虽对此作了规范，要求注册会计师关注管理层蓄意用于不当盈余管理的会计估计偏差，但第 99 号还要求对以前年度的重大会计估计实施再复核程序，以发现任何潜在的可能单个出现时却属适当盈余管理行为的舞弊情况。如在以前年度的某会计期末已记录注册会计师可接受的会计估计，而在本年度末又在注册会计师可以接受的范围内重复记录该项会计估计。c. 评价重大非经常性交易的合理性。复杂的经营结构及交易安排，特别是涉及特定目的个体或关联方的恶意交易安排，是最近舞弊财务报表的惯用伎俩，尽管先前准则已要求注册会计师应具备评价这些重大交易的相关知识，但新准则仍强调要求注册会计师清楚了解重大非经常性交易的实质，评价其内在合理性，并将其作为审计重点。

新准则要求注册会计师对以前年度的财务报告中的重要会计估计，特别是对管理层假设或者判断最为敏感的项目进行"追溯复核"，利用事后优势以确定与之相关的管理层的判断和假设是否存在倾向性，有效阻止那些隐藏在财务报告中的舞弊行为。

五 对于完善我国审计规范以及加强执法力度的启示

我国现行的注册会计师民事法律责任主要由《注册会计师法》和《证券法》两部法律规范。此外，还有一些司法解释涉及了注册会计师审计责任的界定。

尽管我国的《刑法》、《会计法》、《注册会计师法》和《证券法》中规定了单位和注册会计师违规作假的行政责任、民事赔偿责任和刑事责任，但在实践中很难落实，有法不依，执法不严问题突出。我国恢复注册会计师制度已经二十多年，但对从业人员的处罚很轻很少，主要是行政处罚，刑事处罚极少，更谈不上民事赔偿责任。这种极低的处罚概率和很轻的处罚措施，是很难起到以儆效尤的作用的。

(一) 完善我国注册会计师的民事责任

1. 现行相关法律存在的问题及分析

(1) 现行法律没有明确注册会计师民事责任归责原则

归责原则是注册会计师民事责任制度的核心，它决定了注册会计师民事责任构成要件、举证责任的承担、免责条件、损害赔偿的原则和方法、减轻责任的根据等。注册会计师民事责任的归责原则，不仅是一个事实问题，更是一个价值判断问题，它将对注册会计师行业的发展产生深远的影响。而现行法律中没有明确注册会计师民事责任的归责原则问题。最高法院在司法解释中虽然规定注册会计师和会计师事务所"有证据证明无过错的，应予免责"，确立了过错责任原则，但此规定效力较低，因此在法律中明确规定注册会计师民事责任的归责原则实属必要。

(2) 现行法律没有区分会计责任与审计责任

注册会计师审计责任与被审计单位会计责任是完全不同性质的法律责任，不能相互替代。被审计单位会计信息严重失真，会计报表存在重大错误、舞弊或违法行为，导致注册会计师出具的审计报告存在虚假内容时，应当依法追究被审计单位的会计责任。同时，根据注册会计师民事责任构成要件，判断注册会计师是否应承担审计责任。如果注册会计师确实具备责任构成要件，出具了虚假业务报告，那么，在被审计单位承担会计责任的同时，注册会计师也应该承担相应的审计责任。如果注册会计师不具备责任构成要件，则不应承担审计责任。由于现行法律没有明确这一点，司法实践中，忽视被审计单位应承担的会计责任或者以审计责任替代会计责任的现象时有发生。

(3) 现行法律没有对注册会计师民事责任诉讼时效作特别规定

根据《民法通则》关于一般民事责任诉讼时效的规定，委托人和利害关系人"向人民法院请求保护民事权利的诉讼时效期间为两年，诉讼时效期间从知道或者应当知道权利被侵害时起算，但是，从权利被侵害之日起超过二十年的，人民法院不予保护"。最高法院的司法解释实际上也没有突破《民法通则》的规定，只是在诉讼时效的起算上增加了一个前置条件，即从行政处罚作出之日或刑事判决生效之日起算。由于注册会计师依法出具的验资报告或审计报告，只是对一个时点或一个时段被验资单位或被审计单位的会计信息的鉴证，不但具有很强的专业性，同时具有很强的时效性。如果对民事责任的诉讼时效不作特殊限定而采用《民法通则》的一般规定,那么,将导致所有验资报告或审计报告的民事责任面临的诉讼时效都可能长达 20 年甚至 20 年以上,不但会使当事人之间的民事法律关系长期处于一种不稳定状态,而且将给这一类民事案件的审理带来很大的取证障碍、审理障碍。鉴于注册会计师执业行为的特殊性,法律应该对注册会计师民事责任诉讼时效作出特别规定。

(4) 现行法律没有明确注册会计师执业责任鉴定主体

由于注册会计师出具的业务报告专业性较强,在判断其是否为虚假的问题上需要具有一定的专业水平。而且注册会计师执业行为本身是一种专业行为,判断这种专业行为是否符合执业准则、规则,是否尽了一个注册会计师应有的职业谨慎或注意义务,同样需要具有一定的专业知识和能力。因此,有必要在法律中明确注册会计师执业责任鉴定主体,从而为法院正确审理注册会计师民事责任案件提供必要的技术支持。

(5) 现行法律没有区分验资民事责任与审计民事责任

由于验资业务与审计业务的性质各异,验资报告与审计报告的使用目的也明显不同,因此,验资民事责任与审计民事责任在责任赔偿范围与责任形式上也应该有所区别。目前,最高法院虽然在司法解释中明确了一些区别原则,但由于司法解释的效力层次低,因此,法律应该把司法解释中成熟的内容确定下来。

2. 完善注册会计师和会计师事务所民事责任的建议

(1) 明确注册会计师民事责任适用过错归责原则

过错责任原则是指以当事人的主观过错为构成责任的必要条件,有过错就有责任,无过错就没有责任。无过错责任原则是指损害发生不以行为人的主观过错为责任要件的归责标准,即只要发生损害的结果,行为人就应当直接承担赔偿责任。现代西方国家对一般侵权行为实行过错原则,而只对于特殊侵权行为采用无过错原则。

对于注册会计师来说,审计的产生,本质上是为了能维护股东或者潜在的股东即公众投资人的利益。由于现代审计技术自身所存在的局限性,注册会计师并不能保证已审的会计报表不存在任何的错报或漏报,注册会计师最主要的任务是必须按照执业规则的工作程序出具报告,对其所出具报告内容的真实性、完整性和准确性进行核查和验证,因此,注册会计师所尽到的只能是一种合理的保证责任。这种保证责任的认定是以审计的成本效益原则为基础的。如果对注册会计师的审计责任采用无过错责任原则,即只要发生注册会计师所审计的财务报告与实际的真实状况不符而给予投资者带来损害的结果,就要求注册会计师承担赔偿责任,不仅在一定程度上会导致诉讼的泛滥,同时也会使注册会计师行业面临更大的风险和责任危机。注册会计师为了避免风险，极有可能采用防御性的审计行为。这最终会影响到市场信息的披露，对于证券市场的长远发展和投资者利益的保护也是非常不利的。因此，基于促进证券市场信息披露和保护投资者利益的双重考虑，法律应该对注册会计师承担的责任适用过错责任原则，而不应适用无过错责任原则。[①]

(2) 明确注册会计师民事责任适用举证责任倒置的原则

举证责任倒置是与"谁主张谁举证"的正置原则相对的。所谓举证责任倒置，指法律基于对受害人的保护等原因考虑，将本应由提出主张的一方当事人（通常是原告），对其主张的事实，不直接承担举证责任，而应当由反对的一方就某种事实的存在或不存在负举证责任，如果反对的一方不能就此举证证明则要承担败诉后果的风险。

参考《最高人民法院司法解释》关于《因医疗行为引起的侵权诉讼的举证责任》，医疗机构就医疗行为与损害结果之间不存在因果关系及不存在医疗过错承担举证责任的规定，当注册会计师发生验资、审计等民事诉讼纠纷时，采用举证倒置的原则。可以在《注册会计师法》及其他法规中明确规定举证责任由注册会计师承担，即由注册会计师就审计行为与损害结果之间不存在因果关系及不存在过错承担举证责任。采用举证责任倒置的原则，由作为被告的注册会计师及事务所承担举证责任，能够大大减轻处于弱势的第三方的证明责任负担，能够更好实现公平。从效率上看，也能使诉讼的处理更简便、快捷。

(3) 明确注册会计师民事责任特殊诉讼时效

我国注册会计师民事责任诉讼时效，应该借鉴国内外有关特别诉讼时效的规定，规定特别诉讼时效，即诉讼时效自知道或应知道权利被侵害起两年，但从审计报告出具之日起超过五年的不予保护。这样既能保证利害关系人的胜诉权，同时又能合理地反映注册会计师行业的特性。

(4) 明确注册会计师执业责任鉴定主体

注册会计师侵权在损害赔偿案中就审计行为与损害结果之间不存在因果关系及不存在过错承担举证责任。一般要寻找独立的第三者证实或鉴定其审计行为与损害结果之间不存在因果关系或自己不存在过错。考虑到对注册会计师出具业务报告这种专业行为有无过错以及对业务报告本身是否存在虚假的判断，需要具备一定专业知识和专业技能。目前，对于鉴定主体而言：一是法院；二是由注册会计师协会或由协会成立一个由专业人士组成的独立的鉴定委员会鉴

[①] 柴珉：《关于注册会计师和会计师事务所法律责任的思考》，《中国注册会计师》2003 年第 10 期。

定;三是由申请法院委托其他会计师事务所组成的鉴定小组进行。在司法实践中,已经出现法院由于缺乏专业水平而对案件认定偏差的情况。《注册会计师法》应该规定,成立专门的注册会计师执业责任鉴定机构,负责对注册会计师执业中是否存在过错和注册会计师出具的业务报告是否虚假或者符合准则要求作出专业鉴定,鉴定机构的鉴定意见应该作为司法机关追究注册会计师法律责任的参考依据。在具体实行过程中可以建立案件鉴定人三方选任制度,可以由当地人民法院、人民检察院和司法、财政、审计部门的有关人员和专家共同组成审计鉴定协调委员会,在不干涉鉴定人独立行使鉴定权利的前提下,组织、协调和监督具体案件的鉴定等日常审计工作管理。

(5) 建立完善的民事赔偿保障制度

为使虚假陈述民事赔偿机制真正达到最大限度弥补投资者损失的预定目标,避免虽经法院审判应予以赔偿但可能会面临无财产可赔或只能获得少量赔偿的尴尬状况的出现,必须建立完善的、相应的民事赔偿保障制度,使各虚假陈述的责任主体均有承担赔偿责任的能力。笔者认为,具体可采取以下对策:

①会计师事务所应设立和完善职业风险基金。注册会计师一旦被法院认定为对上市公司的虚假陈述行为构成共同侵权,会计师事务所作为承担民事责任的责任主体,就可能承担巨额的连带赔偿责任,这对我国注册资本和自有资产普遍较少的会计师事务所来说无疑是致命的打击。所以,会计师事务所应设立并完善职业风险基金。

②尽快完善、推广注册会计师职业责任保险制度。注册会计师职业责任保险制度的建立,在一定程度上能够为会计师事务所及其注册会计师承担民事责任提供资金保障。我国从 2000 年开始,中国人民保险公司和中国平安保险有限公司已经开始承办注册会计师职业责任保险,但由于保险条款中(诸如赔偿范围、投保义务、最高赔付额等)对注册会计师的责任保险作了严格限制,故而使该险种在缓解注册会计师赔偿民事责任方面的作用相当有限。笔者建议考虑将其中的一些保险条款进行相应拓展和完善,以推广注册会计师职业责任保险制度。

③建立注册会计师行业共同赔偿基金。随着证券市场的日趋扩大及成熟,投资者理性程度的提高,注册会计师民事赔偿风险日益加大,职业风险基金和责任保险制度的建立虽然在一定程度上可以缓解会计师事务所的赔偿压力,但一旦遭遇巨额赔偿,会计师事务所就显得势单力薄,其可能随时面临破产的危险。因此,注册会计师行业可以未雨绸缪,整合全行业力量,组建共同赔偿基金,实施联合赔偿计划,借助其资金优势,缓解赔偿压力。

④建立国家行政罚款、刑事罚款财政回拨制度。由于《关于受理证券市

场因虚假陈述引发的民事侵权纠纷案件有关问题的通知》对虚假陈述民事案件设置了前置程序，行政处罚和刑事制裁要先于民事处罚。针对这种我国证券市场虚假陈述处罚机制的特殊性，笔者建议确立民事赔偿优先原则，建立国家行政罚款、刑事罚款财政回拨制度。即将原来的行政罚款和刑事罚金收入上缴财政改为由证监会及其派出机构代为保管并专项储存。如果出现注册会计师民事赔偿支付不足时，应当回拨因同一事由预先罚没的款项用于民事赔偿。民事赔偿优先原则的确立，可以充分体现"公权行使不能侵犯私权"的基本法理精神，也将为最大限度地实现公众投资者的民事赔偿提供相应的保障。

（二）完善我国注册会计师的刑事责任

我国对注册会计师刑事责任的有关规定主要体现在《刑法》第229、231条和《最高人民检察院、公安部关于经济犯罪案件追诉标准的规定》第72、73条中。现行法律法规存在的主要问题有以下两方面：

1. 关于注册会计师刑事责任追诉标准

根据最高人民检察院与公安部关于经济犯罪案件的追诉标准的规定，注册会计师因故意行为给国家、集体或其他投资者造成直接经济损失在50万元以上，间接经济损失在100万元以上，要追究刑事责任。笔者认为，这个标准对于注册会计师行业来讲不合适。因为注册会计师出具的验资报告或者审计报告在不同的案件中涉及的金额差距较大，如果在一份审计报告所涉总金额超亿元或者数十亿元甚至更大的情况下，该报告仅造成50万元或100万元损失，那么，由于损失数额占其总金额比例很小就不应该追究其刑事责任。所以，笼统地用这一个追诉标准，不符合注册会计师行业特性。应结合注册会计师行业特点，对注册会计师刑事责任追诉标准进行修改。

2. 关于建立注册会计师执业责任鉴定机构

由于目前司法机关本身在整体上缺乏会计人才，在判断注册会计师是否犯罪时，容易出现判断不准的情况。这样，既不利于打击刑事犯罪，也不利于保护行业正当权利。所以，应该建立专门的权威注册会计师执业责任鉴定机构。

（三）完善我国注册会计师的行政责任

1. 现状分析

目前我国对注册会计师行政责任作出规定的法律、行政法规、部门规章和规范性文件较多，大致可以分为两类：第一类主要包括《注册会计师法》、《证券法》、《公司法》和《股票发行与交易管理暂行条例》（国务院令第112号），规定了注册会计师和会计师事务所的义务性条款、限制性条款以及违法的责任性条款，同时设定了行政处罚的种类和处罚尺度。第二类主要是大量的部门规章和规范性文件，其制定部门包括财政部、中国证监会、国家工商总局、人民银行及审计、税务等部门。这些部门规章和规范性文件多数是作为《注册会计师法》、《证券法》、《公司法》以及其他有关法律、行政法规的配套制度。从内容上看大体分为三类：一是对法律、行政法规的规定作出进一步细化的规定；二是对注册会计师、会计师事务所执行证券、金融等特殊业务行政许可管理的规定；三是对注册会计师行业日常管理的有关文件。

存在的主要问题有：

（1）处罚尺度不一

由于法律、行政法规、规章之间缺乏必要的协调衔接，以致对同一违法行为不同的法规规定了不同的处罚尺度。而多个部门规章对注册会计师规定的义务性条款和限制性条款在法律责任制度上的不一致又给具体执法工作带来了一定困难，也不利于树立法律的权威。

（2）缺少对注册会计师行为规范的具体条款

从国外多数国家的注册会计师法律条文看，对注册会计师执行法定业务的义务性条款和限制性条款占有很大比重，责任性条款中以民事责任条款为主。而我国现行《注册会计师法》只有第20、21条两条属法定业务的义务性条款和限制性条款，而且规定得也过于原则，如注册会计师应当在何种情况下出具或者不能出具无保留意见的审计报告，在何种情况下出具或者不能出具保留意见、否定意见和拒绝表示意见的审计报告，这些都缺少明确具体的规定，给行政执法部门对违法行为的认定工作带来较大困难，也容易给违法者以可乘之机。

（3）执法部门重复检查

由于涉及注册会计师监管的相关法律法规规定的不够明确，有关行政部门之间也缺乏必要的工作沟通和协调，因此在执法中存在对会计师事务所、注册会计师多头检查、重复检查的问题。

2. 完善注册会计师和会计师事务所行政责任的建议

（1）明确《注册会计师法》在注册会计师法律制度中的基本法地位

《注册会计师法》作为注册会计师行业的专门法，应在注册会计师法律制度中起统驭作用，其他法律、行政法规、规章对注册会计师法律责任的规定，应与《注册会计师法》的规定相衔接。同时，应明确财政部门是注册会计师行业的主管部门，其他有关部门应在法定职责范围内行使监督权。部门间应相互协调，减少对会计师事务所的重复检查，避免多头处罚。

（2）建议增加对会计师事务所通报和对注册会计师罚款两项处罚

①增加通报处罚。这首先是考虑到会计责任往往都伴随着审计责任，《注

册会计师法》与《会计法》有关规定应当协调一致；其次，注册会计师行业是与社会公众利益密切相关的行业，对会计师事务所违法行为予以通报，更有利于保护社会公众利益；最后，通报处罚是行政处罚公开原则的体现。②增加对注册会计师的罚款处罚。这种处罚在《股票发行与交易管理暂行条例》中已有规定，执法部门也一直在使用这一处罚种类。实践证明，会计师事务所脱钩改制后，给予注册会计师经济处罚对于震慑违法行为有比较好的效果。

(3) 完善注册会计师行政法律责任条款

细化责任性条款，将责任性条款与义务性、限制性法律条款相对应，对各类违法情形予以明确。尽可能将"情节严重"的判断标准具体化，增加可操作性。

此外，为充分发挥行业协会自我约束的作用，建议在法律中补充规定行业协会对违法、违规的会员可以进行自律处罚的内容。同时应规定行业自律处罚的救济途径为直接向法院起诉。关于行业自律处罚，可以借鉴国外的立法经验。

（四）注重注册会计师舞弊审计责任探讨，加紧研究和修订我国现行舞弊审计准则

注册会计师舞弊审计责任是指注册会计师发现、报告可能导致会计报表严重失实的错误与舞弊的责任。20 世纪 80 年代以来，由于被审计单位的错误与舞弊而导致的审计失败案例不断增加，注册会计师对会计报表中存在的错误与舞弊是否承担审计责任以及在多大程度上承担责任一直是社会各界争论的焦点。近几年来，银广夏、安然、世界通信等事件的出现，更进一步加深了人们对这一问题的关注。随着会计环境的不断变化和发展，注册会计师应在一定范围内对被审计单位存在的错误与舞弊承担审计责任。

1. 注册会计师承担舞弊审计责任的必要性

在审计实践中，有什么样的审计目标，就要求审计人员履行什么样的职责并承担相应的审计责任。自独立审计诞生以来，尽管注册会计师的审计目标随着审计环境的变化处于不断调整之中，但查错揭弊的职责却一刻也没有和注册会计师审计相脱离，注册会计师不应该回避在审计过程中所应承担的舞弊审计责任。

（1）查错揭弊贯穿着独立审计发展史。在审计史学界，审计专家们一般将独立审计的正式发端确定为 1720 年对英国南海公司破产案的审计。而南海公司破产案的审计目的就是查错揭弊，会计师查尔斯·斯耐尔的职责就是对南海公司是否存在舞弊行为进行审计。由此可见，注册会计师审计的诞生与其查

错揭弊的职责是天然联系在一起的。

20世纪30年代以后，随着经济和社会的发展，独立审计的主要目标开始由查错揭弊转变为评价会计报表信息的真实性和公允性。在这一时期，审计职业界普遍认为，由于串通舞弊的特殊性、检查舞弊的复杂性以及独立审计成本、方法的局限性，注册会计师无法承担专门检查舞弊的责任。尽管如此，审计职业界在审计实践中并没有完全放弃对重大错误与舞弊的关注，查错揭弊依然被认为是注册会计师审计的一个次要目标。事实上，如果被审计单位的会计报表中存在重大错误与舞弊，那它就不可能是真实的、公允的。

（2）查错揭弊是社会公众的殷切期望。对注册会计师舞弊审计责任的认识，社会公众与审计职业界之间一直存在着期望差距。社会公众期望注册会计师在技术上具有充分胜任工作的能力，能毫无遗漏地揭露被审计单位存在的全部舞弊行为，要求注册会计师能保证审计后的会计报表真实、公允。而审计职业界一贯信奉的原则是：只要审计业务完全遵循了独立审计标准，注册会计师就完成了自己的专业职责。

但是，独立审计准则的规定与审计报告需求者的期望往往存在明显错位，不利于维护审计报告需求者的利益。对于并非专业人士的社会公众来说，经过注册会计师审计的会计报表仍然存在巨额欺诈或差错，要说注册会计师没有责任，他们是难以接受的。公众投资者在不甘心承担被审计单位全部舞弊损失的同时，势必将注册会计师推上被告席。

承担责任是一切公共职业生存和发展的必备条件。履行会计信息鉴证职责是注册会计师职业生存、发展的根本。为了满足社会公众的需要，巩固注册会计师职业的社会地位，注册会计师也必须承担起查错揭弊的责任。

（3）查错揭弊是抵制"审计诉讼爆炸"的客观需要。综观近些年的审计失败案例，不论是在国内还是在国外，无一不是由于公司舞弊所引起。而注册会计师往往以审计责任只是"按照独立审计准则的要求出具审计报告，并对出具的审计报告的真实性、合法性负责"来逃避其舞弊审计责任，搪塞社会公众。可以这样说，被审计单位之所以敢于进行舞弊，审计职业界对舞弊审计责任的漠视是其中的一个重要原因。

监督职能和鉴证职能是相辅相成的。注册会计师审计除了要发挥鉴证职能，还要对被审计单位的经济活动、会计资料进行必要的监督。查错揭弊不一定是审计的直接目标，但注册会计师履行舞弊审计责任却可以提高其审计报告的真实性、合法性，也有利于震慑并控制被审计单位舞弊的行为。舞弊行为少发生乃至不发生，自然也使得被审计单位会计报表的真实性、公允性有了可靠的保证。因此，承担舞弊审计责任也是注册会计师控制审计风险、减少审计失败的客观需要。

2. 注册会计师发现和披露错误与舞弊的责任

注册会计师职业并不是与生俱来的，它是为了满足社会公众对独立审计服务的需要而产生和发展起来的。以独立审计服务为媒介，注册会计师与社会公众之间也就形成了一种供求关系。在这种供求关系中，作为需求方的社会公众可以根据自身的需要提出各种需求，而作为供给方的注册会计师却只能根据自身的能力在一定程度上满足社会公众的需求，这个动态交叉点就是他们的供求均衡点。而这一均衡点既决定了注册会计师所履行的职责、应承担的责任，也反映出独立审计在能力、方法上的局限性。

（1）注册会计师承担舞弊审计责任的制约因素。尽管注册会计师在会计报表审计中应该承担舞弊审计责任，但是由于审计方法、职业道德等因素的影响，注册会计师不可能彻底揭示隐含于会计报表中的全部错弊。

从审计方法的角度来讲，由于现代审计普遍采用抽样审计方法，内部控制制度、抽样技术本身存在的局限性导致错弊不可能被全部发现。比如部分职员的串通舞弊或者控制环节偶发性的失效等，这些事件在内部控制评价中是很难发现的，从而也容易使注册会计师发生误信而遗漏某些错弊；抽样技术本身存在漏查部分错弊的机会，加之审计判断的客观误差，低估错弊的可能性也就在所难免。

从职业道德的角度来讲，职业操守及专业能力直接影响注册会计师查错揭弊的行为。比如，独立性是注册会计师职业道德的基本要求，但是审计业务与咨询业务的混合经营会歪曲注册会计师审计的独立性。世界通信2000年向安达信支付的审计费为230万美元，但咨询等其他非审计费用却接近1200万美元。同一家事务所既从事财务审计，又进行咨询服务，这不可避免地存在利益冲突。为了保住巨额的咨询收入，会计师事务所面对大客户的弄虚作假，往往采取放任自流甚至出谋划策的方法。职业道德的缺失，既有注册会计师主观方面的原因，也有体制、市场等方面的客观原因，这些都成为制约注册会计师查错揭弊职责发挥的不利因素。

（2）注册会计师舞弊审计责任的定位。会计报表使用者利用会计信息的主要目的是进行经济决策，他们关注的是会计报表的真实性、公允性。人们也已逐渐认识到，在大量会计估计、摊提等不确定因素存在的情况下，会计报表中存在少量的错弊是不可避免的，即使不被纠正，可能也不影响会计信息的可靠性，并不会对会计报表使用者产生信息误导。

注册会计师没有必要也不可能揭露会计报表中所存在的全部错误和舞弊，

但他有责任揭露影响会计报表公允表达的重大错误和舞弊。在会计报表中，这些重大错误和舞弊会直接影响有关项目的金额，并导致这些信息的严重失实，背离公允表达的要求，从而影响会计报表使用者的决策。对这些错弊项目，注册会计师应当承担审计责任。如果注册会计师在审计中未能发现，或者没有认真考虑这些错弊对审计意见的影响而出具了不恰当的审计报告，并由此给会计报表使用人造成了经济损失，那么注册会计师就应当承担相应的审计责任。

（3）注册会计师对错误与舞弊的披露。既然注册会计师的舞弊审计责任界定在"影响会计报表公允表达的重大错误和舞弊"的范围内，那么注册会计师应将"重大错误和舞弊"的检查情况记录于审计工作底稿中，并将其作为发表审计意见的重要依据。

对于注册会计师已发现的重大错误与舞弊，如果被审计单位拒绝调整或适当披露，注册会计师应发表保留意见或否定意见；如果被审计单位按照注册会计师的要求作了调整，注册会计师可以考虑发表无保留意见。如果无法确定已发现的错误与舞弊对会计报表的影响程度，注册会计师应当发表保留意见或拒绝表示意见。如果审计范围受到被审计单位的限制，注册会计师无法就可能存在的重大错误与舞弊获取充分、适当的审计证据，应当发表保留意见或拒绝表示意见。

在当前形势下，注册会计师应该积极地去承担舞弊审计责任，以最大限度地满足社会各界对审计的要求和期望。同时，还要通过不断提高自身职业道德水平，并努力创新审计技术和方法，提高审计质量，减少审计失败。

3. 研究和修订我国现行舞弊审计准则

审计准则作为注册会计师开展审计活动的主要依据，应该根据市场环境的不断变化加以完善和改进。虽然新准则的最终效果还需要一段时间来考察，但通过分析可以发现，准则制定确实是建立在一系列调查研究成果的基础上，反映了准则制定者希望及时采取行动弥补现有准则不足的愿望，并且在一定程度上配合了美国正在进行的其他改革措施，这一点也是值得我国借鉴的。

在我国，注册会计师应承担多大的舞弊审计责任以及如何有效履行舞弊审计责任，现已成为人们关注的焦点问题。美国舞弊审计准则变迁史告诉我们，我国审计界必须积极探索建立舞弊审计责任均衡体系，从审计能力和社会预期的期望差中寻找合适的均衡点，并深入研究财务报表舞弊规律及审计思路、程序创新，以不断提高审计舞弊的能力和效果。

切实可行的舞弊审计准则，是注册会计师审计舞弊财务报表建立更实用的标准和提供更详细的指南。我国注册会计师行业虽起步较晚，但却发生了"琼民源"、"红光实业"、"银广夏"等令人震惊的重大财务欺诈案，这不仅给注册会计师行业造成很坏影响，使尚未成熟的证券市场饱受舞弊信息的冲击，而且扰乱正常社会经济秩序，给国家和证券投资者带来巨大损失。尽管我国审计准则"错误与舞弊"规定："注册会计师应根据独立审计准则的要求，充分考虑审计风险，实施适当的审计程序，以合理确信能够发现会计报表严重失实的错误及舞弊"，但因缺乏审计舞弊报表的详细指南，也没有提供需要关注的舞弊风险因素，致使舞弊审计效果欠佳。为指导注册会计师理清思路、突出重点，提高审计舞弊的能力，我们可在借鉴美国新准则和认真总结我国注册会计师制度恢复二十多年来积累的舞弊规律及审计经验的基础上，抓紧研究修订我国舞弊审计准则，重点解决对管理当局舞弊的审计程序改进问题，以为注册会计师提供一个有效发现舞弊的概念框架和更为正式、具体的审计程序指南，有效缩小期望差。开展这方面的研究需要我国审计理论界和实务界的共同努力和参与。

我国新舞弊审计准则在借鉴美国和国际舞弊审计准则的基础上，改变旧舞弊审计准则使注册会计师承担舞弊审计责任所采取的逃避和被动的态度，将重新定位和明确注册会计师的舞弊审计责任，要求注册会计师以更为积极和主动的态度承担起审计舞弊的责任，并为注册会计师在财务报告审计中发现舞弊提供基本指南。

提高舞弊审计效果是一个系统工程，不仅仅是一个较为完善的舞弊审计准则就能解决的，还需要审计委托机制、责任承担机制、风险处理机制等相关方面的配套改革，任重而道远。

（五）成立注册会计师法律责任的专家鉴定委员会

目前我国注册会计师行政处罚的裁定和实践权归属于省级以上人民政府的财政部门（省级以上注册会计师协会处理日常工作），民事制裁和刑事制裁的裁定和实践权归属于人民法院。随着市场经济向法制化方向的发展，民事责任及刑事责任将成为注册会计师法律责任的重要方式，而法院无疑将成为最终的裁判机构。但当涉及的案件专业性很强、技术复杂程度很高时，法院将难以独立对案件作出合理界定。例如，已认定一项会计信息是虚假的，但如何来界定这项会计信息的产生是故意还是过失，在对提供虚假会计信息人员量刑时，是非常重要的，前者不仅要承担民事赔偿责任而且要承担刑事责任，而后者依据过失的大小确立不同的民事责任。这即使对专业人士有时也是难以确认的。因此，中国注册会计师协会应成立专家鉴定委员会，作为注册会计师法律责任界定的权威机构，该机构出具的鉴定报告应同法医鉴定等司法鉴定一样，成为庭审的有力证据。在西方，司法机关在判决注册会计师诉讼案件时，也常常主动参考行业自律机构的意见,作为法律责任认定的重要依据。

(六) 建立注册会计师竞争机制

随着我国市场经济法制化程度的不断提高,必须简化我国现有的注册会计师法律诉讼程序,降低其操作的难度,增强其实际操作性,减少因客户的错误和舞弊而使注册会计师审计风险的增加。目前,注册会计师行业的被动局面在很大程度上与发展失控、竞争淘汰机制不健全等问题有关。由于行业准入的门槛较低,同业恶性竞争无法避免,导致会计师事务所在低水平、小规模层次上的数量过度扩张,在市场容量有限、人员素质及道德素质还不高的情况下将危及整个行业的生存与发展。注册会计师行业应当规范执业行为,实行优胜劣汰,绝不能以牺牲长远发展为代价换取眼前的虚假繁荣。注册会计师应当提高综合素质和竞争能力,严格按照专业标准和审计准则的要求,履行必要的审计程序,执行审计业务,遵守职业道德,增强风险意识与竞争意识,学习法律知识,了解相关法律法规规定和司法诉讼程序,充分陈述意见,提供确凿证据,以期改变被动应诉的局面。综上所述,随着经济体制在我国的建立和迅速发展,注册会计师在社会经济生活中发挥的作用也越来越大,注册会计师出具的审计意见将对投资者、债权人、政府及其他利害关系人的利益产生重大影响。针对近年来注册会计师的法律责任风险加大的情况,应当采取积极有效的防范对策,确定注册会计师的法律责任,保持审计独立性,改变审计委托方式,建立注册会计师竞争机制,才能促进注册会计师行业的健康发展,发挥注册会计师在社会经济活动中的鉴证、客观和公正的服务职能,维护社会公众利益和投资者的合法权益。[①]

(七) 提高监管水平,加大执法力度

注册会计师行业的自律固然重要,但外部强制而严厉的监管是保证行业自律的基础。

美国在 1929 年经济危机之前,整个会计行业既没有统一遵守的行业基本准则或制度,法律也没有要求上市公司财务报告必须经过外部独立审计,直接影响了会计信息披露质量,造成了证券市场会计行为混乱,进而引发了经济危机。从此以后,美国加强了上市公司会计信息披露的管理。上市公司会计信息披露的管理框架,是围绕着 1933 年《证券法》的立法原理建立的。《证券法》

---

① 孙春梅:《浅论注册会计师的法律责任与防范措施》,《科技信息(学术研究)》2007 年第 1 期。

的立法宗旨，是不对证券价值作出判断，而强制要求"公正完整"地披露会计信息，并促进证券市场建设高尚的职业道德。为此，1934年《证券交易法》建立了证券交易委员会（SEC）来负责对上市公司会计行为的全面管理。SEC拥有立法、审判和执行权，对任何妨碍会计信息"公开完整"披露的组织和个人施以惩罚。与此同时，SEC还将积极促进会计职业团体建立高尚的职业规范，实现会计师业界自我管理和自我发展。在20世纪30—70年代，美国的司法制度，特别是美国例法制度，在审计职业的发展中起了主导作用，促使注册会计师行业建立起完善的自我管理、自我约束机制，有效抵御外部风险。

我们有必要学习和借鉴国外的先进做法，加大对违规作假的公司和会计师的处罚力度，让作假没有滋生的环境。同时积极创造条件促成会计职业团体建立高尚的职业规范和职业道德。

第七章 打造注册会计师行业诚信文化体系

一 建立以"诚信"为核心的道德规范教育体系

（一）认识道德在市场经济中的重要地位

在市场经济中，道德的地位是法律和规范无法替代的。法律和规范是正式的或有形的制度，它们对注册会计师个人最大化行为的约束需要社会的强制；而道德是一种非正式的或无形的制度，其特征在于得到绝大多数注册会计师的自觉遵守和维护。注册会计师执业质量的提高，取决于他们以道德为基础的行为自律程度。

（二）结合"以德治国"的思想，在全行业进行诚实守信的道德教育

应该承认，在市场经济条件下，注册会计师必然是有理性的、追求自身利益或效用最大化的人，同样遵循着自利原则；但同时我们更应该看到，理性原则和公共原则同样也制约着注册会计师的行为。只要有健全的约束机制，注册会计师追求个人利益的行为不但不会损害社会利益，而且会带动整个社会公共利益的不断实现。其原因在于，大多数注册会计师都能清醒地认识到，只有遵循独立审计准则，执行审计业务，公允表达审计意见，才最符合其追求自身利益的目标，尤其是长远利益的目标；出于理性的思考，注册会计师不可能无视法律制裁、道德谴责的严肃性。所以，绝不能以注册会计师遵循自利原则为由，完全不信任注册会计师，甚至否定整个独立审计职业界在市场经济建设中发挥的巨大作用。以"整顿和规范市场经济秩序"为契机，使注册会计师认识到市场经济所要求的道德，并不是与欺诈、商业投机、不负责任、不讲信用联系在一起的，恰恰相反，竞争越是充分的市场经济越能排斥这种道德的无政府行为。市场经济是一种信用经济，这种信用经济客观上就要求社会成员普遍

遵守"信用"原则。"守信用"应该成为中国注册会计师的基本素质之一。当以"诚信"为核心的道德观念深入人心，成为绝大多数注册会计师所认同的行为准则时，个别注册会计师的失信、败德行为必然会成为"过街老鼠"，人人喊打。

（三）完善职业道德规范体系，增加职业道德规范的可操作性

在现实的"诚信危机"中，除"审计失败"引起的恶性案件外，会计师事务所的"低价竞争"、"支付佣金"、"接下家"、"卖审计意见"等事件比比皆是，这些大量的没有触犯法律但严重违背职业道德的失信行为，本应该通过职业道德机制来解决，可我们现在既没有相应的具体规范意见，更没有违反了职业道德后的裁决办法。因此，需要尽快完善职业道德规范体系，加快职业道德具体准则的出台，并且制定出台职业道德的裁决指南，同时要成立相应的执行机构，在出现违反职业道德规范现象时，既要有裁决的执行部门，又要有相应的执行依据，使职业道德真正具有可操作性。

（四）完善后续教育体系，使诚信教育落到实处

我国目前尽管出台了《注册会计师后续教育基本准则》，并在后续教育的基地建设、教材建设等方面投入很大，但其规范体系明显滞后，不少事务所及注册会计师的后续教育弄虚作假或流于形式，教学方法的单一不能使教学内容很好地消化吸收，职业道德教育就更是"虚无缥缈"了。因此，在完善后续教育规范体系的同时，要加大宣传力度，必要时，要采用灌输的方式，让诚信的理念扎根于每位注册会计师的心中。同时还要加大社会的积极宣传工作，营造出"诚信为荣、失信可耻"的社会氛围，使失信者在舆论上能处处被监督、时时受谴责。

（五）强化审计信用文化建设

1. 审计价值观建设

审计价值观建设要按照既要继承历史传统，又要体现时代精神，既能明确整体审计目标，又能激励审计个体的原则进行。建设的途径和方法主要有以下三个方面：一是提炼和概括审计价值观的基本内容；二是选择合适的表达方式；三是积极宣传推广审计价值观。

2. 审计职业道德建设

审计职业道德建设要遵循领导挂帅、群众参与、从实际出发和兼顾连续性、科学性和特色性的原则进行。建设的途径和方法主要有：

一是加强舆论疏导，使审计人员时时处处感到审计精神的存在，争取达到

耳濡目染、潜移默化的效果;

二是领导垂范、典型引导,增强对审计人员的启迪和引导作用;

三是运用目标激励,将审计阶段目标的教育同审计职业道德的贯彻紧密结合,以激励广大审计人员;

四是从细分解、专题领会。要在全面把握审计职业道德内涵的基础上,将审计职业道德分解细化成若干侧面或问题,采取民主协商、专题讨论等形式进行宣传和组合式教育,促使广大审计人员对审计职业道德印象深刻、理解透彻;

五是运用制度和规范的约束,使强制性和自觉性结合起来,促进审计职业道德建设的落实。

3. 审计知识素养建设

审计知识素养建设的重点是审计知识建设和审计语言建设。加强审计知识素养建设的途径和方法除强制培训、专业教育之外,最主要的方法还要靠广大审计人员加强自我学习和自我修养,注意从一点一滴的小事做起,日积月累,循序渐进,逐步提高。

4. 审计信用观念建设

建设的途径和方法主要有以下几个方面:

一是通过多种形式强化审计主体的信用观念和信用意识,做到审计主体的行为准则首先是讲信用,无论是组织和个人,都要树立起守信的公众形象,树立诚信意识。

二是制定信用管理的法律制度,加强信用方面的立法和执法。既要创造一个信用开放和公平享有、使用信息的环境,又要建立和完善失信惩罚机制,明确失信的法律边界是什么,以及将给予何种程度和形式的制裁。

三是建立和完善信用监督和反馈体系,切实解决信用执法过程中的地方保护主义和小团体主义的问题,维护执法的公正性。

四是营建相对稳定的政策环境。政策的不确定性会大大降低人们讲求信誉的积极性。因此,建立并完善审计监督的各项制度,规范和约束审计行为,促进审计法律法规的公正、透明,减少不确定性,是完善的审计信用体系中不可缺少的重要环节。另外,建立并完善公共权力委托代理运行中的约束、激励机制,也是树立审计信用的 个极其重要的方面。

二 建立以注册会计师个人信用制度和会计师事务所信用制度为基础的规范的会计服务市场信用体系

会计服务市场规范的信用体系就是建立在制度的基础上,即从制度上保证

"诚信"的注册会计师和会计师事务所能够得到应有的回报,"失信"的注册会计师和会计师事务所必须承担其行为造成的成本,不仅要受到舆论的谴责,更要付出经济上的代价。这就为会计服务市场信用水平的提高提供了制度上的保障。为此,当务之急是尽快建立注册会计师"个人信用制度"和会计师事务所信用体系。只有建立起完备的个人信用制度,才能在此基础上完善会计师事务所市场信用体系,以制度约束注册会计师的失信行为。西方发达国家早已形成了比较完善的信用体系,我们可以借鉴它们的先进经验,以推动我国会计服务市场信用制度的早日建立和完善。

(一) 建立注册会计师、会计师事务所的行业信用制度

注册会计师、会计师事务所的行业信用制度指对注册会计师执业和会计师事务所的信用情况自从业开始进行全过程管理评价的一种制度。行业管理部门应以建立事务所和注册会计师的信用档案为起点,通过定期不定期抽查注册会计师执行独立审计准则、执业道德等信用情况,采用信用评价体系测评注册会计师与事务所的信用度,用统一、规范的形式归档,向社会公告或向各有关部门提供参考。

这里所说的信用是综合概念,将注册会计师、会计师事务所的情况资料收集、分析、整理、归纳为可量化的指标体系,采用信用评价体系测评成为"信用度"等级。具体包括两方面的内容:①注册会计师个人信用制度。由注册会计师行业管理部门通过对行业内从业人员的执业资格、执业质量、职业道德、参加后续教育以及在执业中所受行业主管部门的奖惩进行记录。②会计师事务所信用制度。由行业管理部门对申请成立的或已依法成立的事务所的合伙人、出资人、主要从业人员、协议章程以及办所的资质条件依法审核收集、整理归纳备案,并对事务所的内部管理、财务状况、执业资格、执业质量、职业道德、后续教育以及在执业中是否受到奖励或处罚等从业以来的工作状况进行记录。[①]

行业信用制度的实施包括以下步骤:

(1) 确定目标

如把注册会计师行业建设成为全国中介机构信用度最高的行业;推进信用道德建设、信用网络建设、信用法制建设、信用队伍建设;与注册会计师、事务所、行业协会、企业、政府有关职能部门等社会信用体系的建设相衔接。

(2) 采取适宜的实施办法

如建立行业信用制度的管理考核中心和注册会计师信用资料收集平台,建

[①] 郭俊兰:《建立注册会计师行业信用制度的设想》,《中国注册会计师》2002 年第 9 期。

立注册会计师与事务所信用档案,定期不定期收集整理档案资料,定期不定期采用信用评价体系测算评价信用度,用统一规范的形式归档、公告,或向各有关部门提供参考资料;运用网络技术工具记录、整理、查证、归档、评价注册会计师以及事务所的信用情况,监管、注册、培训、信息等部门协调配合完成。

(3) 建立信用情况档案

①注册会计师、事务所填写行业协会统一制定的《个人基本情况表》、《事务所基本情况表》。经所属注册会计师协会有关部门审核批准后建档,事务所每年(或按半年度)要进行个人小结、考核,年度要进行综合评价,并于次年二月末将综合评价资料报注册会计师协会存档备案。②事务所的内部管理制度以及出资情况、员工工资、福利、报酬及各项基金和税费缴纳情况。包括报送财务会计报表情况,未按规定纳税情况,未按有关规定交纳会费及未例行会员义务或拆账分成等资料。③执业资格。包括注册会计师、事务所以及非执业会员的注册申报、复核、上报资料,审核、批准、下发情况,年检申报检查等方面资料,或提供虚假材料、挂名兼职挂靠等不诚实行为年检未通过等资料。④事务所、注册会计师的道德建设与实际情况。如在为客户服务中因吃、拿、卡、要事实确凿的情况,因违反职业道德、行业纪律所受的行业及有关政府部门处罚情况,按照中注协谈话提醒制度的规定被谈话提醒和告诫的结果,受到注册会计师协会处理的情况记录,有关涉及诉讼或法院立案审查的判决决定。⑤执业质量。如事务所、注册会计师在执业全过程中执行独立审计准则自查与抽查情况,违反法规的事实及所受处罚,被各级政府部门提请处理,按照中注协谈话提醒制度的规定被谈话提醒和告诫的结果,被行业自律处罚,投诉举报被核查结果,民事诉讼或法院立案审核的结论等情况。⑥注册会计师参加在职后续教育的学习内容、时间、成绩等情况。⑦获奖励情况。在创建精神文明活动中和职业道德建设中受到有关单位和部门的表彰、奖励情况,在工作中因成绩突出受到各级党组织、政府部门以及行业主管部门表彰、奖励的情况。⑧证监会情况反馈。如事务所在完成季报、年报等工作情况反馈资料。⑨其他情况。如注册会计师参加证券期货考试有无作弊记录;注册会计师、事务所年度考核情况;行业协会认为其他影响信用情况等资料。

(4) 实行信息公告

行业协会要定期不定期采用信用信息形式提供会计师、事务所信用情况服务。包括:①普通信用信息。主要是注册会计师、事务所的一般信用情况,如注册资料、执业范围、职业道德、自身的专业胜任能力等。通过该信息,可以了解事务所的信用概况,为保证执业质量提供基本的信用信息。

②综合信用信息。如事务所执业质量、职业道德和事务所的人员构成以及主要成员的专业特长以及事务所主要业绩的信用信息等。③深度信用信息。如事务所比较全方位地执业专业胜任能力的信用信息以及相应的信用评估分析，执业质量分析、事务所经营管理能力分析、事务所市场核心竞争力分析。这是信用评估最具特色的知识产品，也是事务所树立自身形象、扩大业务、赢得更多顾客的重要参考依据。④专项信用信息。主要是依据相关法律向用户提供的满足特殊信用信息需求的专项资料，涉及"普通信用信息"、"综合信用信息"和"深度信用信息"未包括的其他信息。每个主体一旦有了不良诚信记录，就会影响其执业活动的开展甚至生存发展，这就迫使其重视其自身或事务所的信用，规范市场行为。

(二) 建立诚信信息公布与开放制度

将失信者的失信记录列入"黑名单"并向全社会"公示"，使潜在的委托人能迅速观察到失信者的失信行为，从而拒绝与其进行业务委托。在受托人与委托人的双边博弈中，如果受托人的欺诈行为不能为委托人所知，受托人就不会讲诚信。

(三) 建立和完善对失信者的惩罚制度

1. 完善相关法律法规

目前，我国有关法律法规对财务会计信用缺失行为的惩戒条款不明确，缺少可操作性，以致中介机构违规违法后，大多只受到行政处罚。这已成为一部分职业道德低下的机构和人员在利益驱使下投机冒险的重要原因。国外在民法上对于会计师事务所由于违规行为而进行赔偿有十分明确的规定。因此，要完善相关法律法规对违法违规会计机构及执业人员的惩戒条款，借鉴国外的经验建立完善的"赔偿机制"，使委托人放心让其进行审计。

2. 严格执法，加强监管

会计师信用缺失现象的普遍存在，除了体制、制度方面的因素，还存在监管和会计法规贯彻落实不到位的问题。新会计制度及相关会计准则的实施，为防范会计信息失真打下一个较为坚实的基础。我国的《刑法》也明确规定了对提供虚假证明或出具证明文件重大失实的中介组织人员的量刑标准。我国的注册会计师协会也对会计师事务所和注册会计师应认真遵守的有详细的规范。对现行法规要坚决执行，对违法、违规行为的惩处不能手软。对证券审计损害赔偿实行推定过错制，由被告会计师证明自己是清白的，而不是由原告证明会计师是不清白的；尽快推进刑事、民事责任的认定。

3. 加强民事诉讼建设

在当今世界成熟的证券市场，上市公司欺诈性的信息披露行为都会受到严厉的惩罚。以美国为例，安达信因为审计虚假和失误问题被美国 SEC 罚款 700 万美元；同时受处罚的还有四位在职合伙人，除了被提起民事诉讼外，他们还被暂停执业，其中一人被暂停五年，两人暂停三年，另外一位是安达信的地区业务执行主管，被暂停一年，他们都只能在暂停期满后才能提出恢复执业。而我国证券市场的民事诉讼建设相对落后，在证券市场已经发生的案例中，还没有民事诉讼的先例，这对广大投资者是不公平的，也不利于我国证券市场的健康发展。因此，当前应当建立健全民事赔偿机制，这样做一方面提高了中介机构的违规成本；另一方面，对审计机构严重不负责任、出具虚假会计信息追究法律责任，可从根本上对那些不负责任的注册会计师起到惩戒作用。

4. 进一步加强中国注册会计师协会作用

目前，由于中注协工作人员待遇较低等原因，影响了协会的人才建设，再加上协会执法手段匮乏，使中注协发挥作用受到制约。因此笔者以为，只有建立起广泛的司法介入机制，才能真正有助于行业协会的监管从行政性向自律性转变。证监会在参与"打假"过程中，要发挥更大的作用，树立起监管者的威严。

5. 加大对违约违信者的处罚力度，提高失信的道德成本、经济成本和政治成本，迫使其行为向诚信规范

交易过程中影响造假成本的有两个因素：一是造假被发现的可能性大小，另一个因素是造假被发现后处罚的力度。事务所造假在委托方利益的驱动下有选择造假的倾向，在实际交易中是否选择造假，取决于它实施造假的预期收益与成本的对比。解决这个问题的办法就是加大处罚的力度。但在现实中，即使查处力度再大，造假现象仍不会完全杜绝，但查处的案例越多，威慑力越大，诚信文化越容易建立。加大监管力度还要提高监管人员的业务素质和业务水平。能否发现造假行为，依赖于监管人员的业务能力。他们不仅要熟悉会计准则、审计准则，还要具有法律知识、管理咨询知识，能熟练运用各种信息技术。只有监管人员的素质提高了，我们才能提高对造假发现的可能性，增加造假成本。

（四）健全市场准入与退出机制，使无诚信事务所和注册会计师被拒绝于市场之外或被淘汰出市场

我们应该进一步给会计师事务所的体制改革定一个明确的具体目标，无论是无限责任制中的独资、普通合伙制、有限合伙制还是有限责任合伙制，都要

从政策上引导和鼓励尽快向该种形式过渡。就像脱钩改制一样，应规定一个时间期限，在规定期限内完不成的不通过"年检"，或取消某种执业资格，从而过渡到最有效维系独立审计诚信的组织制度——无限责任制上来。同时，在向无限责任制过渡中，还要建立起一种正常的准入、退出机制，既包括事务所也包括执业的注册会计师，而不要等到出了恶性事件再处理。政府及行业管理部门要充分利用好业务监管、年检等职能，既要发挥政府的管理作用，又要体现出行业自律的职能，运用"准入"、"退出"机制，来引导事务所向诚信方面快速推进。

进一步规范我国的注册会计师考试制度。中国内地的注册会计师资格考试只测试五门课程，仅仅掌握这些课程还与会计师所需要掌握的专业知识有很大的差距。以英国为例，要获得英国会计师公会认可的执业资格，需要通过14门考试，可见中国有必要增加会计师资格考试的科目，提高进入会计师行业的门槛。

适当放开会计师事务所新所的审批。近几年因为忙于对原有的会计师事务所进行改制和规范，同时又提倡事务所做大做强，所以对于设立新所的审批工作一直处在停滞状态。现在我国已加入WTO，各行各业都逐步对外开放，会计市场更应先行先试。在国外发达的会计市场，大的事务所和小的事务所各有不同的服务对象，事务所的壮大主要是通过市场化的手段完成，所以我们应该对条件成熟的申请人批准其设立个人事务所，公平竞争，以促进市场发展。我国改革中的一个宝贵经验就是，通过发展来解决存在的问题，停滞只会加剧矛盾，这也是我们希望放开审批的一个重要原因。

（五）完善市场竞争机制

公平竞争要求拒绝欺诈、排斥投机，要求事务所依靠服务质量取胜，这样才能使企业诚信成为一种竞争力。

1. 将职业道德与执业风险紧密挂钩

注册会计师能否独立、客观、公正地执业，最终取决于其是否高标准严格自律，因此，必须将会计师的职业道德与执业风险挂起钩来。谁不顾职业道德，谁就要承担巨大的执业风险。国内会计师事务所应加快从有限责任制向无限责任合伙制过渡的步伐。注册会计师必须提高职业道德，增强自律意识，同时会计师行业协会在对注册会计师的任职资格和执业情况进行年度检查时应增加对职业道德素质的考核。

2. 学习国外优秀会计师事务所的经验，同时增强国内同行的危机意识

国际上一些最著名的会计师事务所，有着极好的信誉，为上市公司和投资者广为推崇。如美国通用、可口可乐、麦当劳、IBM、雀巢、奔驰、美孚、时

代华纳等行业巨头的审计业务基本被安达信、普华永道、毕马威、安永、德勤等国际五大会计师事务所瓜分,《财富》500强中,有55%是安达信的客户。与此相适应,我们要在审慎原则的前提下,加快开放会计市场的步伐,引进同业竞争的有生力量,增强境内会计师事务所的危机感,促使他们提高公信力。2001年6月,经证监会、财政部审核,国际五大会计师事务所毕马威、安永、德勤、普华永道和安达信取得了有效期一年的《境外会计师事务所执行金融类上市公司审计业务临时许可证》,这意味着我国会计师行业的防护墙将逐步拆除。五大会计师事务所全面进入后,内地会计师业的进一步整合将不可避免。目前内地还没有可称为全国性的会计师事务所,基本上都具有一定的地域性。可以预见,今后一些专业水准不高、规模较小的会计师事务所可能会被并入较大的会计师事务所,即使较大规模的事务所,也有可能会在日趋激烈的市场竞争压力下寻求强强联合。

3. 加强会计透明度

普华永道的一项研究报告发现,一个国家的会计透明度与其金融资本成本之间存在直接的关系,会计透明度越高,其资本成本越低,对经济的发展就越有利;反之,会计透明度越低,其资本成本则会提高,进而阻碍经济的复苏或增长。普华永道发布了一份关于"不透明指数"(The Opacity Index)的调查报告。该报告以35个国家(地区)为调查对象,从腐败、法律、财经政策、会计准则与实务、政治制度调整五大项对不透明指数进行评分和排序。中国的"不透明指数"为87,位居35个国家之首。

我国资本市场在短短的十多年左右的发展历程中,暴露了很多会计信息不透明的案例。比如,红光实业(600083)1997年6月挂牌上市,但当年年末该公司就创下亏损近两亿元的纪录。中国证监会事后的调查显示,红光上市前实际上就是一个亏损公司,完全通过虚假会计信息骗取上市资格。如果上市前红光如实执行当时已有的《企业会计准则》和《股份制试点企业制度》,可以肯定,它将得不到上市资格;同样的案例还有郑百文(600898),这也是一个完全通过编制虚假会计信息骗取上市资格的公司;类似的案例每年都要发生数起。就这些案例而言,会计信息不透明只是问题的表现方式,真正的原因都是超出会计准则与相关会计信息披露制度之外的,包括提供虚假会计信息的潜在利益激励、公司没有真正的治理结构、政府介入过多过深等。当然,法律责任的缺位使得事后的惩罚机制失去应有的威慑作用,也是其中一个重要的解释因素。具体而言,当企业在考虑不遵循现行会计准则、提供不透明的会计信息时,其潜在的收益是可预期的,包括"获取"稀缺的上市资格、配股资格等;同样,中介机构也会获得不菲的收益。从我国截止到2000年年底的状况来看,潜在的风险很低，只有琼民源的负责人因提供虚假会计信息、红光的负责人因欺诈发行股票罪而入狱，相关的经济处罚低，更没有惩罚性赔偿，特别是对中小股东因会计信息不透明而产生的损失的赔偿。

由于我国的会计信息失真现象十分严重，因此加强会计透明度是十分重要的。

4. 处理好审计收费与审计质量的关系

一般来说，有高质量审计需求的委托人，要通过选择提供高水平审计服务的会计公司和注册会计师，来降低不合格审计的风险。因此在审计市场上，审计产品的质量特征是与审计费用相联系的，会计公司不同，提供的审计产品的质量特征也不同。这样，选择了会计公司也就同时选择了审计费用和审计质量。1994 年，科伯莱等的实证研究证明，审计费用与审计产品的质量呈正相关关系，即会计公司和注册会计师提供的审计产品的质量越好，审计收费越高。从注册会计师来看，高质量的审计需要较强的敬业精神、过硬的专业素质和良好的职业声誉，这正是我国的注册会计师们所需要的。五大会计师事务所并不靠收费的高低来吸引客户，而我国的会计师事务所要想在激烈的竞争中生存，保证审计质量才是第一位的。[①]

三 加快会计师事务所"合伙制"改革

要想让中国注册会计师行业真正"道德"起来，"诚信"起来，必须要让注册会计师承担"无限"的财产责任；必须要斩断隐藏在会计师事务所背后的"权力干预"之手；必须要建立一种体制，使它能够给那些既有益于个人利益又有助于他人获益的品质提供培养和发挥作用的环境，同时又能够有效地控制那些损人利己的恶劣品质和行径。

国际上市场经济国家的注册会计师行业比较规范，在社会上享有很高的地位和良好的信誉。这固然有多种因素，如发展时间比较长、外部执业环境比较好、法制比较完善、诚信原则得到普遍遵循等，但组织形式合理也是很重要的一个原因。不少国家的法律规定会计师事务所只能实行合伙制。如澳大利亚的《公司法》规定，进行公司审计和清算业务的只能是合伙制的会计师事务所。美国 1938 年就规定会计师事务所不得以公司的形式运作，只能实行合伙制。虽然在 20 世纪 60 年代以后，这方面规定有所松动，但中介机构对合伙制还是情有独钟，大多数中介机构还是选择合伙制。因为，虽然合伙制相对公司制对

---

① 黄震：《试论注册会计师信任危机的原因及对策》，《山东对外经贸》2002 年第 4 期。

于执业人员的法律责任更为严格,承受的压力更大,但是这种压力能促使执业人员保持应有的职业谨慎,不断提高专业技术水平,同时,合伙制的中介服务机构更能得到投资者和公众的信赖。我国注册会计师行业组织形式建设比较滞后。1998年以前,由于会计师事务所大多挂靠政府部门和企事业单位,在业务、人员、财务等方面与各级政府部门有千丝万缕的关系。1998年,在国务院的部署下,按照《注册会计师法》和有关规定,会计师事务所全面与挂靠单位脱钩,改组为合伙制或有限责任公司制事务所。但从实际情况看,大多数的会计师事务所选择了有限责任公司的形式。据统计,截至2001年年底,全国共有会计师事务所4287家,其中实行合伙制的只有606家,占总数的14.14%,实行有限责任公司制的有3681家,占总数的85.86%,全国超过100个注册会计师的事务所有27家,全部为有限责任事务所。从总的情况看,实行合伙制的事务所执业要比有限责任事务所谨慎。目前发现的在上市公司审计中造假的事务所基本上都是有限责任事务所。

因此,从国内实践和国际经验看,会计师事务所最适合、最普遍的组织形式应是合伙制。要规范我国注册会计师行业,使之为社会主义市场经济提供良好的专业服务,很重要的一条就是在注册会计师行业推行合伙制。通过推行合伙制,加大执业机构和执业人员的法律责任,提高他们的责任意识和风险意识,促使他们讲求职业道德,不断提高专业技术水平,规范执业行为,增强投资者和社会公众对中介服务行业的信任度。

但需要指出的是,合伙制这种组织形式比较适合中小企业。从合伙制在注册会计师行业的实践来看亦是如此,合伙制比较适合中小会计师事务所,而不太适合大型会计师事务所。因为大型事务所,合伙人往往比较多,合伙人之间缺乏了解,特别是拥有分支机构的事务所,合伙人不在一个地区甚至一个国家工作,合伙人之间很难履行相互监督的义务。在这种情况下,一个合伙人出现过错要其他合伙人承担无限连带责任,这对其他合伙人来说不太公平。此外,注册会计师行业属于风险比较大的行业,再好的事务所(包括国际五大)也难免不出错,而因为某一个注册会计师的过错而让整个事务所承担无限责任,也不利于事务所的稳定,毕竟大型会计师事务所都是经过较长时间的大浪淘沙才发展起来的。20世纪80年代,美国出现了针对注册会计师等中介执业人员的一系列诉讼,使一大批会计师事务所等中介机构倒闭,传统合伙制的连带责任制度的弊端充分暴露出来。于是人们开始探索适合大型会计师事务所等中介机构的组织形式。20世纪90年代初,美国颁布了有限责任合伙法令,随后英国等市场经济国家也迅速颁布有限责任合伙法令,受到注册会计师等中介服务行业的普遍欢迎。有限责任合伙是在合伙制的基础上发展起来的,是合伙制的一种实现形式。它与普通合伙的区别是，在有限责任合伙中，任何一个合伙人对另外一个合伙人及其下属的执业过错只承担有限责任，而有过错的合伙人则要承担无限责任。在有限责任合伙中，由于合伙人必须对本人直接管理的下属的执业过错承担无限责任，促使每个合伙人都必须谨慎小心，恪守职业道德，不断提高执业水平，因此，实行有限责任合伙制不会导致中介机构执业质量下降。有限责任合伙主要在专业服务行业实行，如美国纽约州、内华达州、加利佛尼亚州和俄勒冈州只允许会计师、律师、执业医师、建筑师等专业服务行业实行有限责任合伙。

注册会计师行业推行合伙制，是一项复杂的系统工程。需要精心设计，精心组织，在认真研究的基础上拿出推行合伙制的具体方案，并先选择部分事务所进行试点，根据试点情况完善方案后再普遍推开。具体需要做好以下几项工作：第一，修改《注册会计师法》，明确规定会计师事务所的组织形式为合伙制，达到一定规模的可以实行有限责任合伙制，并在法律责任条款中增加有关民事赔偿方面的内容；第二，修改合伙企业法，增加有限责任合伙的内容，或者制定有限责任合伙经营法；第三，通过开展调研，总结现有合伙制和有限责任会计师事务所的运作情况，研究有限责任会计师事务所改制为合伙制事务所以及合伙制事务所转为有限责任合伙事务所的财产变更、法律责任、资格承继等方面的问题；第四，积极研究推行合伙制的具体制度框架，如合伙人的资格条件、合伙协议范本、合伙内部管理组织机构及必要的内部管理制度等；第五，积极与有关部门协调，研究推行合伙制的配套政策，如合伙制的税收政策问题、工商登记问题、民事责任追究机制问题、财产登记制度和抵押制度问题、职业责任保险问题及职业风险基金的计提及管理问题等。

会计师事务所实行合伙制，就是要加大出资人的"责任"，以促使其提高风险意识和执业质量。要从"体制"上提升中国注册会计师行业以"诚信"为核心的道德品质，让事务所和注册会计师把提高执业质量，遵守职业道德变成一种自觉行为，从而促进整个注册会计师行业不断发展壮大。

四　完善会计准则和上市公司信息披露制度

一套严谨科学的会计标准是上市公司会计处理和信息披露的基础，也是监管的基础。目前我国上市公司会计及信息披露的规范体系由两个层次构成：第一个层次是《公司法》、《证券法》、《会计法》以及《股票发行与交易管理暂行条例》等法律法规；第二个层次则是由财政部制定的会计制度及会计准则、证监会制定的《公开发行证券公司信息披露的内容与格式准则》等规范。随着国际化程度的不断深入，我国的跨国公司已经开始形成一定规模，而且有相当一批企业进入美国、香港等地的资本市场，同时拥有 A 股、H 股、N 股的上市公司日益增多，这种情况下，我国会计准则与国际接轨的问题越发显得迫切。同时，不同市场的信息披露规范有较大的区别，但总的来说，国外市场比国内的规范更为全面和严格。在股东权益平等的情况下，国内的信息披露规范应当与国际接轨，完善我国的信息披露制度。

随着我国资本市场国际化和创新化程度的提高，金融衍生工具将不可避免地走上舞台，并对会计规范提出更高的要求。金融产品创新层出不穷，为防止公司采用安然的手段，通过复杂的金融工具交易逃避监管，应当抓紧对金融衍生工具的研究，制定相应的会计准则以及披露准则，规范公司行为。

五 建立和完善注册会计师监管机制

注册会计师协会作为一个行业自律组织，是一个带有"准政府"特点的行业管理机构，它与政府其他职能部门（如财政、税务、工商行政管理部门）一起，负责着对注册会计师行业的管理工作。但这一制度设计是在 1993 年形成的，应根据加入 WTO 后的实际，对这一行业管理机制进行相应的调整。财政部《关于进一步加强注册会计师行业管理的意见》（以下简称《意见》）将原委托中国注册会计师协会行使的行政监管职权予以收回，由财政部有关职能机构行使，注册会计师协会履行行业自律性管理职能。根据新的行业管理体制，财政部门按照《注册会计师法》的规定，加强对注册会计师、会计师事务所、注册会计师协会的监督、指导，履行审批会计师事务所设立、审批注册会计师执业准则和规则、对违法的会计师事务所和注册会计师实施行政处罚等行政职能。注册会计师协会的主要职能是加强自律性管理、维护注册会计师合法权益、提供专业支持和法律援助、努力为注册会计师执业和行业发展服务等。

加强注册会计师行业的政府监督，是我国财政部门面临的一项新任务，目前尚无成熟的国际惯例可资借鉴，即使市场经济最发达的美国，也是在安然事件后才真正重视和确立对注册会计师行业的政府监管。正如《意见》中所指出的，财政部门应通过制度创新，建立健全适应社会主义市场经济发展要求的监管机制。

（一）明确政府和协会的职能分工，合理界定政府、行业协会在行业监管中的职能划分

行政监管与行业自律应以法律法规和职业道德为依据。凡是违反了行政法

规，违反了国家法律的行为，应该受到行政监管，触犯了法律的还应移送司法机关处理；凡是可以在职业道德范畴内解决的问题，应充分发挥行业的自律作用，通过行业协会的诚信评价、执业质量水平的考核等，对会计师事务所、注册会计师进行约束和监督。前者解决合法性问题，后者解决效率和公平问题。

在我国，对于注册会计师行业的管理，既有国家法律，也有地方性法规，但目前这些法律和法规都没能很清晰地界定政府、行业协会在行业监管中的职能划分，使得一些本应由政府承担的职能，由协会代为行使。由于协会是行业自律性组织，既承担政府行政职能又要实行行业自律约束，同时还要维护行业自身利益，在很多情况下难以转换角色，在行使行政职能时有相当难度。因此，通过立法，合理界定政府、行业协会在行业监管中的职能划分，使政府与协会发挥应有的作用，对维护公众利益很有必要。协会应更多地发挥行业自律职能，加强行业自身建设，将更多的精力放在制定审计规范、提高执业水平、业务检查、职业道德建设上来，以维护行业长远利益。

根据我国的实际，政府作为注册会计师的管理者，应当为注册会计师创造一个受到充分尊重以及平等的工作环境，以保证注册会计师能提供良好的服务；同时要为注册会计师制定执业基本要求和标准。注册会计师协会作为行业自律组织，它的职能一是建立起对行业执业质量的监督网，及时掌握全行业的执业质量情况；二是加强对影响本行业信誉的注册会计师事务所和注册会计师的惩罚力度。如定期公布执业违法违规、粗制滥造事务所的"黑名单"等，以提高行业总体的执业质量。

（二）提供良好的发展条件

作为社会主义市场经济建设中的"基础设施建设"，政府要为注册会计师行业的发展创造良好的条件。这些条件包括：舆论的正确引导，财政、税务政策的支持，强化注册会计师队伍的建设，等等。行业协会也要为本行业的发展提供良好的发展条件，包括：协调相关政府职能部门之间的关系，加强注册会计师的队伍的建设，提高注册会计师队伍的业务素质；宣传注册会计师的重要作用，打击注册会计师中的不良行为，为我国注册会计师的发展创造良好的舆论环境。

（三）充分发挥市场作用，减少一些不必要的政府干预

随着我国加入WTO，我国的社会主义市场经济体制将得到进一步的完善，市场机制对资源配置方式的调控将发挥出更大的作用。因此，必须对政府管理方式进行必要的调整。建议调整政府对会计师行业管理方式，改直接管理为间

接管理；政府对注册会计师业务，要加强检查监督，但不干预；要采取正确的舆论引导，用事实来引导企业对会计公司的选择，从而让市场发挥其优胜劣汰的作用；实行价格市场化，保证注册会计师的合理合法收入，促进行业健康发展。

（四）提供公平的竞争环境

目前会计师行业存在的部门挂靠、部门垄断、地方分割等现象，充分说明政府和注册会计师的关系还没有真正理顺。同时，在与实力较强的国际会计公司竞争的过程中，还需要国家对国内的注册会计业进行必要的扶持。因此，创造一个公平的竞争环境，培养一支有着国际竞争力的注册会计师队伍，国家还需要制定相应的政策。[1]

（五）建立注册会计师行业联系监管新机制

《中华人民共和国注册会计师法》赋予了注册会计师协会对会计师、事务所的检查权，也赋予了省级以上财政部门对事务所的行政处罚权，因此，上述其他部门为履行自身职责，涉及注册会计师的业务时，单独对会计师、事务所进行检查或给行政处罚都是不合适的。在现行法规体系和管理体制下，财政部门应就注册会计师行业的监管工作，加紧同以上有关部门进行协调，力争达成共识，联手建立注册会计师行业监管新机制，以促进行业健康有序发展。这一行业监管联系机制具体包括四个方面：其一，省级以上注册会计师协会和财政部门在行业监管工作中，应与稽查特派员总署和审计署密切配合，对为国有大型骨干企业承担财务审计的事务所进行严格的监督检查，同时也要特别关注为各类金融机构提供审计的事务所的工作质量。其二，为切实加强对具有执行证券期货相关业务资格事务所的监督管理，财政部门也应和证券监督管理机构联合起来，按规定开展对这一批事务所的监督检查，并在自己的职责范围内对违法违规会计师、事务所作出相应的处罚。其三，财政部门内部、专员办在组织抽审工作时，应遵循"统一组织、分工负责、密切协作的原则"（实施意见第2条），约请当地省级注册会计师协会一同参与对事务所业务质量的检查，专员办由此便可随同注册会计师协会进入事务所，查实问题，注册会计师协会也可随同专员办进入企业，不仅在检查力量上有所加强，也便于省级以上财政部门作出行政处罚。其四，应尽快修订《中华人民共和国注册会计师法》，及时颁布注册会计师法实施条例，对注册会计师待业的监管职能作出明确界定，即

---

[1]《充分发展中国注册会计师行业的建议》，中国网，2003年3月5日。

对注册会计师行业负有监督管理职责的是财政部门，其中，担负直接监管任务的是注册会计师协会，而上述其他相关部门在对注册会计师行业履行间接监管职能时，应尽可能地与同级财政部门及注册会计师协会联手开展工作，如发现注册会计师或事务所存在违法、违规行为，应移交给省级以上注册会计师协会，由省级以上注册会计师协会对违法违规的会计师、事务所提出处罚意见，最终由财政部门按规定的程序作出行政处罚决定。对于触犯刑法应承担刑事责任、违反民法应承担民事责任的事务所和注册会计师，应移交司法机关，依法追究其相应的责任。

六　进一步搞好独立审计准则建设工作

从 1995 年起，到 2003 年年中，中注协先后制定了 6 批独立审计准则，包括 1 个准则序言、1 个独立审计基本准则、28 个独立审计具体准则和 10 个独立审计实务公告、5 个执业规范指南，此外，还包括 3 个相关基本准则，共计 48 个项目，基本建立起我国独立审计准则体系。为规范注册会计师的执业行为，提高执业质量，促进社会主义市场经济的发展，发挥着重要的作用。为应对证券市场和注册会计师行业面临的新形势，有必要做好以下工作：

第一，完善独立审计准则体系。要按照既定的务实原则、接轨原则、配套原则和科学原则制定准则，既要及时出台注册会计师急需的准则项目，又要适时修订独立审计准则体系及相关项目，增强独立审计准则的可操作性。目前，国际审计准则体系已经发生变化，国际审计实务委员会也已经更名为国际审计与可信性保证准则理事会，它在国际会计师联合会领导下作为独立的准则制定机构。国际审计与可信性保证准则理事会已经颁布了一套较为全面的国际审计准则，成为许多国家制定审计准则的基础，也是我国制定独立审计准则的主要参考。我们要注意研究国际审计准则的新变化，取其所长，使我们的独立审计准则体系制定得更加完善。

第二，加强调查研究工作，及时与政府监管和司法等部门沟通。可以采用问卷调查、开座谈会、参与案件调查、与政府部门沟通及查阅会计师事务所的工作底稿等多种形式了解独立审计准则的执行情况，以及注册会计师行业对准则的新需要，顺应我国注册会计师行业的发展趋势，有条不紊地针对各种重大问题开展调查研究，制定出符合行业需求的独立审计准则。目前，注册会计师的执业环境正趋于改善，同时执业风险也日益增加。以往注册会计师的法律责任主要停留在行政责任层次，而近来证券市场发生的几起案件已经日益体现出司法介入的趋势。要多与司法部门沟通，达成共识，以合理认定注册会计师的法律责任。

第三,加大培训和宣传力度。独立审计准则是规范注册会计师执业的权威性标准,要通过培训使注册会计师掌握独立审计准则,并能正确地运用独立审计准则。还要与政府各职能部门多进行沟通,向他们宣传独立审计准则,为注册会计师执行独立审计准则创造一个良好的社会环境。

七 建立和完善会计师事务所激励机制

随着会计市场竞争日趋激烈,激励对象(注册会计师)个体的差异性及需求的多样化不断增强和扩大,研究会计师事务所的激励机制已经迫在眉睫。

就某一个具体的会计师事务所而言,由于广大的注册会计师个人的偏好、价值观、社会背景的不同,也就造就了现实生活中不可能存在一个简单的、放之四海而皆准的行为指南,因而会计师事务所具体选择和创新激励模式时需要考虑很多方面的因素。笔者认为,充分尊重注册会计师个性的差异,保持和修正激励机制的公平性,对于会计师事务所如何选择和创新激励机制有实质性的帮助。

个体的差异性是绝对存在的,由于每个注册会计师所处的社会背景、价值观、偏好等方面的差异,也就会出现每个注册会计师都有其不同于其他注册会计师的特性,进而也就出现了他们在日常审计工作上会出现需要、态度、个性以及其他重要的个体变量各不相同。因而我们在具体选择激励机制时,应该将这些因素都考虑进去,以免造成千篇一律,抹杀注册会计师个体的优良个性,进而降低其工作的积极性和工作效率。对某一名注册会计师具有公平感的激励机制并不一定对其他人也有公平感,因此理想的激励系统是应当能够分别评估注册会计师在每一项审计工作的投入,并相应的给予适当的奖励。因而会计师事务所在选择和创新激励机制时,应该充分考虑公平性因素,同时还要注意将激励机制与绩效挂钩,增大奖励的透明度,最大限度地调动注册会计师的工作积极性和主动性,使他们更好地执行"经济警察"的职能,有效地维护我国整个经济市场的经济秩序。[①]

[①] 薛许军、吕博:《论会计师事务所激励机制的选择与创新》,《会计研究》2007 年第 8 期。

第八章 审计轮换制

——以淡化注册会计师与上市公司关系为目的的审计委托管理新模式

2001年，美国安然、世通等大公司财务造假案曝光，极大地震撼了证券市场和监管机构。为了保护投资者，提高上市公司披露的准确性和可靠性，美国国会于2002年7月底通过了《萨班斯—奥克斯利法案》（*Sarbanes-Oxley Act*）。该法案第203条规定：负责某公司审计项目的合伙人或负责复核该审计项目的合伙人必须以5年为限进行轮换。中国注册会计师协会2002年6月发布的《中国注册会计师职业道德规范指导意见》第15条也规定，为了维护独立性，事务所应"定期轮换项目负责人及签字注册会计师"。在中国，强制轮换会计师事务所也被管理层看好。中国人民银行副行长吴晓灵称，金融企业要建立一整套杜绝会计造假的机制，为避免注册会计师与客户因长期合作而影响会计师审计的独立性，实行会计师事务所轮换制，或负责公司审计的主审会计师轮换制度。

一 实行强制审计轮换制的必要性和可行性

审计轮换制是从维护注册会计师的独立性和客观性出发，为了促使注册会计师谨慎执业、保证审计质量而要求严格限定会计师事务所及审计师对同一企业审计的年限，到期必须予以更换的制度。

（一）可避免注册会计师与上市公司过于亲密而丧失独立性

建立正常的"交接班"制度，势必使签字注册会计师增加恪守职业道德的压力，因为新"上任"的签字注册会计师很可能在其工作中发现"前任"的问题。在现有法律制度下，一旦"后任"发现"前任"存在职业道德或过失行为，"前任"签字注册会计师就要受到责任追究。强制地定期轮换与上市公司随意炒掉注册会计师不同。

会计师的价值在于其职业独立性，但是目前我国会计师事务所往往"身兼二职"，既从事财务审计，也从事咨询服务，这会使会计师屈从于公司的压力，最终妨碍审计的独立性；同时会计师事务所给上市公司提供长期的审计和咨询服务，这会导致它们之间结成长期密切的合作关系，也会破坏审计的独立性。实行强制审计轮换制在很大程度上打破或削弱了这种不正常的联系，强化了审计的独立性。

(二) 有利于保护投资者利益及遏止财务造假行为

从有利于保护投资者利益及遏止财务造假行为的角度考虑，强制轮换注册会计师的制度值得一试。应把轮换签字会计师与轮换会计师事务所区别开来考虑。审计项目负责人和签字注册会计师至少每五年必须轮换一次，若轮换签字注册会计师发生在事务所内部，也就不会造成会计师事务所对客户情况了解的丢失，更不会轻易被有不正当目的的管理层所利用。

(三) 有效防止审计质量下降

强制轮换注册会计师要求注册会计师对工作更加负责，会计师事务所必须舍得投入更大的成本。刚"上任"的签字注册会计师只有投入更多的精力来弥补信息劣势，加快熟悉客户公司，才能够防止审计质量的降低。而如何确保注册会计师主动做到这一点，需要外部给其施加尽职的压力。当然，强化监管是不可或缺的一个环节。此举也未必能一劳永逸地解决假账问题，这需要多管齐下地促进审计质量提高，并加强监管。

(四) 有利于锻炼注册会计师队伍

审计轮换制使得注册会计师可以接触到特点各异、业务类型各异的客户，这对丰富注册会计师的经验、完善知识结构是极有利的。轮换制对注册会计师的学习能力和承受能力也提出了挑战。注册会计师必须不断地学习，有一定的知识储备，才可能从容面对不同客户的需求；同时，首次审计客户时，注册会计师需要付出更大的努力，相同的时间内将承受更大的压力，这对注册会计师而言，都是不小的挑战。

二 我国实行审计轮换制的建议

(一) 确定注册会计师轮换期限

2002年6月颁布的《中国注册会计师职业道德规范指导意见》中，已经规定会计师事务所应定期轮换审计项目负责人和签字注册会计师，以维护其独立性。不过并未对轮换的最低期限作出严格要求。2003年10月中国证监会与财政部联合发布了《关于证券期货审计业务签字注册会计师定期轮换的规定》（以下简称《规定》）。可以说，证券期货审计业务签字注册会计师定期轮换的设想在注册会计师行业传闻已久，此次《规定》的出台，对注册会计师业界乃至整个证券市场都将产生重大影响。《规定》要求，签字注册会计师连续为某一相关机构提供审计服务，不得超过五年。

美国质量控制调查委员会曾发现：在审计师任期的开始两年内发生审计失败的概率是之后任期内发生审计失败的3倍。这意味着审计师任期越短，发生审计失败的概率越大。国际会计师联合会最新修订的操守指引建议是：每七年需更换负责审计的注册会计师，但不一定要转聘另一家事务所；在香港，会计师公会也建议最少七年更换一次注册会计师。中国证监会首席会计师张为国近日在沪谈及借鉴美国新法案时称，一两年内可考虑强制实行注册会计师定期轮换制。他建议，参照美国的做法，在修改上市公司聘用注册会计师的有关规定中明确提出，审计项目负责人和签字注册会计师至少五年必须轮换一次。

针对SEC提出的小规模事务所实行注册会计师和合伙人轮换制可能存在的困难，结合我国事务所普遍存在的规模较小的现状，事务所在操作时可以考虑实行逐步轮换的安排。比如，对某一上市公司的审计团队，今年轮换负责的合伙人，明年轮换另一位注册会计师，下年再轮换项目经理。这样可以使审计团队总是保持新旧成员相结合的状况，有利于提高审计效率。

（二）研究事务所轮换制度

审计轮换制主要有两种形式：一是事务所轮换，即规定在一定的年限内，上市公司要更换聘任的事务所；二是注册会计师轮换，即对同一客户，事务所内部对相应负责的签字注册会计师、项目经理按照一定的年限实行轮换。

国内从事上市公司审计业务的会计师事务所规模普遍偏小，市场分散，导致会计师市场中的低层次竞争异常激烈，假账问题不单纯是签字注册会计师之错，也与整个会计师事务所有关。如果主审会计师长期为一家被审计客户提供审计服务，可能会与这家客户产生许多影响其审计独立性的利害关系，会出现诸多弊端。如员工或合伙人的提升和薪水取决于该客户，就有可能和客户发生复杂的利害关系，或作出各种妥协，或帮助造假，而且轻易看不出问题。而这个问题对于会计师事务所来说不也同样存在吗？一家会计师事务所如果长期为某一上市公司从事审计服务，不是同样也会产生影响到审计独立性的利害关系吗？但此次证监会与财政部联合发布的《规定》只是对注册会计师提出轮换的要求，但却未对相关的会计师事务所提出类似的要求来，即"只换人不换所"，如此一来，这所谓的提高注册会计师工作的独立性岂不是要大打折扣了吗？

从维护注册会计师的独立性、提高审计质量、降低审计风险和我国审计市场的长期发展角度考虑，事务所轮换制应考虑尽快研究。但鉴于我国审计市场目前尚较不成熟，事务所轮换制牵涉的范围又很广，可能的影响尚无法确定，应待时机成熟后再考虑具体实施。现阶段应继续加强审计行业的制度建设与规范管理，切实培育成熟的审计市场。

值得一提的是，注册会计师实行轮换是否需要彻底做到轮换会计师事务所的程度，曾在美国注册会计行业中引起过不小争议。科普兰在上海接受记者采访时认为，要求所有的上市公司定期轮换会计师事务所，这样做实际上对公众很不利。加拿大、西班牙等国曾采用强制轮换会计师事务所的措施，但最后不得不放弃。据称，公司欺诈往往与更换会计师事务所联系密切。会计师事务所的频繁更换，势必造成会计师事务所对客户情况了解的丢失，很容易让那些有不正当目的的管理层欺诈会计师事务所。美国的上述《法案》中涉及探讨会计师事务所轮换制的可行性，这被不少人士视作进一步提高会计质量的良方。英国贸工部部长曾于今年年中针对安然及世界通信财务丑闻表示，恢复投资者信心的一个途径是审计公司轮换制。

实施会计师事务所轮换制需重点考虑以下因素：一是轮换时间的确定。时间太短，会加剧审计市场的动荡；时间太长，又将影响实施的效果。加上我国事务所数量多，各种重组、变更频繁的现状，可以考虑以五年为限。二是要加强上市公司变更事务所信息披露的规范建设。变更事务所时，上市公司应详细披露原因，是正常的轮换还是非正常的变更以及最近变更事务所的相关记录等。三是要加强对事务所轮换实施过程中的行业监管。中注协近来重点监督对换聘事务所上市公司的审计，取得了不小的成绩。尤其2002年，对在年报公布关头换聘事务所的内蒙古宏峰与纵横国际审计进行监督，使得"后任"会计师事务所仍然坚持原则，出具了拒绝表示意见的审计意见，提高了人们对注册会计师和事务所的信心。实行事务所轮换，除了继续加强这方面的工作外，还应对不按制度规定更换事务所的上市公司审计情况进行监督以及对轮换过程中会计师事务所之间的竞争、收费情况等进行重点关注，防止市场出现无序竞争。①

---

① 曹伟：《上市公司审计轮换制研究》，《中国注册会计师》2003年第7期。

（三）轮换制度应得到监管制度的保驾

经济利益的驱使也使得注册会计师审计工作的独立性难以真正体现出来。从目前的现实来看，注册会计师与上市公司之间并不是真正的监督与被监督的关系，而是一种服务与接受服务的关系。可以说，注册会计师更多的是为上市公司"服务"的，而这种服务的报酬便是上市公司所支付的审计费用。也正因如此，注册会计师的服务如果能令上市公司满意，那么上市公司所支付的报酬就会相应的多一些，所拿报酬的年限也会长久一些。相反，上市公司就会炒了这家注册会计师及事务所的鱿鱼，还未等你到轮换的期满，你就得先卷铺盖走人了。在中国资本市场上，如果注册会计师出具了非标准无保留审计意见，这家会计师事务所很可能在后一审计年度就被客户炒鱿鱼。研究人员还特别指出，国外注册会计师职业界历经数百年的发展，会计市场高度集中。而在我国，从事上市公司审计业务的会计师事务所规模普遍偏小，市场非常分散，导致会计师市场中的低层次竞争异常激烈。我国会计师事务所的执业环境，决定了独立性高的事务所，一旦出具非标准无保留意见，其被更换的可能性更大。就沪深上市公司而言，更换会计师事务所出于包装业绩目的的案例有不少，内蒙古的一家上市公司甚至为一份年报利润的确认，试图连换两家会计师事务所。正是这种从属于被动的地位，正是出于对经济利益的追求，在现实面前，注册会计师工作的独立性就难以保证了。

为此，有必要将轮换制度与监管制度有效结合，切实维护审计的独立性。

第三篇

健全公司治理结构

第九章　财务舞弊与公司治理环境

近年来，世界范围频繁曝出的公司财务欺诈事件给会计师行业公信力造成了极大损害，使注册会计师行业的公信力受到严峻挑战，行业的生存发展受到威胁。审计失败固然有注册会计师自身的诚信问题，但公司治理问题与行业诚信和执业风险密切相关。行业诚信建设离不开整个社会的诚信环境，特别是公司治理环境。就注册会计师行业而言，公司治理问题与注册会计师执业的独立性、与基础会计信息质量等密切相关，而这些都是注册会计师保持诚信执业、保障执业质量极为重要的条件。

一　注册会计师的独立性与公司治理制度

从世界范围看，公司治理制度中所有者与经营者这种委托代理关系至今未变，但现代企业的生存环境发生了重大变化：市场高度流动，技术和金融创新迅速，客观上加剧了市场的投机性。公司股东十分分散且不断地流动着，大部分中小股东并不关心公司的经营管理和长远利益。一些机构投资者虽然拥有较大股权，但他们不过是分散的个人投资者的代表。这样，管理公司的真正权力就掌握在作为受托方的经营者手里。作为委托方的所有者，反而处于公司的外部。这样的公司治理制度，已颠倒了所有者与经营者之间的权责关系，形成"所有者缺位、经营者越位"的反常现象，对传统代理理论产生了冲击。所有者与经营者的这种角色变换与关系剧变，使经营者几乎不再有如实披露会计信息的压力，注册会计师执业所必需的独立地位受到极大伤害。从近年来美国发生的系列财务失败案件看，在一定程度上与公司治理结构不完善，注册会计师的独立性无法得到保障有关。从理论上看，就是其公司制度在长期变迁过程中，逐步形成的系统性制度倾向及其功能共同作用的必然结果。根本原因就在于古典注册会计师审计制度与现代公司治理制度之间存在这种冲突。

建立所有者与经营者之间的制衡关系是现代公司制度的核心。我国企业的公司治理结构大多不很完善。就指挥和控制而言，一股独大现象比较普遍，大股东兼任总经理保障了企业的效率，但也使得三权制衡机制名不副实，内部人控制问题严重；外部监控机制不健全，法制环境不完善等问题也未能得到有效解决。就激励方面而言，我国的激励方法还比较单一，更缺乏对激励的制约措施。不合理的公司治理结构是会计作假、审计作假的土壤，缺乏制约的激励机制是假账泛滥的动力。

概括而言，三大因素损害注册会计师的独立性：

首先，公司董事会成员可能不是真正由股东提名的。他们是由股东投票选举产生的，但不一定是股东提名。那么董事会候选人名单是如何产生的呢？实际上 CEO 对公司董事会成员有显著的影响。董事会主席通常是公司的前任或现任 CEO，其对董事会新成员的提名最具影响力，也决定着新名单何时在董事会会议上讨论。公司管理层对董事会构成的影响似乎与有效的公司治理结构相违背。如果公司董事会代表股东监督管理层，为什么管理层在董事会中拥有如此重要的位置呢？为什么 CEO 能够提名董事会候选人呢？

其次，为激励董事会和管理层为实现股东利益最大化而努力，他们常被授予股票期权或股票分红。大多数股票期权都是依据管理层提供的财务报告的经营成果。如果董事会和管理层能找到方法并期待通过未来效益的提高来隐瞒或延期公司的经营失败，那么当前的期权就能拥有，否则期权就会一文不值。在这种激励制度和财务报告体系下，当股票期权所带来的收益与道德约束所带来的制约失去平衡时，无论管理层是隐瞒其增加自身财富的行为，还是掩饰其经营失败的行为，都给了管理层通过操纵财务报告，推迟或隐瞒坏消息的动机。如果管理层自身不能掩饰，那么他们会雇用具有"创造能力"的财务咨询专家，通过粉饰财务报告让股东感觉他们已经尽到了责任。

最后，对财务报告的审计应由公司的股东大会委托审计师进行，审计师应该是全体股东的代理人。而在实际操作上，具体由公司的管理层委托、雇用审计师，尽管形式上是股东大会投票决定审计师的聘请，但审计师是由公司管理层提名推荐，决策权实际上被管理层所左右。公司管理层不仅最终决定着审计师的聘请、聘请费用的高低以及审计费用的支付方式，而且决定着审计师为公司提供的审计、咨询等服务费用的结构。

二 财务报告的真实性与公司治理的关系

市场机制对管理层的约束需要有充分的信息，也就是说，市场约束的有效性除取决于市场体系的完善外，还需要企业财务信息的真实性。若作为财务信息的提供者（即管理层）操纵财务信息，市场约束机制就会失效。因此，注册会计师在执业时，需要获得公司内部治理结构的支持，以减轻来自管理层的压力。一些学者认为，独立董事通过支持注册会计师独立地行使职责，将会保证会计信息的真实可靠性。[1]

审计委员会在降低财务报表舞弊现象发生方面的潜能。对高级管理人员控制越薄弱的企业，财务报告舞弊现象越容易发生。独立董事在公司董事会中所占的比例显著地影响虚假财务报告的发生率，独立董事越多，虚假财务报告的发生率越低。对一些陷于财务困境的公司而言，独立董事在审计委员会中的比例越大，注册会计师在其审计报告中对公司能否持续经营表示意见的可能性就越大。[2]

美国反舞弊财务报告委员会（Treadway）的发起组织 COSO（The Committee of Sponsoring Organization）（2000）公布的研究结果发现，有72%的案例涉及首席执行官（CEO），有43%的案例涉及首席财务官（CFO）。25%的舞弊公司没有设立审计委员会。在设立审计委员会的舞弊公司中，大部分成员没有会计任职资格或没有在会计或财务岗位的工作经验。内部设立审计委员会的公司，一年大约有一次舞弊行为。可见，审计委员会对防止公司财务报告舞弊有一定的积极作用。在制造舞弊报告的公司中，董事会成员通常参与其中或是"幕后"领导（他们受到与公司有密切联系的外界的影响）。这些成员一般拥有大量公司股份（比例大致在33%左右，其中仅 CEO 个人就占到17%），但这些董事会成员缺乏长期领导经验，整体素质不高。

三 改进监管的根本点是深化公司治理

美国旨在加强对上市公司及中介机构监管的《萨班斯—奥克斯利法案》（*Sarbanes-Oxley Act*，以下简称 SOX 法案）说到底是要解决一个公司治理中的内部人控制问题。SOX 法案中最引人关注的内容莫过于针对上市公司高级管理人员责任的条款。

在公司治理中，对管理人员激励是由现代公司制度的性质决定的。在正常经营中，公司经营在绝大部分时间内绝大部分控制权是由公司内部管理人员掌握的。为了缩小管理人员与股东目标的差距，最好的办法是让管理者变成股东。以股票和股票期权作为业绩报酬成为20世纪90年代以来美国公司广泛采用的激励手段。为了使管理人员能更方便地获得股份，美国公司甚至允许贷款给董事和经理购买本公司的股票。但一种制度安排要发生预期的效果是有条件

---

[1] 杜兴强：《谈现行财务报告模式的局限性及改进设想》，《财会月刊》1998年第4期。
[2] 同上。

的。著名经济学家吴敬琏指出，实行股票期权激励的两大前提是克服内部人控制下的一股独大和多少有效的证券市场。美国的问题在于激励机制赖以生效的关键性条件或多或少变了样。

美国公司股权高度分散化导致了外部股东对公司的控制软弱无力。反观中国上市公司过去几年揭露出来的如银广夏、蓝田、猴王等上市公司恶意操纵、欺诈违规案例，内部人控制是中国上市公司治理面临的一大难题。中国问题的根源首先是国家股权的国有股"一股独大"和国家股权的所有权虚置，其表现是董事和经理串通起来利用国家股比例的优势地位实施内部人控制，同时损害了国家股东和小股东利益。与美国大公司不同，中国的上市公司的股权结构通常是非常集中的，特别是其中的国家股比例过大。2001 年底我国 A 股上市公司中首位股东处于绝对控股地位（持股比例≥50%）的上市公司比例达 40.93%，首位股东平均持股比例达 44.26%。国家股比例超过 50% 的上市公司有 376 家，占上市公司总数的 32.4%。大量的实证研究表明，股权的适当集中有利于克服股权过于分散带来的小股东在公司决策与监督上的"搭便车"问题。但中国的情况却提供了反例，原因就在于中国的大多数上市公司虽然有着现代公司制度之形，但却没有具备现代公司治理之实。中国的上市公司大都是由原来的国有企业进行股份制改造建立起来的，多数公司沿袭了"政府—授权机构—上市公司"这一计划经济色彩浓厚的运行机制。国家股权的代理机构主要是中央及地方的财政部门、国资局等政府机关或原集团公司等。这些国有资产的代理股东对上市公司并不拥有"剩余索取权"，也无须对自己的行为承担责任，不是真正的股东，但在企业的经营决策中，"一股独大"的股权结构为代理股东按照自己的意志行事提供了方便。要建立完善的公司治理结构，产权问题是基础问题，产权不明晰，就很难解决"所有者缺位"问题。第二个问题是应该赋予股东广泛的诉权，在明晰股权的基础上，再强化股东的股权意识，这对于发挥股东的作用，完善公司法人治理结构更有好处。应该加速构筑"股东大会—董事会—经理班子"这一基本模式。在董事会下设立提名委员会、执行委员会、薪酬管理委员会和审计委员会等专业委员会。其中独立董事应当在委员会成员中占有二分之一以上的比例。

实践表明，审计委员会作为一种公司治理机制，在防止和发现财务报告舞弊方面扮演着极为重要的角色，故必须明确审计委员会如下责任：①了解公司财务报告体系及内部控制制度，随时注意并履行监督的职责，公司年度报告内应附有一份由审计委员会主任签署的致股东函；②对季度财务报告的编制负监督责任；③与公司在资金上保持独立，以便很好地完成其职责；④与管理层共同确保内部审计人员适当参与财务报告的生成过程；⑤复核管理层评估审计人员独立性的关系，与管理层共同协助审计人员保持其超然独立性。

企业的内部控制结构健全与否，直接影响会计资讯的可靠性。外勤审计准则要求，CPA对于受查者内部控制制度应作适当的研究及评估，以衡量其可资信赖程度，借以拟订审计程序，决定抽查时机及深度。如果管理当局提供的重要的会计资料都是有意伪造的，这时再一味强调实质性审计岂不是正中了被审计单位为CPA设下的圈套。所以CPA应该在审计之初多花点时间到生产、管理现场作符合性审计，与相关的工作人员——操作工、质检员、库管员、统计员、业务员等交谈询问，就能够发现许多管理漏洞及真实的生产经营及销售情况。另外，如果有必要，还应该对相关的供应商、代理商、消费者、类似产品的市场竞争者等外部环境进行调查。管理阶层的操守如果不正，迟早可能给签字CPA制造麻烦，影响会计师事务所的信誉，甚至涉及官司。为了避免这些问题，CPA对于新客户的接受必须有所选择，对于现有客户的持续，也必须定期加以评估，最好是能够制定书面的计划。近年来证券市场上形形色色的造假舞弊案件，都与财务会计的不规范操作密切相关。证券市场的创新和实践带来了很多新的财务会计问题，正迫切需要悉心研究、认真解决。加强企业内部控制制度的建设，将道德规范和行为准则的建设直接纳入内部控制结构的内容，针对各岗位的特点建立一套具有可操作性的行为规范与准则体系，才能拆除"财务报表舞弊"滋生的温床！

四　中国上市公司治理

近年来，中国股市问题重重已是不争之事实。而这些问题多归结于上市公司质量不高、治理结构有缺陷，而上市公司造假、庄家恶性炒作、大股东操纵、内部人控制等违法乱纪现象，更是被人们认为是上市公司治理结构不完善之结果。

尽管是一个不全面的比较，我们已经可以了解到就公司治理而言，中国的上市公司与美国的上市公司面临的问题是有着根本性差别的。目前一种普遍的看法是，股权过分集中带来公司庞大的资源被个别集体所利用与掠夺，董事会、监事会甚至股东大会形同虚设；是上市公司被某既得利益集团或个人所操纵而出现运作上的透明度低、缺乏有效监管和决策上的内幕重重而造成上市公司业绩的滑坡和资源的流失；股市的国有性导致股市的资源完全为国有公司所垄断，并为设租、寻租、腐败创造条件等。[1]

---

[1] 董琼慧：《论未来财务报告的发展》，《上海会计》2000年第5期。

这方方面面自然是国内上市公司治理结构缺陷的不同体现，但并非问题实质所在。问题在于中国还没有找到一种基本上适应中国发展的公司治理模式，而是机械地模仿美国的公司治理模式。人们一直把股权十分分散、企业经理主导的美国公司治理模式看做是现代企业治理的楷模。但随着安然、安达信、网络股、电讯股丑闻的频频曝光，美国上市公司财务审计问题纷纷被暴露出来，即使通用电气和 IBM 等大牌蓝筹股也存在类似问题。股东欺诈、董事会玩忽职守、特殊利益集团等现象似乎说明，美国式的公司治理模式同样漏洞百出。这也从另一个角度说明，美国上市公司的治理模式尽管有其不可替代的优势，但是它同样存在这样那样的缺陷与不足。[1]

中国上市公司的内部人控制问题的解决更多的要依靠公司治理机制的真正建立，使企业有真正的 CEO，而还谈不上用 SOX 法案中的具体条款去约束 CEO，而这又根源于国有股的所有者缺位问题。不建立真正意义上的公司制度而仅仅通过借鉴发达市场经济国家公司治理中具体的管理者激励手段是无法在根本上遏制中国上市公司频频出现的恶性违规、违法事件的。另外，对于处于转轨经济过程中的中国公司，建立怎样的公司治理模式也是一个可以选择的问题，完善中国的公司治理结构，就必须从各个利益相关者的谈判力（外部法律与制度环境）和特征入手，从中寻找现行的公司治理结构不完善的症结所在，并引申出适应中国实际情况的公司治理模式。同时，如果把企业看做是一种利益相关者之间的谈判机制，那么中国的相关法律制定上应该为公司治理结构的完善留有大的余地，而不是硬性规定太多。中国的国有企业改革若能较好地处理国有股的减持和股票全流通等难题，并且如一些学者所倡议的将银行改革和其他金融机构纳入完善公司治理的考虑中去，转轨后的中国公司有可能博采众长，建立起更为合理的股权结构和公司治理模式。[2]

---

[1] 孙永祥、黄祖辉：《上市公司的股权结构与绩效》，《经济研究》1999 年第 12 期。
[2] 万鹏：《上市公司治理驶上制度化道路》，中华财会网，2004 年 2 月 26 日。

第十章 对美国公司治理模式的重新审视与借鉴

一 由美国公司假账丑闻引发的对美国公司治理模式的重新审视

20世纪90年代以来，随着美国新经济和科技网络股以及纳斯达克市场的兴盛，使得美国的资本市场体系和公司治理结构受到了推崇，美国模式的公司治理方式开始在全球范围内推广，形成了一场全球性的公司治理运动。但是2001年底以来美国《财富》500强排名第七位的安然公司因5.52亿美元虚假利润丑闻和财务危机突然宣布破产，随后世界通信公司和施乐公司等一些著名公司又相继出现了71亿美元和18亿美元巨额会计假账丑闻，世界通信公司2008年也申请破产保护，资产总额高达1070亿美元，应远超过安然公司634亿美元资产的破产记录，成为美国最大的一桩破产案。安然和世界通信公司的股票价格分别由最高时的90美元和60美元暴跌到50美分和9美分。接二连三的假账丑闻，暴露了美国公司治理模式中存在的财务管理问题，使人们不得不对美国公司治理模式进行重新审视。

首先，股票期权制度不是激励经理人提高经营业绩，而是激励他们编造业绩，推动股价上升，以达到股票高价兑现的目的。据统计，从1995年至2001年，共有772家公司公开承认会计数字有重大错误，不得不重新申报。其次，独立董事很难发挥对经理人的制约作用，成了橡皮图章。安然公司审计委员会的七名委员全部由独立董事组成，其中多为社会名流。但这些德高望重的独立董事并没有为广大股东把好监督关，公司的高管人员造出了巨额的虚假利润。最后，外部监督者与经理人联合造假。美国五大会计师事务所中，就有安达信、华马威和嘉华永道三家涉及假账丑闻。作为信用评级的标准普尔和穆迪评级公司在安然和世界通信公司破产前几个月，还给予投资级的评级，公开误导投资者。全球最大的证券公司美林证券，其股票分析师把自称为垃圾的股票作为看涨股票推荐给投资者，结果导致一连串指控。

财务欺诈案造成了严重的影响：(1) 严重打击了投资者对美国经济体系

的信心。这些案件的爆发，破坏了投资者对美国公司诚信的信赖，影响了投资者对美国市场制度的信心。一方面美国股市剧烈下跌，另一方面外国资本也纷纷流出美国，据统计，自安然案曝光以来，美国平均每天有10亿美元资本净流出，从而导致了自2000年年底以来美元大幅度贬值15%。(2)给美国经济的复苏带来阴影。由于股市暴跌，使美国投资者财富严重缩水，从而极大地影响了消费。而美国经济增长的主要动力来自国民消费的增长。据美国布鲁金斯学会日前公布的一项研究报告显示，安然公司和世通公司的造假丑闻将使2008年美国GDP损失370亿至420亿美元。(3)对国际资本市场造成了很大的冲击。美国股市暴跌带动欧洲、日本等主要股市一起下跌。

美国上市公司频频爆发财务欺诈案件不是偶然的，反映了其制度的缺陷，特别是其上市公司治理结构存在严重弱点，很多问题值得我们深思。同时，在思考美国公司治理的教训时，深入研究中国公司中的财务管理问题，对完善公司治理结构有重要的现实意义。

（一）CEO权力泛滥

美国一般由董事长（即董事会主席）兼任CEO。在美国，有75%的公司CEO和董事长是同一人，以防止决策层和执行层脱节，提高企业决策和执行的效率。虽然CEO是由董事会进行选择、考评监督和制约。但事实上CEO模式不是着力解决股东如何有效监督和约束CEO的问题，而是通过种种正向的激励措施，将CEO的利益与公司利益紧紧联系起来，诱导CEO等公司高层管理者为公司长远发展进行科学的决策和有效的执行。这种模式设计本意是提高公司决策和执行的效率。但事与愿违，权力泛滥，引出众多公司舞弊问题。

第一，导致监督和约束的作用不力，或者是有意规避而造成美国公司治理存在严重的问题。例如安然的董事会就没有对大量的关联交易给予认真关注，同时，安然的审计委员会也没有对安然的财务报告真正做到实质性的检查。事实上，此前西方国家中出问题的公司，其根源大多在于经理人失去了可信赖性。

第二，由于董事长兼任CEO，董事会与经理班子之间的制衡力度比其他模式要弱一些。因此，在这种模式下，公司治理机制中，将更依赖于外部约束机制的作用，而外部约束机制发挥作用的一个基本前提，就是上市公司的信息披露要公平、公正地向投资者公开。然而，随着金融衍生工具的创新，会计准则等研究的滞后，使得公司的信息无法有效地公开披露，这也为CEO进行财务作假提供了温床。

第三，股票期权的滥用，诱发了CEO们铤而走险。据统计，目前股票期权大约占 CEO 报酬的 80%。CEO 薪酬中期权的分量日益增加，强烈刺激着经理人交出一份利润不断上升的财务报表，刺激股票价格上扬。此外，缺乏对 CEO 的财产赔偿责任和法律责任的约束，CEO 们通过财务作假、利用内部信息获得巨额财富之后，仍然可以逍遥地过着奢华的生活，这也进一步刺激了 CEO 们进行财务作假。

（二）公司董事会监督能力的弱化

上市公司董事会监督能力弱化，董事会缺乏独立性，独立董事不独立，是美国上市公司发生财务欺诈的一个重要原因。

以安然公司为例，它的董事会每年举行五次例行会议，还有数量不定的特别会议。例行会议每次开两天，每天开两小时，主要内容就是听取公司管理层以及审计机构的报告；而特别会议基本上都是电话会议。除了这些会议以外，安然的董事会基本上不再和公司的管理层进行沟通，董事会成员之间也很少进行沟通。因此，这个全球第七大公司需要董事会批准的全部重大事项都是在每年仅仅二十多个小时的会议上获得批准的。

根据调查，安然的董事会成员都是金融方面的专家，安然公司的 17 名董事会成员中，除了董事会主席肯尼思·莱和首席执行官杰弗里·斯基林外，其余 15 名董事均为独立董事。审计委员会的 7 名委员全部由独立董事组成。独立董事不乏知名人物，包括美国奥林匹克运动委员会秘书长、美国商品期货交易管理委员会前主席、通用电气公司前主席兼首席执行官、得州大学校长、英国前能源部长等社会名流。但即使这些德高望重的独立董事们，也未能为安然公司的股东把好对高层管理人员的监督关，最终导致投资者损失惨重。究其根源是因为独立董事并不真正独立，安然公司由 15 位独立董事组成的董事会中有 10 人几乎全都与这家公司签订咨询合同，与慈善机构有共同的联系。安然仅在 2000 年就召开了九次董事会，董事每人接受了公司 7.9 万美元的薪金。安然共签订了七份涉及 14 名董事的咨询服务合同，还有多项与不同董事所在的企业进行产品销售的合同，或是向一些董事任职的非赢利机构捐款。安然董事会显然像是一个"有浓厚人际关系的俱乐部"。董事会缺乏独立性和独立董事不独立的现象在美国其他许多上市公司都存在。安然案例说明，在许多时候，董事会可能受到管理层的影响乃至控制，很难真正独立，往往受公司管理层的支配。可见，安然董事会并没有也不倾向使用他们的专业能力去独立地判断管理层的提案是否合理，是否会损害投资者的利益。由于董事们自身的特殊原因和利益，他们没有尽到保护股东利益的责任，安然董事会几乎形同虚设，公司被管理层少数"内部人"严重控制了。

美国的公司大部分建立了内外审计体系。公司董事会一般都设有审计委员会，成员主要由独立董事组成，其职责大致为：审阅财务报告，监督内部控制系统操作的有效性，定期会晤外部审计师，讨论程序及重大会计问题，确保公司政策符合有关法律及专业守则，审阅董事酬金及审计师酬金的合理性等。但从安然事件反映出，美国公司的审计委员会成员大多数由已退休的管理人员担任，一般都与管理层有良好的关系，独立性差。

（三）股权结构的过度分散

股权结构的过度分散导致了外部股东对公司的控制软弱无力。而美国公司股权高度分散化是一个历史的结果，因此这一点可谓是美国公司治理结构的"先天不足"。股票期权一类的报酬激励设计赖以有效的基础是"剩余索取权"与"控制权"相对应的逻辑。如果控制权本来就几乎全权掌握，管理人员很难被真正激励，即使有也只是短时期的和可有可无的。美国的情况正是如此。在美国个人直接持有的股票占公司股票的一半，虽然中介机构拥有另一半股票，但很少有单个中介机构持有国内某个超大型企业股票的1%以上。再加上美国大公司的董事会成员一般是首席执行官邀请的公司内部人员或其他企业的首席执行官。公司的控制权事实已经由管理者掌握，有没有此类的激励措施对他们经营活动的目标函数不会产生本质的影响。此外，来自于产品市场、资本市场和经理人市场的竞争的外部约束不够有力，如市场垄断势力、证券市场信息披露都存在比较严重的问题。

（四）公司激励机制存在较大的负面作用

一般而言，美国公司经营者的报酬结构包括薪金、奖金、持股和股票期权、退休金计划等形式，其中期权是重要的组成部分。据统计，在美国《财富》500强公司中，有90%以上推行股票期权。在纳斯达克上市的企业推行股票期权的也同样在90%以上。据估计，美国企业高层经理人员在去年接受的酬金有60%来自股票期权。

1950年9月，美国国会通过法案，使向公司管理层支付期权作为报酬的做法合法化。所谓期权是指公司为了激励职工，允许其以特定的价格购买公司股票的选择权。向公司高层管理人员乃至员工发放公司股票期权，被认为是美国企业管理中十分成功的经验，然而安然破产事件引发了美国各界对股票期权制的争论。首先，股票期权有税收漏洞。按美国目前的会计制度，公司提供的股票期权不列入员工的收入报表，从而使公司和员工在纳税方面得到很大好处；其次，当期权持有人行使期权，从公司购进股票后，市场上的流通股会增加，这必然分薄了每股收益。为了稳定股价，公司会回购期权，美国会计标准规定回购支出不作为成本记入公司的财务报表，结果公司的利润人为地提高了。据估计，时代华纳公司如果在其收入账下，扣除过去五年的期权支出损耗，其总收益将会减少75%。股票期权固然起到了部分激励作用，但期权的滥用，缺乏透明度和有效监督以及管理层在任期内行权，使股东利益受到侵害。由于股票期权不记入企业成本，使得企业赢利被高估。

随着股票期权发放规模越来越大，股票价格逐渐成了决定管理层和股东之间关系的关键因素。股价下跌不仅使管理层得不到巨额报酬，而且很可能使管理层被董事会解雇。而股价上升则皆大欢喜，股东通过股票升值获得了收益，管理层通过行使期权获得巨额报酬，甚至证券市场上的各类中介机构如投资银行、审计机构、证券分析机构、咨询机构都将获得不菲的收益。于是，公司管理层既有压力又有动力来控制股价不断上升。

管理层操纵股价的一个比较著名的例子是思科公司。该公司曾经连续25个财季每股收益都比其预期正好高1美分，从而使其股价持续上升，至2000年成为市值最高的美国上市公司，其财务总监也被誉为最好的财务控制专家。然而管理层在合法的范围内调整财务报表的空间毕竟是有限的，尤其是当实体经济不景气时，要想合法地调整出良好的财务报表是不可能的，于是有些公司的管理层就试图进行财务欺诈。

公司经理层在权力扩大的同时，又通过股票期权的方式将个人收入与公司股票价格联系起来，却没有对期权的出售作限制性规定，当真实的利润无法来支撑高扬的股价，作假账似乎成了唯一的选择。这就是安然公司、世通公司等作假账的动因。

（五）美国证券市场中介机构丧失独立性

在安然一案中，作为外部审计师的安达信居然会让如此严重失实的财务报告通过它的审计，也是最终酿成安然丑闻的重要因素。究其原因，安达信已经完全丧失了其作为外部审计师的独立性，而成了安然公司管理层进行财务欺诈的帮手。安达信除去单纯的审计外，还为安然提供咨询服务。由于咨询与审计业务没有完全分开，关系过于亲密，缺乏独立性的结构，难免会导致外部审计机构与客户"相互勾结"。在收取巨额咨询服务费的情况下，外部审计机构很难如实发表审计意见，披露被审计公司财务报表的不准确性或存在的误导因素。

这种独立性的丧失表现在以下几方面：（1）安达信既是安然公司的外部审计师，也是该公司的内部审计师。（2）安达信在为安然公司提供审计服务的同时，它的咨询部门还在为该公司提供管理咨询服务。2000年，安达信从安然公司获得的总收入为5200万美元，其中2700万美元是提供咨询服务的报酬。而且这两种服务是由同一个"综合工作组"提供的。（3）安达信和安然公司的人员交流过于紧密，有不少前雇员辞职后就加入安然公司，安然公司会计部门的大多数员工来自安达信；在休斯敦总部，安然为安达信的审计师设有固定的办公室；安达信的审计师不仅穿着安然的工作服，而且参加安然组织的员工活动，包括生日晚会、旅游度假等。由于安达信负责安然公司的合伙人戴维·邓肯已经将有关材料销毁，我们无法得知他们和安然公司之间究竟有什么样的内幕交易。但是从上面的情况可以看到安达信作为一个审计机构，至少在形式上已经完全丧失了其应有的独立性，因此安然公司失实的财务报告才能轻松地通过它的审计。

审计机构丧失独立性的问题在美国并非个别性的问题。全球著名的五大会计师事务所都既有审计部门又有咨询部门，他们向客户既提供审计服务又提供各种咨询服务，而他们通过咨询服务获得的收入甚至大于通过审计服务获得的收入。因此，这些会计师事务所的收益严重依赖于上市公司的管理层，从而严重影响了他们的独立性。而其中咨询业务最发达的安达信恰恰是爆出丑闻最多的会计师事务所。

此外，有些证券分析机构也丧失了其独立性，成了上市公司管理层欺诈投资者的帮手。

（六）美国证券从业人员的职业道德亟待加强

制度不是万能的，如果忽略了制定制度的人，则制度会失去光芒。制度由人来执行，在确定的制度范围内，制度执行的效果取决于人。从业人员良好的综合素质尤其是较高的道德水平可以弥补制度存在的不足，从而使制度更好地发挥作用；然而，如果从业人员综合素质较差，特别是职业道德水平较低，也可以放大制度的缺陷。在证券市场这个非常专业的市场中，从业人员的职业道德水平是保障证券市场健康发展的重要基础。美国在过去数百年的经济发展中，一味强调效率，崇拜金钱的作用，已经到了无以复加的地步。在金钱的诱惑和腐蚀下，美国资本市场中的精英们的职业道德沦丧了，终至造成如此重大的丑闻。

对于这一点，美国制度设计者们也非常清楚。2002年6月，纽约证券交易所"公司责任和上市标准委员会"在其受托撰写的《关于改进上市公司治理制度的若干建议》的报告中，开宗明义地指出，美国上市公司的治理依赖于上市公司董事们的能力和诚信，依赖于他们能够坚持无懈可击的道德标准，勤勉地担负起监督上市公司管理层的责任。报告中所有的建议不管会不会被当局采纳，都不可能保证所有的公司董事、管理层以及雇员会将维护投资者的利益作为首位的道德追求。这些建议只是为了给予那些诚实、勤勉的董事以更好的工具来加强他们对上市公司管理层的监督能力，也为了鼓励尽可能多的诚实正直的人作为董事、管理层和雇员为上市公司服务。

在以自私的理性"经济人"为前提的西方经济学理论体系中，委托代理关系中委托方和代理方之间的矛盾是永远无法消除的。如果证券市场中的各个参与主体都是极端自私的，那么制度建设得再好也无法完全避免管理层的作弊行为。因此，证券市场从业人员的职业道德建设非常重要，亟待加强。

二 美国公司治理机制的改革

（一）美国公司治理结构改革的背景和直接原因

自美国证券交易委员会创立以来，美国公司经营管理者、投资者和政府管理者都致力于美国公司治理结构的改革和完善。尽管美国公司治理结构中的障碍仍然很多，但这并不能从根本上阻止美国公司自20世纪就已经开始的改革进程；而且，通过公司治理结构改革来适应新世纪的新变化和新挑战，是美国公司提高国际竞争力和持续获利的关键。

竞争是促进美国公司治理结构改革的主要动力。由于各个公司所面临的技术更新、消费偏好改变、公共部门需求变化、市场结构调整以及市场的特性等不同，竞争对不同公司治理结构的影响是不一样的，特别是近几年来市场全球化的快速发展，给公司经营管理者、投资者和政府管理者带来了前所未有的压力。

美国公司治理结构的最新一轮改革直接源于21世纪初美国一些著名大公司暴露出来的财务丑闻。财务丑闻使美国公众对公司财务和股市交易产生了严重的信任危机，也凸显了美国公司治理结构存在着的突出问题。一是董事会的监督缺乏效率。公司治理的关键是董事会，董事会只有保持高度的独立性才能有效地监督经营管理层。但从美国财务丑闻看，董事会在许多时候受到管理层的影响和控制，董事会缺乏独立性和独立董事不独立的问题在美国许多上市公司都普遍存在。二是会计和审计制度存在缺陷。由于美国会计准则的"灵活性"，致使会计师掌握标准不一；美国公司的外部审计制度也有明显漏洞，中介机构与上市公司的利益关系使外部审计的独立性受到损害。据调查，在美国563家独立会计师事务所中，来自非审计业务收入已是审计业务收入的2.9

倍。三是社会监管能力不足。近年来，美国资本市场发展迅速，金融工具随着金融业的发展而不断创新和复杂化，使美国原有金融监管体系的漏洞和缺陷逐渐显露出来，如何在变化的环境中加强金融监管，是美国证券监管部门面临的新挑战。

（二）美国公司治理结构改革的主要目标

1. 美国改革方案的核心在于提高董事会的独立性

公司治理的关键是董事会，而董事会必须保持高度的独立性才能有效地监督经理层。美国改革方案的核心也在于提高董事会的独立性。董事会光有独立董事是不够的，独立董事还必须真正独立并勤勉尽责。独立董事必须改变以往的"花瓶"和"老好人"的角色，真正履行其监督的职责。为保障公司财务报表的真实性，董事会下设的审计委员会的独立性尤为重要。为此，纽约股票交易所提出审计委员会成员不得获取除董事会津贴以外的任何报酬。此举对提高审计委员的独立性将很有裨益。此外，增加独立董事的数量和提高独立董事的独立性，加强对公司管理层的监督等。纽约股票交易所提出的方案更加详细和具体，它还建议SEC加强对注册会计师行业及公司CEO的监管。

2. 解决"弱股东，强管理层"现象

英、美公司治理模式的最大特点就是所有权较为分散，主要依靠外部力量对管理层实施控制。在这一模式下由于所有权和经营权的分离，使用权分散的股东不能有效地监控管理层的行为，即所谓"弱股东，强管理层"的现象。而解决这一问题的办法，一是发展机构投资者，使分散的股权得以相对集中；二是依靠活跃、有效的公司控制市场，通过收购兼并对管理层进行外部约束；三是依靠外部非执行董事对董事会和管理层进行监督；四是依靠健全的监管体制和完善的法律体系，如公司法、破产法、投资者保障法等法律对公司管理层进行约束和监管；五是对管理层实行期权期股等激励制度，使经营者的利益和公司的长远利益紧密联系在一起。

3. 强化对管理层薪酬的监督

董事会下设薪酬委员会（全部由独立董事组成）将承担起监督管理层薪酬计划的制定和实施的责任。管理层的薪酬计划将需要股东们批准并予以充分披露，此举将有利于控制股票期权的滥用，并提高其透明度，以保护股东和公司的利益不被管理层的违规行为所侵害。

（三）美国公司治理结构最新一轮改革的主要内容

美国大公司的财务丑闻引发了美国公司治理结构改革的全面展开，改革的主要内容集中在以下几个方面。

1. 信息的准确性和可获得性

为了进一步促进投资者拥有充分的信息，降低所有权和控制权分离带来的代理成本，使所有者能及时采取行动解雇没有实现承诺、表现较差的公司管理者，美国公司治理结构改革的一个重要方面，就是进一步加强公司财务业绩和上市公司运行相关信息的披露。

（1）提高信息披露的要求，加大信息披露深度。该法案要求公司董事、管理者和主要投资者要比平时更多、更快地披露公司股票交易信息，要求在交易的第二天就披露信息，而不是以往每个月结束后的第 10 天，这使得投资者对披露的信息所包含内容能立即作出快速反应。实际上，更快的信息披露提高了公司外部人对内部人交易信息的反应能力。该法案要求公司对其内部控制质量提供更多信息，包括公司内部是否有特别的道德标准或规则来指导首席财务官、董事会的行为，公司审计委员会是否包括财务专家等。该法案明确要求财务分析师和监督者必须披露信息。要求他们向投资者公开披露是否存在利益相冲突行为而不为股东利益服务的信息。根据该法案，还设立了对利益冲突的检查程序，公司治理结构改革也必须要考虑这一程序。

（2）加大了对违规行为的制裁，提高了证券信息披露的效率和质量。依据公司虚假行为法，加大了对违规者的处罚力度，对公司信息虚假犯罪坐牢的最长时限增加了 4 倍，由最长的 5 年增加到 25 年；除了监禁时间增长，还有经济制裁和非经济制裁；该法案增加了对毁坏文件行为的处罚程度，允许法院对毁坏文件行为进行处罚，入狱时间最长可达 20 年。这种严厉处罚主要是用于那些明知违规却采取谨慎而有意违规的违规者，从而增加违规成本。总之，通过加强制裁威慑的力度，提高了对公司经营管理者的法律约束。

（3）提高了上市公司财务报告的精确性和即时性。该法案要求上市公司对提供给投资者信息的真实性和公正性负责，并且这种信息应当以简单的语言进行描述；每个投资者对关键性信息应当有迅速知情权。

2. 管理责任

公司经营管理者的责任对公司的运营至关重要，也是公司治理结构改革的重要方面。最新一轮改革对公司经营管理者责任的加强主要体现在：

（1）进一步提高对公司经营管理者的要求。美国公司治理结构的最新改革主要是通过明确公司不同经营管理者的职责和定位来提高管理责任。证券发行公司制定了对高层财务人员的道德守则，如果没有制定道德守则，应当说明原因；在道德守则出现变化或废弃时，应当及时进行信息披露；审计财务报表要反映所有审计师指认的"实质性的校正调整"；CEO 和 CFO 要证实财务报表的准确性和完整性，公司的定期文件一定要符合证券法规；如果 CEO 或 CFO 故意提供虚假伪证书，则要没收其任何红利、激励奖金或其他在虚假报告发布后一年内从公司获得的其他收益；此外，对违反财务报表披露要求的行为，对个人的罚款由 5000 美元提高到 10 万美元，并且对判处监禁的期限由一年延长到十年，对团体的处罚由 10 万美元增加到 50 万美元。

（2）证券交易委员会进一步加强对经营管理者的监督。该法案加强了 SEC 对上市公司信息披露的审查权。SEC 将要求上市公司达到所谓的"永久性"信息披露要求，SEC 必须在三年内对每个上市公司提交的信息进行审查，并做出审查结论；对于上市公司高层财务人员的道德法典的制定，该法案要求 SEC 制定相关规则，规定每个上市公司必须在其提交给 SEC 的定期报告的同时，披露该公司是否已经制定了适用于公司高层财务人员的道德法典。同时，强调要改变公司监督委员会的构成，加强对外部监督公司的选择和补偿，公司审计委员会必须明确解释他们的每一个成员是否是财务专家，如果不是，为什么？公司律师及其法律顾问必须对报告中违规情况负责，如果第三方不能及时对错误信息作出反应，公司律师和法律顾问要承担一定的责任。[①]

3. 审计独立

加强审计独立是这一轮美国公司结构改革的重要内容之一。主要是通过以下几个方面来加强。

（1）设立了上市公司会计监督委员会。根据新法案，设立了一个特殊的、全国性的机构，即上市公司会计监督委员会，对上市公司的审计质量进行重新检查，为美国证券交易所上市公司提供再审计服务；监督委员会为了提高审计者的独立性，进一步提高识别审计错误行为的能力，要求每个上市的财务会计公司必须在该委员会进行登记，并定期上交总结报告，同时授权该委员会对审计的任何错误行为进行调查，登记的上市公司必须对该委员会的调查进行合作，包括保留审计的工作文件以及其他相关的文件至少是七年，必须对委员会询问提供记录。监督委员会发现了错误行为，它有权对这些错误行为进行制裁，可对单个审计员和雇佣该审计员的审计公司进行罚款，也可以禁止他们再向美国上市公司提供暂时或长期性的审计服务，这些新措施的目的就是为了增加上市财务公司或个人违规的机会成本。

（2）提高了对外部审计者的标准和要求。该法案提出了选择和雇用外部审计者的条件。第一，公司选择外部审计，必须由独立董事提出，独立董事不是公司的雇员，与公司没有其他关系，这些条款的设计主要是限制公司经营管

---

① 赵国习：《摇摆中的美国公司治理》，《IT 经理人世界》2002 年 8 月 28 日。

理者越过审计者而自行准备财务报告。第二，负责审计的会计公司必须定期对每个客户安排一个新的审计员，其目的是为了限制审计者和客户之间共谋的机会。第三，注册的上市会计公司除审计服务外，不得再向客户提供其他咨询服务，主要目的是防止和限制下列情况出现，即上市公司如果对审计员非审计业务提供报酬，审计者则可能由此忽视公司财务报告中的问题。该法案还要求这些规则的任何例外都必须向外界披露。

（3）提高了上市公司审计委员会成员的标准和要求。独立原则与上市公司审计委员会的行为相关，为了提高独立审计服务的供给和审计效率，该法案要求上市公司审计委员会成员大部分要从会计行业外部选拔出来，且选拔出来的成员最近几年没有向任何客户提供审计服务；5个委员中只能有2个来自会计行业，这种规定在一定程度上提高了审计委员会的独立性和权威性。

三 对我国的借鉴意义

我国的公司治理状况和美国的情况有着显著的区别。如前所述，美国公司治理的问题主要是由于股权高度分散导致股东对管理层缺乏约束，而外部监督机制不完善所造成的。恰恰相反，我国公司治理的问题是由于股权过度集中所造成的。但是，股权的高度集中所带来的后果却很相似：由于国有股权代理人的缺位而形成了内部人控制的现象。为解决这一问题，中国证监会在2001年8月出台了《在上市公司建立独立董事制度的指导意见》，要求上市公司设立独立董事，并要求独立董事的数量在2003年6月底之前达到三分之一。该指导意见对独立董事的独立性提出了明确而严格的要求，即要求其独立于控股股东，独立于经理层，独立于公司主要的业务关系。2002年1月，中国证监会和国家经贸委又联合出台了《上市公司治理准则》。该《准则》要求上市公司按照股东大会的有关决议设立审计、薪酬和提名委员会，在这些委员会中独立董事应占多数并担任责任人。这些规定，和美国两个交易所所提出的改革方案是很接近的，也说明了我国上市公司治理的标准已向国际化迈出了重要的一步。

但是美国的经验教训也表明，建立独立董事制度的核心还在于要独立董事保持真正独立并勤勉尽责。今后对独立董事的独立性及其资格还需要加强监管；在独立董事的提名和薪酬方面还需要进一步改革，在独立董事勤勉尽责方面还需要加强监督，使其不至于被大股东和经理层所操纵，真正起到保护股东特别是中小股东权益的作用。

美国公司治理的改革，也表明了公司治理的模式随着市场的变化在不断地演变，没有任何一个模式是完整和一成不变的，只有不断改革，不断创新，才能适应不断变化的经济和社会的需要。我国的公司治理也需要在改革中不断完善，需要建立既能与国际接轨，又能解决中国实际问题的公司治理模式。

（一）建立所有者与经营者之间的制衡关系是现代公司制度的核心

任何制度的有效性都是有条件的，它受到产生这项制度环境的制约。当环境发生变化，制度的有效性就会变化，因此，没有永远有效的制度。历史上有很多的教训可以证明这一点。20 世纪七八十年代，人们把日本式的公司治理结构看做最好的，结果 80 年代开始，日本陷入了长期的经济萧条，日本公司治理结构显得漏洞百出；东南亚各国家族企业的治理结构也曾博得人们赞赏，但是亚洲金融危机的爆发却彰显出这种制度的不足；美国公司治理结构因为 90 年代美国经济的繁荣而成为人们崇拜的典范，如今同样被揭示出其严重的缺陷。

其实，完美的制度是不存在的。根据信息经济学的有关原理，在一个存在信息不对称的市场经济体系中，市场的各种参与主体拥有良好的信用可以大幅度降低交易成本，提高效率，某种程度上说，发达的市场经济是建立在发达的信用体系上的。然而另一方面，一个主体的信用度越高，那么他破坏这种信用所能获得的收益就越大，当这种收益大于破坏信用所要付出的成本时，按照理性"经济人"的假设，他就一定会破坏这种信用。同样道理，制度也是有信用的，一项制度行之有效的时间越长，其信用度越高，同时随着时间的推移，破坏这项制度所获得的收益将越来越大，当这种收益大于破坏这项制度所要付出的成本时，这项制度就不可避免地会遭到破坏。

因此，制度建设是一个动态过程，是一个根据实际情况不断改进，不断创新的过程。试图通过制定所谓完美的制度，从而一劳永逸地解决问题的思想是错误的，也永远不会成功。

我国企业的公司治理结构大多不很完善。与美国大公司不同，中国上市公司的股权结构通常是非常集中的，特别是其中的国家股比例过大。就指挥和控制而言，"一股独大"现象比较普遍，大股东兼任总经理保障了企业的效率，但也使得三权制衡机制名不副实，内部人控制问题严重；外部监控机制不健全，法制环境不完善等问题也未能得到有效解决。就激励方面而言，我国的激励方法还比较单一，更缺乏对激励的制约措施。不合理的公司治理结构是会计作假、审计作假的土壤，缺乏制约的激励机制是假账泛滥的动力。目前甚至仍然存在企业老总聘事务所的怪现象，许多会计作假账往往是领导授意，自己聘人查自己。

在这一治理结构下,公司的经理实际上是代理股东的代理人,依照公司治理的一般原理建立的公司内部高级管理人激励约束机制往往被进一步扭曲,因为经理人员的选择和经理报酬方案基本上是由大股东把持的董事会说了算。这也是为什么中国上市公司在海外遭遇"谁是真正的 CEO?"这样的尴尬问题,以及希望通过引入独立董事制度来加强公司治理也并没有原先想象的那般有效的原因。因此,我国上市公司普遍存在的问题在于由"产权"不清带来的企业家甄选机制问题,而还不是设计什么样的激励机制去激励他们的问题。

(二) 职业道德建设

职业道德到底靠什么来保证实现?当巨额的经济利益与严肃的道德规范发生碰撞时,我们不应过分崇拜市场和道德的力量,完全依赖市场力量和民间自律进行规范是不切合实际的。安然事件表明,职业道德教育应当是全方位的。

上市公司建立公司治理细则及董事和高管人员的道德行为准则将能够督促上市公司提高其公司治理水准,并有利于投资者对该公司的治理状况的了解和监督。董事和高管人员道德行为准则的制定将有利于解决董事和高管人员不诚信的问题。

注册会计师需要职业道德,律师、证券分析师、投资银行、信用评级机构以及中小投资者等证券市场的参与者,以及政府官员、监管机构和新闻媒体等证券市场的监督者,也需要职业道德。

(三) 强化中介机构的独立性

国内会计师事务所业务目前还主要集中在法定审计方面,咨询、服务业务的开拓正处于起步阶段。在混业经营尚未形成规模的情况下国内注册会计师参与造假的案例时有发生,美国大公司的会计丑闻不能不令我们对会计师事务所分业经营问题作出审慎的规定。

虽然我国的会计师事务所已经与主管部门脱钩,但旧体制的惯性依然存在,上市公司及会计师事务所与政府部门仍有着千丝万缕的联系。一些注册会计师发表审计意见时,不仅面临着经济的威逼利诱,还面临着来自行政部门的干预,这种干预或通过领导打招呼等方式,从而使上市公司能获得一份"干净"的报告。注册会计师协会还是行政部门的附属机构,既是教练又是裁判,仍不是真正意义上的行业自律组织。完善的体制是最直接、最有效、最经济的监管方式，这一点是我们应该能够认识到和认真对待的①。

（四）进一步增强公司内部对经营管理层的激励机制

内部激励机制是公司治理结构改革的核心，只有充分调动经营管理层的工作积极性，才能有效地实现公司的整体利益和股东利益，但公司内部激励机制的改革要避免激励目标的短期性，避免出现类似美国公司经营管理层为短期利益而操纵公司经营和财务报表情况的出现。因此，我国进行公司治理结构改革时一定要注意类似情况的出现，特别是2008年国务院国有资产监督管理委员会出台了国有大中型企业经营管理人员可以实施年薪制的规定，一定要把对经营管理人员的激励与国有企业的短期和长期发展目标结合起来，只有这样才能真正地实现和执行对公司经营管理层的激励，使公司经营管理者的利益与公司长远利益紧密联系起来，降低委托代理成本。

---

① 刘利、陈博平：《中美注册会计师执业资格、执业范围和事务所组织形式的比较与思考》，中华财会网，2004年1月12日。

第十一章　对美国的审计委员会制度的评价与借鉴

一　对美国的审计委员会制度的评价

（一）美国的审计委员会制度的建立

审计委员会是公司治理结构中的一项重要制度安排，该制度最早出现于20世纪40年代的美国，起源于震惊审计界的美国迈克森·罗宾逊药材公司倒闭案。

从1978年开始，纽约股票交易所就要求所有的上市公司设立全部由独立董事组成的审计委员会。审计委员会是董事会下设的一个委员会，它的建立主要是进一步确保董事会所使用的财务信息以及公司公布的财务报表是真实和可靠的。如果审计委员会的运作是有效的，那么它会给公司带来重大的益处。

在美国，审计委员会作为董事会下属的一个委员会，法律上有书面的授权范围，明确地规定了它的权利和义务。正式组建的审计委员会要向董事会负责，并确保与董事会之间有明晰的权责关系，尤其是对审计委员会代表董事会的利益采取行动的权利范围和他的责任范围已经明确地加以界定。根据法律，审计委员会的授权范围应得到董事会的正式批准。

审计委员会的成员应由董事会从公司的非执行董事中任命，并且其成员应不少于三人，法定人数是两人。审计委员会的主席应由董事会任命。财务总监、内部审计的主管和外部审计的代表，一般应出席审计委员会的会议，其他的董事会成员也有权参加会议。然而，审计委员会每年至少召开一次没有执行董事参加的外部审计人员的会议。一般来讲，公司的秘书同时也是审计委员会的秘书。

审计委员会每年至少要召开两次会议。如果外部审计人员认为有必要的话，可请求审计委员会召开会议。审计委员会只有得到董事会的批准才能进行所有授权范围内的调查活动。只有在董事会的许可下，它才能向公司的雇员询问它所需要的信息,同时,公司的雇员也必须配合审计委员会的工作。经董事会批准,审计委员会可借助外部的、合法的或其他独立的专业服务。如果有必要的话,还可雇用有相关经验和专业知识的外部人员加入。

美国证券交易委员会(SEC)于 2003 年 4 月 1 日通过一项新规定,要求美国的全国性交易所和证券商协会制定相关的管理制度,以配套 2002 年布什签署的《公司改革法》(《萨班斯—奥克斯利法案》)。该规定要求交易所和证券商协会修订《企业上市审查准则》,明确规定上市(包括拟上市,下同)公司必须成立审计委员会。

(二) 美国审计委员会的职责

审计委员会制度作为公司治理结构中的一项重要制度安排,其建立的初衷是在董事会中寻求一支独立的财务治理力量,以强化注册会计师审计的独立性,加强公司财务报告信息的真实性和可靠性。

1987 年,美国欺诈性财务报告全国委员会提出审计委员会的主要职责是:(1) 应熟悉、关注并有效地监督公司的财务报告过程和内部控制活动;(2) 管理当局和审计委员会应保证内部审计师适当地参加整个财务报告过程的审计,并与注册会计师进行协调;(3) 应具有足够的财力和权力来履行职责,包括进行调查和聘用外部专家的权力;(4) 应就管理当局对注册会计师独立性的相关因素进行评价,监督注册会计师保持独立性;(5) 审核拟聘请注册会计师的管理咨询计划;(6) 管理当局在重大会计问题的处理上应听取审计委员会的意见等。

从 20 世纪 90 年代起,许多文献的研究表明,审计委员会制度远未达到预期的目标,其公司治理效应并不明显,还缺乏充分有力的证据证明公司的审计委员会履行了其应该履行的职责,审计委员会只是提供了"形式上"的监督,而并未从实质上改善股东对管理当局的控制。

1993 年,美国注册会计师协会的公共监督委员会进一步提出了审计委员会的职责是:①复核年度财务报表;②与管理当局和注册会计师协商年度财务报表事宜;③从会计师事务所获取注册会计师应遵循的审计准则的信息;④评价财务报表是否完整,是否与所了解的信息相一致;⑤评价财务报表是否遵循了恰当的会计准则。

1999 年,蓝带委员会提出了审计委员会的职责是:①监督财务报表,如复核年度已审财务报表、中期未审财务报表及其他财务报告;②保证审计质量,包括主持外部审计事务,领导与监督内部审计;③评价内部控制,通过对公司内部控制制度充分性和有效性的评价,监督公司的财务风险和经营风险。

第十一章 对美国的审计委员会制度的评价与借鉴

以安然、世通、维旺迪环球为代表的跨国公司舞弊案对美国的政治、经济产生了深远的影响，在对舞弊案进行反思和总结时，人们越来越多地感到大量舞弊案件的出现，与审计委员会制度未能发挥应有的作用存在直接关系，因此对审计委员会制度进行改革的呼声日盛。作为改革的最终结果，2002年美国国会颁布了《萨班斯—奥克斯利法案》（Sarbanes-Oxley Act）。《萨班斯—奥克斯利法案》提出审计委员会的职责是：①负责聘请注册的会计师事务所，给事务所支付报酬并监督其工作。审计委员会每年对外部审计人员的资格进行认定，并监督其工作情况以及收费是否合理。在评价其工作过程中，审计委员会还应同外部审计人员讨论他们审计的结果，并搜集来自管理层的反面意见。同时，审计委员会也考虑外部审计人员从事的其他工作的性质，包括管理咨询服务，以及审计人员独立性造成的影响。在开始一年一度的审计工作之前，审计委员会应同管理层和外部审计人员讨论审计工作的范围。这使得委员会有机会考虑审计计划是否完全将重点放在他们和管理层关心的地方。当外部审计人员完成细致的实地考察，并且准备好用于讨论重点审计结果的财务报告草案后，应当同审计委员会召开有关的会议。需要指出的是，外部审计人员被希望独立地进行工作，并要作出最佳的判断。但有时管理层和外部审计人员之间就诸如会计处理方式、信息披露的充分性等问题也会产生分歧。这类意见分歧通常都是与判断的结果和会计估计有关。尽管这些分歧常常通过管理层与外部审计人员之间的研究讨论能够解决，但是审计委员会也应提供一个有用的解决问题的论坛，或者至少应该了解管理层讨论的、要解决的重要事项。②受聘的会计师事务所应直接向审计委员会报告。审计委员会必须直接承担派任、留任、报酬和监督那些为上市公司执行和认证放行审计报告的会计师事务所的责任，而这些会计师事务所必须直接向审计委员会报告。[1] ③可以接受并处理本公司会计、内部控制或审计方面的投诉。审计委员会必须建立一定的程序系统，来完成与会计处理、内部会计控制、内部审计、员工匿名举报可疑的会计问题及审计处理等相关申诉事项的受理、执行和保留记录等任务。由于审计委员会也关心内部控制，所以，它也应当重新审核内部审计人员提交的有关报告以及管理层对报告的反应。同时，也要对重大问题的意见分歧进行监督。审计委员会还对以下内容进行检查：内部审计职能部门的目的和工作情况、内部审计职能部门的表现和证明材料是否充分、内部审计人员报告的重大事宜、内部与外部审计人员之间的合作和证明协调情况。在美国，为了加强公司内部审计职能的独立性，适当的做法是内部审计部门的领导应直接向审计委员会主席报告。作为

---

[1] 张文娟、赵迪：《美国严格审计推动有效公司治理》，中华会计网校，2005年5月21日。

董事会下的一个委员会，有时审计委员会也会应董事会之邀检查不在正常的财务报告、内部控制、审计活动范围之内的工作，具体包括：协助评估经营计划，对所有重大的、不列入公司正常经营范围内的交易进行检查，监督是否遵守贷款合同、其要求是否合法和符合规定、是否遵守美国的上市法规，配合证券交易所的调查工作，审查公司参与的当前或即将进行的诉讼活动。在调查过程中，审计委员会是指导、控制这类调查的最合适的机构。④有权雇用独立的法律顾问或其他咨询顾问。

（三）美国审计委员会的独立性

为了保持审计委员会的独立性，《萨班斯—奥克斯利法案》要求审计委员会的每一位成员由非执行董事担任，其中独立董事占大多数。"非执行"是指不是全职为公司工作并且不参加公司管理层的董事。所谓独立董事，就是在其任职董事的公司中不同时担任管理职务，而且其在经济上或者相关利益方面与公司及经理层没有密切的关系。除其以审计委员会、董事会或董事会的其他专门委员会成员的身份外，不可以接受公司的任何咨询费、顾问费或其他报酬，也不能是公司或其任何子公司的关联人。安然公司的审计委员会的六名成员中有一半拥有将近 10 万股安然公司的股票，市价高达 750 万美元。可以设想，当审计委员会或董事会在事前发现安然公司存在的问题，考虑到这些问题可能引发的后果，按照上述激励机制，他们或许更可能向管理层提出质疑，督促安然公司管理层及时调整过于激进的融资策略，保证公司价值的持续增长；而当审计委员会在事后发现安然公司管理层存在的问题，如果责令其管理层对表外合伙企业所隐含的风险加以详细披露，势必导致股票价格下跌，同样也会使自己口袋中的股票贬值。①

新规定要求上市公司审计委员会的每位委员必须具有"独立"资格性质；赋予审计委员会更多任用和解雇会计师的权限；上市公司必须负责提供审计委员会合适的财务和资金保证。

（四）对美国的审计委员会制度的评价

审计委员会的建立，给美国上市公司的公司治理带来了益处，这导致投资者对公司管理和公司公布的财务报表的质量产生更大的信心。审计委员会对所有公司所产生的影响就是它的存在这一事实。它的存在意味着，在内部审计部门和审计委员会之间以及外部审计员和审计委员会之间产生了一个独

---

① 娄芳：《国外独立董事制度的研究现状》，《外国经济与管理》2001 年第 12 期。

立的沟通渠道，这是一个不通过公司的管理层或执行董事的沟通渠道。审计委员会的主席、执行董事和公司管理层都已意识到了它的存在意义。当我们面临外部审计员和管理层之间经常发生意见分歧时，比如关于财务数据技术处理的方法问题，审计委员会的出现也是很有帮助的。审计委员会可以公正地置身于意见分歧的中间，从而有利于确保作出一个对大家和公司都有利的合理的决定。尽管审计委员会这一概念在中国还比较陌生，但是许多在香港、新加坡、英国和美国上市的中国公司已经体验了独立董事和审计委员会的工作。在中国上市公司的监管体系中引入审计委员会的独立董事制度，将会使投资者和公众产生像其他具有这一制度的股票市场上的投资者一样，对我国上市公司树立起信心。①

二 对完善我国上市公司审计委员会形成机制的思考

完善的公司治理是遏制上市公司造假，保障注册会计师独立、客观、公正执业，切实发挥审计鉴证作用的重要条件。《上市公司治理准则》全面系统地阐述了上市公司治理结构，明确要求上市公司聘任适当人员担任独立董事，要求董事会设立审计委员会等专门委员会。随着独立董事制度的深入实施，审计委员会制度应该作为上市公司必须采用的公司治理措施之一。审计委员会是健全公司治理结构的一种有效途径，作为联结董事会与内部审计、外部审计的桥梁，它以其独立性与权威性，负责挑选注册会计师并与之协调，避免了独立审计不独立的现象。中国注册会计师协会秘书长陈毓圭在第二届公司治理国际研讨会上指出，要有效淡化注册会计师与上市公司的关系，操作性较强的办法是完善上市公司董事会审计委员会的形成机制。如何完善审计委员会制度，充分发挥审计委员会的作用，笔者认为有以下一些问题需要引起足够的重视。

（一）我国上市公司推行审计委员会制度中存在的问题

随着我国市场经济的发展，公司治理结构越来越成为关注的焦点，进一步推行审计委员会制度的呼声也日益高涨，但由于存在一些问题，使审计委员会制度的发展不尽如人意。根据上海交易所网站中的公司治理细则信息统计结果显示，截至2005年12月31日，沪市A股822家上市公司中有280家公司的董事会建立了审计委员会，所占比例为34.06%，未设立审计委员

---

① 徐志翰、李常青：《美国注册会计师的法律风险及其防护》，《上海会计》1999年第4期。

会的比例高达 65.94%。在已设立审计委员会的公司，由于公司可以操纵审计委员会的组建和运行程序，审计委员会还没有实质性地发挥作用。要使审计委员会进一步充分有效地发挥其完善公司治理的作用，就必须解决推行过程中存在的问题。

1. 法律法规不健全

证监会在 2001 年发布的《关于在上市公司建立独立董事制度的指导意见》建议上市公司建立和发展独立董事制度，中国证券监督管理委员会和国家经济贸易委员会在 2002 年联合颁布的《上市公司治理准则》建议上市公司建立和发展审计委员会制度。2004 年 1 月，在《国务院关于推进资本市场改革开放和稳定发展的若干意见》中进一步要求规范上市公司运作，完善独立董事制度。2005 年 11 月《国务院转发证监会关于提高上市公司质量的意见》中更进一步提出完善法人治理结构，设立以独立董事为主的审计委员会并充分发挥其作用。这一系列制度的出台虽然为上市公司建立审计委员会制度提供了指引和依据，且许多上市公司也已积极开展了工作，但是，由于这些规定都是非强制性的治理建议，不具有法律约束力，设立审计委员会的随意性较大，使审计委员会的发展速度比较缓慢。

目前，我国审计委员会的有关规定仅是原则性的，没有具体的操作指南。而我国的审计委员会制度刚刚起步，审计委员会成员没有开展工作的经验，由于没有具体的操作指南作指导，很可能使审计委员会的工作徒有虚名，流于形式，出现治理无效的局面。

2. 独立董事独立性差

审计委员会的独立性和权威性是保证其正常运行的关键，其成员多数或全部由独立董事组成。独立董事应具有广泛的商业经验，熟悉专业审计准则规范的基本概念，了解主要会计和报告规则才能完成他们检查监督财务报告和内部、外部审计工作的任务。因此，独立董事的形成机制是确保审计委员会成员独立性和权威性的关键。目前我国上市公司独立董事多数由政府主管部门、董事会或董事长聘任，失去了其最为宝贵的实际独立性。独立董事不独立，相应的由独立董事组成的审计委员会也无法站在独立、公正的视角有效地实施其监督职责，出现"人情董事"、"花瓶董事"现象。独立董事在上市公司中的作用未得到有效发挥，也使得审计委员会无法有效地履行其监督职责，致使很多公司缺乏"自愿"设立审计委员会的需要。

3. 上市公司治理结构缺陷

我国大部分上市公司是通过国有企业改制上市的，公司股权高度集中于国有独资或控股企业，内部人控制问题十分严重，大股东代理人兼任董事长和高层经理人的现象十分普遍,使董事会存在功能缺陷,形同虚设。外部独立董事的普遍缺位或无效,造成董事会结构的不健全和公司治理的制衡功能失效。监事会不参加过程的监督,而只侧重于结果的事后监督,对公司过去的具体情况不了解,没有参与到整个决策过程中,使得监事会的监督作用大打折扣。企业内部审计部门由本部门、本单位负责人直接领导,内部审计缺乏足够的独立性和权威性,不能切实发挥应有的监督作用,这些缺陷造成上市公司职责不清、管理混乱,审计委员会也很难发挥其作用。

4. 审计委员会与监事会在监督方面的职责重叠

《上市公司治理准则》发布实施以前,很多上市公司由监事会负责对公司经营权的制衡和监督。设立审计委员会后,监事会与审计委员会之间存在职责交叉重叠、划分不清的现象,形成了既不同于英、美的单层董事会模式又不同于德、日的双层董事会模式的我国双重监督机制。依照《公司法》对监事会职责的规定,要求监事会履行包括监督公司财务在内的职权。《上市公司治理准则》也明文规定,审计委员会的主要职能是公司财务监督。治理准则内容本身,对两者在监督方面的职责划分也较模糊。审计委员会与监事会的职责重叠、冲突使审计委员会制度的设立和运作带来了许多的矛盾和问题,要么使得两者产生"搭便车"的心理,出现相互推诿,谁都不想负责的现象;要么两者争持不下,互相扯皮,产生新的内耗。这种状况必然阻碍公司建立审计委员会的积极性,也不利于已设立的审计委员会有效发挥作用。

(二) 推行我国上市公司审计委员会制度的措施

1. 充分认识设立审计委员会的必要性

(1) 设立审计委员会,给独立董事发挥其独特作用提供了广阔的空间

公司所有权与经营权分离,是注册会计师独立审计存在的依据。但是由于我国目前公司治理结构的不完善,特别是国有股东的缺位,上市公司的股东大会、董事会不能真正起到对公司经营管理层应有的控制作用,经营者实际上集公司决策权、管理权、监督权于一身,股东大会形同虚设。上市公司的管理当局对审计师的聘任具有举足轻重的影响,决定着审计机构的聘用、续聘、费用支付等事项,完全成了会计师事务所的"衣食父母"。上市公司管理当局通过提出变更审计机构的威胁来影响注册会计师的决策,规避不利的审计意见。会计师事务所为了留住客户,获得更多的收入,经常不得不迁就管理层的意见,一定程度上加大了上市公司对会计师事务所独立性的影响。尽管随着上市公司"独立董事制度"的强制性推行,董事会中独立董事所占比例的提高,

在董事会中形成了一种内部制衡力量，一定程度上弱化了公司内部人控制的情况。但独立董事要充分发挥作用，需要有配套的制度。否则，在董事会中，独立董事除了立场独立外，与一般的董事没有太大的区别，大股东稍动脑筋，就可以使独立董事制度流于形式，成为花瓶董事。设立审计委员会，给独立董事发挥其独特作用提供了广阔的空间。独立董事在参与决策时，有一个团体，遇到重大问题，内部可以磋商，并形成审计委员会的意见，最终能对董事会的决策施加较大压力。而且，审计委员会有专门的职责，目标明确，便于独立董事开展工作。

(2) 审计委员会是一个发展我国企业内部审计值得借鉴的模式

审计委员会是现代企业经济发展的客观产物，也是产权分离的市场经济的客观选择。纵观西方企业审计委员会不长的历史可以看到，只有依靠强有力的权威机构的支持，作为工作机构的内部审计才能拥有足够的独立性和权威性，才能发挥应有的作用。而在市场经济条件下，审计委员会的权威性不是来自企业的外部，而是来自于企业的投资主体。我国正致力于发展市场经济，我们有理由相信，通过借鉴西方国家的经验，再结合企业自身的实际情况，一些企业，特别是大型的股份公司，可以设立审计委员会来领导内部审计工作，增强企业内部审计的独立性和权威性，切实发挥企业内部审计的管理作用，尽快改变审计工作难做和徘徊不前的被动局面。

2. 不断强化审计委员会的独立性和提高审计委员会成员的素质

审计委员会制度建立的初衷就是在董事会中寻求一支独立的财务治理力量，以强化注册会计师审计的独立性，加强公司财务报告信息的真实性和可靠性。为此，在制度设计上，应注重审计委员会独立性的增强和委员会成员素质的提高。

(1) 审计委员会独立性要求

在日益复杂的经济环境下，在公司内部设立例如审计委员会的独立性机构（或人员），作为公司治理的一个重要环节，对于缓解信息不对称、保护投资者利益无疑是非常重要的。无论这样的机构以怎样的形式存在，其独立性和专业胜任能力都是需要强调的首要素质，美国制度规范的重点是这两个方面，安然事件暴露出的同样是这两个方面的问题。同时，鉴于内部审计委员会（或其他完成类似职能的机构）所处的特定位置（既受到一定的外部规范，同时在很大程度上需要遵守内部的章程），完善相应的准则，在必要的程度上明确其应该承担的法律责任是必要的。

治理准则要求上市公司专门委员会成员全部由董事组成，其中审计委员会、提名委员会、薪酬与考核委员会中独立董事应占多数并担任召集人，审计委员会中至少应有一名独立董事是会计专业人士。证监会 2001 年 8 月 16 日发布的《关于上市公司建立独立董事制度的指导意见》要求，董事会成员中应有三分之一以上为独立董事，我国上市公司董事会的平均人数约 9.88 人，独立董事应为 3—4 人。①

目前存在几个突出问题：一是独立董事"不独立"，现行独立董事主要是由政府主管部门、董事会或董事长聘任，独立董事的任免权掌握在公司高层管理人员手中，从而造成独立董事不够独立的现象。二是独立董事"不懂事"，很多公司聘请独立董事时过分看中其名望与社会地位，陷入"名人误区"，而不管该名人是否有空"光顾"公司。三是对独立董事没有明确的约束机制，如谁来监督独立董事的工作不明确。四是我国绝大多数上市公司的独立董事人数未达到法定要求，多数上市公司只有 2 名独立董事。如果专门委员会由 3 人组成，这 2 名独立董事便是审计、提名、薪酬与考核 3 个专门委员会的成员和召集人，若专门委员会由 5 人以上组成，则独立董事不可能占多数。为增强审计委员会的独立性，应考虑在以下几个方面予以完善：

①经济独立。如规定，委员会除了职务收入外，不得收受来自上市公司及其子公司的顾问、咨询或者其他报酬。上市公司必须负责提供审计委员会合适的财务和资金保证。

②职权独立。如规定，委员会成员不得担任上市公司及其子公司的任何职务。委员会隶属董事会，由独立董事组成，有权独立聘请或解聘审计机构，不受高级管理人员的干预，而董事会也必须听取该委员会的意见。

③人员独立。在任命董事担任审计委员会职务之前，董事会必须考虑一个理性的知悉内情的投资者是否会认为该董事具备客观和独立性，使上市公司审计委员会的每位委员必须具有"独立"资格性质。

（2）委员会成员的素质要求

要真正发挥审计委员会的作用，需要谨慎选择委员会成员。一是要保证每位成员的"独立"资格，在增加独立董事所占名额的同时，引入其他利益相关者，比如主要债权人、中小股东和政府官员等，限制甚至隔断大股东的发言权。二是要提升审计委员会成员的整体业务素质，成员应具备很强的专业知识背景和广泛的业务技能；成员中的大多数应是会计、审计和企业管理方面的专家，有丰富的执业经验，能够为公司提供专家支持。西方国家对审计委员会成员的素质要求越来越严格，美国《萨班斯—奥克斯利法案》

---

① 王涛、康均、许辉：《监事会、审计委员会职能定位辨析》，《财会月刊》（理论）2005 年第 12 期。

要求 SEC 应考虑审计委员会委员是否具备注册会计师和审计师的教育和执业经历，是否在发行人中担任财务总监、会计主管或从事过相当职位的工作，而且具备以下工作经验：①能够理解公认会计准则和财务报告；②具有为一般发行人编制或审计财务报表的经历，以及在相关的会计估计、应计和计提准备等方面富有经验；③具有内部会计控制方面的工作经验；④理解审计委员会的职能。

3. 进一步明确审计委员会的审计管理、服务职责

审计委员会的设置目标是保障审计独立性，防止公司产生虚假财务信息，因此，进行公司内外审计管理，作好审计的基础服务工作，应是其主要职责。

（1）执行注册会计师的聘用制度，监控注册会计师提供的服务

审计委员会是一个独立于企业经营者的专门机构，由它负责聘请外部审计人员对企业的财务报表进行审计，可以更好地保证审计者从形式上和实质上都与被审计者没有利害关系，从而提高审计的独立性。因此，审计委员会必须被赋予更多任用和解雇会计师的权限。这样为审计委托人与被审对象实质性的分开提供了制度保障。

相应的，审计委员会必须直接承担派任、留任、报酬和监督那些为上市公司执行和认证放行审计报告的会计师事务所的责任，负责评价外部审计师的独立性，审核审计服务的范围和收费，监控和评价注册会计师提供的审计服务。

为此，审计委员会应履行如下职责：①熟悉行业组织与监管机构对注册会计师独立性的要求，了解会计师事务所为保证自身独立性所采取的措施与政策；②了解会计师事务所在相关行业的执业经验，考察执行本公司审计业务的注册会计师的执业水平，检查会计师事务所的质量监控体系并与之沟通讨论；③了解上市公司与会计师事务所签订的审计业务约定书的性质、时间和范围；④了解注册会计师在审计过程中存在的与公司管理当局的分歧，并熟知对这些分歧的处理结果；⑤定期与聘任的会计师事务所会谈，认真听取注册会计师提出的有关管理当局提高管理质量的建议；⑥认真审核管理当局解聘会计师事务所的理由，并与会计师事务所进行沟通；⑦复核注册会计师的非审计服务并确认其收费情况；⑧定期向董事会报告为保证注册会计师独立性，为提高审计质量而采取的措施。同时应注意，具有会计专业背景的独立董事，其会计关系网要比上市公司大得多，由其建议选聘的会计师事务所独立性如何保证？如果独立董事本人有"拿人钱财，替人消灾"的心理，审计委员会将失去其功能，甚至还有副作用。归根到底，审计委员会成员的独立性是发挥审计委员会功能

的核心。[①]

(2) 明确审计委员会对内部审计的直接领导地位，加强内部审计人员的独立性

发展内部审计。只有依靠强有力的权威机构的支持，内部审计才能拥有足够的独立性和权威性，发挥其应有的作用。一直以来，上市公司内部审计机构由管理当局领导，内部审计的独立性较弱，内审监督只能对下而不对上，面对上市公司管理当局操纵利润的行为显得无能为力。审计委员会设立以后，内部审计机构可隶属于审计委员会，直接向审计委员会报告，工作评价和报酬支付由审计委员会决定，从而可不受制于管理层，更好地履行内部财务检查、发现潜在违规行为的职责。根据西方经验，大型的股份公司，通过设立审计委员会来领导内部审计工作，可增强公司内部审计的独立性和权威性，切实发挥公司内部审计的监督作用。

为此建议内部审计部门受审计委员会和总经理的双重领导，行政上由总经理领导，总经理负责内部审计的机构设置、人事编制；业务上由审计委员会监督，审计委员会应负责：①招聘内部审计人员时的业务测试，保证内部审计部门有足够的人员和胜任能力；②与总经理协商确定内部审计人员的报酬与晋升；③确定内部审计部门的职责权限，指导内部审计部门制定其工作计划；④监督内部审计部门的工作程序，保证其按相关准则制度进行；⑤复核内部审计报告。同时，审计委员会要充分利用内部审计部门的工作成果，依赖内部审计来完成部分工作职责。

(3) 监控财务报告的质量，评价公司内部控制和经营管理风险

长期以来，我国企业内部控制制度建设薄弱，管理权限失控，舞弊行为时有发生，单位和国家财产受损，给企业虚假财务会计报告带来较大的操作空间。为规范会计行为，防范经营管理风险，保护单位财产的安全和完整，财政部陆续颁布了内部会计控制基本规范和货币资金、采购与付款、销售与收款等具体规范，为加强公司内部会计控制提供了纲领性文件。我国内部会计控制的基本目标之一是规范单位会计行为，保证会计资料真实、完整。但由于上市公司普遍存在所有权与控制权合一的现象，控股股东没有对外提供真实财务会计信息的积极动机，因此内部控制在保证财务报告的可靠性方面的作用减弱，我国发生的一系列上市公司财务造假案件中，内部会计控制失控问题都很突出。当然，形式上完美的内部控制制度并不能确保财务会计信息的真实。我们知

[①] 齐莲英、王森：《美国上市公司治理结构中的审计委员会概述》，中华财会网，2003 年 11 月 12 日。

道，安然董事会 17 名董事中有 15 名独立董事，审计委员会 7 名成员全是独立董事，如此完善的制衡机制并没有堵住财务舞弊行为的发生。所以，我国上市公司设立的审计委员会，应在建立和完善内部控制制度，并保证其顺利实施方面发挥切实的作用。①审计委员会有作好审计基础服务的责任。如检查公司所有重要的会计政策，对重大的变动和其他有疑问之处加以报告；先行检查中期财务报告、年度财务报表和董事会报告等。②负责公司内部控制制度评估，监督外部审计和内部审计关于内部控制方面建议的执行。③负责经营管理风险的评估，为现代企业风险基础审计服务。

为公司审计服务是审计委员会的主要职责。据加拿大《商业》杂志于 1993 年对加拿大排名前 400 位的公司进行调查，结果表明：由公司审计委员会讨论审计范围的占 99%；讨论内部控制有效性的占 97%；讨论内部审计计划的占 94%；审查公司会计政策的占 93%；审核公司报表附注信息的占 98%；审核中期报告的占 74%，其中公布前复核的占 71%，公布后复核的占 3%；复核赢利数据的占 70%。

4. 正确协调与各方的关系，提升审计委员会的制度效率

设立审计委员会，是公司法人治理结构的完善和发展，要处理好与内部审计机构、注册会计师、监事会等相关各方的关系，使相互的制衡关系得到进一步完善，提升审计委员会的制度效率。调节审计委员会与各方之间的关系应讲求：

（1）监督与沟通并存

我国公司治理结构不完善的关键问题就是公司缺乏对"内部人"的有效监督。独立董事制度，通过设立独立董事、外部董事，解决了内部人控制的问题，审计委员会制度，则进一步较好解决了监督无力的问题。审计委员会作为上市公司内部的一个高度独立的关键控制点，能够割断管理当局对注册会计师和内部审计机构的直接控制，很大程度上可以使注册会计师与内部审计的独立性得以恢复。审计委员会除了具有有效的监督功能外，同时也具有沟通功能，它是联结董事会与内部审计、外部审计的桥梁。审计委员会的成员因都是"外部人"，与任何一方都没有利害关系，对任何一方都不带偏见，非常利于各方沟通，提高效率。这就要求在制度设计和改善过程中，应既注重监督力度，还应考虑沟通效果。

（2）管理与服务并重

审计委员会是董事会下设的一个监督管理机构，对注册会计师审计和公司内部审计机构审计进行领导和管理，对保障财务信息的真实性很有意义。审计委员会成员也可利用自己的独立身份，为内部审计机构开展审计工作献计献

策。站在公正的立场上，支持注册会计师提出的正确建议，积极与注册会计师就审计中的重大事项进行协调；为注册会计师审计营造一个良好的执业环境。这也是发挥审计委员会作用应当重视的。

（3）硬约束制约与软约束促进并用

审计委员会制度，既然属于制度范畴，就应采用硬约束制约的方式，将其规范为法规，写入公司章程，以便加大执行力度。审计委员会机制的实际运行又必须依赖文化和道德的软约束力量来推动，这样才能持久。如果不重视诚信文化和职业道德的软约束力量的促进作用，就会出现有法不依，有规不循的不良后果，制度效率将是非常低下的。

第十二章　日本公司治理机制的文化启示

与其他西方国家相比，日本公司更注重追求其经营目标长期化，这可与美国公司经营目标形成鲜明的对比。日、美两国文化上存在着个人主义和团队主义的差别。日本文化强调经济中的团队主义。日本公司发展的目标与美国公司强调的股价升值不同，短期利润最大化一般不为公众和股东所认可。日本现代公司中，法人持股率较高。日本公司的个人持股比例只占据30%左右，而企业法人持股比例则高达60%以上，日本企业的法人持股是法人相互持股，持股的目的是稳定相互之间的业务联系。日本公司法人相互持股有利于公司经营目标长期化和确立经营者的相对主导地位。日本法人的相互持股、主银行制、终身雇用等特征，造成了日本公司的经营者兼有所有者，所有者兼有债权人，个人股东对公司的权限甚至小于普通职员的特性。这种非股东控制与经营者主权构成了日本传统的公司治理结构的基本特征。

一　日本公司治理模式的特点

日本公司由于其独特的法人相互持股和主银行制的股权结构而使其公司监控模式呈现出不同于美国公司的特点。

（一）股东尤其是大股东的监控相当有效

日本为了克服股权高度分散条件下股东的监督动机被削弱的弊端，实行"法人持股"，即企业相互持股制度及以银行直接持股为基础的主银行体制，从而使股权相对集中。1989年日本上市公司股票持有者的分布状况是：金融机构持股比例占46%，企业法人占24.8%，证券公司占2%，三者合计为72.8%；个人持股比例占22.6%，外国人持股比例占3.9%；政府持股占0.7%。企业相互持股在消极的意义上是为了防止公司被吞并，在积极的意义上则是为了加强关键企业之间的联系。由于持股者是与被持股企业有着利害关系的法人机构，因而它们有动力对被持股企业进行监督。通常公司由一家或几家有影响的大银行持有最大股权,其中一家"主银行"(往往是对该企业贷款最多的或是贷款银团的牵头人)与公司关系最为密切。"主银行"由于其在股权和债权方面与股份公司有较强的利害关系而对公司具有较强的监控动机和特殊的监控职能。在公司经营正常时,主银行一般放任企业自主经营,只是一个"沉默的商业伙伴",几乎不对经理层进行任何干预。企业由于管理者的低劣行为出现困难或危机时,它就会利用其股东与债权人地位对公司进行干预,如重新安排贷款,更换管理人员等。日本公司法人相互持股有利于公司经营目标长期化和确立经营者的相对主导地位,这是因为:在公司产权结构中,由于主要股权主体是法人股东,法人股东之间又是一种交叉持股关系。于是股东对被持股公司的影响力因公司之间的相互依存而大部分抵消。对法人持股者来说,他们虽来自所有者,却由于相互持股转化成一个经营者集团。这种来自法人大股东经营者集团的存在,也就割断了被持股公司经营者与最终所有者之间的联系,导致公司权力结构向经营者方面倾斜的局面。由此可见,日本公司的股东尤其是以法人和银行为主的大股东对公司的监控相当有效。

(二)公司董事会主要由内部人员组成,监督和约束主要来自大股东和主银行

日本公司董事会成员一般由企业内部产生。日本公司普遍设立由主要董事组成的常务委员会,作为总经理的辅助机构,具有执行机构的功能。这样,以总经理为首的常务委员会成员,其本身既作为董事参与公司的重大决策,又作为公司内部的行政领导掌握执行权,这种决策权与执行权相统一的公司,占日本股份有限公司的近93%。在公司内部,从总经理到董事,既是决策者,又是执行者,构成了日本公司制度的一大特色。在这种情况下,对企业经营者的监督主要来自前述的大股东和主银行。

(三)在日本公司中,专注资本比重高,有利于经营者阶层的稳定

由于个人股份流动性大,一旦公司财务状况出现波动,个人股东往往首先想到的是抛售手中股票,而不是参与公司管理以拯救公司。个人股东注重的是公司股票的升值,而不是公司的长期性发展,因而这种股份多属于流质资本。日本公司中流质资本比重较低,仅占22.6%,所以,个人股东的短期收益要求对公司影响不大。日本公司法人股份比重高,这种法人股东一般都属于追求股东长期评价的永久性股权持有者,换句话说,法人股东并不仅仅以股份分红为目的,而是为了在一定程度上影响被持股公司的经营。一旦公司出现危

机，法人股东首要行动不是在资本市场上出售股票，而是深入公司股东会和董事会，以查明原因，帮助公司摆脱困境。这种法人所持股份多属于专注资本。日本公司专注资本比重较高，可进一步说明公司经营目标长期化的原因。此外，在日本公司董事会、经理人员中，非股东董事有较大比重，这使得经营者能够独立地行使决策权，较少地受到股东的直接干预。

(四) 设立独立的监督机构——监察人制

依据日本商法，公司设立了专司监督之职的常设机构——监察人（监事会）。监察内容包括业务监察与会计检查。前者是对企业的经营者经营行为的监察，后者是对企业的财产状况，即对企业经营成果的监察。日本采取独立监察人制，监察人可以是一个人，亦可以是数人，监察人之间各自独立作为公司的机关履行职责。大公司的监察人同时具有业务监察和会计监察的权限，另外还设立只能由注册会计师或监察法人担任的会计监察人，会计监察人发现董事履行职责中有不正当行为或违反法令或章程的重大事实时，必须向监察人报告。小公司的监察人只进行会计监察。也有的公司监察人同时进行业务监察和会计监察而不另设会计监察人。同时，为了强化监察人的独立性，避免监察人对董事会的依附，监察人的报酬由公司章程规定或股东大会决议确定。1993年，日本企业引入了公司外监察人和监察人会制度。前者是指在大公司监察人中，一人以上必须在其就任前五年内没有担任过公司或子公司的董事、经理职务，此举旨在强化监察的独立性和公正性。监察人彼此独立享有权力，承担义务。为避免独任监察人制的低效率，大公司必须建立由全体监察人组成的监察人会。监察人会只是协调性的机构，并不影响监察人的独立性。监察人会的决议对监察人的个别活动不具有限制力，哪个监察人如果认为监察人会的决议妨碍了自己的独立监督权限，可以无视该决议而自主行动。但是监察人都必须就其执行职务状况向监察人会报告，监察人会基于各监察人的监察结果制作监察报告。而且作为对监察人制的补充，日本公司还实行检察人制。与监察人的概念相接近，检察人是根据情况需要通过法院或由股东大会选任的公司的临时监督机关，其任务是对公司设立的手续、股东大会的召集手续或决议的方法等与业务执行有关的事项进行调查，通常是选任律师担任。

监察人制度在加强对日本大型股份公司的财务监督方面卓有成效。会计监察人的设置，使大型股份公司经营者受到监事与会计监察人的双重监察。双重监察制度的设立，既可以弥补内部监察的不足，又可以防止公司内部监察人与被监察人相互勾结，是加强对公司监察力度的重要而有效的法律手段。为加强会计监察人与监事间的协调配合，防止董事滥用职权，《特例法》规定：会计监察人在执行其职务过程中，发现董事在执行职务中有不正当行为或违反法律、章程的重大事实时，应向监事报告；监事为执行其职务，必要时可以请求会计监察人提供监察报告。①

（五）成功的经营者激励机制

第一，注重从公司内部选择经营者。英、美等国公司往往倾向于从外部招聘经营者，因此，经营者职业流动性较大。而日本企业的经营者大都是内生企业家，在公司工作多年，按等级和阶梯一步步晋升，很少从外部招聘，这使得公司经营者对公司各方面业务较为熟悉，并且对公司容易培养深厚的感情，也就更容易注重把公司长期发展作为公司和个人奋斗目标。

第二，注重对经营者事业型激励，而不是仅仅依靠物质型刺激。英、美等国公司非常注重贯彻经营者高收入政策。例如，最近美国《观察家》杂志刊出佳士拿汽车公司总经理文柯卡的年薪高达1200万美元，而一个制造业普通员工年薪仅为2.45万美元，前者是后者的489倍。美国一般公司董事长、总经理与普通职员的年薪相差50—100倍。日本公司则不同，在发达国家中日本公司经营者与普通员工的收入差距是最小的。这种分配结构密切了上下级、经营者与员工之间的关系，有利于公司秩序的稳定。

第三，注重对经营者的精神激励。日本公司对经营者的激励更多地体现在非经济性刺激方面，如职务晋升、终身雇用、名誉称号等。这种综合性、社会性的激励机制，对经营者更容易产生长期激励效应。英、美两国对其经理人的激励主要通过经济收入来进行。美国经理人的收入共由三部分组成：其一，基本工资与福利；其二，与季度或年度利润等短期效益指标挂钩的奖金；其三，股票、股票期权等与中长期赢利挂钩的奖励。其中，前两部分占经理人收入的比例不大，企业高层经理的实际收入绝大部分往往来自其股票期权。据统计，在《财富》杂志排名前1000家的美国企业之中，有90%已向其高级主管采用股票期权报酬制度。股票与股票期权的方式使公司绩效与经理人报酬相联系，其目的在于使经理人的利益与股东的利益一致起来。在日本，相对而言，更大程度上为精神激励。日本公司对其经理人设计的报酬机制为着眼于长远发展的年功序列制，经理人报酬主要是工资与奖金，公司常以职位升迁的方式激励经理人为公司的长期发展而努力工作。虽然有的日本公司给其经理人一定的股票与股票期权，但这并未构成其经理人报酬的主

---

① 胡鞍钢、胡光宇：《公司治理中外比较》，新华出版社2004年版。

要组成部分。

(六) 注重长期发展和市场开拓的经营目标定位

日本公司治理结构的主要特点是法人相互持股，又称为法人环状持股或法人交叉持股。所谓相互持股，其核心是"双向持股"，即企业之间你持我的股，反过来我又持你的股。日本的法人相互持股一般是企业集团内各企业的相互持股。日本的法人相互持股还有这样的特点，即当本公司持有其他公司股份时，经营者又成为公司对外持股的股权代表，这种情况相当普遍，因此经营者的目标函数往往取代股东的目标函数，经营者"一身而二任"。由于双重身份，股权代表身份被淡化，因为在这里作为股权代表其所代表的是他人的利益，而作为经营者的身份则被强化，因为作为经营者有自己的目标函数，代表的是自己的利益，在这种权力格局和利益格局的双重作用下，经营者的目标就被突出出来了，成为公司的主要目标。经营者偏好在企业决策中得到了充分体现，经营者偏好于企业扩张，偏好于扩大自己的势力范围，偏好于打造"经理人帝国"，税后利润主要用于积累而不是用于对股东发放现金红利，公司对股东的回报很少。日本公司更注重其长期发展和市场开拓，所以"改进产品、引入新品"和"市场份额"是公司前两位目标。美国公司非常注重其投资短期收益和股份升值，所以"投资回报"和"更高股价"是公司前两位的经营目标。美国公司追求的投资回报主要是股东所持股票升值，而日本公司追求的投资回报是公司积累的增长。所以，美国把"更高股价"放在经营目标的第二位，而日本公司则把"它"放在最后一位。在"内部人控制"情况下，这样做是有其内在逻辑的：既然企业法人之间是"双向持股"，相互发放现金红利就失去意义了，等于自己给自己发放现金红利，于是也就干脆不发放。

二 团队精神是日本公司治理模式形成的文化根源

日、美两国文化上存在着个人主义和团队精神的差别。在美国文化中，有一个重要的特点是个人主义影响着公司的经营决策。投资者个人的目标非常明确，即通过投资增加个人财富，每个拥有股权的人都有权力分享财富增值。因此，这种价值观使公司把增加投资者财富作为公司的主要目标。这种个人主义经济倾向的直接后果是公司追求投资的短期效应。公司经营能否为股东尽快带来投资收益就成为公司经营者成败的衡量标志。

而日本文化强调经济中的团队精神。团队精神认为，公司目标不仅仅是个人目标的相加，作为一个团队的公司其经营目标往往脱离投资者个人目标而独立存在。所以，日本公司发展的目标与美国公司强调股票升值不同，短期利润最大化一般不为公众和股东所认可。

三 日本公司治理机制的改革

20世纪90年代后期，日本在企业经营的健全化、效率化及充分发挥市场机能的制度完备等方面实施改革。强化企业董事会在经营决策及业务执行监督方面的作用，引进独立董事制度，缩小董事会的规模，设立执行经理制度以及监察委员会、任免委员会、报酬委员会等美国式的董事会下的委员会制度。加强来自公司外部的审计人员的监督实效，建立审计人员对公司股东、债权人、投资者等的损害赔偿责任等相应责任制度。2002年，日本颁布新《日本商法》，允许企业自主选择，或者继续保留监事会，或者取消监事会，改为在董事会中设审计委员会。

日本近年来的经济、法律方面的动态，体现了日本企业对企业治理结构的调整的重视。加强企业治理结构的创新，建立企业治理层面的信用基础，提高企业的治理水平，以最终提高企业在市场中的价值。此外，日本的一些在美国上市的公司，诸如SONY，此前已经按照美国的《萨班斯—奥克斯利法案》，着手对公司的治理结构进行改革。尽管该法案对日本公司给予了一些豁免权，但很多公司依然选择了"入乡随俗"。这对其他的日本上市公司无疑也起到了一定的示范作用。但是，一些知名的大公司会继续维持其"日本式"的公司结构。比如日本最大的汽车制造商丰田公司就没有外部董事，但公司也打算把内部董事的数目从目前的52名缩减一半。

四 日本公司治理对改善我国公司治理结构的启示

（一）公司治理应重视经营者激励机制的制定

目前有一种照搬美国式经营者"股票期权制"的倾向，这是很值得研究的。经营者"股票期权制"的问题之一是，经营者不承担任何风险，不利于经营者自我约束，容易导致经营者拿所有者的财富去冒险，赚了自己得好处，亏了全由股东承担；经营者股票期权制的问题之二是，社会财富过于向少数人手里集中，而且这种集中是无充分根据的。如果公司是"内部人控制"下去搞经营者"股票期权制"，股票期权的授予完全由"内部人"说了算，那么

"内部人"掠夺"外部人"的状况就会愈演愈烈。我们在实行每一项重大措施时,不仅应当考虑其经济学含义,而且应当考虑其社会学含义,考虑其所带来的社会后果。企业最难的问题是给经理人长期的激励,短期激励很容易。如果股票能反映企业未来现金流的价值,期权就能起到长期激励的作用。但如果股票价格被经理人随意操纵,这个目的就不容易达到。

(二)中国的公司治理结构转轨的目标不是建立股权分散型的公司,而是建立大股东控制型的公司

不同的国有股减持方式对公司治理的影响是不同的,从有利于公司价值增长的角度而言,比较理想的减持路径是国有股一次性的减持到位,且股权的受让方为单一的经济人而非原子似的股东,其相关的政策含义是:从效率的角度而言,类似于1999年国有股向流通股股东配售的方法也许不是最合适的,因为这种减持方式导致股东监督的缺位,而尤其在目前中国公司控制权市场尚不能充分发挥其外部监督作用的情况下,股东监督对投资者利益保护是不可或缺的。如果采取竞价的方式,在国有股减持的同时引入有管理才能的、以利润最大化为目标的经济人为新的大股东,则公司的价值将较其他方式有更大的增长。

日本的主办银行制度体现了债权人的特殊权力,日本公司的负债绝大多数都来自于银行,银行与公司具有高度密切的关系,银行会向公司派出董事进行监督管理。我们不一定要接受这种治理结构,但在中国上市公司中,债权人没有发言权,显然也是极不合理的。从这方面看,市场的培育和发展需要法律的健全和完备。债权人权力的行使,需要在法律上建立一种破产保护机制,让债权人在公司存亡的关键时刻能有效地行使资产控制权并进行资源整合,以保护自己的正当利益。

(三)优化董事会、监事会和高级管理团队的责权利和制衡机制

作为一个企业,无非需要实现两个任务:一是管理;二是确保这种管理符合股东及其他相关利益主体的合理期望。构建像目前这种监事会监控管理层,而监事会又监督董事会和管理层的模式,可能在某种程度是有益的。但是董事会和监事会平行权力的划分,以及监事会只有监督权和建议权,将会使其在整个公司治理结构中的监控作用被削弱。对中国目前的状况而言,董事会、监事会以及高级管理团队之间的关系可以采取以下的方式:首先,鉴于目前外部市场监控的力度和有效性较差,可以考虑强化监事会权力,董事会对监事会负责,而不是像现在,仅对股东大会负责。这样做,一方面是考虑到中国目前的

法人股大多属于国有性质，另一方面中国也缺乏良好的机构投资者，股东大会在某种意义上容易形同虚设。与此同时，把董事会纳入关注公司战略管理的范畴，而把以总经理为首的高级管理团队定位于执行董事会的决议和进行日常经营。其次，总经理等高级管理团队对董事会和监事会负责，但负责的方式和内容不同。其对董事会主要是遵循董事会的决议，对监事会则是确保其执行过程不损害企业利益。

第十三章 德国公司治理机制的特点及启示

一 德国式公司治理结构的特点

德国公司治理结构的一个重要特点是,最大的股东是公司、创业家族、银行等,所有权集中程度比较高。德国的银行是全能银行(Universal Bank),可以持有工商企业的股票,另外,公司相互持股比较普遍。银行对公司的控制方式是通过控制股票投票权和向董事会派驻代表,有些还是监事会主席。德国公司实行"两会制",即监事会和董事会。德国模式是"内部控制"型模式。两会中包括股东、银行及员工的代表,对管理层实行监控。其中,职工代表在两会中扮演重要角色。德国公司治理模式的另一特色就是强调职工参与,在监事会中,根据企业规模和职工人数的多少,职工代表可以占三分之一到二分之一的职位。

(一) 股权集中程度较高,银行参与公司治理

在德国,公司融资以股权融资和债务融资相结合,并以债务融资为主。资金的提供主要依靠银行,不依赖资本市场和外部投资者。公司交叉持股比较普遍,权威部门对持股的管理也比较高。银行是公司治理的关键参与角色。德国的银行是"全能银行",银行既可以向企业提供各种贷款,又可以经营证券业务,还可持有公司股票和从事保险业务。从参与公司治理的角度看,银行主要以三种身份参与公司治理:一是银行以大股东的身份参与公司治理,银行持有公司股票的10%左右;二是银行作为中小股东股票的"保管银行",行使代理权;三是银行以债权人身份参与公司治理。德国银行贷款的典型特征是长期贷款占三分之二左右。德国的三家大银行一方面通过自己持股,另一方面通过接受小股东委托,代其选举公司董事会,从而控制了德国许多公司的大部权力。银行既是公司债权人,又是股东,还通过选举代理人进董事会对公司经营者实行监督。据统计,在100家最大的股份公司中,银行在75家派驻了代表,有

些还是监事会主席，银行代表就占股东代表的22.5%。

（二）德国股份公司实行"两会制"制度

在德国公司中，既有董事会又有监事会，而且监事会的地位高于理事会。监事会任免理事会成员，监事会成员不得兼任理事会成员。在监事会中，股东代表、职工代表各占一半名额。监事会主席的权力较大，这表现在当监事会表决时如果不同意见票数相等，监事会主席有两票投票权。监事会主席由股东代表担任，监事会副主席一般由职工代表担任。

在德国公司中，股东大会是公司权力机构，其主要职责是：确定选举监事会的具体措施，选举监事会成员，修改公司章程，决定公司的解体。监事会是公司股东、职工利益的代表机构和决策机构，相当于日、美等国家的董事会。其主要职责一是任命和解聘董事，监督董事会是否按公司章程经营；二是对重大经营事项作出决策；三是审核公司的财务，核对公司资产，并在必要时召集股东大会。德国公司监事会成员不得与董事会成员相互交叉任职，这与日、美等国家不同，但公司董事长可担任下属公司的监事会主席。监事会每年一般开会3—4次，会议至少要有半数以上的成员参加才有决定权。在德国，社会上的普遍看法是，在公司监事会占有一席之地是一种很高的荣誉。

董事会（Vorstand，也有人译作理事会）是执行监事会决议、负责公司日常运作的执行机构，其主要职责：一是负责公司经营管理，向监事会提供预决算报告，向股东提供有关信息；二是在公司内部，董事会向监事会负责，对外是公司的法人机构。德国公司的董事会职责相当于日、美国家公司中的经理班子。董事会成员必须在生产经营管理方面学有专长，一般不少于10人，每个董事都有明确的业务责任。为了协调劳资关系，大公司董事会一般有1名工人代表主管人事。董事会成员可以是股东，也可以不是股东；可以是本公司员工，也可以从社会上公开选聘。

在德国公司中，监事会有权对董事会工作提出意见和建议，但不能干预董事会的正常工作。在监事会和董事会不能达成一致意见时，必须交股东大会裁决。

（三）职工参与决定制

在德国的公司治理结构中，企业职工通过选举职工代表参与监事会和职工委员会来实现其参与企业管理的"共同决定权"。职工参与决定制的主要内容是：本企业职工与产业工会的代表有权在公司监事会和董事会中占有一定席位参与决策；监督已经制定的维护职工利益的法规执行情况和劳资协议的执行情况；在社会福利方面有与资方对等的表决权，享有对企业生产经营状况的知情权和质询权。这在客观上缓和了劳资矛盾，调动了职工的积极性，保证了企业有一个相对稳定的经营环境，以及使公司经营者接受多方位的监督，并形成一种良性制衡机制。

该模式的优点是由于股权的集中化，股东普遍重视公司的长远发展。另外，股东、银行和职工之间利益比较密切，对经营者行为形成较有效的制约；不足之处在于法人持股使利益各方的协商需付出较高的交易成本，并使中小股东的利益的保护受到影响。

二　德国公司内部监控模式的特点

德国公司的监事会由股东大会选举产生，其监事会与董事会形成垂直的领导关系。公司内部监控模式可以表示为：股东—监事会—董事会—经理。

（一）监事会不仅是监督机构，也是决策机构

德国公司的监事会不仅是一个监督机构，还是一个决策机构，他负责重大经营决策和经理、董事的聘任，并且监事会与经理、董事的严格分离使法定的公司控制实体——监事会的控制明显独立于经理阶层。企业的雇员与股东共同参与监督，其雇员共同参与决策的制定正是其具体体现。

相比较而言，德国公司企业监事会具有以下特点：

第一，监事会通过决议来作出决定。只要法律没有规定，监事会作出决议的能力可以由公司章程加以规定。如果法律和公司章程都没有规定这一权力范围，那么监事会只有在按照法律或公司章程由至少半数监事会成员组成并参加作出决议时，监事会才具有作出决议的权力。在任何情况下，至少要有3名成员参加作出决议，缺席的监事会成员可以提交书面表决。监事会的决议一般要求绝大多数通过。超过2000人的公司，表决一般要经简单多数票通过方为有效，如果赞成和反对票相等，主席可享有二次表决权。

第二，监事拥有召集监事会的要求权。每一个监事会成员和董事会，都可以在说明理由和目的的前提下，要求监事会主席立即召集监事会。会议必须在此后的两周内举行。如果两名以上的监事或董事会提出的要求不适宜，那么提建议者在知晓实情后，可以自己召集监事会。监事会一般应每季度召开一次，每半年则必须召开一次。

第三，监事会对董事具有人事权。董事会的成员由监事会任命，最长任期为五年。连续任命或者延长任期，分别最多也只能允许五年，而且这需要监事

会重新做出决议。监事会还在董事会成员中任命董事长并有权撤销不称职的董事会成员和更换董事长。在董事会成员缺席或执行权力受到妨碍时,监事会可以指定代表人代行董事职权。

第四,董事会向监事会报告工作。董事会应向监事会作有关下列事项的报告:①未来业务领导中的预定营业政策和其他原则问题,需一年一次;②公司的赢利,特别是自有资本的赢利,需要在讨论年度报告的监事会议上提交报告;③应当定期提交业务的进展,特别是销售额以及公司的经营状况等方面的报告,至少每季度一次;④可能对公司的赢利或流动资金具有重要意义的业务。

第五,监事会有权决定董事的报酬及对董事会成员提供信贷。

第六,监事会还可以决定公司的政策。公司业务领导的各项措施,不能交给监事会承担,但是公司章程却可以规定某种类型的业务只有在取得监事会的同意后才能进行。如果监事会拒绝同意进行这类业务,董事会可以要求股东大会在四分之三多数票通过的情况下做出同意这项业务的决定。当董事会不能召集股东大会时,可以以监事会的名义根据公司的利益负责召集,并做出公司最终决策。

(二) 董事会是执行监事会决议、负责公司日常运营的执行机构

德国公司的董事会相当于美、日等国家公司中的经理班子,是一个执行机构,其主要职责:一是负责公司日常经营管理,向监事会提供预决算报告,向股东披露有关信息;二是在公司内部,董事会对监事会负责,对外代表公司。董事会成员一般不少于10人,他们必须在生产经营管理方面学有专长,可以是股东,也可以不是股东;可以是本公司员工,也可以从社会上公开招聘,且每个董事都有自己明确的业务责任。同时,为了协调劳资关系,大公司的董事会中至少有一名职工代表主管人事。

(三) 职工参与决策与监督

如前所述,德国公司的监事会和董事会都有职工代表参与决策与监督,其主要内容包括:企业职工和产业工会的代表有权在公司监事会和董事会中占有一定席位并参与决策;监督已制定的维护职工利益的法规和劳资协议的执行情况;在职工福利方面与资方有对等的表决权,享有对企业生产经营状况的知情权和质询权。德国法律对不同规模的公司监事会中的职工代表有具体规定,少的要占监事会成员的30%,多的高达50%。1988年,在德国100家大公司中的1496名监事中,职工代表有729名,占48.9%,因此,职工对公司的监督

具有很大作用，关系到职工切身利益的决策没有职工代表的同意很难获得通过。

德国的公司治理结构采用的是双层制。公司设股东大会、监事会和董事会三个机关。监事会和董事会呈垂直的双层状态。公司股东大会选举产生监事会，监事会任命董事会成员，监督董事会执行业务，并在公司利益需要时召开股东会会议。董事会按照法律和章程的规定，负责执行公司业务。德国公司治理结构的最大特点是监事会和董事会有上下级之别，监事会为上位机关，董事会是下位机关。根据德国《股份法》第101条规定，监事由股东大会选任和劳方委派；向监事会派遣成员的权利只能由章程并且只能为特定股东或为特定股票持有人设定。在特定情况下，也可以由法院委任。该法第104条规定，监事会没有为进行决议所必要的成员人数的，经董事会、一名监事或一名股东申请，法院应要求监事会对该人数进行补充。

从德国《股份法》、《参与决定法》及其他相关法律对监事会的相关规定来看，监事会制度具有以下特征：

其一，监事会的地位高，职权大。德国的监事会拥有相当大的权力，特别是任命董事会成员和批准某些特别交易的权力，使监事会实际上已拥有了几乎控制董事会的权力。具体而言，监事会有以下职权：（1）董事会的任免权。德国股份公司第84条规定，监事会任命董事会成员，同时任命一名董事为董事会主席。如果董事粗暴地违反董事会义务，没有能力执行业务，或股东大会丧失了对他的信任时，监事会有权撤销任命和更换董事会主席。此外，董事的薪酬由监事会决定。（2）监督权，包括财务监督权和业务监督权。监事会有权检查公司财务状况，可以查阅公司账簿等财务会计资料，可以委托监事或专家检查公司财务。监事会可以随时要求董事会报告公司的重要业务执行情况；董事会有义务定期向监事会报告关于公司的经营方针、赢利能力、营业过程、资金周转、人事事务的状况和对公司或其子公司十分重要的交易等情况。（3）特定交易的批准权。虽然公司法将经营决策权赋予了董事会，监事会不得以任何方式插手公司的实际管理，但公司章程可以明确规定，对于某些特定的交易，董事会必须事先得到监事会的批准后才能进行。（4）特殊情况下的公司代表权。公司的代表权原则上属于董事会，但在特殊情况下，监事会代表公司，例如，董事与公司之间产生诉讼时；董事有禁止的竞业行为时；董事与公司交易时。（5）临时股东会的召今权。如果公司利益需要，监事会有权召集股东大会。

其二，职工在监事会中占有极其重要的地位。职工参与公司治理结构是德国公司治理结构的最大特点，而职工是通过参与监事会来达到对公司治理的参与的。根据《德国法》的规定，监事会成员由职工代表和股东代表共同组成。职工选举职工代表进入监事会。德国监事会由股东代表和职工代表共同组成的模式是资本与劳动对公司的共同治理的模式，体现了现代公司法理论中的"利益相关者理论"，是对传统股东本位的固有观念的修正，与20世纪末期兴起的"人力资本理论"不谋而合。

其三，银行在公司监事会中占有重要的地位。银行在德国公司治理结构中具有主导性的作用，这种主导性作用的发挥是通过监事会来实现的。德国很多公司的监事会中都有大银行的代表。据调查，在德国最大的100家公司中，银行在75家公司的监事会中拥有席位，20家监事会的主席由银行代表担任。

德国公司治理模式是"股东主导下的共同治理"模式。说德国公司治理模式是"共同治理"的依据是，银行作为债权人参与公司治理以及职工代表参与监事会。其实，银行虽有股东和债权人双重身份，但其主导的方面则是其掌握的股票投票权，如前所述，这包括银行作为股东所持有的股票投票权和银行所代理的股票投票权，而股票投票权的实质是股东权。虽然职工代表参加监事会，但股东大会的地位高于监事会，股东大会的投票权高于监事会的投票权，故而将德国公司治理模式概括为"股东主导下的共同治理"，而不是泛泛而谈的"共同治理"，这种概括可能更符合德国公司治理的实际。

三 对我国公司治理结构调整的启示

（一）规范监事会的监控过程

德国公司治理结构突出了监事会的监督职能，这对于我们的国有企业更有意义。如果公有产权受损，对于拥有公有产权的每一个人来说，其危害微乎其微，而私有产权受损，对产权所有者来说可能是致命的损害，因而公有产权比私有产权更容易受侵害而不为人们所重视。以往国有企业的"搭便车"行为就是对公有产权的使用者监督不力所致。因此，我国国有公司更应吸取德国公司监事会的有益经验，提高监督机构在法人治理结构中的地位，扩大其职权范围，加强对内部人的控制，维护出资者的利益。在我国公司企业中，监事会并未很好地发挥监督作用，这与监事素质不高，成员结构不合理，权力弱，缺乏独立性不无关系。要对公司经营管理实行有效的监督，充分发挥监事会的作用，必须注意以下几点：

第一，提高监事会的地位，充分发挥其监督职能。按照《公司法》规定，监事会的权力应该是强有力的。监事会不是一个可有可无的咨询机构，更不是

"橡皮图章"。有的公司将即将离任的老干部，或身体不好的干部安排进监事会，将监事会搞成养老院、休养所，致使在我国的公司企业中，监事会常常是一个可有可无的象征性机构，这也正是我国《公司法》所规定的"三会四权"公司治理结构难以有效运作的一个重要原因。为此，在成立公司监事会时必须严格审查监事资格，对监事资格的审议程序应当以公司章程的形式确定下来并严格遵守，同时要赋予公司监事会足够的权力，提高监事会的地位，充分发挥其监督职能。

第二，在做好提高监事素质、合理组建监事会等各方面工作的同时，在公司监事会的制度建设方面，可以借鉴德国公司监事会的一些经验，强化监督机构的独立性。要使监督有力和有效，必须防止监督者对监督对象的依附，而且监督者个人独立履行监督职能更能体现监督的公正和超脱，提高监督质量和效率。同时也应注意监事会整体的协调，防止个别监事的片面和失误。

第三，借鉴德国监事会的法治化管理，促使我国监事会职权行使的法治化和制度化。我国当前应加强监事履行职权的法规建设，监事会的产生、监事职权的规定、监事会的召集、监事会与其他机构的关系等都应以法律法规加以确定，并使得监事会履行监督职能成为公司活动的常规制度。

(二) 强化职工对公司的监督

职工的利益与企业的关系非常密切，他们可以说是仅次于股东的利益相关者。职工有先天的监督公司经营者行为的动机，但目前我国独创的"两参一改三结合"作为一种有效的民主管理形式在我国已经消失，而且现行《公司法》规定，只有国有独资公司中的职工代表才可进入董事会，而其他公司的职工代表只能进入监事会，从而大大弱化了职工对公司经营的监督。因此，为了充分调动职工参与监督的积极性，我们应该学习和借鉴德国的经验并结合我国公司的具体情况，实现职工对公司经营行为的监控。

第一，使职工对公司的监督法制化。如前所述，德国公司的监事会中必须有一定数量的职工代表和工会代表，以此强化职工对公司的监督。而在我国，虽然现行《公司法》对监事会的组成特别是职工进入监事会有明确的规定，但《公司法》中对监事会的职工比例、表决方式和程序等未予以明确规定，对此应当在《公司法》中予以明确，而不是仅由公司章程规定；同时，监事会还应吸收工会代表参加。

第二，吸收职工代表进入董事会、监事会。借鉴德国的经验，为强化职工对公司的监督，应修改现行《公司法》，使各类公司的职工代表和工会代表进入董事会、监事会，行使董事、监事职权合法化，并对在各类公司的董事会、监事会中职工和工会董事的比例、表决方式和程序等予以明确规定。

职工代表进入董事会、监事会的难度很大,有40%左右的公司没有建立职工董事、监事制度。这里既有有关的法律和法规不尽完善的问题,也有企业改制后,公司治理结构本身就不尽合理的问题,还有认识差距大,推行力度不够的问题。已经进入董事会和监事会的职工代表,发挥作用也很不理想。同样,这里既有董事会和监事会本身运作就不规范,相关制度不健全的问题,又有职工董事、监事的素质不高,难以履行职责和发挥作用的问题。而这两类问题之所以存在,很重要的一个原因,在于理论上的不清醒和不清晰,即没有认识到实行职工董事、监事会制度是建立健全具有中国特色的公司治理结构的重要组成部分。

第二,成立职工持股会。为了强化职工的监督动机,可以在企业中成立职工持股会,使职工成为股东,从而使企业经营状况与职工的利益更为密切,由职工持股会推选出股东代表进入股东大会,直接作为股东监督经营者的经营行为。另外还可以通过职代会、工会行使职工的监督权。[1]

---

[1] 李维安:《公司治理》,南开大学出版社2001年版。

第十四章　国外公司独立董事制度研究与借鉴

所谓独立董事（Independent director），又称作外部董事、独立非执行董事，是指与其所受聘的公司及其主要股东不存在可能妨碍其进行客观判断关系的董事，即是指不在公司担任除董事外的其他职务，在经济上或者相关利益方面与公司及经理层没有密切关系的董事。独立董事既不代表出资人，也不代表公司管理层，不拥有上市公司的股份，与公司没有关联的利害关系。因此，独立董事可以更加客观、独立地考虑公司的决策，从而保证决策的公正性和准确性，减少公司的重大决策失误。

目前很多国家的机构和组织都积极实施了独立董事制度，大部分国家都把建立独立董事制度作为完善股份公司治理结构的重要举措。据经济合作与发展组织"1999年世界主要企业统计指标的国际比较"资料显示，在美国企业中，独立董事占董事会成员的比例为62%；英国为34%；法国为29%。美国是施行独立董事制度较早的国家之一，美国全国公司董事协会（National Association of Corporate Directors）在1996年就曾指出，董事会的成员应当大多数是独立董事，甚至还建议在公司中只需设立一名内部董事，即首席执行官（Chief Executive Officer，以下缩写为CEO），其余的均可为独立董事。这一点可以从1997年标准普尔（S&P）公司对美国500家企业的调查中得到证实。在当年接受调查的企业中，有将近56%的董事会其成员大多为独立董事，内部董事只有1—2名；而仅仅有2%的企业董事会成员主要由内部董事组成；在大部分企业的董事会成员构成中，独立董事占大多数（majority）；还有不少企业独立董事占绝大多数。另外，美国的机构投资者委员会（Council of Institutional Investors，1998）在其公布的一份报告中，也要求企业董事会中独立董事人数的比例至少应该占三分之二。

一　欧美国家独立董事制度

为了使董事会真正代表公司利益，在观照各个利益相关者利益时能够不偏不倚，成为公平的仲裁者，不至于成为其选民的代言人，各国均注意到独立董事的价值。欧美国家公司治理结构强调董事会的独立性，是依靠外部力量对管理层实施控制的模式。英、美国家公司的董事会都是由两部分组成，一部分董事本身是经理人，称为执行董事，另一部分董事不是本公司的雇员，不是经理人，就成为非执行董事。在欧美，非执行董事跟我国独立董事的含义基本上是一样的。欲使独立董事发挥作用，增强董事会的独立判断力和独立性，董事会必须有足够的独立董事人数，其意见和建议才能受到应有的重视和关注。至于独立董事的比例，各国规定不尽一致，大趋势是增加其比重，加强独立董事在董事会及各个主要专门委员会的力量。OECD 1999 年的调查显示，独立董事占董事会的比例，美国为 62%，英国为 34%，法国要求至少占三分之一。欧洲国家一般在 20%—30% 之间，《财富》美国公司 1000 强中，董事会的平均规模为 11 人，而外部董事竟达 9 人。标准普尔 500 家公司的董事会 1997 年平均的独立性为 66.4%。此外，提名委员会、报酬委员会和审计委员会等专门委员会，因其工作和任务的特殊性，绝大多数国家均高度强调其独立性。英国要求报酬委员会全部由独立董事组成，法国要求报酬委员会由独立董事占多数。美国商业圆桌会议和澳大利亚投资经理协会要求这 3 个委员会均由非执行董事组成，执行董事不得染指。在执行董事一统天下的日本公司，日本公司治理论坛最后报告也要求审计委员会由二分之一以上非执行董事组成。从实践来看，许多大型公司的专门委员会独立性相当高，美国通用汽车公司有 7 个专门委员会，其中 6 个委员会全部由独立董事组成。

独立董事制度对于提高公司决策过程的科学性、效益性、安全性，加强公司的竞争力，预防公司总裁和其他公司内部控制人为所欲为，鱼肉公司和股东利益，强化公司内部民主机制，维护小股东和其他公司利害关系人的利益发挥了积极作用。

独立董事的存在，其最重要的制度设计与贯彻的目的在于制衡与监督公司特别是上市公司的管理层的权力的膨胀与失控；同时也防止大股东利用其在股东会上的优势地位进而完全控制董事会的运作，而侵害到其他中小股东的权益。独立董事由公司股东、高级管理人员及其关联人以外的法律、经济管理专业人士担任，可以避免大股东的控制，可以坚持公平公正的独立立场来参与董事会的经营管理，监督董事会的具体运作，从而达到相当程度上的公司治理的合理与公平公正。

美国是将经营和监督职能统合于董事会的一元制，具体到人员上董事既是经营者又是监督者。这样董事的双重职能确实难免自相矛盾之嫌。正由于制度本身的缺陷导致 1970 年前后美国的一些公司发生了一连串的丑闻，受到社会强烈抨击。随后许多公司任意地建立了独立董事制度。经纽约证券交易所定为上市标准之后,独立董事制度开始在美国的公司中普及推广开来。

美国公司的独立董事很多,大部分是外部董事,真正无关联关系的外部董事并不多。1978年纽约股票交易所首先规定,所有上市公司审计委员会的外来董事必须占大多数,并且组成董事会至少要有两名外来董事。所谓"外来董事",并不一定就是严格的无关联关系的外部董事。魏斯评级公司在调查了7000家公司后发布的报告说,有三分之一的美国上市企业可能存在捏造赢利报告的问题。这说明,美国公司独立董事的作用是有限的。

二 美国的独立董事制度与德国的监事会制度比较分析

美国的独立董事制度与德国的监事会制度是公司内部监督的两种模式。独立董事的监督是董事会内部的监督,监事会的监督是董事会外部专门监督机构的监督。两种模式的目的均在于降低公司治理成本,解决公司治理问题,以保证投资人和公司的利益。为实现这一目标,两大制度的做法均强调分权与制衡。在基本职能与作用方面,两大制度事实上是具有同质性。但从具体制度的设计构架上,两大制度存在差异。

美国的公司治理结构确保董事特别是独立董事的外部性和独立身份,以构筑一个超越经理之上的战略机构,对经理进行事前(提名机制)、事中(薪酬机制)及事后(审计机制)的监督。而德国公司治理的特点是股东大会选举产生监事会,监事会选任董事。监事会与董事会并立,两者之间实现业务监督和业务执行的分离。监事会与董事会成员不得交叉,监事会的地位处于董事会之上,以确保其不受董事会和经理层牵制地履行业务及财务的监督职能。

美国公开公司的股权结构极度分散,一般都不存在控股股东,故公司的监督主要依赖于股东和控制权市场。股东通过股东大会监督公司的董事会和经理层,或者在股票市场上"用脚投票"对公司经营管理者施加压力;还有美国充分竞争的经理人市场也会对公司的经营管理者产生压力,从而起到监督与督促的作用。

德国公司股权集中程度很高,公司一般都有控股股东或大股东。德国是以银行为主体的大股东对公司经营管理者实施监控,而没有发达的证券市场和经理人市场的监督。小股东的投票权通常是由受托管理其股票的银行来行使。根据惯例,银行向其放有贷款或持有股份的公司中派驻代表,参与公司的监事会,对董事会及经理层进行监督。与非执行董事制度相比较,监事会至少有一个好处,这就是在制度上明确了对公司业务管理进行监督的必要性。监事会施加长远影响的最大可能性在于其对人事的控制,即任命董事会成员的权力。德国公司监督的力量主要是监事会。就实际作用而言,美国的独立董事与德国的监事会是不能相提并论的,因为美国公司的主要监督力量是股东和控制权市场。①

三 我国上市公司建立健全独立董事制度

(一) 我国在上市公司中设立独立董事的发展进程及主要问题

1993年青岛啤酒发行H股,并按照香港证券交易所的有关规定设立了两名独立董事,从而成为第一家引进独立董事的境内公司;1997年,中国证监会《上市公司章程指引》中专列了设立独立董事的条文;1999年国家经贸委和中国证监会联合下发《关于进一步促进境外上市公司规范运作和深化改革的意见》,要求境外上市公司至少设立2名以上独立董事;之后,我国A、B股上市公司开始尝试这种做法。2000年国家经贸委提出今后在大型公司制企业中应逐步建立独立董事制度。同年,国务院办公厅转发《国有大中型企业建立现代企业制度和加强管理的基本规范(试行)》,正式提出"董事会中可以设立非公司股东且不在公司内部任职的独立董事"。

2001年8月21日,为进一步完善我国上市公司治理结构,促进上市公司规范运作,中国证监会正式颁布了《关于在上市公司建立独立董事制度的指导意见》(证监发〔2001〕102号),并要求上市公司的董事会在2002年6月30日前至少有2名独立董事;在2003年6月30日前董事会成员中的独立董事不少于三分之一。至此,独立董事开始正式进入我国上市公司董事会。

2002年1月9日,中国证监会和国家经贸委颁布实施了《上市公司治理准则》。《准则》明确了公司股东大会、董事会、监事会三大机关的行为准则;在规范控股股东行为、利益相关者、信息披露等关键问题上对上市公司提出了要求;规范了董事的行为,并明确要求上市公司按照有关规定建立独立董事制度。

国务院2004年1月31日发布《国务院关于推进资本市场改革开放和稳定发展的若干意见》(国发〔2004〕3号),强调进一步提高上市公司质量,推动上市公司规范运作,要求进一步完善独立董事制度。

2004年12月7日,中国证券监督管理委员会发布《关于加强社会公众股

---

① 彭真明、江华:《美国独立董事制度与德国监事会制度之比较——也谈中国公司治理结构模式的选择》,中国民商法律网,2003年12月9日。

股东权益保护的若干规定》（证监发［2004］118号），旨在保护中小股东的合法权益，明确要求上市公司建立、完善独立董事制度，充分发挥独立董事作用。

国务院2005年10月19日批转中国证监会《关于提高上市公司质量意见》的通知，明确提出上市公司要完善法人治理结构，要设立以独立董事为主的审计委员会、薪酬与考核委员会并充分发挥其作用。

2006年1月1日起实施的新《公司法》第123条明确规定，上市公司设立独立董事，具体办法由国务院规定。从此，独立董事在我国的法律上正式确立了自己的地位。

我国上市公司在正式实行独董制度的五年间，该制度对促进公司治理、制衡大股东、监督管理层的作用不是很明显，其原因在于上市公司的"一股独大"，使独立董事不独立，影响了独董作用的发挥，不能有效保护中小投资者的合法权益。尽管改革了投票制度，也只是从客观层面改善了中小投资者利益的保护环境，实际反响甚微，我国证券市场上股价操纵、大股东侵占、利润虚报、内幕交易、关联交易等一系列侵害中小股东利益的行为仍然层出不穷。"一股独大"的根源在于我国流通股与非流通股的股权分置，上市公司中占全部总股本60%多的非流通股不能上市流通，其中国有股份占非流通股的70%多，使中小股东对独董的选举权只流于形式，因为在资本多数原则下，大股东实际掌握着决定权，而大股东自然会选对自己有利的独董，使独董不独立，不能不代表大股东的利益。①

因此，为了解决股权分置的历史遗留问题，扫清我国资本市场的障碍，完善上市公司治理结构，改善股权结构，真正地充分发挥独董在公司治理中对企业经营决策及生产运行情况的监督作用，2005年4月29日，中国证监会发布了《关于上市公司股权分置改革试点有关问题的通知》，标志着上市公司股改工作的正式启动。据《中国证券报》信息数据中心统计，截至2006年10月23日，沪深两市共有1182家上市公司已完成股改或进入股改程序，占全部上市公司总数的91.06%，市值占比达93.98%，其中沪市股改市值占比达95%，深市占比达91.55%，说明股改工作已接近尾声，我们通过分析得出我国现阶段独立董事制度仍存在的一些问题。

（1）独董的规模：整体比例偏低

整体来看，上市公司独董比例平均值为32.8%，仍低于证监会要求的三

---

① 杜莹、刘立国：《股权结构与公司治理效率：中国上市公司的实证分析》，《管理世界》2002年第11期。

分之一的比例。但是所有的上市公司都配备了独董,包括股改前还没有独董的沪市的金宇集团(600201)和深市的铜城集团(000672)也分别配备了三名独董。通过把这409家上市公司控股股东分类,对比不同控股类型上市公司的独董比例,可以看出国有控股和民营控股的上市公司比例大多集中于30%—40%之间,但国有控股的独董比例平均值为32.5%,小于民营控股的独董比例平均值33.2%。说明民营控股公司对独董的接受程度大于国有控股公司,民营企业更希望独董对董事会决策提供更好的建议。

(2) 独董的构成:高管人员比例较低

目前,独董主要由专业学者、中介机构代表和高级经理人员构成,但高管人员比例较低,专业学者比例仍偏高。而高级经理人员与专业学者相比更具有优势,因为他们在任职过程中可以为公司提供丰富的管理经验和先进的决策模式,因此应提高高管人员出任独董的比例。

(3) 独董的提名选聘机制不合理,使独董缺乏独立性

根据《指导意见》规定,独立董事可由上市公司董事会、监事会、单独或者合并持有上市公司已发行股份1%以上的股东提名产生。这一规定不尽合理,没能有效规避上市公司股权过度集中对独董的独立性和公正性可能产生的影响。一般来说,上市公司董事会由控股股东控制,独立董事的提名在很大程度上还是由大股东操纵,这就决定了独董与大股东或实际控制人之间先天的关联性,他们不可能完全违背大股东的意志。这种由公司大股东或管理层向董事会提出独董人选,再以董事会名义提名的选聘机制,使独立董事与大股东的关系演化成了一种实际上的"雇佣"关系,使得独立董事很难在行权时保持其相对于大股东和管理层的独立地位,不能有效监督控股股东,难以维护中小股东的利益不受损害。

(4) 行权环境不完善,缺乏行权保障

《指导意见》中规定,上市公司应当保证独董享有与其他董事同等的知情权。独董在行使职权时,上市公司有关人员应当积极配合,不得拒绝、阻碍或隐瞒,不得干预其独立行使职权。但在现实中,多数公司在信息披露方面存在着不透明、不完全的情况,当独董想主动调查、获取做出决策所需要的情况和资料时,多数公司都不予配合、支持,使独董无法了解上市公司真实的生产经营和运作情况,得不到准确真实的信息,难以正常履行职责,独董的权力没能得到有效保障。这可由《上海证券报》中国独董现状调查得到证实,35%的独董表示并没能享有与其他董事同等的知情权,不能获取足够支持自己发表独立意见、做出独立判断的信息;15%的独董表示,自己的意见需要披露时,上市公司没能按照规定予以披露,所在公司存在拒绝、阻碍、隐瞒或干预自己行

权行为的情况,多数的董事在该说话时都选择了沉默。15%的独董表示,所在上市公司并没有履行证监会关于"重大关联交易应由独董认可后,方可提交董事会讨论"的相关规定。在这样的行权环境下,独董行权缺乏保障,不能很好地发挥其监督作用,只能是充当摆设的花瓶,不能有效抑制控股股东与受其控制的下属公司之间的利益冲突行为,控制上市公司与其大股东之间的不公平关联交易行为。

(5) 独董的尽责状况,不尽如人意

尽管大多数独董认为独董尽职标准是诚信勤勉,尽职尽责,使公司利益最大化及公司价值提升,保护中小股东利益不受侵害,但也有个别股东表示是为了满足大股东和高管层的要求。因为独立董事大多是大股东聘请来的,有大股东倾向,与大股东的利益一致,所以缺乏独立性,也没有行使独董权力的积极愿望。而且,由于上文所说的行权环境不完善,导致独董在尽职方面不尽如人意,不能代表中小股东的利益,遭到中小股东的指责。2006年10月23日《中国证券报》信息数据中心统计,有33.3%的独董在董事会表决时从未投过弃权票或反对票;35%的独董从未发表过与上市公司大股东或高管有分歧的独立意见;100%的独董因为对自己的判断无信心或碍于大股东的面子"偶尔一次"应该投反对票时却投了赞成票;超过70%独董表示从未行使过或打算在未来行使中国证监会赋予独董的"向董事会提请召开临时股东大会"、"提议召开董事会"、"独立聘请外部审计机构或咨询机构就上市公司进行某些方面的审计或调查"等权利;有将近90%的独董表示自己从未或打算向公司董事会提议聘用或解聘会计师事务所;有94.4%的独董表示自己从未或打算"在股东大会召开前向公司股东征集投票权"。79%的独董表示如果在董事会表决议案之外发现公司有违规行为会向董事会提出来;但也有14%的独董表示会"私下向公司主要领导提出";甚至有4.6%的独董表示"不理睬"。而且独董大多没有足够的时间参与会议及企业生产经营的重大决策,从而不能对上市公司作充分的了解和深入的研究,不能保证其独立意见的公正性和合理性,也就不能通过独董制约内部控股股东利用其控制地位做出不利于公司和外部股东的行为。这表明,由于我国独董制度的设计缺陷和外部环境的制约,独董们有时会力不从心,而且规定中独董的责任不明晰,缺乏相应的民事法律责任和监督问责条款,结果使独董要么小心谨慎,不敢行权,要么随意行权,与大股东联手侵害其他股东的合法利益。①

---

① 未艾:《上市公司推行独立董事制度的现状》,《上市公司》2002年第11期。

(6) 独董的薪酬来源不独立

《指导意见》中规定上市公司给予独董的薪酬标准应由薪酬与考核委员会决定,独董在委员会中的比例应在二分之一以上,但现实中有 11.1% 的独董表示,这一比例未达二分之一以上。本应掌握在独董自己手里或至少是董事们手里的薪酬制定主动权,在实践中却变异到了"公司高管"或"控股股东"手里。因此,当独董在独立履行职责与大股东利益相冲突时,或者充当"花瓶",不闻不问,或者充当大股东的利益代表,全心全意帮助大股东,或者独善其身交辞呈。

(7) 独董的薪酬与风险未能有效匹配

《指导意见》中并没具体规定独董薪酬的制定标准,导致各个上市公司的制定标准不统一,他们根据自身的经营状况决定,而不同的公司经营规模、业绩都不尽相同,从而在实践中薪酬差别很大,薪酬较高自然会影响其履职的独立性,薪酬过低对独董的激励不够,不能体现付出与回报的差异,使其心态不稳,影响其履职的积极性。有 28.6% 的独董认为目前的激励机制还不够,大多数的独董认为对独董的激励与其所承担的风险不能有效匹配,有 20% 的独董认为待遇过低,权、责、利不对称。在知情权受限,且不能确保投入过多精力的情况下,独董难以有效把握上市公司是否存在造假、违规等风险因素,一旦公司出现问题,独董承担的风险过大。而且,即使发现,在"一股独大"的状况下,许多人也没有勇气指责大股东的违规行为,因而担心一旦发生风险对自己信誉可能产生的影响。而且现实中仅有极少数的公司,占比仅为 4%,为独董购买了责任保险,说明缺乏独董履职的风险保障,无法降低其履职可能导致的风险,使之不能保证勤勉尽责。[①]

(8) 考核机制不够严谨,缺乏可操作性

《指导意见》中规定独董对上市公司和全体股东负有诚心与勤勉的义务。独董原则上最多在 5 家上市公司兼任独董,并保证有足够的时间和精力有效地履行职责。连续 3 次未亲自出席董事会会议的,由董事会提请股东大会予以撤换。但这一评判是否勤勉尽责的标准不够严谨,不能明确具体的考评内容,缺乏可操作性。"一股独大"的状况使得考核机制不能有效发挥其作用,对独董的考核缺乏可行性,不利于独董的勤勉尽责,很难发挥对上市公司的制约作用。

总体来说,大多数独董都感到尽管他们想尽心尽力地履行独董对董事会的制衡作用,保护中小股东的利益。但在独董制度不完善,上市公司普遍存在

---

① 喻猛国:《试议独立董事制度的局限性》,《经济导刊》2001 年第 4 期。

"一股独大"的状况下，独董的压力大，责任大，精力有限，知情权受限，与内部董事信息不对称，难以深入，在公司造假、违规时独董不能充分、全面、及时地获取公司信息。而且中国是个典型的人情社会，在这种国情下，独董作为监管者的角色很难发挥其作用，独董都是董事长的关联人士，不能充分保障独董行使职责的独立性，不能保证勤勉尽责的义务，结果不能真正代表中小股东的利益，说明我国的独董制度与当初制度设计时的初衷有偏差，没能达到预期的效果。①

（二）独立董事的特点

独立董事关键是"独立"两字，同时具有公正性、专业性和兼职性的特点。

1. 独立性

独立性是独立董事最重要的特点，所谓独立性概括起来表现就是：①财产和个人利益的独立，独立董事必须在财产上不依附于任职公司，其个人利益与任职公司之间没有必然的联系。②身份的独立，独立董事必须具有独立的身份，他既不隶属于任职公司，也不隶属于与公司相关的任何公司或部门。③业务的独立，独立董事与就职公司在一定期间内不存在业务往来关系，即独立董事与任职公司不存在直接的经济利益关系，没有紧密的合作伙伴关系或明显的业务依附关系。

2. 公正性

公正性指独立董事在行使职权时，凭借自身独立于公司的优势，能够公正地对待公司整体利益和股东之间的利益。针对我国当前上市公司的股本结构缺陷，极易造成大股东或公司高管人员控制董事会，从而造成公司大股东或高管人员侵害中小投资者的现象。独立董事针对公司重大事项能够站在独立、客观、公正的角度发表独立意见，以维护中小股东等弱势群体的利益。

3. 专业性

专业性是指独立董事的来源往往是与公司经营相关的经济、管理、法律、金融、工程或者人事管理等方面的资深人士，或是在政府或者民间有一定影响力的人士，他们具备一定的专业素质和能力，能够凭自己的专业知识和经验对公司的董事和经理以及有关问题独立地作出判断和发表有价值的意见，能够利

---

① 李志生、徐林刚、王宗军：《独立董事制度在中国的运用》，《华中科技大学学报》（人文社会科学版）2002年第4期。

用专业素养对股东履行诚信与勤勉的义务。这样，公司可以借用"外脑"来减少企业决策的失误率，牢牢掌握应对挑战、把握机遇的主动权，使企业在激烈的市场竞争中立于不败之地。

4. 兼职性

兼职性是指独立董事一般在公司之外都有自己的事务，他们并不在公司中任专职，而是在多家任职，因而独立董事又被称为公司的兼职董事。

(三) 独立董事的作用

独立董事的作用被越来越多的实证研究证明，"独立董事与较高的公司价值相关，具有积极的和独立董事的公司比那些具有被动的非独立董事的公司运行得更好，国际机构投资者将日益需要公司的董事会中包含越来越多的独立非执行董事"(《世界银行》，1999)。具体地说，独立董事主要通过下述途径体现出其积极作用：

1. 有利于公司的专业化运作

公司聘请的独立董事绝大多数是具备法律、管理、财务或专业知识的高级知识分子、学者或专家等，他们能够利用其专业知识和经验为公司发展提供有建设性的建议，为董事会的决策提供参考意见，从而有利于公司提高决策水平，提高经营绩效。

2. 有利于检查和评判

独立董事在评价 CEO 和高级管理人员的绩效时能发挥非常积极的作用。独立董事相对于内部董事容易坚持客观的评价标准，并易于组织实施一个清晰的制度化的评价程序，从而避免内部董事"自己为自己打分"，以最大限度地谋求股东利益。

3. 有利于监督约束，完善法人治理结构

独立董事在监督 CEO 和高级管理人员方面也有重要的作用。较之内部董事，这种监督会更加超然和有力。威斯巴克（Weisbach）的经验研究表明，"外部董事占主导地位的董事会，比之于内部董事占主导地位的董事会更易在公司业绩滑坡时更换经理"。在英、美的外部监督模式中，独立董事的这种监督功能就尤为重要。

(四) 完善中国上市公司独立董事制度的对策建议

1. 认识完善独立董事制度的重要性

随着国有资产监督管理委员会的成立，国有资产在一些竞争性行业中"国退民进"的政策将逐步实施。在很多上市公司实施"国退民进"的同时，我们必须警惕国有股权的"一股独大"向民营企业"一股独大"的转变。

在现有股权割裂、上市公司治理结构还很不完善的市场制度环境下，民营企业的"一股独大"所引起的后果可能比国企上市公司更为严重，民营企业的家族式管理将导致对民营上市公司的监管将比对国有上市公司监管更加艰巨。国有上市公司由于管理人只是国有资产的代理人，其行为受到国有管理部门的监管，而民营企业的管理人自己就是老板，除了法律，没有什么可以约束其行为。并且民营企业由于资产是自己拥有，其追逐利益和获取利润的动机更强烈，故在目前我国推行"国退民进"的大背景下，保护中小股东利益将更加艰巨。因此，加强上市公司独立董事制度的建设，完善独立董事制度，真正发挥独立董事的监督作用非常紧迫。

2. 建立和完善独立董事制度的法律体系

现有关于独立董事政策的制定，都是部门规章，没有上升到法律的层面。建议一是全国人大制定《独立董事法》，赋予独立董事明确的法律地位和权限。为适应新的情况，促进独立董事制度的形成和健康运行，应增加有关独立董事在董事会成员中的比例以及权利、义务、职责、作用的法律条文，而这些条文是制定有关独立董事具体法律法规的指导原则。二是由中国证监会等部门制定相关规章，对独立董事任职条件、产生程序、发表意见的原则以及薪酬等问题作出规定，并对独立董事的过失追究提出原则意见。三是由证券交易所制定上市公司独立董事指导意见和章程指引，对不同主导产权结构的上市公司独立董事的具体人数、具体条件、独立性解释、薪酬范围、发表意见的具体方式以及责任追究的程序方式作出具体规定，也应对独立董事在重大问题上必须坚持的原则和立场进行规范。四是上市公司的章程必须载明独立董事行权的具体内容和发挥作用的方面、方式和方法。只有建立完善的独立董事制度，才能从根本上保障独立董事依法行权。

（1）科学界定独立董事职责

应该赋予独立董事区别于其他董事和监事的职权：一是知情权，独立董事有权要求公司向其提供决策所需要的一切信息资料，如公司月度和季度经营、财务状况、公司管理制度、公司战略、投资、研发报告等。同时，公司也可以为独立董事收集信息创造良好的条件，如创造条件让独立董事与公司客户、供应商、职工、中层管理人员、技术人员、同业竞争者等进行交流以及董事之间进行交流；必要时，有权要求公司高管人员作出解释或聘请专业机构为其提供专业咨询服务。二是决策权，独立董事有权参加董事会，并站在公正、客观的立场上发表独立意见。三是监督权，独立董事对有损公司中小股东利益的关联交易具有否决权。四是有权以其名义向社会股东征集投票权，参与股东会的投票表决。五是相关知识的培训权，即在必要情况下，公司应对独立董事进行专业知识的培训，等等。独立董事对公司重大关联交易之股东会表决或其他有关法律法规政策规定需流通股东另行表决之事项，有权以其名义向社会征集投票权，代理出席股东大会，实现独立董事对公司事务之更广泛的参与。

（2）完善当前独立董事制度的相关规定：

①对独立董事独立性方面的规定要求。除《指导意见》原有规定外，对独立董事还应该着重从以下几个方面限定：1）非本公司及关联公司现在和以前的雇员、高级管理人员、董事、监事；2）上述人员的近亲属及主要社会关系；3）其本人及任职机构在当前或一定时期内未与公司发生业务；4）非为与公司正在发生业务的机构或公司的股东、合伙人及其近亲属和主要社会关系；5）任职届数最多连任两届；6）每届独立董事强制轮换，即每届必须更换一定比例的独立董事。

②对担任独立董事数量的要求。目前有独立董事原则上可担任不超过5家公司独立董事的规定，在时间和精力上根本无法保证。从实践看，目前担任独立董事的大都是在各自领域具有一定专长和成就的人士，其本身即有很繁重的本职工作，因此，应当加以限制。鉴于未来可能出现专业独立董事的职业，可以分别予以规定，凡以担任独立董事作为本职工作的，不得担任超过5家上市公司的独立董事，兼职独立董事的不得超过3家。以此来约束独立董事专注于几家公司，集中精力履行义务。[①]

2003年的一项调查显示，在被调查的69家上市公司中，所有公司都建立了独立董事制度，董事平均为9.95名，大多数公司的独立董事人数在2—4人之间，独立董事平均为3.07名。独立董事学历较高，九成独立董事具有高级职称。在被调查的上市公司中所有公司的独立董事都超过了2名，符合《上市公司独立董事制度指导意见》。据悉，上市公司纷纷聘请了有关人士担任公司的独立董事，对维护董事会的独立性起到了一定的作用。此外，一些上市公司董事会设立了多个董事会下属专业委员会，如投资委员会、审计委员会、战略委员会等，以独立行使董事会的某些专业职能，其中独立董事占多数。

考虑到我国上市公司董事会规模较大的实际情况，要让独立董事真正发挥作用，我们认为独立董事占董事会的比例可以确定为全体董事人数的三分之一。至于董事会的提名委员会、审计委员会和报酬委员会等关键委员会，则可以要求独立董事占二分之一至三分之二。

③对独立董事工作时间的限制。强制性要求独立董事投入公司一定的精

[①] 赵增耀：《董事会的构成与其职能发挥》，《管理世界》2002年第3期。

力，规定独立董事每年必须有 4 个完全 40 个小时的工作周在所聘公司开展工作，该工作时间应当连续并不包括往返路途时间和休息时间。

④参加会议的要求。参加董事会和股东会是独立董事工作的基本方式，也是其有效履行职责的重要场所，书面审阅材料和发表书面意见不能代替亲自出席，因为会议需要经过询问、讨论、争议、表决才能做出决议，不身临其境，不能充分了解情况，也不可能独立地发表意见。亲自出席董事会议应当是独立董事的基本义务，应当限制其缺席的次数，并且有些事项独立董事必须出席。《指导意见》中要求，独立董事对涉及公司董事、高管的任免、关联交易事项应当发表独立意见，因此凡涉及要求独立董事发表独立意见事项的董事会，独立董事应当亲自出席，每次亲自出席的独立董事不得少于应当出席独立董事会的三分之二；每年独立董事未亲自出席董事会次数不得超过 3 次；对于股东年会属于涉及公司重大事项的事宜，也是独立董事听取中小股东意见，同中小股东交流的重要途径，独立董事应当亲自出席。

⑤明确独立董事应承担的责任及法律后果。独立董事究竟应起到什么作用，扮演何种角色，目前尚无明确规定。一般认为，独立董事不但包括监督功能，检查和评估董事会和执行董事的表现及业绩，作为董事会成员，独立董事还必须就制定公司战略、公司政策进行独立判断，以确定公司的前景。但是如果独立董事在上市公司的作用没有充分发挥，或者被大股东收买，作出了不利于其他股东的决定，其受到的制裁不应仅仅是道德谴责，应该明确其法律后果。另外，由于独立董事在专业特长、对公司的熟悉程度等方面与执行董事存在着差异，对待公司的发展战略上也可能有不同的看法，两者之间产生分歧是很正常的情况。

（3）明确独立董事的法律责任

①独立董事与内部董事的区别

虽然独立董事与内部董事同属于董事会的成员，但两者既然在上市公司中明确为两种不同的董事，为了履行其特有的职能，发挥在公司经营管理中的独特作用，其概念与职责是有着一些不同之处的。

独立董事是指不在公司担任除董事外的其他职务，并与其所受聘的上市公司及其主要股东不存在可能妨碍其进行独立客观判断的关系的董事。他来自于公司外部，与公司没有产权关系和关联商务关系，不持有公司股份；是董事会成员，但不参与公司的生产经营，只是对董事会决策的合法性、公正性、独立性及战略、审计、人事、薪酬等重大问题的决策进行监督。担任独立董事的多是具有专业知识的人员，在大学或科研机构任职的教授、专家、学者，或是具有实践经验的管理人才等。独立董事的任职条件比较高，不但要有良好的声誉、独立和公正的品质,更重要的是要具备上市公司运作的基本知识,熟悉相关的法律、行政法规、规章及规则,还要具备法律、经济知识或者其他履行独立性的职责。从董事制度发展的历史来看,最初西方国家的董事往往选择"保险董事",要求(与股东会)有交情,合得来,"容易相处",一般没有公开的资格要求,因此,组成的董事会往往是公司管理体制薄弱的一环。随着管理专业化的迅速发展,尤其是现代公司,公司立法和股东们开始对董事提出了资格和服务的专业化要求,这就使独立董事制度的发展成为现代企业发展的必然要求。

②独立董事的法律责任

独立董事不履行职责或者不适当地履行职责,给公司或者股东、投资者及第三人造成损失,要承担法律责任,包括民事责任、行政责任,严重的还要承担刑事责任。独立董事的法律责任是指独立董事违反法律法规、规章和公司章程规定的义务而产生的责任,包括不遵守法律法规或者越权给公司、国家财产或投资者造成损失的,应当承担相应的责任。下面笔者仅就独立董事可能承担的主要几项责任及其特殊性加以简略的论述。

I 独立董事的违法责任

独立董事不遵守法律、法规、章程或股东大会决议,不履行职责和超越职权范围,给公司、股东或者国家财产造成损失的,应当承担相应的法律责任。当前,独立董事的违法行为主要集中于不积极履行职责,对于公司管理过程中的违法行为不闻不问,放任侵害中小股东和债权人的违法行为的发生,不能起到有效的制约与监督作用。因此,独立董事的违法责任所针对的违法行为主要是指其不履行法律法规规定的各种义务,这与内部董事的积极性的违法行为存在一定的差别。

II 独立董事的决策责任

独立董事由于未尽其责,错误地决策或参与错误决策,给公司或投资者造成损失,应承担相应的责任,并以董事会会议记录为准承担决策责任。如董事会的决议违反了法律规定,致使公司和投资者遭受严重损失的,参与决策的独立董事也应当承担相应的责任。然而,由于独立董事相对于内部董事而言,其判断与决策的基础主要是所固有的专业知识,如某项行为的合法性、合理性、获利的可能性等,而不可能担当主要决策者的角色。事实上,由于信息获得相对缺乏以及受到自身时间精力有限等条件的限制,独立董事也不具备担当主要决策人的条件。所以,对于独立董事在决策中所承担的注意义务违反而导致的责任,英国法律规定,对不具有某些专业资格和经验的非执行董事,对其是否尽到注意义务采用主观性标准,即普通人的标准;对所涉及事务具有专业经验或资格的非执行董事，则采用客观标准，也即专家标准。而对公司的执行董事的要求则严格得多，在判定标准上采用"推定知悉原则"，体现出执行董事对公司事务在事实上拥有更大影响力的同时，风险和责任也更加重大。从我国的相关立法来看，对于独立董事的决策过错所承担的责任的判断基础，也应当是专家标准。

III 独立董事的内幕交易责任

独立董事属于上市公司高级管理人员，因其履行职务，可能知悉公司内幕消息，就应列为《证券法》上内幕交易的主体。独立董事泄露内幕信息而给公司或者投资者造成的损害，应当承担《证券法》规定的相应的法律责任。但从拥有的信息的获得渠道来讲，独立董事相对于内部董事是比较少的。既然参与公司的经营决策，就应当对公司内部的经营信息有知悉的权力与能力。然而，这种能力毕竟是有限的，特别在公司实际封锁信息的情形下，更加如此。因此，独立董事泄露内幕信息的可能性相对较小，因此承担法律责任的可能性也小得多。

IV 独立董事的竞业责任

独立董事违反竞业禁止的义务，自营或者为他人经营与其所任职的公司相同或相类似的业务，将其非法所得收入归公司所有，并由公司或监管部门给予相应的处分。由于独立董事本身并不是一个固定的职业，因此，按照法律的规定，独立董事在数家公司担任职务并不受到禁止。而且，相对而言，独立董事在公司中的决策与决定责任较少，与公司的利益关系也存在一定程度的独立性，因此，更有可能违反竞业禁止的义务而承担法律责任，对于这种特殊性，笔者认为，应当从立法上相对于一般董事承受的责任而言，对于独立董事的此类责任的界定以及具体适用进行更为细致、严格化的规定是必要的。

V 独立董事收受贿赂的责任

独立董事利用职权收受贿赂、其他非法收入或侵占公司资产，没收违法所得，责令退还公司资产，构成犯罪的，要移交司法机关处理。为了赋予独立董事以充分的权利以保障其对公司经营管理的独特作用，我国相关法规除规定独立董事享有一般董事的表决权、发表意见权、薪酬请求权等权利外，还特别规定了几项重要的特别职权，包括重大关联交易认可权；聘用或解聘会计师事务所提议权；召开临时股东大会提请权；召开董事会提议权；独立聘请审计、咨询等中介机构协助决策权；公开征集委托投票权等。这些权力的正当行使，将对其他公司相关人滥用职权构成强大的压力，因此，为了达到控制公司，利用非正当手段谋取利益的目的，对独立董事的贿赂行为时有发生，这与内部董事的受贿行为的特征有一定的差异。后者的行贿人一般都是公司以外的第三人，为了谋求与公司的交易机会或者商业机密等目的而对内部董事行贿,而受贿者侵犯的则是公司及其全体权益人的利益;前者的行贿者一般都是公司的内部人员,为了收买独立董事的投票权及其他特别职权,以防止独立董事监督揭发不法行为,而受贿者由于受贿所侵犯的则基本上都是公司及其中小股东的利益,维护的是某些控股股东与大股东的垄断利益。

Ⅵ 独立董事披露虚假信息的责任

独立董事在其签署信息披露的法律文件中有虚假记载、误导性陈述或者重大遗漏等,致使投资者在证券交易中遭受损失的,要同上市公司一起承担连带赔偿责任。按照相关法规的规定,独立董事享有重大关联交易的认可权,在上市公司年报及其他信息披露文件上也有披露相关信息的权利与义务。而当前我国证券市场中,公司的虚假信息披露的丑闻不断发生,不法分子通过披露虚假的公司经营业务、财务等信息,欺骗公司的中小股东与债权人,同时也造成证券市场与社会经济的不稳定。因此,独立董事至关重要的责任之一是制约与制止这种违法行为,以维持证券市场公平、正当、有序的秩序。独立董事应当对上市公司向外公布的经营业务、财务等信息,按照谨慎与公正客观的原则与立场,进行严格的核对检查。如果违反此义务,独立董事则应当承担相应的披露虚假信息的责任,相对于内部董事与管理层的积极违法行为,独立董事的这类违法行为表现为消极的不作为、不制止。因而,相关责任的认定也存在一些特殊性。

如何协调解决就显得非常重要。必须明确规定独立董事所享有的职权。

3. 完善独立董事的行权机制

只有赋予独立董事一定的权利,并且能够切实享有权利,独立董事才能履行职责,发挥独立董事的作用。《指导意见》明确规定了上市公司独立董事的法律职权、知情权,董事会和股东会的召开提议权,重大关联交易的审核权,股东投票的征集权及提议聘用或解聘会计师事务所的权利。对上市公司应当为独立董事提供必要的条件作了明确规定,如保证独立董事知情权,不得干预其独立行使职权,独立董事聘请中介机构的费用及其他行使职权时所需的费用由上市公司承担。实际上,有关独立董事权利的规定很明确,但缺乏有效的保障措施,因而如何有效保障独立董事的各项权利是我们在此要解决的重点。

有关独立董事的参与决策权与监督权,我们在此不作过多的解释和论证,我国《公司法》中已作了明文的规定。在此我们想强调的是独立董事的一些保障性权利。

由于独立董事不在公司担任除董事以外的职务,加之独立董事与公司间不应具有能影响其独立性的关系,因而独立董事是一个纯粹的外部人。这样,要作为外部人的独立董事发挥决策和监督作用，尤其是发挥监督内部人的作用，必然会遇到信息不对称、监督手段有限、内部人阻挠等问题。为此，必须赋予独立董事一定的保障性权利，以保障其决策权力和监督权利的行使。可以说，保障性权利是独立董事的决策权和监督权派生出的权利。其主要包括：信息获取权、获得中介机构帮助权、信息披露权。

4. 独立董事人员的选择

独立董事作为董事会重要成员，担负着公司战略规划与决策的重任，他们将不仅是来自于某一领域的专才，更是人格独立、重视信用、勇担责任的人。究竟应该选择什么样的人当独立董事呢？是选一个法律专家好，还是选一个财务专家好，当然由企业依据自身需要来设定。一般来说，独立董事大都是某一领域的知名人士或专业技术人士。在现阶段，我国的注册会计师、执业律师、社会研究机构的研究员、金融中介机构中的资深管理人员以及在大公司任职多年的高级管理人员等，都可以成为独立董事的来源。但独立董事还要有些基本条件，如本人及亲属不在该企业任职，与该企业没有供货关系等，从利益上确保其独立性。

谁来提名推荐独立董事？在成熟的公司制企业中，董事会下一般设有提名委员会，但如果没有这类的机构，股东过于分散或过于集中，该怎么操作呢？一种思路是考虑由那些在董事会中不拥有董事席位的股东们来选择和决定独立董事的产生，另一种思路是考虑大股东也参与独立董事的选择和决策程序。思路一旨在维护中小股东的利益，其理想状态是维护全体股东的利益。而思路二尽管为目前绝大部分企业所选择，但大股东在选择独立董事时易过多强调个别偏好或者出现控制董事会的倾向。因为大股东在董事会中一般会占据到三至五名董事席位，如果独立董事也由大股东来参与选择和决定，很可能其选择的最终结果是独立董事无法充分保持其独立性，或者会与大股东在思维取向上保持某种默契，从而难以保护其他中小股东的利益。

5. 独立董事组织方式的确定

在市场经济发达国家，已经出现了专门靠对公司高层管理人员的经营绩效进行独立评估的机构，它们以类似于律师事务所的组织方式依赖市场化运作来谋求生存。现阶段，由于我国市场经济制度建立和培育的时间尚短，经理市场的发育尚处于起步阶段，企业家资源奇缺，相应的，独立董事本身也相对缺少市场化条件下企业经营管理的经验，独立董事本身的"商誉"体系几乎还不存在。在这种情况下，选择一定的组织方式对独立董事的行为加以约束就显得很有必要。除了要在《公司法》、《证券法》中明确独立董事的职权、义务外，成立"独立董事协会"或"独立董事事务所"之类的组织，对独立董事自身的行为加以规范就显得很有必要。相对于"独立董事协会",独立董事事务所的运作方式更趋于市场化。事务所可以把独立董事的自然人责任转化为法人责任,这在我国专业人士的"商誉"体系尚没有建立起来的情况下,可以由事务所直接出面对独立董事的行为加以约束。建立独立董事事务所,有利于独立董事真正发挥独立判断和监督管理的职能,实现独立董事职业化。一方面,独立董事按照董事会《章程》行使职权,对其行为承担相应连带责任;另一方面,通过建立合理的"袍金"制度,对独立董事的行为产生制约作用,包括承担相应的经济赔偿损失和法律责任。这一点也正是建立独立董事事务所的核心目的所在。

6. 独立董事职权的确定

独立董事除应当具有《公司法》和其他相关法律、法规赋予董事的职权外,上市公司还应当赋予独立董事一些特别职权,包括有权向董事会提议聘用或解聘会计师事务所;向董事会提请召开临时股东大会;提议召开董事会;独立聘请外部审计机构或咨询机构;对董事会提交股东大会讨论的事项,如需要独立财务顾问报告的,独立财务顾问由独立董事聘请;可以在股东大会召开前公开向股东征集投票权等。当然,独立董事还可以向董事会或股东大会发表公司重大关联交易和认为可能损害中小股东权益的事项等独立意见。这些规定均强化了上市公司董事会的制约机制,能有效地保护中小股东的利益。

7. 合理定位独立董事和监事会的职能

在成熟的股份公司治理文化中,董事会和监事会就是一种很好的制衡机制。独立董事和监事会主要职能重叠是在财务检查和监督董事、经理行为方面。如何合理定位独立董事和监事会的职能非常重要,这有利于独立董事和监事会更有效地行使自己的职权。

从本质上来看,独立董事是董事会内部的监控机制,而监事会则是在董事会之外,与董事会并行的公司监督机构。从国外监事会和独立董事机制运行状况来看,都能有效地发挥监督管理层、保护中小投资者利益的作用。

在英、美等国,独立董事主要是通过董事会下设的专门委员会来行使职权,其中最重要的是审计委员会、提名委员会和薪酬委员会。而德国、日本、法国的监事会主要行使监督董事会及经理层行为、检查公司财务、制止董事经理违法行为、召集股东会、代表公司权等职权。其主要区别为独立董事不局限于监督,还具有很强的战略决策功能,而监事会局限于单一的监督功能,并且独立董事的监督职能主要体现在董事会上,重点是事前监督。而监事会重点是董事会和经理层实施过程中的监督,是事中和事后监督。

监事会与审计委员会的关系是财务监督不同层次上的互补关系。我国《公司法》确定了公司组织结构的四个层次：①股东大会——公司的权力机关；②董事会——公司的业务执行和经营决策机关；③经理——负责日常经营管理工作；④监事会——监督机关。在上面结构中，监事会与董事会是平行关系，审计委员会是董事会下属的专门委员会，因此，监事会与审计委员会分属于公司组织结构中的不同层次，监事会的层次高于审计委员会，更具有权威性。

审计委员会与监事会在职责安排和制度设计上，应该是互补的关系，而非重叠的关系，即使是重叠的地方，其侧重点也不同。监事会的职责侧重于检查公司的财务决策，即公司的资金调度、安排，利润分配，薪酬等方面；审计委员会的职责集中在财务活动的结果和会计审计方面，如复核公司财务报告、提请聘请会计师事务所、与之沟通并对其工作进行评价等方面，但也自然会涉及公司的财务方面。

监事会的职责。我国《公司法》第126条规定了监事会行使的职责包括：①检查公司财务；对董事、经理执行公司职务时违反法律、法规或者公司章程的行为进行监督；②当董事和经理的行为损害公司的利益时，要求董事和经理予以纠正；③提议召开临时股东大会；④公司章程规定的其他职责。我们认为，在实践中，为加强监事会的财务监督作用，应该对其职责细化和监督的程序具体化，前者包括：复核董事会拟提交股东大会的财务报告、利润分配方案等财务资料；代表公司与董事交涉或对董事起诉；监事会可对公司聘用会计师事务所提出建议。后者包括：根据公司需要设立日常办公机构，或与其他层次的财务监督一同进行；必要时以公司名义另行委托会计师事务所独立审查公司财务，并可直接向国务院证券监督机构或其他有关部门报告情况。

审计委员会的职责。《关于在上市公司建立独立董事制度的指导意见》中规定的上市公司应赋予独立董事的特别职责中与财务监督有关的职责，我们认为应该包含在审计委员会的职责中。具体有：①向董事会提议聘用或解聘会计师事务所；②独立聘请外部审计机构或咨询机构；③对董事会提交股东大会讨论的事项，如需要独立财务顾问出具独立财务顾问报告的，独立财务顾问由审计委员会聘请（注：其中①②项职权，在德国、日本等大陆法系国家的《公司法》中，属于监事会的职权。日本《商法例法》第3、6条规定：监事会可以选任和解聘会计监察人。德国《股份公司法》第111条规定：监事会可以聘请专家检查公司财务）。除了上述三项之外，我们认为，根据国外审计委员会的实践经验和美国、英国等国关于审计委员会的报告，审计委员会的职责还应该包括：①在提交董事会之前，复核财务报告及审计报告；②与注册会计师沟通；③检查公司的内部控制制度；④指导内部审计。

因此我们建议，在上市公司中加强独立董事在审计委员会的权力，其职权主要集中在提议聘请或更换外部审计机构、监督公司的内部审计制度、负责内部审计与外部审计之间的沟通、审核公司的定期财务信息及其披露、审查公司的内控制度以及高管人员的聘请或更换等事项上。而监事会则重点关注公司内部的审计工作、公司内部的财务状况、高管人员的离任审计以及高管人员的违法、违规行为。

8. 董事会下设立专门委员会，为独立董事发挥作用提供舞台

在国外多数国家和地区，董事会内部设立专门委员会是一种受到普遍认可、便于独立董事发挥作用的有效形式，美国纽约证券交易所《上市规则》规定所有上市公司必须设立审计委员会，其中至少包括两名独立董事；在美国NASDAQ市场《上市规则》规定所有上市公司都必须设立完全由独立董事组成的审计委员会。独立董事制度明确要求公司设立以独立董事为主的审计、薪酬、提名等委员会，为独立董事发挥作用提供舞台。

专门委员会比较明确的职能定位，有助于解决独立董事某些职能可操作性不强的缺陷，从而使独立董事在提议聘用或解聘会计师事务所、提名和任免董事、聘任或解聘高级管理人员、监督公司董事、高级管理人员的薪酬等方面发挥更大的作用，改变目前独立董事职能主要局限在重大关联交易上。

我国在法律上没有明确上市公司必须设立专门委员会，在《上市公司治理准则》中只是提到"可以设立"。从目前上市公司实施情况来看，专门委员会实施的效果较差。但从已经设立专门委员会的上市公司效果来看，独立董事大多数能够通过专门委员会发挥更大的作用。调查显示，有79%的独立董事认为他们发表的意见多数被董事会采纳，10%的独立董事认为其意见总是被董事会所采纳，没有独立董事认为他的意见从不被董事会采纳，这表明上市公司董事会对独立董事的意见非常重视。经调查董事会秘书（又称董秘）结果显示，独立董事作用主要表现在三大方面：咨询、财务顾问和维护中小投资者利益。96%的董秘认为独立董事在避免上市公司虚假行为上能起到一定的作用；在独立董事改善上市公司治理结构的作用方面，也有95%的董秘认为能起到一定的作用；在独立董事能促进上市公司信息披露方面的认同率也高达96%；92%董秘认为独立董事在保护中小投资者利益方面能起到一定的作用。

9. 建立独董的激励机制

独立董事最重要的特点是与公司不存在利益关系与冲突。但是，如何确保独立董事在与公司之间不存在重大经济利益关系的情况下，仍然能够有足够的积极性和动力为公司出谋划策，监督公司的管理层。

典型的美国大公司的独立董事每年的固定津贴一般在 2 万—4 万美元以内，此外，每参加一次董事会还能得到一些额外津贴，一般为 0.1 万—0.5 万

美元不等。中国独立董事几乎全都采用固定年薪制度，平均值为3.6万元/年，这与国外独立董事丰厚的报酬形成鲜明的对比。2000年美国大公司独立董事平均年薪突破六位数达到105032美元，比1999年99198美元提高5.9%，比1996年的65689美元提高59.9%。从公司治理的角度看，独立董事拥有公司的一部分剩余控制权，这就要求有一定的剩余索取权与之对应，但是固定工资制度不能很好体现独立董事对企业剩余索取权的拥有，这种实际制度上的不平衡也就造成了独立董事报酬与企业的业绩缺乏正相关关系。

目前我国独立董事的薪酬是由上市公司承担并由上市公司支付的，这一做法受到了越来越多的实务界人士的反对。中样投资公司2001年对100家上市公司董事会及高管人员的问卷调查结果表明：在承担主体上，有14%的被调查人赞成独立董事薪酬应由政府承担（由印花税承担），16%的被调查人认为独立董事薪酬应由政府与公司共同承担（由印花税和股票期权承担），但是，也有近70%的被调查人认为独立董事薪酬应该由上市公司自己承担。在支付方式上，有30%的被调查者认为可以由证监会发放（即政府发放），有28%的被调查者认为应该由上市公司发放，有41%的被调查者认为应该由中介机构发放。可见，独立董事的薪酬由公司承担、中介机构发放得到了最为广泛的赞同。

企业独立董事作为一种制度，不能建立在少数人的品德和觉悟的基础上，而应当建立在科学公正的基础上。在制度设计上，让独立董事拥有一定的股权或期权，不仅能使他们与公司建立更紧密的利益关系，而且可以调动他们贡献知识和智慧、参与企业决策的积极性，还有利于将独立董事的利益与整个公司的利益（而不是与某一部分股东的利益）连为一体。[①]

收入激励和股权激励是公司激励独立董事的两大工具。两者不能偏废，而应有机结合。股权具有长期激励的性质，收入则具有短期激励的特点。收入可以根据独立董事参与董事会的次数发放，而股权则不可能因其参会次数而变更。收入水平要足以补偿独立董事参加董事会的机会成本，使他们能放弃其他工作，按时参加每次董事会；股权份额要足以激起独立董事的主人意识，使他们不是以顾问的身份和感觉到会应付，而是以主人的态度主动参与决策。

建立独立董事薪酬制度的目的是使独立董事保持真正独立并勤勉尽责，在我国特殊的公司治理结构和股权结构下，独立董事的薪酬应由上市公司支付，激励其尽职尽责发挥内部监督的职责。同时，为了确保独立董事的独立性不受影响，应加快中介机构——独立董事协会的组建，由其规范独立董事薪酬标准制定及发放工作，促进独立董事市场化进程，这对于完善我国独立董事制度是十分必要的。

[①] 张德明、曹秀英：《中国上市公司董事会独立性实证研究》，中华财会网，2003年11月21日。

第十五章 建立会计信息披露监管体系

一 上市公司会计信息披露制度的形成机理与会计信息虚假披露的成因

上市公司作为一种公众公司，其公众性是利益相关者相互冲突与协调之后的产物。会计信息是上市公司契约的基础，它直接影响上市公司利益在他们之间的分配。一个有效的上市公司会计信息披露制度，应该能够提供各方利益相关者所需要的真实的会计信息，并能够得到有效的执行。

上市公司经营者应该向不同类型的利益相关者，甚至同类利益相关者的不同个体，披露不同的会计信息。利益相关者为了维护自己的投资不遭受损害，要求上市公司经营者披露他们各自需要的会计信息；而利益相关者对上市公司利益分配的关注，则要求上市公司经营者按照同一会计信息披露制度，向所有的利益相关者披露同样的会计信息，这也是世界各国均实行通用会计报告制度的根本原因。

在投资者对上市公司会计信息披露制度不断增强的影响力的推动下，政府开始对股票市场会计信息披露制度作出强制性的制度要求。虽然这些制度涉及上市公司会计信息审计问题，但这种审计仅仅是上市公司经营者对会计信息质量的确认，根本不能代表投资者的利益而对上市公司会计信息进行审计，从而不能真正对经营者的会计信息披露行为形成制约。由于投资者的会计信息需求处于刚刚唤醒并逐步加强阶段，因此，政府对上市公司披露会计信息的规范仅仅止于立法层面，大多会计信息披露规则实际上是由上市公司经营者自己确定的，故上市公司会计信息披露制度的制定权是由政府和经营者共享的。正是由于以上原因，导致上市公司会计信息质量不佳，甚至虚假。

注册会计师对会计信息虚假或披露不规范的上市公司仍出具标准的无保留意见或折中的附加说明段的无保留意见审计报告，而极少出具否定意见或拒绝发表意见的审计报告。注册会计师之所以不能保持应有的独立性，其原因是多方面的，其中较为重要的有以下两方面：①我国会计师事务所的体制基本上属于股份有限公司，并不需要承担无限责任，法律责任不能够有效制约会计师事务所；②我国注册会计师审计市场结构不合理，市场集中度过低，并带有明显的地域性。我国具有上市公司审计资格的会计师事务所多达 105 家，根据 1999 年上市公司年度报告审计，占市场份额最高的也只有 5.1%，占市场份额前 10 位的会计师事务所的审计市场份额总共只有 31.8%；另外，上市公司由本地会计师事务所审计的比率平均达到 79.4%，在非 10 家最大事务所中更高达 81.6%。这样，上市公司选择空间很大，并且当地政府可能干涉注册会计师的审计业务，从而极大地损害了注册会计师的独立性。

二 我国黎明股份会计信息虚假披露事件

（一）造假的事实情况

沈阳黎明服装股份有限公司（证券代号：600167）于 1999 年 1 月在上海证券交易所上市，主要从事研究、设计、制作高中档服装、精粗毛纺织品的生产和销售，其上市后的 1999 年年度财务报告主要指标为：净利润 3541 万元，每股净收益 0.19 元，每股净资产 2.95 元，净资产收益率 6.31%；2000 年年度财务报告主要指标为：净利润 -3442 万元，每股净收益 -0.18 元，每股净资产 2.33 元，净资产收益率 -7.66%。其中对 1999 年的财务报告，沈阳华化会计事务所两位注册会计师都出具了无保留意见审计报告。

2000 年初，黎明股份遭到了中国证监会的处罚，原因是其对 1999 年的赢利预测与实际赢利差了近 20 个百分点，但是更令人震惊的是在 2000 年的 8 月至 10 月间，财政部驻辽宁省财政监察专员办事处检查组对黎明股份 1999 年会计信息质量进行了抽查，结果发现该公司在 1999 年年度对外公布的会计信息严重失真。其中，资产虚增 8996 万元，主营业务收入虚增 1.5277 亿元，利润总额虚增 8679 万元，更为严重的是该企业除了其常规性的少提少转成本、费用挂账等违规行为外，有 90% 以上的数据是人为编造、虚构盘算出来的。2000 年 1 月 8 日，财政部检查组调整了黎明股份 1999 年年度的报表，其中一些主要指标发生了质的变化：每股收益变为 -0.2038 元，每股净资产变为 2.56 元，净资产收益率则为 -7.95%，总利润 5231.207617 万元调整为 -3447.956168 万元，净利润由 3540.841930 万元调整为 -3873.073569 万元。在 2001 年 4 月 25 日的年报中，公布的亏损是 3442 万元，由于连续两年发生重大亏损，2001年4月26日该公司被ST[①]。

（二）造假的动机

1. 为了骗取上市资格

赢利或是在某种条件上没有达到上市的资格，但为了取得1999年年度的上市资格，在这三个会计年度中也对会计报表进行了粉饰，可以说是"包装上市"的公司。在上市后为了继续达到前三个年度的赢利水平，保证业绩不下滑，不引起有关部门的追查，又不得不在上市后的第一年就对报表动手脚，以掩饰其经营业绩有水分的假象。此外，黎明股份赢利造假也抬高了其股票的发行价格，可谓是"一举两得"。

2. 为了上市后的融资

公司上市的目的是为了能够向公众发行股票筹集资金，以求扩大经营、增强竞争力、取得更多的利润。黎明股份就在这方面表现了强烈的欲望，急于取得再融资的配股权，而好的业绩又是再融资的必要条件。对1999年的经营业绩造假可以为以后再取得融资资格打下基础。若不是在2000年秋季被发现报表有问题，黎明股份必将在随后的几个会计年度继续造假，以不断取得融资资格，其后果势必更加严重。

3. 为了维护良好的公司形象

沈阳黎明股份服装有限公司在全国的纺织业享有一定的知名度，甚至在国外也小有名气，控股公司黎明集团更是名声显赫。在业绩不理想的情况下为了继续以往的辉煌，保住头上的光环，铤而走险，走出造假这步棋。另外，上市公司良好的赢利水平会对投资者产生极大的吸引力，引起整个证券市场乃至全社会的关注，从而提高股票价格，更使上市公司受益，这也是公司粉饰报表的又一原因。

三 现行会计信息披露中存在的问题及成因

（一）存在问题

1. 信息披露不真实

上市公司披露的信息必须真实、准确，不得虚假记载、误导或欺诈，这是

---

① 冯根福、韩冰、闫冰：《中国上市公司股权集中度变动的实证分析》，《经济研究》2002年第8期。

对信息披露最基本的要求。信息披露不真实主要是指上市公司披露的财务会计信息失真,即财务会计信息不是公司财务及经营情况的真实体现。目前上市公司信息披露不真实主要表现在:第一,文字叙述失真,即有意歪曲经济业务的内容,张冠李戴,把不合理、不合法、虚假的业务或收支通过各种途径变通为合理、合法、真实的业务或收支,或作出虚假的陈述。具体表现为滥用各项损失准备、转回调节利润等。第二,数字不实,即经济业务内容本身是合法的,但在作会计处理时,经济业务的数据不真实,有意地扩大或缩小经济业务的数量。具体表现为虚增或虚减资产收入,少转或多转成本,少摊或多摊费用,少报或多报损失,利用关联方交易任意调节利润,使财务信息失实。

2. 信息披露不充分

它主要是指对影响公司赢利或发展的有关信息陈述不充分,甚至断章取义,隐瞒事实,避重就轻,报喜不报忧,误导投资者。披露不充分主要表现在:对关联企业间的交易信息披露不充分;对资金投资去向及利润构成的信息披露不充分;对存在未决诉讼、仲裁,为其他企业提供财务担保,持续经营能力可能存在问题等重大不确定事项的披露不充分;借保护商业秘密之名,故意隐瞒重大会计信息。

3. 信息披露不及时

它主要是指上市公司对生产经营过程中,发生能对上市公司股票价格产生较大影响,而投资者尚未得知的重大事件披露不及时,或者在公共传媒中出现的对上市公司股票价格产生误导性影响的传言、消息和股票价格发生异常波动的原因披露或公开澄清不及时。尤其是在公司资产重组方面,市场早在公司进行重大重组的传闻中,股票价格有了很大涨幅之后,上市公司才在正式的"重大资产重组公告"中姗姗来迟地与公众见面。

上市公司的会计信息是一种时效性很强的资源,在证券市场上,上市公司会计信息披露是否及时,直接关系到众多投资者的切身利益。信息披露一旦不及时,产生了内幕交易,对投资者的损害程度可想而知。目前,我国证券市场上不论定期报告还是临时公告,普遍存在着信息披露不及时的现象。

4. 信息披露的程序不妥当

目前,不少上市公司在大众传媒中以新闻的形式向外传播重要信息,有的甚至是关于公司分红配股,公司经营业绩根本逆转的重要信息。采取新闻形式披露信息,公司股票不停牌,这样不利于投资者公平享用上市公司有关信息的权利,也不利于提醒投资者注意上市公司出现的新情况和新变化。

5. 预测信息不准确

是指上市公司对自己未来的预测与最后公布的结果相差甚远。我国《证券法》要求上市公司的招股说明书必须载明公司对未来赢利及公司前景作出预测，而且，在大多数投资者的眼里，它的重要性远远高于其他信息。然而，从以往上市公司赢利预测的情况来看，上市公司赢利预测数与实际数的偏差甚大。上市公司对这些偏差作出解释时，只对国内、国际市场因素，国家政策因素以及其他客观原因一再强调，而对于上市公司的特殊目的、经营管理上的失误、会计数据的失真等主观原因避而不谈。有的上市公司甚至有意以赢利预测来误导投资者，视其为"圈钱"的一种工具。

（二）成因

1. 会计信息披露者方面的原因

一是会计人员的整体素质偏低，合理估计和判断能力较差，影响了会计估计的合理性。二是单位负责人、会计人员故意提供虚假信息，借助于会计上的技术处理方法，采用违规甚至违法的方式，人为地对利润进行虚减或虚增。三是 CPA 制度的不完善，影响了审计的有效性。

2. 监管方面原因

（1）法制建设滞后

我国有关上市公司会计规范的体系由两个层次构成，即法律规范和准则与制度规范。前者主要包括《会计法》、《证券法》和《公司法》，后者则包括一些企业会计准则、企业会计制度、管理条例等。随着我国证券市场迅速发展，这些法律、会计规范的制定无论从内容还是数量上都跟不上证券市场的发展步伐，严重滞后，尤其是缺乏严密可操作的会计规范的实施细则。许多注册会计师反映他们在审计上市公司会计报表时经常发现不合理现象，如：企业主营业务严重亏损，但整个企业却可赢利，其中关联企业之间的交易产生的投资收益或附营业务收入数额非常大。但由于对这些业务处理缺乏明确的法律规定，以致注册会计师没有依据对这些不合理的事实提出质疑。

（2）惩罚力度不够

"PT 红光"的造假案件是近年来证券市场上影响极坏的一个重大案例，参与造假行为的蜀都会计师事务所及其相关人员受到的处罚是：没收非法所得 30 万元，罚款 60 万元；暂停该所从事证券业务三年；认定相关签字人员为证券市场永久禁入者，而"PT 红光"现在还可以进行重组，黎明股份到目前为止也只是因为业绩的问题被 ST，现在还有不少人在证券市场上对它的股票进行炒作。这个事件若发生在美国证券市场，不要说公司立刻被摘牌，其相关人员还要受到严厉处罚，包括罚款、取消资格、巨额赔偿，直至追究刑事责任。可见，我国对证券市场会计信息披露的策略违法处罚力度远远不够，这也在客观上怂恿了上市公司的造假。

(3) 上市公司的内部治理结构不完善

我国许多上市公司中没有建立真正的法人治理结构，而是仍然延续了原来靠能人当家的旧的管理模式，黎明股份即为典型一例，王宏明一度集公司董事长、总经理、党委书记于一身，企业大小事情一律由她说了算，企业财务、会计直接对她一人负责，别的董事根本无权介入公司决策，更有甚者，公司监事会主席竟由集团工会主席、宣传部长兼任，如此这般，何谈公司法人治理结构。

(4) 注册会计师缺乏职业道德

放纵职业道德，出卖信用是目前注册会计师职业道德低下的突出问题。国务院《关于整顿和规范市场经济秩序的决定》指出：缺乏信用不仅造成经济关系的扭曲，社会交易成本增加，而且败坏社会风气，已经成为当前影响我国经济健康运行的一个突出问题。典型的例子是湖北立华会计师事务所，该所多名注册会计师参与制造了湖北兴化、康赛集团、兴发集团、活力28、幸福实业等五家上市公司的造假活动，社会影响极其恶劣，究其原因，无非是这些注册会计师在执业过程中因利益的驱动，放松执业质量，降低职业道德，不按审计准则和行为规范的要求来收集审计证据、编制审计工作底稿和编写审计报告，有的还故意违法出具虚假报告，甚至与客户共同作弊。沈阳华伦会计师事务所的注册会计师在对黎明股份的审计过程中只需实施必要的存货监盘程序，就不难发现黎明股份公司对开增值税发票等舞弊行为。据悉，沈阳华伦会计师事务所在2001年的4月23日又得到了黎明股份的续聘，这不得不让人深思。注册会计师职业道德的低劣使注册会计师这一上市公司审计屏障完全失去了功能。

四 健全公司治理结构，完善信息披露的内在机制

由于历史的原因，我国上市公司产权结构不尽合理，公司治理结构存在先天缺陷，导致关联交易泛滥，母公司挪用子公司资金的现象时有发生，内部人控制问题、信息披露失真及不足的问题十分严重。只有建立健全公司治理结构，才能从制度上监督管理者将其信息优势传递给外部投资者，为信息的充分披露提供制度保障。尽管公司治理结构不属于会计信息的范畴，但发达国家无不将其列为公司信息披露的重要组成部分，原因就在于健全有效的公司治理结构为信息披露的充分性、客观性和及时性提供了保障。

在完善上市公司信息披露规范，加强上市公司信息披露监管方面，要争取

建立起一套公开透明、纲目兼备、层次清晰、易于操作、公平执行的信息披露规范体系；要克服以审批代信息披露监管的观念和做法，增强信息披露监管的力度；对信息披露中反映的会计准则、审计准则、信息披露规范不到位、不详尽、不合理的方面，应及时加以完善或提请财政部、中注协等加以完善；对上市公司在信息披露，尤其是定期报告中暴露出来的违反会计准则、审计准则和信息披露规范的问题，要明令公司纠正；对被出具保留意见、无法表示意见、否定意见的上市公司年报，都应有一个处理意见，以逐步降低此类意见居高不下的局面；要适时调整企业股份化和证券市场发展方面的有关政策，逐步消除可能诱导利润操纵行为的制度因素，要推动公司治理机制的完善，规范上市公司的财务行为，进一步增强公司管理层及时、充分、如实披露财务信息的意识，提高上市公司信息披露的质量。[①]

五　把信息引入到公开范围内披露

我国证券市场中会计信息的披露还存在着许多缺陷，如信息披露的非主动性、随意性、滞后性和不连续性，这些缺陷的存在，既影响了会计信息充分披露原则的贯彻，又影响了证券市场的效率发挥。近年来，我国政府正加大对证券市场及上市公司会计信息披露规范的力度，并在一定范围内、一定程度上取得了成效，得到了社会各界的普遍认可，我国目前的证券市场不是无效市场，证券价格能较充分地反映已提供的会计信息，证明市场调节机制已经在发挥作用；但是我国目前的证券市场又不是强势有效市场，证券价格还不能充分地反映所有公开的信息，说明市场还不成熟，在某些方面还存在缺陷，但这并非政府规范所能弥补的，如果政府强行涉足，则市场将重蹈前些年被外界议论为"政策市"的覆辙，与政府规范初衷相悖。虽然目前我国证券市场还处在弱势有效阶段，但并不是说那些没有公开披露的信息就无价值可言，更不能由此作为阻碍会计信息充分披露原则贯彻执行的借口，我们甚至更有理由认为建立健全系统而完善的上市公司会计信息披露的规范体制已成为必要。政府是会计改革的"第一推动力"，政府对投资者利益的有效维护是证券市场可持续发展的保证，目前我国政府正在倡导"追求阳光下的利润"，并将其作为引导市场的主旋律，这一选择是非常理性的，尽管借助于法律责任（如《证券法》）、直接监管也能实现此目的，但建立一个强制要求哪些会计信息必须予以披露的规范机制则更具证券市场规范的特色，同时我们认为要真正实现会计信息充分、

---

① 林志毅等：《公司治理结构与会计信息质量》，《会计研究》1999 年第 5 期。

真实、公平地向投资者流动，让所有投资者都能沐浴到阳光下的利润，政府还要做许多工作。

在我国现行规范体制中，关于证券市场及上市公司会计信息披露的政府规范部门主要有财政部和证监会，尽管其他政府机构和独立的规范机构也可能影响效率和公平作用的发挥。从原理上看，财政部的管辖权可以看成是制定会计准则，而证监会的管辖权则在于披露。但是其权限界定却比较模糊，财政部制定的许多准则中都包含披露的内容，而证监会的监管在一定程度上也影响了会计准则的制定。但是，无论是财政部还是证监会，作为政府规范部门，是社会公众利益的代表，两者在规范上的目标是一致的，尤其是在有效降低私人信息搜集方面具有比较优势。政府规范部门可在考虑成本效益原则、社会政治因素、环境保护等的前提下，通过制定足够的财经法规和会计准则，对上市公司所披露的会计信息的供求关系及其内容与表达方式进行规范，阻断（或在一定程度上消除）会计信息从上市公司管理当局向私人流动，使信息使用者能公平地获得必要信息，从各方面制约上市公司会计行为的自由度，使证券市场在良好的秩序下运行。[①]

六　充分披露的建议

（一）对上市公司会计信息披露进行管制，强制公开披露

解决"会计信息生产不足"这一市场失灵问题的传统方法是对信息披露进行严格管制，强制公开披露量。

（二）大力发展网络信息技术，改变传统的会计信息披露方式

供需双方在 Web 站点的人机交互界面上，需求方按一定的访问权限在有关的网页上浏览各上市公司的财务报告，并对网页上的财务信息进行查询、分析以及对感兴趣的财务资料进行下载，显然这一过程即是供需双方就信息产权的使用或让渡达成契约、履行契约的过程。交易的即时完成、Internet 的逐步普及和网上支付系统的成熟，使得交易费用极大地降低，安全性也得到了保障。高效的网络机制取代传统的披露方式，使得会计信息能够以"私人物品"的面目出现，成为可供使用的商品，最终的交易价格和披露量完全由供需双方决定，此时市场是高效率的，均衡时会计信息的披露量在理论上达到最优境

---

① 陈汉文：《证券市场与会计监管》，中国财政经济出版社 2001 年版。

界。这不仅有效地克服了信息披露的管制缺陷，而且成功地摆脱了信息披露充分性难以"适度"把握、成本难以分摊的尴尬局面。

（三）健全公司治理结构，完善信息披露的内在机制

网上披露虽可解决信息成本分摊的问题，但仍无法从根本上保障信息的充分披露，这主要与我国公司治理结构问题严重，管理者的信息优势和管理者与投资者的利益冲突等相关。上市公司董事会应设立主要由独立董事组成并担任负责人的审计委员会，全面负责与公司审计有关的事宜；推行职务不兼容制度，减少董事会与高管层的交叉任职，增加外部董事和独立董事的比例；加强监事会的监督功能。一是通过加强学习、培训和改选，改善监事会成员的知识结构，提高监督技能。二是通过引进外部监事，尤其是独立监事，增强监事会的独立性。

（四）改进和完善会计信息披露手段，提高会计信息质量

1. 重组会计要素

将资产中的虚资产与负债中的虚负债分离出来，单独设置要素；将损益表中经常性或再生性收入、费用与偶发性或非再生性的利得、损失分离，单独设置要素。在附注或附表中披露关于企业软资产（知识产权、人力资源）以及自创商誉信息，恰当揭示对企业成功经营具有关键作用的软资产信息及其潜在的巨大收益，从而正确估计企业未来现金流量和抗风险能力，以合理体现企业价值。

2. 在报表补充资料中，调整或披露企业物价变动的会计信息

在通货膨胀严重，按历史成本计价的表内信息脱离实际的情况下，应按重置成本或可变现净值等计价方法，调整或披露有关数据，以说明物价变动对表内信息的影响程度，以及有关调整方法与计价基础，以弥补现行财务报告以历史成本为计量基础的不足。

3. 建议编制预测财务报告，展示企业未来发展前景及投资计划

预测信息虽缺乏可靠的保证，但它毕竟能克服历史信息的不足，增强用户决策与评价的相关性。

4. 变革财务报告模式，扩大公共信息量，增进会计信息的相关性

通过扩充报表附注与其他报告形式，增加披露：（1）关于企业会计政策及其变革、会计估计及其变更、或有事项与承诺、关联方及其交易。（2）企业经营业绩信息，如市场份额、新产品开发和服务等。（3）企业管理当局的分析评价。（4）前瞻性信息，如企业面临的机会与风险及管理部门计划等。

(5) 背景信息，包括企业经营业务、资产范围与内容、主要竞争对手及企业发展目标等。

5. 严格执行《会计法》

单位负责人必须对本单位的会计工作和会计资料负责；会计人员必须依法进行核算，实行会计监督，不断提高会计人员的职业道德和业务素质；建立健全内部审计制度，完善 CPA 审计制度；监督部门必须依法监督，形成内部监督、社会监督、国家监督的全方位监督体系。

6. 应构想年度信息与日常信息揭示并重

随着现代信息技术的高速发展，使得信息的生产成本大幅度下降。而且，在随机储存功能的支持下，也使得会计信息的日常揭示成为可能。这就解决了年度信息揭示与投资决策对信息及时性、相关性要求之间的矛盾。

(五) 严格执法，加强监管

信息披露是上市公司必须履行的一项法定义务，上市公司应当遵照国家法律、法规和规章的规定，及时、准确、真实地披露公司的重要信息，便于投资者进行投资决策。同时，信息披露又是促进上市公司规范化运行，体现证券市场公开、公平、公正的原则，保护投资者的利益，实现证券监管部门和社会公众投资者监督的必不可少的过程。尤其是我国加入 WTO 后，上市公司的运作应更加规范。

1. 严格执法，加大处罚力度

为了适应社会主义市场经济发展的需要，规范会计行为，提高会计信息质量，全国人大常委会于 1999 年对《会计法》进行了重新修订，并于 2000 年 1 月 1 日正式实施，财政部 2001 年又颁布和实施了《企业会计制度》和《金融企业会计制度》，自 1997 年以来共出台了 16 个具体会计准则。这些会计法规、制度和准则的出台，对遏制会计造假行为，保证会计信息质量，发挥了重要作用。

2. 完善证券法中的民事损害赔偿制度

民事损害赔偿制度不仅通过责令违规者赔偿受害投资者的损失，可以有效地剥夺违规者通过违规行为所获得的非法利益，而且给违规者强行加上了一种经济上的巨大负担。同时，民事损害赔偿责任制度可以有效地动员广大的投资者来参与监控。在市场成熟的国家，特别是美国，让证券违规者最为胆战的不是刑事诉讼或者行政处罚，而是由小股东提起的民事诉讼，要求民事损害赔偿。另外，受害投资者一直缺乏合适、有效的诉讼途径寻求救济。我们建议借鉴美国的做法，确立两个可以操作的诉讼机制：股东集体诉讼制度；股东代表诉讼制度。

3. 完善会计制度和加快会计准则的制定

对现有会计制度要进一步完善，在会计制度的统一性和灵活性问题上，尽可能减少上市公司可供会计处理选择的余地，尽量减少对同类或相似业务处理方法的多样性和可选择性，明确各种处理方法的场合和适应原则，尤其是对于收入和费用的确认，计量原则应当明确规范，减少上市公司操纵会计信息的可能性。还要加快会计准则的制定工作，对一些诸如上市公司购并、回购、认股权证等会计处理问题，应尽快制定会计准则进行规范，填补制度、准则的空白，进一步规范上市公司会计行为。对上市公司在执行制度和准则中遇到的新问题要及时通过修订有关制度和准则加以解决。如 2002 年重新修订《债务重组》准则，对遏制上市公司利用债务重组来虚增利润有着较好的效果。

4. 规范市场运作，使虚假会计信息无立足之地

规范证券市场的运作，有利于遏制会计操纵行为。证监会要进一步规范上市公司信息披露制度，在对上市公司中报、年报进一步规范的同时，要求上市公司公布季报，证券管理部门应当加强对上市公司信息披露的监督检查。另外，还要对现有的新股发行和配股的规定进一步完善，不能用单一的净资产收益率一项指标来作为新股发行与配股的指标，而应当考虑其他一些财务指标，这样有利于遏制上市公司的盈余管理动机。

5. 充分发挥注册会计师监督的作用

一些上市公司操纵会计信息，会计信息失真，与我国注册会计师审计缺乏独立性，责任心不强，业务素质不高，缺乏职业道德有着密切的关系。要充分发挥注册会计师的监督作用，首先，应当强化注册会计师的独立性。我国会计师事务所的聘用和更换权，掌握在上市公司大股东或管理层手中，造成注册会计师行业中规范执业者被解聘，不规范执业者被监管部门禁入现象，严重影响了注册会计师执业的独立性。其次，应当加大对注册会计师监管力度，强化注册会计师风险意识，对不规范执业者坚决查处，决不姑息迁就，并尽快建立注册会计师民事赔偿机制，增加注册会计师协同上市公司造假的成本。最后，要加强注册会计师的诚信教育，树立诚信为本、操守为重的职业道德。这样才能有效发挥注册会计师在会计监督中的作用。[①]

6. 中国注册会计师协会（简称中注协）应加强对注册会计师的管理

要结合政府转变职能的工作，进一步顺理协会与有关政府部门的关系，明确协会的职责。积极加强协会与有关政府部门的沟通和协调工作，建立协会和政府部门在监管和惩处工作上的"互动"合作机制。要加紧研究并理顺中注

---

① 陈郁：《注册会计师：造假就别端"证券"这碗饭》，《经济日报》2001 年 11 月 17 日。

协与地方注协的关系。同时，中注协应顺应体制改革的大方向，循序渐进，逐步实现行业自律化管理。此外，注册会计师协会应积极丰富监管手段，增加监管人员，提高监管人员的专业素质，加强监管工作。一要积极和各有关政府部门加强"联手"；二要实施业务报备制度；三要完善"同业互查"制度。经过各方努力，上市公司信息披露一定会走上健康之路。

7. 确定政府监督、行业自律和社会监督三位一体的监管框架

根据有关的证券市场监管理论，政府在市场监管中不应事必躬亲，将自己置于矛盾的焦点，而应将证券中介机构及各种自律机构推向监管的第一线，从而使自己处于一种相对超脱的地位。证券交易所是证券市场最为重要的自律组织，也是一线的监督者，在对上市公司信息披露行为的监管上，发挥着极为重要的作用。另外，值得引起我们注意的是，许多市场发达的国家，如美国、英国和澳大利亚等，均建立了较为严谨的投资者监督和申诉制度。这是非常值得我们借鉴的经验。

8. 要全方位进行道德建设和诚信教育

市场经济是高度的法治经济，证券市场是充满机会和诱惑的博弈场所，需要制定股票上市、交易、会计信息披露等一系列的"游戏规则"，以便对市场参与者进行制约和威慑，才能保证证券市场的有效运转和健康发展。但是，再好的制度设计和完善的"游戏规则"都有其缺陷和不足，就是十全十美的制度，也需要市场参与者共同来遵守，如果市场参与者不讲道德，不讲诚信，对制度、规则不以为然，再好的制度也将显得苍白无力。因此，在市场经济条件下强调道德建设和诚信教育尤为重要，因为当巨大的经济利益与严肃的道德规范相碰撞时，只有潜移默化的诚信教育，才能使道德发挥效能。不仅要对上市公司的高管人员、会计人员和注册会计师进行诚信教育，而且要对律师、证券分析师、投资银行、信用评级机构、投资者进行诚信教育，还要加强对包括政府官员、监管机构和新闻界在内的市场监管者的诚信教育。[①] 只有市场各参与者都弘扬诚信为本，操守为重的道德风范，才能使制度、规范得以落实到实处，才能防范会计造假行为的发生。

---

① 王常松、李霞：《审计证据转化为刑事诉讼证据的可行性研究》，《审计研究》2006年第1期。

第十六章　完善内部控制机制，优化企业内环境

一　内部控制制度的重要性

我国许多单位没有内部控制制度，造成了会计信息失真，财务收支管理混乱，有的单位甚至发生携款外逃的恶性案件，使国家和单位的财产遭受重大损失。新修订的《会计法》对内部控制制度的建设给予了很高的重视，《会计法》第27条明确规定："各单位应当建立健全单位内部会计监督制度。"因此，加强对内部控制的理论研究，建立一套科学、适用的内部控制示范体系已成为迫切需要解决的问题。

内部控制制度起源于美国，美国会计协会的会计程序委员会于1949年提出了关于《内部控制》的专门报告，对内部控制作出了新的定义，即：内部控制包括组织机构的设计和单位内部的所有相互协调的方法和措施。这些方法和措施都用于保护企业的财产，检查会计信息的准确性，提高经营效率，推动企业坚持执行既定的管理方针。

现代内控制度作为一种先进的单位内部管理制度已经被实践所证明，得控则强，失控则弱，无控则乱，不控则败，成为企业能否生存发展壮大的必由之路。内控制度在现代经济生活中发挥着越来越重要的作用。因此，建立和完善内部控制制度是改进法人治理机制的重要保证，也是实现现代公司治理结构，建立现代企业制度，从而使管理层的战略目标得以实现的重要举措。

（一）完善内部控制是提高会计信息质量的内在要求

防止会计信息失真是内部控制的一项基本目标。内部控制的基本目标包括三个方面，即财务报告目标、营运性目标和遵循性目标。实际上，人们最初建立内部控制制度的初衷就是为了防止舞弊现象的发生。通过内部控制，各部门和人员之间相互审查。核对和制衡，避免一个人控制一项交易的各个环节，可以防止员工的舞弊行为，也能减少虚假财务报告的发生。尽管现代内部控制的

目标已经不仅仅局限于防止财务报告舞弊，而由防弊为主发展为以兴利为主。但是，保证财务报告的可靠性始终是内部控制的一项基本目标。

在现代企业制度下，所有权与经营权高度分离，资财提供者往往不亲自参与对企业的管理，而是将企业交托给专门的经理人员经营管理。这样，经理人员与股东等资源提供者之间便形成了委托代理关系。受托人必须如实地向资源提供者报告企业的财务状况和经营业绩，不得隐瞒、欺骗。管理当局应当对会计信息的真实性负责，如果披露虚假会计信息，管理当局应当承担相应的责任。当然，股东会聘请独立的第三者——注册会计师对管理当局提供的财务报表的真实性、公允性加以验证，并发表意见。但管理当局也应当建立完善的内部控制，保证交易的发生都经过了必要的授权，并进行了完整。连续、系统、真实的记录，按照会计准则和其他信息披露规范编制财务报告。这不仅仅是审计的需要，更主要是管理当局受托责任本身的需要。因此，合理地保证会计信息真实可靠是管理当局建立健全内部控制的一项重要目标。①

1977 年，美国发布了《反国外行贿法》，该法律明确了内部控制对预防和发现舞弊行为的作用。该法要求所有公开上市公司设计并保持内部控制系统，该系统应能充分为下列事项提供合理保证：（1）交易经管理当局授权；（2）交易被恰当地记录以使编制财务报表及保持资产的受托责任；（3）只有在管理当局授权之下才能接近资产；（4）现有资产应当与记录的受托责任相比较，并采取适当的行动处理任何差异。AICPA（1949）、COSO（1992）、内部审计师协会（IIA）、欧洲中央银行（ECB）以及我国内部控制基本规范等也都将保证财务报表的真实可靠作为内部控制的一项基本目标。

（二）内部控制环境是影响会计信息质量的首要因素

1985 年，由 AICPA. 美国审计总署（AAA）、FEI、IIA 及管理会计师协会（IMA）共同赞助成立了全国舞弊性财务报告委员会，即 Treadway 委员会，该委员会所探讨的问题之一就是舞弊性财务报告产生的原因，其中包括内部控制不健全问题。Treadway 委员会（1987）研究后认为，容易产生财务报告舞弊且舞弊不容易被察觉的情形有：（1）缺乏警觉地监督报告过程的董事会或审计委员会；（2）内部会计控制薄弱或不存在；（3）非经常性或复杂的交易；（4）需要管理当局主观判断的会计估计；（5）缺乏有效的内部审计机构，包括内部审计机构规模不大，限制审计范围。而如果公司道德氛围差则会加剧这些情形。据美国《内部审计》杂志上的一份调查报告

---

① 刘实：《浅论企业内部控制》，《审计研究资料》2002 年第 4 期。

表明，自 1986 年 2 月起至 1990 年 11 月止已发现的 114 例欺诈案件，多数与虚假会计信息及内部控制不健全有关（杜滨，李若山 2000）。另外，据 KPMC 对美国 3000 家大中型公司的调查，舞弊有 52% 是通过内部控制发现的，有 47% 是通过内部审计检查发现的。可见，内部控制对于防止财务报告舞弊意义重大。

而企业的控制环境则是影响会计信息质量的首要因素。控制环境包括员工的诚实性和道德观、员工的胜任能力、管理当局的管理哲学和经营风格、董事会或审计委员会、组织结构、授予权力和责任的方式、人力资源政策和实施等。控制环境构成了一个单位的氛围。

管理当局的诚实性和管理哲学，是充分的公允披露、防止敌意隐藏不利消息或进行盈余操纵的保证。即使设立良好的内控也会因执行者的能力不足或道德败坏而达不到应有的效果。如果管理当局本身就缺乏诚实，那么就会对整个公司的道德观形成不利影响。全国舞弊性财务报告委员会（Treadway 委员会）（1987）指出，高级管理人员的状态——公司环境或财务报告编制的文化是影响财务报告诚实性的最重要因素。尽管有一套书面的规定和程序，如果管理人员的状态松散，则更有可能发生财务报告舞弊现象。事实上，从会计信息失真的动因来看，关键往往不在于会计人员本身舞弊，而是由于企业管理当局从自身报酬、聘任等角度出发，有进行盈余管理甚至财务操纵、欺诈的动机。而由于制度的原因，会计人员往往受制于管理人员，不得不屈从于管理当局，提供虚假的会计信息，欺骗外部信息使用者。

管理当局对内部控制和财务报告的关注是防止出现虚报、漏报错误的重要方面。不论其他控制要素是否存在，管理部门缺乏诚实性或对内部控制不感兴趣，都会导致内部控制失效。管理当局对内部控制的支持有助于预防虚报、漏报错误的发生。因为管理当局的态度将影响到会计人员和其他部门的工作态度，如果管理当局对内部控制重视，企业内的其他人就会感觉到这一点，职工就会认真履行其职责，遵守既定的控制制度，财务报告的差错就会减少。反之，如果管理当局并不关心内部控制，并没有给予有效支持，那么员工就不会认真执行有关的内部控制制度。事实上，许多企业之所以管理混乱，就是因为企业领导对内部控制不重视，甚至自己随意破坏有关的内部控制。如 Treadway 委员会对 119 个 1981—1986 年间被 SEC 提起诉讼的财务报告舞弊行为的研究发现，这些公司的管理当局经常能够越过内部控制系统。从我国的许多案例来看，内部控制失效、会计信息失真的症结点更是出现在权力居上。因此，管理当局对内部控制的态度是决定内部控制是否有效的关键所在。

(三) 内部控制是防止会计信息失真的有力保证

导致会计信息失真的原因可分为两类：非故意性行为和故意性行为。非故意性行为是指由于会计人员素质低下或过失等原因，导致在会计规范的范围内选用会计政策不当，而导致加工出来的会计信息不能如实反映企业的财务状况和经营业绩；故意性行为则是会计人员在内部人的授意、胁迫之下，为了企业管理当局的私利，不遵守有关会计原则，故意提供虚假会计信息。内部控制的手段包括职责划分、授权批准、实物控制、会计系统控制、内部审计等。无论是故意性失真还是非故意性失真，上述控制手段都能在一定程度上起到减少或预防会计信息失真的作用。

要进行有效的控制，必须要有明确的职责划分，使各部门、岗位和员工都各负其责，相互制约。职责划分是内部控制的一个基本原则，主要解决不相容职务分离问题。所谓不相容职务是指那些由一个人担任，既可能发生错误和弊端又可掩盖其错误和弊端的职务。企业内部不相容职务主要有：授权批准职务、业务经办职务、财产保管职务、会计记录职务和审核监督职务。这些职务应由不同的人员来担任。更广意义上，职责划分包括两个层面：一是公司内部治理结构即股东大会、董事会、监事会、经理等之间的职责划分；二是经理领导的内部管理机构、岗位和人员之间的组织规划和职责划分。充分的职责分工是为了防止错误和舞弊。通过职责划分，各部门和人员之间相互审查、核对和制衡，避免一个人控制一项交易的各个环节，既可以防止员工的舞弊行为，也能减少虚假财务报告的发生，不允许有未经授权或超出授权范围的交易。这样，就明确了管理当局及各阶层管理人员、职工的职责与权限，如果出现没有授权的经营活动，导致会计信息失真，相应的人应当承担责任。

会计系统控制要求企业依据会计法和统一会计制度等法律法规和会计准则，制定适合本单位的财务会计制度，明确账务处理程序和企业的会计政策，保持充分的凭证和记录，建立会计凭证的预先统一编号、审核、保管制度，实行会计人员岗位责任制和内部稽核制度，禁止会计人员越权处理会计事务。由于在经济业务过程中采取了程序控制、手续控制和凭证编号、核对等措施，使经济业务和会计处理得以相互联系、相互制约，从而防止错误发生，即使发生了错误，也易于自动检验和自动纠正，保证了会计记录的正确和完整。

内部审计是内部控制的一种特殊形式，其目标在于"评价经济活动及其记录的真实性、合法性和有效性"（萧英达等 2000）。内部审计部门应对企业的各种财务资料的可靠性和完整性、企业资产运用的经济有效性等进行审核。开展对审计委员会负责的内部审计有助于减少和发现故意性或非故意性的虚报、漏报错误,并能促使职工尽量减少错误。

从审计的角度来看,与财务报表中所包含的资料有关的管理当局的认定包括:存在或发生、完整性、权利和义务、估价或分摊、表达与披露。存在或发生是指在资产负债表上所有资产和权益均存在,收益表上的所有收入、费用、利润和损失发生在报表所反映的会计期间内。相对应的错误是"虚报错误"。完整性认定是指资产负债表上所列的所有资产和权益都存在且属于公司所有,收益表上所列示的收入、费用、利润和损失均发生在收益表所反映的会计期间内。相对应的错误是"漏报错误"。权利和义务的认定是指在资产负债表上所列示的所有资产均属公司的权利,所有负债均属公司的义务。估价或分摊是指资产、负债等项目以恰当的金额列入财务报表。所谓表达与披露是指会计报表上的特定要素被恰当地加以分类、说明和披露。换一个角度,所谓会计信息失真,简单地说就是背离了这些认定,而运行有效的内部控制可以防止这些错误。如管理当局的诚实性及对财务报告的关注对于这五种认定都有着重大的影响。而完整的凭证、检查证据和批准手续,为检查和复核已发生的交易提供了一个有效的方法,可以预防和减少虚报错误、漏报错误、权利与义务方面的差错。有效的内部审计可以降低错误和编制虚假会计报表出现的可能性。

因此,莫茨和夏拉夫在其名著《审计理论结构》中将"令人满意的内部控制系统的存在能排除舞弊行为的或然性"作为审计的一项假设。汤姆·李(Tom Lee)在《企业审计》中也将"内部控制的存在可使会计信息避免重大的错误和舞弊"作为审计行为假设。而现代基础审计制度正是基于有效的内部控制可以减少财务报告舞弊这一前提之上。

二 我国企业内部控制制度方面存在的问题

(一) 内控意识严重缺乏

由于受到思想认识上的影响,我国一些企业的领导对内部控制制度认识严重不足,以为内部控制制度束缚了自己的权力,不重视内部控制制度的建设;有的企业把内部控制制度只理解为各种规章制度的汇编及建立企业内部控制机制;有的企业在处理内控与管理、风险、发展的关系问题时,错误地使强化内部控制与发展和效益对立起来;有的企业的内部控制制度残缺不全或有关内容不尽合理,更多的是有章不循,使内部控制制度流于形式,失去应有的刚性和严肃性。

（二）企业会计人员的基本素质难以胜任内控要求

一个好的内部控制的程序或者措施，需要行使控制职能的人员在心理上、技能上和行为方式上达到实施内部控制的基本要求。近几年来，由于会计队伍迅速扩大，会计人员的基本素质参差不齐，比如，一些根本不具备从业资格，靠人情关系混进会计队伍的人员，也占据在会计岗位上；有些会计人员无视财经纪律，为了个人利益，顺从领导意图办事，甚至为讨好领导，在弄虚作假上帮着出点子，造成会计信息严重失真，财务数据被歪曲。这些因素都影响了内部控制制度的实施及执行的有效性。

（三）各类成本费用支出控制不力

许多企业由于重资金管理、轻财产物资管理，造成财产物资内控管理严重不到位，使物资购销存的管理制度松散，存货采购、验收、保管、运输、付款等环节未能实施严格的职务分离，造成存货的发出未按规定手续办理，也未能及时与会计记录进行核对，对多年的毁损、报废、短缺、积压、滞销等不作及时处理，致使财产物资的库存管理漏洞百出，再加上经济往来中审查稽核制度不够完善，从而造成企业资产大量流失。

（四）建立企业监督检查机制的范围偏窄

由于我国《审计法》对国有企业的监督机构设置作了强制性要求，而对非国有企业则未作要求，致使许多非国有企业未能建立有效的监督检查机制，是内部控制制度的实施和执行缺乏有效的监督检查，更不用说是内审组织。在股份制企业，董事会下面也设立审计委员会，内审机构直接对总经理负责，审计领域狭窄，缺乏独立性和权威性。

（五）内部监督失灵或没有内部监督

目前相当一部分企业对建立内部监督不够重视，内部监督体系残缺不全、有关内容不够合理或流于形式，失去了应有的刚性和严肃性。

（六）信息系统失真

其中最为严重的是会计处理缺乏一贯性、完整性。近年来，企业由于会计工作秩序混乱、核算不实而造成的信息失真现象较为严重。如常规性的印单（票）分管制度、重要空白凭证保管使用制度及会计人员分工中的"内部牵制"原则等得不到真正的落实；会计凭证的填制缺乏合理有效的原始凭证支持；人为捏造会计事实、篡改会计数据、设置账外账、乱挤乱摊成本、隐瞒或虚报收入和利润；资产不清、债务不实等。[①]

三 企业内部控制薄弱的深层原因分析

我国企业经营失败的很多问题都与内部控制的薄弱有着密切的联系，企业经营失败、会计信息失真以及违法经营在很大程度上都可归结为企业内部控制的缺失或失效。但是，内部控制之所以薄弱有其深层次的原因。

（一）认识原因——认知偏差

企业负责人往往比较重视某些基本的内部控制操作，但是疏于内部控制制度建设；重视产供销环节的程序控制，忽视内部控制结构的整体协调；重视对实物的控制，忽视对行为者的控制。另外，组织机构设置不合理。当前大多数企业除了法人治理结构形备而实不至外，普遍存在机构臃肿、管理层次多、工作效率低的问题。而且在机构设置中，比较重视纵向间的权利和义务关系，而对横向间的协调缺乏足够重视，导致同级部门之间缺乏必要的交流，信息沟通不灵敏，协调性差。

（二）制度原因——董事会的监控作用严重弱化

董事会是公司内部控制系统的核心，它负责为公司经理（CEO）制定博弈的规则。具体地说，它的主要任务是雇佣、解雇、奖励公司经理，提供高层咨询。作为一种预警系统，它应该在公司陷入危机阶段之前促使经营组织系统摆脱困境。然而，大量的经验证据表明，美国公司的内部控制机制并没有起到它应有的作用。这突出表现为以下几个方面。第一，董事会成员很少对公司经营者日常的、轻微的不佳绩效提出批评。在董事会内部，谦恭和礼貌替代了真诚和坦率。这种现象被人们戏称为"董事会文化"（Jensen，1993）。在这种鼓励妥协、避免冲突的环境中，公司经理无形中获得了对董事会的控制权。第二，董事会衡量公司经理的绩效主要是把它与同行业中的公司绩效进行比较，而不和其他行业的公司绩效进行比较。这也就是说，如果公司所处的产业整体绩效水平较差（如石油、航空、钢铁等行业），董事会并不撤换公司经理；况且，即使董事会意识到有改进公司绩效的余地和手段（如降低工资、解雇工人、变卖资产、重组公司等），他们也不会促使公司经理这样做。其结果是，

---

① 卜聪铎：《论我国现代企业制度下的内部控制》，中华会计网校，2006年11月5日。

在这些产业出现了大量的敌意接管,公司内部控制机制让位于资本市场控制机制(Morck, Shleifer, Vishiny, 1989)。第三,比统计数据更有说服力的是,我们很难看到公司经营者主动地进行公司重建或经营战略的转向,除非在资本市场、产品或要素市场、法律政治体制方面公司已经陷入了危机。20 世纪 80 年代以来,美国公司控制市场的空前繁荣从一个侧面反映了公司内部控制机制(作为实现事前帕累托最优的手段)的失败。

我国许多上市公司虽然设立了董事会、监事会,聘任了总经理班子,但在实际工作中,董事会的监控作用严重弱化,"董事"不"懂事",经常只有一个"虚职",而且缺少必要的常设机构。例如,进行了股份制改造以后的国有企业,公司总经理往往兼任董事会董事或董事长,权力不能受到有效的监督。股份公司应有的一些机构设置没有起到应有的作用,甚至根本就没有设置,股份公司仅仅具有现代企业的外壳,而没有从根本上形成真正的法人治理结构,没有明确界定董事会、审计委员会和管理者的权限和责任。同时公司也还没有形成合理的人力资源管理机制。企业管理者的产生依然具有很强的政府色彩,这样产生的管理者习惯于用行政命令的方式"治理"企业,而不是管理企业。大多数管理者还不习惯应用现代管理的控制方法,对下属人员的工作不能实施科学、有效的监督。很多公司要么没有内部审计机构,要么建立的内部审计机构不能发挥有效的监督作用。

(三)执行原因——执行效果不佳

计划可能是好的,但由于没有人去考核,去检查或者说没有认真地去考核、去检查,而只是搞形式,走过场,其执行效果往往很差。无论制度多么先进、多么完备,在没有有效控制、考核的情况下,都很难发挥出它应有的作用。而且,整个内部控制的过程必须施以恰当的监督,并通过监督活动在必要时对其加以修正。由于管理体制和管理方式的问题,我国企业内部控制的监督很薄弱,管理控制的方法不够先进,内部审计机构没有起到应有的作用。

(四)理论原因——内部控制理论落后

内部控制理论落后,不能适应现代企业管理的需要,也是我国企业内部控制薄弱的原因之一。我国企业的内部控制起步较晚,经过十几年的发展,虽有一定的成绩,但与发达国家相比,仍有明显的差距。目前,我国理论界和实务界对内部控制的认识还没有形成很一致的意见。许多学者和企业对内部控制的认识还停留在内部牵制和内部控制阶段,还有很多人认为内部控制就是内部监督,而企业大多把内部控制看做是一堆堆的手册、各种文件和制度,也有的企业把内部成本控制、内部资产安全控制等视为内部控制。①

既然内部控制的存在是为了保证企业目标的实现，内部控制就应当是一种内部行为，加强内部控制的原动力就应当来源于企业自身。企业外部任何试图促使企业加强内部控制的影响因素，在企业不具备原动力的情况下，都很难取得好的效果。内部控制是企业整体管理活动的一个组成部分，只有找到提高企业整体管理水平的原动力，提高管理水平，才能加强内部控制。

必须走出以下几个误区：一是走出"控制就是牵制"的误区，确立现代控制的理念；二是走出"控制越紧越好"的误区，防止高度集权、僵化运作、效率低下；三是走出"用人不疑，疑人不用"的误区，防止过分依赖人的素质，忽视制度建设和机制建设；四是走出"放任自流"的误区，防止目标不明、标准不具体、差异责任不清；五是走出"为控制而控制"的误区，防止将控制视作权力的象征，使控制脱离企业目标；六是走出"控制就是处罚"的误区，防止将控制的有效性体现在惩罚力度上，以罚代控。

必须从管理学、审计学、会计学、信息系统论、哲学等多学科的角度来看待内部控制，而不能仅仅限于会计、审计的相关理论。

从本质上来说，内部控制是企业管理的一个组成部分，只有在提高企业管理总体水平的同时，内部控制的水平才能提高，如果只是就内部控制论内部控制，很难有什么实质性的提高。长期以来，我国内部控制理论研究主要集中于会计审计领域，侧重从会计和审计的角度研究内部控制，其研究成果也主要服务于审计方法的应用、审计成本的节约和审计风险的控制。注册会计师职业在审计中采用制度基础审计方法，通过对内部控制的测试，确定审计的重点和风险，进一步修改审计计划，而内部审计师则将内部控制作为监督或评价的重点目标。②

仅从会计和审计的角度研究内部控制，必然导致视角过于狭窄。1996年财政部颁布的《独立审计具体准则第9号——内部控制和审计风险》，对企业内部控制的定义、目标和局限性等做出了较为全面的阐述，但它所采用的内部控制是英、美等国家所"淘汰"的概念，其作用也仅局限于对注册会计师从事审计业务提供具体指引。2001年财政部颁布的《内部会计控制规范——基本规范（试行）》是目前我国内部控制领域内最具权威的标准，也是上市公司进行内部控制实践所依据标准，但该《规范》仍局限在内部会计控制领域。而英国内部控制的发展，经历了财务控制、财务控制与管理控制相结合、内部

---

① 孙睦优：《企业战略管理与组织结构》，《冶金经济与管理》2005年第5期。
② 夏冬林等：《转轨过程中的企业监控与会计管制》，《会计研究》1997年第10期。

控制与风险管理相融合等几个阶段，其范围不断扩大，早已超出了会计控制的范围。2002年1月，中国证监会颁布了我国第一部公司治理准则——《上市公司治理准则》，对公司治理的诸多方面进行了规范，但该准则却并没有涉及内部控制方面的内容，这使得该准则自诞生之日起便带有明显的缺陷。公司治理与内部控制之间应形成良性互动关系，内部控制的发展离不开公司治理的推动，公司治理的优化也离不开有效的内部控制作为保障。我们认为，两者间的关系应该在准则中得到反映，治理准则对内部控制、内部审计亦应作出明确的规定。

英国内部控制的发展离不开公司治理的推动，内部控制和内部审计研究均置于公司治理的框架之内，重视从公司治理的角度研究内部控制，把内部控制看做公司治理的有机组成部分。我们认为，应借鉴其英国内部控制研究的经验，加强对内部控制理论的研究，致力于研究内部控制是否对公司治理产生影响、这种影响机制如何发生作用以及公司董事会和管理层如何设计、运行公司内部控制机制等基本理论问题。

四　完善内部控制机制

（一）建立一套符合企业发展实际的内部控制制度

1992年美国COSO委员会发布《内部控制整体框架》，提供了一个广泛的内部控制框架，成为迄今对内部控制最全面的论述。该文件认为内部控制框架包含五个要素：

（1）控制环境

包括单位的组织结构，董事会及其专门委员会（审计委员会和风险评估委员会）的关注和要求，管理部门的经营理念和风格，员工的正直、职业道德和进取心，对企业经营产生影响的外部因素。其中人的因素至关重要，不管是管理者还是员工，既是内部控制的执行者，又是控制环节的"被控制对象"，其观念、素质和责任意识等都影响着内部控制的效率和效果。

（2）风险评估

新经济时代交易类型和工具日新月异，兼并收购、破产重组、关联方交易、电子商务、金融衍生产品等使人应接不暇。环境的变化使企业经营风险增大，企业必须设立可以辨认、分析和管理风险的机制，以确认公司的风险因素如资产风险、经营活动风险、内外环境风险、信息系统风险、合法性风险等，并确定风险因素的重要程度，评估各风险因素得分，确定高风险区域。

(3) 控制活动

控制活动使企业保证控制目标有效落实。包括经营活动的复查、业务活动的批准和授权、责任分离、保证对资产记录的接触和使用的安全、独立稽核等。

(4) 信息和沟通

以不同形式取得和传递信息，使员工懂得自己在控制系统中的作用、责任，更好地履行职责，形成有利的外部沟通环境。保持经营信息和控制信息畅通，以减少由于信息不对称导致的企业经管成本和社会监督成本的提高。

(5) 自我评估和内部监督

内部控制应是一种实时过程，与经营管理活动紧密结合，随时进行自我评估和内部监督。企业内部应由有关管理人员和职员定期、独立地自上而下对各部门的控制进行评估、内部监督。

根据我国企业内部控制所存在的问题分析，建立我国内部控制完整的体系，是一项与实践联系相当紧密的管理任务。

(1) 加强法律法规等强制性约束和准则规范

1997年美国通过《反国外贿赂法》，其中有关会计及内部控制的条款，规定每个企业应建立内控制度以防止发生贿赂行为，如果达不到美国审计准则委员会提出的内控目标，可被罚款1万美元，建立和强化内部控制成为企业的一种法律责任。而我国《审计法》、《独立审计准则》等虽有论及，但都从审计角度出发的，对企业而言并未形成内控整体框架；《会计法》也没有对企业内部控制提出具体可行的规定。因此，应尽快加强有关企业内部控制方面的法制建设，以及内部审计和独立审计等相关方面的行业准则的制定，为提高企业内控提供外部监督和指导。

(2) 建立健全内控框架

企业要有一个健全有效的内控框架，从控制环境入手，建立符合现代企业制度的组织结构，加强董事会的职能及其独立性；提高管理者素质，凭借经济市场的竞争，由市场决定而不是由行政指定管理层；鼓励塑造企业文化，加强管理者和员工激励，明晰权责。

(3) 加强风险评估

企业应在经营过程中加强风险评估和风险管理，随着经济的发展，经济环境的变化，企业的经营风险逐步增大并更具有不确定性，如资产风险、信息系统风险、兼并重组风险等，要加强董事会各专业委员会的作用，及早进行风险评价，确定风险领域，防患于未然。

(4) 贯彻相互牵制原则和协调配合原则

牵制原则即一项完整的经济业务活动，必须经过具有互相制约关系的两个或两个以上的控制环节方能完成，在横向关系上，至少由彼此独立的两个部门或人员办理以使该部门或人员的工作受另一个部门或人员的监督。在纵的关系上，至少经过互不隶属的两个或两个以上的岗位或环节，以使下级受上级监督，上级受下级牵制。另外各部门或人员必须相互配合，各岗位和环节都应协调同步，协调配合原则是相互牵制原则的深化和补充。贯彻这一原则，尤其要避免只管牵制错弊而不顾办事效率的机械做法，而必须做到既相互牵制又相互协调，从而在保证质量，提高效率的前提下完成经营任务。

(5) 建立内控信息的披露机制

企业尤其是上市公司一般只对外披露财务会计信息，人们关心的也是每股收益等数字。对于企业内部控制，人们常常疏忽。而独立审计人员则体会到信息的真实可靠，来源于企业内部控制，内部控制越好，其信息就越可靠，审计实质性测试就可相应减少；注册会计师在审计中虽然会对企业内控进行评审，但一般注重内部会计控制，并且由于审计的时间范围和技术的局限性，企业内控情况并不能充分了解和揭示；为了提高企业内控意识、提高其信息质量，企业有必要在进行内部控制自我评估后，向社会公开披露其内控信息。

(6) 成本效益原则

即在实行内部控制时，花费的成本要低于由此产生的收益，力争以最小的控制成本取得最大的经济效益。

(7) 建立内部控制制度评价体系

对企业来说，建立健全内部控制制度是一个渐进的过程，必须建立其内部控制评价体系，根据情况的变化和出现的问题对相应的内部控制制度作出及时修正或建立新的内部控制制度，只有不断进行内部控制自我评价和改进，才能建立起行之有效的内部控制体系。

(二) 完善法人治理结构，强化内部控制机制

1. 强化董事会职能

如果说控制环境是企业内部控制体系的核心，那么董事会就是这个核心的核心。它负责为公司经理制定博弈的规则，对内部控制来说，一个积极的主动的董事会是相当重要的。具体应作好以下几个方面的工作：①董事会成员应具备相当的工作经验和专业知识；②董事会应具有相对于管理层的独立性；③董事会中的外部董事应占有一定的比例，以防止少数董事专断；④董事会成员应确保参与管理的程度和采取措施的有效性；⑤董事会成员对管理层提出的问题

应具有一定的广度和深度;⑥重点关注董事会成员与内外部审计人员的关系实质。

2. 完善内部控制构成主体的建设

对经营者的控制,不但要有以资本市场、产品市场以及法律规章制度为主体的外部控制机制,而且要有以董事会、监事会、审计委员会为主体的内部控制机制。董事会是内部控制的最高层,拥有最高的权力。董事会只有具有相应的能力和作用,才能充分发挥监控、引导和监督的职责。必须明确界定董事会、审计委员会和高级管理当局的责任。

建立董事会领导下的审计委员会,可统一管理公司的内部审计工作和协调外部注册会计师的审计工作。内部审计既是企业内部控制的一个部分,也是监督内部控制其他环节的主要力量。审计委员会的设立可以充分保证内部审计的独立性,从而可以更大程度的发挥内部审计的监督、评价、控制、服务的职能。

(三)强化监督,督促实施

企业能否建立完善的内部控制系统并切实予以实施,需要有监督力量。从传统上说,对内部控制体系的监督一般是依赖企业内部审计部门,但由于内部审计部门独立性较差,难以独担此任,应借助外部审计力量来实现。美国和中国台湾已相应建立了定期聘请注册会计师对内部控制制度予以评价的做法,我们也应借鉴这一先进经验。注册会计师由于其特殊的地位,能够以第三者的身份独立、客观、公正地进行评价。注册会计师可结合年度审计对企业内部控制体系进行评审,出具内部控制体系评审报告,这样,一方面有利于监督企业设计、实施内部控制体系,及时发现内部控制的疏漏,采取补救措施;另一方面也有利于注册会计师对企业的年度审计。

(四)改善人力资源管理机制,提高企业员工素质

一个企业的人力资源政策直接影响到企业中每一个人的业绩和表现。良好的人力资源政策,对培养企业的员工,提高企业员工的素质,更好地贯彻和执行内部控制有很大的帮助。因此,我国企业必须引入竞争机制,根据市场竞争、优胜劣汰的原则,形成任人唯贤的用人机制,为企业的发展和壮大配置合格的人才。管理者的素质在企业经营管理中起着非常重要的作用,管理者的素质不同,对企业发展产生的影响也不相同,进而影响到企业内部控制的效率和效果。企业管理者的素质不仅仅指知识与技能,还包括道德观、价值观、世界观等各方面。企业承受营业风险的种类、整个企业的管理方式、企业管理阶层

对法规的反应、对企业财务的重视程度以及对人力资源的政策及看法等,都深深地影响着内部控制的成效。

(五) 重塑组织文化,增强企业的凝聚力

根据美国经济学家罗宾斯的说法,在每个组织中,都存在着随时间演变的价值观、信念、仪式、神话及实践的体系或模式。这些共有的价值观和模式在很大程度上,决定了雇员的看法及对周围世界的反应。我国的经济体制在经历了计划经济向市场经济的转轨之后,企业还没有建立起相应的组织文化,造成企业内部组织文化的缺位和混乱。单纯依靠道德、理想等无形的东西现已很难奏效,企业必须通过严格的规章制度来促进良好的、适应市场经济发展的组织文化的形成和建立,从而形成良好的控制环境,促进内部控制的有效运行,加强企业的凝聚力。

(六) 强化企业经营的风险意识,提高风险管理水平

现代社会是一个充满激烈竞争的社会,每一个企业都面临着成功的挑战和失败的风险,对风险的管理成为现代企业管理的主要内容之一。风险影响着每个企业的生存和发展,也影响其在行业中的竞争力以及在市场上的声誉和形象。所有的企业,不论其规模、结构、性质或产业如何,其组织的不同层次都会遭遇风险,管理人必须密切注意各层次的风险,并采取必要管理措施。我国企业的风险意识从总体上来说比较低,采取各种经营决策时,往往很少考虑可能存在的风险。面对市场经济条件下的各种风险,必须加强企业的风险意识,只有企业意识到了风险,才会主动采取措施,加强内部控制。风险的存在是实施控制的根本原因。[1]

(七) 建立有效的管理信息系统

一个良好的信息和沟通系统,可以使企业及时掌握营运状况和组织中发生的各种情况,及时为企业员工提供履行职责所需的各种信息,使企业的经营和管理流畅进行。管理信息系统是指由人和计算机组成的能进行数据的收集、处理、存储、输出的系统。它通过对一个组织内部和外部数据的处理来获得有关信息,以控制企业的行为。会计信息系统是企业管理信息系统中的一个最重要的子系统,是组织处理会计业务并为企业提供财务信息,定向信息和决策信息并辅助企业管理控制的有机整体。有效的管理信息系统可以及时地提供各方所

---

[1] 吴水澎、陈汉文、邵贤弟:《企业内部控制理论的发展与启示》,《会计研究》2000年第5期。

需要的会计信息，提供企业各部门管理控制生产、考核工作成果以及提供企业高层决策人员制定经营方针、制定规划，进行决策所需的会计和管理信息。只有企业的人员通过管理信息系统了解了企业目前的状况，才能对可能发生的异常状况作出反应，从而及时报告，以防止重大损失的发生。这从我国企业发生的许多携款潜逃案件中可窥一斑，犯罪分子携款逃走了很长时间，而企业的有关人员却往往一无所知。

（八）实施内部控制审计

开展内部控制审计目的是要使企业的生产经营活动能够按照预定的目标和方式，在有效的控制下规范运作。通过内部控制审计，监督、检查、纠正和处理执行过程中出现的偏差和错误，使内部控制更趋于完善。

1. 明确内部控制与内部审计的关系

内部控制既是被审计单位对其经济活动进行组织、制约、考核和调节的重要工具，也是审计人员用以确定审计程序的重要依据。反过来，内部审计还能为改进内部控制提供建设性意见。在审计的发展过程中，对内部控制的重视与信赖，加速了现代审计方法的变革，节约了审计时间和审计费用，同时也扩大了审计范围，完善了审计的职能。在确定内部控制与审计的关系时，应当明确以下三点：（1）在审计人员执行审计作业时，不论被审计单位规模大小，都应当对相关的内部控制进行充分的了解。（2）审计人员应根据其对被审计单位内部控制的了解，确定是否进行符合性测试以及将要执行的符合性测试的性质、时间和范围。（3）对被审计单位内部控制的了解和符合性测试，并非审计作业的全部内容。内部控制良好的单位，审计人员可能评估其控制风险较低而减少实质性测试程序，但绝不能完全取消实质性测试程序。

2. 明确内部控制审计的必要性

开展内部控制审计是与国际先进内部审计接轨的必然要求。目的是要使企业的生产经营活动能够按照预定的目标和方式，在有效的控制下规范运作。通过内部控制审计，监督、检查、纠正和处理执行过程中出现的偏差和错误，使内部控制更趋于完善。

3. 明确内部控制审计的主要内容

（1）对内部控制符合有效性的测试

主要包括投资控制审计、成本费用控制审计、资金控制审计、物资采购控制审计、市场准入控制审计、合同管理控制审计、劳动人事控制审计。

（2）对内部控制进行综合测试和评价

主要包括对内部控制与企业本期主要生产经营目标一致性、内部控制成本效益性进行测评；对内部控制健全性、科学合理性进行评价。

4. 明确内部控制审计的程序

内部控制审计应执行检查控制的程序，直接参与重要的生产经营活动，如介入重大工程、物资采购项目等的招投标过程，介入公司预算的制定、执行和修改过程，介入市场准入的审批过程，介入重大合同的签订过程等。通过积极的参与，在生产经营过程中及时发现、纠正偏差和错误，反馈内部控制存在的缺陷，起到预防和规避经营风险的重要作用。

5. 明确内部控制审计的方法和技术

(1) 和其他审计项目一并开展

即在开展其他项目审计前，先实施内部控制审计，确定其薄弱环节，以编制审计方案，明确审计重点，再开展其他审计项目。如此，可达到一箭双雕的目的。中油集团公司、中国石油股份公司审计部2003年已明确提出：在开展其他审计项目时，必须同时开展内部控制审计。

(2) 开展专项审计

内部控制审计要针对一些主要的控制程序，重要的、易产生问题的环节，如合同管理、市场准入、物资采购、外付资金等进行专项审计。检查有关制度、程序的贯彻执行情况，对其健全性、科学性、有效性做出综合评价。

经过实践，在开展内部控制审计时，通常可采用"调查表法"、"文字表述法"及"流程图法"。这三种技术手段各有利弊，审计人员可根据不同情况，运用专业判断来选择特定的方法技术。

企业要在激烈的市场竞争中立于不败之地，完善内部控制及其审计已成为必要条件之一。环境的变化和管理理论的不断发展，要求内部控制及其审计理论必须随之发展。相信广大审计理论界的朋友们必会将这一课题纳入重要日程。

(九) 管理当局进行内部控制评估和报告，并可考虑由注册会计师对内部控制进行评价

企业管理当局对内部控制进行评估并对外报告，可以提高企业的财务报告的可靠性，在一定程度上减少虚假会计信息的发生。一方面，在内部控制报告中，管理当局应对企业的内部控制制度的设计和执行是否有效作出评估，并表明其对财务报告和资产的安全完整无重大不利影响，这实际上表明了管理当局的一种（合理）保证，可以在一定程度上减少财务报告舞弊的可能性。另一方面，通过自我评估，可以发现企业内部控制中存在的问题，并采取相应措施，从而改善企业的内部控制。McMullen, Dorothy A. 和 Ragahunandan K.

（1996）的实证研究表明，财务报告有问题的公司一般不会提供内部控制报告。2000年中国证监会发布的《公开发行证券公司信息披露编报规则》第1、3、5号要求商业银行、保险公司、证券公司建立健全内部控制制度，并对内部控制制度的完整性、合理性和有效性作出说明。同时要求注册会计师对其内部控制制度及风险管理系统的完整性、合理性和有效性进行评价，提出改进意见，并以内部控制评价报告的形式作出报告。但是，对于报告的格式和内容尚缺乏详细规定。而对于一般上市公司，我国仅要求在上市公告书中披露企业建立内部控制制度，年度报告中并无内部控制报告方面的要求。笔者认为，应当要求所有上市公司在其年报中披露内部控制的制定和运行的有效性。

为了提高内部控制报告的可信度，还可考虑由注册会计师进行验证。事实上，在制度基础审计下，对企业进行审计的时候，注册会计师首先应当对企业的内部控制制度及其执行情况进行了解，再据以确定实质性测试的性质。时间和范围。至于注册会计师可能不熟悉内部管理控制的问题，一方面，管理控制无法与内部会计控制截然分开；另一方面，注册会计师也可以聘请有关的专家帮助工作，对有关管理控制进行评价。因此，笔者认为，可以要求注册会计师对企业的内部控制进行评价，并加以披露。但应当明确建立并维持内部控制，保证会计信息真实是企业管理当局的责任，同时，准则制定机构应制定相关的指南。

第十七章　股票期权激励制度

一　股票期权激励制度的设计理念及其效果评价

产生于20世纪70年代美国的期权激励制度，主要是着眼于解决投资方与主要经营者之间的利益矛盾，建立对经营者的长效激励机制，在20世纪八九十年代得到了迅速发展。所谓股票期权，是企业资产所有者对经营者实行的一种长期激励的报酬制度。标准的股票期权是指经营者享有在与企业资产所有者约定的期限内（如3—5年内）以某一预先确定的价格购买一定数量本企业股票的权利。行使本企业股票期权的经营者，在约定期限内，按照预先确定的价格购买本公司股票，如该股票价格届时上涨，那么，经营者在他认为合适的价位上抛出股票，就能赚得买进股价与卖出股价之间的差价。

（一）期权激励制度的形式

期权激励制度主要包括如下几种形式：

1. 经理股票期权

这是通常规定给予公司内以首席执行官（CEO）为首的高级经营管理阶层在某一期限内、以一个固定的执行价格购买公司普通股的权利，执行价格与股票售出价格之间的差额，就是期权拥有者的收入。股票期权不能转让，但在特定时候，其持有者可以自行决定出售由行使期权所购入的股票。

2. 经营业绩股份

这是指对完成了预定业绩目标并继续留任的高级经营管理人员授予企业股份。经营业绩股份所规定的业绩目标通常是与企业整体业绩衡量标准联系，最普遍的衡量标准就是几年期间企业股票每段收益的累积增长率，达到增长率目标就可获得经营业绩股份。这种报酬方式通常还规定，企业家在一个指定期间内不得支配这些股票，如果在此限制期内辞职或被辞退或因其他原因离开公司，那么他将丧失这些股票。

3. 股票增值权益

这是一种企业家可以现金或股票或两者兼有的形式获取的期权差价收益。股票增值权益的一般形式是以现金形式获取期权差价收益,而无须行使期权,因此又称为现金增值权益。股票增值权益通常与经理股票期权结合使用,作为企业家购买在经理股票期权前提下所加大报酬激励的一种补充手段。①

20世纪80年代以来,以"经理股票期权"为代表的各种长期报酬激励方案得到了广泛推行,并在企业家总体报酬中的比重不断上升。到了20世纪90年代,在美国企业家阶层的报酬总额中,通过"经理股票期权"等长期激励方案所获得的收益,一直稳定在20%—30%之间,1997年曾高达28%。根据著名的布莱克－斯科尔斯(Black-Scholes)期权定价理论与公式计算,1998年在美国最大100家企业高层经理人员的薪酬收入中,高达53.3%来自股票期权。目前在美国的许多最具成长性的公司中,企业家们通过股票期权所获得的收益,都超过了他们的固定工资和奖金,有相当多的高级经营管理人员因此成了新富豪。据著名的《福布斯》杂志每年5月对美国800家上市公司的调查结果显示,在企业家的薪酬结构中,股票期权行权收益的中位数从1985年的4947美元上升到1997年的88万美元,增长了178倍,而同期的规定工资和奖金的中位数仅从73万美元上升到122万美元,增长不到一倍。另据美国《商业周刊》统计,1998年美国大型上市公司首席执行官的平均收入高达1060万美元,比1977年增长了36%,比1990年平均收入200万美元增长了四倍。1997年美国收入最高的10名首席执行官收入构成显示,长期服务补偿(主要是股票期权收入)占总收入的比重基本上都在96%以上。这种来自证券市场的巨大收益,很自然地激励着企业家坚持股东利益即公司利润最大化的企业目标。企业家股票期权行权收益在其总收入中的比重日益增加,已成为当今国际企业界报酬制度创新的一个重要发展趋势。托尔斯·佩兰(Towers Perrin)咨询公司和沃顿商学院的合作研究结果显示,目前全美最大500家上市公司中78%的企业,对企业家实行了经理股票期权(ESO)报酬制度;据著名的《财富》(Fortune)报道,目前全球最大500家企业中已有89%的企业,实施高层经理人员股票期权计划。长期崇尚平等报酬的日本企业也开始效法美国企业的经验,包括索尼、日本电气等著名企业在内的160家上市公司已纷纷引入期权激励制度。20世纪90年代初,我国开始引入期权激励制度,至今仍然处于试点阶段。

---

① 叶克林:《企业家期权激励的国际经验》,《经济学消息报》2001年2月16日。

(二) 股票期权激励的制度设计

1. 海外主要国家股票期权制度发展状况

美国是世界上股票期权制度最发达的国家，早在1950年美国国会就正式对限制性股票期权进行了相关立法；1964年美国取消了限制性股票期权，取而代之的是附条件股票期权；1976年，附条件的股票期权在美国被终止，此后的一段时间内没有产生新的替代工具；1981年美国国会引入了激励性股票期权，并将激励性股票期权与非法定股票期权进行严格的区分，实行不同的税收待遇，这种股票期权体系一直沿用至今。

美洲其他国家中除加拿大的股票期权制度已经基本上发展成熟之外，墨西哥、哥伦比亚、巴西、智利、委内瑞拉等国的股票期权制度均在20世纪90年代开始起步，目前还处于发展、完善的过程中，股票期权的会计、税收制度的变动性较大。总体上来看，加拿大、墨西哥等其他美洲国家的股票期权制度大致沿用美国的体系，但由于各国税收体系存在较大的差别，相应的美洲各国股票期权税收制度的差别也较为明显。

欧洲各国中，英国、法国、荷兰、瑞士、爱尔兰的股票期权制度发展历史较为悠久，20世纪70年代初，这些国家相继在《公司法》或其他专门的法规中对公司股票期权制度进行相应的立法，股票期权的各类制度较为健全。相比之下，德国、意大利的股票期权制度起步较晚，显示出激励机制远滞后于国家经济发展水平的局面。

亚洲股票期权制度发展比较迅速的国家与地区有日本、印度、新加坡、中国香港、中国台湾等，其中中国香港地区采用的是认股权制度，与美国式的股票期权制度相比有一定的差别，但仍属于广义范围的股票期权制度。

澳洲各国中，澳大利亚、新西兰的股票期权制度尚处于发展之中，且相互之间差别明显，其中，澳大利亚对股票期权的计税办法比较复杂，而新西兰则沿用美国的股票期权制度体系。

我国目前没有一家上市公司推出标准的获得官方认可的股票期权计划，急需在激励制度上进行创新。

2. 股票期权激励的制度设计思路

以美国"经理股票期权"为例具体解析其设计思路

(1) 经理股票期权的正式授予

一般每年进行一次，其授予条件和授予数量均由董事会薪酬委员会决定。为了保证客观公正性，薪酬委员会通常由3—4人组成，大多由外部董事担任。年度之初，薪酬委员会制定出年度经营业绩考核目标及股票期权授予数量的计划方案；股票期权的数量和价格通常参照同行或竞争对手一般水平作出，具体参照数据由独立的专业咨询公司提供。经过年终考核，薪酬委员会根据企业经营实绩最终确定高层经理班子的股票期权授予数量。

（2）经理股票期权的两种类型

按照是否符合美国"国内税务法则"有关特殊税务处理的规定，可将经理股票期权分为两种类型：一是激励型期权，也称之为法定股票期权；二是非法定股票期权。两者的主要区别是，激励型期权可以享有税务法则规定的税务优惠：雇员在获得期权以及执行期权时，不被认为是得到"普通收入"，因而不用交税，公司也不能扣减相关的报酬；只有在卖出期权所获得的股票时，其收入才被确认为"资本利得"，并按相应的税率纳税。因此，激励型期权是普遍采用的形式。如果准备对企业家授予激励型期权，还必须符合"国内税务法则"第422条的有关规定：一是期权只能授予本公司雇员，并且这些期权只能用于购买本公司或者是母公司、下属公司的股票；二是期权授予必须遵守经股东认可的成文文件；三是在经股东批准后，期权必须在10年内售出；四是期权的执行价格必须等于或高于授予时的公平市场价格，如果是不公开交易的股票，其价格应以合理的方式确定；五是在授予时雇员不能持有公司10%以上股份，除非期权价格被定在公平市场价格的110%以上，或是在授予后5年内不能执行。

（3）经理股票期权的执行价格

一般而言，期权的行使价格可以分为三种：低于现值、高于现值和等于现值。低于现值期权，相当于向期权持有者提供了优惠，股东权益被稀释，因此股东不愿意接受，而且这种方式会产生多少激励作用也令人怀疑。高于现值的期权，一般适用于公司股价看涨的时候，并且由于它提高了获利的难度，对经理班子会产生更大的压力。由此可见，期权的执行价格是经理股票期权方案设计中的难点与关键。按照上述"国内税务法则"的第四款规定，激励型期权的执行价格，不能低于股票期权授予日的公平市场价格。但不同的公司对公平市场价格的规定不同，有的规定是授予日最高市场价格与最低市场价格的平均价，有的规定则是授予日前一个交易日的收盘价。但对于非法定期权来说，由于没有执行价格必须等于公平市场价格之类的限定，定价可以灵活得多。

（4）经理股票期权的执行期限

通常情况下，经理股票期权在授予后并不能立即执行而要等待一段时期，但一般不超过10年。到了能够执行日期后，每年也只能执行其中的一定比例。之所以有上述执行期限安排，主要是为了发挥经理股票期权的长期激励与约束力,避免企业家出现一些短期行为。

(5) 经理股票期权的价值估计

一般来说,经理股票期权是无偿授予的。公司希望高层经理班子通过有效的经营提高股价,从而获得更多收益,这也是股东的根本利益所在。不收期权费并不意味着期权没有价值。经理股票期权作为一种金融资产必定有其内在价值,一般来说,相当于执行价格与股票市价之间的差值,但这种方法可能会低估期权的价值,因为它忽略了期权执行价格的贴现值。另外,还可以用著名的布莱克—斯科尔斯(Black-Scholes)"期权定价模型"进行更为精确的估价。有些企业则要求企业家付出一定的期权费,但此举主要是为了增加期权计划的约束力。因为期权本身是一种选择权,当公司股价低于执行价格时,期权持有者可以放弃执行,这样就使期权的激励作用大打折扣。换言之,加入期权费可以增大企业家不尽职的机会成本,只要公司股价与执行价格之差不大于期权费,其激励作用就仍然有效。

(6) 经理股票期权的两种来源

一是公司发行新股票;二是通过公司留存股票账户回购股票。这是指一个公司将自己发行的股票从市场购回的部分。这些股票不再由股东持有,其性质转为已发行但不在外流通的股票。公司将回购的股票放入留存股票账户,根据经理股票期权或其他长期激励方式需要,在未来的特定时间再次出售。

(三) 股票期权激励制度的功能评价

1. 股票期权激励制度的功能

实践经验与理论研究证明,以股票期权为基础的现代企业家报酬制度要优于以基本工资和奖金为基础的传统企业家报酬制度。这是因为:

(1) 股票期权制可以有效解决经理人长期激励不足的问题

股票期权制的出现在很大程度上解决了企业所有者与经营者由于利益不一致而引起的委托—代理问题,是一种优化激励效应的制度安排,在西方发达国家得以广泛应用。它创造性地以股票升值所产生的差价作为对企业经营者人力资本的一种补偿:企业经营得好,股票就可能升值;业绩不佳,则股票可能下跌赔钱。经营者只有努力工作才有可能获得这种补偿收益,轻率的失误则会招致自身灾难性损失。有些企业还规定,企业经营者在离开企业后的一定时期内不得抛售股票,这更加迫使经营者与所有者的联系更加密切,有效地规避了企业经营者的短期行为。

(2) 股票期权制有利于上市公司降低委托—代理成本

通过股票期权制,将经理人的报酬与公司的长期发展业绩紧密联系在一起，所有者就无须密切注视经理人是否努力工作，是否将资金投入到有效益的项目上，是否存在追求自身利益最大化而损害股东利益，从而有效降低公司的委托—代理成本。股票期权制可以低成本不断吸引并留住人才，由于企业支付给经理人的仅仅是一个期权，是一种不确定的未来收入，是将来预期财富以期权的方式转移到经理人手中。在期权执行过程中始终没有现金流出，而且随经理人期权的行使，公司的资本金会相应增加，同时，股票期权制是以股权为纽带，通过股票期权制的附加条款设计，即可联结起经理人与公司的关系。

（3）股票期权制提供了合理的企业家业绩评价体系

一种报酬制度及其激励效果，在很大程度上依赖于对企业家业绩评价体系的合理公正程度。在以基本工资和奖金为基础的传统企业家报酬制度条件下，对企业家进行业绩评估主要是利用利润指标等会计信息，但事实上，企业会计指标难以全面反映企业家的努力程度。这一方面是由于会计指标容易为企业家所操纵，另一方面是会计指标在反映企业家经营业绩时具有一定的滞后性。而基本工资和奖金往往是与企业现期或上期（上一个财政年度）的业绩挂钩，而与企业的未来业绩（企业远期赢利和长期运力）没有联系。因此，在任期限制的情况下，传统的企业家报酬制度客观上增大了为考虑企业长期利益进行决策的企业家的报酬风险，从而削弱了长期激励效果。与此不同，以股票期权为基础的现代企业家报酬制度则合理反映了经营绩效，提供了有效长期激励机制，有利于企业家与股东共同分担企业风险，也有利于企业集聚优秀经营人才。

（4）股票期权制激励优势明显

当一般性的收益激励不足以刺激管理者与员工较长时期地贡献精力、才华、智慧时，股票期权的激励就自然而然地生成了。这是经济生活的逻辑。它将经济激励渗透进了资本的增殖过程中，管理者与员工的积极性问题，转化成了他们自己如何对待公司的未来业绩和公司股票价格的市场趋势问题。它显然具有一般性收益激励不具有的特殊优势。正因为如此，股票期权的激励方式备受推崇，它被广泛地在西方市场经济发达的国家采用。国人也步其后尘，尝试的面积在渐渐地扩展开来。[①]

2. 股票期权激励制度的局限性

需要指出的是，西方国家目前实行的企业家期权报酬制度并非没有局限性。很多时候，企业家的经营绩效与股票价格的涨落之间并没有直接的因果关系。如果股票价格由于外部不可控制事件而下降了，相对于计划预定的收入而言，企业家就会遭受很大的损失；倘若企业股价随大势上涨，也会使某些企业

[①] 陈彩虹：《认清股票期权激励机制的陷阱》，《人民日报》2002年4月13日，第5版。

家搭市场"便车"而致富。这种股票市场的不确定性给企业家报酬制度方案加入了一个不可控的风险成本，有可能不能对企业家经营绩效提供可靠的反馈。即使没有上述不确定性，股票市场的有效性还要受到很多因素的影响，比如交易成本、信息成本等。另外，现实的市场还存在很多"噪音"干扰，这些都动摇了基于市场价值的报酬计划所依赖的市场有效假设。目前股票价格之所以不可能完全替代其他指标而作为全面反映企业家经营绩效的指标，其原因即在于此。

从国内外一些成功推行股票期权制的企业情况分析，股票期权的激励意义在于公司经营业绩的稳步攀升，企业发展前景被一致看好，股票期权拥有者从不断攀升的股价中实实在在地看到了自己未来的利益，由此成为最大限度地发挥自己聪明才智、工作热情的动力。如果说一个企业时刻处在亏损破产的边缘，那么，股票期权还有什么意义呢？股票期权的另一个作用在于稳定企业中坚力量，防止关键人员中途跳槽。企业的竞争就是人才的竞争，不少创业初期的公司，由于资金相对紧张，不可能用大幅提薪的办法来稳定员工队伍，于是给职工一定数量的期权股票，如果有谁中途跳槽，股票期权就不复存在。这种股票期权激励机制对于那些股本扩张能力较强的创业初期的企业而言是相对有效的。但是，同一种药方治不好两种不同的病。国有企业经营者存在的种种问题，大多是事出有因。作为国有企业的经营者对企业产权并没有所有权，可他却有随意支配、使用的权力，这种权力所带来的实惠远比那看不见摸不着的股票期权更具诱惑力。此外，如果要让企业经营者通过投入私有资金取得一定比例的企业股票期权，在实践中很难行得通。在现实中国，有几个经营者能拿出大笔私有资金来认购企业的股票期权呢？如果他有那么多资金，他干嘛不选择个人创业呢？或者把资金投入到更具发展前景的产业呢？很显然，通过股票期权激励机制来搞好国有企业，只能是企业理论家的一厢情愿。

二 我国企业实施股票期权激励制度

作为一种长期激励工具，股票期权的有效应用是有条件的，它需要有比较健全的经理和专业人才市场，比较健全的公司治理，比较健全的资本市场和透明程度高的公司信息披露，以及完善的《公司法》、《证券法》、《税法》等基本的法规框架。目前在中国，这些条件并不完全具备，但是企业改革和建立现代企业制度的任务又刻不容缓，因此，必须在努力改造和完善现有的格局，建立有效的公司治理，在规范的基础上发展我国证券市场的同时，选择一些条件较好的企业，用规范试点的办法，有步骤地推广包括股票期权制度在内的长期激励方式。

经过近年来的不断尝试和发展,虽然我国目前推行股票期权激励机制的条件还不完全具备,但基本的必要条件已经初步具备,例如我国已经颁布实行的规范公司制度所必需的《公司法》、《证券法》、《企业会计制度》、《上市公司治理准则》等法规。

在政策引导和全球经济的熏陶下,股票期权在我国也获得了较大范围的应用,目前我国上市公司中,长源电力、清华同方、东方电子、中兴通讯等均推行了股票期权方案,其中最为典型的就是在纳斯达克上市的中国门户网站。在过去的几年中,新浪、搜狐、网易前后多次发行股票期权,并取得了较大的成功。

我国实施股票期权激励制度面临的主要问题:

1. 上市公司治理结构问题

我国上市公司董事长与总经理两职合一的现象比较普遍,缺乏独立的薪酬委员会,外部董事比例明显较低,监事会受内部人控制严重,管理者容易为自己发放过多的廉价股票期权。

2. 证券市场非有效性问题

我国证券市场目前有效性较低,经常出现股价与业绩非对称的现象。在这种环境下实行股票期权计划有可能出现绩优公司的股票期权不能获利,或获利很小,而亏损公司的股票期权获利丰厚的不合理现象。

3. 员工业绩评定标准问题

我国目前大部分上市公司没有职工贡献考核体系,分配股票期权时很容易出现不公平的现象,从而使股票期权的激励作用下降。

4. 期权计划缺乏实施标准

我国目前对股票期权计划的实施主体资格、期权计划的有效期、股票期权的发放额度、行权价格、等待期、行权日、股票来源等重要问题均没有作出明确的规定,推行股票期权计划时容易出现混乱的局面。

5. 行权所需股票来源问题

在目前的制度体系下,我国上市公司实施股票期权试行的股票来源模式存在一定的问题。(1) 回购股份作为股票来源时:根据我国《公司法》第149条的规定,我国上市公司不能将回购股票作为股票期权计划中正常的股票来源渠道。(2) 发行新股作为股票来源时:首先,行权期间每月都需要会计师事务所出具验资报告,并进行股本变更;其次,上市公司股本的每次变化需要及时公告,增加了不必要的程序。(3) 赠予红股作为股票来源时:该模式下如果免费赠予红股,则造成上市公司利益向高管人员单方面转移,如果销售红股的收入返还给上市公司,上市公司将获得大量营业外收入,从而带来实质上的利润操纵。（4）大股东转让部分股票作为来源时：首先，这种股票来源的持续性没有保障，如果大股东破产，转让部分股权变成小股东或者转让全部股权脱离上市公司时，公司股票期权计划的股票来源就失去了依托；其次，主板上市公司实施这种模式面临着股票流通性质的变更，需要证监会的批准。（5）申请定向发行额度时：在该办法下，首先期权持有人只有在公司首次发行、增发新股、配股时才能行权，这背离了自由行权的重要特征；其次，申请定向发行必须经中国证监会批准，有一定的政策难度。（6）以其他方的名义回购。这种方式是目前回购受限制时的权益之计，合作双方的权利义务很难得到完全的保障。（7）采用股票增值权模式时：首先这不是完全意义上的股票期权，其次这种方案在股价上涨时会给公司带来巨大的现金流出压力。

6. 高管人员出售股票限制过严

我国《公司法》规定高管人员所持股票在任期内不得出售，高管人员只能在离职或退休后六个月之后才能将手中持有的本公司股票出售。

7. 缺乏股票期权信息披露制度

我国股票期权计划的信息披露制度是一片空白，很容易出现公司实施股票期权计划时透明度过低的局面。

8. 税收、会计制度与其他问题

目前我国对股票期权持有者行权后所获收益应如何征税无章可循。此外，股票期权试行中还应当解决的问题包括会计制度上如何对股票期权进行会计处理，如何对股票期权进行估价等。

三　股票期权激励制度与公司治理

建立所有者与经营者之间的制衡关系是现代公司制度的核心。现代公司区别于传统公司的主要特征，是在所有与控制（经营）之间发生了分离。要想使现代公司经营得好，必须使经营者有职有权，与此同时，又必须将经营者的职权置于所有者利益的约束之下，避免出现"内部人控制"的弊病。对于这一矛盾，只有靠建立好的公司治理机制才能解决。利用股权激励，给他们带来可能的高收益，分享股东一部分剩余索取权是行之有效的办法。从经理人员的角度，如果他们的薪酬只是基本工资和对已完成业绩的年度奖励，他势必只追求短期的利益，若要使他为企业的长远发展考虑，就必须有相应的激励手段。股权激励就是着眼于未来，把经理人员的可能收益和他对公司未来成绩的贡献联系起来。从已有的实践，股权激励是协调股东和经理人员根本利益的办法。

中国企业虽然经过二十多年的改革，但目前的激励制度与发达市场经济国家中的情况有很大不同：一是多数企业的薪酬制度还是由上级行政机关主导，而且薪酬组合中缺少长期激励因素，这使得为企业创造价值的激励不足；二是所有者缺位，使得在许多企业中出现经营者自己给自己定薪酬的不正常状况。这些都会影响到企业的有效运转，最终损害所有者和其他利益相关者的利益。近年来，我国的公司、企业也纷纷进行建立激励机制的尝试，主要是在股票期权计划的基础上进行调整，以适应我国法律的规定以及不同公司的需要。从强化公司治理的角度讲，将对经营者的部分现金奖励转化为股票期权不失为较好的股票期权激励制度创新，既适当降低了对经营者的庞大的现金支付，又相当于让经营者自己出钱买股票期权，使经营者承担部分经营风险。[1]

四 股票期权激励制度审计

股票期权将管理者与员工利益的最大化取得，挂钩在未来股票价格的水平之上，未来股票价格水平越高，管理者与员工按照固定价格行使股票期权取得的收益也就越大。股票期权方案设计中，股票价格是至关重要的一环。合理的股票价格，可以避免股票期权在授予及行权过程中，股票期权受赠人利益与义务的不匹配，在充分激励股票期权受益人的同时，较大限度地保障股东权益的实现。股票价格的设计应以现在的二级市场价格为基础（首次公开发行的，应考虑以发行价为基础）。如果股票期权的股票价格不以目前的市场价格为基础，则股票期权的获赠人在没有任何风险的情况下，就可获得巨额收入。这既有悖于市场的公平性，也不利于对股票期权受益人的激励。股票价格直接关系到未来拥有股票期权人的切身利益及激励作用的有效发挥。这样，作为"内部人"的管理者与员工，在信息不对称的格局下，就完全可能根据期权行使的期限情况，人为地设计提高股票价格的方案，并付诸实际操作，实现股票期权激励下个人利益的最大化，而不管这样做是不是会实现公司利益最大化和原有股东利益的最大化。在市场发达而资本的流动性非常高的情况下，这些管理者与员工可以在行使期权后轻而易举地出售自己的股票，或是在行使期权时只要股票购买价与股票市价存在现金差额，获利之后便离开原有企业，对企业构成致命性的打击。因此，股票期权的激励决不是一剂万能良药，潜伏着的"道德风险"问题，预示着对其要有相应的审计措施。否则，那就是企业一个危险的中长期的"陷阱"。

---

[1] 吴冬辉、胡冰冰：《转轨经济下国有企业的代理与管理报酬契约》，《会计研究》1999 年第 9 期。

第十八章 建设会计诚信文化体系

一 建立健全会计诚信的教育机制

会计人员的职业判断在很大程度上取决于对会计诚信的理解和认识。一个缺乏诚信的会计人员,很难做到依法办事,客观公正。加强对会计人员的诚信教育,强化市场主体和会计人员的会计诚信观念和信用意识是解决会计诚信危机的关键。

西方发达国家用了一百五十多年的时间,才建立起较为成熟的社会信用体系,我国正处于经济转轨最关键也是最艰难的时期,建立社会信用之路任重而道远。

(一) 全面实施会计诚信教育

会计诚信教育是培养和塑造会计人员高尚道德的系统工程,这个系统工程的教育对象包括单位负责人、会计人员、注册会计师等相关人员。《会计法》明确规定,单位负责人为单位会计行为主体,会计人员有忠诚执行《会计法》的责任,注册会计师依法对企业和相关单位有社会监督的法律地位,三位一体,缺一不可。大规模地开展会计职业道德和诚信教育,并作为会计管理的重要目标,要从学校教育抓起,到会计执业资格准入教育,到会计人员的后续教育,都必须把会计职业道德和诚信教育作为一个重要内容,各级财政部门不仅要向他们讲授专业知识,训练专业技能,还必须学习职业道德知识,强化会计人员道德的规范,促使会计人员注重本身职业道德的培养,使之具有良好的职业道德素质和诚信修养。70多年前,一代会计大师潘序伦先生提出的"信以立志,信以守身,信以待人,毋忘立信,当必有成"的做人原则,以及"一曰公正,二曰诚信,三曰廉洁,四曰勤奋"的会计师职业道德标准,至今对每一个会计人员仍有极强的现实教育意义。

(二) 将会计诚信教育作为会计职业道德建设的第一重要内容

会计诚信教育的目的,是培养会计人员公正、客观的职业道德和正确、谨慎的职业水平，最终形成良好的会计职业人格。会计诚信教育作为社会主义道德体系建设的一项基础性工程和培养、塑造会计人员高尚道德的系统工程，起着使外在的会计职业道德规范得以转化为会计人员内在的品质和行为的重要作用。提高会计诚信度和公信力，维护会计职业道德，是会计教育发展的根本。但是，我国的会计教育至今未把会计诚信教育作为会计职业道德建设的重点内容。现在各类会计教育尽管很多，但注重会计诚信教育的并不多，这不能不说是一个缺憾。因此，我们要针对会计教育中职业道德教育弱化的现状，把会计诚信教育作为会计教育和会计职业道德建设的第一重要内容，加强学生和会计人员的诚信教育。会计教育不仅要传授必需的技巧和知识，而且要灌输道德标准和敬业精神。要注重道德标准和敬业精神的灌输，强调会计诚信是最基本的会计原理，使学生一开始学习会计就认识到会计诚信、职业道德的重要性，树立起会计职业的尊严感。

（三）将会计诚信教育的目标定位于赋予会计人员适应时代要求的会计人格精神

诚信是一个社会赖以生存和发展的基石，是一切道德的基础和根本，也是一个人安身立命的基础，是人之为人最重要的品德。它是一个人在长期的教育和生活、工作中形成的，诚信是金。我国从计划经济转向市场经济，复杂的经济关系对会计人员的诚信要求更高，"没有一种商业行为和商业道德的规范，能够代替一个职业操守的管理者、高级职员或者雇员的深思熟虑的行为"（纽约证券交易所建议书，2002 年 6 月）。因此，只有加强对会计人员进行适应时代要求的会计诚信教育，才能使会计人员具有"会计人"社会活动的会计人格精神。

（四）把会计诚信教育的重点放在会计诚信品质的培养上

会计诚信品质是会计诚信文化的核心，包括会计诚信认识、会计诚信情感、会计诚信意志、会计诚信信念和会计诚信习惯等基本要素。它们相互联系、相互依存、相互促进所构成的整体就是会计诚信品质。那么，会计诚信品质是如何形成和发展的呢？一方面，会计诚信品质是会计诚信行为在会计人员身上的表现，是现实社会关系和会计诚信关系的反映，因而它的形成和发展必然要受到一定社会环境和物质生活条件的制约；另一方面，会计诚信品质绝不是对客观物质生活条件的具体会计环境的消极适应的结果。它是在会计实践的基础上，经过个人的主观努力所形成的。对于会计人员来说，它是一个自觉认识和行为选择的过程，是逐步提高会计诚信认识、培养会计诚信情感、锻炼会计诚信意志、树立会计诚信信念和养成会计诚信习惯的综合过程。具体内容为：

第一，提高会计诚信认识。有目的、有组织、有计划地向会计人员传授道德及诚信知识，提高他们对会计诚信的认识。会计人员的任何行为都是对其个人与他人、与社会之间的关系的自觉认识和自由选择的结果。会计人员的诚信认识越全面、深刻，就越能指导他们正确处理和解决各种诚信矛盾，形成明确的诚信判断，增强履行会计诚信义务的自觉性，进行自觉的会计诚信行为选择。在现实生活中，少数会计人员做出违反会计诚信要求的事情，往往与他们的糊涂认识有关。因此，确立和提高会计诚信认识是培养会计诚信品质的第一步，也是最关键的一步。

第二，培养会计诚信情感。重视培养会计人员高尚的会计诚信情感。会计诚信情感就是会计人员按照一定的会计诚信观念，在心理上对会计诚信和会计诚信义务所产生的各种体验，所抱有的善恶态度的情绪。可以说，没有会计诚信情感，就没有也不可能有履行会计诚信原则和会计诚信规范的自觉行为。因为会计人员从理论上认识了一定的会计诚信义务后，并不一定就能按其行动。当会计诚信认识转化为会计诚信情感时，才会对会计人员的行为和举止产生深刻的影响，推动会计人员主动趋善避恶，追求自己情感所向往的美德，反对情感上所不能接受的恶行。同时，会计诚信情感较会计诚信认识具有更大的稳定性。有了这种会计诚信情感，会计人员就能正确对待会计职业，热爱会计工作，正确处理与同事的关系，与集体的关系，摆正个人利益与国家利益的位置，认清自己肩负的责任，顺利完成国家和人民交给会计核算和监督的任务。

第三，锻炼会计诚信意志。会计诚信意志是指会计人员为了履行会计诚信义务而克服各种困难和障碍的能力和毅力。会计诚信意志突出体现会计诚信行为的意图，表现会计诚信行为中的坚韧不拔的精神，它是在精神上对会计诚信行为的指导和支持，比会计诚信情感更进一步。会计诚信认识和会计诚信情感的结合，如没有会计诚信意志的支撑，就不可能巩固和持久。当会计人员具有坚强的会计诚信意志，就会忠于职守，秉公理财，不徇私情，不计较个人得失，克服各种困难，搞好本职工作。如果没有会计诚信意志，就不能抵制某些领导和群众违反纪律的行为，就不可能忠实地履行职责。所以，培养和锻炼会计诚信意志，是会计人员践行道德行为的重要条件，是形成会计诚信品质的重要环节。

第四，树立会计诚信信念。会计诚信信念是会计人员发自内心的对会计诚信义务和诚信理想的真诚信仰和强烈责任感。相对会计诚信认识、会计诚信情感和会计诚信意志来说，会计诚信信念具有综合性、稳定性和持久性的特点。会计诚信信念表现为坚定地相信会计诚信原则和会计诚信规范的正确性，坚定地相信按照会计诚信原则和会计诚信规范行为的正义性。一旦当某个会计人员树立了会计诚信信念时，他就能自我调动，自我命令，长期、自觉、全面地根据自己的信念选择会计行为，从事会计工作。可以说，会计诚信信念是会计诚信品质的核心。

第五，养成会计诚信习惯。所谓会计诚信习惯，是根植于会计人员心理中的一种行为。它已经成为会计人员内心的需要，成为一种定型化的自然行为。养成会计诚信习惯的目的是使会计人员对会计诚信原则和规范"真正深入我们的血肉里去，真正地、完全地成为生活的组成部分"[①]，变成会计人员性格特征，可见，养成良好的会计诚信品质是会计诚信教育的归宿。只有当会计人员养成了会计诚信习惯，才能说他具备了会计诚信品质。在会计诚信信念、诚信文化、诚信制度的教育上，会计诚信教育内容是实现会计诚信教育目的的直接载体，是培养会计诚信理念和公正、准确的职业判断能力，进行会计职业道德建设的主要渠道。会计诚信教育作为培养会计人员良好职业道德的活动，应当根据社会经济发展的新要求，突破原有会计职业道德教育的思维定式和模式，创建新的会计诚信教育内容和体系，重点开展会计诚信信念、诚信文化、诚信制度的教育。会计诚信信念是会计诚信的前提，会计诚信文化是会计诚信的纽带，会计诚信制度是会计诚信的机制，它们都是维系会计诚信的重要基础。因此，在进行会计诚信教育过程中，必须将会计诚信信念、诚信文化、诚信制度教育作为会计诚信教育的核心目标和重点内容，通过会计诚信教育，确立会计人员的会计诚信观念和诚信立人的意识，使会计人员把会计诚信作为最重要的工作准则和最基本的工作要求。

二　建立健全会计诚信法律机制

建设会计诚信体系应当立法先行。在目前立法条件尚未成熟的情况下，应尽快制定和补充会计诚信有关的管理法规和制度，修改有关涉及会计诚信行为的法律规定。进一步明确政府管理部门、会计中介服务机构、企业、单位负责人和会计从业人员的具体法律责任和行政责任，以便于实际操作和依法治信。在执法方面，要加强力度，规范执法，特别是会计信息的提供和披露以及企业

[①] [苏] 霍姆林斯基著，安徽大学苏联问题研究所译：《培养集体的方法》，安徽教育出版社1983年版。

信用和单位负责人以及会计人员的诚信要重点监督管理，出现会计失信问题绝不能手软，必须依法予以惩处。同时，也要注意依法保护企业、会计中介服务机构和会计人员的合法利益，既要提高执法的透明度，又要注意保护商业秘密和信用好的企业、会计中介服务机构、会计人员。

（一）强化会计法治建设

市场经济体现为法制经济，通过对各种市场行为的立法、执法规范正当的市场秩序。为了适应我国加入WTO顺应经济形势全球化和国际资本市场的一体化，尽快将我国融入世界经济的发展，要加快有关法律法规、规章制度的制定，推进我国会计的国际化。我国应尽快制定或完善有关公司制度、物权、债权、破产、侵权赔偿以及会计等方面的法律法规，明确发生会计造假行为时有关各方将承担哪些责任，明确什么人对会计诚信负有监督责任以及监管者不作为时应负什么责任，明确会计造假行为的受害人可以主张哪些权利，等等。同时，强化法律责任的严厉程度，加大执法力度，严惩造假单位和个人，加大其违规成本，对造假行为起到震慑作用。只有做到法律与道德双管齐下，标本兼治，诚信在中国方能确立。

（二）会计诚信道德原则法律化

诚信原则包含了市场经济的一般道德要求，并体现出公平、正义的价值取向，在司法实践中其应用范围很宽泛。从《罗马法》开始，诚实信用这一道德领域的规范作为民法的基本原则之一即被植入法律当中，发展至今，其适用范围已不仅仅限于契约的订立、债务的履行，而是扩展到一切民事权利的行使和义务的履行。道德立法在国外有不少有益的尝试。例如，新加坡对随地吐痰、扔烟头就有严厉的惩罚规定。在我国，一些道德戒律也被载入《宪法》和其他法律法规中，诚实信用这一道德原则在我国经济立法中受到普遍重视，被纳入了《保险法》、《反不正当竞争法》、《合同法》等多部法律。《会计法》虽然也有诚信原则方面的规定，但会计诚信的概念应当进一步明确化，诚信规则的表达应当更加明朗、有力。另外，为了保证会计诚信法律原则能够得到顺利的贯彻执行，在立法方面，应制定和完善有关会计法律法规的实施细则和具体操作办法以增强法律的针对性和实效性；应健全民事赔偿制度以明确造假者经济上的赔偿责任；会计诚信条款的调整范围应扩大到除了会计人员、财务经理、总会计师等以外的，凡是与会计信息有关的部门和人员，如社会中介机构、政府行政领导、国家监管部门、机构投资者、证券分析师。另外，应加大对财务造假的惩罚力度以形成威慑力。

（三）坚持法制宣传和培训教育相结合的原则

坚持法制宣传和培训教育相结合的原则，强化企业单位领导人的法律法制观点，提高会计人员的职业道德水准。要做好新《会计法》的宣传工作，使他们明白：单位负责人是单位会计行为的第一责任人，单位负责人对本单位的会计工作和会计资料的真实性、完整性负责；单位负责人应当保证财务会计报告的真实性。这样，促使他们带头执法，并能采取有效措施支持会计工作，从而形成有效的企业内部自我约束的机制。同时，要加强会计人员的职业道德教育，帮助会计人员树立遵纪守法、坚持原则、廉洁奉公的职业道德。对会计人员要实施奖惩制度，对秉公执法、坚持原则、忠于职守的会计人员要在工资、晋级等方面给予奖励，对违反《会计法》规定，进行财务会计造假的会计人员，坚决吊销其会计从业资格证书，构成犯罪的，给予刑事处罚，并且不得重新取得会计从业资格证书，促使会计人员在第一道防线自觉遵守国家的法律法规。

三 建立健全会计诚信的内控机制

（一）加强会计控制

1. 加强会计控制，拓宽对会计控制的认识

传统的会计控制是指会计人员通过对反映经济业务的原始凭证的复核与检查以证实其是否真实地记录了各项客观的经济业务，在此基础上，通过对记账凭证、各类账簿及报表的相互核对及审阅，实现对经济业务的监督与控制。在所有权与经营权合一的情况下，单一的控制环境使会计履行控制与监督职能比较容易，会计信息输出也较客观。但在两权分离的情况下，所有者与经营者客观上存在利益不相容、信息不对称及激励不相容三大矛盾，使得现行会计管理体制下，会计反映失实，会计控制弱化。在承认"人都是有限的理性经济人"这一前提条件下，会计代表谁来控制经济业务这种主体选择的不同，必然导致其控制内容与方法的不同。代表经营者的控制或再监督显然不同于代表所有者的监控，所以在两权分离环境下会计控制的利益代表及控制目标需要重新审定。

2. 加强会计控制，优化会计控制的环境

具体来讲，就是要完善法人治理结构，设计出一套使经营者在获得激励的同时又受到相应的约束，以保障所有者权益的机制。激励与约束的有效结合，

将使经营者行为与所有者目标实现最大限度的一致。对经营者的约束，所有者可以利用业绩评价，或通过董事会利用公司章程规定经营者的权限范围，还可以派出监事会直接监督经营者的代理权，以维护所有者权益；对经营者的激励可以尝试推行年薪制与股票期权计划，使经营者利益与股东利益相结合。

3. 充分发挥会计控制的作用，改变现行会计管理体制

由所有者委派财务总监，领导会计机构及会计工作，财务总监对所有者负责，会计人员对财务总监负责。公司业务运行则由经营者全权负责，财务总监与经营者相互配合，相互监督，通过财务总监使所有者与经营者达到激励相容。在财务总监制的会计管理体制下，会计控制的范围不仅仅是账、证、表的相互核对与审阅，还应包括业务流程的标准化设计与控制、业务处理过程不相容职务的控制、事后的复核与分析控制、财产清查核对控制。除此以外，各公司可根据自己的业务特点，结合经营战略、管理方法设置其他必要的控制点。通过关键控制点的有效运行，实现会计控制的目标——维护所有者权益，使会计提供的信息具有相关性与可靠性。

4. 不断提高会计人员的业务素质及职业道德，使会计控制有效发挥作用

首先，应重视会计人员专业技术资格的聘任和年度考核工作。将对外提供真实信息作为聘任、考核会计人员的重要内容。其次，要切实抓好会计人员的经常性管理。主要是加强对会计证的管理，以保证持证会计人员真正具备从事会计工作的能力，保证会计证的权威性、严肃性。最后，要切实抓好会计人员的继续教育，提高思想品德、职业道德和业务素质修养。一个财会人员不仅要精通业务、熟悉法规，具有高超的会计水平，更要品质好、思想过硬，真正与企业共命运。因此，财会人员需要不断充电、回炉，提高自身素质，这样才能真实反映企业财务状况，为确保会计信息真实、可靠提供前提条件。

（二）强化会计诚信制度建设

1. 深化产权制度改革

产权制度不清晰，国有股份所有者缺位是造成会计诚信缺失的根本原因，深化产权制度改革，建立明晰的产权制度是重塑会计诚信的基本对策。一方面，国有企业按现代企业制度的要求进行股份改造，已经进行了改制但国有股份占绝对控制地位的上市公司，应适度剥离部分国有产权，无偿让渡给企业职工，充分调动企业职工监督企业管理当局的能动性，促进企业管理当局规范经营行为，提供真实的会计信息。同时应解决国有股和法人股的流通问题，形成以财产所有权分散化为前提的多元化产权结构，产权边界清晰，避免国有股"一股独大"，防止内部人控制，把对非诚信行为的责任落实到具体的单位和

人，遏制非诚信行为的泛滥，从而加强企业会计信息监督。另一方面，设立纯经营性而非行政性的国有资产管理机构以解决国有股份所有者实际缺位的问题。该机构不应从事国有资产的具体经营活动，其身份是拥有众多企业股份的股东，依靠投资所得的股权对上市公司享有监督权和收益权，通过行使国有股股东表决权对上市公司实施控制。

2. 完善公司治理结构

为防止会计舞弊，应在公司治理结构中设计良好的内部财务监督体制，即把财务监督提高到上市公司董事会层面。管理层和董事会在财务数据的真实性上应当承担更为重要的责任。在美国，证监会已经要求上市公司的季度财务报告上，除了公司的外部审计，首席执行官也要签字。我国应当建立管理层和公司治理的行为更多对财务报告负责的体制。在安然事件中，由于管理层和董事会并没有对财务报告给予恰当的关注，同时公司表外财务以及关联交易也没有被充分披露，最终投资者损失惨痛。

应当建立并加强董事会领导下的审计委员会制度。审计委员会由独立董事构成，负责对公司进行财务监督。委员会独立于公司管理当局之外，并由其聘请会计师事务所，以保持会计师事务所的独立性。在安然事件中，出于利害关系，公司管理层与审计师关系亲密，审计师不仅没有保持应有的独立，甚至还协助安然公司进行财务造假行为。

规范公司的期权激励制度。在美国，公司采用期权激励其管理人员是普遍的现象，在 2002 年的系列丑闻中，期权因其潜在的利益激励机制而受到人们的怀疑，认为它是公司管理层舞弊的一个重要原因。由于期权激励对于美国经济的巨大推动作用，最终在会计改革中，没有对期权会计作出根本性的变化。但是期权计划的授予权被提高到股东会的层面。目前我国正在积极推动上市公司的股权激励机制，受法律限制，期权激励只能采取变通方式进行。同样，对于管理层激励自己的行为应当作出合理的制度安排，如建立由独立董事构成的薪酬委员会负责管理层的股权激励计划，计划的最终决定权应当在股东大会，以此防范公司管理层因自身利益的驱动进行会计舞弊。

3. 改革会计人员管理体制，推行会计委派制

实行会计委派制要求企业在财政部门的指导下成立一个中介机构会计结算中心，实行会计集中核算，各单位设报账员，由中心统一管理，所有者通过会计结算中心聘请委派会计监督经营者，会计结算中心对企业所有者负责，双方是委托代理的关系。企业所有者是会计的委派机构，拥有对委派会计的最终决定权。会计委派制做到了会计业务的决策者与执行者的分离，财务审批与会计监督的分离，财务报告的存放与形成单位的分离，它将会计人员从现行的所属

机构人员编制及隶属关系中分离出来，会计业务处理过程的公开透明使会计人员独立于企业经济利益、人事管理之外，其一切个人利益与其司职的单位无关，而由会计结算对其进行考核和奖惩，因而不被企业所左右，不为利益所驱动，不受上司所胁迫，这就使会计人员能够客观公正地记录和报送各种准确、真实的会计信息，为会计诚信的建立提供良好的内部环境。

4. 完善会计制度体系

加大执行《会计法》和《企业财务会计报告条例》的力度；认真研究各项会计准则、企业会计制度，建立健全各单位的会计核算制度、财务管理制度、内控制度等，从而形成完整的既符合国际惯例又具有中国特色的会计制度体系。

(1) 完善会计准则和会计制度

近年来，财政部针对现行会计制度中的各相关重要问题着手具体会计准则和会计制度的制定工作，并已陆续颁行，这是十分必要和及时的。一是完善会计准则和会计制度，压缩财务报告粉饰的空间，这可以从适当增加财务报表附注，鼓励企业披露非财务信息，进一步完善与严格规范关联交易的披露，加强对现金流量信息的呈报和考核几方面入手。二是加快制定和出台新的具体会计准则，针对我国特别是上市公司容易出现问题的准则加以规范。三是考虑尽可能缩小会计政策的选择空间，对会计政策选择方面的规范更加具体。

(2) 建立健全企业内部会计监督制度

我国企业会计监督不力，问题还在于我国企业还未意识到内部监督的重要性，对内部监督还存在着很多误解，因此监督能力弱化，会计信息不真时有发生。这就要求单位加强内部监督的程度，建立完整的内部监督机制。而建立健全内部监督制度主要是体现在加强企业的内部会计控制制度。

企业内部控制包括内部会计控制和其他管理控制两部分。内部会计控制体现了内部牵制原理，与其他管理控制交织进行，在企业内部控制中占有重要地位。内部会计控制指企业内部建立的会计控制体系，其中包括：①不相容职务相互分离。参与经济业务事项的所有过程的工作人员要相互分离，相互制约；重要经济事项的决策和执行要明确相互监督、相互制约的程序；明确财产清查范围、期限和组织程序；明确对会计资料定期进行内部审计的程序。这些内部控制制度有效实施的关键就是不相容职务相互分离。②可靠的内部凭证制度。会计凭证是企业会计核算的重要组成部分，记录经济业务，明确经济责任，提供会计信息，为监督检查提供主要依据，保证会计信息的传递与保管。③健全的账簿制度。在可靠的内部凭证制度基础上，健全的账簿制度能确保会计记录的保密性和完整性，保证提供完备的会计信息。④合理的会计政策和会计程序，即便于企业有关人员了解处理会计实务的程序和方法，有利于企业会计政策的前后一致性。⑤科学的预算制度。这是会计核算与监督的依据。定期盘点制度是保证会计信息真实的重要手段。严格的内部稽核制度可及时发现错弊行为。有效完善的内部会计制度，使会计造假没有了造假的环节、载体，并从源头杜绝造假事件的发生。

其他管理控制则包括了组织规划控制、文件记录控制、授权批准控制、实物保护控制等内容。

5. 健全财务信息安全防范体系

（1）内部控制

完善的内部控制可有效减轻由于内部人员道德风险、系统资源风险和计算机病毒所造成的危害。从软硬件管理和维护控制、组织机构和人员的管理和控制、系统环境和操作的管理和控制、文档资料的保护和控制、计算机病毒的预防与消除等各个方面建立一整套行之有效的制度，从制度上保证财务网络系统的安全运行。

（2）技术控制

在技术上对整个财务网络系统的各个层次（通信平台、网络平台、操作系统平台、应用平台）都要采取安全防范措施和规则，建立综合的多层次的安全体系，在财务软件中提供周到、强力的数据安全保护。

（3）防火墙

防火墙（Firewall）是建立在企业内部网（Intranet）和外部网络接口处的访问控制系统，它对跨越网络边界的信息进行过滤，目的在于防范来自外部的非法访问，又不影响正常工作，从而为企业设立了一道电子屏障。

（4）数据加密技术

数据加密技术对网络服务及开放性影响较小，是保护信息通过公共网络传输和防止电子窃听的首选方法。目前在网络信息传输中，往往组合使用专用密钥法和公开密钥法，以充分利用各种方法的优点。

（5）数字签名

在 Internet 环境下，电子符号代替了会计数据，磁介质代替了纸介质，财务数据流动过程中的签字盖章等传统手段将完全改变。为验证对方身份，保证数据完整性，在计算机通信中采用数字签名这一安全控制手段。基于数字签名还可建立不可否认机制，也就是说，只要用户或应用程序已执行某一动作，就不能否认其行动。

（6）安全协议

安全协议是一组规则，详细说明报文如何"伪装"以保证它们的安全。

目前国际上通行的安全协议主要有：安全套层协议（SSL）、安全超文本传输协议（S-HTTP）、安全电子交易规范（SET）等。

四　建立健全会计诚信的外部治理机制

（一）建立民事赔偿制度，加大造假成本

一是加大惩罚力度。对恶意造假者，一定要加大处罚力度，必须从立法、执法对造假单位及责任人进行经济处罚或刑事处罚，不仅要其付出倾家荡产、声名狼藉的代价，对造成严重后果的还要坐牢，使造假者付出的代价远远大于其得到的收益。同时应加大对上市公司会计信息的稽查力度和稽查面，大幅度提高会计造假的成本，才能从根本上遏制会计造假屡禁不止、愈演愈烈的势头。

二是尽快建立民事赔偿制度。虽然我国出现了许多公司会计造假事件，但到目前为止，还没有一起针对公司造假真正实施的民事赔偿案例，股民还没得到违规公司的一分钱赔偿。因此，必须尽快建立民事赔偿制度，对参与造假，无论是公司（投资者或经营者）、律师，还是评估师、会计师，只要公民的合法利益受到侵害，受害人都可以提起诉讼。

三是实行市场退出机制。在安然事件发生一个月后，纽约证交所正式取消安然股票的相关交易，并拟取消其上市资格。同时导致提供虚假会计信息的安达信会计公司的信誉和审计市场迅速下滑，不得不面临着被兼并的命运。这种退出机制的惩罚力度对相关行业内每一个企业都是一个警示，因此，我国要尽快构建有效的退出机制。对那些不遵守行业操守、自身就不守信用的企业或个人，出现失信行为后要把肇事者驱逐出相关行业。如对会计造假上市公司要立刻退市，对参与造假的中介机构要进行取缔，对会计造假的单位责任人、会计人员、注册会计师不允许继续从事相关职业。只有这样，对失信行为的惩罚才是真正可置信的。

（二）推行诚信保险制度

根据国外一些国家的做法，对公司特别是上市公司要求其在保险公司投保诚信险。当公司出现诚信危机，导致投资者受到损害时，保险公司必须负责赔偿。这样就一方面保护了投资者利益，另一方面又使保险公司为了自己不受利益损失，必然加大对投保公司的监督，通过市场行为进行监督，降低监管成本。

（三）加强司法和政府监管力度

1. 从有关会计的法制建设来看，目前需要解决惩治造假的"精确制导"问题

所谓会计法治的"精确制导"是指：明确由什么人启动对会计欺骗的诉讼程序，改变"民不举、官不纠"的局面，使违法企业浮出水面；明确规定会计真实性的具体法律标准，降低名义上的要求，锁定少数违法企业和最恶劣的行为，解放大多数企业；明确规定企业负责人是会计信息真实性的唯一责任人，把会计人员解脱出来，集中打击关键目标；明确区分会计责任和审计责任，瓦解两者的欺骗联盟。此外，为了改进会计的法制建设，还需要研究司法会计，提高立法和执法的科学性。

2. 从有关会计的政府监管来看，需要解决监管的责任问题

政府监管部门的责任就是要防止造假，惩处造假，以及严格执法问题。过去企业都有上级主管，企业出了任何问题上级都要受牵连。上级对企业的监管是预防性的，逐级监管，有完善的控制系统，假冒伪劣产品的生产很困难。现在上级没有了，监管的责任转移到综合部门。综合部门的权力很大，但只管"灭火"不管"防火"，只有假冒伪劣商品生产出来，已经上市，甚至死了人或媒体已经曝光，或者领导人有了批示，这些部门才开始行动。预防性的监管责任应当归属于谁？

监管部门不作为应当承担什么责任？如果不明确，就无法改变当前没有人承担责任的局面。

财政部门应加强会计监督检查，严厉查处和打击财务会计造假行为；审计部门要着重对厂长、经理的离任、承包终结、企业经营成果、财务收支核算、资产质量进行审计；税务部门对通过造假账以逃税漏税的行为要加大检查惩处的力度；人民银行通过对企业单位账户和现金的管理，遏制企业单位的现金交易行为，强化信贷监督；证券监管部门、保险监督部门也应依据有关法律、法规规定的职责，对相关企业单位的会计资料进行监督检查。在此基础上，可以考虑以财政部门作为监督的协调组织，各部门之间注意密切配合，各部门出具的实施监督的检查结论对其他部门均应有效，这样，一可以避免重复监督给企业造成负担；二可以防止单一监督部门与企业通谋作假；三可以避免执法不当给企业造成损失；四可以保证在各个部门形成监督的合力，使财政、审计、税务、信贷监督等形成一个统一的整体。

3. 从有关会计的制度规范来看，要保持其相对的稳定性

频繁的会计制度改革，破坏了会计数据的连续性，每一次改动必然给企业提供一次洗牌的机会和造假的手段。因此，会计技术规范的出台要慎重，要有

相对的稳定性。①

4. 从会计处罚的力度看,要把处罚重点放在处理责任人个人身上

要加大对财务会计造假的惩罚力度和执法力度,严格按新《会计法》办事,并把处罚重点放在处理责任人个人身上。新《会计法》第43条明确规定"伪造、变造会计凭证、会计账簿,编造虚假财务会计报告,构成犯罪的,依法追究刑事责任",而且,其法律责任比较具体,有一定的可操作性,但任何一部好的法律,如果得不到贯彻执行,也是一纸空文。执法者应严格以新《会计法》为准绳,对财务会计造假者严惩不贷。要树立执法机关的权威性和严肃性,纠正各种形式的"人治"倾向,形成打击财务会计造假的威慑力,对造假的企业单位及责任人的经济处罚必须从严从重,使财务会计造假者付出的代价远远大于其得到的利益,使其不敢造假,这是治理财务会计造假乃至一切打假的极为重要的措施。应把处罚重点放在处理责任人个人身上,特别是对指使财会人员进行造假的企业单位领导人的执法,在严厉经济处罚的同时,财政部门要加强同人事、司法等部门的协作和配合,进行必要的行政处罚,该降职的降职,该撤职的撤职,并配合刑事处罚,注意人身刑、财产刑的运用,使造假者不敢以身试法。②

---

① 张士彦、刘辉、李志刚:《会计诚信外部治理机制的研究》,《中国乡镇企业会计》2006 年第 2 期。

② 同上。

第十九章 会计委派制

会计委派制是指实行两权分离的企业由企业的所有者委任、派遣主要会计人员的一种管理制度。会计委派制是和会计任命制相对的，它的主要特点是企业的主要会计人员由所有者委派，经营者不得干涉委派会计人员的工作，也就是说，主要会计人员的任用不是由经营者任命而是由所有者委派，经营者不得干预。会计人员委派制是一种全新的会计管理模式，目前国有企业中大体上存在两种会计委派形式，一种是财务总监制，即产权管理部门向国有大型企业委派财务总监，进入公司董事会，监督国有资产运营，参与重大投资决策，审查财务会计报告；另一种是委派会计负责人制，即产权管理部门包括企业集团向所属中小企业委派会计负责人或会计主管人员，代表指派方监督派驻企业资产经营情况，并负责派驻企业的财务会计管理工作。

会计委派制犹如一把"双刃剑"，在市场经济无法自我调节会计信息的供需矛盾中，发挥政府监管的职能。它通过对会计人员的统一独立管理，建立起以会计监督为核心、政府与市场相互作用的监督约束机制。

一　会计委派制实现了会计人员与企业的利益剥离

从改革会计人员管理体制入手，试行会计委派制，这是相当必要的。会计委派制的根本目的就是要保证会计信息的真实性。

会计人员是单位中的一分子，自然要受制和服务于单位，这样就缺乏会计监督、制约的基础和权力保证，不具备监督者应有的独立性。而作为一名财会人员，又必须遵守财经法规、法律制度，这是每一位财务人员的职责。"独立性"和"服务性"是会计人员经常要面对的现实问题。

实行会计委派制，有效地摆脱了会计人员与单位之间的依附关系，使会计人员的切身利益同所服务的单位脱钩，纳入集中统一管理的会计人员，其组织关系、人事关系、工资福利待遇等均由其管理机构负责，解决了会计人员身份的双重性，确定了会计的相对独立的法律地位，避免了行政干预，解除会计人员的后顾之忧，更好地发挥会计人员的工作积极性，使委派会计正确处理好

"独立性"与"服务性"的关系，寓监督于服务之中，通过搞好对被委派单位的服务，逐步健全和完善各项规章制度，达到管理和监督的目的，确保财务会计信息的真实可靠。

长期以来，在计划经济时期形成的会计管理体制是任命制，会计作为一种管理活动直接依附于企业。会计人员是由各单位任命和管理的。但随着社会主义市场经济体制的逐步建立，原有的会计管理体制的弊端就充分地暴露出来。一是会计管理的人权与事权不分离。企事业单位既管事又管人，使会计工作带有浓厚的部门色彩，政府和产权管理部门缺乏有效的监管。二是会计地位不独立。会计人员作为单位的一员，具有"内部人"色彩，工资由单位发，档案在单位放着，会计人员成为企业的一员，与经营者存在着利益和职业上的依附关系，这势必造成会计监督的不力，原本应有的财务监督的使命无法履行。对单位的违纪违规行为"顶得住、站不住，站得住、顶不住"。三是会计职能不完善。会计监督职能弱化，特别是事前、事中监督不到位。服务与监督成为"两张皮"，甚至只有服务没有监督。实行会计委派制后，将会计的人权与事权相对分离，实行源头治理，会计的组织关系、人事关系、工资福利待遇等均与所服务单位"脱钩"，不再受单位领导制约，获得了独立的地位。随着独立性加强，权威性自然也加强了，以前很多事不敢说不敢管，现在就不再顾虑了。这样就使财务活动处于财政部门有效的监督之下，财政部门统一资金核算，这就有利于加强勤政廉政建设，有效地防止某些腐败现象的产生，能最大限度地杜绝擅自改变用途、乱支滥用等现象，消除作假账和虚假报表的现象。

二　会计委派制的管理机构和委派机构

会计委派以所有权为依据。对不同的单位应分清不同的主体，这是保证会计委派制实施的关键。要解决好这个问题，应区分委派会计的管理机构和委派机构。

管理机构负责委派会计的日常管理工作，如管理会计人员档案；对委派会计进行培训和日常监督；负责委派会计的工资、奖金发放；定期评定考核会计人员，向委派机构汇报并对委派会计的任免、奖惩、晋升提出建议等。会计管理机构可在会计师协会的领导下设立一个提供会计工作服务的机构，如委派会计服务公司。

委派机构则依具体情况而定。会计委派制应是所有者委派制，即由资产所有者委派企业主要会计人员。国有企业的所有者代表是国有资产管理部门，因此，国有资产管理部门是国有企业会计委派的主体。目前国家对国有企业委派会计人员,应理解为作为国有资产所有者代表的"国家"对经营国有资产的国有企业实行会计人员委派制,而不能将"国家"理解为行使行政管理职能的"国家"。从这一点出发,向国有企业派出会计人员的单位应是国有资产管理部门,而不应是财政部门。推而广之,规模较小的有限责任公司,可由股东会委派主要会计人员,对于股东很分散的股份有限公司,可由董事会委派主要会计人员,总之,不应该由经理人员聘任企业主要会计人员。其实这一体制已在某些大集团公司得到应用,集团公司对子公司的严格财务监控,被认为是整个集团良好发展的重要原因,而由母公司直接向子公司派驻主要会计人员,无疑是落实财务监控的很好途径。

随着资产所有权与经营权的分离,资产所有者和经营者就形成了一种委托代理关系,经营者作为受托者,应对委托者负责,其经营目标应是使委托者的利益最大化。但由于资产所有者和经营者的利益并不完全一致,经营者有可能背离所有者的利益,表现在"道德风险"和"逆向选择"两个方面。而这种背离是以信息不对称为条件的,即作为委托者的企业所有者和作为受托者的企业经营者由于各自掌握的信息量不对等为这种背离的产生提供了便利。因而作为记录和提供企业财务信息的会计人员,其地位和立场问题也就显得很重要、突出。如果他能站在委托者即所有者的立场上,无疑能成为委托者和受托者之间利益冲突的一个理想的制衡因素,起到很强的监督作用,减少了信息不对称对委托者的不利影响;如果他站在受托者即经营者的立场上,则会加大经营者背离所有者的利益的可能性,加大信息不对称对委托者的不利影响。这样看来,企业主要会计人员由委托者即企业所有者直接委派是理顺会计人员、所有者、经营者之间关系的最佳途径,并且代理成本较小。

三 实施会计委派制应处理好的几个关系

(一) 正确处理推行会计委派制度与建立现代企业制度的关系问题

我国经济体制改革的目标是建立和完善社会主义市场经济体系,建立现代企业制度是社会主义市场经济体系中重要的组成部分。当前,经济体制改革的重要任务之一,就是深化国有企业改革,尽快建立"产权清晰、权责明确、政企分开、管理科学"的现代企业制度。而建立现代企业制度的关键,是要具有一套行之有效的、科学合理的决策执行和监督体系,严格内部责任制度,规范经营管理行为,使企业真正成为自主经营,自负盈亏的法人实体和市场主体。在国有产权制度功能没有完全到位,国有企业法人治理结构还不健全,所有者权利缺位和经营者权利越位等问题还没有得到解决之前,规范企业行为就有必要对国有和国家控股企业实行会计委派制度。会计委派制度是会计工作深层次的改革,是加强国有资产管理,完善监督机制,规范会计秩序的有益尝试。因此,在目前继续推行会计委派制度试点工作中,只要注意区别国有与非国有、企业与非企业、城市与乡村会计人员的不同管理要求,结合建立健全国有企业监事会制度,处理好试行会计委派制度与建立现代企业制度的关系,尊重企业的独立市场地位,选择符合企业实际情况的形式,不但不会影响建立现代企业制度,还会有利于加强企业的经营管理。在企业进行会计委派制度的试点,只能选择国有和国家控股企业。一般应采取委派财务总监的形式来试点。由国有资产管理公司或企业集团向所属企业委派财务总监,以国有股东代表身份进入监事会,监督企业财务会计工作,但不担任企业的财务负责人。随着国有企业改革的不断深入、市场机制的不断健全、法律法规的不断完善,政府对企业行为的规范和约束应逐步过渡到用经济手段和法律手段实行间接管理。

(二) 正确处理推行会计委派制度与强化单位内部会计监审机制的关系问题

单位内部会计监督实质上就是单位内部会计控制。它是单位为了确保以有序和有效的方式实现管理目标,保护资金安全,防范、发现和纠正错误与舞弊,保证会计资料的准确和完整,及时编制和公布可信的会计信息而制定的管理制度和控制程序。对单位的会计控制体现在外部和内部。外部控制是来自外部利益相关者的控制,它要维护的是社会公众、债权人、行业或国家的利益。内部控制制度是现代管理制度的重要组成部分,对明确和规范单位内部各部门、各环节以及各岗位的职责和行为,对保证经营目标的实现,对提高管理效益和保护资产的安全与完整都有明显的作用。内部会计控制是内部控制制度的重要内容,其本质是单位内部对自身经济活动进行自我监督约束的一种自律性行为。因此,在试行会计委派制度工作中,要结合建立和完善对行政事业单位和国有企业的监督约束机制,处理好会计委派制度与强化内部会计监督机制的关系。在目前会计基础工作薄弱,会计职能还得不到有效发挥,内部会计监督还流于形式,国家统一的会计制度执行还不到位,适应我国经济发展水平和不同单位经营管理水平需要的内部控制制度体系尚未建立和完善起来的情况下,必须在国有和国家控股企业、行政事业单位试行会计委派制度。但是要注意两方面的问题:一是会计委派制度的试行不能使会计凌驾于单位之上,偏离自己的位置;二是要注意内部会计监督与国家行政监督、社会审计监督的关系。如果处理不好就有可能模糊单位内部会计监督和国家行政监督、社会审计监督的职能界限，造成监督的混乱。特别是在企业推行会计委派制度的试点，更要注意会计委派制度与企业会计监督的关系问题。除了试行会计委派制度以外，还要强化企业内部控制制度，加大国家行政监督和社会审计监督的力度，对企业法人治理结构、成本核算和成本管理、资金管理和财务会计报表管理等内部控制制度的有关内容提出规范性的要求；明确国有大中型企业必须建立规范的法人治理结构，强化监事会的监督作用；建立重大决策的责任制度，加强资金的监督和控制；建立全面预算管理制度，从内部、外部两方面对企业行为进行规范和监督。

（三）正确处理推行会计委派制度与贯彻《会计法》等法律法规的关系问题

新《会计法》的颁布实施不仅仅对会计理论的发展产生了深远的影响，同时也对会计实务的法制化产生了巨大的影响。它对强化会计监督，进一步提高会计信息质量，加强财务管理提出了更高的要求。新《会计法》规定："单位负责人对本单位的会计工作和会计资料的真实性、完整性负责"，取消了原《会计法》有关会计人员"双重身份"的规定，使会计人员完全单位化，解除了会计人员的国家监督权和相应的法律责任，形成了单位负责人向国家负责或向所有者负责、会计人员向单位负责人负责的责任体系。这一变化使单位负责人成为单位会计执法的第一责任人。只要单位出现违法会计行为，不论是何人所为，即使是会计人员的问题，也要首先追究单位负责人的法律责任。这样由原来会计人员和单位负责人共同监督变成了单位负责人自觉的守法。试行会计委派制度的目的也是通过稳定会计人员的地位，保证会计机构和会计人员不受干扰地正确执行法律法规和国家经济政策，提供真实、客观的会计信息，维护正常的会计工作秩序。因此，在推行会计委派制度试点中，要结合贯彻《会计法》和新的会计制度，注意处理好试行会计委派制度与贯彻《会计法》等法律法规的关系，在《会计法》等法律法规的基础上，进一步调整和完善会计委派制度的有关内容和方式，研究试行会计委派制度的新思路和新方法，使推行会计委派制度试点工作成为推动贯彻落实《会计法》和新会计制度的重要组成部分。

（四）正确处理推行会计委派制度与改革财政管理制度的关系问题

经济越发展，会计越重要。财政的基础是会计。作为经济管理的一个重要手段，会计管理对维护国家经济秩序，规范社会经济生活，优化资源配置，提高社会经济效益有着不可缺少的作用。目前，我国已进入财政体制改革的重要阶段，在旧的管理方式逐步被舍弃而新的管理模式尚未完全建立起来的过渡时期，特别是在当前会计监督乏力，会计信息失真状况比较严重，预算外资金管理失控的情况下，将试行会计委派制度与实行部门预算、政府采购制度、国库集中收付制度等财政管理制度改革衔接起来，不但能解决会计基础工作薄弱、会计信息严重失真、预算外资金管理松弛等问题，而且还能推动财政管理体制改革的进展。因此，在行政事业单位推行会计委派制度试点中，要结合实行部门预算、政府采购、国库集中收付制度，处理好试行会计委派制度与改革财政管理制度的关系，实行行政事业单位会计集中核算制。在各级财政部门设立会计集中核算的机构，对行政机关和由财政拨款的事业单位进行统一的会计管理。在不改变单位资金所有权、财务自主权、支出审批权的前提下，对会计核算、资金结算、银行账户、财务收支等实行集中管理；并将会计人员的编制、组织行政关系等转到财政部门建立的会计集中核算机构，使其与原单位脱离经济关系，变原单位管理为统一集中管理，为进一步改革财政体制，构建符合我国社会主义市场经济要求的公共财政体系框架，打下良好的基础。

四 建立和完善对委派会计人员的管理机制

从目前推行会计委派制的情况来看，会计人员由原来的单位负责人完全领导转变为由所有者或政府领导，这样有利于保护财产所有者的利益或者社会公众的利益，但为了保证有效执行服务和监督的职能，同时应建立相应的委派会计人员管理制度，因为会计人员作为经济人为了谋求自身利益的最大化，难免产生道德危机和逆向选择行为。要解决这个问题需要建立一系列机制。

（一）成立委派会计管理机构——建立会计服务公司

成立专门的委派会计人员管理机构，目前适宜在财政部门指导下成立会计服务公司，负责对委派会计的聘用、委托、考核和后继教育工作，通过法规建设、任职资格管理、任用管理、执法检查和监督指导等形式，使委派会计管理规范化。[①] 随着现代企业制度的完善，财政部门负责的会计公司将走向社会

[①] 郭利敏、刘辉：《会计委派制——以利益剥离为原则的会计管理体系》，《中国乡镇企业会计》2005年第7期。

化,以会计职业自律性民间组织形式对委托者提供会计服务,届时被委派会计人员的隶属关系、性质确定等问题也将得以自然解决。

会计服务公司作为提供一般或专用财务报告、会计咨询、财务分析等服务的专业化组织、运作模式设计如下:①无论从形式上还是实质上,都应独立于其所服务的客户与客户的审计机构。②一般采用合伙制组织形式,具体可采用有限责任合伙制、普通合伙制、个人独资和有限合伙制四种形式。③公司人员采用应聘制。会计人员必须具备一定资格后,通过应聘、签订劳动合同等程序建立雇佣关系,并明确双方的责、权、利关系。④运行过程中,必须接受证监会与会计准则制定机构的宏观监控,以弥补市场机制固有的缺陷,保证市场的有效运作。⑤通过签约方式为客户提供服务,合约必须遵守《合同法》规定,具有法律效力。⑥以赢利为目的,依据成本效益原则制定合理的收费标准(一般以服务时间为标准)。⑦会计服务公司提供的任何信息产品都应接受审计机构或其他独立的中介组织的鉴证,以确保其如约完成委托任务,解脱受托责任。⑧会计人员职业道德被赋予新的内涵。会计人员应更新知识结构,具备必要的计算机、网络知识及基于软件模型的技术分析能力,独立、客观、公正地执业,并与客户签订保密协议,承担泄密责任;为保证信息网上传输的安全性,会计服务公司还应配备一定的技术人员,防止黑客与竞争对手从网上截获信息。

(二) 制定与会计委派相配套的管理制度

为了正确处理好委派单位与被委派单位的关系,使委派人员既能维护资产所有者的权益,又能成为被委派单位财务管理、经营决策的得力助手,委派会计人员管理机构必须建立一套完整的制度。

1. 委派会计的档案管理制度

各省、市(直辖市)的委派会计管理机构应尽快建立健全辖区内的会计人员档案信息库,对所有委派会计人员的档案应分职务、分层次管理;对他们的档案应统一式样、统一编号,实行省、市和区、县计算机联网。有条件的省、市可以开发通用的委派会计人员档案管理的系统软件。

2. 明确委派会计的职责与权限

委派会计的职责权限应根据派往单位的具体情况作出规定。委派会计人员的主要职责是:①监督所在单位国有资产营运情况,对国有资产流失承担相应责任;②监督所在单位的财务收支活动,对上报的财务报告的真实性、合法性负责;③监督所在单位执行国家财经纪律情况,对违反国家财经纪律的行为承担相应责任。委派会计人员的权限主要是:①审核所在单位对外报送的财务报告，并与单位主要领导人共同确认其真实性、合法性；②参与拟订所在单位的财务会计管理规定，监督检查各项财务运作和资金收支情况；③对重大财务收支项目，与单位主要领导人联签批准；④参与拟订所在单位的年度决算方案、分配方案；⑤审核所在单位的新项目投资可行性报告和重大经济合同。

3. 委派会计的任用和考核制度

委派会计的任用由委派会计管理机构考核认定，且必须得到企业资产所有者的认同。对委派会计的考核应包括对其政治素质、业务素质、协调能力等的考核，会计主管机构除考核个人有关情况外，应重点考核财务管理能力、会计规范化管理工作、遵纪守法及单位守法情况等。会计主管机构每年对委派会计考核1—2次，对合格者继续留任，不合格者就地解聘，对作出大贡献者应向有关部门提出晋升、晋职的建议。

4. 委派会计的定期培训制度

委派会计管理机构每年对委派会计人员进行至少两期一周以上的业务知识、政治思想及组织协调能力等方面的培训，不断提高委派会计的思想水平和业务能力。

5. 委派会计的回避制度和定期轮岗制度

对委派者和经营者有亲属关系或经济利益关系的，必须实行委派回避制；单位的会计负责人每三年进行一次轮岗交换，一般的会计人员也应视情况进行定期轮岗。

6. 委派会计的离任审计制度

委派会计在被委派单位任职期满时，务必进行离任审计，以客观、公正地评价委派会计的工作情况。委派会计对违法乱纪行为不抵制、不报告、开假票、报假账及进行其他违规行为的，应视情节轻重给予教育、调离、撤职、解除合同、追究法律责任等处理；对指使委派会计违反财经纪律、打击报复财会人员者依法惩处，以确保会计委派制试点工作的顺利进行。

7. 建立对委派会计人员的激励、约束机制

为防止委派和聘用的会计人员滋生安逸思想和新的腐败行为，对聘用人员应建立激励、约束机制。可从两个方面着手：①建立会计人才市场，形成会计人员自我约束机制。会计人才市场有利于促进会计人力资源合理配置，激励会计人员提高专业素质，使真正优秀的会计人员走上岗位。同时，通过市场竞争机制，也可约束会计人员的机会主义动机和行为。②建立对会计人员的激励、监督机制。首先，必须确保委派会计人员整体工资水平和级次的公平合理。同时制定具体明确的考核目标，实行年度考核，考核结果与委派会计人员的经济利益挂钩。其次，要利用社会审计的力量对会计人员进行监督，如每年委托注

册会计师对委派会计的业务进行审查。

8. 加强对委派会计人员的后续管理

建立健全对委派会计人员的激励、监督机制以及再教育机制，具体包括持证上岗制度、定期和重大事项报告制度、业绩考核制度、定期述职制度、回避制度、定期轮岗制度等。还应建立维护委派会计合法权益的机制，防止打击和报复委派会计人员的事件发生。

五 建立与其他法律法规的协调机制

会计委派制的推行具有政府经济职能和行政权力兼容的特征。政府在对市场行使经济调控职能的同时，必然会融入行政监管的手段，从而产生政府经济行为的非市场依托性、政府法规模糊性以及相互之间缺乏稳定性、配套性和层次性等复杂的现象，因而导致一定程度的市场运行秩序紊乱，影响社会资金资源的合理有效配置。会计委派制尽管在治理会计信息失真、保护国有资产安全完整等方面取得了一定成效，有利于解脱会计人员"两难选择"的"尴尬"困境，有关部门也极力推崇和提倡，但在社会主义法制日益健全完善的今天，会计委派制却缺乏强有力的法律支持，没有一定的法律依据。修订后的新《会计法》进一步明确和强化了单位负责人对本单位会计工作和会计资料真实性、完整性的责任。《会计法》第4条规定，"单位负责人对本单位的会计工作和会计资料的真实性、完整性负责"。第21条第二款规定，"单位负责人应当保证财务会计报告真实、完整"。第28条规定，"单位负责人应当保证会计机构、会计人员依法履行职责"。第36条规定，"各单位应当根据会计业务的需要，设置会计机构，或者在有关机构中设置会计人员并指定会计主管人员"。从这些法律规定可以看出，单位负责人要对本单位的会计工作和会计人员全权负责并承担相应的全面责任，按照"权责对等"的管理原则，很明显，由政府部门直接委派任免会计人员不符合将要实施的新《会计法》要求，实行会计委派制显然缺乏有力的会计法律依据。对于国有企业公司而言，实行会计委派制也缺乏《公司法》的必要依据和有力支持。

会计委派制与其他法律法规之间也存在一定的非协调现象，比如，《企业法》、《公司法》都明确规定了企业对会计人员的任免权，《会计法》第36条也有此类规定，其中只是强调了国有大、中型企业和国有控股公司的总会计师的任免权在国务院。另外，相关法律对委派会计人员和单位负责人的职责权限的规定也不甚明朗。因此，亟待制定与之配套的制度，把委派会计人员对委派单位和受派单位应尽的职责、权限、义务以及与受派单位的关系用法律法规的形式规定下来，并要注意相关规定的一致性和配套性。另外，应考虑制度的成本和收益问题，尽量充分利用市场机制以减少人为强行规定的制度成本。①

因此，要使会计委派制获得法律上的保障支持，就要对《会计法》及相关法律再次进行修正，或者作出相应的补充规定，以便会计委派制有法可依，充分发挥会计监督职能。

---

① 王满、刘媛媛:《关于会计委派制的经济学思考》，中国论文下载中心，2006年8月23日。

第四篇

审计诚信文化的构建

第二十章 完善企业内部审计制度应理顺的关系

一 内部审计与审计委员会

审计委员会在公司的组织结构中隶属于董事会，是董事会下属的一个专门委员会，一般由3—5名独立董事组成。其建立的初衷是基于众多的公司财务舞弊与审计失败案而在董事会中寻求建立一支独立的财务治理力量以强化注册会计师的独立性，从而提高公司财务报告信息的真实性和可靠性。它的一项重要内容便是对内部审计进行监督。

西方许多企业在内部审计部门的机构设置上都采取了一种双向负责、双轨报告、保持双重关系的组织形式，即内部审计部门同时向管理当局和董事会负责和报告。在行政上，往往由高级副总裁兼首席财务执行官（CFO）领导，根据企业经营管理的需要，决定内部审计工作的内容，并向CFO做行政上的汇报；并与其他职能部门保持独立，在组织地位上与其他职能部门处于同等的位置；与此同时，内部审计部门还必须接受审计委员会的职能监督，通过审计委员会从而不受限制地接触董事会。从公司整体组织架构而言，审计委员会的地位要高于内部审计部门，并形成对其的一种监督关系。

审计委员会对内部审计的监督主要体现在以下几方面：

1. 复核并核准内部审计章程

IIA的内部审计实务标准要求，每一个内部审计部门应将其宗旨、权力和职责以书面文件（章程）的形式加以确定。该章程确定了内部审计部门在组织中的地位，授权在审计工作时可以检查的有关记录、人员和财产，并规定了内部审计工作的范围。[①] 章程为内部审计提供了功能性和组织性的架构，并向管理当局及审计委员会提供服务。为取得管理当局和董事会的支持，章程除了

[①] 国际内部审计师协会编、中国内部审计协会编译：《内部审计实务标准》，中国时代经济出版社2001年版。

应经高级管理层批准以外,审计委员会还应代表董事会对章程进行复核及核准。审计委员会在复核章程时,应特别注意内部审计部门在公司架构内的组织地位。组织地位的设计应确保能对管理当局的活动实施有效的独立评价;同时,在组织架构上还应注意其全面性,避免内部审计部门专注于传统内部控制系统适当性的评估,而忽略了公司成长与复杂性所形成的控制问题。在内部审计部门与管理当局的关系上,还应特别关注管理当局是否在组织上给予内部审计部门以足够的支持,是否存在管理当局强加的范围限制以及是否具备定期沟通的机制。

2. 复核审计计划及嗣后计划活动的变动

审计委员会应对内部审计部门年度审计计划的范围进行复核,了解内部审计主管及管理当局对此项计划的适当性及公司内部风险程度的评价和估计。审计委员会通过对年度审计计划的复核,可以有效地对总体审计资源予以适当分配,使之与外部审计的工作相协调配合,减少重复工作及差错的可能性,以提高审计的效率和效果。在复核内部审计计划时,审计委员会应特别关注整体审计计划的配置。传统财务活动的审计虽然可以降低外部审计的费用,但是经营审计和合规性审计对于公司而言也是至关重要的。尤其是随着信息通信技术的迅猛发展,在电子信息的环境下,内部审计部门还应进行有关计算机信息数据处理(EDP)的专门审计(Louis Braitta JR.,1999)。此外,内部审计计划在实际执行过程中可能会由于种种主观与客观的情况而发生改变,因此审计委员会应对审计计划的实际执行情况予以持续关注,及时了解计划未完成或发生偏差的原因。

3. 复核内部审计部门的组织形式

由于公司的性质、规模及复杂程度不同,对内部审计的要求也会有所不同。不同的公司环境决定了不同的内部审计组织形式。有的公司将内部审计部门集中设置在总部,而有的公司,尤其是那些分支机构分散在各地的公司及跨国公司往往将内部审计部门分散设置,在每一个分支机构都设置一个内部审计部门,以节约交通费用,减少审计人员对经常出差而产生的不满情绪。不过,为了确保内部审计的独立性和客观性,各分支机构的内部审计部门仍应对总部负责,向总部报告。此外,公司还可能根据自身的特殊情况设置某一特殊的审计部门,以关注组织的某一项特定功能或某一特殊群体。审计人员在复核内部审计部门的组织形式时,对审计人员的数量和审计地点的配置分布,除了考虑公司自身的特定要求以外,还应特别关注成本效益的原则。审计委员会必须对潜在的机会成本及相关的经营风险进行评估。例如,审计委员会应与内部审计人员及外部审计人员进行讨论,根据企业内部控制的实际情况,假若不对某一分支机构进行审计,其潜在的机会成本有多大。对于财务审计而言,通常是根据重要性原则和相关的风险来判断是否需要进行审计;对于经营审计而言,则需要将潜在收益与相关的审计成本进行比较,从而判断是否有必要进行审计。显然,当内部审计人员和外部审计人员都认为该机构的内部控制是健全并有效的时候,高额的审计费用就可以适当予以减少(Louis Braitta JR., 1999)。

4. 复核内部审计的人员素质及训练情况

内部审计人员的素质及训练直接影响了内部审计工作的执行情况。如果审计人员的知识、技能和专业训练不能与其日益扩展的职责相适应,就会局限于对会计交易和记录的常规检查,而难以发现内部控制系统中的缺陷及潜在的舞弊行为。因此,审计委员会必须对内部审计人员的素质进行复核,并根据审计活动的需求配置适当的审计人员,根据不断发展变化的审计环境复核审计人员的后续教育及训练情况。

5. 同意内部审计主管的任命及撤换

内部审计组织设计的最基本要求就是其在公司整体架构内的独立性。由于内部审计部门人员仍属于公司的雇员,在行政关系上仍隶属于管理当局,因此,审计委员会对内部审计主管的任命及撤换的同意权可以在很大程度上保护内部审计功能的独立性,使内部审计人员不会因为担心被解雇而丧失其应有的独立性和客观性。当内部审计人员被撤换时,虽不一定意味着管理当局试图压抑或限制内部审计人员对其质疑或审计发现,但审计委员会仍有必要了解撤换的原因,并对新任人选的资格及独立性和客观性表示意见。

6. 复核审计成果

IIA 的内部审计实务标准要求,内部审计主管必须向审计委员会报告部门审计的结果,同时还必须向公司的管理当局作类似的报告。由于内部审计部门仍属于公司行政管理体制的一部分,其向管理当局所作的报告,除了用以健全公司内部控制系统的目的外,还有衡量内部审计部门绩效的作用。向审计委员会所作的成果报告,则是为了符合审计委员会监督内部审计功能的要求,同时增加审计委员会与内部审计之间的相互沟通,从而无形中可提高内部审计部门的地位与独立性,促进内部审计功能的充分发挥。审计委员会应复核内部审计部门所提出的结果汇总报告,其报告内容包括财务报告过程、内部控制制度与公司治理问题的审计结果、重大问题的审计发现和向管理当局所提的建议方案(陈汉文,1996)。如果审计报告的情况涉及高级管理层,则该报告只能提交给审计委员会。

二 内部审计与内部控制

《内部审计准则第 5 号——内部控制审计》明确了内部审计与内部控制是检查和被检查、评价和被评价的关系。通过展开企业内部控制的基本流程可以看出，企业内部控制制度从设计开始，经过内部控制制度的实施，到内部控制制度的测试，再到内部控制制度的评价，整个流程的四个环节不可分割，控制活动周而复始，前两个环节是企业管理层和各职能部门的责任，而后两个环节则是内部审计的主要作用空间，内部审计既是内部控制系统中的一个重要子系统，同时又是对控制系统的再监督、再控制，在控制系统中具有不可替代、举足轻重的地位，从而在公司治理的组织架构和程序运行中，形成了内部控制、内部审计的互动共进关系。

（一）内部审计是内部控制的重要手段

事实证明，股份制公司挂牌上市，并不等于现代企业制度就已经建立了，如果没有公司治理，或者公司治理不到位，就不是真正意义上的现代企业制度。李金华审计长在总结我国内部审计工作的优势和不足的时候，针对目前内部审计存在的"重监督轻服务、重结果轻过程、重财务轻业务、重合规轻效益、重单项轻系统、重当期轻长远、重查处轻建议、重独立轻互动"等问题，多次强调"内部审计机构很重要的一点，就是为你所在的单位、部门在加强管理、提高效益、建立良好的秩序方面发挥作用，这就是内部审计的主要目标"，提出了要"把内部审计作为一个控制系统，而不是一个检查系统"，"内部审计要以效益审计和管理审计为主"，"内部审计要以事前、事中审计为主"，"内部审计要以体现中国特色为主"等全新的内部审计理念。为内部控制、内部审计在公司治理中的地位和作用指明了方向。

与外部审计相比，内部审计在健全公司治理机制，特别是强化内部管理和控制方面具有得天独厚的优势。与时俱进的内部审计，应该围绕公司治理机制的健全完善，以风险控制为导向，以监督检查内部控制活动的有效性为主线，以促进提高风险控制能力为目标，坚持跟着风险走，哪里有风险，内部审计就跟到哪里，在公司治理中发挥出更大的作用。

（二）内部审计是内部控制的"测试仪"

所谓内部控制制度审计是指审计人员从研究和分析内部控制制度入手，通过符合性测试，对被审计资料所反映的有关经济活动的真实性、正确性、有效性以及可靠程度作出评价,再以此为基础,决定被审计项目所要进行的实质性测试的范围和内容,并修订审计方向和目标,在审计计划执行过程中形成审计意见。近年来,内部审计最重要的理念创新,就是强调内部审计是控制系统,最明确的发展方向,就是"内部审计要以事前、事中审计为主"。内部审计方式要从以结果为审计对象转化为以过程和结果为审计对象,既注意对结果的审计,更注重对过程的审计;要从对某一时间点的静态情况审计转化为对全过程的动态情况审计,既注意静态下的内控水平的审计,更注重过程有效性的审计。内部控制力度的大小,控制效果的优劣,检验的标准和手段主要通过内部审计测试来完成,内部审计始终充当着发现内部控制制度缺点的重要角色,充当着内部控制制度的测试者、监督者和信息反馈者。①

(三) 内部控制是内部审计的"风向标"

我们先从内部控制的发展趋势来看,控制的范围已由传统的会计控制逐步扩展到管理控制、经营控制、风险控制,直到几乎不能细分的诸多业务流程控制,林林总总涉及公司经营活动的各个方面。再从内部审计的发展轨迹来看,内部审计的重点由传统的以查错纠弊为主的财务审计转向管理审计、效益审计和风险审计,审计职能已由传统的监督评价拓展为监督评价与咨询,由"监督导向型"向"服务导向型"转变,内部审计目标也由监督内部控制的设置转变为改进内部控制系统。两者之间存在着明显的互动共进关系,内部控制的方向就是内部审计的方向,内部控制的内容就是内部审计的内容,内部控制的关键部位就是内部审计的重点。内部控制重点的转移,客观推动了内部审计重点的随动和转移。控制比较健全有效,审计范围就可以适当缩小,抽取的样本就可以适当缩小,审计风险就得到控制。反之,审计就需要适当扩大范围,扩大审计样本,以规避审计风险。内部控制为审计定位,起到"定位器"的作用。②

(四) 开展内控制度评审,构筑内部控制与内部审计的互动平台

1. 测试评价内部控制系统的健全性

内部审计人员通过收集有关的经营管理制度、规章和办法,以及向有关部门和人员调查了解,运用流程图法、调查表法或记述法等审计方法,对内部控

---

① 许华、姜兆培、崔良华:《浅谈公司治理、内部控制和内部审计三者关系》,中国论文下载中心网,2007年12月19日。

② 同上。

制的流程的正确程度和完善程度以及若干控制点进行测试。通过对测试资料的分析，来评价控制系统的健全程度。针对内控薄弱点和失控点，发现管理中存在的漏洞，提出改进措施。健全性测试主要解决内部控制系统是否合理、健全，以及内部控制关键点是否齐全、准确等问题。

2. 测试评价内部控制系统的遵循性

内部审计人员通过对一些内部控制系统控制点的测试，分析哪些控制点上建立了强有力的内控制度和哪些控制点上存在薄弱环节，以评价内部控制系统在实际业务活动中的执行情况，以及审查管理制度在执行中的使用情况，主要检查：控制点虽然有规定，却没有得到执行或未完全执行；规定的控制点不切合实际情况，从而造成不能或者无法执行。遵循性测试解决内部控制制度的符合程度如何，查明被审计单位的各项控制措施是否都真实地存在于管理系统中，是否完全并认真遵守制度规定。根据测试部位可信赖程度的分析，评价被测试系统内部控制的程度，并找出控制薄弱点和失控点，同时确定审计重点，以决定将其列入实质性测试。

3. 测试评价内部控制系统的科学性

内部审计人员通过对关键控制点的测试，评价其是否发挥了应有的制约与控制作用，或者是否取得了应有的管理效果。科学性测试解决内部控制系统功能如何，是否发挥作用，效果如何。

三 内部审计与风险管理

（一）内部审计在公司尚未建立风险管理的过程中，应积极向管理层提出建立风险管理过程的相关建议

如果公司尚未建立风险管理过程，内部审计人员应该提请管理层注意这种情况，并同时提出建立风险管理过程的相关建议。由于内部审计人员长期立足于本企业的具体岗位，比较熟悉公司的业务并能够随时深入到生产经营的全过程去了解掌握具体情况。审计人员只有通过周密详细的审前调查，收集到大量的第一手资料，从中发现存在风险的隐患问题，进行风险分析，才能根据重要性和成本效益原则制定出全面而且符合实际的审计工作计划。但是，管理层如果建立了风险管理过程，那么，来自于综合性风险管理过程的信息，则有助于内部审计人员更快地制定审计工作计划，提高工作效率。因此，内部审计人员可以促进风险管理过程的建立或使风险管理过程的建立成为可能。

（二）内部审计可以通过咨询服务的方式，积极协助公司风险管理过程的建立

风险管理是一个复杂的系统工程，在一个组织内部应当明确职责分工，各司其职。董事会负责制定战略目标，高层领导各负责一个方面的风险管理责任，其他管理人员由管理层分配给一部分工作，操作人员负责日常监控，而内部审计人员则负责定期评价和保证工作。如果管理层提出建立风险管理系统的要求，内部审计部门可以协助，但不能超出正常的保证和咨询范围，以免损害独立性。内部审计师可以促进、协助风险管理过程的建立，但不负风险管理的责任。

（三）内部审计通过将风险管理评价作为审计工作的重点，以检查、评价风险管理过程的充分性和有效性

内部审计主要从两个方面评估风险管理过程的充分性和有效性。

1. 评价风险管理主要目标的完成情况

主要表现在评价公司以及同行业的发展情况和趋势，确定是否可能存在影响企业发展的风险；检查公司的经营战略，了解公司能够接受的风险水平；与相关管理层讨论部门的目标、存在的风险，以及管理层采取的降低风险和加强控制的活动，并评价其有效性；评价风险监控报告制度是否恰当；评价风险管理结果报告的充分性和及时性；评价管理层对风险的分析是否全面，为防止风险而采取的措施是否完善，建议是否有效；对管理层的自我评估进行实地观察、直接测试，检查自我评估所依据的信息是否准确，以及其他审计技术；评估与风险管理有关的管理薄弱环节，并与管理层、董事会、审计委员会讨论。如果他们接受的风险水平与公司风险管理战略不一致，应进行报告。

2. 评价管理层选择的风险管理方式的适当性

由于各个公司的文化氛围、管理理念和工作目标不同，风险管理的实施也有很大差别。每个公司应根据自身活动来设计风险管理过程。一般说来，规模大的、在市场筹资的公司必须用正式的定量风险管理方法；规模小的、业务不太复杂的，则可以设置非正式的风险管理委员会定期开展评价活动。内部审计人员的职责是评价公司风险管理方式与公司活动的性质是否适当。

（四）内部审计应积极持续地支持并参与风险管理过程，对风险管理过程进行管理和协调

在现代企业制度下，公司全面建立了风险管理过程，内部审计因此能够

担负起风险管理的职能。首先，内部审计从评价各部门的内部控制制度入手，在生产、采购、销售、财务会计、人力资源管理等各个领域查找管理漏洞，识别并防范风险，作出相关评价。其次，内部审计可以深入到企业管理的极细微的环节上查找问题，分析其合理性。内部审计人员更多的是以风险发生的可能性大小为依据，深入到经营管理的各个过程，查找并防范风险。最后，内部审计在部门风险管理中还起着协调作用。不仅各部门有内部风险，而且各管理部门还有共同承担的综合风险，内部审计人员作为独立的第三方，可协调各部门共同管理企业，以防范宏观决策带来的风险[①]。

---

① 陈新国：《审计职业判断与审计风险关系分析》，《会计之友》2003 年第 3 期。

第二十一章 现代内部审计的职能变迁解析

内部审计是在受托经济责任关系下,基于经营管理和控制的需要而产生和发展起来的,并且是企业为了加强内部经济监督和经营管理,随着社会经济的发展和企业管理的内在需要而逐步完善起来的。

内部审计既有监督检查的职能,又有管理服务的作用。它与国家审计、社会审计构成我国审计体系的三大主体,共同实现审计监督、维护经济秩序、提高经济效益和加强廉政。

建设的工作目标,为经济和社会发展服务。内部审计在加强内部管理、监督方面有着重要的作用,具有外部监督难以替代的功能和作用。内部审计工作对本部门、本单位经济活动及财务收支情况以及内部控制制度执行情况进行事前、事中和事后的审计监督,对及时发现和制止违规、违法行为,保证领导决策、经济活动在法律和制度规定的范围内进行,起着十分重要的作用。

一 现代内部审计的产生

企业所有权与经营权的分离是产生内部审计的直接原因。两权的分离导致了受托经济关系,在这种关系中委托人将其财产托付给受托人并赋予其相应的行为指令、报酬和权力;受托人接受委托并对其承担特定的经济责任。由于委托人与受托人之间存在利益冲突,并且委托人可能由于专业知识、距离等原因无法全面掌握企业的财务状况、经营成果等信息,导致委托人与受托人之间存在信息不对称。委托人为了监督受托人是否认真履行了受托责任,确定受托人提交的报告是否真实,就需要聘请第三方对受托人的受托责任履行状况进行验证,于是就产生了审计。

20世纪40年代以后,跨国公司迅速崛起,使公司管理环境更加复杂。为了提高内部经济效益,管理人员和内部审计师不得不寻求更好的管理制度,从而促使现代内部审计的产生。其标志是1941年维克多·布瑞克出版了世界第一部内部审计专著《内部审计——程序的性质、职能和方法》和约翰·瑟斯顿倡导下成立的世界第一个内部审计组织"内部审计师协会"。

（一）内部审计产生的因素

导致内部审计产生的因素大致可以归纳为两方面：

一是内部管理的需要。随着企业业务的日益复杂化，规模不断扩大，由于控制跨度的不断增大，企业所能施加的控制力也开始减小。为了实现企业整体受托责任的经营目标，保持稳定的企业收益，就必须赋予各层次管理人员以一定的责任和权限，从而使受托责任多元化，受托责任也由受托财务责任发展到受托管理责任。现代内部审计实质上包含了两个层次的经济控制：其一是公司外部利益相关者对公司高级管理层的控制；其二是公司高级管理层对各级业务管理层的控制。两个层次控制的最终目标都体现在对利益相关者群体的受托责任更有效的履行上。如此，内部审计就产生了。它是出于内部管理的需要，由管理当局授权执行的审查、监督活动。

二是外部的压力。外部审计要审查企业财务报表的真实性与可靠性，需要在审计之初对内部控制系统进行评审。企业为了减少外部审计工作量，降低外部审计费用，企业愿意建立和健全内部审计制度；为缓解社会压力，企业需要努力改善经营管理，承担社会责任。此外，国家政府为完善企业的内部控制系统，迫使企业管理当局重视内部审计，必须建立相应的内部审计机构，所以内部审计除了作为管理工具之外，还可间接地满足政府的各种监督的需要。

（二）内部审计的本质及发展规律

内部审计因受托责任而产生，其发展体现了受托责任发展变化的规律。古代与中世纪内部审计确保的是内部受托财务责任的合法性。财务导向内部审计关注的依然是内部受托财务责任，但股份公司制度的形成、公司规模的扩大，已使该责任在公司内部被分为多个层次。在业务导向阶段，内部审计从关注受托财务责任转向了关注受托管理责任，特别是低层管理者的受托管理责任。在管理导向阶段，受托管理责任层级逐步提高，同时由于审计委员会制度的建立，内部审计要向其报告高级管理层的外部受托管理责任。内、外受托管理责任在此阶段都是内部审计关注的对象。在风险导向阶段，内部审计重在促进广泛的外部受托责任与多层次内部受托责任的统一。[1]

内部审计的发展并非界限分明的直线式前进，而是各阶段互相融合，在继

---

① ［美］道格拉斯·卡迈克尔著，刘明辉等译：《审计概念与方法：现行理论与实务指南》，东北财经大学出版社 1999 年版。

承中发展。古代与中世纪内部审计关注的是财产、资金保管的合法性以及账目的正确性。财务导向内部审计是在其基础上发展起来的,其关注的是财务报表和会计账簿,其目的依然是查错防弊。从财务导向到业务导向,内部审计进入了更广阔的发展空间,但是财务活动包括在业务活动之中,对财务事项的控制是最基本的,对业务效率的关注并非意味着放弃对财务事项的审查。从业务导向到管理导向,内部审计关注的都是管理活动,两者的区别在于管理导向内部审计所关注的管理活动层次更高、范围更大,内部审计的目的都是兴利,区别在于从低层次的兴利发展到高层次的综合性兴利。

独立审计及政府审计理论与实务的发展对内部审计也有一定影响。近代,内部审计机构的成立以及专职内部审计人员的配备主要用来填补独立审计无法进行日常监控的空缺,财务导向内部审计是对独立审计功能的延伸,内部审计技术在很大程度上也是基于独立审计技术发展起来的,而管理导向内部审计范围的扩大直接受到政府审计的影响。[①]

综观内部审计发展历史可以发现,其主要体现的是受托责任的发展过程:由受托财务责任转向受托管理责任,由内部受托责任转向内、外部受托责任,由低层受托责任转向高层受托责任,由关注合法性的受托责任转向关注效率性、效果性、经济性等内容的受托责任。可以预见,内部审计的未来发展将会继续体现受托责任的变化,并随着新管理理论与实践的层出不穷而继续发展,未来内部审计也必将以前几个阶段为基础,延续螺旋式上升的模式。

(三) 内部审计模式的历史演进

1. 账项导向审计

在审计发展的早期,审计的目的是查错防弊。由于生产力水平较低,企业规模较小,经济业务比较简单,财产所有权和控制权没有完全分离,审计人员采用的是账项导向审计模式。账项导向审计模式就是对会计资料进行全面详细的审查以发现记账错弊和财产盗窃行为。

2. 制度导向内部审计

随着分权与分工的思想与实践逐渐系统化,企业内部多层次受托责任产生。由高级管理人员采用直接观察、监督和控制的方法已无法适应日益增多的受托责任层次,客观上就需要从企业内部选拔具有管理能力和财务知识的特殊人才,组成内部审计机构,代替管理人员对下属部门受托责任的履行情况进行

---

① 王光远、杨宏图:《非审计服务与审计独立性关系的理论分析与现实规范》,中华会计网校,2004年11月4日。

监督,而监督的主要内容大多都是受托财务责任以及受托责任履行的合法性。

在工业革命与股份公司制度的影响下,独立审计制度得以建立,该制度很大程度影响了近代内部审计。

当独立审计发展到财务报表审计阶段,随着企业规模的扩大,经济活动的日趋复杂,反映经济活动的会计资料大量增加,继续采用账项导向审计模式费时费力,影响审计的效率。同时,由于账项导向审计是对会计资料进行全面的审计,缺乏针对性,没有重点,所以也影响到审计的效果。为了提高审计的效率和效果,节省审计成本,审计人员用抽样审计方法取代了全面详细的审计。但是,随意的抽样有其固有的局限性,审计人员素质不一,实践经验各异,凭借主观判断进行抽样,样本的选择和抽样的数量随意性较大,而且着重对抽样结果进行检查而忽视了对企业经济业务的检查。在审计实践中,审计人员逐渐发现内部控制系统的功能如何直接影响到会计资料的质量。于是,将注意力转移到会计信息赖以形成的内部控制系统的功能上来,从评价企业内部控制入手,根据评价结果,采取大数定律和正态分布为基础的统计抽样方法,确定实质性测试的范围、时间和程序,明确了审计范围和重点,节省了审计时间,降低了审计成本,提高了审计效率。制度导向审计模式逐渐占据了主导地位。建立在内部控制测试基础上的审计抽样得以广泛应用,为了降低审计风险,注册会计师希望内部审计能够对财务活动进行日常监督,并帮助公司建立健全内部控制。独立审计从详细审计到财务报表审计阶段,都围绕着账簿和财务报表进行。在其影响下,内部审计活动也以财务报表和账簿为核心。因此这一阶段的内部审计只是独立审计的伴随者和附和者,内部审计活动在很大程度上是独立审计业务的延伸。

3. 业务导向内部审计

以业务活动为主要关注点的内部审计是在 20 世纪 40 年代末出现的。20 世 60 纪年代,业务导向内部审计的发展达到高峰。20 世纪 60 年代,美国工业委员会以及国际内部审计师协会(IIA)对内部审计实务的调查充分说明了内部审计师已大量从事业务审计。调查结果显示,内部审计实务已大量涉及采购、库存规划与控制、保险计划、系统、基建、运输、管理信息系统、广告、生产、组织控制等具体业务领域。在内部审计人员专业结构方面,内部审计人员来自于非会计专业。内部审计的对象既涉及经营业务,也包括其他管理控制。这些都表明,业务导向内部审计实务已全面展开。

与财务导向内部审计阶段相比,业务导向阶段的内部审计,关注点从受托财务责任转向了受托管理责任,目标也从对财务报表的查错揭弊,转向了揭露公司经营管理的缺陷并提出建议,帮助管理人员有效履行其职责,通过提高业务活动、管理控制的效率而实现兴利。业务导向内部审计跳出了财务账簿的圈子,而将视野转向了管理。

4. 管理导向内部审计

20世纪中后期,垄断及世界性经济危机等外部环境的急剧变化深刻地影响了企业的内部管理,内部审计必须充分考虑外部多方利益相关者的影响,审计的关注点从低层次的业务和内部控制转向高层次的决策和外部受托责任。而公司治理理论及实践的逐步成熟,特别是审计委员会制度的建立赋予了内部审计更高的地位,也为内部审计对高层受托管理责任的审查提供了保证,内部审计开始进入管理导向阶段。

管理导向内部审计将视野由具体的业务和控制等较低层面转向了管理目标方针、决策等高层面,关注的重点从低层次的内部受托管理责任转向了高层次受托管理责任的履行。管理导向内部审计为审计委员会及公司管理层提供服务,既关注外部受托责任,也关注内部受托责任,发挥高层次的综合兴利作用。

5. 风险导向内部审计

管理导向内部审计的关注点是高层次的管理决策与活动,是事后的评价和反馈,而风险意味着对未来的预测,它可以使内部审计将审计对象与企业目标紧密相连,将事后评价反馈伸到事前和事中。20世纪的信息技术、全球化经营以及个性化定制为风险导向内部审计的产生营造了管理环境,公司治理、内部控制以及风险管理等领域相关法规的出台也给内部审计提供了一展身手的新平台,同时受托责任的内容和层次也得到了极大丰富,所有这一切都要求内部审计从管理导向阶段迈向帮助企业评估各种风险、构筑利用机会或减轻威胁战略的风险导向阶段。内部审计应充分考虑多方因素及环境,紧密结合综合的增值目标,并重视对与目标直接相关的风险的全面分析,以确定重点控制的受托责任内容,同时成为促进企业内外受托责任统一的重要力量。

二 西方发达国家企业内部审计发展概况

西方发达国家企业内部审计制度是在19世纪末、20世纪初资本主义发展进入垄断阶段,基于企业实行分权管理和加强内部控制的客观需要而建立起来的。20世纪30年代西方国家经济大危机之后,人们越发认识到内部审计的重要性,企业内部审计事业由此进入快速发展阶段,并取得了举世瞩目的成就。这些成就主要表现在以下几个方面:

（一）内部审计的重要性得到普遍认可，内部审计的目标更加明确

1977年美国发布的《反国外贿赂法》强调企业应加强内部会计控制，内部审计人员应当评价内部控制。美国证券交易委员会（SEC）也非常重视上市公司的内部审计工作，并于2003年11月批准《纽约证券交易所和纳斯达克证券市场条例》，该条例要求上市公司都必须设立内部审计机构。国际内部审计师协会在最新修订的《内部审计实务标准》中指出："内部审计是一种独立、客观的保证与咨询活动，它的目的是为机构增加价值并提高机构的运作效率。它采取一种系统化、规范化的方法来对风险管理、控制及监管过程进行评价，进而提高它们的效率，帮助机构实现它的目标。"这一定义把增加价值和提高组织运作效率同时作为内部审计的目标，标志着西方现代内部审计理论研究已取得重大突破。

（二）内部审计机构居于很高的组织地位，成为企业控制系统的核心环节

为了保证内部审计工作的独立性和权威性，顺利拓宽审计范围并有效地落实审计结论和实施审计建议，西方发达国家的企业日益注重提高内部审计的组织地位，越来越多的内部审计机构直接隶属于企业最高管理当局，内部审计部门已成为企业内部控制系统中的核心环节，内部审计工作已成为炙手可热的职业，注册内部审计师的社会地位与注册会计师不分伯仲。

（三）内部审计的领域逐步扩展，内容趋向综合性，目标转向增值性

西方发达国家的企业内部审计人员，已从最初的直接以财会资料和财务收支为对象进行的事后审计，转向审查和评价作为会计信息生成基础和资产保护重要措施的内部会计控制的健全性和有效性。此外，为了增强企业在国内外市场的竞争力，内部审计部门已突破传统的财务审计模式，进一步深入到企业生产经营活动的广阔领域开展经营审计和管理审计，以协助管理当局改善经营管理，提高经济效益，增加组织价值。

（四）内部审计方式发生根本性变化，参与性审计方式成为主流

现代内部审计方式的精髓是参与式审计，即在整个审计过程中努力与被

审单位保持良好的人际关系,与被审方共同分析错误和问题的原因及潜在影响,并探讨改进的可行性和应采取的措施,从而充当经营管理人员加强内部控制、改善经营管理、实现企业经营目标的热心顾问和得力助手。

三 当代国际内部审计的主要变化

20世纪90年代以来,企业组织所面临的经营环境发生了重大变化:经济全球化及其竞争日趋激烈;信息技术及其应用迅速发展;跨国间的收购、兼并与战略联盟成为当代企业战略管理的重要内容,并由此导致组织管理不断变革;这些环境变化直接导致企业组织所面临的不确定性大大提高,风险不断增大。在这种环境下,企业在采取一系列策略应对环境压力的同时,也将外部风险传递到企业组织内部。一些对全球产生重大影响的事件如"安然事件"、"世通事件"等反映了环境变化所带来的风险结果。这些环境变化以及由此带来的由外向内传递的种种风险,导致人们对内部审计的期望发生改变。纵观当代国际内部审计的发展,其变化主要体现在与内部审计相关的法规与制度建设、内部审计工作的重点领域、手段方式以及内部审计人员职业胜任能力等多个方面。

(一) 法规与制度建设方面的变化

面对环境变化及其产生的后果,很多国家的立法机构制定了相应的法律法规,国际职业组织也制定、颁布了一系列报告或准则,从中反映出内部审计观念和内部审计实践在应对环境变化过程中所历经的基本轨迹。

早在20世纪70年代,随着内部审计及其职业发展对社会影响力的日益提高,内部审计的作用及其地位在相关法律中得以确认,许多国家制定的法律法规都包括了要求企业建立内部审计制度的条款,一些职业组织相继发布了与建立健全有效的内部控制制度相关的报告,强调了内部审计机构在保证内部控制有效性方面的职能与作用。20世纪90年代后,英国、美国、加拿大、南非等国家在公司治理准则与报告中也规定了与内部审计相关的内容,从而将内部审计的作用范围从内部控制扩大到公司治理。

为适应环境变化的要求,国际内部审计师协会(IIA)在1999年6月,对内部审计的定义、职业准则以及道德规范等进行了全面回顾,提出了能够适应当代内部审计发展的新定义,将以独立性为基础的"保证"活动和以决策有用性为基础的"咨询"活动并列起来,提高了内部审计的地位,扩大了内部审计的责任和工作范围,将内部审计进一步提升至风险管理和公司治理的高度。在新定义的基础上，IIA 建立了新的内部审计专业实务框架，并特别强调内部审计应通过"参与式"审计活动以体现其"增值"功能。

2001 年爆发的"安然事件"在全球范围内引起了人们对内部审计的全面关注和重视。"安然事件"后，2002 年美国国会紧急出台了《萨班斯—奥克斯利法案》（Sarbanes-Oxley Act，简称 SOX 法案），从加强上市公司信息披露和财务会计处理的准确性、确保审计师的独立性以及改善公司治理等方面，对美国现行《证券法》、《公司法》和《会计准则》等进行了若干重大修改，加重了公司主要管理者的法律责任；特别要求公司管理当局要对其公司内部控制制度的有效性作出承诺，并由独立审计师作出鉴证；对公司审计委员会作出了规范。随后，纽约证券交易所对上市公司的董事会的构成作出规定，要求所有上市公司都要建立内部审计职能部门。

作为对 SOX 法案的积极反应，2004 年 9 月，COSO 委员会颁布了新的 COSO 报告：《企业风险管理——整合框架》，这一报告特别关注企业风险管理的内容，将内部控制纳入企业风险管理框架之中，以便更好地进行组织治理与风险控制。

SOX 法案后，2002 年 IIA 在给美国国会的建议中指出：董事会、执行管理层、外部审计和内部审计的协同是健全治理结构的基本条件，其中审计委员会（内部审计人员）的主要作用是增强报告关系上的独立性。接着，面对外部环境变化对内审工作提出的新要求，2004 年，IIA 对 2001 年的《内部审计实务标准——专业实务框架》进行了修订，新的《内部审计实务标准》（以下简称《新标准》）增加了 5 条新准则，并在不同程度上对原有的 17 条准则进行了修改，修改内容主要涉及有关保证性服务准则。《新标准》明确了"保证性服务工作的性质和范围应由内部审计人员决定"，而不是由委托方决定，以确保确认性服务的独立性和客观性。这一改动，体现了当代内部审计的独立性不断强化的趋势。

（二）重点工作领域方面的变化

1. 服务领域的扩大是内部审计发展的必然

随着现代企业制度的建立、外部制约机制的加强、内部管理水平的提高和会计电算化的普及，财务核算表面上的错弊将会越来越少。基于这种情况，内部审计的职能在客观上也必须从传统的"查错纠弊"转向为内部管理服务，内部审计的工作重点也应从内部检查和监督向内部控制的分析和评价方面迅速转变。

由于职能的转变，内部审计将扩展到企业的经营、生产、质量及财务等管理的各个领域。内部审计的内容，将以经营审计、管理审计、效益审计等内容为主。有资料表明，发达国家大约从20世纪80年代开始已将工作的重点放在绩效审计上，财务收支审计方面投入的人力和时间只不过占15%左右。这样做的原因，一是为了适应现代市场经济要求，内部审计应通过对企业及其所属单位会计控制系统、管理控制系统、资本保全控制系统、成本费用控制系统和质量控制系统等经常性的审计监控，为促进企业改善经营管理、健全内部控制制度、提高经济效益而发挥内部审计的监控作用；二是为了适应企业多层次分权管理和新时期企业负责人监督管理机制改革的需要，对企业内部分公司负责人任期经济责任履行情况实施审计监督，正确评价其经营业绩、管理水平、经济责任，为干部的管理、考核及使用提供客观依据和准确的数据；三是为了针对企业经营管理特点，深入开展经营管理审计、经济效益审计，为企业内部的资产重组、生产力要素的优化配置和重大投资项目的科学决策发挥建设性服务作用。

2. 内部审计从事后审计逐步向事前及事中审计转变

目前我们的内部审计大多是事后审计，在事前和事中留下很多审计监督的空白。形成这一现状，既有体制上的原因，也有企业管理上的原因，但更重要的是内部审计自身职能履行不到位。随着管理水平的提高，内部审计的作用将不仅局限于事后监督，更多的是参与企业事前的预防与事中的控制。从事前预防来看，内部审计主要应对企业事前制定的各种管理办法，各种物资采购计划、生产计划、销售计划、资金计划、投资计划、费用预算及契约合同等进行事前审核。从事中控制来看，内部审计应对企业经营各个步骤的费用和成本支出进行监控，主要查看费用支出有无预算，手续是否规范，收入结算是否足额和合规，内部管理办法是否得到贯彻执行等。从事后控制来看，内部审计首先是要核实经济信息的准确性，其次是要将各种经济信息进行再加工，将各种实际完成情况与预算指标、标准成本及管理办法进行比较，从而发现存在的差异和问题，并提出纠正和完善的意见，以保证企业经营目标的全面实现。在整个控制阶段，审计人员不仅要参与预算指标、标准成本及管理办法的制定，更要利用其掌握的成本信息优势，对生产经营活动的全过程进行分析和评价。经验丰富的内部审计人员，应能及时发现各个环节存在的问题，把企业的经营风险降到最低程度。

3. 内部治理审计将成为重要职责

经济全球化、虚拟化、信息化和股权集中化进程的加快，使现行公司治理模式的弊端日益突出，这势必导致公司治理改革在全球范围内普遍和深入地开展。机构投资者、独立董事在董事会中作用的发挥，必将促使董事会强化对公司管理当局的激励和约束。企业内部审计的客观优势以及民间审计的缺陷,决定了董事会及其审计委员会在有效地利用民间审计的同时,必将更加注重发挥本企业内部审计在促进和帮助企业管理当局有效履行受托管理责任方面的作用。董事会或审计委员会不但会加强对日常审计工作的检查、指导,定期和不定期听取审计情况汇报并检查审计意见和建议的落实情况,而且可针对企业生存与发展中的一些重要问题,随时责成内部审计人员开展内部治理审计,包括公司治理的符合性审计、科学性审计和绩效性审计,协助董事会及其审计委员会促进和帮助公司管理当局有效履行其受托管理责任,发挥内部审计在公司治理的作用,使内部治理审计成为内部审计人员的重要职责。

4. 经营审计向预防型转变

传统的内部审计往往是事后审计,即在企业经济业务活动发生后,内审人员对照有关的制度、规定、政策以及内部控制的条条框框判断其对与错,并对其进行分析与评价。这种审计虽然对加强企业管理起到一定的作用,但是被查出的问题大都已成既定事实,给企业造成的损失往往无法挽回。

现代预防型审计要求内部审计人员必须紧紧围绕企业经营管理中心开展工作,想领导所想,抓住重点,深入到企业财务、业务、营销等领域,不仅要对各项制度、规定本身的科学性、效益性作出分析与判断,而且还要对企业的经济业务活动进行事前和事中审计,把可能发生的问题消灭在萌芽状态,做到防患于未然。预防性审计即审计视线的前移,对加强企业内部管理和监督,全面了解和掌握企业的经营和财务状况,及时揭示存在的问题,控制经营风险,提高企业管理水平和经济效益具有十分重要的意义。

开展预防性审计也是可行的。一是内审部门在现代企业中的监控地位比较高。现代企业往往由一把手亲自分管内审工作,加强了对内审工作的领导力度,提高了内审工作的地位,保证了内审工作的权威性。二是内审部门的职责比较超脱。内审部门虽然是企业管理监控体系中的一个组成部分,但他不直接管钱管物,而是按照一定的工作程序,通过对各业务职能部门或单位的再监督,间接地对企业经济活动进行监控,它与被审计部门、单位没有责任纠葛和利益冲突,有利于保证审计结果的客观公正性。三是内审行为与企业行为高度一致。企业经营以追求利润的最大化为目的,内审部门正是要通过审计,达到加强企业内部控制,改进经营管理,提高经济效益的目的。从这个意义上讲,开展预防性审计完全适合内审行为与企业行为一致性的客观要求。四是内部审计具有及时性。由于内审机构设立在企业内部,与其他职能部门关系密切,审计人员又是本企业的工作人员,对本单位各方面的情况比较熟悉,所以内审工作的时效性比较强。此外，内审工作与国家审计相比，可以采取更加简化的审计程序，针对性强、直接性强，因而更具有预防性，可以有效地监督各职能部门的工作质量，保证企业经济活动的安全有效，防止不良经营行为的危害，促进企业整体工作效率和效益的提高。

5. 增值型内部审计的兴起已经成为企业内部审计发展的重要趋势

在发达国家，增值型内部审计的兴起已经成为企业内部审计发展的重要趋势，很多企业的内部审计部门配合业务重组工作，为实现降低成本、增加利润的企业目标，正努力地寻找各种方式来增加审计价值。

国际内部审计师协会（IIA）于 21 世纪初在《内部审计职业实务准则》中对内部审计作了重新定义：内部审计是一种独立、客观的确认和咨询活动，旨在增加组织价值和改善组织的运营。它通过运用系统的、规范的方法评价并改善风险管理、控制和治理过程的效果，帮助组织实现其目标。这一新定义表明内部审计是一项确认和咨询活动，是为增加组织价值和改进经营，实现组织的目标服务的，同时也表明内部审计已经进入了增值型内部审计的新时代。

（三）手段方式的转变

1. 审计手段由传统的手工查账审计逐渐向计算机审计过渡

随着会计电算化的日益普及，IT 环境下的会计系统相比传统的簿记手工会计系统发生了重大的变化，这就要求审计手段由传统的手工查账审计逐渐向计算机审计过渡。审计手段实现电子化并逐步发展到网络化。内审人员必须具备更高的计算机专业技术知识，审计部门应尝试引入审计软件，可以使审计人员从冗长繁杂的计算工作中解放出来，专注于对事实的调查和对数据的深入分析。同时，审计软件也为非现场审计提供了条件，有可能使审计人员足不出户，就可以完成审计项目的大部分工作，大大提高了审计效率，降低了审计成本，同时还能实现对业务风险的时时监控，进行事前、事中检查，起到及时预警、降低风险、减少甚至避免部分损失的作用。审计形式由单一的静态审计向动态审计转变，相对于传统的静态审计，动态审计的主要特点就是在网络技术、通信技术的帮助下，实现对企业投入资金多、经营风险较大的现代企业内审模式的转变。

2. 内部审计的实施方式应从单一依靠内部审计人员的力量向与外部审计相结合的方向发展

从内部审计工作内容来看，内部审计大体可分为两部分：一是对财务数据真实性、合法性的审计；二是对企业经营和管理的分析与评价。对于第一部分，可由企业内部审计人员委托事务所按照内部审计目的进行审计，从而保证会计信息的真实、合法和完整。对第二部分而言，内部审计人员由于熟悉本企业的实际情况，工作的重点也应放在对企业经营管理及生产过程的分析与评价上。

（四）内部审计人员职业胜任能力要求方面的变化

在新环境下，人们对内部审计以及内部审计重点工作领域的认识发生了变化，同时对内部审计人员的知识体系和职业技能不断提出新的要求。内部审计队伍从由单纯的财务人员构成向具有综合知识和能力的多元化高素质人才的结构转换。搞好内部审计工作，建设好一支高素质的审计队伍至关重要。一是内部审计人员应具备良好的政治素质、优良的职业道德、扎实的政策水平、熟练的现代计算工具操作技术及敏锐的观察和解决问题的能力；二是随着内部审计由财务领域向经营和管理领域扩展，内部审计人员在知识构成上也应该是多元化的，不仅要精通熟悉会计、审计、法律、税务、外贸、金融、基建、企业管理等方面的知识，还应非常熟悉经营管理、工程技术、工艺流程、经济法律等方面的知识；三是内部审计人员要加强自身学习，不断更新观念，企业要抓好现有内部审计人员的培训和教育工作，及时更新知识，提高应变能力和队伍的总体素质，使之适应高层次审计工作的需要。

四 内部审计工作的重要性和优势

企业内部审计与外部审计相比，最贴近企业管理，了解情况方便，对企业的目标、各部门的经济责任考核、企业制度的要求、生产经营情况等较为熟悉，审计对象也相对稳定，比较容易发现管理上的漏洞以及采取有针对性的审计方法，从多角度、多环节上发现问题和风险，提出处理意见和建议，控制成本，减少损失，以提高审计效果和企业效益。

（一）内部审计是外部监督的基石

内部审计是外部监督的基石，因为一方面，外部审计再厉害也有疏忽的地方，做好内部审计相当于把好了第一道关。内部审计工作做好了，制度、管理比较规范健全了，不再容易出现这样那样的问题，"安然"这样的事情就少了。

另一方面，政府审计在对单位进行监督的时候，首先要运用内部审计的成果。一般政府审计到一个单位执行审计的时候，首先要由内部审计提供内部控制状况评价报告,审计机关对重要部位进行测试,如果认为这个报告的评价比较真实准确,就在这个内控评价的基础上选择审计的着力点。[①]

(二) 内部审计是企业监督环节的重要组成部分,在现代企业管理体系中不可或缺

1. 通过内部审计,对企业经营活动及其经营管理制度进行监督检查,对照国家法律法规和企业规章制度,按照审计程序,制止违规违纪现象,有利于企业健康发展

为了适应惩防体系建设的需要,促进企业廉洁从业建设和应对市场经济激烈竞争,降低企业经营成本,内部审计有必要积极开展事先、事中、事后审计,特别要做好可以而且能够事先审计的工作,关口前移,防微杜渐,有助于及时发现问题苗头,把问题消灭在萌芽之中,从财经纪律上及时提出意见和建议,为领导和有关部门及时反映情况,提供第一手资料,当好参谋,从源头上预防和治理腐败,从源头上减少和降低成本开支,发挥内部审计的威慑作用。

2. 内部审计工作是建立市场经济发展要求的国有资产管理体制的需要,是企业实现国有资产保值增值的有效手段和客观评价企业部门经营绩效的需要

通过内部审计,有助于经营者增强经济责任感,增强企业活力,促进经营者依法经营,避免违法乱纪行为的发生。

3. 内部控制制度的执行需要内部审计

企业制定的各项内部控制制度能否得到有效的执行,必须有一个公正的评判部门,通过监督与检查促使这些内控制度得以顺利实施,这项工作由内部审计部门完成无疑是最合适的。

4. 经营管理人员经济责任的划分需要内部审计

企业经营管理人员特别是中层以上领导人员,其管辖范围较宽,责任较大,如果不进行离任审计,会给继任者带来很多经营上的麻烦,这就需要内部审计人员对其在职期间的经营业绩及资产情况进行审计。

5. 提高企业经济效益需要内部审计

市场经济条件下,企业经济发展处在激烈竞争中。物竞天择、适者生存、优胜劣汰是市场经济的客观规律。因此,通过内部审计,尤其是开展经济效益审计,能促进企业经济发展,提高经济效益。

---

① 王道成:《内部审计是外部监督基石》,新浪财经网,2005年7月5日。

(三) 企业内部审计作为一种自律机制，在建立现代企业制度中起着重要的作用

随着生产力的高度发展，社会化程度的极大提高而产生一种高级的企业管理制度称之为现代企业制度。其特征为：产权明晰、权责分明、政企分开、管理科学。在现代企业制度中，公司制是主要的、典型的组织形式。公司一般是根据权力机构、执行机构、监督机构相互分离、相互制衡的原则，依据法律制定企业的章程，组建由股东会、董事会、监事会和经理层组成的公司组织机构。

内部审计是公司治理中的一个重要环节。内部审计是指部门或单位内部独立的审计机构和审计人员，依照国家或部门制定的法律、法规、政策制度等标准，采用专门的程序和方法，对本部门、本单位的财务收支及其经济活动进行审核，查明其合法性、合规性及效益性，并提出建议和意见，以加强经济管理，提高经济效益的一种经济监督活动。企业的内部审计组织模式与企业的组织形式密切相关，为使内部审计在企业中发挥应有的作用就必须建立与现代企业制度相适应的内部审计组织体系。内部审计在建立现代企业制度中起着重要的作用，这种重要性主要表现在以下四个方面：

1. 加强企业内审工作是建立现代企业制度的要求，是促进企业建立健全内部约束机制，维护国家的财经法规和企业规章制度贯彻落实的必要保证

随着社会主义市场经济的发展，政府和相关监管部门越来越重视内部审计，在相关法规中都提出了建立企业内部审计的要求。国务院发布的《企业国有资产监督管理暂行条例》、《审计署关于内部审计工作的规定》，国资委发布的《中央企业内部审计管理暂行办法》，中国内审协会出台的一系列内部审计准则，以及中央五部委有关开展经济责任审计的规定等，都对企业内审工作作出了规定和要求。

2. 企业内审工作是防范经营风险和财务风险的必要预警器

通过对企业内部控制制度完善程度的测试和评价，可及时发现企业存在的经营风险和财务风险，并借助专业手段分析评价风险程度。在变幻莫测的市场经济条件下，这种风险预警器作用，能够让企业决策者和经营管理者及时采取有效措施，规避经营风险和财务风险，或者使已有风险的损失减少到最低限度，有效地维护企业的生存和发展。

内部审计在风险管理中的独特作用体现在三个方面：（1）能够从全局的角度客观地管理风险。内部审计部门不从事具体的业务活动，独立于业务管理部门，这使得它们可以从全局出发，从客观的角度对风险进行识别，及时建议

管理部门采取措施控制风险。(2) 控制、指导企业的风险策略。由于内部审计部门处于董事会、总经理和各职能部门之间的位置，内部审计人员能够充当长期风险策略与各种决策的协调人。通过对长期计划与短期实现的调节，内部审计人员可以调控、指导风险管理策略。(3) 内部审计部门的建议更易引起重视。内部审计部门独立于管理部门，其风险评估的意见可以直接报给董事会，这会加强管理当局对内部审计部门意见的重视程度。

3. 良好有效的内审工作是加强企业经营管理者队伍管理的重要措施，是企业健康发展的保障

近年来，企业内部审计机构和审计人员一方面通过审计，使不少腐败分子得以暴露，既纯洁了企业经营管理者队伍，又使广大的企业经营管理者从中汲取了教训；另一方面又积极当好参谋，把好财经活动的关口，使企业领导人避免或减少因不熟悉财经工作而不自觉发生的问题或错误。内审工作的有效存在对于促进领导干部增强法律意识、责任意识、廉政意识，提高管理能力和水平，倡导诚信起到积极的推动作用。可以说，内审工作是维护企业良好秩序，促进廉政建设，保障企业持续健康发展的基础，也是提高企业竞争力的法宝之一。

4. 企业内审工作是加强企业营运资金管理和提高经济效益的必要工具

营运资金是企业生存和发展的血脉。营运资金管理直接影响到企业经济效益。通过开展营运资金审计，一方面可以及时发现营运资金循环中存在的问题，促使有关部门采取措施加以制止和纠正；另一方面又可以及时发现并制止资金的"跑、漏"，从而实现增收节支，提高经济效益。

(四) 内部审计的优势分析

内部审计贴近管理，熟悉情况，容易发现管理上的漏洞。内部审计人员对本企业的目标、各部门的职责分工、企业内部各项规章制度、工作流程、生产经营情况等较为熟悉，而审计对象的相对固定性，又使其能动态地掌握被审单位的各种情况，及时、准确地判断出高风险领域和重要事项，有针对性地进行审计，以发现管理上的漏洞。

内部审计时间、方法、方式灵活，成本较低，可提高审计效果和审计效益。内审人员能随时掌握企业大量内部信息，从而能减少资料收集、审前调查的工作量，项目的实施又可以融合在其他项目中进行，降低了审计成本，能从多角度、多环节发现线索，并灵活采用风险分析、控制评价、询问、实质性测试等多种方法，以提高审计的效果和效益。

内部审计提出的处理意见和建议操作性强，能从根本上改善企业管理。内

部审计提出处理意见和建议时,能从企业的实际出发,将损失减少到最小,还能从管理者的角度考虑如何改进管理、完善控制。同时,还可以对落实意见和建议的情况进行后续审计,从而促进企业建立起有效的内部控制系统,降低控制风险,防患于未然。

五 内部审计的作用

(一) 内部审计的基本作用

内部审计的作用是内部审计职能的外在表现。内部审计在企业管理中的作用,是内部审计部门行使审计职能、完成审计任务,在实现审计目标过程中(或之后)产生的客观效果。

内部审计是公司审计监督体系中的一个重要的组成部分,内部审计更能够加强企业内部控制和风险预防作用。它通过系统化和规范化的方法,评价和改进风险管理、控制和治理过程的效果,帮助公司实现经营目标。内部审计是一种积极的管理审计,具有独立性、广泛性、综合性、积极性的特点,内部审计工作相当于在组织内部建立企业自我完善、健康发展的免疫机制,内部审计工作人员需要从企业整体利益出发,发现问题、分析问题并提出解决问题的方法与策略。内部审计是企业的重要管理手段。

内部审计的作用大致可归结为以下六个方面。

1. 制约作用

内部审计通过对企业经济活动及其经营管理制度的监督检查,对照国家的法律法规和企业的规章制度,按照审计工作规范,揭示企业的违法乱纪行为,维护企业的经济秩序。主要有以下四个方面:

(1) 制止违规违纪现象,保护国家财产和企业利益。通过检查监督被审计单位执行国家财经纪律情况,制止违规行为,有利于企业健康发展。

(2) 披露经济活动资料中存在的错误和舞弊行为,保证会计信息资料真实、正确、及时、合理合法的反映事实,纠正经济活动中的不正之风。事实上不少单位的信息资料不仅存在错误,而且存在着具有造假性质的"账外账"和"两本账"及私设小金库现象,因此,有必要强化内部审计监督,查错防弊,提高会计和审计人员的业务素质。

(3) 配合纪检监察部门,打击各种经济犯罪活动。内部审计部门通过开展财务收支审计、财经法纪审计、领导干部离任审计,发现问题,查明损失浪费、贪污腐化行为,及时向纪检监察部门提供证据和信息,采取措施,充分发挥审计的"经济警察"的特殊作用。

2. 防护作用

内部审计工作在执行监督职能中,对深化改革,降本增效起到了保证、保障、维护作用。

(1) 为建立健全高效的内部控制制度提供有力保证。为了适应新形势,应对激烈的市场竞争,内部审计人员有必要开展事前、事中、事后审计,内控系统的健全性和有效性审计,风险审计及计算机审计,揭示并建议改正内部控制制度存在的薄弱环节和失控点,提高企业管理水平。

(2) 保障国有资产的安全、完整。内部审计人员应重视生产经营情况,对企业资产状况做到心中有数,随时随地开展内部审计督查,提出有效措施,经济有效的使用资产,确保国有资产保值增值,防止国有资产流失。

(3) 降本增效,维护财经纪律。有效地开展经济效益审计是当前企业内部审计工作的重点和关键。降低成本增加效益,维护财经纪律是经济效益审计的出发点。

3. 鉴证作用

(1) 开展联营审计,维护企业合法权益。联合经营是在生产社会化和市场经济不断发展的情况下,企业为了取得实效,一个企业和一个或数个企业为发展生产和产品交换而进行的经济联系。

(2) 开展任期内经济责任审计和领导干部离任审计,强化内部监督机制。实行领导班子在任定期审计,有助于监督企业领导依法办事,遏制腐败,促进企业廉政建设,为上级主管部门和政府考察提拔干部提供依据。

开展领导干部离任审计,评价企业领导在任期间生产经营情况、遵守财经纪律情况、履行经济责任情况,肯定成绩,纠正不足,有利于人事制度改革和企业方针政策的连续性和稳定性。

4. 促进作用

(1) 促进企业改善经营管理,提高经济效益。通过财务收支审计和经济效益审计,发现影响财务成果和经济效益的各种因素,提出解决问题的措施,进一步挖潜降耗,增加收入。

(2) 促进经济责任制的完善和履行。通过经济责任制审计,发现制度本身的缺陷,向有关部门反馈信息,解决履行情况和责任归属不清的问题。

(3) 促进各种经济利益关系的正确协调处理。不定期的开展对企业子公司、分公司的审计,规范下属实体遵章守纪,正当经营,依法办事。有利于调动各方面的积极性。

5. 建设性作用

建设性作用是通过对被审计单位的经济活动的检查和评价，针对管理和控制中存在的问题，提出富有成效的意见和方案，促进企业改善经营管理。

（1）审查评价企业管理和控制制度的健全性和有效性，披露薄弱环节，解决存在的问题，完善内部控制制度，堵塞漏洞。

（2）审查评价企业的财务收支和经济效益，寻找新的经济效益增长点，消化不利因素，优化资源配置，增强企业活力和市场竞争力。

6. 参谋作用

企业经营决策的正确与否依赖于可靠的经济信息。互联网技术的普及，促进了内部审计事业的飞速发展。内部审计可以提供世界性的先进的技术资料和经济信息，客观公正的为领导决策服务。[1]

（二）新形势下内部审计的作用概论

内部审计作为企业的自我约束机制，已成为现代企业制度的重要组成部分。近年来由于企业内部环境和外部环境的变化，特别是在我国市场经济秩序逐渐成熟的大环境下，内部审计本身正在经历着发展和变化，其职能、作用也自然要发生相应的发展和转变。但我国市场经济下的内部审计的职能和作用，既不同于我国计划商品经济体制下的内部审计，也有别于西方国家的内部审计，只有适合的才是最好的，才能最大限度地提高审计的效果，才能真正实现我国市场经济下内部审计具有的职能所发挥的作用。另外，我国进入 WTO 后，国际上一些先进的经济监管经验闯入我国，为我国的审计行业注入新的活力，内部审计的发展趋势也必将与国际上的经济准则相适应，国际上认知的内部审计的职能和作用无疑对我国的内部审计的改革也必将具有一定的指引作用。因此，我国市场经济下的内部审计的职能和作用是审计理论和实务必须认识和正确定位的问题，是内部审计改革和发展的重要环节。内部审计作为企业的自我约束机制，已成为现代企业制度的重要组成部分，是部门和单位健全内部控制、严肃财经纪律、改善经营管理、提高经济效益、保护资产安全完整的重要手段。现阶段，我国的内部审计也正在经历着蓬勃发展的过程，随着各部门、单位对内部审计的认识和要求的逐渐提高，关于内部审计的职能也有了多种观点，随之对其在市场经济下的作用也有了多种见解。

在现代企业制度的框架下，加强内部审计工作，可以体现公司治理结构中股东、董事会、经理层之间的相互制衡，体现所有权、决策权、经营权之间的

---

[1] 施岩:《浅谈企业内部审计的作用问题及对策》,《内蒙古科技与经济》2007 年第 9 期。

相互制衡，促进企业内部形成上下沟通、左右协调的合力；可以确保企业信息披露的真实和完整，最大限度地保护企业各个利益相关主体的权益不被侵犯。企业内部审计是企业管理的重大措施，是企业自我纠错机制的关键环节，加强和完善内部审计工作是建立现代企业制度的重要工作内容，也是现代企业制度不可或缺的组成部分。

现代企业制度的一个关键环节就是三权制衡，内部审计是制衡机制中一个十分重要的组成部分，它是董事会在企业的发展和运行中发现问题、采取对策、进行纠错、自我完善的一个重要方面，是监事会行使监督权，监督董事会执行股东大会决议，监督经营层执行董事会决议的一个重要手段。

随着经济全球化趋势的飞速发展，市场经济体制的不断完善，对外开放水平的不断提高，企业将面临更严峻的内外竞争压力。因此加强内部管理，完善内部控制机制，促进企业经济效益的提高尤为重要。企业内部审计工作与企业管理水平紧密相连，充分发挥内部审计的监督作用，一方面可有效保障企业的生产经营高效有序运转，防范经营风险；另一方面也有利于完善企业的内部控制机制，确保企业管理规范。而且，加强内部审计监督，对于保障企业资产安全、促进资本保值增值也具有重要作用。

加强内部审计工作对有效预防腐败，保障企业经营者有效履行受托责任有着重要作用。内部审计对促进国有企业加强和改进管理，促进资源有效配置也具有重要意义。一定要充分认识到这项工作的重要意义，切实增强责任感和使命感，扎扎实实地搞好内部审计工作。

1. 新形势下发挥内部审计作用应考虑的因素

（1）内部审计是公司治理的重要机制保障。国内外公司治理实践证明：任何一个公司要持续高效运作都离不开有力的制衡机制，内部审计作为委托代理关系中受托责任的一种控制机制，通过履行监督和评价职能，促进受托经营目标的实现，已经成为公司治理极具价值的资源。董事会对监控公司运营和风险负有最终责任。因此，建立一个有利于保障内部审计独立性的管理体制，培育一支具有较高职业水准的审计团队，对于董事会治理公司至关重要。

加强公司治理，不仅要及时进行充分披露，更好的方法是进行预防。因此，外部审计人员和内部审计人员应当注重内部审计的建立和发展，注重风险评估的方法，提高对风险的分析能力，从而保证审计报告的质量。

（2）风险管理是内部审计的主线。随着现代企业管理的发展，风险管理、控制和治理程序成为内部审计的对象。IIA（国际内部审计师协会）在2001年修订的《内部审计实务标准》中指出，"内部审计采取系统化、规范化的方法对风险管理、控制和治理程序进行评价，提高它们的效率"。也就是说，内审部门应通过识别风险，帮助管理部门规避风险，采取正确的行动来防止高级管理层滥用职权。内审人员应通过咨询建议，使管理部门采纳更好的政策和控制程序，改进工作，防范风险，提高效益。

当前，内部审计职能已发展成为风险管理的候选人，它是"自然嵌入"组织结构，而不是外在因素，它有利于促进组织风险管理制度与政策的贯彻执行。内部审计在风险管理中的独特作用体现在三个方面：①能够从全局的角度客观地管理风险。内部审计部门不从事具体业务活动，独立于业务管理部门，这使得它们可以从全局出发，从客观的角度对风险进行识别，及时建议管理部门采取措施控制风险。②控制、指导企业的风险策略。由于内部审计部门处于董事会、总经理和各职能部门之间的位置，内部审计人员能够充当长期风险策略与各种决策的协调人。通过对长期计划与短期实现的调节，内部审计人员可以调控、指导风险管理策略。③内部审计部门的建议更易引起重视。内部审计部门独立于管理部门，其风险评估的意见可以直接报给董事会，这会加强管理当局对内部审计部门意见的重视程度。

(3) 内部审计工作是现代企业内部控制制度的着重点。内部控制制度是企业为了保证业务活动的有序进行，确保资产的安全完整，防止欺诈和舞弊行为，实现经营管理目标等而制定和实施的一系列具有控制职能的方法、措施和程序。

内部审计是在一个单位内部对各种经营活动与控制系统所进行的独立评价，它由独立于被审部门的内部审计机构或内部审计人员来完成，是为了检查单位内部各项既定的政策、程序是否贯彻，建立的标准是否遵循，资源的利用是否合理有效以及企业的目标是否达到。内部审计既是内部控制的不可或缺的重要组成部分，又是内部控制的一种特殊形式。它主要体现在一个现代企业完善、健全的内部控制系统中，必须有完善、严密的内部审计制度，独立有效的内部审计机构和高素质、责任心强的内部审计人员，它既是内部控制系统中重要的一个分支系统，又是实现内部控制目标的重要手段。

(4) 内审工作是加强企业经营管理者队伍管理的重要措施，是企业健康发展的保障。内审工作的有效存在对于促进领导干部增强法律意识、责任意识、廉政意识，提高管理能力和水平，倡导诚信起到积极的推动作用。可以说，内审工作是维护企业良好秩序、促进廉政建设，保障企业持续健康发展的基础，也是提高企业竞争力的法宝之一。

(5) 企业内审工作是加强企业营运资金管理和提高经济效益的必要工具。营运资金是企业生存和发展的血脉。营运资金管理直接影响到企业经济效益。通过开展营运资金审计，一方面可以及时发现营运资金循环中存在的问题，促使有关部门采取措施加以制止和纠正；另一方面又可以及时发现并制止资金的"跑、漏"，从而实现增收节支，提高经济效益。

2. 新形势下的内部审计发挥企业内部审计作用的关键

在现阶段，要充分发挥企业内部审计的作用，必须抓好以下几个关键点：

(1) 认清形势，明确内部审计工作方向是发挥内部审计作用的前提。当前，国有企业改革的目标是建立现代企业制度，这不仅要求企业要有较强的经济实力，还要有完善、科学的内部管理，提高企业内部管理水平已是提高企业市场竞争力的关键。企业内部管理水平的高低是与内部自我约束息息相关的，要提高企业管理水平就要健全和完善企业内部监督机制。内部审计是法律法规规范下的企业最高层次的自律行为，是企业内部监督机制的重要组成部分，其主要任务是在企业内部监督检查企业各项制度的落实和执行情况，了解执行中存在的问题，及时反馈，以促进企业决策层能够及时改进工作、完善制度。因此，内部审计机构应当认清形势，明确审计工作方向，把审计工作的重点放在通过内部审计监督，找出企业管理中存在的薄弱环节和失控点，有针对性地提出改进意见和建议，为企业决策层正确进行经营决策和科学管理提供切实可行的依据。

(2) 领导重视是充分发挥内部审计监督作用的重要保障。内部审计工作必须依靠企业领导的重视和支持，重视的程度越高，支持的力度越大，内部审计发挥的作用也越大。而领导的重视与否，在很大程度上又是取决于我们的工作到位程度和作用发挥程度。因此，我们要充分发挥内部审计的优势，增强宏观意识和大局意识，紧紧抓住本单位领导最关心的问题，围绕领导关心的重点、难点问题和群众关注的热点问题进行审计检查，用战略的观点分析单位内部管理中存在的问题和漏洞，为领导提出科学有效的管理建议；要善于开拓审计工作领域，突出审计监督的重点，创新审计工作方法，提高审计层次，确保审计质量，进而使单位领导更新观念，重视内部审计工作。

(3) 内部服务是内部审计发挥作用的立足点。内部审计源于企业加强监督与管理的需要，与外部审计相比，一个重要的特点是内向服务，对所在单位的主要负责人负责，这也就决定了内部审计必须立足于企业内部，才能发挥其监督作用。内部审计机构作为单位内部的管理部门，因为比较熟悉本单位的生产经营和管理情况，熟悉每一个生产管理环节，所以在堵塞漏洞、查处舞弊、促进加强管理、提高经济效益等方面，具有独特的优势，具有其他监督和管理部门不可替代的重要作用。对内部审计来说，要紧跟企业发展的步伐，用发展的观点来处理问题，以适应客观形势对内部审计提出的更高要求。在思想方法上，要由偏重微观的思维方法转向宏观着眼、微观入手的思维方法，增强宏观意识，从全局的、战略的观点去观察、分析问题；在审计层次上，要由事后财务收支审计为主逐步转变为以事中、事前的效益审计、管理审计为主，使内部审计迈向更高的审计层次，增强审计的时效性、效益性、效果性、主动性，使审计结果更为领导所重视、所重用；在审计技术方法上，要由以手工和账表为主逐步转变为以计算机和信息网络为主，使审计手段更加先进，审计效率更高。

（4）提高内部审计人员素质是发挥审计作用的重要保证。内部审计人员的素质是内部审计工作质量的重要保证，是做好内部审计工作的必要前提。社会主义市场经济的快速发展，建立现代企业制度步伐的加快，必然会对内部审计工作提出更多、更高的要求，内部审计机构的地位会进一步提升，内部审计的任务会进一步增加，对内部审计人员的素质要求也将进一步提高。为适应新形势发展的需要，内部审计机构要以"三个代表"重要思想为指导，加强自身建设，提高内部审计队伍的整体素质。21世纪将是电子信息时代，审计人员的知识结构要向一专多能的复合型人才发展，不仅要懂得财务、审计业务，同时也要有工程、经济、信息、法律等方面的知识，要具备非常强的综合判断和管理能力、沟通和交流能力。内部审计机构只有整体素质提高了，才能从更高的层次上向企业领导提出管理建议和意见，才能更好地发挥内部审计的作用。

3. 新形势下的内部审计应发挥的作用

新形势下的内部审计应发挥以下几个方面的作用。

（1）直接作用。

①内部审计应发挥其监督作用。内部审计可以通过自己的监督工作，发现并纠正存在的问题，督促企业各级管理人员及各位员工遵纪守法，严格执行制度规定，对企业各项经济业务进行客观的会计核算，并及时、真实地披露会计信息，保证财务报告的真实可靠性。

②内部审计职能的全面实现，有利于降低企业风险，提高企业经济效益，进而促进会计信息质量的提高。内部审计的职能随社会经济的发展及企业活动和管理水平的变化而不断向前发展。现在，内部审计职能已发展为"保证和咨询服务"，即内部审计充分发挥其评价职能的作用，增加组织价值和改善经营管理，提高有关数据和信息的相关性与可靠性；通过咨询活动，为管理部门提供专业服务，为风险管理出谋划策，降低企业风险，从而在实质上促进财务报告内容的确定性和质量的提高。

（2）间接作用。

①促进公司治理结构的完善和有效性，提高会计信息的质量。首先，根据

国外有关上市公司的要求，一个公司若要上市必须设置内部审计机构，以便显示其内部治理机构的完善性。其次，由于证券监管部门在会计信息披露责任规定方面要求企业 CEO 及 CFO 须以个人名义对向投资者提供信息的真实性、完整性负责。由此，他们不得不利用内部审计实行日常的监督与控制，减少风险，保证会计信息加工、传递和揭示的可靠性。

②内部审计是审计委员会功能实现的重要手段，它也借助于审计委员会发挥自己的职能，并发挥其在会计信息失真治理中的作用。审计委员会具有多项职能，其中包括报告和监管职能，而这两项职能的实现，必须借助于内部审计的有效工作。因此，内部审计可以保证审计委员会职责的完成，从而也就为会计信息失真的治理贡献力量。当然，有效的审计委员会也能强有力地保证内部审计有很高的地位和权威性从而提高它的独立性，保证其审计结果能被高度重视。这样，内部审计更多的是借助于审计委员会实现自己的职能，并发挥其在会计信息失真治理中的作用。

③为外部审计师打下良好的基础，降低他们的审计风险，从而有利于注册会计师对企业财务报告的形成和披露的监督。不论是以制度为基础的审计，还是以风险为导向的审计，注册会计师的审计总是要考虑审计风险问题。有效的内部审计有利于减少控制风险，进而减少固定风险，从而使审计工作更有效率，其结果更有保障。

4. 内部审计在现代企业管理过程中的作用

（1）内部审计机构的形成。企业管理贯穿于企业生产经营的全过程。投资决策的成败、生产经营成本的高低、经营目标实现与否、经营方针和政策是否得到贯彻执行等，都取决于企业管理水平的高低，取决于企业内部自我约束能力的强弱。随着企业规模的不断扩大，企业内部管理层次越来越多，企业经营管理的整体协调难度也越来越大，这迫切需要加强企业内部各级组织、各职能部门之间的控制和配合，要求有一支相对独立于其他职能部门的、能够及时监督和评价企业整体经济运行状况的机构。内部审计是企业内部建立的独立的审计部门，基于内部管理的需要，它以企业内部控制为对象，日常业务流程为内容，按照董事会的要求，站在管理层的高度，坚持独立、客观、公正的原则，对企业内部管理和其他相关方面作出评价和判断，从而有效地降低内部经营风险，保证企业的良性运转，并促进企业管理的高效与透明。内部审计是企业管理权限的延伸，是企业管理的重要组成部分，是企业信息监管的手段，是企业管理水平提升的有力工具，是企业各项工作考核及评价的重要见证人，也是企业利益的保护者。

（2）内部审计与企业管理的关系。在市场经济环境下，一个完善规范的企业内部管理结构,由股东大会、董事会、经理层和监事会组成。股东大会是企业的最终控制主体;董事会接受股东大会的委托,决定企业的大政方针,并对经理层进行监督;监事会则对董事、经理的行为进行监督,构筑起保卫股东利益的第二道防线。它们各负其责、协调运转、相互制衡,实现企业目标,从而形成对企业进行内部控制的机制。内部审计委员会是具有双向负责、双轨报告和保持双重关系的组织形式,这与国际内部审计师协会的《内部审计实务准则》的要求相一致。内部审计与企业管理结构之间是相辅相成,相互促进的关系,两者有高度的相关性。一个健全的内部控制机制要有完善的企业管理结构的支撑,而内部控制的创新和深化,却需内部审计监督作重要保证,进而促进企业管理结构的完善和现代企业制度的建立。

内部审计与企业管理的具体关系表述如下:

第一,从定义上看,企业管理指为维护股东、企业债权人以及社会公共利益,保证企业正常有序地运行,由法律和企业章程规定的有关企业组织结构间权力分配和制衡的制度体系的安排,包括企业经理层、董事会、股东和其他利害相关者之间的一整套关系。内审的含义,根据国际内部审计师协会于2001年对内部审计下的新的定义:"内部审计是一种独立、客观的保证工作和咨询活动,其目的是为机构增加价值并提高机构的运作效率。采取系统化、规范化的方法对风险管理、控制及治理程序进行评价,提高它们的效率,从而帮助机构实现目标。"可见,有效的企业管理能够提高企业的运作效率,有助于企业实现其目标,这一点与内部审计职能类似。

第二,从起源上看,企业管理结构是所有权和经营权分离的必然产物,而内部审计起源于受托责任关系——"受托责任关系是资源占有人实现对资源的有效管理与使用的必要手段和保证机制",即审计是作为独立的第三者依法对受托责任履行情况进行监督和证明,因此从起源看,两者有相似之处,都是由于两权分离而需要权力之间的相互制衡。企业管理是一整套的制度框架,而审计监督则是为捍卫这套制度所不可缺少的一种机制和手段。审计履行决策监督职能是企业管理成功的重要保障。

实践证明,在成功的企业管理过程中审计功不可没,失败的企业管理必定伴随着审计失败。所以,要改变企业管理机制的缺陷,完善企业管理,必须发挥内部审计的重要作用。

(3) 内部审计在企业管理过程中的作用

①内部审计在风险管理过程中的作用。

第一,内部审计在企业尚未建立风险管理的过程中,应积极向管理层提出建立风险管理过程的相关建议。

如果企业尚未建立风险管理过程，内部审计人员应该提请管理层注意这种情况，并同时提出建立风险管理过程的相关建议。由于内部审计人员长期立足于本企业的具体岗位，比较熟悉企业的业务并能够随时深入到生产经营的全过程去了解掌握具体情况。审计人员只有通过周密详细的审前调查，收集到大量的第一手资料，从中发现存在风险的隐患问题，进行风险分析，才能根据重要性和成本效益原则制定出全面而且符合实际的审计工作计划。但是，管理层如果建立了风险管理过程，那么，来自于综合性风险管理过程的信息，则有助于内部审计人员更快地制定审计工作计划，提高工作效率。因此，内部审计人员可以促进风险管理过程的建立或使风险管理过程的建立成为可能。

第二，内部审计可以通过咨询服务的方式，积极协助企业风险管理过程的建立。

风险管理是一个复杂的系统工程，在一个组织内部应当明确职责分工，各司其职。董事会负责制定战略目标，高层领导各负责一个方面的风险管理责任，其他管理人员由管理层分配给一部分工作，操作人员负责日常监控，而内部审计人员则负责定期评价和保证工作。如果管理层提出建立风险管理系统的要求，内部审计部门可以协助，但不能超出正常的保证和咨询范围，以免损害独立性。内部审计师可以促进、协助风险管理过程的建立，但不负风险管理的责任。

第三，内部审计通过将风险管理评价作为审计工作的重点，以检查、评价风险管理过程的充分性和有效性。

内部审计主要从两个方面评估风险管理过程的充分性和有效性。首先评价风险管理主要目标的完成情况。主要表现在评价企业以及同行业的发展情况和趋势，确定是否可能存在影响企业发展的风险；检查企业的经营战略，了解企业能够接受的风险水平；与相关管理层讨论部门的目标、存在的风险，以及管理层采取的降低风险和加强控制的活动，并评价其有效性；评价风险监控报告制度是否恰当；评价风险管理结果报告的充分性和及时性；评价管理层对风险的分析是否全面，为防止风险而采取的措施是否完善，建议是否有效；对管理层的自我评估进行实地观察、直接测试，检查自我评估所依据的信息是否准确，以及其他审计技术；评估与风险管理有关的管理薄弱环节，并与管理层、董事会、审计委员会讨论。如果他们接受的风险水平与企业风险管理战略不一致，应进行报告。其次评价管理层选择的风险管理方式的适当性。由于各个企业的文化氛围、管理理念和工作目标不同，风险管理的实施也有很大差别。每个企业应根据自身活动来设计风险管理过程。一般说来，规模大的、在市场筹资的企业必须用正式的定量风险管理方法；规模小的、业务不太复杂的，则可以设置非正式的风险管理委员会定期开展评价活动。内部审计人员的职责是评价企业风险管理方式与企业活动的性质是否适当。

第四，内部审计应积极持续地支持并参与风险管理过程，对风险管理过程进行管理和协调。

在现代企业制度下，企业全面建立了风险管理过程，内部审计因此能够担负起风险管理的职能。首先，内部审计从评价各部门的内部控制制度入手，在生产、采购、销售、财务会计、人力资源管理等各个领域查找管理漏洞，识别并防范风险，作出相关评价。其次，内部审计可以深入到企业管理的极细微的环节上查找问题，分析其合理性。内部审计人员更多的是以风险发生可能性大小为依据，深入到经营管理的各个过程，查找并防范风险。最后，内部审计在风险管理中还起着协调作用。在企业治理层面，管理层和审计委员会对内部审计存在竞争性需求。管理层要求内部审计人员以广泛的业务技术为基础，提供确认和咨询服务，关注风险，评价经营效率并激励组织行为。而审计委员会对控制的确认更感兴趣，在董事会和高级管理层的受托责任关系中，内部审计既服务于治理主体，也服务于治理对象。内部审计在成为透视企业的窗口时，不可避免要处理各种复杂的竞争关系，因此内部审计人员要重视人际关系，加强全面沟通，在确保独立性和客观性的前提下加强与董事会管理层及外部审计的有效沟通，避免各种冲突。内部审计人员，要借鉴新的管理理念，利用新的管理工具，创造性地发挥协调作用。

②内部审计在内部控制过程中的作用。

第一，测试评价内部控制系统的健全性。

内部审计人员通过收集有关的经营管理制度、规章和办法，以及向有关部门和人员调查了解，运用流程图法、调查表法或记述法等审计方法，对内部控制流程的正确程度和完善程度以及若干控制点进行测试。测试主要解决内部控制系统是否合理、健全，以及内部控制关键点是否齐全、准确等问题。

第二，测试评价内部控制系统的遵循性。

内部审计人员通过对一些内部控制系统控制点的测试，分析哪些控制点上建立了强有力的内控制度和哪些控制点上存在薄弱环节，以评价内部控制系统在实际业务活动中的执行情况，以及审查管理制度在执行中的使用情况，主要检查：控制点虽然有规定，却没有得到执行或未完全执行；规定的控制点不切合实际情况，从而造成不能或者无法执行。遵循性测试解决内部控制制度的符合程度如何，查明被审计单位的各项控制措施是否都真实地存在于管理系统中，是否完全并认真遵守制度规定。根据测试部位可信赖程度的分析，评价被测试系统内部控制的程度，并找出控制的薄弱点和失控点，同时确定审计重点，以决定将其列入实质性测试。

第三，测试评价内部控制系统的科学性。

内部审计人员通过对关键控制点的测试，评价其是否发挥了应有的制约与控制作用，或者是否取得了应有的管理效果。科学性测试解决内部控制系统功能如何，是否发挥作用，效果如何。

③内部审计在建立道德文化过程中的作用。

企业治理是实现企业目标和价值的有效途径，而企业治理过程在履行其职能时的有效性，在很大程度上则取决于企业的道德文化建设。因此，国有上市企业应积极创立企业文化，构筑企业道德氛围。

内部审计在这个过程中的作用主要体现在以下几点：

第一，建议作用。

为保证目标的实现，企业董事会或经理人员应通过履行以下四种责任来进行企业治理，即使用各种法律形式、结构、战略和程序来确保其遵纪守法；遵守职业规范和社会公德，满足社会期望；为社会谋福利，兼顾国家、社会、企业三方利益，并考虑其长期和短期利益；全面真实地向有关各方提供财务报告，对其经营业绩与财务行为负责。因此，内部审计部门主要是通过以下工作对企业治理过程发挥建议作用：通过对企业负责人任期经济责任审计，建议经营者合法经营；通过股权投资审计，建议管理层力求投资回报，在考虑企业短期利益的同时更要考虑企业的长期利益；通过财务收支与经营业绩审计，建议企业出具全面真实的财务报告，督促财务人员遵守职业道德等。

第二，测评作用。

内部审计人员可以通过一系列的内部测评工作协助管理层建立起一整套企业道德规范。如通过内部控制制度科学性、有效性的测评，发现内控制度执行方面的漏洞与不足；通过企业风险测评，发现领导者在制定企业政策方面的疏漏；通过对企业经济效益的测评，发现经营者遵纪守法、稳步经营方面的欠缺，提醒管理层为加强执行人员的责任心、提高领导者的领导水平、强化经营者合法经营的理念而建立相应的道德规范。

第三，评价作用。

内部审计人员作为良好道德倡导者应当定期评价企业良好道德文化建设的效果，即通过进行一系列的专项审计活动，以及协助纪检部门进行信访案件取证工作和配合监察部门开展企业经营绩效方面的效能监察专项检查，评价并改进工作程序，为企业治理过程发挥不同作用。如评价是否有强有力的对领导干部的监督机制，是否有保护检举人的举报制度，是否设有接受举报的机构来加强企业廉政建设，起到反腐败、反舞弊的作用；评价企业是否有企业文化宣传教育机制，是否使每一个员工都能理解，明确企业文化建设中所提倡的企业宗旨、精神和经营管理理念来促进企业文化建设，起到企业文化宣传者的作用；评价企业形象与员工形象，企业领导是否身先士卒做精神文明的表率，是否与业务客户建立了良好的信誉往来关系，由此来敦促管理者和员工忠于职守，遵守法律、道德规范以及承担相应的社会责任，在企业逐步形成一种良好向上的道德文化氛围，起到良好道德倡导者的作用。①

5. 内部审计在公司治理中的作用

（1）公司治理概念及公司治理程序。

所谓公司治理，就是对公司的统治和支配，它的功能是配置权、责、利，其中，特别是对剩余控制权和剩余索取权的配置是其中的重要组成部分。在公司内部治理体系中，董事会作为股东大会的常设机构，它的运作是核心内容，董事会负责公司战略计划的制定和实施，衡量和监控公司的业绩，评价、任命和撤换管理层等方面的工作；管理层是以总经理为核心的执行层，在授权的范围内拥有对公司事务的管理权和代理权，负责处理公司的日常经营事务。根据《内部审计实务标准》中的定义，治理程序是指公司的投资人代表所遵循的程序，旨在对管理层执行的风险和控制过程加以监督，与公司治理相关的主要关系人包括：股东、董事会、由总经理领导的经理人员。公司治理就是要研究这些利益相关者的权利、责任及其相互作用和相互影响的关系。

（2）内部审计在公司中的定位。

内部审计是一种独立、客观的保证工作与咨询活动，它的目的是为组织增加价值并提高组织的工作效率。它采取系统化、规范化的方法来对风险管理、控制及治理程序进行评价，提高它们的效率，从而帮助实现组织目标。内部审计所协助的组织的管理成员包括管理层人员、董事会成员。内部审计师有责任向他们提供有关该组织的内部控制系统的适用性和有效性以及质量的信息资料。向每个人提供的信息资料在方式上和细节上可能有所不同，这取决于管理人员和董事会的要求。

内部审计机构属于内部控制环境的一个组成部分，它向董事会中的审计委员会报告业务工作，内部审计机构负责人由审计委员会主席任命，行政上由高级管理层管理，向高级管理层报告行政工作。通常，内部审计机构最终要对董事会负责，因为它的审计工作对象是公司内部的可审计活动或事项，审计结果将由被审计者与高级管理层沟通后决定是否采纳审计意见，内部审计机构在与高级管理层沟通后，不论高级管理层是否同意内部审计意见，都将把其意见一

---

① 李哲、王静：《内部审计如何在公司治理中发挥作用》，贵州企业网，2006年11月6日。

并反馈给董事会。

（3）内部审计在公司治理中的作用。

为适应经济全球化运行模式，国际注册内部审计师协会制定了《内部审计实务标准》，建议各国的内部审计师在公司按照该标准开展工作。在美国，安然、世界通信等公司的一系列丑闻使投资者对上市公司信息披露的真实性产生怀疑，而这种丑闻均牵涉上市公司管理层的错误行为，使投资者对上市公司治理制度的有效性产生怀疑，2002年由此催生了《萨班斯—奥克斯利法案》的出台，该法案对内部审计机构在公司治理中的职能有一些建议。根据国外一些审计理论研究成果，笔者认为在西方国家内部审计在公司治理中的主要作用表现在以下几个方面：

一是沟通审计业务计划。审计执行主管负责与高级管理层和董事会沟通工作。沟通审计业务计划包括审计机构的业务计划报高级管理层审批，并报董事会备案。报告中应包括充分的信息，以便他们能够确定内部审计机构的目标和计划，能否有助于实现组织的目标和计划，审计业务计划在中期发生变化时，亦应及时沟通，在执行审计业务计划的过程中，如果内部审计资源不足和审计范围受到限制，审计执行主管应及时向高级管理层和董事会报告，报告内容包括资源不足和范围限制可能带来的后果。

二是报告重大事项。审计执行主管每年至少向高级管理层和董事会提交一次工作报告，当出现重大的审计事项时，审计执行主管应向董事会及时报告。在通常情况下，《内部审计章程》和《内部审计实务标准》规定审计执行主管在向董事会报告重大事项前，应就被审计单位的审计结果同高级管理层进行讨论，即便讨论取得了令人满意的结果，审计执行主管也应报告，并将与高级管理层讨论的情况通知董事会。

三是与高级管理层讨论重大风险领域。风险管理是管理层的一项主要职责，而对公司的风险管理过程进行评估和报告则是内部审计工作的一项重要内容。如果审计执行主管经过独立客观的评估后，认为被审计单位和高级管理层已接受了的风险水平与公司的风险管理战略和政策不一致时，或该水平不能被公司接受，审计执行主管应就此事与高级管理层进行讨论。

四是支持董事会开展全公司的风险评估。在公司治理架构中，董事会负责监督和确定存在适当的风险管理流程，这些流程是充分和有效的，管理层应当确保组织中存在良好的风险管理过程并使其发挥作用。内部审计机构则要运用风险管理方法和控制措施，对风险管理过程的充分性和有效性进行检查、评价和报告，提出改进意见，为管理层及董事会提供帮助。为此，内部审计师应采取适当的审计程序收集足够的证据，从总体上对风险管理过程的充分性、所选择风险管理方式的适当性发表意见。

五是检查内部审计机构在公司风险管理框架中的定位。在西方国家,董事会负责制定战备目标,风险的所有权赋予高级管理层,剩余风险留给执行层,持续识别、评估和监督活动交与内部审计机构。但是,对于尚未建立风险管理流程的组织,内部审计师常常被要求进行风险管理过程的初建工作和业务流程的设计工作,而这些工作往往超出内部审计的保证和咨询范围,为避免损害独立性,内部审计机构一方面要通过其他方式以促进公司对风险管理过程的建立,另一方面要在公司治理过程中经常检查自身在风险管理框架中的定位,时刻警惕内部审计机构独立性和客观性的损害。

六是监督遵守公司行为规范和商业惯例情况。公司行为规范是由公司制定的,旨在规范员工行为、防止过失违法违纪的正式和书面的规章制度。商业惯例是在商业活动中形成的被广泛接受的通用做法,一般是非正式的,但一旦违反,会给公司带来不利影响,两者对公司目标的实现都有影响,内部审计师有责任评价遵守公司行为规范和商业惯例情况时,内部审计师应从评估组织相关行为规范和商业惯例是否存在、相关的控制和保证系统是否建立和是否充分和恰当,系统的执行效果如何等方面进行。

七是协助董事会评估外部审计师的独立性。年度的会计报告和内控制度报告由外部审计师进行审计,在聘请外部审计师进行审计时,内部审计机构有责任协助董事会确认和评估外部审计师的独立性,一般一年一次,将评价结果报告董事会。外部审计师独立性评估的内容一般包括:外部审计师或其家庭成员有没有对本公司进行投资,家庭成员的投资也要归到外部审计师身上,投资关系会影响外部审计师的独立性。外部审计师或其家庭成员和本公司之间有无雇佣关系,雇佣关系也会影响独立性。《萨班斯—奥克斯利法案》规定,外部审计师违反该法案提供了某些非审计业务,表明其缺少独立性。

八是评估公司的道德氛围。公司的治理过程是否有效,很大程度上取决于公司的道德氛围。内部审计机构由于其地位独立,客观公正,有良好的职业操守和技能,有能力、有资格提请董事会和高级管理层和员工遵守法律、道德规范并承担相应的社会责任,在公司的道德文化建设中发挥积极作用。也有责任定期评估整个公司,包括董事会的道德氛围。

九是评估公司向董事会报告的机制。公司内部向董事会报告的机制是保障公司有效和高效运行的政策、方法、程序、技术手段的总称。管理层受董事会的委托开展管理活动有必要也有责任向董事会报告工作,报告机制是否完善和有效影响到公司治理和管理的效果。内部审计机构的责任是对相关的报告机制进行检查和评估,评估的内容包括三个方面:一是是否建立了相关的报告机制，例如，报告的内容、负责报告的人员、报告的形式、时限、应承担的责任等；二是报告机制是否充分有效；三是机制的运转情况和效果如何等。

十是对检查和审计结果进行跟踪并报告。无论是法规监督部门、外部审计师和内部审计师的检查结果，内部审计机构都有责任进行跟踪和报告。由于内部审计机构把公司的经营风险作为审计风险，所以，《实务公告》指出，审计执行主管应建立跟踪检查程序，以监督、保证管理行为得到有效落实，特别是重要的审计发现和审计建议，由于它对公司能够产生重要影响，所以内部审计机构必须对其进行跟踪检查，直到它们被纠正为止。

十一是评估业绩测评系统的充分性和整体目标的实现情况。内部审计的目的是为组织增加价值并提高组织的动作效率，通过保证和咨询服务，帮助实现组织目标。检查被审计单位的目标与公司的目标是否一致，公司必须制定一套业绩测评系统，包括衡量的标准和测评的程序，内部审计机构的重要作用是一方面要对测评系统本身进行评估，另一方面要通过检查和评估工作，得出组织整体目标是否得到实现的审计结论。

十二是树立防范舞弊意识，鼓励报告不正当的行为。舞弊行为是一种预谋且对公司损害极为严重的行为，因此，在公司治理中，内部审计师被赋予了新的职能。通常，防范舞弊的首要机制的控制，是管理人员的职责，虽然没有一部法律或规章要求内部审计师具备专职发现舞弊的能力，但客观上董事会和高级管理层希望内部审计师应有足够的有关舞弊方面的知识和能力来确定可能存在的舞弊线索，积极捕捉可能出现的舞弊信号，把公司的潜在损失降低到一个可接受的水平，在某些西方国家公司中，《内部审计章程》还规定内部审计师要鼓励报告不正当的行为，要求内部审计在审计过程中要保持足够的职业审慎，树立舞弊防范意识。

6. 上市公司内部审计的作用

内部审计的重要作用之一是通过风险评价，保证高级管理者和董事会知晓公司经营所面临的重要风险，以及时制定相应的程序对风险进行管理，防患于未然。内部审计在上市公司风险管理及公司治理中，所发挥的具体作用包括以下几个主要方面：

（1）在内部控制有效性方面。

内部审计工作根植于公司内部，在各管理层面和经营环节上拥有其他部门难以知晓的信息资源，熟知公司的经营管理，并以内向性服务为活动宗旨，通过有针对性的审计工作，对公司内部控制作出切实的评价，并在审计成果中得到清晰体现。因此，内部审计在公司内部控制有效性方面应发挥积极作用，在公司经营的安全与发展上提供真正意义的保证，起到其他部门不可替代的作用。

（2）在促使公司规避各种风险方面。

上市公司面临的竞争愈加激烈，竞争带来了机遇和挑战，同时也带来了风险。作为上市公司的内部审计部门，如何更好地控制和降低公司经营风险，是内审部门首要考虑的因素之一，即内部审计部门对公司经营风险作出准确、及时的评价与警示。

在风险导向的内部控制下，内部审计计划与公司风险管理策略紧密联系在一起，公司治理与内部控制之间形成了良性互动关系，针对公司面临的不断变化的风险，通过内部审计视角对经营过程进行敏锐的观察，对管理中存在的缺陷或失败进行快速报告，促使高级管理层作出快速反应，并且及时地采取防范、纠正措施，使内部审计工作有机地融入公司治理和风险管理过程中，从传统的强调关注风险因素，逐步转向关注情景规划，通过在规避风险、转移风险和控制风险方面向公司提供帮助，发挥内部审计作为一项管理过程不可或缺的重要作用。

（3）在促使公司实现价值的最大化方面。

上市公司追求公司价值最大化，可以通过增加产品销售收入和降低产品成本两种途径来实现公司账面有形价值的提高，但追求公司无形价值增大的过程，却往往未能引起广泛的关注。

公司无形价值涵盖开发的无形资产、公司的文化、员工的综合素质、队伍的凝聚力等内容，也就是公司的品牌内涵，只有在购并活动中才能体现其存在的真实价值。

内部审计部门长期以来将审计资源完全投放在牵涉公司影响有形价值提高的各因素的审计，并取得了显著的审计成果，但在一定程度上忽视了对增加公司无形价值诸因素的审计，这是内部审计工作的一个盲点，更是审计项目管理上的缺陷。

在进行公司无形价值的审计过程中，应就以下几个方面发表审计意见或建议，在提升公司整体价值过程中发挥内部审计工作的参谋职能作用：①评价无形资产的购置或开发：是否是公司所必需；是否代表了先进水平；是否符合经营实际；是否符合成本效益原则。②评价公司文化：公司文化体系的建立；公司文化保障体系如何；公司整体综合素质处于什么层次；公司富有凝聚力的突出特点；公司缺乏凝聚力的具体表现；亟待改善的方面。③评价人才培育及人才利用：人才培育激励制度；人才培育保证制度；人才利用激励制度；人才利用保证制度等的建立健全。

(4) 在预防突发事件方面。

突发事件无论在经济上还是在社会生活中，都给人类造成了不可估量的损失。地震、洪涝、安全等隐患同样不容疏忽和麻痹，在日常的管理工作中如不事先预料和周密地防范，突发事件的损失绝不仅仅是经济上的。因此，建立健全一套各项灾难预警与防范体系已是管理层的当务之急，同时这些灾难性事件也警醒内部审计部门，拓展预防突发事件审计领域已经势在必行。内部审计在公司预防突发事件工作中应发挥如下作用：①明确公司遭受突发事件后，在人、财、物上损失最大的关键点。②针对关键控制点，评价被选应急方案的可行性。③评价应急措施的落实情况。④评价应急措施的投入和减少损失的效果情况。

(5) 在融资、投资方面。

内部审计在公司融资、投资方面应发挥如下作用：①评价项目前期评审和调研工作对项目完成的保证程度。②评价项目融资成本与投资效益。③对重大投资项目实施跟踪。④对投资项目实施项目管理成效评价。

筹资是公司谋求发展的前提，投资是公司参与社会化、国际化竞争的根本标志。筹资及投资项目由于受多重因素的影响，其实现值与期望值有一定的差距，造成了筹资成本与投资回报的不确定性。过于理想化，急于求成，缺乏专家团的评审，没能展开细致的调研，往往在立项阶段就为今后的经营工作埋下了巨大的风险，这是上市公司项目运作失败的原因之一。

7. 内部审计在企业改制中的作用

(1) 关于企业改制前期内部审计的作用。

企业改制的根本任务是建立"产权清晰、政企分开、责权明确、管理科学"的现代企业制度和"归属清晰、权责明确、保护严格、流转顺畅"的现代产权制度，完善公司法人治理结构，完善企业领导人员的聘任制度。国有企业改制应采取重组、联合、兼并、租赁、承包经营、合资、转让国有产权和股份制、股份合作制等多种形式进行。国有企业改制，包括转让国有控股、参股企业国有股权或者通过增资扩股来提高非国有股的比例等，因此必须健全制度，规范运作，制定改制方案。实施步骤包括批准制度、清产核资、财务审计、资产评估、交易管理、定价管理、转让价款管理、依法保护债权人利益、维护职工合法权益、管理层收购等。制定改制方案是企业改制的前期工作，直接关系到企业改制的成败。这次企业改制中内部审计作用学术研讨提交的许多论文，涉及内部审计在制定企业改制方案中的作用。普遍认为内部审计应当积极参与企业改制方案的论证，以保证企业改制决策的正确性和有效性，为企业改制鸣锣开道、保驾护航。但也有一些论文认为内部审计不要介入企业改制方案的论证，以解脱内部审计在企业改制中的风险。这两种意见均无法律依据，因为有关企业改制的文件中，均未明确内部审计是否应当参与企业改制方案的制定。尽管如此，在实际工作中已有不少内部审计机构和内部审计人员参与了改制方案的论证，围绕企业改革的重点，在改制单位改制前开展专项审计调查，全面摸清家底，积极献计献策，维护企业利益和职工合法权益，发挥内部审计的参谋和助手作用，为企业改制分流提供决策依据，保证企业改制有序健康发展。主要做法：

①审查改制方案的审批程序。按照《企业国有资产监督管理暂行条例》和国资委的有关规定，企业改制要严格履行批准程序，未经批准不得实施。所以内部审计机构和内部审计人员在企业改制中应对涉及财政、劳动保障等事项，审查其是否预先报经同级政府有关部门审核，是否报经国有资产监督管理机构协调审批；对涉及政府社会公共管理审批事项的，应审查其是否依据国家有关法律法规，报经政府有关部门审批。同时要尽可能参与对企业改制方案的讨论和研究，站在客观公正的立场上，对企业改制方案提出合理的意见和建议。

②审查改制企业有无进行资产评估，评估的过程是否合法。改制企业应由省级以上国有资产管理部门授予资格的资产评估机构进行评估。内部审计机构和内部审计人员应注重审查资产评估的立项报告是否经企业主管部门同意，并报同级财政、国有资产管理部门批准立项；同时审查评估机构的评估报告是否经企业主管部门审查同意，并报同级财政、国有资产管理部门确认，确保国有资产的评估程序及过程合法合规。

③审查改制企业国有资产的转让或出售是否真实、公平，是否存在国有资产流失。一是审查改制企业有无人为低估国有资产或无偿分配给个人；二是审查改制企业是否存在擅自核销国有资产，有无将国有资产直接或间接转移到集体、私营企业或个人名下；三是审查改制企业有无虚列亏损，人为压低企业资产数额；四是审查改制企业有无虚列负债，抵减净资产；五是审查改制企业有无虚列支出，转移资金，有无抽逃资金、制造假账、私分和挪用公款以及突击花钱或滥发奖金、补贴实物等；六是审查改制企业是否存在账外资产，造成账实分离；七是审查改制企业对房屋、土地等大宗不动产是否按原值计算，而未计其增值部分；八是审查改制企业是否准确评估无形资产价值，有无人为或无意低估、漏估，造成无形资产流失；九是审查实物资产的账账、账证、账卡、账实是否相符，是否存在有账无物、有物无账的资产，分清不良资产项目及数额，确认待处理财产损失数额。

④审查企业原来的经营管理者是否利用改制自我买卖国有产权，中饱私

囊。根据国家有关规定,向本企业经营管理者转让国有产权必须严格履行审批程序。内部审计机构和内部审计人员应重点审查是否由直接持有该企业国有产权的单位或由其委托的中介机构进行向本企业经营管理者转让国有产权方案的制定;审查国有产权转让的决策、清产核资、资产评估、底价确定等重大事项是否有本企业经营管理者的参与;审查经营管理者收购国有产权的资金的筹集是否向本企业或国有及国有控股企业借款,是否以这些企业的国有产权或实物为融资提供保证、抵押、质押等;审查经营管理者对资产出售定价、损失确认、核销申报、产权变更的处理是否合法合规。

⑤审查改制企业被剥离的资产有无产权主体不明和关系不清。被剥离资产应明确产权管理主体和产权管理体制,明确其与改制企业的经济关系。对剥离的非经营性资产,要查明是否组成独立核算单位,自负盈亏;若交给改制后的企业使用,要查明是否采取了租赁等有偿方式;对于剥离的经营性资产,要查明是否存在无偿占用原企业资金作为改制后企业的流动资金,是否存在将原企业的存货作为改制后企业的商品进行销售,占用回笼商品款。

⑥审查改制企业有无随意核销财产损失和不良资产。对改制企业资产损失的处置,要审查企业提出的申请、编制的有关资产损失账册和不良资产核销审核表是否报经有关部门批准;对企业已核销的坏账损失,要审查企业是否账销案存,或有无将清欠回笼的"坏账"资金账外存放;审查企业长期闲置的固定资产、接近报废的机器设备和有问题的存货从资产中核销时,是否按规定经过批准,是否将所得收入上缴同级财政。

(2) 关于企业改制过程内部审计的作用。

企业改制是一项政策性很强的工作,涉及出资人、债权人、企业和职工等多方面的利益,既要积极探索,又要规范有序。内部审计机构和内部审计人员应当密切关注企业改制过程中国有资产是否流失、企业权益是否受损,职工利益是否影响。

①清产核资中应关注的问题。Ⅰ改制方案是否经过批准。Ⅱ审查清产核资中聘用的中介机构资质。Ⅲ关注中介机构出具审计报告的合法性及公允性。Ⅳ通过审计,防止改制企业突击采购、乱投资、乱发钱物、私分转移国有资产,维护改制企业资产的真实、完整。Ⅴ防止中介机构与企业串通舞弊。Ⅵ关注核销的资产,短少的资产要追查原因,核销应经国资委批准。凡严重的要移送司法部门追究刑事责任。

②资产评估时关注的问题。Ⅰ审查所聘请中介机构的资质。Ⅱ评估人员的执业资格。Ⅲ评估的方法是否按《国有资产评估管理办法》的规定操作。Ⅳ是否有政府参与操作的行为。Ⅴ评估结果的合理性、正确性。Ⅵ有无任意压低

国有资产的行为。Ⅶ是否经过有关部门的批准。Ⅷ评估后的账项调整是否正确。

③改制企业产权转让时应关注的问题。Ⅰ产权转让的方式是否规范。Ⅱ产权交易地点是否规范。Ⅲ产权转让信息公告应关注转让标的基本情况；转让标的企业产权的构成情况；产权转让行为的内容决策及批准情况；转让标的企业近期经审计的主要财务指标数据；转让标的企业资产评估核准或者备案情况；受让方应当具备的基本条件；其他需要披露的事项。Ⅳ产权转让的价格是否过低。Ⅴ产权转让的合同是否合规。企业国有产权转让合同应当包括转让与受让双方的名称与住所；转让标的企业国有产权的基本情况；转让标的企业涉及的职工安置方案；转让标的企业涉及的债权、债务处理方案；转让方式、转让价格、价款支付时间和方式及付款条件；产权交割事项；转让涉及的税费负担；合同争议的解决方式；合同各方的违约责任；合同变更和解除的条件；转让和受让双方认为必要的其他条款等内容。

国有企业改制的具体形式包括企业债转股，企业承包，租赁和托管经营，企业整体出售，企业合并、分立等，又可以划分为整体改制与分块改制两种，不同的改制形式，内部审计的参与度、所发挥的作用也不尽相同，所致力的方向、重点也不同。

第一，在企业整体改制中，内部审计应充分发挥审计的咨询服务职能，帮助企业吃透改制的相关政策与规定，主要包括改制企业税收优惠政策，产权转让优惠政策，资产评估、报损及资产、债务剥离有关问题的处理办法，金融配套政策，职工持股的有关规定，债转股，企业兼并等有关规定，经济补偿及社会保障的有关规定，土地管理有关规定，不良资产处置规定等，把握好政策界限，帮助改制企业用好国家各项优惠政策，为企业优化改制方案作好参谋作用。在改制实施阶段，内部审计还应协助企业的财务部门作好清产核资、资产评估的前期资料准备工作；在社会中介机构入驻企业开展清产核资、资产评估的阶段作好内外协调，协助中介机构摸清家底、理清产权关系，查证财产的完整性；在中介机构出具的清产核资报告、不良资产报告、资产评估报告等重要文本之前，内部审计应协同企业财务等部门在征求意见阶段加强与中介机构的交流沟通工作，以确保企业利益、防止资产流失、维护资产安全与合理配置。

第二，在企业分块改制中，内部审计应发挥监督、鉴证、咨询的职能，为企业规范内部改制行为，维护资产安全，优化资产组合，合理配置资源服务。应当看到，越来越多的国有大中型企业通过内部单位的公司法人化改造、个人参股等方式，对大集团按事业部或产业链实施分块改制，旨在激发经营者及企业员工的积极性和创造力，增加企业的竞争力与活力。一个企业集团是由多个改制的个体构成的，个体改制行为的规范与否，直接影响着企业的全局。因此，内部审计同样需要对企业的分块改制深度介入、全程参与，以监督改制行为的规范性、合理性。由于分块改制相对企业的整体改制来说，其规模、授权、执导者不一，改制的规范程度也打了折扣。如企业进行分块改制时，往往作为企业行为来运作，一些内部单位进行公司化改制时，甚至不通过事务所审计或经营者的离任审计就直接进行划账、切账、改制，且操作过程中有诸多不规范行为，如：低估资产、预留秘密准备、改制前突击消费、多报不良资产、隐匿、私分账外收入、账外资产等。针对分块改制，企业应模拟整体改制的一套规范化流程实施操作。首先，内部审计应参与企业内部组建的改制小组，参与并指导对被改制单位的资产清查工作，内部审计进行资产清查时，不但要理清产权关系，特别要查证财产的完整性、要摸清资产的潜在盈亏和账外的风险。其次，聘请社会中介机构进行财务审计或资产评估，通过内部审计与社会中介机构审计结论的综合利用，核定企业的资产，确定个人入股比率，确定企业出资方式、资本结构、从保护经营者与职工的积极性角度出发，确定经营者和员工的激励约束机制。如年薪、业绩提成、股票、期权、分配方案等。最后，在企业财务部门完成改制的切账、分账、立账工作后，内部审计人员应对其账务处理的合理性、完整性、及时性进行检查与监督，并重点检查实物的分割与转移情况。在分块改制中会遇上这样的情况，一些国有大中型企业在内部改革过程中，将公司化及个人参股当作一股浪潮来追求，不顾实际情况盲目跟风。如有的内部单位自身没有主营项目，没有市场竞争力，缺乏各项改制条件却急着上马、强制改制，最终以失败收场。又如，一些国有大中型企业将内部的经营单位纷纷推向改制，造成企业划小过度，一方面造成了各单位只算小账不顾大局的局限性，造成无谓的同业竞争、渠道重复等问题；另一方面，企业的风险分散到各个小单位中，总体风险反而放大。因此，内部审计要从全局的高度出发，帮助企业优化组合资产、改善资源配置，内部审计应当评价内部单位的改制条件与资质，对于没有市场竞争能力，不具有创造价值能力的单位，应提出关停并转的建议，对与同类可共享资源应按产业链提出优势整合的建议，以实现企业价值的最大化与资源配置效益的最大化。

（3）关于企业改制以后内部审计的作用。

企业改制之初的努力解决了产权清晰的问题，但是改制并非一改了之，也非一贴见效。在现实生活里，为数不少的改制企业因为机制换汤不换药，很快又陷入新的经营危机与管理困境。因此，实现产权体制改革后的企业，只是具备了良好的先天条件和企业素质，要将其导入良性循环，还需要通过内控流程的再造，合理的组织机构的调整，通过对个人观念的改造，分配机制的变革，在真正意义上建立起健全有效的现代企业管理制度体系,才能开创全新的局面。

①实施内控审计及遵循性审计,帮助企业建立健全内控管理制度。企业改制后,首先直面的问题是健全内部控制制度、及时跟进高效的市场机制与内控管理机制,内部审计拥有熟悉业务流程、熟悉内部管理的优势,因此,内部审计可以开展建制、机构设置等方面的咨询业务,帮助企业理顺制度流程、合理划分管理层次;内部审计可以通过内控制度的审计、遵循性审计,检查企业制度流程的建立、执行情况和科学性,促进企业制度的不断完善,促进管理效力的不断强化。内部审计应针对审计中发现的内控薄弱点和失控点提出改进的措施,要求改制单位整改。对于审计时发现的建立而没有切实执行的制度,或规定而不切实际的制度应进行重点治理。

②实施年度财务收支及经营情况审计,规范企业经营活动。改制是为了促进企业经济效益的增长,改制也赋予企业经营者更多的经营自主权,内部审计应在评价改制企业责、权、利的制衡中发挥监督与鉴证的作用。在一些分块改制、个人参股的企业中,由于经营权限的下放与经营单位自律机制的不健全,会出现为了谋求小集体利益经理人与财务共同舞弊的行为。如:部分个人参股单位利用政策打擦边球,以公司代垫、账外资金代垫等形式归还期股,造成责、权、利的不配比,扭曲了改制利益联动的初衷。又如:随着个人股的入主,受利益的驱动,为及早收回投资或提前分利,经营者与财务人员共谋粉饰报表,造成虚盈实亏。再如:部分经营者片面的求政绩、追求短期效应的情况非常的突出,如对科研、新品开发、市场建设的投入不足等状况的出现,给企业的可持续发展带来危机。内部审计机构和内部审计人员通过日常财务收支与经营审计,应对各改制单位效益的真实性,企业自主行为的合法性、合理性予以监督与鉴证。

③加强风险预警机制,为决策者及时提供信息是改制企业审计的工作重点。许多内部审计机构和内部审计人员在审计实践中会发现,单纯的账面审计越来越面临尴尬,因为大多数未在账面上披露的事项,特别是风险事项,成为企业经营成败的关键。因此,企业的经营风险是我们内审应强烈关注的核心问题,随着企业的分块改制,企业的经营权实际上已下放到基层,经营的风险也随之放大,内部审计机构和内部审计人员必须建立高频高效的审计平台,设立多层次的内审网络,建立起风险预警机制。首先,从评价内部控制制度入手,在生产、采购、销售、财务会计、人力资源管理等各个领域查找管理漏洞,识别并防范可控风险。其次,内部审计机构和内部审计人员还要加强对各单位经营动态的实时跟踪,加强与各单位的内部沟通,定期分析

指标来锁定疑点，洞察异常现象。最后，内部审计机构和内部审计人员还应重点防范各类隐性风险，如企业担保风险、融资风险、合作经营模式风险、市场风险等。

④通过经济责任审计，服务考核管理，优化公司治理。参与评价公司业绩，服务企业考核是内部审计机构和内部审计人员的主要职能之一，但是，现在许多改制企业习惯于将年报审计代替绩效审计，并把事务所的审计报告作为考核经理人业绩的主要依据。应当说，单纯以事务所审计的结论作为考核的依据，实践下来是不完备的，信息的不对称常常造成社会审计的无力，从而导致企业考核的失真。实践证明，内部审计通过年度决算审计、经济责任审计，将内部审计与社会审计结论相结合才能产生可信的、有价值的参考信息。此外，作为内部审计，不仅要参与指标的考核，同时要对考核体系本身设计的合理性进行评价，不仅要对财务、运营、职工收入、偿债等指标进行考核，更不能偏废对软指标的考核。多数决策者，并不关注内控管理、制度建设、处理前任遗留问题、企业固定资产投入、企业长期发展能力、企业信用度等软指标，内部审计应从加强公司治理的角度出发，对经理人业绩考核评价体系的健全性提出建设性意见，从而达到降低"代理成本"和"代理风险"，制衡股东、经理人、员工、债权人等企业利益相关者之间责、权、利的目的。

⑤开展专项治理，促进改制遗留问题的解决。国有企业改制后会产生一系列改制遗留问题，如被剥离的应收账款、存货和固定资产面临挂账、贱价处理或自然贬值的问题。内部审计应该关注这些资产实物的流向并督促应收款的催收工作，全程参与到剥离资产处理的招标管理工作中去，对待处理的物资、固定资产进行合理估价，审核标底制定的合理性，防止不良资产处理中出现的违规、作弊或损害企业利益的行为。

六　内部审计职能

内部审计的职能会随着社会的发展、经济管理的发展，而不断地发展变化。概括的讲，内部审计具有"监督"和"服务"两个职能。现代内部审计产生的初期，由于生产规模的扩大，企业经营层次的增多，企业管理当局更加关心分支机构编写的财务报表的真实性和企业财务收支的合规性，希望对内部所属各级组织的财务收支活动实行有效的监督，内部审计主要是进行查错揭弊的合理性财务审计。此时内部审计的职能以监督为主。20世纪50年代以来，由于科学技术日新月异的变革和经济国际化的蓬勃发展，市场竞争日趋激烈企业为了立于不败之地并不断发展，迫切需要加强内部控制，改善经营管理，对影响企业经济效益的一切因素都要进行深入分析和科学评价。在这一背景下，西方企业内部审计突破了传统的财务审计范畴，广泛开展了内部控制制定审评，并逐步开展经营审计，将提出改进经营活动的建议作为工作重点，使企业内部经营管理、经济效益内部审计的评价职能全面体现。单就企业而言，不仅要审查与评价企业的效益水平和管理效果，更主要的是通过审计找出影响效益提高的原因，并针对存在的问题寻找解决方法和提高效益的途径，目标已经转移到企业的经营管理上来，对象扩展到了整个经营活动，审计的内容和范围涉及企业经营的所有领域，远远超过了财会管理的范围。

内部审计的职能不是一成不变的，内部审计职能是由社会经济条件和经济发展的客观要求决定的。

中华人民共和国审计署根据《中华人民共和国审计法》等有关法律制定的《审计署关于内部审计工作的规定》指出："内部审计是独立监督和评价本单位及所属单位财政收支、财务收支、经济活动的真实、合法和效益的行为，以促进加强经济管理和实现经济目标。"

《审计署关于内部审计工作的规定》同时还指出："内部审计机构按照本单位主要负责人或者权力机构的要求，履行下列职责：（一）对本单位及所属单位（含占控股地位或者主导地位的单位，下同）的财政收支、财务收支及其有关的经济活动进行审计；（二）对本单位及所属单位预算内、预算外资金的管理和使用情况进行审计；（三）对本单位内设机构及所属单位领导人员的任期经济责任进行审计；（四）对本单位及所属单位固定资产投资项目进行审计；（五）对本单位及所属单位内部控制制度的健全性和有效性以及风险管理进行评审；（六）对本单位及所属单位经济管理和效益情况进行审计；（七）法律、法规规定和本单位主要负责人或者权力机构要求办理的其他审计事项。"[①]

正因为如此，随着市场经济的不断发展与完善，内部审计职能也将从监督、评价到控制这三方面发生着变化。内部审计职能已经由过去的以经济监督职能为主转向更多的以提供内部管理机制咨询服务的管理职能上，因此内部审计的模式亦相应的由传统的被动式的控制导向审计转向新的主动式的风险导向审计，审计的重点不再是简单的确认错误和测试控制的有效性，而是强调确认风险并测试这些风险是否得到有效管理。

---

① 国际内部审计师协会编、中国内部审计协会译：《内部审计实务标准》，中国时代经济出版社2001年版。

（一）内部审计的职能定位

1. 转换职能是内部审计发展的必然要求

内部审计是在计划经济体制下逐步建立和发展起来的，其主要职责是查错防弊，审计的对象主要是会计凭证、账簿、报表等财会资料，主要工作都集中在财务领域。这种方式一定程度上限制了内部审计作用的发挥，影响了内部审计的发展。内部审计作为企业管理的职能部门，一方面不具备完全的独立性，其审计结果也没有强制性，如果审计部门一味地强调审计监督，强调查错防弊，总是事后算账，将自己凌驾于企业之上，就会使内部审计的路越走越窄。另一方面，财务部门定期开展的财务稽核实际就具有财务审计的功能，如果我们仍然把内部审计局限于财务领域，内部审计机构将逐渐失去存在的必要。只有将内部审计作为一种对被审计单位的服务，拓展审计领域，内部审计才有存在和发展的必要。

为适应现代企业制度的建立和提高企业综合竞争力的需要，当前，内部审计应着重发挥四个方面的职能作用。

一是监督职能。基于传统审计职能以监督为目的的财务收支审计，重点检查本部门、本单位各类经济活动的合法性、合规性。

内部审计源于"两权分离"的管理需求，即生产资料所有权与管理权分离而产生的受托责任关系，其目的是对财务活动的合规性、合法性以及会计记录和报表所提供资料的真实性和可靠性作出判断。

财务收支审计涉及的内容有：检查会计资料及其有关经济信息的真实、正确、合规；检查财产和资金的安全与完整；检查会计控制的适用、有效与健全；检查经济业务、经济合同、财务收支的合法与合理。审计人员审查的重点是管理层和执行层在处理经济业务方面的真实性、完整性。

二是管理职能。内部审计担负着参与评价部门、单位的经营方案，协助领导做好经营决策和加强经营管理。内部审计人员要主动参与企业结构调整、并购、流程再造等一系列重大变革，促进企业生产经营良性发展。

随着现代企业组织及规模的扩大，管理层次增多，企业内部投资和利益主体多元化的格局下，选拔和任用合格的各层次经营管理人员就成为公司经营管理的关键。以测评各层次的生产经营负责人履行责任情况的经济责任审计成为内审工作的重要职责。

经济责任审计涉及的主要内容有：评价被审计人员岗位职责的履行情况，经营目标的完成、财务收支、经营收益、对外投资和担保情况等。审计人员审查的重点是经营目标的实现情况以及为实现目标付出的代价。

基于现代审计职能延伸以规范管理，确保目标实现为目的的经济效益审计涉及的主要内容有：检查和评价内部控制制度是否经济、健全、有效；检查、评价各部门、单位履行其职责，目标实现情况；评价所审项目是否经过慎重的选择，以及经济效益的高低，查找执行过程中存在的问题，并提出改进措施和办法，以提高该项目的经济效益。

三是评价职能。基于企业发展需要以增加价值和控制风险为目的的风险评估审计，通过内部审计，可以全面了解部门、单位经营管理的真实情况，并以此来评价经营决策、预算方案是否合理可行，评价其规章制度是否健全、完善，是否得到有效贯彻执行，评价其经营管理水平和经济效益的高低优劣。

内部审计作为单位的内设机构，根据单位及自身发展需要，目标逐步从传统的"查错纠弊"提升为"帮助组织增加价值"，关注有效的风险管理机制和健全的公司治理结构。

四是建设职能。内部审计机构通过对部门、单位的生产经营活动进行分析和评价，结合本部门、本单位的实际情况，提出切实可行的建设性措施。①

正确认识内部审计具有经济监督和加强企业内部经营管理、提高经济效益的职能，充分发挥内审作用。

2. 从监督到服务实现新的目标定位

国际内部审计师协会（IIA）对内部审计的新定义强调，内部审计人员应通过系统化、规范化的方法参与企业经营管理，洞察企业风险，帮助企业实现目标。新定义对内部审计人员的角色要求发生了转变，不再强调内部审计人员是一种监督的身份，而更多地强调他们要帮助管理者和员工进一步发现和解决企业经营管理中的问题，起到服务企业的作用。李金华审计长也指出："内部审计机构很重要的一点就是在为你所在的部门、单位加强管理，提高效益，建立良好的秩序方面发挥作用，这就是内部审计的主要目标"。由此可见，在现代企业制度下，内部审计的重点是审计和评价企业经营的效益性，进行事前控制，为企业改善经营管理、提高经济效益服务，为企业领导者提供咨询服务，促进企业生产经营目标的实现。

内部审计在强调服务职能时，并未否定其监督职能。审计的本质是监督，监督是审计的最基本职能。内部审计监督包括对法律法令、公认会计准则遵守情况的检查督促，但更多的是对内部控制系统的监督，对本组织及成员是否遵循企业内部的方针、政策、程序、制度及履行其职能进行监督。

---

① 石伟：《企业内部审计工作机制创新的思考》，《经济视角》2007年第9期。

（二）经济监督职能是内部审计的最基本职能

在内部审计产生和发展的早期，以查错防弊为主的监督职能是其主要职能。由于内部审计是单位内部的一种经济监督活动，那么监督职能也应是内部审计最基本的一项职能。经济监督职能是指以财经法规和制度规定为评价依据，对被审对象的财务收支和其他经济活动进行检查和评价，以便衡量和确定其会计资料是否正确、真实，其所反映的财务收支和其他经济活动是否合法、合规、合理、有效，检查被审对象是否履行其经济责任，又无违法违纪、损失浪费等行为。从而追究或解除其所附经济责任，以便督促被审单位纠错防弊，遵守财经纪律，改进经营管理，提高经济效益。现代企业由于经营规模的扩大，经营业务的日趋复杂，经营方式的多样化，管理层次的多极化及生产经营地点的分散化，使各管理当局面对纵横交错的生产经营系统，不可能事必躬亲地直接控制各生产经营环节及有关的经济活动，这就客观上需要有健全的审计监督机制，监督企业所属各经济责任承担者，使其按既定的目标、方针、政策、制度、计划、预算等的要求，认真履行其承担的经济责任，并揭露违法违纪、营私舞弊、贪污盗窃、损失浪费以及经营管理中的弊端，达到加强企业管理的目的。内部审计的这种监督职能是内部管理科学的需要，来自企业内部的压力。

从建立内部审计以来，我们一致强调内部审计的监督是双向监督，内部审计既要站在国家的立场上，对企业保证国家财产保值增值进行监督，又要站在企业的立场上，对企业其他各职能部门及下属各单位的财务收支及经济活动进行监督。随着市场经济的完善和现代企业制度的确立，政府的职能已发生根本的转变，从以行政命令的形势干预企业的经营转变为通过宏观调控促使社会主义市场经济的健康发展。既然政府已将自主经营权还给了企业，那也就不应该要求企业的内部审计机构代表国家对企业的生产经营进行监督，过去强加给内部审计的双重身份，严重妨碍了内部审计的健康运行和发展。事实证明，要求内部审计站在国家的立场上监督企业，内部审计作为国家对企业审计监督的补充手段来看待是对内部审计监督职能的不适当定位，不符合内部审计的特点。因为随着企业经营自主权的扩大，市场经济的建立和完善，一个企业要设置哪些机构，配备什么样的人员，应该服从于企业经营管理的需要和战略目标的要求，而不应该是外部的强制要求。这些年来，在为数不少的企业，内部审计未得到主要领导的重视，恐怕与此有关。

随着现代企业制度的建立和完善，审计监督体系的健全，特别是社会审计力量的增强，内部审计代表国家监督企业的职能将逐步由社会审计来代替，即社会审计的人员作为独立的第三者对企业经营业务的合法性，对企业出具财务报表的真实性、公允性予以鉴证。内部审计的经济监督职能，主要是站在企业的立场上，为企业有效经营、健康发展服务。

(三) 经济评价职能已显得越来越重要

经济评价职能是由经济监督职能派生出来的另一种职能，现代企业的内部审计，评价职能已显得越来越重要。从世界1000强企业中就有976家设有内部审计来看，引入内部审计机制是企业管理上水平、上档次的标志之一。内部审计特有的独立、客观性，使其具有特殊的测试和评价功能，它的评价比管理部门更系统、更客观、更全面，能够及早地发现和解决管理系统各环节的问题，及时揭露、防范各种管理和经营风险。经济评价就是通过审核检查，评定被审单位的计划、预算、决策、方案等是否先进可行，经济活动是否按既定的决策和目标进行，经济效益的高低优劣，以及内部控制制度是否健全、有效等。从而有针对性地提出意见和建议，以促进企业改善经营管理，提高经济效益。

现代企业往往对内面临经营规模扩大、生产经营地点分散等问题；对外面临市场的飞速变化和竞争的日趋激烈。因此，管理层的计划、决策、预算、方案等对公司乃至集团都有重大影响，这就需要对这些预算、方案等进行事前预审、事中监督和事后评估，其中一项基本工作就是内部审计人员要对经营活动的经济性、有效性进行综合客观评价，于是内部审计的评价职能逐渐变得突出起来。在事前，审核其预算是否合理，方案是否可行，是否与集团的战略相符；事中，其费用开支是否合理，其内控制度是否健全、有效；事后，评估其是否达到了事前制定的目标，是否按既定的决策执行，经济效益的高低优劣等。这个评价职能是对基层经营者工作业绩进行正确评价的需要，也可以对预算或方案执行过程中出现的问题有针对性地提出意见和建议，促进企业不断改进、提高管理水平。当然，这一职能的实施就突破了内审仅是财务审计或者事后审计的局限，变成对各部门工作的全面审计，属综合审计范畴，而审计组成员也将涉及财务、人力资源、安全技术、运营管理等各方面。

(四) 内部审计的重心已转移为以改善经济管理为目的

管理审计是内部审计的必然发展方向，内部审计的重心应是对审计对象的经济效益和影响经济效益的各种因素进行审查、分析和评价，以提高经济效益，改善经营管理。这一个重心具体体现在管理审计和业务经营审计两个方面。管理审计以管理活动为对象，通过综合检查企业的管理素质、管理水平和管理效率，从而促进被审计单位加强经营管理，提高经济效益。

内部审计是一种独立客观的保证和咨询活动，其目的是增加组织的价值和改善组织的经营。可见，内部审计的工作重心已经从传统的查账转到健全和完善企业管理机制和提高经济效益上来了。所以，我国的内部审计应适应经济环境的变化和企业管理的新要求，逐步将工作的中心从以前的财务审计转向富有建设性的管理审计和业务经营审计，不断拓宽内部审计的业务领域，体现内审是一种综合性的再管理手段的职能。

审计的目的是保障经济健康发展，内部审计部门不仅要提出问题，查处违纪，发挥防范性作用，更要发挥审计工作的建设性作用，要根据审计情况和查出的问题，从深化改革，加强经营管理入手，健全法制、法规，以保证企业的健康发展。

现代企业制度下，由于强化科学的管理，内部审计越来越重要，成为内部控制系统的重要内容，成为现代企业管理的重要手段。内部审计虽然具有独立性，但内部审计的目的是为企业的经营管理服务的。内部审计的职责之一是接受委托对本企业其他职能部门履行经济责任的情况进行监督，对企业整个管理系统的有效性、科学性进行评价，从而对企业整个管理系统中不合理、不科学、不符合财会法规的部分提出合理化的改进建议，以便企业加强经营管理，从而提高经济效益。内部控制制度是企业的管理活动，而内部审计制度是内部控制制度中非常重要的一个方面，贯穿于企业的各项管理职能之中。内部审计是通过对内部控制制度，对企业的各项管理活动进行客观评价，提出改进意见和建议来发挥其加强经济管理职能的。

现代意义的内部控制产生于现代企业管理的需要，是20世纪40年代以来企业管理机构对实现组织目标的各类活动进行组织、制约、考核和调节而逐步形成和发展起来的一种管理机制或制度。内部审计作为该系统的一个重要组成部分，可以通过内部审计人员独立的检查和评价活动，衡量和评价其他内部控制的适当性和有效性，并促进好的控制环境的建立。这一点在西方发达国家表现得更为突出，例如在美国爱迪生电力公司，内部审计机构的业务有四分之三是围绕此项职能开展的。随着市场经济的日趋完善，与其他控制形式相比，内部审计更具全面性、独立性、权威性，是对其他控制的一种再控制，正是因为内部审计具有管理的控制职能，所以在为改进内部控制提供建设性意见上，它有着其他控制方法无法比拟的作用。

西方的企业，特别是一些大型的企业、跨国公司，都自愿自觉地设置了内部审计，并对其工作条件、人员素质予以高度重视。西方企业认为，内部审计是"组织内部审核经营业务的独立评价活动，它是一种管理控制，其作用是衡量评价其他控制的有效性"[①]。大型企业离开了内部审计，最高行政领导人对所制定的内部控制制度的执行情况，对企业既定方针、计划、程序的执行程度就难以知晓，就成了聋子和瞎子。国际内部审计协会在其发布的《内部审计责任书》中也认为："内部审计是在组织内检查各种业务活动以向管理部门提供服务的独立评价活动，是一种通过计量和评价其他控制的有效性来发挥作用的控制。"此时，内部审计职能的监督和诊断并重。

现代审计的本质是十分明显的"双重性"，即"经济监督"之防护性和帮助改善管理，促进提高经济效益的建设性。长期以来，人们非常重视内部审计的经济监督职能，忽视了内部审计的经济管理职能，对内部审计的经济管理职能认识不足，使审计工作的功能并未得到充分发挥。在审计实务中，如果不重视审计的经济管理职能，不为企业管理层出谋划策，提出合理化的建议，是对审计工作不负责任的表现。

（五）企业内部审计重心由内部控制逐步转向风险管理

20 世纪末以来，一方面，社会经济已从工业经济时代步入信息时代，管理环境不仅变得日益复杂，而且越来越不稳定，环境的多样性和多变性促使内部审计必须更加注重对风险的分析，从传统的对内部控制和其他管理活动的事后评价转向对可能影响企业目标和战略的风险的事前评估。另一方面，由于风险管理逐渐发展成为企业管理的核心，因此企业内部审计在为组织创造价值的功能目标驱动下，其重心由内部控制逐步转向风险管理。

风险管理是管理层的一项主要职责，管理层应当确保本企业有良好的风险管理过程，并使其发挥作用。内部审计的独立性和特殊地位要求它的责任是运用风险评估方法和控制措施，对风险管理过程的充分性和有效性进行持续监督和定期评价，提出改进意见，为管理层和审计委员会提供帮助。内部审计不是风险审计的负责人，但是内部审计是对风险管理、控制及治理过程的有效性进行评价和改善所必需的，它既是风险管理的最后一道防线，又是风险管理的倡导者和推动者。同时，内部审计也将风险管理作为为组织增加价值的重要手段。

1. 对风险管理系统实施监控是内部审计的基本职能

监督是内部审计最初就具有的基本职能。内部审计对企业风险管理的监控是指评估风险管理要素的内容和运行，以及一段时间的执行质量的一个过程。这包括对内部环境、目标制定、事件识别、风险评估、风险反应、控制活动、

---

① 申香华：《论现代企业制度下内部审计的职能》，《经济经纬》2000 年第 2 期。

信息与沟通以及监控这一整套风险管理系统的内容和运行的监督,并且监督要保证对这一系统的执行是有效和高质量的。内部审计人员在企业风险管理的监控中占有重要的地位。在监督活动中,内部审计不仅要对风险管理定期检查,更要对其进行持续的监控,通过对风险管理系统运行的监控和对定期检查结果及意外事项处理结果的评价,保证单位对风险的管理是一直有效的。除了对风险管理过程实施直接的监督外,内审人员还可以通过分析环境和风险变化,测试内部控制是否能有效控制风险,检查企业行为的合规性、合法性等来履行监督职能。

2. 对风险管理系统进行评价是内部审计工作的重点

值得注意的一个问题是,对风险管理的评价应该是针对其风险管理的业绩还是风险管理的过程?其实,过程严重影响甚至有时决定业绩,而风险管理的业绩是过程的目的和结果,所以,实际上这是同一个问题,而回答就是对风险管理过程的评价和对业绩结果的评价往往同样重要。

(1)在风险事件识别中评价风险管理系统识别风险的能力。风险识别尤为重要的是完全识别,风险管理不但要识别出潜在的风险,更要完整地列出潜在的重要风险清单,只有识别出全部重要的潜在风险,管理层才能确信那些威胁目标实现的因素已经得到了充分评估、合理抑制以及经济有效的管理。内部审计要对风险管理系统识别风险的能力作出评价。

(2)在风险评估中评价风险管理对风险及风险形成过程的评估。在企业风险管理的风险评估环节,内部审计应当审查某一时点上企业风险管理系统对特定风险的评估是否恰当。在评价风险评估结果的同时,还要审查形成该风险评估结果的过程。因为这一过程对特定时点上的风险评估往往具有重要意义。

(3)在风险反应中评价风险反应的合理性。企业风险管理对不同风险有规避风险、减少风险、共担风险、接受风险四类风险反应。有效的风险管理要求管理者选择一个可以使企业风险发生的可能性和影响都落在风险容忍度范围之内的风险反应方案。内部审计在评价风险反应是否合理时,应当将风险反应与企业的风险偏好和风险容忍度联系起来。

(4)在控制活动中评价控制程序的有效性。控制活动是帮助保证风险反应方案得到正确执行的相关政策和程序。内部审计人员在进行审计活动时,要测试这些控制程序的有效性,这是内部审计工作的重要环节。

3. 为风险管理提供咨询服务是内部审计职能的延伸

咨询服务是"提供建议及相关的客户服务活动,其性质和范围与客户协商确定,其目的是增加组织价值和改善组织营运,这包括顾问服务、建议、协调、流程设计和培训"①。优秀的内部审计应该熟悉企业管理哲学和经营风格、组织结构、授权和责任、操守和价值观、人力资源政策，能分析企业面临的外部环境，能结合风险管理哲学、风险偏好、风险文化指导风险识别与评估，并能为管理者作出恰当有效的风险应对提供有价值的咨询服务。内部审计参与风险管理的过程，是其咨询服务职能的具体体现，通过咨询服务，内部审计可以以咨询顾问的身份从改善风险管理和控制流程，进一步帮助管理层和董事会实现更有效的企业风险管理。

4. 内部审计成为风险管理信息与沟通的关键环节

企业内部各个管理层都需要信息来帮助识别、评估风险和对风险进行反应。在风险信息与沟通活动中，风险信息要及时有效地在内部相关人员间传递，以便相关各方能作出及时有效的反应。风险信息的沟通应使企业的员工了解有效的企业风险管理的重要性和相关性，了解企业的风险偏好和风险容忍度。内部审计作为重要的沟通渠道，是上下层级以及同级不同部门之间信息传递与沟通的纽带，应该保证企业员工能够在各业务部门、业务流程或职能部门间进行风险信息的沟通。信息是沟通的基础，内部审计报告往往是重要的信息来源，内部审计人员可以通过对风险管理系统运行和执行的监督和评价捕捉、汇集、整合风险信息，并且能够对风险信息作出有价值的评价。可以说内部审计为企业风险管理提供信息，又是信息沟通的组成部分，其本身就是信息与沟通的关键一环。

除此之外，现代内部审计还有诸如建设、管理、服务等项职能的提法，从目前看还处在探索与研究阶段，只属于上述基本职能的延伸，但相信在不久的将来，通过内部审计的不断完善和发展，将会以更多的新兴职能在经济活动中扮演越来越重要的角色。

现今，国内有人认为内部审计没有管理职能，它独立于管理部门之外，是对管理控制的再控制，是对管理监督的再监督。如果我们从企业内部的某一层面上孤立地看待内部审计，则这种说法是有一定道理的，但从企业整体来说，内部审计应服从于企业的总目标。内部审计应具有管理职能，为管理者服务，并帮助其实现企业的总目标。再从动态的角度来看，企业管理的事项和过程，既是内部审计进行审计的对象，也是内部审计服务的对象，它具有双重性。如果把内部审计置于"对管理控制的再控制，对管理监督的再监督"的地位，反而会损害内部审计的独立性及其审计效果。国外研究资料表明，这样会将内部审计人员变成内部的秘密警察，导致内部审计人员与管理者的关系僵化，内

---

① 国际注册内部审计师协会（IIA）2001年的《内部审计实务标准》。

部审计的结论和建议得不到认真有效的贯彻，甚至影响到内部审计的顺利开展，而且还有可能导致内部审计人员对管理者的职责负责，进而对经营承担责任。这是违反内部审计从业规定的。因此，无论从理论上，还是从实践上，内部审计不应独立于管理之外，而应从属于管理，发挥管理职能，它在企业内部应处于"参与者"、"协调者"的地位。

(六) 恰当发挥内审职能

内部审计应定位于企业内部的管理过程，主要为管理层服务，突出服务的内向性特点，目的是促进企业规范化管理，达到有效控制，保证经营目标的实现，推动企业业绩的增长，提升企业的价值。

内部审计参与管理的定位应该是：以监督的方式服务，以服务的心态监督，监督到位才能实现服务到位。事前、事中审计就是审计服务于管理的具体体现。如工程概预算审计，对建设项目的全过程跟踪审计，对预算指标、招投标、经济合同等在制定阶段的参与，都是在发挥内审参与管理的作用。

总之，内部审计提倡和实施适度参与经营管理过程，在参与中发挥内审的优势。而适度参与不是要审计人员去直接组织经营，去实施具体的业务管理，而是通过这个程序及时连续地掌握被审单位的情况，收集实施分析性审计程序所需要的证据资料，并与被审单位沟通交流，达到提高管理之目的。[①]

第一，赋予内部审计更大的参与权，使其参与管理的职能范围更大，更有深度；第二，借鉴国外先进经验，完善内部审计职能体系建设，形成一套有自己特色的职能体系，以满足现代管理与决策的需要；第三，重视内部审计领域知识的更新与研究，加快人才培养和审计手段现代化，为不断拓展和发挥内部审计职能打下良好的基础。总之，通过不断完善与发展，内部审计职能一定会在社会经济活动中扮演着越来越重要的角色。

1. 恰当发挥内审职能应注意的问题

(1) 处理好内审监督职能和服务职能的关系。

监督与服务是内部审计的主要职能，认真履行监督与服务职能，并处理好两者的关系是做好内审工作，全面发挥内审作用的客观要求，是进一步提高内审地位的重要途径。

正确处理监督与服务关系有利于全面行使内审职能，内审作为企业的"免疫系统"或"保健医生"，只有发挥对自身的约束作用，企业才能不出疾病，健康成长。然而，内审部门毕竟是企业的一个内部机构，单纯的监督，为

---

① 贾海涛：《关于内部审计职能的几点思考》，《教科文汇（上半月）》2006年第8期。

监督而监督失去了内审服务职能,难以得到很好的审计效果,但只搞服务,放弃或削弱监督,则丢掉了内审监督职能,既不符合内审要求,也不利于企业健康发展,只有正确处理监督与服务的关系才能全面行使内审职能,树立完整的内审形象。

内审工作的"监督"和"服务"职能相辅相成,是一个有机的整体。"监督"是"服务"的前提,"服务"可以实现更有效的监督。只要通过内部审计机构服务职能的运用,间接参与企业的经营管理来约束经营者的活动并协调其相互关系,形成科学的管理体系,使各机构依据法律、章程对企业的生产经营活动进行组织和领导,保证生产活动的正常进行。现代企业制度的建立,所有权与经营权的分离,企业的自主权进一步扩大,使内部审计这些作用得到进一步确认,因而内部审计的监督职能也越来越向管理发展。广义上讲,无论是企业决策体系,还是执行监督控制体系,都属于企业管理的范畴,都为企业科学管理服务,而科学管理的内涵包括健全的内部审计监督制度,没有内部审计的管理,不成为科学的管理。内部审计是企业所有者和经营者对企业进行有效管理的参谋和助手,只有参与企业的管理,才能履行好自己的职责。因此,不能因为内部审计的基本职能是监督,而回避内部审计在促进企业管理、提高经济效益中的作用。监督寓于服务之中,在监督中强化服务,在服务中加强监督。

(2) 内部审计职能定位避免走两个极端。

目前,我国有些企业片面强调内部审计的监督职能。内部审计人员往往将大部分精力投入到财务数据的真实性、合法性的查证及生产经营的监督上,认为审计的主要职能就是查错防弊,其主要工作大都集中在财务领域。然而,随着现代企业制度的建立,外部制约机制的加强,内部管理水平的提高,要求内部审计参与企业的经营管理和决策的全过程,对企业经营管理的合理性和有效性从审计的角度提出自己的观点,为企业发展的根本目标服务。因此,内审的职能必须从传统单纯的监督控制转变为监督控制与评价相结合,并在不影响独立性的前提下提供咨询服务。

相反有些企业则过分拔高内部审计,认为内部审计具有鉴证、管理等其他职能,内部审计甚至被赋予对企业的经营活动和内部控制的决策与执行之责。内部审计与其他控制活动相比,内部审计的最大特点是不参与具体的经营管理活动,内部审计对经营管理活动所实施的监控,是对其他控制活动的再控制,内部审计若参与企业的经营活动和内部控制的决策与执行则直接危及内部审计的独立性和客观性。内部审计也就失去了其存在的价值。当前,内部审计应在履行监督控制职能的基础上重视内部审计评价职能,通过审核检查,评定企业的计划、预算、决策、方案是否可行,经济活动是否按照既定的决策和目标进行，经济效益如何，以及内部控制制度是否健全、有效等，从而有针对性地提出意见和建议，促进企业改善经营管理，提高经济效益。随着社会经济的发展，内部审计的职能也在不断地发展变化，但无论如何发展变化，均不应影响内部审计的独立性和客观性。

（3）内部审计应具有间接管理职能，而不是直接从事某项管理工作。

现代企业制度下，由于强化科学管理，内部审计越来越重要，已成为现代企业管理的重要手段，成为内部控制系统的重要内容。但是，并不是赋予了内审直接管理的职能，这是因为：

①内部审计的独立性要求内部审计机构不能承担任何具体的管理责任。内部审计的职责之一是接受委托对本企业其他职能部门履行经济责任的情况进行监督，对企业整个管理系统的有效性、科学性进行评价，因而，内部审计相对于其他职能部门来说是独立的。只有这样，审计工作的质量才有保证，审计人员发表的意见、结论、建议的公正性才不会受到影响。要做到这一点，内部审计机构就不能是企业管理职能的具体履行者。否则，内部审计机构将不可避免地受到管理部门的制约，独立性将被严重削弱，也就无法以应有的独立身份去履行监督职能。那么，内部审计结论的客观公正性和权威性，也将受到怀疑，不利于内部审计工作的开展。

②内部审计为管理服务，并不意味着内部审计人员参加日常的经营管理。内部控制是企业的管理活动，贯穿于各项管理职能之中。日常的控制体现在各项业务处理程序上，由管理部门设计，具体管理人员执行，比如对经济活动的稽核、验收、复算、核对等。内部审计人员不是某一业务岗位的管理人员，即未被授权从事某项业务管理活动。因此，不应参与业务控制程序的日常工作，应回避参与日常业务控制程序的实施。同时，内部审计也无权替代管理部门的权力和职责，无权控制和指导具体的业务管理工作，对日常业务控制不负有责任。内部审计人员的责任是就内部控制的运行情况向领导提供信息。而履行管理职能，则是指实际加入管理的运作过程，实施具体的管理行为，实施人员必然参与了管理，留下了管理的痕迹，发生了管理的效果。而内部审计部门所执行的是一种综合的监督控制，它对管理控制予以再控制，对管理监督予以再监督。

③内部审计能否促使企业加强管理，还取决于审计的质量和领导的重视程度。内部审计是通过对内部控制制度，对企业的各项管理进行客观评价，提出改进意见和建议来发挥其加强管理作用的。内部审计能不能达到加强管理这一目标，一方面取决于内部审计的质量，即内部审计人员能不能提出切实可行的意见和建议，值得企业领导给予充分的重视，另一方面，也取决于企业的最高

管理部门能否接受和采纳内部审计的建议。

(4) 把握独立性是发挥内部审计职能的基本条件。

目前内部审计的独立性是非常脆弱的，极易受到各种外来因素的干扰。从内部审计机构来看，大部分企业虽然已设立了内部审计部门，没有独立机构的企业也在其财务管理部门设立了独立的内部审计岗位，但这些内部审计部门基本都是处于与其他职能部门平行的地位。内部审计机构一般不对同处一级的财务管理部门及其他经营管理部门进行审计，只审计其下属的二级企业，即便是对同级财务部门进行审计，通常也难以取得满意的效果。

内部审计是一种独立、客观的监督和评价活动，独立性原则是内部审计区别于企业内部其他职能部门的重要标志。内部审计应该独立于生产、经营及财务管理之外，以一种独立、公正的经济"裁判"即第三者的身份出现，对生产经营管理活动进行分析、检查和评价。搞好内部审计工作，关键是要有健全的独立审计机构。同时内部审计人员也应与被监督对象无利益关系，尽可能地使内部审计人员减少后顾之忧，这样才能保证审计结果的真实、客观、公正，才能有效地发挥内部审计作用。否则，离开了独立性，审计结果将毫无意义。

①内部审计的不完全独立性决定其不具备"经济鉴证"的职能。所谓鉴证，是指鉴定和证明。鉴证最大的特点是由当事人以外的独立的第三者履行。因为独立的第三者，既与审计事项的委托人没有利害关系，也与被审事项的当事人没有利害关系，这样的鉴证工作才具有客观公正性，鉴证结果才能使人信服。而内部审计机构从企业这个主体来讲，并非第三者，它作出的鉴定最多只能是一种"自我鉴定"，其客观公正性是极其有限的，对外是难以让人信服的。

有观点认为，内部审计对企业所属各级组织进行审核，作出审计结论，是一种鉴定，只不过内部审计的鉴证职能对外无效，但对董事会下属的各级组织仍是有效的，因而内部审计有经济鉴证职能。这种认识也是有失偏颇的，其一，内部审计中，审计执行人（内审人员）和审计委托人（董事会）并不是毫无利害关系的，而是上下级关系、领导和被领导的关系、聘用与被聘用的关系；其二，内部审计人员与内部被审计部门也不是毫无利害关系，某些因素的存在会影响内部审计人员工作的独立性；其三，内部审计人员接受领导授权，对本企业所属职能部门、分支机构完成既定目标或履行其他经济责任的情况进行审查，作出结论，以作为领导兑现奖惩或评价干部的依据，恰恰说明内部审计的监督和评价职能。

②影响内部审计独立性的因素。第一，内部审计服务对象不同，其独立性也不同。国外内部审计多数直接向总裁或董事会报告工作，而我国内部审计机

构除少部分直接受董事长或总经理领导外，其他有与纪委、监察合署办公的，有受财务经理领导的，有的甚至在财务科设内部审计岗，这种形式上的不独立决定了其实际审计工作上的不独立。第二，内部审计人员管理体制。根据《审计署关于内部审计工作的规定》和当前的实际状况，内部审计人员管理体制是内部审计人员切身利益直接受所在单位控制，对内部审计人员的人事调派权、工资管理权、奖惩权等由所在单位掌握，即内部审计在本单位主要领导人（法人）直接领导下对本单位领导负责并报告工作。由于被审计部门是内部审计人员所在单位的组成部分，客观上造成内部审计为本单位利益服务的依附性，使得内部审计人员执纪执法的程度直接受单位领导的影响，工作质量直接受单位领导的制约。内部审计的独立性也就只能取决于单位领导的认识水平和廉洁自律程度。第三，内部审计部门和人员设置状况。当前内部审计部门和人员缺乏独立性的现象普遍存在，有些内部审计部门不是单独设置而是由其他部门领导或合署办公，有些内部审计人员由会计或物资管理等人员兼任。这种状况导致了内部审计部门和人员受各方利益牵制，难以开展独立的经济监督活动，制约了内部审计的独立性。第四，法律环境。目前我国虽颁布了《审计法》，对国家审计机关审计人员依法进行审计给予了法律保护，但对内部审计人员的保护性较差，对内部审计人员进行的审计监督缺乏法律保护。内部审计没有其他可操作的部门、行业规章制度，审计人员面对具体问题也无章可循。第五，内部审计人员素质和内部审计工作质量。由于我国内部审计起步较晚，内部审计部门成立时间较短，许多工作尚处于摸索和起步阶段，一些单位的内部审计人员专业不精、敬业精神不足、工作人浮于事。审计工作往往局限于查查账，甚至打打擦边球，不能很好地发挥和显示审计职能。

③强化内部审计的独立性。第一，完善现代企业制度建设，提升内部审计的内在要求。企业在现代企业制度建设中应完善监事会和董事会制度，提高内部审计的权威性，进而使内部审计的独立性得以加强。第二，合理设置内部审计部门。企业应根据自身的特点，遵循随机制宜的管理原则，按照服务对象的不同，选择适合企业自身特点的内部审计部门，提升内部审计部门层次，保障内部审计的独立性。第三，加强内部审计的法律建设。抓紧制定内部审计的法规和条例，将内部审计制度用法律的形式固定下来，用法律保障内部审计的独立性。第四，加强内部审计人员的业务学习和道德建设。加强内部审计人员职业道德建设，稳定内部审计队伍，吸引高素质人才，保障内部审计的独立性。

（5）突出"内向性"，摆正内部审计的位置。

内部审计是基于企业科学管理的需要而产生的，是企业内部多层次经营管理分权制度的产物。内部审计对企业的依附性，从根本上决定了内部审计只能立足于企业内部管理,代表企业对内实行经济监督,强化服务职能,确保企业经营战略、方针目标的贯彻实施。内部审计的内向性特点,决定了其无法代替外部审计。

内部审计作为企业内部控制制度的重要组成部分,应将监督职能寓于服务职能之中,并不断扩大其在机制建立和实施过程中的评价、参谋、建设及监控作用,这势必会越来越引起企业领导的重视与支持,内部审计必将有更加广阔的发展空间。

服务领域的扩大是内部审计发展的必然。基于这种情况,内部审计的职能在客观上也必须从传统的"查错纠弊"转向为内部管理服务,内部审计的工作重点也应从内部检查和监督向内部控制的分析和评价方面迅速转变。由于职能的转变,内部审计将扩展到企业的经营、生产、质量及财务等管理的各个领域。

一是为了适应现代市场经济要求,内部审计应通过对企业及其所属单位会计控制系统、管理控制系统、资本保全控制系统、成本费用控制系统和质量控制系统等经常性地审计监控,为促进企业改善经营管理、健全内部控制制度、提高经济效益而发挥内部审计的监控作用;二是为了适应企业多层次分权管理和新时期企业负责人监督管理机制改革的需要,对企业内部分公司负责人任期经济责任履行情况实施审计监督,正确评价其经营业绩、管理水平、经济责任,为干部的管理、考核及使用提供客观依据和准确的数据;三是为了针对企业经营管理特点,深入开展经营管理审计、经济效益审计,为企业内部的资产重组、生产力要素的优化配置和重大投资项目的科学决策发挥建设性服务作用。

(6)内部审计队伍应从由单纯的财务人员构成向具有综合知识和能力的多元化高素质人才的结构转换。

搞好内部审计工作,建设好一支高素质的审计队伍至关重要。一是内部审计人员应具备良好的政治素质、优良的职业道德、扎实的政策水平、熟练的现代计算工具操作技术及敏锐的观察和解决问题的能力;二是随着内部审计由财务领域向经营和管理领域扩展,内部审计人员在知识构成上也应该是多元化的,不仅要精通熟悉会计、审计、法律、税务、外贸、金融、基建、企业管理等方面的知识,还应非常熟悉经营管理、工程技术、工艺流程、经济法律等方面的知识;三是内部审计人员要加强自身学习,不断更新观念,企业要抓好现有内部审计人员的培训和教育工作,及时更新知识,提高应变能力和队伍的总体素质,使之适应高层次审计工作的需要。

(7)注重实效性,切实发挥内部审计作用。

提高内部审计实效性的途径,一是坚持量力而行、突出重点的审计工作方针。从企业实际、内部审计自身力量及队伍素质结构出发,选择企业当前生产经营和管理过程中迫切需要解决的重点问题作为突破口，调整部署力量，加大审计力度，为企业排忧解难，为领导正确决策提供依据。二是改进审计方法，规范审计程序。做到事后财务收支审计与事中、事前的管理效益审计相结合，手工和账表审计与计算机和信息网络审计相结合，监督评价并重，寓监督于服务之中，使内部审计有更广阔的生存空间。三是在审计报告特别是审计建议的质量上下工夫，做到实事求是、客观公正地反映被审计单位的情况，提出有价值、有分量并且具有科学性、可操作性的审计建议。四是要注重总结、提炼、利用审计成果，服务于宏观调控和宏观决策。五是要积极参与企业经营管理活动，对企业深化改革中出现的新情况、新问题和经济活动中发生的带普遍性、倾向性的问题进行综合分析，提出有针对性的改进意见和措施。

（8）内部审计应从事后审计逐步向事前及事中审计转变。

随着管理水平的提高，内部审计的作用将不仅局限于事后监督，更多的是参与企业事前的预防与事中的控制。从事前预防来看，内部审计主要应对企业事前制定的各种管理办法，各种物资采购计划、生产计划、销售计划、资金计划、投资计划、费用预算及契约合同等进行事前审核。从事中控制来看，内部审计应对企业经营各个步骤的费用和成本支出进行监控，主要查看费用支出有无预算，手续是否规范，收入结算是否足额和合规，内部管理办法是否得到贯彻执行等。从事后控制来看，内部审计首先是要核实经济信息的准确性，其次是要将各种经济信息进行再加工，将各种实际完成情况与预算指标、标准成本及管理办法进行比较，从而发现存在的差异和问题，并提出纠正和完善的意见，以保证企业经营目标的全面实现。在整个控制阶段，审计人员不仅要参与预算指标、标准成本及管理办法的制定，更要利用其掌握的成本信息优势，对生产经营活动的全过程进行分析和评价。经验丰富的内部审计人员，应能及时发现各个环节存在的问题，把企业的经营风险降到最低程度。

（9）内部审计的实施方式应从单一依靠内部审计人员的力量向与外部审计相结合的方向发展。

从内部审计工作内容来看，内部审计大体可分为两部分：一是对财务数据真实性、合法性的审计；二是对企业经营和管理的分析与评价。对于第一部分，可由企业内部审计人员委托事务所按照内部审计目的进行审计，从而保证会计信息的真实、合法和完整。对第二部分而言，内部审计人员由于熟悉本企业的实际情况，工作的重点也应放在对企业经营管理及生产过程的分析与评价上。[①]

[①] 朱灿明：《对企业内部审计职能转换的几点思考》，智典网，2008年8月16日。

第二十二章 我国企业内部审计存在的主要问题与成因分析

一 我国企业内部审计存在的主要问题

我国自1983年恢复内部审计制度以来,国家为指导内部审计工作出台了一系列法规、制度,如1985年的《内部审计暂行办法》、1994年的《中华人民共和国审计法》、1995年的《关于内部审计工作的规定》、2003年的《内部审计基本准则》和《内部审计具体准则》等,这对推动我国内部审计事业的发展无疑起到了至关重要的作用。我国内部审计虽然在新时期在一定程度上有了新的发展,但由于我国的市场经济起步较晚,企业内部审计所依存的客观环境并未达到理想状态,致使其还存在诸多不足和问题。这些问题主要表现在以下几个方面:

(一) 内部审计法制体系存在的缺失

虽然国务院、审计署就内部审计颁发了一系列的规定,但规范内部审计工作的制度体系并不完善。具体表现在我国目前尚无单独的《内部审计法》,经过修订的《审计法》中对内部审计的规定只有第29条不足100字,现行的《公司法》中也并未对内部审计作出具体的规定。审计署2003年重新发布的《审计署关于内部审计工作的规定》(以下简称《规定》)是规范我国内部审计工作最完整的法规,对内部审计的目标、职能、内容和本质作了新的界定,但仍然存在一定的缺陷。第一,将内部审计提供的服务局限在监督和评价上,忽视了咨询服务的提供。第二,将内部审计的内容界定为"本单位及所属单位财政收支、财务收支、经济活动的真实、合法和有效益的行为",从表面上看,仍是局限在财务审计领域,注重经济活动的合规性,这使内部审计的服务范围受到限制。第三,将内部审计的目标定义在促进加强经济管理上,忽视了内部审计与外部利益相关者的关系,使内部审计的服务对象局限在企业内部,关注内部管理。

(二) 内部审计机构独立性的缺乏

内部审计是指在本单位、本部门内部设置专门的机构或人员对本单位、本部门的财务收支和经营管理活动进行检查、监督和评价。它仅仅强调与所审的其他职能部门的相对独立，独立性较弱。

从组织关系上，内部审计机构一方面要维护国家利益，另一方面要接受本单位、本部门的直接领导，同时内部审计人员首先是企业的员工，然后才是职业人员，其切身利益与企业利益休戚相关，当面临在国家利益和集体利益之间作出抉择时，内部审计人员往往会选择后者。在错综复杂的利益关系、人际关系的牵制下，内部审计的独立性受到很大的限制，内部审计机关或人员难以真实、客观、公正地完成审计工作，使得审计作用难以充分发挥，审计的权威性受到破坏。

在大部分企业，内部审计部门常是企业设置的一个职能部门，内部审计受本部门、本单位直接领导，内部审计部门的地位基本与企业内部其他职能部门处于平级，但由于内部审计工作产生的效益不如其他部门直接和明显，因此在很多人的心理定位中，内部审计部门的地位甚至比其他部门要更低一些。而内部审计部门却要担负着对企业内部其他部门进行监督和检查的重任，但由于其职权、地位与责任的不完全匹配，导致其内部审计工作开展难度较大，尤其是同级审计，更是有一些下级审计上级的味道，工作较难开展。

(三) 内部审计人员专业技能不强，综合素质偏低

从世界范围来看，内部审计普遍采取了通过职业组织进行管理的方式。国际内部审计师协会通过制定《内部审计职业实务准则》、《内部审计法》等来规范审计人员的执业行为。国外很多公司都把内部审计人员配备作为充分发挥内部审计职能的必要条件之一，对内部审计人员具有很高的要求。例如，朗讯科技公司的75名内部审计人员中有30名工商管理硕士，35名拥有内部审计相关证书。

我国企业内部审计在人员配备方面存在以下几点不足：（1）学历偏低，内部审计人员的后续教育跟不上其职业的发展，分析问题的能力不足，基本技能和知识更新不够，欠缺将计算机技术和法律知识应用到审计实务中的能力，因此在应对审计环境的急剧变化时缺乏应对能力。（2）知识层面较为单一，不便于发散性思维，使得审计只能从凭证到账面查找问题，难以在实际工作的深层次上发现问题，因而提出的建议或决策依据缺乏现实性。我国许多内部审计人员来源于财会部门，对审计专业知识掌握较浅，难以在实施审计过程中作

出正确的职业判断，很可能导致审计失败，严重影响审计质量。(3) 部分审计人员缺乏职业道德观念，审计作风差，执业时缺乏客观公正性，不能严格遵守保密性原则，这些都制约了内部审计职能的发挥。例如，内部审计人员为了个人或其他利益，可能泄漏单位的机密资料，从事违法行为或接受来自对方的利益。

（四）内部审计工作的审计手段落后于会计核算的发展

随着经济全球化的发展，电子信息技术得到广泛应用，对审计人员和审计技术的要求也越来越高。而我国大多数审计人员计算机应用能力较差，很多审计工作还停留在传统的手工查账，远远落后于会计电算化的普及程度。审计手段的落后，不仅增加了审计难度，还降低了审计效率，无法实现有限资源的合理配置，影响了审计的发展。

（五）内部审计技术方法落后

企业内部审计技术方法是内部审计主体作用于风险导向内部审计，是内部审计最新的技术方法。在西方国家，许多优秀的企业已经开展了风险导向内部审计，如杜邦公司、朗讯科技公司、杰西潘尼（JC Penney）公司、安大略公共服务公司等。[1] 我国企业内部审计采用的审计技术方法落后，目前企业内部审计采用的技术方法还停留在账项基础审计向制度导向审计的过渡时期。账项基础审计关注的核心是账项，其视野局限于财务账簿；制度导向审计关注的核心是内部控制，其视野局限于管理活动。公司治理强调对风险进行及时、适当的战略反应，但账项基础审计、制度导向审计都不太注重风险对企业的影响。因此，目前企业内部审计采取的技术方法落后，制约了内部审计作用的有效发挥。

（六）内部审计的执行产生偏差

现阶段的内部审计，大多是事中事后的查错补漏，而内部审计的职责和功能除了事后的查错补漏，更重要的是发挥事前的预测功能，为企业经营者提高企业管理水平，提高经济效益。企业经营者应根据内部审计人员的意见做好决策，使企业在市场竞争中立于不败之地。目前在企业内审工作中，无论是经营

---

[1] [美] 詹姆斯·罗瑟著，倪卫红、贾文勒译：《四个革新型审计部门的增值方法》，石油工业出版社2002年版。

者还是内部审计人员都没有意识到这一点,更没有做到这一点。[1]

(七) 内部审计的服务范围狭窄、职能单一

通过对我国内部审计服务范围和职能的现状考察,发现内部审计人员主要通过提供对会计凭证、报表等相关财务资料的确认服务来监督企业财务数据的真实性、合法性,它的主要职能定位是通过监督和评价达到查错纠弊的目的,服务范围主要局限在财务审计和经济效益审计两个方面。但是,现阶段企业的经济效益审计实务中往往以财务指标的分析和评价为基本内容,较少涉及管理决策等深层次问题。此外,我国的内部审计提供的咨询服务也明显偏少,这也决定了它的服务对象存在一定的局限性。

在现代企业发展中,由于外部环境的变幻莫测,各种风险不断增多,加强组织内部重组及公司治理的需求越来越强烈,内部审计应该在改进风险管理和完善公司治理结构等方面发挥重要作用,从而达到为企业增值的目标。但是对财务事项的过多关注,则会影响上述职能的发挥。西方内部审计所涉及的范围是非常广泛的,目前许多企业内部审计已涉及战略和经营决策审计、投资效益审计、市场景气状况审计、物资采购审计、生产工艺审计、产品推销审计、研究开发审计、人力资源审计、后勤服务系统效率审计等经营活动的方方面面。另外,西方的内部审计职能经历了从监督到评价,再到确认、咨询的变化。

二 我国企业内部审计问题形成原因分析

(一) 对内部审计的认识上存在偏差,阻碍了内部审计的发展

我国内部审计观念上的落后与陈旧不仅导致了被审计部门和人员在审计过程中的抵触,更导致了企业高层管理人员对内部审计工作的不重视,最终使内部审计在企业中的地位得不到提高,这种观念上的偏差主要表现在以下几个方面:

1. 内部审计职能的定位侧重于"监督导向型"

随着社会主义市场经济体系的建立和发展,内部审计工作已渗透到社会经济生活的各个方面,内部审计不再是以财政、财务收支审计为主,而具有更广泛的内容:从防错纠弊,扮演"警察"角色为主向高层次的"参谋"、"助手"方向发展;从财务核算的真实性、合规性审计为主向注重效益审计方向

---

[1] 吴晓巍、牛学坤:《论内部审计制度的完善》,《财经问题研究》1997年第12期。

发展；从以财务报表为中心的财务收支审计向内部控制为中心的制度基础审计的方向发展；从事后审计向事前、事中控制发展；从查账、翻阅凭证向堵塞漏洞发展。

我国内部审计是在国家审计的推动下建立发展起来的，并作为国家审计的基础，服务于国家审计。一方面，它代表国家对本单位的经济活动进行监督，另一方面，它又代表本单位管理当局对本单位其他职能部门的经济活动进行监督，不少人认为监督就是"挑毛病"，导致许多单位领导和其他职能部门的领导对内部审计产生抵触情绪。因而，在指导思想上，内部审计偏重于"监督"，属"监督导向型"的内部审计。这种职能定位于同一利益主体中，其独立性大打折扣。我国目前内部审计机构作为监督者一般都无处罚权，并且其权威性也较弱，使其很难像国家审计一样代表国家对企事业单位实施真正的监督，尤其是对本单位管理当局本身的决策错误及违纪违规更显得软弱无力。

2. 对内部审计服务领域的认识偏差

由于我国内部审计机构起源于行政命令，多数企业管理人员对内部审计的审计范围认识不足，错误地认为审计就是查账，就是对企业财务会计方面的审查，很少涉及经营管理的其他领域，更谈不上治理领域。根据美国的调查，1989年美国公用事业行业企业内部审计只有19%的时间用于财务审计，其余时间都转向经营审计。我国多数企业内部审计依然停留在财务导向阶段，较少涉及业务审计、管理审计。虽然有些企业涉及经济效益审计，但是在内容、方法和形式等方面与西方管理审计相比仍有一定的欠缺。根据云南省的调查，在被调查企业中，当前内部审计工作排列在前三位的集中在财务审计（占92.3%）、经济责任审计（占72.8%）和经济效益审计（占72.8%），这说明了内部审计范围大多局限于财务审计，而后两者更多的是借鉴政府审计的做法而展开的，其关注的重点大多在财务会计报表和相关的经济指标。

3. 对内部审计提供产品的认识偏差

片面地理解内部审计是审计部门代表国家所有者对其经济活动进行监督控制，也就是对企业法人进行监控，人为地形成一种与企业对立的关系，各职能部门对内部审计敬而远之，完全意识不到内部审计通过咨询、风险评估和控制等服务所能提供的诸如降低风险、构建企业文化等方面的产品。

4. 对内部审计功能的认识偏差

在大多数企业中，管理层都尽可能降低对内部审计的投入，这使内部审计在物质资源上得不到充足的保证。在企业管理人员由来已久的意识中，内部审计是一个成本中心，产生大量的管理费用，降低企业的经营利润，而根本没有意识到内部审计在企业中的增值作用。

5. 把内部审计的作用与会计部门的作用混同起来

内部审计和会计都是经济监督的手段,但两者的监督存在较大区别。从时间上来看,会计的监督是一种事后监督,而内部审计的监督可贯穿于企业经济活动的事前、事中与事后全过程;从范围上来看,会计监督局限于会计核算工作的范围内,而内部审计监督则不受会计核算范围的限制,既可以审查会计资料,还可以审查其他相关资料;从监督程序上来看,内部审计监督还可以对会计监督实现再监督。因此,不能用会计部门的监督来代替内部审计工作的监督。但现实中,许多企业没有认识到这些区别,为了节约经费,简化机构,有的在财会部门内附设一个内部审计小组或内部审计人员,造成了内部审计监督的薄弱和缺乏,发挥不出正常的作用。

6. 内部审计被认为是外部审计的补充,还没有成为企业的内在需要

西方发达国家内部审计的产生主要缘于内部管理的需要,它是企业内部制衡机制的一个重要组成部分。在我国,内部审计被认为是外部审计的补充,企业内部审计部门的设立往往是上级主管部门的强制要求。一些企业虽设置了内部审计机构,配备了人员,但企业领导对开展内部审计的必要性缺乏全面认识,认为内部审计可有可无。不少企业的领导没有认识到内部审计工作的性质和重要性,为应付要求,从本企业的财会部门中抽调部分人员成立名义上的内审机构,与一般工作人员没有区别,只是应付上级检查时才把两个部门、两方面人员区分开来。由于内部审计机构的审计内容本身包括本企业的财务收支活动的真实性、合法性和合规性,这种模棱两可的机构设置,造成自己审自己,难以发现问题,即使发现问题也是大事化小、小事化了,难以起到真正的审计监督作用,也使内部审计机构变成了企业领导的附属物,这是造成财务报表虚假、企业腐败问题屡禁不止的重要原因。

7. 内部审计风险意识淡薄

许多人误认为内部审计在工作目标上没有特定要求,所提交的内部审计报告不具有法律效力,内部审计无所谓"风险"可言;或者认为内部审计在本单位负责人领导下开展工作,只是"奉命行事",即使出现工作上的误差或疏漏,也无须承担风险。在这种思想指导下,内部审计必然陷入一种被动和无所作为的困境,内部审计工作质量难以得到保证。随着信息化程度的提高,被审单位的会计信息资料也越来越多,差错和虚假的会计资料掺杂其中,失查的可能性也随着增大;会计核算业务已远远超出传统的财务会计的内容,内部审计范围的扩大,不仅加大了内部审计人员的审计责任,也使内部审计的风险相应增加。

(二) 设立内部审计机构的理论与实践偏差

1. 设立内部审计机构动因的偏差

西方内部审计的产生是由于经营权与所有权的分离，随着企业经营机制的转换，管理方式变革及内部职能的分解，基于加强经营管理的内在需要而自发建立起来的。而我国内部审计的产生则不同，它主要是出于法律的规定，1985年8月国务院颁布的《关于审计工作的暂行规定》明确指出，国务院和县级以上地方各级人民政府各部门、大中型企事业组织，应当建立内部审计监督制度。当时我国的企业并不是真正自负盈亏的商品生产经营者，更没有成为严格意义上的独立法人实体与市场竞争主体。因此，在企业内部也没有真正产生加强经营管理与实施内部控制的客观需要，在这种背景下产生的内部审计实际上只是一种行政命令的产物。这种行政命令的产生主要是由于当时国家为了保证对外开放、对内搞活方针的贯彻执行，维护财经法纪，提高经济效益。在当时审计机关力量有限、审计覆盖较小的情况下，为了有效地实施审计监督，开展内部审计有助于缓解当时国家审计机关力量不足的缺陷。由于内部审计对企业的生产、经营、财务情况比较了解，可以对企业的财务和经营情况进行经常性的监督与检查，因此在内部审计的基础上进行政府审计可以节省时间和精力，取得良好的审计效果。由此可见，我国内部审计的产生动因与西方发达国家存在很大的差别，并不是建立在企业自身发展需要的基础上，更加脱离了委托代理关系中的治理需求，这也决定了我国内部审计在观念、服务范围以及提供产品等诸多方面的不足。

2. 内部审计机构设置不合理

企业内部审计组织模式决定了内部审计具有的独立性和权威性。内部审计所具有的独立性和权威性不同，导致其在公司治理中作用发挥的程度存在差异。西方发达国家企业的内部审计机构大多隶属于董事会及其下设的审计委员会，直接对董事会负责，其他部门无权干涉，独立性较强。而我国企业内部审计机构的设置还很不合理，从而大大影响了其独立性和权威性。

目前，我国内部审计机构主要有以下几种类型：

第一，内部审计机构隶属于或合并于企业的财会部门，由企业的财会部门主管并领导。在这种形式下它似乎代替了财会部门自身应该具有的会计监督职能，审计工作的范围一般局限于财务审计领域，难于拓展到对整个经济运行状况进行监督，审计业务范围比较狭窄。此外，由于内部审计机构的地位较低，缺乏审计监督所必须具备的权威性，其监督行为的约束力很小。另外，独立性是审计的本质特征，审计机构合并于财会部门或其他任何部门，使其独立性受到严重损害，制约着内部审计作用的发挥。

第二，企业的内部审计机构与其他各职能部门平行，由本企业的总会计师领导。在这种形式下，内部审计机构的地位有所提高，独立性有所增强，范围也有所扩大。但是，由于内部审计所要监督的是企业的整个经济活动，企业的财会部门以及基层单位的财务会计活动是其最直接的监督对象，而内部审计在监督基层单位及本单位财务部门的财务会计活动时，又受到总会计师领导下的制约。在这种形式下，内部审计的范围仍然难以扩大，独立性必然受到相当的损害，其职能作用也就难以真正发挥。

第三，内部审计机构由主要负责人厂长或经理直接领导，其地位和职权超越于其他职能部门。在这种形式下，内部审计机构的独立性大大加强，可以不受其他部门的制约，在一定程度上，可以对企业人、财、物、供、产、销等整个经济活动进行全方位的审计监督。由于在本企业主要负责人领导下，其权威性也大大增强，其职能作用的发挥有了比较充分的条件。但企业内部审计在监督本企业的经营活动时，不可能不受企业负责人意志的支配，如果企业负责人重视内部审计，它就得以发展；如果不重视，不但得不到发展，还会被撤并，失去内部审计成长的起码条件。而我国许多单位领导受传统观念的影响，对内部审计存在认识上的偏差，对内部审计没有引起足够的重视。因此，内部审计的独立性仍然无法保证，其监督也就失去了刚性。

第四，受企业监事会的领导。监事会是企业的监督机构，它由股东代表和职工代表组成。监事会的职权主要是对董事、经理在执行企业职务时是否违反法律、法规和章程进行监督。将内审设在监事会，使内部审计完全以监督者的身份出现，与管理层脱钩，有助于审计机构独立、公正审计，不受行政干预，其缺点是：不利于促进企业改善经营，提高经济效益。

第五，受企业董事会的领导。董事会是企业的经营决策机构，直接对股东大会负责，职责是执行股东大会的决议，决定企业的生产经营策略以及任免总经理等。在这种组织模式下，内部审计能够保持较高的独立性、权威性和较高的地位，同时也使内部审计具有一定的灵活性：既便于其为委托人服务，又便于其与经营管理层联系；既便于其对管理层进行独立的评价与监督，又便于其为管理层加强管理、提高效益服务。

由于目前还有为数不少的决策者和经营管理者对企业内审工作的必要性认识不足，导致一些企业内审机构并非由企业的最高决策层——董事会领导，甚至由企业总裁或总经理领导的也不多，大部分由监事会或副总经理、总经济师等领导。使企业内部审计难以对本级公司的财务目标和经济责任进行独立的监督与评价。我国上市公司中，内部审计部门在公司治理中的作用并不明显，也就是说，我国上市公司设立内部审计部门时主要还是从内部管理的角度出发，并没有上升到治理层面。这一方面说明我国内部审计的治理职能在实务中可能还未引起广泛关注，另一方面也说明了我国公司治理本身可能就处于一个初级发展阶段。

（三）内部审计外部环境的缺失

目前我国的法律环境、市场环境等诸多方面都对内部审计产生了或多或少的影响，这些环境中存在的弊端都不利于内部审计事业的健康发展。具体来说，在法律环境方面，我国的法制建设仍然不够健全，人民的民主意识与参政议政的能力有很大的局限性，廉政意识有待提高；在市场环境方面，虽然我国不断加强市场经济的建设，但是市场机制仍不完善，竞争环境不完备，有悖"公平、公正、公开"原则的事项时有发生。此外，政府审计和社会审计自身存在的种种弊端也影响着内部审计的发展，尤其是社会审计为了保留客户达到获得经济利益的目的，时常向客户妥协，审计合谋的现象比比皆是。这种现象实际上将内部审计推向一个尴尬的地位，加重了企业对内部审计功能的轻视，更不要谈利用内部审计为企业增值了。

（四）企业对内部审计的需求不足

我国企业中的内部审计是出于我国的法律规定而设立的，是国家审计体系的重要组成部分。在我国恢复审计制度的初期，这种强制性是必要的，但是随着我国企业制度的不断发展，这种并非完全出于企业自身需要而设立的部门，成为来自于外部对企业施加的压力，因而必定不利于其在企业内部的发展。以我国上市公司为例，目前我国上市公司的内部控制监管力度大多是为了迎合证监会的规章制度，是受到政府干预而设立的，这与西方国家企业自身要求开展内部审计工作相比，缺乏内在的发展动力。其结果导致企业高级管理层对内部审计工作重视不够。此外，长期以来，国家作为国有股东的地位一直比较模糊，政企不分，企业产权不够明晰，市场经济和企业改制不够深入，形成了国家要求设立内部审计机构与企业自身需求的脱节，影响了我国公司中内部审计的运作。例如，猴王集团破产事件就说明了国有上市公司股东缺位对内部审计的影响。猴王集团自上市以来，前后两任董事会均是总裁、董事会和总经理三位合一，集团第一大股东国有股宜昌市国有资产管理局的实际投资主体缺位，而是授权集团监管。内部审计不能有效监督公司运作，致使公司董事大量提供贷款担保，最终导致了公司的破产。

(五) 内部审计人员专职人员少

由于我国企业对内部审计重视不够，经常将一些"老、弱、病"或不好安置的人员放到内部审计部门，长此以往造成内部审计从业人员中有相当数量人员年纪偏大，且不具备必要的学识及业务能力。内部审计在企业的地位不高，通常看来，内部审计工作并不属于关键职能岗位，亦非职业生涯中重要的晋身之阶。企业不愿意给优秀审计人才施展才华的环境，难以吸收优秀的人才加入到内部审计队伍中，无法完成自身的吐故纳新。但是，一名称职的内部审计人员必须是个多面手，在必要时充当经营咨询专家、心理学家、后备支援人员和工程技术人员等多种角色。因此，内审人员只有具备多种专业技能才能取得成功。

当前我国企业内部审计机构普遍存在着专职人员少的现象，不少企业都是象征性地安排一两个人，用于对外应付，对于内部审计的人员配备、工作条件、信息流通渠道等各个方面不予以支持，即便是迫于上级主管部门的压力建立了内审机构，也只是流于形式，形同虚设；兼职人员身份不恰当，不少企业内部审计机构与财务会计机构是"一套人马，两块牌子"，既当会计，又当审计，自己审计自己；这部分人虽然基本上有大专以上学历，但专业知识面窄，不具备现代内部审计所要求的知识结构；还有部分内部审计人员是因为"老、弱、病"或其他原因而被安置到这个部门，其受教育程度和文化素质普遍偏低，不少人既没有接受过系统的专业训练，又缺乏足够的生产经营管理经验。这种"审计部门是个筐，什么样人都能装"的用人格局严重影响了内部审计队伍的战斗力。

(六) 审计模式落后

当前我国企业内部审计主要业务范围仍然停留在财务数据的真实性及合法性的审查和生产经营监督上。内部审计技术还停留在简单的账证、账账、账表核对及对会计资料的常规审查上，很少利用先进的风险导向审计等审计模式站在公司治理的高度进行更为广泛的审计。大部分企业的审计方式还停留在事后审计层面。

江苏省内部审计协会2006年对江苏省135家单位进行了调查，其中行政事业单位70家，国有企业48家，民营企业13家，中外合资4家，外商独资1家。调查结果显示采用账项基础审计模式的有60家，占总体比例44.44%；采用制度基础审计模式有21家，占总体比例15.56%；采用风险导向审计的有4家，占总体比例2.96%；采用综合审计模式的50家，占总体比例

37.04%。采用事后审计方式的22家,占总体比例16.30%;采用事后、事中审计方式的72家,占总体比例52.94%;采用事前、事中、事后综合模式的41家,占总体比例30.76%。

但是随着一些大中型企业现代企业制度的建立健全,管理层对内部审计提出了新的要求,要求内部审计承担对经营活动、内部控制、管理事项等的监督、评价,为改善经营、提高效率服务。

(七) 内部审计行为不规范,缺乏严格的质量控制环节

审计工作方案是实施审计的具体计划安排,它是提高审计效率和进行审计质量控制的重要环节,也是考核审计人员完成审计任务情况和认定审计责任的依据。工作方案应按一定的审计标准和业务规则来制定,将所有重点审计事项载入审计方案,列出审计程序。时间预算及执行人员做到规范化,不能因为是内部审计而简化方案的内容,更不能省略方案的制定。同时还要事先考查审计风险,这是内部审计容易忽视的一个方面。当然,审计方案不是一成不变的,在现定方案执行审计时,当出现新问题或审计环境发生变化时,就应修改方案。只要审计人员按审计方案和一般公认审计标准实施了全部审计程序,一般就认为完成了审计职责,不需要承担查出所有违纪违规问题的责任。由此可见,审计方案的完善与否对审计责任具有极为重要的意义。我国企业内部审计大多数没有制定周密的审计工作方案。主要表现在:审计计划不够科学;审计目标不够明确;审计准备不够充分,审计实施不够彻底,重大问题没有查清查透;审计取证、编制审计工作底稿缺乏严格规范,随意性比较大;审计综合分析不够透彻,审计意见缺乏针对性、可行性,审计报告质量和水平不高。

长期以来,我国内部审计缺乏自身质量评价标准,多数情况下参照政府审计和社会审计的标准,其原因是内部审计准则制定相对滞后,现在随着内部审计准则的陆续出台,审计质量缺乏操作和评价标准的状况得到缓解。另外,内部审计的工作质量的控制除了依靠内部审计部门自身控制外,还需要得到外部方面的评价和控制,才能得以提高和改进。

(八) 内部审计对象、范围狭窄

西方国家的内部审计已完成从传统财务审计向经营审计的过渡,并开始向风险导向审计、战略审计转变,它们重视内部审计的咨询与服务功能,内部审计的目标也从服务于管理当局发展为增加价值,改善组织经营,帮助组织实现其目标。而我国仍处于从传统财务审计向经营审计过渡的阶段,所以内部审计

的职能仍局限于监督和评价的传统职能，审计的重点是经营活动及内部控制的适当性、合法性和有效性，审计目标是促进组织目标的实现。我国内部审计实务发展相比西方落后了几十年，目前，我国的内部审计范围还主要集中在财务审计、经济责任审计等以查错防弊为目的的职能上，很少有站在企业发展全局上来审视企业面临的风险。内部审计工作范围不能根据公司治理的需求进行调整，使得内部审计工作相对滞后，不能适应环境的变化，无法识别企业面临的风险，也就不会提前采取风险应对的措施。据江苏省内部审计协会的调查，所调查的171家单位中，有120家进行了财务审计，占总体比例88.24%；有103家进行了经济责任审计，占总体的75.73%；进行专项审计的有102家，占总体比例75%；进行效益审计、内部控制和风险管理审计、投资审计的分别有63家、53家、33家，分别占总体比例32%、38.97%、24.26%。从调查的结果可以看出，我国内部审计实务中，内部审计对象、范围都比较狭窄，以风险管理、公司治理为对象的审计活动非常少。

（九）内部审计与其他部门之间存在冲突导致审计关系不协调

内部审计与其他职能部门之间关系不协调的主要原因在于两者存在着冲突，这种冲突主要表现在三个方面：

1. 内部审计与被审计部门存在潜在的利益冲突

内部审计很好地履行自身职能的一个表现就是能够揭示被审计部门的弊端和薄弱环节，然而这同时意味着被审计部门的人员玩忽职守。此外，内部审计通过对被审计部门实施审计活动，有可能打破被审计部门现存的常规氛围和派系，因此触及他们的既得利益。

2. 内部审计与被审计部门存在心理上的冲突

由于我国内部审计在实施过程中并没有开展参与式审计，因此在审计活动中被审计部门明显处于被动地位，对内部审计人员怀有敌意，不敢与内部审计人员坦率地交流。

3. 内部审计与被审计部门存在工作关系上的冲突

隶属于总经理的内部审计在工作关系上与其他职能部门平级，因此很多被审计人员认为内部审计没有资格审查他们的工作。

（十）公司治理结构不合理

由于我国的经济体制以公有制为主体，不具备设立审计委员会的基础，因此内部审计基本上是企业内部的部门审计，尤其是不少企业的内部审计机构隶属于总经理或财务部。在上市公司中，股权结构不合理，国家股和法人股占有很大的比重，特别是国有股东缺位的现象十分普遍。这种治理结构对公司经理人员缺乏有效的约束，内部人控制现象严重，企业的风险管理水平较低，除了银行、保险公司等金融机构外，其他企业很少专门建立风险管理流程。风险管理是内部审计工作的重要内容，是现代公司治理中的一种服务型约束机制，其重点在于强调战略导向，以结构化和规范化的方法帮助组织规避风险，覆盖了组织所有的管理层次和管理领域。风险意识的薄弱阻碍了内部审计与风险管理的结合，使内部审计停留在制度基础甚至账项基础阶段，不利于内部审计增值功能的发挥。

（十一）对内部审计的指导不力

除了审计署按照有关法律对内部审计进行规范外，包括财政部在内的其他部门均未对之提出相应的法规性要求，正是内部审计缺乏统一、具体的职业要求，使得内部审计未能得到应有的职业尊重。①

---

① 王桂红：《内部审计在会计信息失真治理中的作用探讨》，《经济师》2006 年第 8 期。

第二十三章 内部审计的独立性建设

独立性是内部审计一项非常重要的原则。独立性原则是指企业内部审计人应在组织上、精神上和业务上保持相对独立，应排除干扰，独立履行审计职责。也就是说，企业内部审计人应当独立于其他职能部门之外；即使由企业内外部有关人员构成的临时审计组，也应当独立于其他职能部门。在履行审计职责的过程中，他们应始终努力保持精神上的超然独立，努力站在客观公正的立场上去开展活动。因此，当某位审计人员与被审计人、被审计事项有利害关系时，应当予以回避；应排除其他部门和个人的干涉，独立行使董事会及其审计委员会和最高层管理当局赋予的职权。如按规定程序批准或在职权范围内自定的审计计划或审计项目的执行，相应的审计范围、审计方法的确定，审计取证、审计评价的过程与结果，审计建议的提出，以及这些审计信息向谁提供，均应排除其他职能部门和个人有时甚至是最高层管理当局的干涉，由企业内部审计人独立决定。必要时可报请最高层管理当局或董事会的审计委员会帮助排除干扰。只有这样，才能有力地协助董事会及其审计委员会促进和帮助最高层管理当局、协助最高层管理当局促进和帮助有关亚管理层管理当局有效履行其受托管理责任。当主客观因素使内部审计的独立性受到损害时，内部审计主管应向董事会或其审计委员会、最高层管理当局报告独立性受损害的情况，说明所开展的审计活动是非保证性的审计活动，不能得出准确的结论。如果是开展咨询业务，则应在工作开始前，向客户说明独立性受到损害的情况。

一 内部审计独立性建设的必要性

独立性是审计的灵魂，是审计制度生存和发展的基石。国际内部审计师协会发布的《内部审计实务具体标准》的首要条件是独立性，内部审计师必须独立于他们所审查的活动。准则要求：内部审计师在他们能自由地和客观地进行工作时是独立的，独立性可使内部审计师提出公正的、不偏不倚的鉴定或评价。这对正确地实施审计工作是必不可少的。这一点要通过组织状态和客观性来获得。对照准则规范，从以上对内部审计各种情况的调查反映，其根本原因是缺乏对审计监督独立性原则的认识，把内部审计监督部门混同一般的管理部门。

独立性是内部审计的内在要求。(1)内部审计的独立性，有利于内部审计的业务开展。近年来，随着内部审计的发展，内审工作的范围越来越广。从业务范围来看，已从过去单纯的财务收支审计，向经济责任审计、经济效益审计、投资项目审计等领域拓展；从审计过程来看，从过去的事后审计，逐步向事前、事中审计延伸；从审计领域来看，从过去的国家机关、事业单位、国有大中型企业，逐步扩展到非国有企业及乡镇审计。随着业务范围的拓展和延伸，内部审计的独立性发挥着越来越重要的作用，有效地保证了内部审计业务的开展。(2)内部审计的独立性，有利于内部审计职能作用的发挥。首先，内审部门在整个组织或单位中应处于较高的权威位置，它只接受最高层如总经理或董事会的领导和授权。只有这样，它才能有效地行使审计职权。其次，内部审计制度的独立性越大，其作用效果越显著。审计监督不同于纪检、监察、法律、企管部门，更不同于财务。它是对企业的各个部门、各个环节的经济活动进行全面控制和评价。不是出了问题再去审计，它是防范在前，控制在前，是其他管理部门不能替代的。内部审计监督制度的操作和实施，必须要有相应的组织结构和人员。越是独立的内部审计机构，其专职的人员数量越多，因而发挥的作用相对较大。最后，它在审计过程中，必须具有对下的权威性，才能不受干扰地实现有效监督。(3)内部审计的独立性，有利于内部审计的客观性。客观性是对内部审计的基本要求，客观性是真实性的前提。它要求内部审计人员在实施控制的全过程必须做到审计目的、审计过程和审计结论的客观、真实、公正，为领导者提供准确的信息。要实现这种客观性，就必须首先具有独立性，使审计人员独立于被审单位的活动，以便客观地完成工作。试想，如果没有内部审计的独立性，由财务部门的人员去审计财务收支情况，就很难做到客观、真实、公正。

二　企业内部审计独立性的主要内容

企业内部审计的独立性主要有四个方面的内容。

一是企业内部审计机构设置的独立性。一项统计资料表明，审计机构形态越独立，其开展的审计业务数量越大、种类越多，审计监督的职权范围就越广，收效越大。

二是企业内部审计人员的独立性。企业内部审计人员只能专职，不能由其他部门人员兼职。企业应当向审计人员适当授权，以便审计人员能在规定的权限内独立行使职权。这样可以使企业内部审计人员在业务关系上超脱，不带偏见，不为部门利害关系所左右，能够从客观公正的立场上去发现问题、分析问题，提出恰当的审计建议，客观、公正地行使审计监督权。在条件允许的情况下，内审人员应定期轮换。即使开始不存在利益冲突和偏见，长期负责某一部门的审计工作也会使审计双方由陌生到逐渐熟悉，发展出私人友谊，或是由于过于熟悉业务而觉单调乏味，导致懈怠和疏忽。这两种情况都会影响审计人员的客观性。

三是企业内部审计业务的独立性。企业内部审计业务就是实行专职审计监督和服务，不能经办企业的采购、生产、销售、财务等业务，只能以独立的第三者身份进行审计监督和服务。

四是企业内部审计工作的独立性。企业内部审计人员应当能够独立地制定审计计划，执行审计程序，取得审计证据，能够独立地出具审计报告并在报告中揭露审计发现的问题，提出适当的审计意见和建议，审计人员在审计过程中不受任何个人或其他职能部门的指使和干扰，始终独立、客观、公正地进行工作。

三 建立合理的内部审计模式

企业可尝试建立合理的内部审计模式：

（一）内部审计部门应该对单位中一个具有足够权力的领导人负责

直接领导内审部门的领导级别越高，就有确保内审部门的工作范围足够广泛的权威，能够增强独立性。同时，有足够权力的领导人也使单位能对审计报告作出迅速的反应，根据内部审计部门的建议及时采取适当的改进措施，促进内审建设性作用的发挥。

综观中外内部审计的现状，目前内审机构的设置有几种主要类型：（1）受本单位财务经理领导；（2）受本单位主管财务的副总经理领导；（3）受本单位总经理领导；（4）受董事会或其下设的审计委员会领导。审计委员会的成员一般是不参与日常管理的外部董事，由他们负责制定与内部审计有关的政策、规章制度，决定内部审计部门主管的聘用、提升和报酬，能增强内审人员相对管理部门的独立性。理论上讲，上述最后一类是理想的内部审计模式。但是，审计委员会的成员通常有其他工作职责，并且常在不同的地方生活和工作，一般一年定期会见几次，很难对内部审计进行日常管理。在实际工作中，内审部门通常接受高级管理层的行政领导，而由审计委员会批准内审部门经理的任免，审查和批准内审部门工作目标、人员计划和费用预算。内审部门与审计委员会之间是一种报告关系，与高级管理层之间是行政管理关系。

(二) 内审部门经理必须能和董事会直接交流信息

如何构建交流渠道呢？内审部门经理应有权出席、参加由高级管理层或董事会举行的与内审职责有关的会议，如有关审计、财务报告、管理控制系统等会议。通过在会议中提交书面或口头的报告，通报有关审计工作计划和实际审计工作的信息，内审部门就能与董事会直接交流。另外，为了排除其他干扰，应该设立"绿色通道"，使内审部门经理每年至少能与董事会单独会晤一次。这样的直接交流机制，使得审计信息能迅速地以本来面貌到达董事会，避开了来自其他方面的干扰因素。

(三) 内审部门经理的任免应由董事会确定

人事任免（或选举机制）是组织结构中至关重要的环节。一个被授予某个职位（以及与该职位相联系的权力）的人，总是对其任命者负责，并且为了保持其职位和权力，总是倾向于代表并维护其任命者的利益。因此，由谁来决定内审部门经理的任免，对于保证内部审计的独立性极其重要。如果由高级管理层负责内审部门经理的任免，他们将对内审工作产生重要的影响。从职责分工的角度看，高级经理层是单位生产经营中的决策者和管理责任的最终承担者，内审部门评价的对象——管理控制过程是在高级经理的指挥和领导下进行的，故内部审计无法做到形式上的独立性。同时，内部审计部门经理为了维护其地位，势必要博取高级管理层的欢心，也无法保证内审工作实质上的独立性。因而不能由高级管理层决定内审部门经理的任免。相对而言，董事会作为最高决策机构，不参与日常经营管理，但又需要了解管理人员的工作业绩和单位目标的实现情况。为此，它需要有一个独立的部门和一批专业人员对生产经营活动进行客观公正的检查和评价，并将评价结果直接向它报告。所以，将内审部门经理的任免权赋予董事会，是单位的较佳选择。

(四) 单位应当制定一个正式的章程，以书面形式确定内审部门的宗旨、权力和职责，并获得高级管理层的批准和董事会的确认

章程中，单位必须明确内审部门在组织结构中的地位、工作范围，以及在审计过程中有权检查的相关记录、人员和实物资产。这样，章程赋予内部审计相关的权力，保障了内部审计工作的权威性。同时，由于内外环境不断发展

变化，单位还必须定期评价章程中所规定的宗旨、权力和职责是否继续适用，是否有助于内审部门履行职责和保持独立性。该项评价工作可交由内审部门经理来完成，因为他所处的地位使他能够透彻了解章程是否有效，能够进行恰当的评价并提出合理的建议。当然，这种定期评价的结果必须报给高级管理层和董事会。

（五）内审部门经理应当每年制定年度审计项目计划、人员计划和财务预算，以书面形式报高级管理层批准，并报董事会备案

年度计划是内审部门进行审计工作的依据，也是对内审工作业绩进行考核和控制的标准。内审部门在报送计划时，应在报告中说明制定的依据，并应包含足够的资料，以使高级管理层和董事会能够获取充分的信息，据此作出批示。计划内的有关事项在年度中如有重要变动，应该另行报批。内审部门根据已经批准的工作计划开展审计活动时，不受其他因素的影响，独立行使审计职责。

（六）内审部门经理应适时向高级管理层和董事会提交书面工作报告

工作报告重点说明那些根据内审部门经理的判断，可能对单位产生不利影响的重要审计结果（包括违法、违章、差错、低效率、无效、利益冲突和控制系统缺陷等）和改进建议，以及已批准的审计计划在执行中出现的重要偏离及偏离的原因。管理层应决定是否对重要审计结果采取纠正措施，以及采取怎样的纠正措施。如果高级管理层考虑到成本效益性和其他原因而决定不采取纠正措施，则应承担由此产生的风险，这时内部审计部门经理应将查出的重要审计结果和管理层的决定报告给董事会以提醒董事会注意。如果董事会和高级经理层的判断一致，都决定不采取纠正措施，并承担由此所产生的风险，内审部门经理应该再次向董事会报告，引起其重视。当然，内部审计部门只有建议权，他们不能代替管理层决策，也不能把自己的意见强加于管理层，最终的决定权始终在高级决策层手中。[①]

（七）尝试在企业系统内部实行审计人员委派制和定期轮换制

使内部审计人员直接归属上级内部审计部门的领导，由上级机构根据内部审计人员的工作表现进行相应的考核和使用，增强内部审计部门的独立性。

[①] 韩晓梅：《浅议内部审计独立性的含义与实现》，中国论文下载中心网，2006年7月20日。

在条件允许的情况下，内审人员应定期轮换。即使开始不存在利益冲突和偏见，长期负责对某一部门的审计工作也会使审计双方由陌生到逐渐熟悉，发展出私人友谊，或是由于过于熟悉业务而觉单调乏味，导致懈怠和疏忽。这两种情况都会影响审计人员的客观性。因此，定期轮换对于保持审计人员精神上的独立是必要的。

（八）实行下审一级

如形成总公司审计分公司、分公司审计中心支公司、中心支公司审计支公司及营销服务部的局面。对于必须开展的同级审计，则通过合理的方式将其转化为上级审下级。例如：开展总公司层面的某一内容的审计，可通过下发红头文件，成立一个由企业主要领导担任组长的领导小组，提高审计的独立性和权威性，从而使被审计单位认真对待，积极配合。[①]

四 坚持内审工作的独立性要注意处理好的几个关系

（一）上与下的关系

所谓上与下的关系，就是内审机构与领导者及整个领导层的关系。内审机构领导关系确定后，不管是在法人领导下或在主管副职领导下，还是在董事会领导下，内审部门都要积极主动地接受领导，领会领导者意图，征求领导者意见，及时汇报工作情况，提出合理化建议，为领导者决策服务。同时，还要注意处理好同其他非分管领导者的关系，既要坚持原则，又要和睦相处，赢得整个领导层的支持，为审计工作创造一个和谐的内部环境。

（二）内与外的关系

内与外的关系就是内审部门与政府审计机关、行业管理协会的关系。《审计署关于内部审计工作的规定》明确指出："内部审计机构应当接受审计机关的业务指导和监督。"这就明确了内审机构与国家审计机关的关系。内审机构要主动接受审计机关的监督和业务指导，经常同审计机关取得联系，寻求业务支持。同时，内审机构还要主动接受行业协会的管理，执行协会章程，履行应尽义务，在机构建设、业务建设、信息建设等方面按照行业管理要求加强工作。

---

① 王越豪：《审计模式的比较与选择》，《中国注册会计师》2003 年第 8 期。

（三）分与合的关系

所谓分与合的关系，就是说内审部门相对于被审计部门和单位应该是独立的、分离的，这是它的特殊性。但它同被审部门和单位的关系又应该是协调的，要寻求工作上的配合和支持。强调内部审计的独立性，并不是说内审部门就应该是"一人之下，万人之上"，给人高高在上的印象。而应该是既有独立性、原则性，又有灵活性。要注意处理好同平行部门、下级单位，特别是被审单位的关系，努力赢得他们的配合，保持协调与合作关系。只有这样，才能保证内审工作的顺利开展，保证内审工作的良好效果。

第二十四章　内部审计法规体系建设

我国内部审计从 20 世纪 80 年代开始建立，历经二十多年的发展，已经有了长足的进步。《中华人民共和国审计法》将内部审计以法律的形式予以规定，明确了其法律地位。

2003 年 5 月实施的《审计署关于内部审计工作的规定》中明确规定应当实行内部审计制度，对内部审计机构、人员、职责、权限等作出了进一步具体规定。特别是我国内部审计协会已经颁布了《内部审计基本准则》和若干《内部审计具体准则》、《内部审计实务指南》，基本形成了内部审计准则体系，极大地满足和丰富了内部审计工作开展的依据。根据这些法规，我国的内部审计工作在审计署和中国内部审计协会的领导和管理之下开展。与此同时，《会计法》、《中国人民银行法》、《商业银行法》、《上市公司章程指引》、《上市公司治理准则》、《信托投资管理办法》、《国有重点金融机构监事会暂行条例》、《国有大中型企业建立现代企业制度和加强管理的基本规范》、《企业国有资产监督管理暂行条例》、《中央企业经济责任审计管理暂行办法》等相关法律法规都对内部审计工作作出了相应规定。

一　内部审计法规体系建设存在的问题

（一）法律层次较低，权威性不强

国家审计和民间审计均有人大通过的《审计法》和《注册会计师法》。作为我国审计体系重要组成部分的内部审计，其法律依据仅有《审计署关于内部审计工作的规定》，法律层次较低，权威性不强，其条例已不能满足对内部审计应有的要求和现实的发展，直接影响到内部审计工作的效能，也影响各企业对内部审计的重视程度。而这些影响无疑会对该内部审计程序的实施造成不利因素。

（二）内部审计准则体系与国际内审惯例仍有一定差距

中国《内部审计基本准则》的颁布标志着中国内部审计进入了一个新的

阶段，但是其中还有很多问题没有解决。《内部审计基本准则》对内部审计的定义是：内部审计是指组织内部的一种独立客观的监督和评价活动，它通过审查和评价经营活动及其内部控制的适当性、合法性和有效性来促进组织目标的实现。中国《内部审计基本准则》在定义中强调了"独立性和客观性"、"监督和评价"以及"审查"等概念，类似于国际内部审计师协会1978年《内部审计实务准则》中提到的内部审计定义，颁布的《国际内部审计实务准则》修订中对内部审计的新定义不仅全面引入了"风险管理"、"咨询"、"增加价值"等新概念、新术语，而且赋予内部审计新的内涵，通过这些新概念、新术语呼应了时代的需求。入世后的中国经济、重组后的现代新型企业以及风险倍增的融资、投资等金融实体，在全球经济一体化的进程中面临着巨大的风险和挑战，急需引入国际上业已运作成熟的风险监督与管理经验。而现代内部审计在风险管理控制方面又扮演着极其重要的角色，其运用模式在国际内部审计协会的引领下，已经演变成为全球内部审计的典范。中国内部审计准则体系在借鉴国际内审惯例和引入现代内部审计新理念方面仍有很多工作要做。

（三）我国内部审计法规依据缺乏理论性，可操作性不强

虽然我国《审计法》第29条与2003年5月实施的《审计署关于内部审计工作的规定》中明确规定应当实行内部审计制度，特别是我国内部审计协会已经颁布了《内部审计基本准则》和若干《内部审计具体准则》，极大地丰富了内部审计工作开展的依据。《内部审计具体准则》已经涉及审计计划、审计证据、审计通知书、审计工作底稿、内部制审计、舞弊的预防、检查与报告、审计报告、后续审计、审计督导和内部审计协调。内部审计开展的依据已经贯彻到内部审计工作的始终。但是，我国内部审计依据缺乏理论性，可操作性不强，贯彻的力度也不够。特别是审计机构设置、内部审计工作范围没有得到明确的界定，导致我国内部审计工作职能的模糊。

（四）没有将内部审计纳入公司治理的框架中

上市公司的规范性文件《上市公司治理准则》中只是规范了审计委员会的职责范围，而未对上市公司的内部审计机构的设置作出规定，这说明从法制建设的角度，并没有将内部审计纳入公司治理的框架中。特别是根据法案的规定，审计委员会成员应全部由独立董事构成，这充分保证了审计委员会的独立性。而我国的《上市公司治理准则》中则规定"审计委员会、提名委员会、薪酬与考核委员会中独立董事应占多数并担任召集人，审计委员会中至少应有一名独立董事是会计专业人士"。审计委员会并没有要求全部成员为独立董事，因此，

内部审计即使受审计委员会领导，其提出建议的客观性也是值得商榷的。

二 建立完善的内部审计法规体系

（一）从法律上明确内部审计的地位和组织体系

针对我国内部审计制度的立法滞后、可操作性不强的现状，建议在相关法律法规中确立公司独立的内部审计制度。在修改《审计法》时应将建立民营企业的内部审计制度考虑在内，修改《公司法》时将建立独立的、符合法定要求的内部审计机构作为股份公司包括民营公司在内申请上市的法定条件之一。

（二）提高内部审计法律层次

建议在现有《审计署关于内部审计工作的规定》的基础上，尽快由国务院出台《中国内部审计工作条例》。补充上市公司必须实行内部审计制度和建立审计委员会的内容，此外，内部审计机构和人员的法律责任也应该再详细具体一些，例如，应规定已经被内部审计机构审计的公司会计资料，若外部审计注册会计师或政府审计审查后发现有重大错报、漏报等欺骗公众的虚假陈述的，内部审计机构负责人也应与财务负责人一样承担责任。在条件成熟时，再由人大制定通过《内部审计法》，以提高内部审计法律层次。

（三）吸取国外的先进经验

在制定我国内部审计准则时，要吸取国外的先进经验，同国外的内部审计准则制定组织开展合作。

（四）加快各级内部审计协会的组织建设与制度建设

要加快各级内部审计协会的组织建设与制度建设，尽快设立和完善地方性或区域性内部审计协会，建立健全中国内部审计新的行业管理体制，使我国内部审计工作由行政型的法规强制管理、分散管理，转变为社团型的行业自律管理、集中管理。

（五）利用法律建设契机，大力宣传内部审计作用

利用法律建设契机，大力宣传内部审计在建立现代企业制度、促进经济发展中的重要作用，使各级领导在实践中更能深刻地认识并理解内部审计工作分析风险、控制风险的职能与作用，使新型审计模式在内部审计中的实施得到更多的支持。

第二十五章　风险导向审计理论在我国审计实践中的应用

风险导向审计在西方实务界已广为流行，而对我国而言却是一种崭新的审计基本方法，是基于系统理论和战略管理理论的重大创新。它从企业的战略分析入手，以"战略分析——经营环节分析——会计报表剩余风险分析"为基本思路，将会计报表错报风险与企业战略风险紧密联系起来，从而提出了审计师从源头分析和发现会计报表错报的观念。

自 20 世纪 80 年代以来，为适应高度风险社会的需要，在以美国为代表的西方，产生了一种名为"风险导向审计"（Risk-based Auditing）的审计方法模式，并在五大会计师事务所广泛采用。

一　风险导向审计的基本问题

（一）风险导向审计的思想导向

风险导向审计是一种有别于账项导向审计和制度导向审计的审计模式。它以量化的风险水平为重点，在确定的风险水平导向上，决定实质性测试的程度和范围。这一方法模式最显著的特点是，将客户置于一个大的经济环境中，运用立体观察的理论来判断影响因素，从企业所处的商业环境、条件到经营方式和管理机制等构成控制结构的内外部各个方面来分析评估审计的风险水平，并把客户的经营风险植入到本身的风险评价中去。此外还有一个特点就是，明确确认在为审计测试选择一个样本，企业开展业务的商业环境，对报表余额的真实性和公允性给予审计评价等都可能存在风险，并把这种意识贯穿到审计的全过程，从而在审计过程中把重点放在审计风险的评估上，并通过各种审计程序的设计和执行，把审计风险降低到注册会计师可以接受的水平。

风险导向审计的思想导向主要运用了我国的孙子兵法中诸如"凡事预则立"、"仗不打就赢"等思想，即由上而下，由宏观而微观，用评估的方式对财务报表加以评价，预先决定客户的重大性范围和目标。在具体审计时，它把审计导向工作大量地放在对客户营业过程的调查，对内部控制要素进行控制测试，并对财务报表和客户的操作程序、审计环境等进行科学分析、判断上，从而使期末需要审查的结果，在期初和期中得到判断。也就是说，通过了解、观察、分析、评估来确定审计的范围和重点，做到仗还未打，已有八分胜券。这也是风险导向审计能有效降低审计风险的原因所在。

(二) 现代风险导向审计的理论创新

1. 引入重大错报风险并将其作为新的起点和导向

传统风险导向审计在不存在相关内部控制的条件下而去单独评估认定的固有风险有显见的难度，再加上直接假定认定的固有风险为高水平被公认为稳健的做法，这样极容易导致注册会计师不重视对固有风险的评估，使其流于形式。现代风险导向审计则明确将审计风险划分为两部分：重大错报风险和检查风险，并将重大错报风险作为新的起点和导向，抓住了审计工作的本质。新风险模型的构建更有助于直接引导注册会计师时刻紧紧围绕评估的重大错报风险设计和执行审计程序，最终实现保证财务报表整体不存在重大错报的审计目标。

2. 审计范围的扩大和审计证据的外部化

在制度基础审计方法下，被审计单位的固有风险很难判断，而且制度基础审计注重账户及交易层次风险的披露，注册会计师一般发现不了上下串通的蓄意造假。现代风险导向审计将审计范围进一步扩大到对被审计单位的行业状况、历史沿革、发展战略、企业环境等宏观方面，建立了企业财务报表风险与企业经营风险之间的逻辑关系，以克服缺乏全面性视角而导致的审计风险。与此同时，由于审计中心向风险评估转移，审计证据也随之由内部向外部转移。

3. 注重分析性程序的应用

现代风险导向审计以分析性程序为中心。风险评估包括检查、调查、询问、穿行测试等多种审计取证方法，但核心是分析性程序的运用，其贯穿于审计的全过程。为了适应分析性程序功能扩大的要求，分析性程序开始走向多样化，并以其识别风险的特殊能力发挥着极其重要的作用，使得分析性程序不仅用于对财务数据进行分析，也对非财务数据进行分析，使风险评估结果更加可靠。但在传统风险导向审计中，由于分析性复核结果不易直接作为审计证据，其客观性、可靠性令人怀疑，因而审计工作底稿中很少见到分析方法的应用。

4. 审计业务流程的改进

现代风险导向审计要求审计人员运用"自上而下"和"自下而上"相结合的审计思路，对财务报表作出合理的专业判断。从审计流程来看，现代风险导向审计的业务流程更加严密。传统风险导向审计的起点往往被审计单位内部控制，根据对内部控制的了解结果设计符合性测试程序及实质性测试程序。现代风险导向审计以了解被审计单位的经营环境和经营活动作为审计的起点，分析评估被审计单位的重大错报风险，进而设计进一步审计程序，对评价出的高风险领域或例外事项实施详细的实质性测试程序。这样，就可以有效地利用审计资源，使审计更有效率和效果。

（三）风险导向审计模式的内容与特征

风险导向审计是对传统审计模式的改进，它将审计学、系统理论、管理学和经营战略理论结合起来，更加重视企业面临的风险。它要求注册会计师通过对被审计单位进行风险职业判断，评价被审计单位的内部控制，确定检查风险，执行追加审计程序，将检查风险降至可接受水平。传统的审计模式对固有风险的评估采用简单的方法确定固定风险的比例，通过符合性测试确定控制风险的水平，从而确定检查风险，进而确定实质性测试的性质、时间和范围。

现代风险导向审计与传统的审计模式相比，具有以下几个特征：第一，重心前移，以审计测试为中心到以风险评估为中心。第二，风险评估重心由控制风险向由企业经营风险和控制风险组成的联合风险转移。第三，风险评估由直接评估变为间接评估。传统审计直接评估重大错报的概率，而现代风险评估不再直接对审计风险进行评估，而是从经营风险评估入手。第四，风险评估从零散化走向结构化，它将战略分析引进审计，使风险分析走向结构化。第五，风险评估以分析性复核为中心，现代风险评估以分析为中心，分析性复核成为最重要的程序，而且日益多样化，不仅对财务数据进行分析，也对非财务数据进行分析，并将管理方法运用到分析性程序中去。第六，审计师专业知识由以会计、审计知识为中心转向以管理知识、行业知识为中心。由于审计重心前移，审计结果主要依赖风险评估，而不是审计测试。而风险评估采用各种风险分析方法都是现代管理知识在审计中的运用，而且这种运用必须以行业知识为基础，现代风险导向审计要求审计师必须有专攻。第七，审计测试程序个性化。传统审计程序标准化，这种标准化审计程序存在很多问题，一是不能对症下药，没有贯彻风险导向审计思想；二是客户的障碍。第八，自上而下与自下而上相结合。注册会计师从风险源入手，以风险源为导向，结合企业所处的环境进行分析并进行严密的逻辑推理，进而一步一步地推导和落实审计的范围和重点，确定相关的审计目标和审计程序。这种以风险源为导向的审计战略，可以有效地提高审计的效率和效果，充分体现了"风险导向"应有的内涵。其审计的精髓在于主要通过外围的了解、观察、分析和评估确定审计的范围和重点，选择恰当的审计程序和方法。

（四）风险因素分析

注册会计师要想明了审计活动所面临的全部风险，首要任务便是寻找与审计自身活动和环境相联系的风险因素。这点在目前并没有得到应有的认识，在现时证券市场发展阶段，注册会计师也不会去假设这种责任。因此，大多数注册会计师对引发审计风险的因素缺乏了解。但证券市场已发生的多起审计案件应当使我们警醒。注册会计师必须明了可能导致风险的各种因素，以使制定的审计计划更为有效，这样的审计结论更为可靠。除了遵循职业道德、审计技术和方法外，注册会计师还必须关注以下可能导致审计失败的因素：

1. 关于企业所在行业的因素

主要有：（1）竞争激烈的行业。（2）迅速增长的行业，如高新技术产业。（3）大量营业失败存在并且衰退的行业。（4）国家化趋势的行业。（5）政治、环境或其他原因导致的行业法律限制（如扩张限制、生产限制）。

2. 关于企业所在地区的因素

主要有：（1）处于政治不稳定性的地区。（2）在有贸易限制或有争议的国家或地区有大量的销售或其他活动。（3）缺乏适当的交通设施的地区。

3. 与员工、组织机构和经营方式有关的因素

主要有：（1）专制的高级管理人员、无效的董事会或审计委员会。（2）管理人员行为超出重要内部控制的可能性。（3）存在与报告业绩或与某一明确的高级管理人员有权控制的业务有关的分红报酬。（4）高级管理人员财务困难的可能性。（5）重要的诉讼，特别是在股东和管理人员之间的。（6）极其乐观的赢利预测。（7）复杂的公司结构，这种复杂性与公司的经营或规模明显不匹配。（8）极度分散管理加上极其分散的经营地点。（9）低下的人事制度，要求超时工作或取消假日。（10）财务总监或董事等主要财务岗位人员的变动太频繁。（11）经常更换注册会计师或律师。（12）内部控制存在重要弱点，这个弱点可以纠正但未纠正。（13）无法得到弥补的非法行为或其他违规事项。（14）与关联方存在重要的交易或存在可能涉及关联方利益的业务。（15）律师、顾问、中间人和其他人提供了普通服务，但给予的报酬却很高。（16）难以获取与下列事项有关的证据：①异常的或未解释分录；②不完全或遗漏的凭证和授权；③凭证或账户更改。（17）存在未预料到的审计问题，例如：①客户要求在极短的时间内或困难条件下完成审计；②突然拖延；③管理人员对注册会计师的询问不作回答或作不切实际的回答。（18）同行业其他公司最近披露的非法或有问题的事项。（19）售给外国政府的大额业务的

存在。(20) 对外国的销售价格或佣金远远高于本国的销售。(21) 销售折扣在客户所在国支付。(22) 存在未经营的子公司、秘密银行账户或其他秘密基金。(23) 罢工和封锁的风险。

4. 关于赢利和经营预测的因素

主要有：(1) 销售数量或质量的下降（例如信用风险增加，以成本或低于成本价销售，较低的边际利润）。(2) 经营业务的重大变化。(3) 对单个或极少数产品、客户或业务的依赖。(4) 缺少产品开发。(5) 生产能力严重过剩。(6) 不切实际的生产目标。(7) 生产设备更新慢、折旧率低。(8) 分析性复核揭示的重大波动，这种波动无法得到合理解释，例如：①异常的账户金额。②实际存货数量异常变动。③异常的存货周转率。(9) 年末金额大的或异常的业务，这种业务对赢利有重要影响。

5. 关于资产的因素

主要有：(1) 资产价值的下降。(2) 缺乏必要的安全措施。

6. 关于流动性和融资的因素

主要有：(1) 没有足够的现金流量。(2) 缺乏营运资本。(3) 在诸如营运资本比率等方面的借款规定中缺乏弹性。(4) 缺乏权益资本。(5) 获取新的资本困难（例如由于股权、法律条款等的原因）。

7. 关于未预料损失的因素

引起这些损失的原因主要有：(1) 购买和销售合同。(2) 合同的补充条款。(3) 担保合同。(4) 生产授权。(5) 租赁合同。(6) 外汇交易。(7) 保险保障。

在审计规划阶段，通过对行业与企业经营环境的研究及分析性测试等程序的应用，注册会计师应该设法识别出所有能指出重大审计风险的标志（warning signs）。注册会计师对这些因素的分析应归入永久性审计工作底稿，因为这些因素的分析对重大性的估计及审计程序的设计会产生重大的影响。如何分析这些因素、通过何种方法来分析取得的资料并确保所有的风险因素在审计计划阶段得到考虑，是注册会计师应认真解决的问题。不过，客户存在上述风险因素，并不意味着该客户不可审计，而是给注册会计师一种提醒的作用，要对客户发表非标准无保留意见审计报告。在西方，各大会计师事务所将这些风险因素列为矩阵的形式，在矩阵上排列出风险因素和分析这些风险因素的资料来源。至于列多少风险因素，各个会计师事务所是不一样的。

（五）风险导向审计的基本程序

风险导向审计的特点表明，审计程序设计和执行恰当与否，对审计风险的控制有着重要的意义。恰当的审计程序有助于审计工作循序渐进、有条不紊地达到审计目的。在实务中，为了使审计工作做得更为细致，并能关注审计重要领域，风险导向审计的程序可分为以下五个阶段：

第一阶段：通过调查、了解、分析、评估等方法执行一般规划并确认重要的审计领域，识别重要的风险领域。目的是评估固有风险，确认重要的审计范围。一般在审计计划开始时进行。具体内容为：明确客户服务及其他规划目标；取得或更新对客户业务与产业的了解；执行全面控制环境的评估；对重大性作初步判断；决定要审查的重要账户；确认影响这些账户的资料来源；编制审计计划。

第二阶段：了解和评估重要的资料来源。目的是寻找并确定控制弱点。一般在期中审计时进行。具体内容是：确认重要的估计和资料过程；对各项过程取得了解；考虑何处可能出错；确认与评估相关的控制。

第三阶段：执行初步风险评估，即固有风险和控制风险的联合。目的是通过风险评估，选择可靠的、有效益的、有效果的审计查核程序。即首先考虑固有风险，再对控制风险作出初步评估。在对控制有效或无效作出判断时，主要是对客户管理意识、控制措施及控制品质、控制程序设计本身是否严密，分工分职是否良好作出判断。如果有效，则进一步对可依赖程度和发生重大审计错误的可能性作出判断。在此导向上再评估审计发生错误的可能性，并确定审计查核方法。这主要在审计中期完成。具体内容包括：确认重要的作业和交易；了解重要交易之流程，绘制流程图；研究判断错误可能发生的所在，一要辨认流程中的关键环节，二要把控制目标与流程中的重要环节串联，三要确认交易流程中可能发生的错误，辨认及了解预防控制及侦测控制，初步评估控制风险。

第四阶段：拟定与执行审计计划，通过实施审计获取审计证据。具体内容如下：根据评估作出的不同的风险程度，为每一类重要认定拟定不同的查核方法；拟定审计程序以供控制测试及实质性测试之用；执行内部控制测试；根据测试结果最终评估控制风险；根据所确定的察觉风险水平的高低，执行实质性测试。

第五阶段：作出审计报告，即执行全面评估，将审计结论形成书面文件。

以上五个阶段中，前三个阶段主要通过了解、观察、分析、评估来确定审计的范围和重点，选择适当的审计程序和方法。做到仗未打，已有八分胜券，这也是风险导向审计模式的精髓。由此可以看出，虽然风险导向审计与制度导向审计在许多程序上有着相同之处，但风险导向审计是将客户置于一个大的经济环境中，从企业所处的商业环境、条件到经营方式和管理机制等内外两个方面来分析评估，全方位地判断影响因素。另外，由于企业经营产生的风险，会对审计产生影响，所以经营风险也是注册会计师必须考虑的因素之一。显然，风险导向审计所涉及的范围就比制度导向审计为宽，也更符合现代审计所处的社会环境。①

(六) 风险导向审计的基本方法

风险导向审计这一方法模式得以产生并被越来越多的会计师事务所用于审计实践中去，说明风险导向审计是行之有效的，能满足注册会计师降低审计成本的需要和缩小期望差。以下具体讨论五种基本方法。

1. 审计风险评估（Evaluation of Audit Risk）

风险导向审计是以审计风险评估为中心的，审计风险的评估贯穿了审计整个过程。注册会计师希望在公布已审计会计报表的结论之前将审计风险降到最低，以维持其结论的正确性。进行审计时，注册会计师最关键的是要按审计程序执行，以便把审计风险降到最低。审计程序的性质很重要，对于特定的账户，确认使用适当的审计程序工作效率会更高。在不同条件下选择不同审计程序，可采用以下两种方法：(1) 确保项目的固有属性和内部控制结构，使错误评估会计报表的风险最低而设计审计程序；(2) 为直接证实一个项目，可以使注册会计师有确切把握将该领域的重大错报查出而设计审计程序。注册会计师可以同时使用以上两种审计程序。

审计风险是固有风险、控制风险和察觉风险的结合。注册会计师不能改变固有风险。为了完成审计，注册会计师必须减少其他两种风险。注册会计师若了解控制环境、会计制度及控制程序，并能检查其效能，则可获得控制风险估计水平减少的证据。若证据显示有效，则控制风险可减低。若控制有问题，则控制风险相应增高。若想减少察觉风险，可通过有效地检查账户余额细目或其他程序来实现。

2. 分析性测试（Analytical Test）

分析性测试是以财务资料及非财务资料之间的表面关系或可预测的关系，评估财务信息，分析财务信息的合理性。使用分析性测试的前提条件是公司的账户要基本可靠。这种方法能够较全面地分析比较，它要以当年余额与全年预算做比较；以毛利率或其他财务比率与去年相比；要与同行业相比。所以，使用这种方法能收到多方面的效果：它取代其他实质性测试的功效，它所揭示出来的差异，可起到"红旗"（red flag）的作用，引起注册会计师的注意；辅助

---

① 蔺晓杰：《风险导向审计浅析》，《技术经济与管理研究》2008 年第 1 期。

审计结论；提高审计效率；降低审计风险。分析性测试与审计各个阶段密切相关，在审计计划阶段，进行内部控制测试时，不可缺少地要用到分析性测试，如审计调查时对会计报表的初步了解，利用一些指标的分析可帮助注册会计师评价审计风险的程度，提高注册会计师对企业经营业务的理解和识别风险区域。在审计实施进程中，首先要对全部账户进行广泛的分析性测试，以缩小详细测试的范围；在审计报告阶段，结束审计之前，注册会计师应对会计报表的总体内容作最后的分析，以发现那些具体抽查中未予发现的问题。

利用分析性测试可发现"可能"存在的重大舞弊或差错，可发现一些异常情况，然后通过对这些异常情况的查证，就能"合理地保证"会计报表不被严重歪曲，"合理地保证"揭露重大舞弊或差错。分析性测试的有效性是由分析方法的基本原理决定的，通过研究财务数据或非财务数据之间存在的相互关系来判断数据本身的正确性和正常性。例如，根据会计复式记账的原理，就能判断出销售收入和应收账款的发生额是否正常，如果销售收入很高，而应收账款借方发生额较低，则其中必定存在问题，或账务处理的差错或蓄意舞弊。因此和其他方法相比，它根据各种数据中的相互关系，通过比率分析、趋势分析等各种指标更能发现异常情况。分析性测试所使用的分析方法可从简单的比较方法到复杂的数理统计方法，它所使用的分析指标可以是绝对数指标，如单位成本比较分析、年销售额比较分析等，也可以是相对数指标，如销售利润率、投入产出率等。所有分析性测试，包括账面的余额或比率与预期指标进行比较，而预期指标则根据数据之间相互关系以及注册会计师对客户及其所在行业的熟悉程度来决定的。决定预期指标的信息一般包括：（1）当前的可比财务信息（考虑本期已知的变化）；（2）预见的成果，例如从中期或年末数据中推知的预见数；（3）当期财务信息要素之间的相互关系；（4）有关客户同行业的信息；（5）财务信息与非财务信息之间的相互关系，等等。

3. 控制测试（Tests of Controls）

控制测试是在内部控制结构了解的导向上，为了确定内部控制结构政策和程序的设计和执行是否有效（即效果好坏）而实施的审计程序。目的在于通过对内部控制要素进行评价以确定控制风险。控制测试的产生与内部控制结构概念的建立以及对符合性测试（compliance test）的重新认识有关。"内部控制结构"取代原来的"内部控制制度"并不是在玩弄名词游戏，而是现代审计环境影响的结果。从审计的角度来看，一个企业的内部控制结构由控制环境、会计制度和控制程序三个要素组成。现代审计对内部控制的研究和评价范围已不再像以前那样只围于内部会计控制，它已发展到了对控制环境的审查，以便于控制风险的确定，特别是要评价那些对财务报告的真实性有重大影响的重大差错或非法行为失控的风险。

对内部控制要素进行控制测试的程序有以下四种：(1)"询问"客户负责执行某项工作职责的有关人员；(2)"观察"客户工作人员实际履行这项工作职责的实际情况；(3)"审查"反映这项工作职责履行情况的凭证和报告；(4)"重新执行"这项控制。控制测试的范围取决于期望的估计控制风险实际水平（intended assessed level of control risk）。注册会计师如果要求较低的估计控制风险水平，则无论从测试控制的数量来说，还是从每项控制测试的范围来说，都要采用较大的样本量来执行审查、观察和重做等程序。

4. 交易业务实质性测试（Substantive Test of Transactions）

交易业务实质性测试涉及会计系统特定种类交易的处理，通常针对主要交易类别而言。目的是决定客户的会计交易是否经过恰当的审批，在日记账中是否正确记录和汇总，是否正确地过入明细分类账和总分类账。交易业务实质性测试主要关注账户的借贷方发生的金额。无论是在期中还是期末执行，都必须在余额细节测试前实施。因为交易业务的实质性测试通常和余额细节测试的计划同时进行。

从理论上讲，如果早期已经测试了期初余额，通过资产负债表账户余额的细节测试来间接测试主要交易类别是可行的。无论交易业务的类别测试是控制测试、实质性测试或是双重目的测试，注册会计师的基本目标都是相同的，即对特定种类交易处理的可靠性和真实性提供合理保证，以减少余额细节测试。

交易业务实质性测试的基本做法通常要考虑控制程序，即：(1) 确定交易业务流程的四大环节，即交易发生→原始单据→日记账及明细账→总账。(2) 记录编制交易流程图：①要辨明重要环节；②辨明重要路径中的其他环节；③绘制流程图。流程图的编制通常与控制测试一致，所以有时又称为双重目的的测试。(3) 确认可能错误的步骤：①辨认交易流程中的重要环节；②把控制目标和流程重要环节串联；③确认交易流程中可能发生的错误。这可与控制测试同时进行。(4) 确认账户测试的性质、时间和范围。基于对内部控制要素的了解，注册会计师应确认是否存在为实现控制目标提供合理保证的内部控制政策和程序。如果存在，则注册会计师为测试这些功能所设计的测试通常与控制测试一起进行。如果不存在这些测试，则将进行余额细节测试。

5. 余额细节测试（Test of Balance Details）

余额细节测试是直接获得有关账户余额的证据，而不是从构成余额的单个借贷发生项目取得证据。它为余额真实性、恰当性提供合理保证，或确认出其中的货币性误差。注册会计师最终目标是对由账户余额组成的会计报表发表意见。无论采取什么策略，注册会计师都要广泛使用余额细节测试。在小型企业的审计中,许多注册会计师几乎完全单独依靠余额的直接测试。比如,注册会计师可向银行函证银行存款余额,也可向顾客函证应收账款余额。注册会计师还可以审查固定资产的余额,观察客户存货盘点和执行期末存货价格测试来获取有关余额的证据。

余额细节测试不同于交易业务实质性测试。余额细节测试涉及交易类别,如收取现金,并且可能是实质性测试、控制测试或双重目的测试。账户余额和交易是相关的,注册会计师需要对账户余额和交易类别的审计程序作出协调。在设计具体项目的余额细节测试时,其性质、时间和范围要考虑的因素是:(1) 会计报表的项目和审计目标的性质; (2) 项目余额的重要性水平;(3) 项目余额的审计风险水平;(4) 审计测试的效率。

(七) 风险导向审计和制度导向审计的差别

从以上分析可以看出,与账项导向审计、制度导向审计相比,风险导向审计具有下述特征:

1. 风险导向审计属于开放式模型

注册会计师在开始一项审计项目时,必须首先评估审计风险,并把它作为审计质量要求的出发点和归宿点,作为过程控制的依据。而审计风险水平的确定,必须研究谁使用审计报告、用途是什么,即要研究社会和客户的需要(期望)。注册会计师与社会、客户这方面的沟通,是合理确定审计目标的前提。注册会计师应从可审计领域中选择风险较大、问题较多的领域进行审计。而账项导向审计和制度导向审计均忽略了审计目的与手段之间的内在联系,审计资源在低风险和高风险审计领域的分配失当,难以保证审计的效率和效果,因而难免出现过度审计或审计不足的问题。

2. 风险导向审计符合人们的认识规律

审计过程是注册会计师不断加深对客户的认识过程。注册会计师从某种假定出发(如企业财务报表可以公允地反映其财务状况、经营成果和现金流量),通过调查了解、搜集证据,从各个角度逐步地验证假定,最终以合理地保证确认假定是否正确,形成审计意见。客观地讲,注册会计师的认识过程应该是一个由表及里、逐步深入的过程,风险导向审计模型合理地体现了这个过程。它先从外部一个整体来判断企业的状况,再由表及里。而账项导向审计和制度导向审计则往往使注册会计师只注意局部而忘记了整体,比较有限的要求注册会计师了解控制环境和会计系统有关交易流的一般知识,不要求注册会计师凭借对控制环境或会计系统的把握鉴别各种可能的错报。除非注册会计师具备把握重点的超常能力,否则审计质量难以得到可靠保障。事实上,一旦企业管理层如同银广夏那样发生重大舞弊风险，内部控制制度就失去了作用，内部控制的评价也就失去了意义。

3. 风险导向审计注重在保证质量的前提下提高效率

将固有风险和控制风险结合考虑，特别是固有风险，通过对企业环境、发展战略、历史沿革、公司治理结构等方面的评估作出规避、转移、减少、接受和利用的策略，以使审计风险降低至可接受水平。在风险导向审计模式中，对客户的了解，对内部控制的研究与评价，分析性测试均属于有效地降低审计风险并有效地减少效率较低的细节测试工作。而在账项导向审计和制度导向审计中，分析性测试均没有得到充分的重视与利用。制度导向审计关于控制风险的评估，意在确定内部控制的信赖程度，从而减少实质性测试的工作量，对固有风险的评估常流于空泛。

4. 风险导向审计能够满足审计目标不断演变的需要

如前所述，风险导向审计属于开放式模型，这不仅体现在具体单个项目上与客户的相互沟通，而且从更高层次上讲，还反映在宏观上审计目标的不断演变方面。发达国家注册会计师年度财务报表审计的风险大致可以分为三类：误报（misstatement）、违法舞弊（fraud）和经营失败（business failure）。依据风险导向审计模式组织审计工作，可有效地兼顾这三个方面，而采用账项导向审计和制度导向审计方法则很难有效地规避这些风险。制度导向审计的指向为一元论：即会计报表是否公允地反映了客户所审期间的财务状况、经营成果和现金流量。而风险导向型审计不仅确定公允性，还要证实可信性，即客户是否存在影响财务报表使用者分析和决策的重大舞弊。

（八）在我国应用风险导向审计模式的必要性

虽然风险导向审计理论和实务尚不成熟，但已经引起国际职业界的注意，包括国际审计与可信性保证准则理事会在内的许多职业组织都对此进行研究并取得了初步成效。事实上，国外会计师事务所早已转为风险导向审计了。中国注册会计师协会颁布的《独立审计准则》提出了注册会计师在审计实践中应该遵循的专业规范，其中已经体现了风险导向审计的要求，然而在实践中多数审计人员基本上仍然是按照账项导向审计模式操作，即把审计的主要精力放在具体交易事项或期末余额的细节测试；有些审计人员注意了对客户内部控制的调查、测试与评价，但所投入的精力有限，也未能将内控符合性测试与实质性测试的细节测试有机结合。风险导向审计的思路基本上没有在实践中得到体现。研究其中的原因，主要是人们对这一现代审计模式的认识不够。在我国的审计准则中体现这一模式的要求，不仅是为了与国际惯例接轨，更主要的是我国经济体制改革不断深入的客观要求。

首先,从社会需要看。考察我国市场经济体制建设的目标,一方面,国家保持一定的行政手段指导国民经济运行,并越来越多地依靠法律规范各种经济主体的行为,依法建立法治经济;另一方面,企业被推向市场,从社会取得需要的各种资源,独立地进行经营与管理,求得生存与发展。各种市场,特别是资本市场的有效运作与发展完善,对于国民经济的健康持续发展至关重要。适应新的经济架构的内在要求,我国《独立审计准则》中提出了三方面的审计目标:对被审计单位财务报表(报告)的合法性、公允性和一贯性,持续经营能力,是否存在重大违法行为和舞弊,实施检查,发表意见。通过注册会计师的审计,提高企业向社会提供的财务会计信息的质量,创造通过市场进行社会资源有效最优分配的基本条件;及时提醒利益相关人可能出现的企业失败,发挥微观预警作用;促使企业遵纪守法,保障国家对国民经济稳定运行的有效控制。依靠账项导向审计或制度导向审计,难以保障上述三方面目标的实现。

其次,从审计对象看。伴随我国经济体制改革的深入以及现代高科技的迅速发展和世界经济一体化进程的加速,我国企业的规模迅速膨胀,经济业务更加复杂,企业投资主体多元化、经营多元利益方关系多元化、电脑及网络技术应用迅速普及,这一切给注册会计师在企业财务报表审计中合理把握质量规避风险带来新的问题和挑战。许多审计人员完成一个项目后,却对该客户的整体情况知之甚少,真所谓"糊涂进去,糊涂出来"。而这正是账项导向审计或制度导向审计往往难以避免的结,运用风险导向审计,则可以帮助注册会计师迎接这种挑战。

最后,从会计师事务所自身看,"脱钩改制"工作的全面展开意味着会计师事务所运作机制的重大转变,强化了会计师事务所所承担的责任和风险,同时,在新的利益机制推动下,会计师事务所必须在保证审计质量的前提下,努力提高审计的效率,不断增强自身竞争力,运用风险导向审计模式,恰恰可以同时兼顾审计质量和效率,帮助注册会计师充分运用各种高效率的审计技术。

在我国运用风险导向审计不仅是必要的,而且是可能的。因为运用这一模式,关键在于审计思路的调整,以及将各种审计人员已非常熟悉的技术有机结合在一起,其中并没有涉及高深数学和复杂的计算。

当然,需要通过培训使注册会计师理解这一模式,通过探索总结,找到具体实施这一模型最佳的具体审计工作过程,但这一切不应成为我们应用这一模式的障碍。

（九）我国如何推广实施风险导向独立审计

风险导向审计模式是在西方发达国家产生和发展起来的。但我们不能以经济发展水平和注册会计师行业发展水平的不同而否定该模式。我国要发展和完善的是市场经济，证券市场经过十多年的发展也有一定的规模。与世界发展的潮流相适应，中国注册会计师协会颁布的《独立审计准则》中，有几个具体审计准则已初步体现了风险导向审计的要求，如《独立审计准则》第8号《错误与舞弊》、第9号《内部控制与审计风险》、第17号《持续经营》等所要求的审计事项。也有不少会计师事务所在借鉴国际"五大"成熟经验的导向上，已开发出了以风险评价为中心的审计程序。然而，在实践中，由于整个审计准则的导向是以制度评价为导向的，大多数注册会计师基本上仍按照账项导向审计模式操作，即把审计的主要精力放在具体交易事项或期末余额的细节测试。总体上，大多数的会计师事务所尚未开发出以风险评价为中心的审计程序，风险导向审计的思路基本上没有在实践中得到体现。研究其中的原因，主要是行业对这一现代审计模式的认识不够，审计思路未转换过来。当然，在我国全面推广这一审计模式，就要通过大规模的培训，使注册会计师理解这一模式。尽管如此，我们认为在现阶段我国仍可实施风险导向审计模式。关键在于如何调整审计思路，并将各种注册会计师已非常熟悉的技术有机结合在一起。如要充分重视对客户情况的了解，扩展审计证据范围；有效利用内控评价结果，合理选择测试性质、时间与范围；充分利用分析性测试，科学地把握审计质量；合理确定细节测试的性质、范围、时间和抽样方法，改善证据的客观性；积极运用电脑技术，提高审计工作水平。

应用风险导向审计，还需要在接受审计项目时即考虑审计风险问题，研究审计报告的使用者及使用的目的，还应该将审计风险与重要性水平的确定联系在一起。许多具体应用中的问题也还有待于实践中进一步探索解决的办法。但是，只要广大注册会计师能够真正转变观念，切实开始按照风险导向审计的思路组织审计工作，就一定会带动我国审计实践及注册会计师事业更快发展，风险导向审计也一定会在积极的实践探索中更加完善。

二 风险导向内部审计理论及其在我国的实施

风险导向内部审计是指内部审计人员在内部审计的全过程自始至终都要关注风险，依据风险选择项目，识别风险，测试管理者降低风险的方法，并以风险为中心出具审计报告，协助企业风险管理。

(一) 风险导向内部审计产生的必然性

第一,加强风险管理是企业生存与发展的必然要求。随着经济全球化趋势的发展,企业间的竞争加剧,企业的生存和发展面临着日益严峻的挑战。企业的经营环境越来越难以预测,面临的经营风险也不断增大。经营的不确定性导致赢利能力、偿债能力和持续经营能力等状况的不确定性,因此近几年企业破产或被兼并的现象屡见不鲜。

风险已成为影响企业目标实现的关键因素,管理与控制风险变得越来越重要。内部审计实行的风险导向审计,是通过管理和控制风险来帮助企业在充满风险的竞争环境中生存和发展的。在风险导向审计模式下,内部审计不仅通过风险分析、风险评估来确定审计计划和具体项目的审计重点,而且还运用一定的方法进行风险管理,主要包括及时了解影响经营业绩的关键性风险的性质,确定产生风险的根本原因,制定排除、防止或减轻风险的措施,更好地分析有着不同风险与收益的战略决策,比较各种投资或筹资方案对存在严重风险的部门、地区或环节加以控制,同时为企业管理者制定经营决策、方针和计划提供参考。正是这种以风险评价为导向的崭新的审计模式使内部审计部门能够及时帮助企业管理者了解风险信息,并在风险与机遇中寻求均衡点,也正是这种审计模式使整个企业在风险环境中由被动受损到主动控制和排解风险,从而能够谨慎而又快速地在风险环境中发展壮大。

第二,改革传统内部审计模式的滞后性是内部审计发展的必然趋势。从审计技术与方法发展的角度来说,目前我国大部分企业的内部审计仍然采用账项导向审计模式和制度导向审计模式。而这两种审计模式由于本身固有的缺陷使得内部审计的审计效率低下、审计结论缺乏可操作性。在账项导向审计模式下,审计人员将精力主要放在被审计单位会计记录及其有关凭证的审查上,这种审计方式只能适用于一些小规模企业的财务审计,但要运用它对规模较大的企业进行内部审计,则存在着严重的缺陷。首先是审计效率低下。账项导向审计是以会计事项为主线,在审查会计事项的导向上开展审计工作,其工作量比较大,而且在审计过程中没有区分阶段、步骤,审计人员不注重分析产生财务报表结果的过程与原因,因而也就不能突出审计的重点,这样就使得审计效率极为低下。其次是审计结果不准确。账项导向审计主要采用查账的方法,有时也采用抽查测试的方法,但不采用控制测试和统计抽样方法,仅凭经验或随意选择部分项目测试,这是减少工作量的权宜之计,所以科学性较差,这样也直接影响到了审计结果的准确性。最后是审计内容狭窄。由于账项导向审计是以查账为主,因此只能用来确认和评价被审计单位会计处理及报告的正确性,即只能审查会计处理与报告方面的受托管理责任的履行情况。它主要适用于财务审计，不能发现被审计单位的管理问题。

在制度导向审计模式下，内部审计人员一直把精力集中在对内部控制的审查上，通过制定计划进行符合性测试和实质性测试，由此对企业经营活动的内部控制作出评价，并向管理层提出加强内部控制的措施。然而这一审计模式存在着很多缺陷，审计结论脱离生产经营的目标。在制度导向审计模式下，大部分内部审计人员是以被审计单位的内部控制制度作为审计目标，而不是以实现内部控制的经营目的作为审计目标。离开了企业生产经营目的和经营所面临的风险去评价企业的控制体系是毫无意义的。控制系统越来越僵化。制度导向审计着眼于被审计单位的内部控制制度，以控制为内部审计工作的中心，越来越多的审计报告和审计建议都是关于如何加强内部控制的。[1] 由此导致内部控制越来越多，越来越烦琐。过多的控制措施降低了系统的运作效率，使系统内部的沟通变得困难，这样最终导致整个系统的僵化。审计作用严重滞后。制度导向审计模式着眼于对过去的和目前的经济活动进行审查和评价。然而，企业面对的未来却是处于不断的发展变化之中的。由此导致制度导向审计所起的作用严重滞后，不能为企业管理层提供有价值的信息。

总之，要想提高内部审计的审计效率和效果，必须改变落后的审计技术，取而代之进行一种新的行之有效的审计，即风险导向审计。风险导向审计依据风险进行立项，集中关注风险问题，测试风险降低过程，最后报告风险。在风险导向审计模式下，审计人员把精力主要放在高风险领域，故而提高了审计效率，同时，运用风险导向审计模式进行内部审计，始于风险，结束于风险，将风险分析、风险评价贯穿于审计的每一个环节，审计结论和审计建议都是仅仅围绕怎样控制风险来提出的，这样内部审计就会从减少风险损失的角度更好地帮助企业增加价值。

第三，实行风险导向内部审计是内部审计职业生存与发展的保障。传统的内部审计其审计目标和范围不能根据经营中的主要风险和问题来确定，这样就无法有效地为组织增加价值，因此，内部审计本身在企业内部渐渐地不被重视。与此同时，外部审计已将风险评估、会计咨询、投资咨询及管理咨询等业务纳入了自己的工作范围，并且不断地扩展服务领域，向企业提供内部审计服务。企业为了节省成本和开支，也不断地削减内部审计机构或部门，或将内部审计的业务部分或全部地对外承包给外部审计公司，这就是内部审计的外部化

---

[1] 中国人民银行淮南市中心支行课题组：《浅议风险导向审计在基层央行内部审计的运用》，淮南审计网，2008 年 8 月 1 日。

趋势。

内部审计外部化在客观上使得内部审计和外部审计在管理者面前展开激烈的业务竞争,动摇内部审计在组织中的地位,威胁内部审计的职业生存。在这种危机面前,内部审计为整个组织提供风险方面的咨询与保证服务,积极推行风险导向审计,将提高其在组织中的不可替代性,减弱外部化带来的不利影响,从而保持与扩展其职业生存空间。

(二) 风险导向内部审计与传统内部审计的比较

风险导向内部审计与传统的内部审计相比,具有其显著的特征:

1. 对风险的关注程度不同

传统的内部审计只注重检查历史业务记录和内部控制系统的健全性和有效性,忽略了对风险的管理和控制。而风险导向内部审计更加注重审计风险、企业管理风险、经营风险,以风险为导向来进行内部审计工作,并把风险意识贯穿于内部审计活动的全过程。

2. 对企业未来的关注程度不同

传统内部审计是通过检查历史业务记录和评价内部控制的历史运营情况来提出审计意见和建议的,关注的是企业的过去,而风险导向内部审计根据风险度来选择审计项目和审计重点,关注的是企业所面临的风险和未来。

3. 风险导向内部审计具有综合性

财务导向、业务导向、管理导向内部审计阶段,主要的审计类型分别是财务审计、业务审计、管理审计。风险导向内部审计阶段的主要审计类型是融风险管理、公司治理和内部控制审查于一体的综合审计。这种综合审计相比管理导向内部审计阶段而言,更强调关注公司治理框架中风险发现与风险管理,关注管理者及其经营管理行为可能出现的风险,关注组织在整个治理过程中的决策风险与经营风险。

(三) 风险导向内部审计理论

风险导向内部审计以风险为关注核心,其所关注的风险是广义的风险,广义的风险指可能对目标的实现产生影响的事件发生的不确定性,既包括正面的风险,又包括负面的风险。

风险导向内部审计的本质是确保受托责任有效履行的能动的控制机制。受托责任的存在是内部审计产生和发展的前提,内部审计的本质是确保受托责任履行的控制机制。在风险导向阶段,内部审计关注的受托责任发生了一些变化,即更看重受托责任履行的效果,而非受托责任履行的遵循性。同时,由于风险是面向未来的、是直接与目标及战略相关联的，以风险为核心及出发点的内部审计将事后的反馈延伸到事前以及事中。这些使风险导向内部审计成为确保受托责任有效履行的能动的控制机制。

风险导向内部审计的目标是为企业增加价值。风险导向内部审计要求内部审计目标与企业目标相契合，其审计路线是首先确认企业目标或某项交易的目标，其次分析对这些目标产生影响的风险以及能够管理这些风险的控制，最后测试实际的控制是否能切实管理这些风险，内部审计人员的关注点由控制的充分性和遵循性转向风险是否得到适当管理和控制，这样内部审计人员通过风险与企业目标的实现直接联系起来，其服务对公司治理层及管理层而言非常有价值。风险导向内部审计将审计目标定位于增值，使内部审计职能有了很大的发展空间，其职能是确认与咨询，确认职能起源于鉴证，而鉴证又来源于审计，早期的服务是高度结构化的，与多数使用者相关，确认职能更为客户化和目标化，是一种专门针对决策制定者改善信息质量或信息内涵的独立的专业服务，没有特定的报告形式，针对不同的顾客提供不同方面的确认服务；咨询职能从单一的内部审计产品中分立出来，目的是为了直接为顾客提供专业的建议，改善顾客的状况。

风险导向内部审计阶段的主要审计类型是融风险管理、公司治理和内部控制审查于一体的综合审计，这种综合审计强调关注公司治理框架中风险发现与风险管理，关注管理者及其经营管理行为可能出现的风险，关注组织在整个治理过程中的决策风险与经营风险，控制的唯一目的是为了帮助组织管理风险，促进有效的公司治理。

为在公司治理、风险管理以及内部控制中充分发挥作用，实现为企业增加价值的目标，风险导向内部审计对内部审计人员胜任能力提出了更高的要求。它要求内部审计人员必须具有广博的知识和多元化的技能、具有面向未来的积极态度及服务理念、具备处理人际关系的能力和技巧。

为了充分发挥确证与咨询职能，风险导向内部审计对内部审计的独立性提出了新的要求。它要求内部审计人员不再固执地保持独立性，而应具有客观性，即内部审计人员必须具有公正的态度，不偏不倚，避免利益冲突；同时，更为强调内部审计机构的独立性，即内部审计机构在报告结果时必须独立，在确定审计范围、实施审计程序、报告审计结果时不受干扰。[①]

（四）风险导向内部审计的实施

2002年1月1日开始实施的《内部审计实务标准》，将组织的内部审计工

---

① 严晖：《风险导向内部审计整合框架研究》，中国财政经济出版社2005年版。

作导向了风险审计的轨道。新版《标准》赋予内部审计新的定义：内部审计是采用一种系统化、规范化的方法来对机构的风险管理、控制及监督过程进行评价进而提高它们的效率，帮助机构实现目标。同时，它首次正式提出首席审计师（CAO）的概念，其职责是：根据风险制定审计计划，确定符合机构目标的内部审计重点。

风险导向内部审计在我国有着广阔的研究和应用前景。从生存和发展来看，由于我国内审部门仍在采用传统的审计技术和方法，审计目标和范围不能很好地针对企业经营中的主要风险，因而不能有效地为企业增加价值。从制度建设来看，自2003年审计署发布内部审计工作的规定起，中国内部审计协会已发布了内部审计基本准则、内部审计人员职业道德规范、15个内部审计具体准则和3个内部审计实务指南，基本形成了内部审计准则体系。为充分发挥内部审计在企业风险管理中的作用提供了强有力的支撑。从人力资源来看，到目前为止，全国内审机构超过10万个，内审人员达27万之众。一些国有大型企业在裁员的情况下，不仅没有裁减内部审计机构，反而强化了内部审计对决策的支持力度。

1. 提高风险意识，将风险管理纳入企业的经营管理之中

现代风险导向内部审计要求内部审计充分参与到企业风险管理体系中，通过对企业风险管理的评价为企业提供确认和咨询服务，从而实现为企业创造价值的目标。然而，目前我国企业风险管理意识差，风险管理机制十分不健全，内部审计参与风险管理的程度很低。内部审计机构在企业风险管理中的作用非常有限。

开展企业风险管理审计，要求企业管理层彻底转变观念，增强风险意识，把风险管理审计摆在重要位置上，正确合理地处理风险与效益的关系，把企业长远利益作为企业的根本目标，与此同时审计人员也要转变观念，内部审计人员要正确地认识组织所处的环境，加强与风险管理部门合作与交流，站在企业全局、整体的角度充分认识企业的风险，并引导组织的其他成员树立风险意识，自觉参与风险管理，尽快实现从传统的账项导向审计、制度导向审计向风险管理审计转变，突出风险管理的重要性。一方面要监督企业各职能部门认真贯彻各项内部控制制度，切实规范操作程序，防止操作过程中人为造成风险；另一方面要认真落实风险管理审计提出的整改意见，克服专业管理部门的偏见，使风险管理审计能够真正发挥作用。

2. 从公司治理的战略高度看待及推广风险导向内部审计

风险导向审计不仅仅是一种审计方法，它更是一种先进的审计理念。风险导向内部审计的核心是企业的各类风险，它以企业的目标和风险为判断标准。

风险导向内部审计是站在公司治理的高度从企业整体上看待企业所面临的风险，采用系统化、规范化的方法对风险管理、控制及治理程序进行评价，从而为组织提供确认和咨询服务，实现为组织增加价值的目的。风险导向内部审计是一种综合的审计类型，它既包括战略审计又包括业务审计及其他类型的审计，它关注企业从整体到各个层次的各类风险。它以企业的目标和风险为出发点来判断审计的重点。它能协助识别风险因素，分析结果以确定风险管理和控制系统的轻重缓急；它可以对风险管理程序在实际中是否如预想的那样发挥作用提供确认服务；它可以通过咨询服务来帮助管理层和董事会改善风险管理和控制流程。因此我国各种类型的企业都可以借鉴这种先进的审计理念，来开展适合本企业的内部审计活动。

3. 内部审计要促进企业建立风险预警系统，加强经营风险监控

风险预警是指对企业生产经营实践活动的分析、评价、推断、预测，根据风险程度事先发出警报信息，提请企业决策者警惕风险。企业内部审计部门应综合风险管理部门、财务部门等职能部门各自的风险管理系统，建立科学的风险预警系统。如果企业尚未建立风险预警系统，内部审计人员应该提请管理层注意这种情况，并同时提出建立风险预警系统相关建议。此外，内部审计人员还应借助于管理层经营能力分析，剖析经营中潜在的风险，查找可能对企业经营业绩产生不利影响的各种因素，真实、完整地披露企业经营风险，坚持不懈地做好风险因素的监控工作，为管理层提供决策依据。对于经营预警指标的异常变化，要及时对相关经营风险进行重新分析评估。特别是在进行新的经营计划制定、实施之前，要对其可能带来的风险进行全面而深入的分析评估，并制定配套措施。

4. 评估风险识别的充分性

所谓风险识别是指对企业所面临的、潜在的风险加以判断、归类和鉴定风险性质的过程。也就是说，从潜在的事件及其产生的原因和后果来检查风险，收集、整理可能的风险并充分征求各方意见以形成风险列表。风险识别实质上是对风险进行定性研究，内部审计熟悉公司的经营管理过程，以风险敏感性分析为起点开展工作，有效识别风险。内部审计部门要关注已识别风险的完整性，即企业所面临的主要风险是否均已被识别出来，并找出未被识别的主要风险，要识别企业本身的风险和重要合作者的风险，保证风险轮廓勾勒的完整性。通常要关注的主要风险有：财务和经营信息不足而导致决策错误；资产流失、资源浪费和无效使用；顾客不满意，企业信誉受损等。采用的主要方法包括决策分析、可行性分析、统计预测分析、因果分析、投入产出分析、保险调查法和专家调查法等。

5. 评价已有风险衡量的恰当性

风险衡量是指应用各种管理科学技术，采用定性与定量相结合的方式，最终定量估计风险大小，找出主要的风险源，并评价风险的可能影响，以便以此为依据，对风险采取相应对策。风险衡量的目的是确定每个风险要素的影响大小，一般是对已经识别出来的风险进行量化估计，从风险发生的可能性和影响两方面对风险进行评估。内部审计部门和内部审计人员要对已有的风险的衡量结果进行再检验，以确定其是否恰当，对不恰当的估计予以更正。风险分析中，审计人员不仅要关注风险的数量方面，而且要关注风险的属性方面或其承载价值的后果。采用的方法主要有：调查和专家打分法、风险报酬法、风险当量法、解析方法、蒙特卡罗模拟方法等。

6. 评估风险监控

企业风险并非一成不变，随着时间的推移，风险有可能会增大或者减小。因此，需要时刻监控风险的发展与变化情况，并确定随着某些因素的出现或消失而带来的新的风险。风险监控包括两个层面的工作：其一是跟踪已识别风险的发展变化情况，关注风险产生的条件和导致的后果变化，衡量风险减缓计划需求。其二是根据风险的变化情况及时调整风险应对措施，并对已发生的风险及其遗留风险和新增风险及时识别、分析，并采取适当的应对措施。对于已发生过和已解决的风险也应及时从风险监控列表中调整出去。

第二十六章　实施治理型内部审计

治理型内部审计因现代企业治理的要求而产生，是公司治理的重要基石之一。是以风险为基础，为实现组织的价值增值目标，由具备复合型才能的职业人员所从事的重在监督和评价公司治理有效性的保证和咨询活动。董事会审计、战略审计、管理责任审计、风险管理审计是治理型内部审计的主要内容。

一　公司治理与治理型内部审计的产生

现代企业制度的有效运行需要有规范的公司治理为前提。迄今为止，虽然有关公司治理理论与实务方面的问题还存在诸多差异，但公司治理的国际趋同已越来越明显。无论是英、美治理模式还是日、德治理模式，处于不同内、外部治理环境的不同企业，其公司治理至少在以下几方面达成共识：（1）公司治理结构是解决股东、董事会以及经理之间责、权、利关系的一种制衡机制；（2）治理的目标在于增加股东价值，实现利益相关者价值的最大化；（3）监督、风险管理、控制、激励与约束、目标、责任和权力是公司治理的重要因素；（4）有效的治理需要有充分的资源来监督组织的控制和风险。关于公司治理与内部审计的关系，国内不少学者展开了研究且普遍认为，内部审计是现代公司治理的一部分，内部审计既是公司治理的一部分，同时又参与到公司治理有效性的审计之中。由此，基于公司治理而产生了诸如治理审计、战略审计、风险管理审计等新型的内部审计业务。

在强调公司治理之前，企业内部审计定位在服务于管理者履行责任，相应决定了传统内部审计的职能、技术与方法、内容与范围以及独立性等方面的要求。随着现代企业对公司治理的要求不断加强，企业内部控制与内部审计的环境不断变化。在公司治理环境的要求下，内部审计目标与价值增值的治理目标相一致，并使得其职能、技术方法、内容与范围等方面产生了新的导向与变革，治理型内部审计应运而生。治理型内部审计是指以风险为基础，为实现组织的价值增值目标，由具备复合型才能的职业人员所从事的重在监督和评价公司治理有效性的保证和咨询活动。

二　对内部审计参与公司治理的深层探索

从经济学角度看，公司治理结构解决了这样一个问题：如何在股东、董事会与经理之间形成一种相互制衡的机制，从而使最后应该由股东来承担的代理成本最低。代理成本包括监督成本、守约成本（金钱方面的和非金钱方面的）和剩余损失。守约成本是代理方为取得委托方的信任，从而使双方利益最大化而发生的各项支出。依此推论，内部审计既是一种监督成本，也是一种守约成本。作为守约成本，它的发生是由于高级经理为满足外部参与者，尤其是股东对委托责任的需求。就某一企业来说，如果内部和外部审计过程的总成本低于只有外部审计时的成本，代理人（经理）就更愿意支付内部审计成本。内部审计和外部审计的结合之所以会节约成本，是因为内部审计人员熟悉企业内部系统并且具有专门的行业知识，比外部审计更有效率。而且，内部审计也是一种反馈机制，管理部门可借以弥补各种程序上的缺陷，以避免其对内部控制系统和公司的财务状况甚至对整个公司产生重大不利影响。内部审计成本也是委托人（业主）为了保护他们的经济利益而发生的监督费用。早期内部审计是经理的"左膀右臂"，主要是用于协助管理当局完善公司的内部管理，降低公司的成本支出，从而使公司利益最大化。简单地理解，企业在支付内部审计、外部审计、内部控制等约束性支出时，一方面增加了它的监督成本和守约成本，另一方面减少了由于代理人决策与使委托人福利最大化的决策之间出现偏差而造成的货币损失（剩余损失）。当减少的剩余损失一定大于增加的监督成本和守约成本时，这种约束支出就是有效率的。进一步分析内部审计的成本属性，当把它定位在服务于管理者的传统模式时，它的存在实际上是管理者向委托人发出的一种信号，表明他（们）是以委托人福利最大化为行动目标的，这时的内部审计成本是一种守约成本；当内部审计被定位在为所有者服务的模式（向股东负责并报告工作），那么，它又成了一种监督成本。而不论是监督成本还是守约成本，其降低代理成本的本质是一致的——而这也是公司治理的经济学目标所在。可见，从经济学上说明内部审计是现代公司治理的一部分。在"安然"等财务丑闻接踵爆发后，美国政府紧急出台《萨班斯—奥克斯利法案》（*Sarbanes Oxley Act*）。根据该法案的提议，审计委员会、管理当局、内部审计和外部审计是完善公司治理的四大基石，这一观点很快被社会各界所接受。

IIA（2003）也特别强调，公司治理的主体包括管理者、董事会及审计委员会、内部审计、外部审计、监管者等。审计委员会在治理主体中起着重要的桥梁作用。而由于会计责任的驱动，各治理主体间的联合治理趋势越来越明显,公司治理的质量有赖于所有参与者对各自责任的履行程度,同时也依赖于这些角色间的补充和相互支持。其中内部审计与外部审计的联合治理尤为典型。在公司治理框架下,由审计委员会来选择会计师事务所,负责与独立审计师沟通,包括商定合理的审计费用,这样就大大降低了审计方和管理当局合谋的可能,有助于促成规范的业务委托关系,使外部审计以外部治理者的身份对管理者行为发挥有效的监督和约束作用。而内部审计则以内部治理者的身份,在审计委员会的审计战略指导下,制定以风险为基础的审计计划,从而对企业的风险管理、控制及其治理程序的合理性和有效性提供保证。内部审计报告直接呈报给审计委员会,由审计委员会负责和管理当局沟通,使得内部审计结果真正在权威机构的保证下得到重视和落实。同时,审计委员会通过定期约见外部与内部审计人员,并请他们列席委员会会议,以此协调内、外部审计的联合治理过程,提高相互的补充和支持效果。

三 治理型内部审计的现实意义

(一)奠定了公司治理的根基,以确保治理有效

内部审计作为内部控制和风险管理专家,需要随时为管理当局提供相关信息及改进建议,外部审计则以独立第三者的身份对管理当局所提供的会计报表提供鉴证意见。审计委员会对内部审计与外部审计所提供的信息再次给予制度性保证,从而使股东及其他利益相关者作出正确决策。因此,作为公司治理四大基石之一的内部审计,不仅与其他各个部分关系紧密,最重要的是能够对内部控制和风险管理的有效性作出保证。

(二)解决了由谁对公司治理效果进行审计的难题

公司治理绩效涉及两个最重要的环节,即董事会代理责任有效性以及管理者代理责任有效性。基于此,世界各国公司治理原则均提出了对董事、董事会和管理者绩效评价的要求。按照内部控制的基本原理,评价需包括自我评价和再评价,以确保评价的客观公正以及评价结果的有效实施。那么,谁具备相应的职能并有足够的独立性和权威性对董事会和管理者治理过程实施监督和再评价?治理型内部审计的出现,从制度安排上解决了这个问题。一旦内部审计被赋予治理的职能,成为公司治理的一部分,同时,根据企业自身的治理环境,使内部审计服务于高层治理机构从而扩大其在组织中的独立和权威地位,就能有效地开展公司治理审计,以解决公司治理过程中"由谁对监督者进行再监

督"的困扰,并一定程度避免了被称作"橡皮图章"的董事会因为不了解企业日常经营情况而使监督流于形式。

(三) 完善了现代内部审计理论与实务体系

追溯内部审计的变迁历程,从本源的监督和评价职能,逐渐派生出管理、控制和服务职能,到现在拓展到治理职能。至此,内部审计大致经历了监督型—管理型—控制型—治理型的过程转变,伴之以财务审计、业务经营审计、管理审计、内部控制审计、风险管理审计、战略审计及其治理审计等内容,以多维的方式拓展并存。内部审计的技术和方法也随之按账表导向—系统导向—风险管理导向,从低级到高级推进。治理型内部审计完善了内部审计理论与实务,使得现代内部审计有能力触及企业各层面的经济活动。

四 治理型内部审计的主要特性——基于审计关系及审计方法的探讨

(一) 审计的主体及其机构安排

不同治理风格的企业,虽然内部审计独立性的主旨相同,但实施治理审计的主体及其内部审计机构安排的模式是不一样的。现有模式主要包括股东会主导、董事会主导、监事会与董事会联合主导等形式。股东会主导的治理审计是以股东会为公司治理核心,由股东和其他利益相关者委托审计人对董事会、经营者的责任审计,审计信息由审计人传递给股东和其他利益相关者。相对应的,其内部审计部门应该直接隶属于股东会,由监事携同内部审计人员评价董事会、经营者责任和绩效,并向股东会报告,实际上一些企业也因此常常将内部审计部门称作企业监察部。董事会主导的治理审计是以董事会为治理核心,其内部审计部门隶属于董事会或审计委员会,对董事会治理绩效进行监督和评价则由独立董事同内部审计人员来进行。监事会与董事会联合主导的治理审计是由监事会来会同内部审计人员代表股东对董事会代理责任进行审计,由董事会领导的审计委员会会同内部审计人员对经理层代理责任实施审计,内部审计部门由监事会和审计委员会双重领导。我国及日本都属于这种监事会与董事会联合的治理模式(虽然两国的治理模式不尽相同)。这种政治上的三权分立思想在公司机关构造上的显现,从"权力层次"的理论上为治理审计提供了最强独立性的制度支持,应该属最优模式。

治理审计的主体可以是多方面的,在相应的机构主导之下,根据业务需要,可能需要多方面人员参与进来,包括企业专职内部审计人员、企业相关部门的专业人员、外部独立审计师、独立董事以及其他利益相关者等，并由此分为内部治理审计和外部治理审计。这一现实的做法，正符合国际内部审计师协会（IIA）关于现代内部审计的理念，即内部审计原有的"内部性"壁垒大为减弱，外部人员也可参与内部审计。如果符合成本效益原则，内部审计的"外包"和"合包"都是可行的，尤其是内部审计中的财务合规性、财务控制及其风险评价和监督，外部审计更适宜参与。

（二）审计的对象及其主要内容

1. 治理过程审计

（1）战略审计。战略审计是指为了确保公司战略符合股东的利益，在战略实施前监督和评价战略的合理性，以及战略实施过程中监督和评价管理者是否将战略目标转化为公司行动。战略审计的关键是战略标准的选择——这个标准应该反映一个基本的经济现实：股东的长期忠诚度取决于有竞争力的投资回报率的实现。但寻找一个可以量化体现上述内涵却又浅显易懂的财务绩效指标并不容易，可考虑用账面所有者投资回报率（ROI）、投资的现金流量回报（CFROI）、净经济增值（EVA）、股东投资回报率（TSR）等指标。事实上，每一个指标都各有优缺点，无法锁定在一个理想的标准上。对于该问题的进一步探索，是内部审计研究的一个重要课题。

（2）风险管理审计。传统的内部审计以为管理者及时提供快速的经营管理信息服务为主，审计工作往往在事中和事后完成。而现代的风险管理审计则更多关注的是事前和事中的工作，并以更为灵活、更系统的风险分析方法代替传统审计单一而固定的方法。

（3）内部控制审计。以内部控制评价为核心的管理审计依然是治理型内部审计的重要内容。内部控制审计，主要是运用文字描述、调查表及流程图等手段与方法对内部控制系统实施健全性评价，通过穿行试验或重点测试等来进行符合性测试，以检查和评价企业内部控制系统是否健全、内部控制制度是否被遵循及内部控制机制运行是否有效。

2. 治理结果审计

（1）董事会审计。董事会审计是通过对董事会结构及其成员、董事会风格、董事会培训、董事会实务（包括企业战略的制定、创新、生产力、市场推广、人员开发、团体关系以及最终收益等）作出评价，对董事会的治理责任及其业绩作出保证。董事会审计的难度是评价标准的选择，可考虑将以下方面作为董事会责任的评价标准：法律、法规、政策、社会规范；历史模式、公司传统；与公司事项相关的长期战略目标；责任人的认定；董事会诚信与成长力；董事会参与或干涉公司事件；绩效的业务与行业对比分析等。事实上，目前各国公司治理准则都已形成一套较为全面的治理评价指标体系，这些评价指标是董事会审计现有的具有较强操作性的参考标准。

(2) 管理责任审计。管理责任审计是以评价经营管理责任为主要的业务内容，通过对经营管理活动进行审查与评价，并采用一定的标准来衡量其经济性、效率性及效果性，从而找出差距，挖掘潜力，提高效益，或证实效益优劣，评价管理绩效，提供咨询意见，增加公司价值。我国现阶段的经济责任审计就是一种典型的管理责任审计，涉及决策审计、效益审计、经营审计和舞弊审计等相关内容，是一种有中国特色的治理审计。[①]

(三) 审计的技术与方法

进入 20 世纪，公司受托经济责任的内容有了重大变化，使审计目标相应发生变化，从而呼唤着审计技术和方法的变革。历经发展，内部审计的技术和方法从账表导向到控制导向再到程序导向，这正是适应不同时期内部审计目标的结果。随着治理型内部审计的产生和发展，内部审计的技术和方法将在账表导向和系统导向的基础上，发展为以风险管理为导向，即以企业经营目标为起点，重点关注管理者的风险评估（而这些风险可能会影响管理者的业绩），以此来决定内部审计要做哪些努力。

在一些大公司，风险导向内部审计已经得到了很好的贯彻和运用。一般来说，这些公司都有非常健全的风险控制系统，董事会和风险管理部在风险战略设计及全面风险管理决策、评估与实施等环节都有明确的职责分工。在相对完善的控制环境下，内部审计以风险管理为基础，评估其程序是否健全，是否每一个必要的环节（企业、各部门、各单位、各业务流程等）都安排了风险管理程序，对管理者是否有健全的内部控制，从而将风险降至企业可接受的水平，为风险管理起到双重保险的作用。注册会计师风险导向审计强调以既定的审计风险可接受水平为出发点，制定审计战略和方法，以此分析和评价企业财务控制方面的风险。因此，内部审计的风险导向和注册会计师审计的风险导向是有区别的，前者注重在方法上以审计风险为出发点，后者强调在内容上以企业风险管理为核心。[②]

五　我国治理型内部审计存在的问题

大部分单位已经意识到内部审计部门必须独立，才能真正的发挥它的职

---

① 徐宏峰：《公司治理下内部审计定位、作用与实现途径》，中国学术引擎网，2008 年 3 月 17 日。
② 同上。

能，不然就形同虚设。但是绝大部分单位所谓的职能部门，只是独立于财务部门，这种内部审计部门的设置与内部审计的职能显然是不相适应的。内部审计部门仅仅独立于财务部门是远远不够的，因为内部审计的职能不仅仅是差错防弊，它要参与企业的风险管理，站在整个企业战略的高度来履行其公司治理职能，从而提供增值服务。

目前我国内部审计尚未与公司治理相结合，成为公司治理的有机部分。当前我国企业内部审计主要将大部分精力用于财务数据的真实性、合法性的查证和生产经营的监督，管理审计尚未得到广泛的开展。因此应顺应内部审计科学发展的客观规律，在实践中有意识地推动内向型管理审计的发展。内向型管理审计的建议应不再仅是强化控制、提高控制效率和效果，而应该是规避风险、转移风险和控制风险，通过风险管理的有效化，提高整体管理的效率和效果。

六 基于公司治理的角度改进内部审计

（一）内部审计目标定位——完善公司治理、增加公司价值

国际内部审计师协会于2001年颁布的《内部审计实务标准》中将内部审计定义为一种旨在增加组织价值和改善组织运营的独立、客观的确认和咨询活动。它通过系统化、规范化的方法来评价和改善风险管理、内部控制及治理程序的效果，以帮助实现组织目标。这个定义和公司治理定义出现了相同的要素，特别是确认风险和控制要素。

作为公司治理四大基石之一的内部审计，不仅与其他各部分关系密切，最重要的是能够对内部控制和风险管理的有效性作出保证。

内部审计在企业的价值链上是一项间接、辅助的活动，它对于企业的价值增值作用主要体现在以下两个方面：一方面是内部审计创造的价值，即内部审计可以通过自己的努力帮助企业预防和减少损失，当内部审计成本小于挽回的损失或创造的价值时，企业价值就相应增加；另一方面是内部审计创造的间接价值，它包括"威慑价值"，即无论内部审计是否发现了问题，由于公司治理机制中内部审计的存在，客观上会对企业内的经营管理者及其他职能部门产生潜在的威慑作用。

（二）建立具有独立性、权威性的内部审计机构

1. 英、美以董事会为主导的内部审计模式

由于英、美国家的公司大多数以经营权和所有权相分离的形态出现，公司

治理的重点是在所有权和经营权相分离的结构下，如何通过恰当的激励和约束机制避免相关的代理问题，因而内部审计的重点便将其关注的焦点更多地集中于如何监控经营活动，防止经营者滥用职权谋取私利从而影响公司业绩的问题。为了保证内部审计监督的有效性，审计监督功能主要是通过审计委员会实现的，审计委员会作为公司治理的监督机构，直接对董事会负责。内部审计直接由审计委员会领导。这种内部审计模式的特点是内部审计虽然是公司治理体系的一部分，但接受审计委员会的职能监督可以不受限制地与董事会进行接触交流，其任命和撤换须经审计委员会批准，可以较好地保持与管理当局之间的独立性。

在董事会主导的内部审计模式中，内部审计具有监督、评价和控制的职能。内部审计不仅仅是监督，还协助经营者加强内部控制、改善管理、提高经营效率。通过内部审计从而实现对经营者的再控制。内部审计的负责人应由董事会一致同意确定，以增强其独立性，由董事会的专门委员会——审计委员会直接领导的内部审计，赋予内部审计较大的权力，可以对整个公司的经营活动进行审计，有利于审计职能的发挥，改善监控的效果。

2. 德、日二元治理结构下的内部审计模式

德、日模式下的内部审计模式特点是由股东大会之下的监事会负责对公司内部经营管理活动进行监督审计。监事会直接对股东大会负责，代表股东执行监督功能。

德国的董事会也是执行董事会，主要负责公司的管理和运作。监事对经营者进行审计，目的是维护股东和职工的利益，从总体上促进公司的有效经营，保护资产安全完整，保证会计信息真实等。

日本治理结构和德国一样，也设立董事会和监事会。实行的是监事会和专职董事相结合的内部审计模式，由监事会和董事会对经营者的管理责任进行监督和检查。

3. 结合我国实际，建立灵活的内部审计模式

由于公司治理模式的不同产生了与之相对应的内部审计模式，不同的内部审计模式又各有特点、各有利弊。

我国的公司治理模式是一种既不同于英、美的一元治理结构，也不同于德、日的二元治理模式，由于受产权结构、市场体系、法律制度等因素的制约形成了具有中国特色的公司治理模式。完善公司治理机制和提高公司治理效率已成为我国经济改革发展中的重要内容，与之相适应，建立与公司治理相契合的内部审计模式越来越受到人们的关注。

内部审计监控机制应本着效率优先的原则开展工作，自上而下地形成一个

有机的整体，监事会、审计委员会和内部审计部门在组织中应既有分工，又有上下衔接与合作，充分发挥整体运作效率。内部审计应协调各方面关系，凭借优势通过具体的业务活动体现其监督评价服务职能，并侧重于对高层经理及其下属各职能部门工作的监督的评价，提出建设性建议。

国有公司或国有控股公司应当实行监事会加董事会的双层治理结构，其中的监事会专司监督职能，其内部审计应隶属于监事会领导；股东主导型的治理模式的民营企业和国有股份所占比重不大的公司可以采取董事会下设的审计委员会领导下的内部审计模式。

4. 拓展内部审计的职能

拓展内部审计的职能与范畴，实现内部审计重新定位，顺应内部审计科学发展的客观规律，在全面实现内部审计职能的要求下，内部审计工作重点必须从传统的"查错防弊"转向为公司内部的治理、决策及效益服务，其作业范围也应突破财务领域的局限。以增加价值为目标的内部审计除了包括原有内部控制审计外，还应该包括内部战略审计和风险导向内部审计。以内部战略审计为重点，以风险导向内部审计为发展方向。在风险导向内部审计观念下，内部审计的焦点体现在分析、确认、揭示关键性经营风险与管理风险，使内部审计计划与公司风险管理策略紧密联系，切实发挥在公司治理中的功能，更好地实现组织目标。

5. 内部审计的实施应向内部审计与外部审计相结合的方向发展

内部审计与外部审计的协调，是指减少重复审计，提高审计效率。上市公司内部审计应从单纯依靠内部审计人员力量转变为建立起内部审计与外部审计合作协调的关系，既有利于缓解内部审计人员少而任务重的矛盾，又可以充分利用内部审计反馈机制，以提高内部审计工作的效率与质量。只有内部审计与外部审计相互结合起来，并互动地发挥作用，才能保障整体企业契约机制的有效运行。

6. 建立完善的内部审计准则体系

开展内部审计工作需要一定的法规、准则来指导，尤其需要一系列具有可操作性的指导意见。中国内部审计协会负责发布、修订与解释内部审计准则，与内部审计关系最直接也最密切的是《内部审计基本准则》和《内部审计具体准则》。它们的发布与实施对我国内部审计工作的开展起到了很大的促进作用，但依然不够十分完善。

在制定我国内部审计准则时，要吸取国外的先进经验，同国外的内部审计准则制定组织开展合作。[1]

---

[1] 南开大学公司治理研究中心公司治理评价课题组：《中国上市公司治理评价研究报告》，中华财会网，2004 年 2 月 25 日。

第二十七章　引入内部审计创新理念，培育增值型内部审计

自20世纪40年代以来，内部审计的目标不断随着时代的变迁而变化。根据IIA关于内部审计职责说明书和内部审计实务标准的内容，内部审计目标经历了由为管理者及管理当局服务、为组织服务、帮助组织有效履行职责到增加组织价值并提高经营效率的过程。管理的首要职责是增加价值。这一理念首先在美国企业界受到普遍认可。随着竞争和资本市场的全球化，以及私有化浪潮的兴起，股东价值迅速引起各公司经理人的注意。股东价值逐渐转变为评价企业绩效的一个全球化目标。在西方企业的生存环境发生了巨大变化的同时，要实现增加股东价值，相应的对内部审计也提出了新的要求。随着"增加价值"这一目标的确立，内部审计的职能、业务内容及范围、审计技术与方法也随之突破了传统的范畴，这表明内部审计已从传统的财务型内部审计向增值型内部审计发展。

增值型内部审计是以提高机构的运作效率和增加机构的价值为目的，利用内部审计特殊的地位、资源和方法，在提高自身效率的同时，向客户提供在变化的新环境下不断实现增值的新型内部审计。是否增加组织价值是衡量增值型内部审计业绩的总指标。它以增加价值为中心，以合理的内部审计治理结构和特殊的内部审计资源为基础，通过不断创新，发掘企业所有员工的创造力，持续改善内部审计的服务质量，同时，通过优异的服务增加企业价值，使企业在竞争中立于不败之地。

一　增值型内部审计形成的动因

增值型内部审计形成的动因包括以下几个方面：

（一）企业经营的风险加大

增值型内部审计实务的形成主要是迫于巨大的成本压力和内部审计机构所在企业的迫切要求。20世纪90年代初期，发达国家的大企业普遍遇到了巨大

的成本压力,为了削减成本,公司对职能部门进行了业务重组,不能增值的冗余部门惨遭淘汰。同时,由于管理环境的多样化和多变性,企业经营中的各种风险普遍增大,企业迫切要求内部审计师不只是问题的发现者,而应成为解决问题的参与者。

(二) 公司治理结构转变

西方国家为了促进竞争,提高经济活力而实行的放松管制运动和随之而来的企业兼并浪潮对企业的治理结构产生了重大影响,出现了例如机构投资者放弃消极投资开始参与企业的治理、管理层的薪水补偿计划、董事会职能和结构的变化以及员工人力资本的激励等新兴的公司治理方式。作为企业内部的评价机制,如何对企业治理方式提供有效的指引就成了内部审计必须解决的问题之一。这也要求内部审计应评价和帮助企业改进"治理程序",使企业的各治理结构更好地为实现增加企业价值的目标服务。

(三) 企业内部组织结构改组

进入 20 世纪 80 年代以后,西方发达国家的企业和企业集团,为了降低管理成本,提高管理效率,对企业组织管理结构实施大幅度的改组,企业内部推行"扁平化"管理模式,同时大力倡导"借用外脑",即利用社会中介组织的专业化服务为企业管理效力。在这种背景下,不少公司将部分非核心管理活动委托给外部专业化公司执行,内部审计外部化就是其中的一个重要现象。不少企业特别是一些大企业的经理人认为,内部审计外部化有利于提高内部审计的效率,保证内部审计的质量,降低审计成本,并能为企业带来先进的理念和技术。不难看出,内部审计部门面临着前所未有的压力,要想在企业组织结构不断重整的过程中,继续保持其独立的组织地位,只有千方百计地提高内部审计的效率,以优质的服务提高企业的价值。

(四) 内部审计自身的需求

从本质上看,内部审计存在的理论依据是受托责任观,审计是由于受托责任的产生而产生的,也是由于受托责任的发展而发展的(杨时展,1990)。随着现代企业制度股份公司的出现,受托责任关系不断扩大。环境的多样化和多变性促使内部审计必须更加注重对风险的分析,改变传统对内部控制和其他管理活动事后评价的做法,转向对可能影响企业目标和战略的风险进行事前评估,以避免企业遭受严重损失。否则,内部审计就难以继续赢得管理当局的重视和支持。这就使得内部审计部门不得不跳出传统符合性审计的框架,对内部审计职能进行根本性的重组，以便为企业增加价值。①

二　增值型内部审计的内涵

（一）内部审计目标的价值增值导向

在当今时代，企业价值最大化已成为企业的核心目标，企业的各项作业必须具有其价值，内部审计人员当然不可忽视这样的趋势。将增加价值作为内部审计的目标，为内部审计注入了新的活力，这样，内部审计的活动将更靠近组织的价值链，而所提供的高质量的服务将越来越受到肯定。

内部审计参与价值增值的途径主要有两条：一是为组织提供增值服务；二是减少组织损失。在提供增值服务上，主要是通过确认和咨询服务为组织提供有价值的信息和建议，使组织价值链的每一个环节达到节约成本和提高收益的目的，并有助于降低各环节间的沟通成本，实现价值链的增值。在减少组织损失上，主要是对组织的风险管理、控制及治理程序进行评价，以确保组织的风险管理、控制及治理程序对防止组织价值遭受损失的有效性。这样增值型内部审计的活动就能深入到风险管理领域和公司治理的范畴，并同时关注组织的战略方向，为企业的宏观层面提供服务。

内部审计主要通过以下几个方面为企业增加价值服务。

（1）增加收入。以往的内部审计部门并没有花太多时间为企业增收服务，而实际上，这种机会是很多的，控制和防止收入的减少，包括开票的错误及欺诈、舞弊等，这些对于内部审计来讲是一个较为熟悉的领域。保障技术系统正常运行和与客户关系的管理等，其实也是控制和防止收入减少的重要内容。

（2）控制成本。成本管理是内部审计的一个传统领域，目前，信息沟通、电子商务管理等方面又提供了新的机会。

（3）评估风险。风险评估和投资项目评价是各企业高层管理者最关心的事，内部审计可以提供支持性的建议。

（4）评价技术及相关流程。内部审计人员必须掌握足够的知识以便参与到涉及技术的计划中去。对于任何通过技术实现的流程优化，内部审计人员要能够评价这种优化是否达到了设定的目标。

（5）保证信息资产的安全。保证企业信息的完整、质量、及时、控制、

---

① 孙伟龙：《增值型内部审计初探》，《财会月刊》2006年第5期。

保密及使用的需要，也是内部审计为企业增加价值的机会。

（二）内部审计职能的确认及咨询导向

在增值型内部审计阶段，内部审计职能有了很大的发展空间，从传统的监督、评价拓展为确认及咨询，这两项职能都是紧密结合内部审计的增值目标发展而来的。现代企业的经营趋势是以顾客为中心，判断企业内部各种流程和职能是否属于价值链上的环节，是以顾客需求的满足及价值的增值为出发点的。内部审计是否能实现增值的目标，首先就要考虑其服务对象的需求。被审计单位管理当局即为顾客，服务是否能增加价值由其决定。但是，无论何种服务都十分强调顾客需求，根据不同顾客调整内部审计服务内容，从而实现增值目标。

（三）内部审计业务的多产品服务导向

工业社会关注的是如何扩大生产规模、提高生产效率、降低产品成本，经营管理的重心在于产品及其质量。现代企业内部审计服务的顾客群包括股东、董事会及其下属审计委员会、管理者、会计师事务所、投资者、债权人、监管者等。在个性化定制趋势的作用下，提供特定服务满足不同顾客的要求是内部审计增加生存能力的必然。内部审计人员除保持传统审计业务的服务外，还必须主动根据客户需要开发新的服务项目，以为组织实现价值增值。

（四）内部审计模式的风险管理导向

市场经济的竞争性加大了组织的经营风险，因而风险管理已成为组织管理的重心。组织面临的风险将对组织的价值增值产生重大威胁，所以评估和改善组织的风险控制，帮助组织减少风险，将会有助于组织增加价值。因此，增值型内部审计转向风险管理导向审计成为必然。

传统的内部审计服务于管理者，为管理者提供快速的经营管理信息服务，审计工作往往在事中和事后完成。风险管理导向内部审计则更多关注的是事前和事中的工作，并以更为灵活、系统的风险分析方法代替传统内部审计单一而固定的查账方法。

（五）强调与管理当局建立伙伴关系，采用"参与式"审计策略

与传统内部审计不同，增值型内部审计不仅要发现问题，而且要促使企业采取措施解决问题，以防止类似问题再次发生。这就要求内部审计师要与管理当局建立伙伴关系，完成从"警察"到"顾问"角色的转换，积极采用"参

与式"审计策略，在审计过程中让审计对象（被审计责任人）参与到审计中来，调动被审计责任人的积极性，以便共同分析和解决审计中发现的问题。①

三 确保内部审计增值的条件

（一）正确认识独立性与客观性

长期以来，内部审计在保持"独立性"指导思想的作用下，将其主要职能限定在监督和评价之中，将应管理层要求提供建议和咨询视为破坏独立性的行为。随着内部审计企业增值目标的确立，必须重新看待内部审计的独立性问题。

IIA 在内部审计实务标准框架中提出了内部审计的新定义，在该定义中用"独立、客观"取代了"独立"。在属性标准中对独立性与客观性进行了区分：前者是指内部审计机构的独立性，后者则指内部审计人员的客观性。机构的独立性要求内部审计机构在报告结果时必须独立，在确定审计范围、实施审计程序、报告审计结果时不受干扰。个人的客观性要求内部审计人员必须有公正的态度，不偏不倚，避免利益冲突。新定义表明独立性并不是内部审计唯一严格遵循的标准，这说明内部审计人员不应再固执地看待独立性，主要应在机构设置上保持独立性。IIA 研究基金会于 2001 年发布了研究报告《独立性与客观性——内部审计人员的框架》，系统研究了内部审计独立性与客观性的关系。该报告指出，客观性是和评估、判断以及决策质量有关的，是保持一种不偏不倚的精神状态，反映的是内部审计小组和个体的特征；独立性和服务发生的环境有关，是指环境中不存在任何破坏客观性的利益冲突，反映的是审计小组和个体所处的环境，包括个人环境和总体环境。独立性的价值在于它创造了使内部审计人员保持最大客观性的环境。

（二）提高内部审计的地位

为了提高内部审计的权威性，不断拓展增值型内部审计，IIA 新修订的《内部审计准则》指出：内部审计机构应对组织中一个拥有足够权力的人负责，理想的情况是，审计部门对审计委员会、董事会或相关机构报告审计业务工作，向组织的首席执行官报告行政工作。内部审计机构应该有权出席（参加）由高层或董事会举行的与内部审计机构职责有关的会议。

---

① 余玉苗、詹俊：《论增值型企业内部审计的发展》，《审计研究》2001 年第 5 期。

内部审计地位的提高，使增值型内部审计建议得以直接向关键的决策部门报告，使增值建议更容易得到落实，增值目标更容易实现。而我国大多数企业内部审计地位不高，内部审计部门的地位等同于一般职能部门甚至还不如一般业务部门，这样不利于提供高效率的审计服务。借鉴发达国家的做法，企业应该提高内部审计的地位，将内部审计部门隶属于董事会或董事会下设的审计委员会，明确内部审计的职责范围、业务权限、领导和报告关系及其工作责任，从而为增值型内部审计提供组织制度保障。[1]

（三）提高内部审计人员的胜任能力

增值型内部审计的职能扩展和多产品服务决定了内部审计人员必须具备综合的知识和技能，同时，其组成人员构成应是一个复合型结构。内部审计人员必须具备广博的知识和多元化的技能，要熟悉企业战略、目标和计划，懂得经营管理的各方面知识。除此之外，处理人际关系的能力和技巧对于内部审计人员来说也是必需的，只有与被审计单位以及企业管理层和内部各个职能部门保持良好关系，才能使增值型内部审计的职能得以发挥，审计报告也才能得到重视，增值目标才能得以实现。但是，由于单个人员的知识结构和技能毕竟是有限的，因而还需要通过优化人员结构来保证内部审计部门具备从事多产品服务所需要的整体素质。这就要求在人员配备上，财会、信息技术、工程、法律、管理等不同背景出身的内部审计人员应各占一定比重，以形成合力。我国企业的内部审计人员大多来自财会岗位，而在经营管理等业务方面能力有所欠缺，知识结构也不是很合理，因此应加快在内部审计机构中增加非会计专业人员，以便有能力开展多种类型的审计项目。另外，要注重内部审计人员的培训，可行的做法是让内部审计人员在企业内部各个不同的职能部门轮岗实习，熟悉各项具体业务流程。

（四）实现内部审计职业化

内部审计职业化是指内部审计应当作为一种独特的非自由化的社会职业存在和发展。内部审计职业化可以形成社会公认的内部审计人才标准和人才市场、社会公认的内部审计工作质量标准和内部审计人员行为规范，可以形成内部审计人才竞争机制，可以更好地维护内部审计人员及其所服务的组织的合法权益，从而增加组织的价值。职业化的发展，为增值型内部审计创造了动力机制。在发达国家的企业，作为审计委员会成员之一的审计总监（CAE），已经

---

[1] 钟哲天：《确保企业内部审计增值》，《上海国资》2007年第10期。

成了内部审计职业的形象代言人。只要有利于企业实现价值增值，内部审计工作既可以由内部审计师来执行，也可以外包给外部审计师或咨询师来完成。国外许多大公司都实行"客座审计师"制度，即审计小组中有一定比例的人员临时从其他部门抽调过来，以解决资源不足的问题。

(五) 营销内部审计

它是指内部审计部门将自己的工作当做经营工作来做。在信息技术环境下，组织风险加大，竞争激烈，组织被迫对内部不增值的机构进行改造。内部审计要在组织内维持生存，就要改变过去"不愁嫁"的观念，由纯粹的"数豆者"转向向管理层积极推销的"卖豆者"。过去，审计部门将管理层称为"被审计对象"，现在将他们称为"审计部门的客户"。为了实现价值增值，内部审计部门向管理者营销新开发的审计产品已变得越来越重要。如杜邦公司就有正式的内部审计营销方案，这个方案是由审计师全球网络小组制定的，具体实施了包括市场研究、宣传文字、宣传培训、持续改善四项内容的工作任务。该公司的营销方案针对各个职能部门，确定了不同的营销目标和战略，如针对首席执行官、审计委员会、战略经营机构领导、一线工人等职能部门和个体，内部审计均有不同的营销目标和营销战略。

四　内部审计促进企业价值增值的途径

(一) 参与公司治理，促进企业价值增值

内部审计在公司治理领域的增值服务主要包括：(1) 评价公司的治理环境。好的治理环境为公司治理提供好的文化、结构和政策基础，直接关系到治理的效率。内部审计通过评价公司总体治理结构和政策、评价治理环境和道德、评价审计委员会的活动、评价风险管理结构与政策、评价内部审计的组织与结构等措施，以达到优化公司治理环境的目的。(2) 评价公司治理过程的有效性。治理过程是支持治理环境的具体活动。内部审计参与公司治理的具体措施是评价舞弊控制和沟通过程、评价薪酬政策和相关过程、评价财务治理过程、评价与战略规划和决策相关的治理活动、评价治理业绩的计量。(3) 评价公司治理程序。治理程序是关系到治理过程效率的至关重要的步骤和实践。它是利用评价内外部治理报告程序、评价提升和追踪治理问题的程序、评价治理的改变和学习程序、评价支持治理的软件和技术等手段来达到优化治理程序的目的。

（二）评价、改进企业内部控制，促进企业价值增值

企业的内部控制建立在一定的控制环境中，其目标是合理地确保企业经营的效率和有效性、财务报告的可靠性、法律法规的遵循等。这就要求人们对现有内部控制的健全有效性进行不断的评价，以发现其中存在的问题并及时加以改进和完善，使其趋于健全、有效。

内部审计是对内部控制的再控制。现代内部审计之父劳伦斯·索耶指出："控制对内部审计师来说既是一个机会，也是一种责任。内部审计师不可能成为企业生产经营各方面的专家，但是有一个芝麻开门的秘诀，运用这一秘诀，他们可以打开通常只有技术专家才能打开的大门，这一秘诀就是控制。"增值型内部审计在控制中主要是通过鉴证和咨询功能为组织增加价值。

1. 鉴证增值

新修订的《内部审计实务标准》第2120条指出"内部审计应该在风险评价结果的基础上，评价覆盖机构治理、运营及信息系统等内容的控制程序的充分性与有效性。"检查、评价内部控制系统的充分性，就是要确定现行控制系统能否适当地保证组织的任务和目标经济有效地完成，检查、评价控制系统的有效性就是要确定现行控制系统是否能取得预期的效果，具体包括：（1）控制环境。重点关注员工的正直性、道德价值观和能力、管理当局的理念、组织结构、授权方式、人事政策、国家政策法规、经营风格和权威性等方面的变化及其对内部控制的影响。（2）控制活动。企业各项经营活动的适当授权、不相容职务的分离、一般授权与特殊授权的划分、会计计量和记录的真实可靠、资产的安全完整等。

2. 咨询增值

（1）内部审计在发现问题的同时，积极提出对内部控制的改善建议。

（2）开展内部控制培训。比如内部审计师可以将在企业采购过程的控制、成本管理控制、存货控制、订单履行控制中发现的问题及解决办法向员工进行培训。

（3）开展内部控制的自我评价。内部控制自我评价是公司管理人员和内部审计师合作评价内部控制有效性的一种方法。内部控制自我评价是组织监督和评估内部控制系统的主要工具，它将运行和维持内部控制的主要责任赋予公司管理层，同时使员工、内部审计师与管理层一道承担对内部控制评估的责任。这使以往由内部审计师对控制的充足性及有效性进行独立验证发展到全新阶段，即通过设计、规划和运行内部控制自我评估程序，由组织整体对管理控制和治理负责。

（三）完善企业的风险管理，促进企业价值增值

公司不可能避免风险，因为经营本身的性质就是有风险的。但是公司不应承担不必要的不利风险，也不应承担本不属于自己承担的不利风险及股东不愿承担的风险。因此，要对风险进行管理，以考虑多大程度的风险是可以接受的，和如何控制风险总量。美国COSO委员会于2004年在企业风险管理（ERM）报告中将风险管理定义为：风险管理是由企业董事会、管理层和其他人员影响的一个过程，包括内部控制，其应用在企业的全部领域，目的在于为组织目标的实现在下列方面提供合理的保证：（1）经营的有效性；（2）财务报告的可靠性；（3）法律法规的遵循。在风险管理领域的增值服务中，内部审计的职责是运用风险管理方法和控制措施，对风险管理过程的充分性和有效性进行检查、评价和报告。内部审计主要从两个方面检查、评价风险管理过程的充分性和有效性：一是评价风险管理过程主要目标的完成情况；二是评价管理层选择的风险管理方式的适当性。由于内部审计具有独立性、综合性、经常性和及时性等特点，因此内部审计在完成上述任务的过程中具有独特的优势，通过了解企业的各项业务和流程，对企业风险管理体系的健全性、有效性进行监督和评价，对风险管理过程的及时性、科学性进行评估，找出企业风险管理体系的薄弱环节，帮助企业发现并评价重要的风险因素，指出其控制缺陷，并提出改进意见，提供风险管理的有效方法和控制措施，帮助企业改进风险管理与控制体系，规避经营过程中可能出现的风险损失，从而为企业增加价值。

（四）加强保证性服务，实现企业价值增值

内部审计为顺利实现增值型服务，必须加强自身建设，提高审计工作的效率和审计质量，从而间接地为企业增加价值。

1. 转变审计策略

为适应增值型审计工作的需要，内部审计人员不仅要发现控制薄弱的环节，还要努力采取措施，防止这种薄弱环节的发生。在审计过程中，要调动被审计人员的积极性，让被审计对象参与到审计中来，在被审计人员的理解和支持下共同分析和解决审计中发现的问题。

2. 提高审计人员的业务水平

增值型内部审计在传统的内部审计工作范围的基础上，将其业务范围扩展到风险管理、公司治理等领域，并且其业务范围呈现出无限扩张的趋势，因此，要求内部审计人员必须是"多面手"，一位合格的内部审计人员不仅要有

扎实的审计、财务知识，还应当具备法律、计算机、税务、市场营销、统计及沟通技巧等。

3. 更新审计手段

为适应增值型内部审计需要，内部审计必须加大非现场审计力度，开发实用的审计软件，以正确及时地分析、评价、判断企业的经营状况是否正常，风险管理是否到位、内部控制是否完善。

（五）合理整合内部审计资源，充分发挥内部审计的增值功能

内部审计的资源是内部审计部门开展审计工作的物质基础，对物质资源的合理利用不仅可以对内部审计功能的发挥起到推动作用，而且可以有效减少内耗，降低企业成本。因此，要充分发挥内部审计的增值功能，就必须对内部审计的资源进行整合。

1. 充分利用企业现有资源

企业内部的所有资源都可以拿来为内部审计服务，从而实现人、财、物的充分利用。例如，可以聘请企业中的网络技术人员帮助内部审计人员解决在计算机审计中遇到的问题；在对特定项目实施审计时，还可以聘请该部门的专业人员针对内部审计人员不精通的技术问题进行指导，这样有利于更准确地评估项目风险，并在咨询服务中提出更具有可操作性的意见。

2. 合理利用外部资源

对于内部审计而言，充分利用外部资源可以有效降低资产的专用性。例如，对于某个特定领域的审计时，可以聘请来自企业外部的专业人士，甚至在企业单独建立内部审计部门成本很高的情况下，可以考虑采用将内部审计业务外包的形式。总之，应根据交易成本的高低，权衡利弊，充分利用外部资源，使内部审计服务为组织增加的价值最大化。

3. 充分利用剩余资源

当本企业的内部审计资源过剩时，可以以出租或出借的方式对其他企业承揽业务，使内部审计资源得到最大限度的利用。例如，一些拥有剩余资源的大型企业可以指导中小企业建立自身的风险评估机制，帮助其进行内部控制的培训，完善其内部审计机制。这种出租或出借服务不仅有利于我国中小企业制度的健全和发展，而且对于大型企业来说，使其内部审计资源得到了充分的利用，同时对其他支出进行弥补，不失为一个价值增值的好方法。

第二十八章　提高内部审计人员素质

随着各种新兴市场的形成，管理手段的日趋智能化，知识经济的挑战，作为从事独立经济监督的审计工作的审计人员，必须具备适应经济发展要求的应有素质，成为管理控制专家、计算机专家和风险评估专家等多重身份的优秀人才。由于我国内部审计起步较晚，相关法律法规还不健全完善，对内部审计从业人员没有严格规定其准入资格条件，大部分内部审计人员没有受过正规、系统的审计业务培训。在某些内部审计不受领导重视的单位里，内审人员甚至是精简机构时无法安排就业的闲杂人员。所以内审队伍专业人员比重较低，并不同程度地存在知识老化，责任心不强，风险意识差，职业道德观念淡薄的问题。

一　提高内部审计人员素质的必要性

内审人员的素质是能否充分发挥内审职能的关键所在，是影响内部审计工作质量的首要因素。以上海市审计学会对上海市170家企业的调查为例，调查结果表明，内部审计人员中，具有本、专科学历的有251人，占统计总数的71%；具有中级职称的有206人，占统计总数的58%；而高学历高职称的人员较为稀少，研究生只有7人，占统计总数的1.9%，高级职称也只有33人，占统计总数的9.2%。另外，通过对沈阳70家企业的调查结果表明，70家企业共有内部审计人员358人，具有大专学历的有233人，占统计总数的65.08%；具有大学本科学历的有88人，占统计总数的24.58%；具有研究生学历的仅有10人，占统计总数的2.79%；具有高级职称的仅有48人，占统计总数的13.41%；属于财经专业的共有341人，占统计总数的95.25%；属于其他专业的仅有7人，占统计总数的4.75%。从以上两个调查结果可以看出，我国目前内部审计人员的素质不高，而且知识结构单一，大多数审计人员是从原来的会计专业转过来，经过短期培训后从事审计工作的。因此，提高内部审计人员的综合素质是刻不容缓的事情。

（一）内审部门人员少、各种专业知识的内审人员配备不足及内审人员知识结构的单一性与所承担的任务存在着矛盾

鉴于内部审计工作不仅包括一般性的财务收支审计、经济效益审计、干部离任审计，还涉及企业管理经营、项目招投标、采购审计、基建审计等，而内审部门基于种种原因不能全面配置上述各种专业知识的内审人员，这就要求现有的内审人员既要懂得审计、财务、会计专业知识以及查账技能，又要懂得经济管理知识、工程预结算知识、市场行情、行业政策及法律法规等。如果审计人员的业务素质不够全面，就会严重制约和影响审计工作的质量。

（二）现代企业制度呼唤高素质的内部审计人员

现代企业制度下企业出现各种纷繁复杂的新情况、新问题，相对应的，内部审计领域必须随之扩展，审计层次也要跟着提升，以便更好地为企业服务。内审人员必须注重知识的更新和知识面的扩展，不仅要精通财会、审计知识，还要具备经济管理、统计、工程技术、法律、信息和计算机方面的专业知识。

（三）提高内部审计人员的素质是发展内部审计事业的要求

目前，只有做出出色的审计业绩，凸显出内部审计的价值，内部审计才会得到社会的认可和肯定，才能树立其应有的行业权威性，才能把握更多的机遇发展内审事业，而要把握住机遇，则必须增强审计人员素质。只有具备高度责任感、良好业务素质和职业道德的复合型人才，才能将内部审计这个方兴未艾的事业变成永恒的事业。

二 内部审计人员的必备素质

（一）政治素质

内部审计人员的政治素质可以表现在很多方面，但主要表现在强烈的责任心和政策水平上。在强烈的责任心以及完好政策水平的驱动下，内部审计人员才能保持职业谨慎，严格遵守职业道德。这也是保证企业所提供各方面资料正确性、真实性和可靠性的重要前提。

（二）智力水平

内部审计人员的智力水平表现在知识面、认知能力、观察能力和思维能力

等方面。因此，内部审计人员首先应该要有深厚的审计知识，还要有会计、财政金融、经济管理、法律、外语和语言等综合知识。其次，还应该追求更高层次的目标，强化服务意识和风险意识，即提出改善经营的建议。内部审计人员应评价所在企业各方面的经营与管理活动，从增强企业整个内部控制系统的效能着眼，为企业领导提供实现经营目标所需的顾问服务。

（三）基本技能

在知识经济条件下的今天，审计服务领域从财务报表的验证和管理咨询扩展到环境审计、质量审计和风险审计等。审计人员为了适应社会需求，必须学会一专多能。具体讲包括下述三个方面：

1. 交往沟通的技能

即对被审部门抱信任态度，建立良好的关系，并取得理解和支持。

2. 协调合作的能力

即征求被审部门的意见，寻求他们的合作。

3. 良好的"心智模式"

即与当事人讨论审计中发现的问题，共同分析改进的必要性和探讨改进的必要措施。

（四）掌握先进的审计手段

随着内部审计工作内容的丰富，审计技术手段应该从目前的手工审计向计算机审计过渡。计算机审计是会计、审计和计算机三种科学交叉的边缘科学。计算机审计要求审计人员必须具有审计、计算机和会计等复合型知识结构，掌握计算机的一般使用技能，熟悉本单位所使用的专业软件的设置和使用情况，测试及评价其软件系统的内部控制，进而采取有效的方法从计算机上获取所需数据进行分析和处理，并且灵活使用。

三 影响内审人员素质的原因

（一）重视力度偏小

企业实行的是法人负责制，法人负责制使企业领导在企业管理上拥有较大的自主空间。企业以获取最大效益为目的，本无可厚非，但有一部分企业领导往往只重视企业的发展，忽略了内审工作，重视力度不够。他们有的缺乏全局观念，对此过问较少，甚至听之任之；有的把关不严，只考虑企业短期生存，而未考虑企业的远期效应；有的企业（小型）未设置专门的内审机构，管理不规范；有的内审制度不健全，导致管理失控，在一定程度上影响了企业内审工作的质量，使企业财务管理缺少了应有的监管。

（二）人员来源素质偏低

部分企业虽然设置了内审机构，但缺乏应有的重视，表现在内审人员素质偏差，他们中有的是从会计岗位上分配到审计岗位，自己不情愿；有的是毕业后直接分配到企业的工作人员，实践经验少；有的未经过专业训练，业务水平低；有的明哲保身，对违法行为不能以应有的职业谨慎态度去执行审计，不敢负责任。这些人员中有相当一部分人员对内审工作认识不够，了解不多或不想了解，难以胜任内审工作。

（三）人才流失较多

企业的内审人员对内审工作存在着偏差，做内审工作怕得罪人，不如做会计工作有一定的权力或实惠，从心理上准备不足，大多思想不稳定，许多具有大、中专以上学历的内审人员有的纷纷改行或调入会计岗位，致使内审人才严重流失，直接影响了企业内审队伍的整体素质。

（四）培训不到位

许多企业为了节省人力和资金，未将内审人员的培训计划列入企业整体规划之中，甚至对上级主管部门组织的审计培训也不参与，内审人员进入企业后就很难有再培训、再提高的机会；有的内审人员虽经过专业训练，但也只是原地踏步，致使观念得不到更新，方法得不到改进，能力得不到提高。长此下去，难以适应企业内审工作发展的需要。

以上种种所带来的严重后果是：内审人员素质低、内审工作质量差、企业内部控制失控，最终将会导致企业内审工作不能适应现代企业管理的要求。

四 提高内部审计人员素质的对策

提高内部审计人员素质可以从以下几个方面入手：

（一）充分认识内部审计的重要性，重视内部审计人员的培养

在当今市场经济中，内部审计的作用越来越重要，领导要从观念上改变对内部审计的认识：内部审计的工作目标是通过自身的努力帮助单位实现最大效

益（包括经济效益和社会效益），它不是国家政府部门的"卧底"，不是监督领导的经济警察，而是协助领导管理好单位的帮手。一个综合素质高的内审部门，不但能为单位节省开支、堵塞漏洞，而且能为领导出谋划策、排忧解难，降低经营风险。内审人员素质提高所带来的作用是不可估量的，单位在内审人员身上的一切投入将在以后工作中获取十倍甚至百倍的回报，领导应在时间上、经费上支持内审人员的素质培育工程，为内部审计人才的成长创造良好的环境，给内审人员提供充分的职业培训，以胜任其工作。

（二）将高素质的专业人才引进内部审计队伍，改善内部审计队伍专业结构

人才是第一要素，坚持以人为本，择优引进，以适应审计工作的综合性人才要求，招聘不同专业的人员充实到审计队伍中，特别要把工程结算、信息技术、法律等专业的人才适度充实到审计队伍中，使审计人员的整体知识结构能够面对当前越来越复杂的审计环境。内部审计不但需要高层次人才，而且还需要审计人员知识结构多元化。具体地说，从专业结构来看，内部审计组织可以考虑让具有经济管理专业知识和经验背景的人员占审计人员的一半，具有其他知识和经验背景，如工程技术、计算机及法律等专业背景的人员占一半，从长远来看，理想模式是经济管理专业、工程技术专业和其他专业各占三分之一，这种模式有利于充分发挥各种审计人员的专业优势。

（三）积极推行内审人员持证上岗制度，提高内部审计人员的从业门槛

内部审计协会将制定出不同职级不同岗位的任职资格要求，并适时组织上岗培训，要求内审人员每人每年必须完成上岗知识学习任务，同时还将对内审协会持证会员实行年审制度。各单位尽可能地执行内部审计协会的规定，要求在职内审人员参加内审协会提供的岗位培训，在规定的时间内取得内部审计上岗资格。因为内审人员资格的取得必须通过由专业内审协会组织的严格考试，而要通过这样的考试要求有志于从事内审工作的人员具备大量的相关知识，这样就可以很好地保障内审人员拥有充分的专业素质。

（四）建立激励和约束机制，形成充分发挥人才作用、促进人才成长的环境

激励心理学认为：一个人要达到奋斗目标，必须要有动力，这一动力来自两方面：一是内在动力。它来源于正确的世界观、人生观、价值观和无私奉

献精神,这是启发人的积极性的决定因素。二是外在压力。它来源于社会环境中的竞争机制,因此,在内审人力资源管理上,引入竞争激励机制,实行奖罚并重,个人成绩量化指标定期考核,择优上岗,在健全岗位责任制的基础上把承担责任和工作绩效与个人经济利益建立起直接的联系,有利于为每个人创造参与竞争的平等机会,有利于激发内审人员奋发向上,促进个人目标和组织目标形成有机统一。

一是要增强审计人员的风险意识,用风险的观念规划和指导审计工作。通过引入审计人员激励机制,加大对一线审计监管工作绩效考核力度,推行审计监管风险责任制度,逐步形成责任明确、权力对称、利益清晰、奖惩分明的审计内部风险约束机制。

二是企业应每年加强对审计人员素质的考核,并对应考核结果制定相应的奖罚制度,使审计人员树立责任意识和危机意识,促使审计人员自觉学习各种知识,自觉提高自身素质。

三是企业应建立科学的、严格的、与淘汰相结合的晋升制度,通过有效的竞争上岗、项目招投标、整合内部资源降低审计成本(即对审计人员实行统一指挥,集中调配)等方式,优胜劣汰,以保证各阶层的审计人员都能安其位、胜其任、展其能、出其绩。

四是推行职责分明的审计项目经理负责制。将审计方案的制定、审计组人员的分工、审计进度的安排、审计重点的确定、审计方法的研究、审计工作底稿的审阅、审计报告的起草等工作都交由项目经理负责,并在每一个环节上对审计工作质量进行控制,以确保审计质量。

五是完善审计成果运行机制,增强审计人员的成就感,最大限度地保护审计人员的工作积极性。

(五) 加强继续教育、专业培训和提高专业技能

1. 推行内审人员后续教育制度

后续教育是"终身学习"的一种形式,是一种职业教育,能让内审人员不断充实和完善自己,以保持足够的职业胜任能力。可以通过以下几种方式开展后续教育:

(1) 请大专院校的专业教师前来授课。教师既有丰富的教学经验,又有深厚的专业理论基础,能深入浅出地帮助学员理解、消化需要掌握的知识。

(2) 请政策法规部门的人员授课,因为参与制定政策法规的人员了解政策法规制定的来龙去脉,比其他人清楚法规的内容、意义及其运用。

(3) 平时常跟兄弟单位的内审部门进行交流,相互学习对方先进的方法

和经验。

(4) 向主管审计机关请教,争取他们的业务指导。

(5) 积极参加内审行业协会提供的学习机会。

(6) 组织讨论会和讲座,共同讨论实际工作中遇到的问题的解决办法。

2. 结合本单位开展审计业务的实际需要,针对当前内审人员的素质现状,开展正规系统的专业人才培训

(1) 设立专项资金,加强内审人员培训

企业内审人员队伍建设要有长远目标,既要考虑内审人员队伍的现状,更要注重后期发展,要在企业职工教育经费中,划拨专项资金,用于内审人员的再培训和再提高,并做到专款专用,使企业内审人员队伍的整体水平与时代发展同步。

(2) 做好内审人员知识结构和人员素质的调查,掌握基本情况,根据个人的不同情况有针对性地选择培训方式。企业可通过各种途径,加大培训力度,为内审人员的进修学习提供机会、创造条件,使内审人员的道德与水平、学历与能力、理论与实践同步提高。

(3) 根据本单位业务范围、业务内容、业务方向及发展趋势,给内审部门各成员安排不同性质的培训。所谓"十年树木,百年树人",提高人员业务素质应是一个长期的过程,针对内部审计的发展现状和发展方向,开展全方位、多层次、宽领域的培训,使审计人员能够适应当前审计工作的要求。

(六) 定期进行审计职业道德教育,增强审计人员的职业责任感和事业使命感,提高内审人员的思想道德修养

思想决定行为,提高审计人员的政治思想素质最为重要的途径是让审计人员学习党的路线、方针、政策。把握坚定的政治立场,破除大行政和权大于法的观念,牢固树立"维护法律尊严,加强审计监督"的信念,在任何困难条件下都毫不动摇,做到依法审计,客观公正。

(七) 建立有效的考核机制

1. 将各级机构负责人的绩效考评,同其所在机构的审计情况及整改情况挂钩,以引起其对内部审计工作的高度重视,从而要求所在机构对审计中发现的问题积极整改,并主动地借助本级机构的内部审计部门的力量,加强检查,在降低公司各种风险隐患的同时,也提高了内部审计人员的重要性。

2. 建立有效的内部审计工作考核制度。

(1) 对各级内部审计人员进行资格认证,对符合条件的内部审计人员予

以相应的待遇，淘汰不符合条件的内部审计人员，一方面不断吸引符合条件的人才加入内部审计队伍，另一方面也通过竞争来不断提高内部审计人员的工作主动性和积极性。

（2）加强考试和培训制度，有计划地对内部审计人员进行知识更新教育，逐步实现一专多能，从而不断提高内部审计人员的综合素质。

（3）加强对基层内部审计人员的考核，通过要求其定期开展审计项目，达到不断练兵的同时，内部审计工作的广度和深度得到及时延伸。由于基层内部审计人员掌握着更多基层机构的第一手信息，因此，调动其工作积极性，更能有效地抓住基层工作的难点和重点，具有更强的针对性，而且有利于将滞后审计变为及时审计。

（八）加速内部审计人员的流动

公司应不断地将德才兼备的优秀人才充实到内部审计队伍，同时也要不断将优秀的内部审计人员推荐到组织内关键岗位任职或进入组织的高级管理层，使内部审计人员合理流动。这样做既可以优化内部审计队伍，也可以降低或避免内部审计人员因长期在审计岗位上发生重大质量妥协的机会。内部审计部门应成为组织内"培养人才的摇篮"[1]。

（九）推动内部审计职业化

随着全球化发展，企业逐步走向国际市场，要求内部审计人员必须以国际的视角来审视和思考内部审计职业的发展。当前，国际内部审计在良好的公司治理条件下，经过较长时期的发展历程，已日趋成熟和完善，从事内部审计的人员群体职业化程度较高。实现内部审计队伍职业化是维护内部审计职业的生存、促进内部审计未来发展的核心问题，同时也是使内部审计队伍具有较高执行力的根本保障。

职业化的内部审计队伍首先具有强烈的职业意识，即内部审计人员能准确定位自己在组织中的角色，清楚角色在组织中的责任和应该体现的价值，并具备符合角色定位的态度和作风；其次严格按照本行业应遵循的职业道德和行为规范来从事职业行为，在社会上树立积极的职业群体形象；最后，具备专业胜任的能力要求，能承担起合理保证企业实现增加价值目标的责任。具体措施包括内部审计人员的专业化和资格化、内部审计组织的行业化和社会化、内部审计行为的法制化和规范化。近年来，中国内部审计协会在推进内部审计队伍职

---

[1] 王雄元、严艳：《注册会计师职业道德建设的经济视角》，中华财会网，2002年10月22日。

业化的道路上迈出了一系列实质性步伐，如内部审计人员实行岗位资格制度、后续教育制度，出台内部审计准则、操作指南，内部审计系列职称统一以考代评，大力倡导内部审计人员参加注册国际内部审计师考试等，旨在引领内部审计逐步走向职业化道路。内部审计人员应积极参与，严格按照准则、指南来规范审计行为，这是内部审计事业发展的需要，也是内部审计人员自身职业生涯的升华。

第二十九章 推进内部审计职业化

一 内部审计职业化发展历程

内部审计职业化是将内部审计工作作为一种职业看待，无论是内部审计组织、人员资格认定、审计业务的取得、审计程序的执行、审计证据搜集、审计评价意见的发表等一系列工作，都必须按职业化标准加以要求。

内部审计职业得到真正的发展是从19世纪下半叶开始的。在这一时期，内部审计职业不仅迅速的壮大，成为企业的一个独立的职能部门，而且不断向职业化方向迈进。随着内部审计部门的扩大，职业人员的增多，在20世纪初职业化浪潮的推动下，内部审计职业界为了维护自身的生存与发展，于1941年成立了协会。这翻开了内部审计职业化的历史性的篇章。1941年，发生了一件对现代内部审计兴起有着重大影响的事件：在约翰·B. 瑟斯顿（John B. Thurston）的领导下，24名内部审计人员在美国联合倡导成立了内部审计师协会，这标志着内部审计职业团体的产生，也标志着内部审计开始走上职业化的道路。

1975年6月，IIA就成立了以卡罗士（Carolus）为领导的职业准则和职责委员会来制定职业准则。经过近三年的努力，1978年6月，IIA的理事会通过了《内部审计实务准则》。该标准的通过具有划时代的意义，它体现了内部审计在职业化道路上又前进了一大步。

1979年，职业界提出了一条修订准则的建议，那就是将说明书纳入准则的前言中，并且将职业道德准则也纳入准则中。

历经六十多年的开拓与发展，国际内部审计职业界取得了辉煌的成就。并且，随着全球经济一体化以及企业经营的规模化、层次化的发展，内部审计职业空间与职能也在不断拓展。

我国的内部审计从无到有，从小到大，发展到比较完善的内部审计体系。2000年1月，中国内部审计师协会的成立，标志着我国的内部审计走上了职业化的发展道路。2003年6月，国际内部审计师协会在美国拉斯维加斯举行的年会上授予中国内部审计协会"劳伦斯·B.索耶"奖,这是中国内部审计协会继 2001 年后第二次荣获该奖项。

在几年前,国际注册内部审计师 CIA 考试就作为一种尝试在中国悄然拉开序幕。1998 年,中国内部审计协会将 IIA 在国际上举办的国际注册内部审计师考试引入中国,并举行了第一次考试。目前,中国已有两千多人取得 CIA 认证,但与正在从事内部审计工作的 22 万大军相比,差距很大。据了解,首批 CIA,特别是以英文报考通过考试的那部分人士,目前已成为人才市场的"抢手货"。专家猜测,未来几年内,中国对 CIA 的需求大约为两万人,供需缺口将进一步扩大。我国《内部审计准则》和《内部审计人员职业道德规范》的颁布以及组织全国性的内部审计人员岗位资格统一考试和引进 CIA 考试,很大程度上为实现内部审计职业化迈出了坚实的一步,将来还会逐步地完善职业化的进程。

二 内部审计职业化标准

根据上述定义和国际内部审计职业化的一般惯例,衡量内部审计是否实现职业化应有以下几个标准:

(一) 内部审计人员用以满足个人物质文化生活的主要经济来源是否直接从内部审计业务活动的劳务报酬中取得

这个标准是衡量内部审计职业化的基本标准。目前,保证我国内部审计人员正常生活的主要经济来源并不是其从事内部审计业务工作的直接收入,内部审计人员工资奖金收入实质上是企业全体劳动者创造价值的再分配,并不是内部审计人员从事内部审计业务的直接收费收入,内部审计人员的工资奖金收入中包含有其他劳动报酬的成分,我国内部审计职业化程度并不高。

(二) 内部审计人员从事的业务活动是否专业化

这是判断内部审计活动是否专业化的关键。界定内部审计专业工作和非专业工作必须依据以下两个标准:一是理论标准,即内部审计主要依据审计准则,运用专门的审计方法和程序对内部审计对象进行查证和评价的全部工作;二是法规标准,凡是内部审计人员从事审计或其他相关法规明确规定属于内部审计工作的都属于内部审计专业工作。在目前内部审计立法不健全的情况下,依据内部审计理论标准中要求的审计对象来判断内部审计是否专业化是最直接有效的方法。

（三）内部审计专业化行业组织是否完善

我国现行的企业内部审计机构是指隶属于企业总经理或隶属于企业董事会的一个业务组织，而这里所说的企业内部审计机构是指由股东大会选出的监事会或审计委员会，这个组织不是内部审计业务组织，而是专门负责审计项目决策，向内部审计社会组织聘请常年审计咨询顾问或项目审计人员，接受内部审计报告，处理审计意见书中揭露出的问题的内部牵制机构。社会审计组织是指具有社会中介性质的内部审计业务组织（内部审计师事务所或其他名称）和内部审计管理组织（内部审计协会）。目前，我国大部分省份都建立了内部审计协会，但是，还没有建立独立的内部审计业务组织，内部审计职业化还缺乏广泛的社会基础。

（四）内部审计职业化规范是否健全

内部审计职业化必须有健全的法规作保障。保障内部审计职业化的法规体系中包括《内部审计法》、《内部审计准则》以及相关的法律和规章制度。今后一段时期，内部审计工作的当务之急是抓紧内部审计的立法工作。

三　内部审计职业化的基本特征

职业化的内部审计具有以下特征：

（一）独立性

现代内部审计制度是现代企业经营管理分权的结果，独立性是内部审计制度的价值所在。

职业化内部审计的独立性既表现在其机构的隶属关系上，又表现在其职权的授予行使上。首先，内部审计组织不再设置于企业经营者之下，内审人员的薪酬和晋升也不再由企业经营者决定，企业与内部审计组织的领导与被领导关系变为委托与受托关系。其次，企业经营项目内部审计业务委托由股东大会选举的监事会或审计委员会进行，不直接通过企业董事会、经营者，这就避免了审计委托人又是被审计人的尴尬局面。

（二）客观性

内部审计的独立性是内部审计具有客观性、权威性及公正性的保证。内部审计职业化以后，对审计人员的专业素质具有更高的要求。在建立独立内部审计组织机构的基础上,完善从业资格等级和考核标准体系的约束机制,不仅有利于保证审计工作的质量,也有利于强化各层次从业人员的责任。

(三) 社会性

内部审计机构与企业剥离开来,在社会上建立独立的社会性组织,形成与注册会计师及其会计师事务所相近或相同的管理模式,通过打破企业和部门对内部审计人员的封锁,做到内部审计人力资源社会共享,反映了内部审计的社会性。

(四) 服务性

内部审计人员接受企业监事会或审计委员会聘请按照与其签订的协议进行审计,具有为企业全面发展服务的性质。内部审计的这种服务性,不仅体现了它是企业监督机制的有机组成部分,也体现了其作为企业经营管理助手的价值。

四 职业化内部审计与社会审计的联系和区别

实现内部审计职业化,是将内部审计推向市场,使内部审计更加适应社会主义市场经济要求的必要途径。内部审计职业化在审计组织、人员、业务等方面的管理模式上,与注册会计师具有诸多共同之处。实质上,实行内部审计职业化的目的就是将社会审计管理机制、经营模式引进内部审计工作,使内部审计更具活力。但是,严格来说,职业化的内部审计与社会审计有着较大不同。职业化的内部审计与社会审计的主要区别在于:

第一,审计委托受托关系建立的基础不同。注册会计师审计的委托受托关系建立在不同的经济组织之间的受托经济责任基础之上,注册会计师所面对是被审计单位外部经济责任。内部审计的委托受托关系建立在企业内部分权制所产生的内部经济责任关系基础之上,其委托人主要是代表投资者、由股东大会选出的监事会或审计委员会。

第二,审计的基本目标不同。注册会计师审计的目标是证实企业会计资料的真实性、公允性。内部审计作为企业内部的一种监督制约机制,是现代经营机制的重要组成部分。现代内部审计的目标则是:企业决策、经营管理活动的程序化、规范化,合理性、有效性。

第三,审计的对象、范围不同。注册会计师审查、监督的被审计单位受托经济责任是被审计单位承担的社会性责任,注册会计师审计的对象和范围主要是：被审计单位的资产、负债、所有者权益和会计资料。内部审计评价、监督的是企业内部经济责任，是企业内部不同层次权力主体分权的结果。内部审计的对象和范围是企业的重大决策活动和经营管理活动。

第四，审计的服务对象和方式不同。注册会计师服务的对象是政府、金融机构、投资者等。内部审计的服务对象除了包括企业董事会和经营管理者以外，还包括其投资者。在服务方式上，社会审计为企业服务过程中主要是一次性服务，即完成一个项目其服务就结束，下次审计，再重新委托；而内部审计服务方式往往是常年性的，与企业决策、经营管理活动同步进行的服务，其服务既包括事前服务、事中服务，也包括事后服务。[①]

第五，审计层面不同。注册会计师审计作为一种外部审计，它所针对的是整个企业的经济责任，无论是对企业资产评估还是对企业资产价值验证和会计报表真实性、公允性审计，评价的都是企业整体经济责任，其层面较高并且较为单一。而内部审计则是针对企业内部多层次不同责任，包括董事会向股东承担的决策责任，经营者向董事会承担的经营责任，以及各个业务部门向最高管理当局承担的管理责任。这种责任，有较高层次的责任，也有较低层次的责任，包括多层次的经济责任。

五　实现内部审计职业化的主要内容

（一）准则制定方面

中国内部审计师协会已颁布实施了《中国内部审计准则》和《内部审计人员职业道德规范》，这是中国内部审计协会着力推进内部审计法制化、制度化和规范化建设的重要举措。《中国内部审计准则》的颁布有助于社会公众了解内部审计工作的性质和内部审计人员的责任，提高社会公众对内部审计职业的信念；有助于我国内部审计职业逐步迈向国际化，增进内部审计工作的适应性，真正使内部审计人员做到依法审计、适法而为；有助于提高我国内部审计的专业化标准，提高内部审计人员的专业素养，并使内部审计工作向制度化迈进。

目前，我国内部审计法规的标准还未健全，内部审计的立法工作应与时俱进，尽快建立一套与内部审计职业化相适应的审计法规体系，为独立的内部审计组织和机制的构建提供理论依据。

---

① 黎瑛：《对推进我国内部审计职业化的建议》，《财务与会计》2006年第1期。

（二）人才培养方面

从当前来看，对现有内部审计从业人员进行培训是比较行之有效的，根据《内部审计人员岗位资格证书治理办法》的要求，中国内部审计协会组织全国性的内部审计人员岗位资格统一考试，并且编有相应的培训教材，已迈出了可喜的一步。目前，我国高校开设《内部审计》这门课程的学校只有上海财经大学和南京审计学院，而且也只是针对审计专业的学生。在内部审计人才的培养上，如何定位，应该具备什么样的知识结构，设置哪些课程，是值得思考的。

（三）行业组织建设方面

国际内部审计师协会是一个典型的内部审计行业化组织，加入国际内部审计师协会的国家和地区的注册内部审计师协会，是一个国家和地区的行业协会。目前我国也建立了中国内部审计协会，在这一行业协会的指导下，各省、自治区、直辖市以及计划单列市也基本建立起了内部审计协会。这标志着我国内部审计行业已具有雏形，但是，这并不意味着我国内部审计组织已完全实现行业化。

当务之急是：

第一，加快行业规范制定的步伐，加强内部审计组织之间尤其是内部审计业务组织与内部审计行业组织的联系，建立统一评价内部审计对象的行业标准。

第二，从目前和今后的发展趋势来看，我国的内部审计协会应该加强以下几个方面的建设以完善内部审计的规范化工作。

中国内部审计协会应该充分借鉴国外的先进经验，针对我国内部审计的实际情况，进一步修订内部审计的工作规范和内部审计人员的职业规范。加强内部审计工作的适应性，实现既依法审计又适法而为，提高内部审计的质量，进而增强社会公众对内部审计职业的信心。

建立健全地方性内部审计协会。对内部审计机构和内部审计人员进行区域性行业自律管理，指导和监督内部审计工作的开展，完善中国内部审计新的行业管理体制，促进内部审计职业化的发展，进而实现内部审计的现代化。

切实履行协会职能。《中国内部审计协会章程》规定协会的基本职能是"管理、交流、宣传、服务"，因此协会除了进行行业管理外，还应充分发挥其交流和服务的功能，为内部审计人员提供后续教育、经验交流等多种方式的辅助活动，以增进企业内部审计工作的经验交流和学习。

（四）业务拓展方面

在现行内部审计体制下，内部审计业务来源于总经理或董事长下达的审计任务。这种审计任务的取得方式，一是审计业务范围和内容受到较大限制，凡是与总经理、董事长管辖的或直接参与的经济业务，都有可能被排除在内部审计监督评价范围以外；二是内部审计评价结论的公正客观性也受到较大限制，总经理或董事长作为内部审计报告的接收人，大多不会容忍不利于自己的审计结论意见在内部审计报告中出现。现实工作中，一个内部审计机构除非是不讲原则，事事跟着总经理、董事长的指挥棒转，否则，内部审计工作则常常陷于"四面楚歌"的困境。要改变这种局面，必须在内部审计社会化的前提下，逐步实现内部审计业务的市场化、合同化，即内部审计机构与企业或经济组织脱离以后，所有企业的内部审计业务可以推向社会（市场），内部审计组织可以通过内部审计业务市场寻求业务来源；内部审计组织通过签订内部审计协议或合同的方式与内部审计委托单位建立审计关系。要实现这一目标，还应对我国企业内部监督制约机构进行改革，其改革的重点在于：强化监事会的监督功能，充分发挥监事会在内部审计业务委托、接受内部审计报告、审计结果处理等方面的作用。将直接在企业董事会或总经理下设立内部审计机构改为监事会委托社会内部审计专业机构对企业内部经济责任进行审计。这样一个企业或经济组织的内部控制制约体系由封闭变得更为开放。

第三十章 舞弊审计的实施方略

有测算认为，1982—1992年在经济体制改革过程中，国有资产流失数千亿元，其中相当一部分是一些人利用职权进行舞弊。1997年的经济年检表明，我们国家查出违纪金额2030亿元。但是，舞弊也不是中国的特产，在世界各国都有舞弊，美国有人测算，目前美国的舞弊金额高达4000亿美元左右。为此，美国出现"注册舞弊审计师"的新行业，目前会员已经发展到15000人，美国情报局的一些官员也加入了这个行业。查处舞弊就成为审计面临的繁重任务之一。

舞弊审计，是指审计机构和注册会计师通过一定的程序，对隐藏在控制系统、管理系统和财务报告中的故意虚假作为，采取一定的手段和方法把它揭示出来，呈报给管理当局或报告使用者。舞弊审计最初是20世纪90年代中期在以美国和加拿大为首的西方国家中异军突起，并完成从传统审计查错纠弊的职能到目前着重抓效益审计职能的转变。对舞弊的审计在国际上有争议，但大多数认为，如果不对舞弊行为进行审计，审计就没有生命力。

一 舞弊审计体系的初步建立

从18世纪南海公司舞弊案到今天，舞弊案件有增无减。进入新世纪后，以安然事件为代表的一系列特大财务舞弊和审计失败案例，引起了社会公众的强烈不满，为了恢复资本市场的信心，重新把经审计的财务报表塑造为投资者了解企业经营状况的"干净"的窗口，审计准则制定机构作出了多方面的努力，继AICPA于2002年10月发布了舞弊审计新准则SAS No.99《财务报表审计中对舞弊的关注》后，国际会计师联合会（IFAC）下属国际审计与鉴证准则委员会（IAASB）也连续重拳出击，修订、发表了多项准则，在颁布了一系列要求审计师更深入考虑舞弊风险的新的审计风险准则之后，又于2004年2月份发布了ISA240《审计师在财务报表审计中对于舞弊的责任》，试图建立较为权威的反舞弊标准和体系。至此，舞弊审计体系初步建立起来。

二 美国舞弊审计的发展

AICPA 在 1972 年发布的 SAS No. 1《审计准则和程序汇编》中明确规定，注册会计师执行的财务报表审计不承担对舞弊的审计责任。20 世纪 70 年代，由于美国连续发生几起重大舞弊案，引起公众对注册会计师财务报表审计不承担对舞弊的审计责任的不满和政府监管呼声的高涨，加上证监会的强制性干涉，1977 年 1 月发布 SAS No. 16 和 No. 17。SAS No. 16《独立审计师检查错误和舞弊的责任》取代第 1 号的有关规定，明确指出注册会计师对舞弊负有审计责任。这具有划时代的意义，对审计职业影响深远。

由于第 16 号只一般要求发现对报表有重大影响的错误和舞弊，并没有提供审计舞弊的详细指南，效果并不明显，1982 年美国估计财务报表舞弊金额超过 550 亿美元。在美国国会议员的责难声中，1988 年 4 月发布的 SAS No. 53《审计师检查和报告错误和舞弊的责任》取代了第 16 号，明显扩大了注册会计师的责任，要求所设计的审计工作应能为查出报表的重大错误与舞弊提供"合理保证"。

1993 年 3 月，公众监督委员会（POB）在题为"站在公众利益的立场上"的报告中，明确指出社会公众最关注和期望的是注册会计师能够揭露管理舞弊并承担审计责任，而注册会计师却不能满足要求且存在较大差距。美国于 1995 年通过的《私人有价证券诉讼改革法案》，在标题 3 部分明确规定了注册会计师应承担识别和揭露某些舞弊行为的责任。这促使 AICPA 在 1997 年 2 月颁布了 SAS No. 82《财务报表审计中对舞弊的关注》，以取代第 53 号。[①]

世界著名公司特大财务欺诈及审计失败案件的发生，令美国政府及公众极度不满，强烈要求审计行业自我检讨，切实改进审计舞弊的效果。AICPA 于 2002 年 10 月发布新准则 SAS No. 99《财务报表审计中对舞弊的关注》，以取代第 82 号。与第 82 号相比，第 99 号针对切实提高审计舞弊的效果，作出了一系列富有成效的改进。（1）第 99 号首次明确指出了解舞弊的环境及特征对审计舞弊的特别重要性，强调审计舞弊必须以了解舞弊环境为前提。（2）为了增强注册会计师审计舞弊的意识及对舞弊的敏感性，改进其评估舞弊风险的过程，第 99 号要求注册会计师对客户诚实性应保持职业怀疑态度。（3）第 99 号要求注册会计师应拓展询问空间，向管理层询问其对本单位舞弊风险的看法以及所了解或怀疑舞弊方面的任何信息，也要求向被审计单位以外的其他个人

---

① 张龙平、王泽霞：《美国舞弊审计准则的制度变迁及其启示》，《会计研究》2003 年第 4 期。

或被审计单位各级雇员询问。(4) 第99号强调注册会计师除关注舞弊风险因素外，还要扩大识别舞弊风险的范围。在识别舞弊风险的基础上，评价已识别舞弊风险水平。(5) 第99号强调要求注册会计师应特别注意识别与收入确认有关的舞弊风险，并在计划阶段更有效运用分析程序，找出涉及收入及相关账户的非正常或非预期的关系。(6) 第99号要求注册会计师应在评价客户针对已识别舞弊风险而施行的有关计划和控制的有效性后，考虑这些计划和控制是减轻还是加剧了已识别的舞弊风险，再据以评估已识别舞弊风险的水平高低。(7) 第99号要求注册会计师应对舞弊风险评估结果作出适当反应，并强调在收集及评价审计证据时，应保持职业怀疑态度。

三 舞弊审计的主要特征

舞弊审计的特征主要表现为三个方面：

（一）舞弊审计目标的局限性

舞弊审计的目标十分明确而且具体，它只是揭露那些有意歪曲记录及非法占用资产的行为。在舞弊审计中，审计人员要特别注意寻找与具体违法、违规行为有关的证据，确定舞弊的具体细节，以及舞弊行为带来的损失金额和影响范围。当然，舞弊审计人员也会注意到内部控制系统的薄弱环节和效率问题，但在某种意义上，舞弊审计并非仅仅停留在这一阶段，而是把注意力集中在实际发生的事件上。因此，舞弊审计的目标具有局限性。

（二）舞弊审计的重要性

从现象上看，舞弊的存在，说明被审计组织的内部控制系统存在薄弱环节，如不加以改进，将会影响组织经营目标的实现。从本质上看，不论舞弊所涉及的金额有多大，在性质上它都被认为是重要的。因为，如果舞弊行为不加以制止，就会迅速蔓延，不仅会危及整个组织的生存和发展，而且会侵害国家及社会公众的利益，导致严重的经济社会后果。

（三）舞弊审计的过程具有风险性和时间上的随意性

舞弊审计较大的风险性主要表现在审计的执行过程和审计报告两个阶段。审计人员在实施舞弊审计过程中，很难把握审计的深度和审计的职责范围，容易超越审计职权而触犯有关法律，从而导致审计风险。在编制审计报告时，也往往会忽视舞弊审计报告与常规审计报告程序上的差别，不去征求法律顾问的意见，致使由于措词或定性不当而使审计报告冒有违法的风险。时间上的随意性主要是与常规审计相比较而言的，舞弊审计要求审计人员在从事常规审计的每时每刻，都以高度的职业警惕性和较强的专业熟练性，注意发现舞弊行为的嫌疑，并随时准备采取恰当的审计方式进行检测与调查。

四 舞弊审计与内部控制的关系

实施舞弊审计时，必须考虑并注意对内部控制的审查与评价，有效的内部控制能辨认并解释舞弊行为的蛛丝马迹，并揭发出尚处于萌芽状态中的舞弊。能给审计人员提供线索的迹象包括：文件凭证丢失；支票上的二次背书；字迹不同寻常的签字；无法解释的对存货余额的调整；无法解释的对应收账款的调整；在连续几个月的银行存款调节表中都存在的项目；拖欠已久的未付支票；银行存款变动的不寻常项目。内部控制的设计和实施，要能使舞弊行为露出马脚，以防范舞弊，审计人员在舞弊审计过程中充分关注上述信号所反映的信息，将有助于发现舞弊行为。

现代审计以内部控制制度为基础，而舞弊审计则更加倚重审计人员对被审组织内部控制制度的检查与评价。如果说在财务审计中审计人员可以凭借自身的职业判断来决定是否进行符合性测试的话，那么在舞弊审计中对于被审单位内控制度的考虑、检查、测试与评价则必不可少。首先，审计人员应认真考虑被审组织的内控制度是否存在薄弱环节，其控制政策和程序是否设计合理、适当，能否防止或发现或纠正重大的舞弊行为。其次，审计人员应检查、采取一定的测试方法以解决这些控制政策和程序是否实际发挥作用的问题。这一问题的解决又要从以下三方面着手：（1）这项控制是怎样应用的。（2）是否在年度中一贯应用。（3）由谁来应用。被审组织某项控制制度设计得再好，如不能实际发挥作用，即执行失效或不当，也不能减轻舞弊审计的审计风险。最后，当审计人员在舞弊审计过程中发现舞弊的行为时，就应对内部控制制度进行重新评估。由于内部控制制度的设计目的在于规范与维护经济业务处理过程的正常有序，减少或杜绝舞弊行为的发生，因此，除非其他方面的情况已经明确显示，否则审计师不应该假定舞弊行为是一个孤立的偶发事件。如果舞弊是应该由内部控制予以防止或发现的，审计师应该重新考虑其以前对这一内控制度的评价，如有必要，应该修改实质性测试的性质、时间和范围。

由于内部控制系统的固有限制，即使是设计完善的内部控制，也会因为相关人员相互勾结、内外串通、滥用职权或屈从于外部压力而失效。因此，审计人员不仅要把重点放在结构方面，即对内部控制、内部管理的内容进行评价，而且应该注重个体行为方面的反映，分析、挖掘人性方面的舞弊危险。

五 舞弊审计与财务审计的区别

舞弊审计与常规性财务审计都属于审计范畴。舞弊审计是由独立的专门机构或人员根据授权或委托，对国家行政、事业单位和企业单位及其他经济组织中可能存在的舞弊行为进行的专项审计。常规性财务审计是由独立的专门机构或人员根据授权或接受委托，对被审计单位的会计报表及其相关资料进行审查并发表意见。在审计独立性、审计主体等方面，舞弊审计与财务审计有着共同之处。但是，两者又存在着很大的区别，具体表现为：

（一）审计依据及标准不同

财务审计的审计标准是公认会计准则及审计准则，财务审计人员只关心会计业务中偏离准则的重大差异事项；而舞弊审计师头脑中首先考虑的是行为动机，是舞弊机会及控制薄弱环节等理论，并且，在国外舞弊审计有着专门机构或组织制定出的审计标准，如美国防止财务报表欺诈委员会制定了有关虚假财务报告审计的报告标准。

（二）审计目的及关注点不同

审计目的是指审计所要达到的目标与要求，是审计工作的指南。财务审计的审计目的是保障财政、财务收支的真实、合法及效益，或者是对被审计单位的会计报表的公允性、合法性及一贯性发表审计意见。所以，常规性财务审计的关注点在于会计报表及其相关资料中的错报或漏报，看到的是已公开的事件、会计业务及各种环境，因此要核实历史数据的准确性、真实可靠性、有效性及有关内部控制的适当性，寻找系统中的薄弱环节，强调必须遵循已建立的业务标准及内控制度，并建议管理当局如何提高效率。而舞弊审计被视为一种发现性的冒险活动。舞弊审计的目的是调查与揭露那些故意歪曲的记录以及非法占有资产的舞弊行为，确定舞弊损失的金额及问题的影响范围，其关注点在于例外、不正常的事项以及潜在的发出危险信号的事项，并倾向于观察研究未公开的或不明显的事件、会计业务及环境。所以，舞弊审计常常会审查与本期会计业务有关的前、后和之外的各环节，而不仅仅局限于过错。

（三）对审计重要性原则的认识不同

对财务审计而言，审计过程中所遵循的审计重要性是指被审计单位会计报表中错报或漏报的严重程度,而这一程度在特定环境下可能影响会计报表使用者的判断或决策。在编制审计计划时,对审计重要性的评估,可确定实质性测试的可容忍误差。对舞弊审计而言,无论数额多大的舞弊金额都被认为是重要的。例如,对于资产上亿的大中型企业来说,每年1万元的资产不实只占总资产的万分之一,但这1万元是被某会计人员非法贪污的,如果不及时查处,找出内部控制的薄弱环节,那么,今后累积起来的舞弊损失可能将成指数增长。

(四) 确定审计成本的原则不同

常规性财务审计一般遵循成本效益原则,即审计师或注册会计师在获取审计证据时,要考虑到成本与效益问题。如果在实施了必要的审计程序后,仍不能获取所需审计证据,注册会计师可出具保留意见或拒绝表示意见的审计报告。对舞弊审计而言,必须做到有证有据,不能凭推理去设想与舞弊有关的事项。一旦发现舞弊行为的蛛丝马迹,就要一查到底,即使获取证据的过程会增加舞弊审计的相关成本。

(五) 对审计人员的素质要求不同

财务审计人员一般在经过专业学习或通过相关资格考试后就可以开始审计工作,并且严格实施所规定的审计程序等要求,即可减少审计风险及审计责任。而舞弊审计师首先是一位经验丰富的财务审计人员,在某一专业领域如金融、财政、工商等方面有专长,有着良好的直觉与职业判断能力。只有这样的专业人士才能发现并审查不完整或蓄意篡改的会计资料,才能进行复杂的舞弊审计程序。

(六) 审计程序及方法不同

常规性财务审计的步骤先是制定审计计划,然后对被审计单位的内部控制进行测试并作出评价,在此基础上确定审计实施阶段的审计方法,一般采用抽样审计法,在采用恰当的方法取证后形成审计工作底稿,最后是审计报告阶段,形成审计意见并出具报告。舞弊审计也有计划阶段,但它处于较后实施的阶段。舞弊审计师在较早的阶段先是进行初步调查,运用一些专门的审计方法,通过对舞弊暴露的分析评估舞弊发生的可能性,然后才有重点地编制审计计划,实施相关审计程序。

(七) 审计证据的来源和充分性不同

财务审计的证据主要来源于财务报表的会计数据。舞弊审计的证据不仅来源于财务数据,还包括由内部文件审查、公共文件审查和会见当事人等内容组成的非财务数据。财务审计在大多数情况下,审计师依赖于有说服力而并非使人确信的证据。而舞弊审计中审计师应该设法保证自己所做的舞弊结论免受指责。[①]

六 舞弊审计的层次性

通常认为,舞弊审计是指审计师在接受委托从事财务报表审计时,应当关注舞弊的可能性,从而对财务报表不存在具有直接重大影响的舞弊提供合理保证。这种定义是将舞弊审计看做财务审计的延伸。实际上,如果从更广泛的角度看,舞弊审计存在着三种层次,即内部控制审核、舞弊关注审计和舞弊专门审计。

(一) 内部控制审核

内部控制是企业反舞弊机制的重要组成部分,内部控制的薄弱提供了滋生舞弊的企业环境。为改进和完善内部控制,企业所有者(有时也包括管理当局)希望独立的第三方来评估其内部控制的设计与运行情况。内部控制审核是指审计师接受专门委托,对被审核单位特定日期的内部控制设计和运行的有效性进行审核,并发表审核意见。内部控制审核可区分为两种情况:(1) 审核和报告被审核单位与财务报表相关的内部控制;(2) 执行商定的与内部控制效果有关的其他程序。

(二) 舞弊关注审计

尽管财务审计基本目标是对报表公允性发表意见,但是如果企业存在重大的舞弊问题,必然影响到财务报告信息的公允性。因此,财务信息使用者希望财务审计师也要关注舞弊问题。舞弊关注审计是指审计师在接受委托从事财务报表审计时,应当关注舞弊的可能性,从而对财务报表不存在具有直接重大影响的舞弊提供合理保证。这种关注有如下限定:(1) 审计师的职责是揭露那些对财务报告存在直接影响的舞弊行为,如果没有直接影响,审计人员较难通过常规的审计程序予以揭露。(2) 审计师只需揭露那些重大的舞弊行为,抽样审计使审计师不可能发现企业存在的全部舞弊行为。

(三) 舞弊专门审计

舞弊专门审计是指审计师接受专门委托,对被审计单位可能存在的舞弊问

[①] 安志蓉:《舞弊审计与财务审计的区别》,《审计与理财》2004 年第 11 期。

题通过执行相应的审计程序搜集证据，确认舞弊者及舞弊事实并出具审计意见。具体又分为两种情形。(1) 反馈性舞弊审计，或称为舞弊审核，是指审计师（或舞弊审核师）依据法律、犯罪学以及各种管理舞弊或雇员舞弊的知识，设计相应的审核程序以证实或解除舞弊怀疑的过程。舞弊怀疑是指促使经过专业训练的审核师认为舞弊已经、正在或将要发生的情形（比如抱怨、迹象、短缺等）。(2) 前馈性舞弊审计，是指在并未发现舞弊迹象的情况下进行的审计。通常涉及两个过程：对企业舞弊风险进行识别和评估；经批准就已识别的舞弊开展舞弊调查，确认舞弊事实并出具审计意见。

七 创新舞弊审计的程序和方法

由于舞弊行为日趋复杂，仅仅通过账表等会计交易和事项来查找舞弊产生的痕迹来发现舞弊则显得比较无力，难以发现舞弊。借鉴舞弊产生的"三角理论"，审计师应突破传统审计模式，转移传统的审计重心，扩展审计视角，从舞弊产生的根源入手，了解企业所处的环境以及可能诱使舞弊的因素，结合其他相关信息，分析挖掘舞弊风险，创新现有的审计程序和方法，并展开调查。如果不把审计视角扩展到会计交易事项以外，可能无法保证查出重大的舞弊行为。

（一）注册会计师保持职业怀疑态度的切入点

1. 保持职业的警惕性

在常规审计中注意发现舞弊的迹象。在一个组织中，舞弊行为的最基本表现，有为了组织获利而进行的舞弊行为和为了损害组织的利益而实施的舞弊两种主要形式。但不管是哪种形式，舞弊者的直接目的都是期望个人从中获利。例如，行贿、出售或转让不真实的或虚报的资产，故意做出不正当的转让价格等，都是为了使本组织获利而进行的舞弊；而行贿，把一项可能赢利的交易转移给一个雇员或外人，贪污，有意地隐瞒或虚报事项或数据等，都属于使本组织利益受损而进行的舞弊。注册会计师在实施常规审计时，需注意发现发生上述行为的可疑迹象，及时反馈给主要的职能部门。要做到这一点，要求注册会计师必须时刻保持职业的警惕性，注重从内部控制制度分析入手，寻找薄弱环节，以协助防止舞弊；同时，注册会计师还应具有足够的关于如何防止舞弊的知识，以便于有能力识别舞弊行为。一旦判断有舞弊迹象，注册会计师需要进行评价，以便作出是否需要采取进一步行动的决定。

2. 保持职业的谨慎性

注册会计师在明确了舞弊迹象并决定采取进一步行动时,应及时将有关情况通知组织内的有关部门,如纪检部门、安全部门等。这是实施舞弊审计必要的程序,如果不这样做,就有可能跨越审计范围,使审计工作凌驾于其他职能部门的工作之上,从而导致"审计越权"的风险。就审计程序来说,即使是以应有的职业谨慎的方式来进行,也不能保证一定能检查出舞弊行为。

3. 保持审计的有效性

对舞弊行为进行深入调查。内部审计部门将舞弊的迹象通知了有关部门并获得组织允许后,即可建议进行必要的调查,同时着手实施跟踪审计。在进行舞弊行为调查时,注册会计师应广泛搜集审计证据,评价组织内部涉及舞弊的可能层次和舞弊人员的范围,与此同时,注册会计师应注意与管理人员、法律顾问和其他专家协作,同时应考虑到调查范围内犯罪人员的权利及该组织本身的信誉。一旦通过调查过程得出初步结论,注册会计师必须对舞弊行为进行评价。分析舞弊产生的原因,确定解决问题的方法,明确是否应对已有的内部控制制度进行修订与完善,在此基础上,拟定新的审计方法,以便帮助减少未来的类似舞弊问题的发生,并从中总结经验与教训,提高内部审计的层次,更好地体现内部审计的附加价值。

必须说明的是,调查过程中一个关键的阶段就是风险分析和控制月,注意违背诚实的可能性,了解被审计者过去的表现。在风险分析中,评估控制风险是评估违法事项可能性的重要方法。诚然,控制系统本身有局限性,它最大的缺陷就是无法控制合伙舞弊的行为发生,这是我国当前许多腐败问题产生的根源所在。

4. 保持舞弊审计的连续性

规范舞弊作业程序。舞弊审计实际上是在必要的情况下常规审计的延伸,因此,舞弊审计遵循常规审计的基本程序进行。在实施过程中,注册会计师应做好审计工作底稿,在调查询问后,相关证据的副本放入审计工作底稿,并要有被询问者的签名。此外,审计小组长和审计人员应及时对舞弊证据进行检查,以便为正确判断舞弊的发生提供公正的依据。由于工作底稿的机密性,因此,与常规审计不同,舞弊审计的工作底稿应谨慎保存,以保证其安全,这种要求有助于确保得出充分的证据来支持审计报告。

(二) 实施舞弊审计应具备的基本能力

1. 舞弊审计中注册会计师的专业判断能力

近40年的注册会计师审计研究都非常重视审计专业判断。冰山理论把舞弊看做是一座海面上的冰山，露在海平面上的是冰山的一角，更庞大的危险部分隐藏在海平面以下。从结构和行为方面考察舞弊，那么暴露在海平面上的是结构部分，海平面下的部分是行为部分。舞弊结构的内容实际上是组织内部管理方面的，这是客观存在的，是容易鉴别的。而舞弊行为的内容则是更主观化和个性化的，加上会刻意掩饰，很难被觉察到。因此注册会计师不仅要把重点放在结构方面，即对内部控制、内部管理的内容进行评价，而且应该注重个体行为方面的反映，用一种专业判断去分析、挖掘人性方面的舞弊危险。注册会计师审计时需进行的专业判断的内容大致包括：建立审计的重要性指标，确立舞弊审计的主要目标和结论，评价企业内部控制的力度，判断企业内部控制制度的可信赖程度，选择各类适当的审计程序以及判断被审计单位的财务报表是否适当，公允地反映公司当前的经营状况等。专业判断能力的强弱是一个注册会计师素质的综合反映，它不仅需要拥有执业所需要的专业知识和丰富的经验，更需要有足够的职业敏感。

2. 关注舞弊的可能性、揭示企业内部舞弊行为的能力

注册会计师必须对舞弊时刻保持警惕，以显示应有的职业谨慎性。履行受托审计时，必须关注管理当局对内部控制的态度以及有一定权限接近企业资产的员工的个人表现，关注该行业管理机构的一些特别舞弊的案例，注意交易事项的敏感程度，并对舞弊的警告信号有敏锐的觉察力。美国注册会计师经过广泛的调查和总结，归纳出一些最常见的舞弊警告信号：公司经理对注册会计师撒谎或过分回避其询问；管理当局过分强调达到利润预算或数量目标；管理当局经常与审计人员存在争执，特别是在有关会计原则的应用上显得过于激进；客户的内部控制系统非常薄弱；管理当局报酬的实质部分取决于对数量性目标的实现程度；管理当局对公司的外部管理机构表现出非常不屑的态度；管理经营或财务决策是由一个人或由极少的几个人决定的；客户经理对审计人员表现出敌意；管理当局表现出要冒预料外的风险的倾向；难以审计的交易频繁而且重要；重要岗位的经理人员在生活或做事方式上很不合情理；客户的组织结构分散且缺乏充分的监控。

3. 掌握不同舞弊的特征、查实舞弊行为的能力

舞弊过程一般包括三个步骤，即行为本身、舞弊获得利益的转化、舞弊行为的掩盖。其中，在行使舞弊行为时就希望抓住舞弊者是较困难的，而对舞弊利益的转化也由于是在企业的外部秘密进行而不容易被发现。因此，通常只能凭借对舞弊蛛丝马迹的敏感嗅觉，以及追踪舞弊者在会计记录上掩盖舞弊行为的线索来侦查舞弊。

(1) 雇员舞弊

雇员舞弊通常是企业管理当局的下层雇员涉入的。对雇员个体生活习惯和方式及其变化的观察，可以在一定程度上发现舞弊的信号，如舞弊者通常有以下的个性生活特征：失眠、酗酒、吸毒、神经质、去找心理医生、过敏易怒等。同时，舞弊者也会无法掩饰其有一些生活方式改变的现象，如购买高档住宅、汽车和宝石等，而这些现象又无法用其正常的工薪收入来解释。

另外，舞弊者通常需要在企业的会计资料、业务记录上做手脚以掩饰舞弊行为。常常表现为：有关凭证文件的丢失；现金短款或现金长款；来自客户的抱怨或投诉；经常对应收款和应付款进行账项调整；明细账与总账余额不平衡；已到期但账面上仍显示未收回的应收账款不断增加；存货盘亏或存货报告中废料数额不断增加；雇员不辞而别；支票上的二次背书；很久都没有发生交易的账户突然有了大宗交易。注册会计师应该抓住这些线索，继续追查下去，即可水落石头现。

(2) 管理舞弊

管理当局在财务报表上的舞弊通常是由于"渡过困难期的需要"。他们期望这个困难期是暂时的，相信在获得新的贷款，或增发新股或其他方式的运筹之后就能顺利渡过这个困难期，而结果却事与愿违。同时，管理当局也用舞弊性财务报告来使他们自身获得各种利益，诸如报酬薪金、声誉名气、社会地位等。下列现象通常是管理舞弊的信号：整个行业状况不容乐观；过多的产量或高额负债；实现利润的压力巨大或外部竞争强大；营运资本的缺乏或扩张太快导致负面效应；关联方交易大量增加且繁杂；等等。在管理舞弊中，财务数据和会计记录本身也是舞弊的目的，管理当局通常采用的管理舞弊手法有：高估资产和收入，低估负债和费用；误导性地披露有关信息；故意忽略重要的信息不披露，等等。根据国外注册会计师的经验，舞弊性财务报告总是显示出比当前行业状况更好，或比公司自身历史水平更好的业绩或相关比率，且大部分这种报告显示的业绩恰好刚刚达到管理当局几个月前宣布的目标，或刚好符合某项贷款或配股的要求。对这样的财务报告，注册会计师应特别予以关注。

(三) 实施舞弊审计的基本思路

1. 有目的的审计调查

由于审计测试及被审计单位内部控制的固有限制，审计人员依照独立审计准则进行审计，并不能保证发现所有的错误或舞弊。由于事前及事后不对称信息的存在，尤其是股东和经营管理者具有信息上的相对优势，舞弊在事前有可能难以防止或预防，在事后也有可能难以完全明了或察觉。此时，良好通畅的信息及沟通系统无疑是至关重要的。因此，审计人员要全面调查并充分了解企业内部控制机制、信息及沟通系统。一般而言，一个组织若同时具备规范完善的内部控制制度、良好通畅的信息沟通系统及合理有效的激励约束机制，则其内部控制整体框架是较健全的，从而产生舞弊的概率较小；即使发生舞弊，其程度也并不十分严重。通过舞弊审计调查，若查明的情况与上述相反，则产生舞弊的可能性较大，且其程度会相当严重。

2. 审查和评价内部控制系统

从审计角度分析，舞弊的存在与发生，说明被审组织管理上有漏洞，内部控制存在薄弱环节。因此，实施舞弊审计时，需考虑并注意对内部控制的审查与评价。审计人员有责任通过有效及相应的检查，来评价经营业务的各个部门可能存在的风险，发现舞弊行为。评价内部控制系统的标准包括：被审组织是否建立了现实的组织目标；是否有书面政策以说明具体的管理条例及在发现违规行为时应采取的行动；是否建立和保持了恰当的授权政策；是否已制定了用以控制一些活动和保护资产的政策与程序及其机制；是否具有为管理层提供足够、可靠信息的通信渠道；是否具备能保证控制的控制环境；是否需要提出一些协助防止舞弊的建议等。

3. 制定周密的审计计划

审计人员在实施舞弊审计时，应当明确并切实履行其审计职责，尤其要对内部控制系统进行有目的的审查与评价，以便经济有效地完成舞弊审计任务并降低审计风险。审计人员既要了解过去有关的事件及被审计组织或被审者的诸多表现，如管理层的工作态度、责任心及诚实品质等，又要警惕可能出现的不正当行为的情况和活动，尤其要重视那些容易产生错弊的资产情况，还要进行风险分析和控制评价。在编制审计计划时，要考虑导致会计报表严重失实的错误与舞弊存在的可能性，除内部控制的固有限制外，下列情况会增加舞弊的可能性：（1）被审计单位管理人员的品行或能力存在问题；（2）被审计单位管理人员遭受异常压力；（3）被审计单位存在异常交易，例如期末发生对盈亏有重大影响的交易，发生重大的关联方交易等；（4）审计人员难以获取充分、适当的审计证据。

4. 实施舞弊审计

一般而言，舞弊审计不同于常规性审计。在舞弊审计中，审计人员应作为信息的收集者将注意力集中在业已发生的事件上，寻找与舞弊行为有关的证据，并确定其具体细节、损失的金额及问题的影响范围，而不能事先预计或测算。实施审计时从异常现象中捕捉疑点，搜寻线索。主要关注以下几个方面：①审查各种货币资金的来龙去脉的真实性、合规合法性，是否存在多头开户、截留收益和转移收益现象。②审查实物资产是否存在虚列和虚增虚减的现象。③审查各种往来账户的真实性、合规合法性、账户使用的正确性,特别是债权债务的真实性,是否存在利用往来账户转移和调节收益现象。④审查财务成本账户、权益账户的正确性,其核算依据、计价和变化的正确性和合理合法性。⑤会计账表上反映的收入与业务部门反映的数据的相关性,审查虚增虚减和截留、转移收益现象。⑥关注会计账户中的异常现象,如反方余额、不正确的对应关系、红字冲销、频繁调账等情况。⑦审计人员实施正常的审计业务时,在怀疑被审计单位有不正当和非法欺骗行为时,必须通知上级主管,建议进行必要的调查或根据需要实施跟踪审计。⑧在发生重大错弊的情况下,对于所涉及的人员,审计人员应向更高层管理人员报告,以期较好地解决重大错弊。

(四) 注册会计师发现舞弊迹象时的审计措施

注册会计师在审计中发现了舞弊的迹象时应当从应有的职业谨慎的角度加以充分关注并采取适当的审计措施。

1. 如果有迹象预示舞弊可能存在,注册会计师首先应该考虑其对会计报表的可能影响

如果有可能对会计报表产生较大影响就应该执行其适当的修改或追加的审计程序。至于如何修改或追加程序,应视注册会计师的专业判断、可能发生舞弊的类型、该种舞弊发生的可能程度及其对会计报表产生影响的可能性而决定。

2. 对内部控制制度的重新评估

如果舞弊是应该由内部控制予以防止或发现的,注册会计师应该重新考虑其以前对这一内控制度的评价,如有必要,应该修改实质性测试的性质、时间和范围。

3. 应考虑舞弊对审计报告的影响

舞弊可能严重降低会计报表的真实性、合法性和公允性,甚至反映出企业管理人员的素质与作风,注册会计师应对其予以足够的重视,将影响判断的结果反映在审计报告中,结合被审计单位的反映,予以表述相宜类型的审计意见。如果被审计单位拒绝调整会计报表或拒绝披露已发现的重大舞弊,注册会计师应当考虑舞弊对会计报表的影响程度。当影响程度较为严重时,应发表非无保留意见的审计报告;如果注册会计师实施了必要的审计程序后,仍无法确定舞弊对会计报表的影响程度,或审计范围受到被审计单位的限制,以致无法获取充分适当的审计证据,或审计范围受到客观环境的限制,有可能得不到审计证据,就要咨询法律顾问,来确定相宜的审计程序和审计策略。

（五）设计延伸性审计程序借以发现和揭露舞弊

舞弊行为在通过复核、观察、比较、询问、账户分析和内部控制测试这些审计技术仔细追踪之后，是可以被揭露出来的。只要注册会计师敏感地抓住各种舞弊特征，并且紧紧追踪这些线索，不断追查下去，将使舞弊揭露出来。除普通的审计程序之外，舞弊审计中还采用了延伸性的程序，以彻底追查、揭露舞弊。常用的延伸性程序包括：①在一日之内或近期之内突击盘点两次现金。第一次盘点很容易让舞弊者事先有所准备，而在出其不意的第二次盘点中，就可能发现贪污或挪用行为。②对供应商及客户的调查。可以发现由企业采购部人员或其他人员虚构的供应商，同时可以揭露一些由企业内部雇员虚构的客户。③特别函证支票的二次背书。如被背书人是否属于组织内部的授权人，这就可能形成一条舞弊线索。④对应收账款的总账和明细账进行特别的加总核对。⑤测算现金收入送存银行拖延的时间。可以检查现金日记账，比较现金收入和该笔收入解存银行的时间，如果发现时间有拖延又无法解释原因，也许就意味着现金的挪用。⑥舞弊审计询问程序（Fraud Audit Questioning，FAQ）。在进行询问时，应做到谨慎，特别注意不要同有可能涉及舞弊的管理人员讨论舞弊的可能性。可以在平常的审计中设计一些针对舞弊的常规问题，让相关人员解答，这样就不会引起舞弊者充分的警觉，而注册会计师也可以从这些问题的解答中获得线索。⑦被怀疑对象财产净值的追踪分析。一旦舞弊行为已被发现，或确实值得怀疑时，对怀疑对象就要进行个人财产的净值分析，即将他的个人资产总额减去个人负债总额得到的净值进行期初期末比较，分析差额以及净值变动的原因。⑧跟踪支出分析。这种分析类似于财产净值分析，只是比较方法不同。将正常的收入同所有的支出进行比较，假如支出超越了合法收入，那么超出部分也许就是舞弊所得。

（六）揭露舞弊后的附加程序审计

在舞弊行为被揭露之后，注册会计师并不应该完全结束他们的工作，还要继续采用相关的附加审计调查程序，甚至要请求法律部门的协助，对舞弊事项予以切实调查。

1. 注册会计师已发现所有舞弊的处理办法

注册会计师应以适当的方式向被审计单位管理当局告知在审计过程中发现的所有舞弊行为，并把告知的结果记录于审计工作底稿；对于涉及的人员应当采取适当的方式对该人员负责的更高层管理人员报告；如果怀疑最高层管理人员涉及舞弊时，注册会计师应谨慎地考虑向董事会、监事会报告，并在征求律师意见的基础上决定审计方案。

2. 建议管理当局起诉舞弊者

许多公司认为只要将舞弊者解雇就能清除公司的蛀虫，殊不知这种姑息的态度将会使舞弊者到新的工作岗位上继续舞弊，同时也会让公司内部有舞弊动机的人认为舞弊被抓住的机会成本很低，变相鼓励了有舞弊动机的人。因而，注册会计师应鼓励管理当局起诉舞弊者，并采取措施查清所有舞弊事实和证据。

3. 提供管理建议书

我国《独立审计基本准则》要求，注册会计师在对审计过程中发现的内部控制重大缺陷，应当向被审计单位报告，如有需要，可以出具管理建议书。将舞弊者揭发出来并不是注册会计师舞弊审计的最终目的，还需要在后续审计中透彻分析舞弊行为产生的原因，深入探讨舞弊的根源，从而发现内部控制方面的薄弱环节以及企业管理方面的弱点，并向被审单位提出建议，以杜绝同类舞弊行为的再次发生。

八　舞弊审计策略

（一）保持高度职业审慎，关注舞弊预警信号

一个称职的注册会计师必须熟悉各种舞弊的迹象，具备一定的洞察舞弊能力，善于发现舞弊的线索。复式簿记的独特和人类固有的局限（如喜欢炫耀的心理、追求享乐的冲动和不可避免的疏忽大意），注定大多数舞弊会留下蛛丝马迹，即所谓的财务舞弊学上的预警信号。财务舞弊的大量实践证明，关注预警信号是发现和防范财务舞弊的捷径之一。国外的舞弊检查研究认为，舞弊的迹象分为六类：（1）会计异常。主要包括：原始凭证不合常规（如凭证缺失、银行调节表出现呆滞项目、应收账款拖欠增加、凭证篡改、付款雷同、支票二次背书、凭证号码顺序不合逻辑、字迹可疑、以凭证复印件取代原件）；会计分录存在瑕疵（如缺乏原始凭证支撑，对应收应付款、收入和费用进行未加解释的调整，会计分录借贷不平衡，会计分录由异常人员编制，临近会计期末编制的异常会计分录）；日记账不准确（如日记账不平衡、客户或供应商的个别账户合计数与控制账户不相勾稽）。（2）内部控制缺陷。主要包括：缺乏职责划分；缺乏实物资产保护措施；缺乏独立核查；缺乏适当的文件和记录保管；逾越内部控制；会计系统薄弱。（3）分析性异常。主要包括：未加解释的存货短缺或调整；存货规格存在背离或废品日增；采购过度；账户余额大

幅增减；资产实物数量异常；现金出现短缺或盈余；不合理的费用或报销；应注销的资产项目未及时确认且金额巨大；财务报表关系诡异（如收入增加存货减少、收入增加应收账款减少、收入增加现金流量减少、存货增加应付账款减少、在产量增加的情况下单位产品成本不降反增、产量增加废品下降、存货增加仓储成本下降）。(4) 奢侈的生活方式。主要包括：生活方式与收入水平不相称。(5) 异常行为。这类预警信号主要包括：失眠、酗酒、吸毒、易怒、猜疑、神经高度紧张；防御心理增强或动辄与人争执；对注册会计师的询问过于敏感或富有挑衅性；过分热衷于推卸责任或寻找替罪羊。[1] (6) 暗示与投诉。这是指公司内外部知情人以匿名或明示的方式，向公司管理当局、注册会计师或政府监管部门提供的有关舞弊检举线索。注册会计师应该善于关注各种舞弊迹象特征，用一种专业判断从异常现象中捕捉疑点，分析舞弊危险，搜寻舞弊线索，积极开展追查。

（二）作好舞弊审计规划，分析发生舞弊的风险点

1. 分析企业经营状况，识别产生舞弊的风险点——针对会计报表舞弊

首先，注册会计师不能仅仅直接对会计报表等进行审计，这种传统的审计模式容易犯"只见树木，不见森林"的错误。注册会计师必须充分了解企业及其环境，如管理当局及其激励机制、组织结构、内部管理、行业状况、经营特征等，从宏观上充分把握企业经营状况，了解可能存在的经营风险领域，在会计报表的相应项目上找到风险的反映。如果企业管理层的个人利益与公司的经营业绩休戚相关，设定过于乐观的财务目标，或存在逃税动机使收益呈报最小化，这些因素往往诱使企业管理层串通舞弊或凌驾于内部控制之上，使内部控制防范或发现账户余额或各类交易存在错报失去作用。其次，组织结构呈现以下特征，通常容易发生舞弊：组织结构过于复杂，不存在内部审计部门，董事会缺乏外部董事，少数人控制关联交易，分设机构无明显经营的动机。例如，美国安然公司就是利用复杂的账外实体掩盖巨额债务的。再次，在内部管理上，如关键岗位没有定期进行轮换，强制休假，定期检查，过于依赖或轻信个别员工等。另外，企业的行业状况也容易导致舞弊的发生，对会计报表产生重大影响。如产品趋于饱和使毛利率下降，行业走下坡路，面临产品和技术换代更新。根据企业经营状况的分析结果，确定企业容易发生的舞弊风险和可能出现的舞弊迹象，并反映到会计报表的相应项目，从而将审计资源分配到会计报表舞弊的领域。

---

[1] 金一方：《对舞弊审计的几点认识》，温州审计网，2007年10月25日。

2. 分析各个业务循环，确定可能产生舞弊的弱点——会计事项舞弊

根据企业特征，划分各个业务循环，如销售和收款、购货和付款、筹资等等，分析每项业务循环中企业应当履行的职能，每项职能存在的固有风险，可能发生的舞弊和迹象，并结合考虑舞弊者的心理、逻辑分析和行为模式，具体包括可能盗取的资产，有舞弊机会的人员，掩饰的可能方式，转移财物的可能方式，可能的舞弊迹象，嫌疑人的压力和合理化，关键的内部控制等。比如，在存货保管环节上，具体要分析：有无存在某种易盗的材料，有舞弊机会的人有保管员、守库员等，盗取的方式有可能为夜间运输或混杂在废品中，转移的方式有可能为变卖或改为个人自用，可能的迹象如异常的行为、材料短缺等，存在的压力有经济拮据或赌博恶习，合理化原因有员工认为企业缺乏人性关怀、吝啬，没有给予应得的报酬或职位等，关键的内部控制如没有实行严格的双人保管、守库，没有定期盘点等。在全面考虑分析各个业务循环内潜在的各种舞弊的基础上，列出最容易发生舞弊的项目，集中审计资源深入调查。

（三）运用数据分析工具，从交易事项中搜寻舞弊迹象

1. 积极运用科技手段分析数据寻找可疑迹象

比如利用审计专家经验，建立各种数据判断模型，将其引入数据分析软件，调集审计对象的业务数据和会计数据，利用数据分析软件进行分析判断，寻找会计异常、数据间异常和与预期数据的偏差，确定可能舞弊行为。假如，我们认为公司极有可能存在采购人员收受回扣，我们调集公司的业务数据和会计数据，利用数据分析软件对公司的采购量及其结构进行分析，发现总量下降，但某家供货商所占比例却保持上升趋势，以此作为疑点进一步调查是否存在回扣。

2. 采用分析性程序发现舞弊

大量研究证实，分析性程序是一种应用十分广泛而且颇为有效的审计方法，尤其在发现和检查财务报告舞弊方面作用相当明显，相当比例的财务报告舞弊的曝光最初缘于分析性程序中发现的线索。当企业的财务和非财务数据之间存在某种预期关系就可以运用分析性程序。经常运用的分析性程序有：（1）同业比较。如果有较大的差异，预示着公司存在舞弊的可能，通常同行业的舞弊公司比非舞弊公司具有更高的财务杠杆、更低的资本周转率、更高的毛利率，其流动资产的比例更高，其中绝大部分是存货和应收账款。（2）关联指标比较。如主营业务收入增长率与应收账款增长率的正向变动关系，利润增长与现金流量之间的正向变动关系，如果这种正向关系被打破，就有可能存在舞弊的可能。（3）税金比率分析。如销售收入税金比率、利润总额所得税

比率分析，非跨业经营的企业，销售收入税金比率是比较稳定的；所得税占利润总额的比例一般不会显著小于法定税率。

（四）采取非常规的审计手段，彻底揭露舞弊

舞弊行为审计程序实际上和普通的审计程序并没有太大的差异，只是执行程序的着眼点不同，经常需要采取非常规的审计手段，延伸程序和对象，以追查彻底揭露舞弊。比如，在一般的财务真实性审计，注册会计师只要核对凭证，确定支持性凭证是否存在且充分，而舞弊审计还要对凭证的真实性、支出的合理性以及内容的正确性进行调查；如果发现存在内部控制缺陷，一般目的审计只是用于评价内部控制状况，而舞弊审计还要对该薄弱环节是否已被利用于舞弊进行调查，等等。

舞弊审计的延伸程序和对象取决于注册会计师的思维和经验，常用的延伸性程序包括：短期内多次突击盘点现金，以求出其不意发现贪污或挪用行为；调查供应商及客户，以发现虚假采购等行为；调节现金日记账和银行对账单，测算现金收入送存银行拖延的时间；对长期挂账的"其他应收款"，要深入追查，彻底弄清它的内容和性质；对重要和异常的银行账户或往来账户，不能轻易相信函证结果，最好亲自前往了解情况；对多次支付给同一收款人的大额凭证要搞清来龙去脉；对偏远的分支机构或不起眼的下属机构不能忽视；对高度依赖计算机信息系统处理业务和会计数据的单位，最好聘请专家分析软件系统的控制情况。

九 内部审计是舞弊审计的重要力量

（一）内部审计介入舞弊审计的可能性

防止舞弊最有效的办法是保持一个有效的内部控制系统。建立有效的控制系统主要是管理层的责任。内部审计人员有责任通过评价内部控制系统的有效性揭露业务经营部门存在的风险，来协助防止舞弊。内部审计能够发现、反映内控制度的漏洞、盲点和盲区——制度的空白、滞后、冲突、落空。进而存在及时、客观地向企业高层反馈的可能，让企业所有者及时地知道公司现行内控制度并不都是围绕提高或增加企业效益而运行，从而引起高层的重视。

（二）内部审计开展舞弊审计的内外部条件分析

1. 从内部审计所处的发展阶段来分析

由于企业组织内控制度的健全完善和规范执行尚待时日，内部审计人员很

难通过直接测试与评价内控制度的漏洞来发现舞弊现象，且内审机构并非专为检查舞弊而设置，即使内部审计人员以应有的职业谨慎执行了必要的审计程序，也不能保证发现所有的舞弊行为。因此当前企业的舞弊审计工作，应根据实际情况，突出重点领域，有所为，有所不为。

2. 从现有审计人员的能力素质来衡量

在进行舞弊审计时，内部审计人员必须具备预防、识别、检查舞弊的基本知识和专业技能，有能力识别舞弊的手法和特征，需要足够的专业熟练性。同时，内部审计人员还必须具有良好的道德素养和职业操守，本着诚实、公正、不偏不倚的态度进行鉴定和评价。如果内部审计人员对于舞弊审计所必须具备的会计、经济、商业、税收等法律法规知识和管理规则掌握的不多，不能熟练运用并准确识别舞弊行为，无疑会对舞弊审计带来一定的制约和影响。

3. 从内部审计部门的地位作用来把握

开展舞弊审计的内部审计机构需要保持足够的独立性，它是保证审计工作质量的基本前提。就电信通信企业目前的内审机构设置来看，"服从服务"于部门单位中心工作的职能体现得较强，而其应有的独立性相对有限。由于舞弊行为发生的主体大多为掌握一定权力的管理者，舞弊审计的主要对象也就成为组织的各级管理者，这使得审计部门在安排舞弊审计内容，确定舞弊审计的重点和对象时，需要更为审慎的态度和更为周全的考虑。

（三）内部审计开展舞弊审计的切入点

1. 扎实有效地开展经济责任审计，加强结果运用

经济责任审计是我国独具特色的审计形式之一，主要是对国有企业领导经营国有资产所应履行的经济责任进行评价，对领导经营行为进行管理和监督，链接着决策审计、效益审计、治理审计、经营审计和舞弊审计等多项内容。上级主管部门委托内部审计机构对领导开展经济责任审计，既是对其经济责任的界定和鉴证，又是对其经营决策管理行为的监督和控制，可以起到预防舞弊，规范程序，改进管理的积极作用。

在安排经济责任审计计划时，可结合舞弊审计的有关要求，除根据有关规定，在领导任期届满，或任期内办理调任、免职、辞职、退休等事项前，以及在企业进行改制、改组、兼并、出售、拍卖、破产等重组时实施经济责任审计外，也可以依据有关原则和规定，由组织的上级管理层委托内部审计部门，不定期对下级组织及其管理人员开展任中经济责任及其他事项的审计工作。

要充分注重审计结果的运用，一方面在人员的培养、使用及岗位级别的升迁变更中，要把经济责任审计结果作为重要依据之一，对有舞弊行为的人原则

上不能重用，逐步发挥审计职能在人员管理中的作用；另一方面，上级组织要认真分析审计中发现问题的原因，总结经验教训，不断改进和完善预防舞弊的制度规定，降低组织损失风险。

2. 加强内控制度建设，进一步落实人员责任

规范健全的内控制度是预防舞弊的有效办法，舞弊审计的正常开展也有赖于规范健全的内控管理制度。各企业的组织类型、管理水平不尽相同，内控制度的模式内容不能完全照搬照抄，而应该针对本企业的实际情况，查找容易发生舞弊的薄弱环节，不断健全和完善内控的各项管理制度，突出重点，有序推进。同时，既要关注制度本身的建立健全和完善，更要注重制度落实执行情况的控制评估，通过制度建设，进一步明确各岗位、关键环节的职责分工，及时发现执行不落实、不到位现象，并以刚性的规则和强制的手段予以严格考核监督，直至追究分管人员责任。要使内控制度真正成为规范管理、有效监督、预防舞弊的重要工具，改变目前或多或少存在的仅仅将内控制度当做装点门面的摆饰，或作为应付检查的挡箭牌的消极现象。

3. 发挥企业文化功能，营造防止舞弊的价值取向和舆论氛围

舞弊发生的根本原因在于管理者、责任人的职业操守和道德水准。诚实守信的价值观，是非清晰的道德观，遵章守纪、勤勉敬业的行为操守，恪守商业道德、维护公司利益的责任意识，是遏制舞弊行为发生的重要文化基础，也是保持企业持续发展的不竭精神动力。要把禁止员工通过非法或者不道德的手段从事职务行为，或者通过不正当的手段谋取公司或个人利益，作为衡量管理者和员工基本行为操守的标准加以严格要求；要把员工不得从事的行为，作为每一位员工必须自觉摈弃的内容加以反复强调并逐步固化，形成企业内部浓厚的"遵者崇、违者耻"的是非标准和价值取向，建立起抵制和防止舞弊行为发生的思想舆论和道德防线。

4. 降低舞弊行为发生的外在动因

不可否认，一定的外部压力也会成为诱发舞弊发生的动因，如过重的经营业绩指标、投资者过高的期望值、管理者本人遭遇的经济方面困境等。组织的上级主管部门应经常有针对性地分析这些因素存在的可能性，分析所下达的任务指标是否超过了企业组织和管理者个人通过其自身努力所能达到的极限，投资者的期望值是否合理，了解掌握管理者个人生活环境的变化情况，从而采取相应的对策措施，以尽可能消除因外部压力导致舞弊行为发生的诱因。

5. 以查处损害组织利益的舞弊行为作为突破口

按照"有所为有所不为"的工作思路，舞弊审计可以先从"损害"组织经济利益的行为入手，使之得到上级管理层的支持和员工的配合。在具体实施

舞弊审计时，可以通过设计适当的延伸性审计程序，发现舞弊线索，并不断追查下去。同时需要注意与有关管理层、法律顾问或其他专家保持联系，取得他们的配合；还要注意评估可能涉及舞弊行为的人员和层次，有针对性地做好保密工作；参与审计的人员必须具备足够的发现、判断舞弊行为的知识和技能。

（四）内部审计人员如何进行舞弊审计

内部审计人员接受委托进行舞弊审计时，必须有能力识别舞弊的特征和手法，以及被审计事项惯用的舞弊伎俩，要警惕那些可能隐藏舞弊的征兆，如控制弱点。一旦发现控制重点不健全，就应检查相关的方面是否存在不正常现象，如果认为必要，就应向有关权力机构报告，建议进行必要的调查。

内部审计人员要根据企业经营活动各方面的潜在风险水平，通过检查和评估内部控制系统的充分性和有效性来协助遏制舞弊。当内部审计人员怀疑企业内部存在错误的做法时，应该将情况告知企业有关主管人员。

舞弊行为在通过复核、观察、比较、询问、账户分析和内部控制测试这些审计技术仔细追踪之后，是可以被揭露出来的。只要内部审计人员敏感地抓住各种舞弊特征，并且紧紧追踪这些线索，不断追查下去，就可以将舞弊揭露出来。除普通的审计程序之外，舞弊审计中还采用了延伸性的程序，以便彻底揭露舞弊。内部审计工作需要在审计中透彻分析舞弊行为产生的原因，深入探讨舞弊的根源，从而发现内部控制方面的薄弱环节以及企业管理方面的弱点，并向企业管理人员提出建议，以杜绝同类舞弊的再次发生。

第三十一章　会计信息化控制和审计信息化建设

——建立以先进信息处理技术为核心的会计信息保真鉴别体系

一　会计信息化的特征

作为未来会计的发展方向，会计信息化与传统的会计模式相比，具有如下基本特征：

（一）以实现会计业务的信息化管理为目标，充分发挥会计的管理决策职能

会计信息化不仅是实现会计核算业务的计算机处理，而且利用现代化信息技术将会计信息系统与企业其他管理子系统充分融合，以及与互联网上的其他企业的会计信息系统或网上交易系统充分融合，实现购销存、人财物的统一会计核算和财务监控的一体化管理，实现物资、资金、信息（包括内部信息和市场信息）流通的协调统一，同时充分利用大型数据库技术进行财务分析和决策，及时提供满足经营管理需要的信息，达到对会计业务的信息化管理，从而充分发挥会计的管理决策职能。

（二）依据会计目标，按信息管理原理与信息技术重组的会计流程

在以实现会计业务的信息管理为目标的前提下，会计信息化不再是简单模仿手工会计处理事务，或是计算机的延伸，而是充分利用网络和信息技术的优势突破传统手工会计的局限。具体表现为：会计数据的采集是通过网络从企业各个管理子系统直接取得，并通过公共接口，与有关外部系统（如银行、税务、供应商、经销商等）相联结，使会计系统不再是信息的"孤岛"，使会计数据的输入呈分布化和多元化之特点；会计数据处理中人工干预大大减少，从凭证到报表均由计算机来完成，同时整个会计数据处理可即时完成，使其呈

集中化、实时化之特点。

（三）对于信息输出，信息使用者通过授权直接获取，信息提供既及时又能很好地满足用户的需求

传统的会计模式使得信息的输出往往滞后于管理者及其投资人的需要。在计算机会计信息系统条件下由于受通信技术的限制，远距离的信息获取仍受限制。但随着网络环境的改善，Web技术应用于企业的发展，企业打破了时间和空间的限制，能随心所欲地进行信息的交流。在会计信息化条件下，会计信息的及时获取使得会计工作能更好地满足用户的需求，提高会计信息在优化资源配置过程中的有效性。

（四）会计信息化是以计算机、网络及通信等现代信息技术为技术手段

会计信息化的所有特征都是建立在计算机、网络及通信等现代信息技术手段的基础上。没有现代信息技术的手段，不可能产生会计信息化的财务软件，也不可能有实现会计信息化的现实基础，会计信息化是在"信息技术——业务——财务——管理"四方面信息高度共享的条件下构筑的。

由此可见，会计信息化的出现使会计处理工作在信息存储介质和存取方式、信息处理流程、处理方式、内部控制方式及组织的机构设置等方面都发生了很大的变化，对传统的会计理论和实务将产生巨大的影响。由于审计和会计是密不可分、息息相关的，它们所面临的巨变环境是一致性的。毋庸置疑，会计信息化必将导致新的审计体系和审计技术产生，传统的审计技术模式和体系必将在新世纪、新的环境下进行必要的变革，以适应社会经济对现代审计的需求。①

二 计算机会计信息系统对内部控制的影响

计算机会计信息系统中的风险有其特殊性，加强其内部控制的建设，比之手工系统更为迫切。并且国内外的事实说明，虽然计算机系统中出现错误和舞弊的次数有所减少，但其每次所造成的损失程度有所增加。如美国的一项研究表明：一般的银行舞弊案，每次造成的损失为10.4万美元，而计算机系统的银行舞弊案的平均损失为61.7万美元，计算机系统的每次舞弊案的平均损失

---

① 胡玲：《在会计信息化环境下审计的特点》，铭万网，2006年12月18日。

是一般手工系统的6倍以上。

1. 计算机的使用改变了企业会计核算的环境

企业使用计算机处理会计和财务数据后，企业会计核算的环境发生了很大的变化，会计部门的组成人员从原来由财务、会计专业人员组成，转变为由财务、会计专业人员和计算机数据处理系统的管理人员及计算机专家组成。会计部门不仅利用计算机完成基本的会计业务，还能利用计算机完成各种原先没有的或由其他部门完成的更为复杂的业务活动，如销售预测、人力资源规划等。随着远程通信技术的发展，会计信息的网上实时处理成为可能，业务事项可以在远离企业的某个终端机上瞬间完成数据处理工作，原先应由会计人员处理的有关业务事项，现在可能由其他业务人员在终端机上一次完成；原先应由几个部门按预定的步骤完成的业务事项，现在可能集中在一个部门甚至一个人完成。因此，要保证企业财产物资的安全完整，保证会计系统对企业经济活动反映的正确和可靠，达到企业管理的目标，企业内部控制制度的建立和完善就显得更为重要，内部控制制度的范围和控制程序较之手工会计系统更加广泛，更加复杂。

2. 电算化会计系统改变了会计凭证的形式

在电算化会计系统中，会计和财务的业务处理方法和处理程序发生了很大的变化，各类会计凭证和报表的生成方式、会计信息的储存方式和储存媒介也发生了很大的变化。原先反映会计和财务处理过程的各种原始凭证、记账凭证、汇总表、分配表、工作底稿等作为基本会计资料的书面形式的资料减少了，有些甚至消失了。由于电子商务、网上交易、无纸化交易等的推行，每一项交易发生时，有关该项交易的有关信息由业务人员直接输入计算机，并由计算机自动记录，原先使用的每项交易必备的各种凭证、单据被部分地取消了，原来在核算过程中进行的各种必要的核对、审核等工作有相当一部分变为由计算机自动完成了。原来书面形式的各类会计凭证转变为以文件、记录形式储存在磁性介质上，因此，电算化会计系统的内部控制与手工会计系统的内部控制制度有着很大的不同，控制的重点由对人的控制为主转变为对人、机控制为主，控制的程序也应当与计算机处理程序相一致。

3. 差错的反复发生

在手工系统中，发生差错往往是个别现象，而且由于数据处理缓解分散于多个部门，由多个人员完成，一个部门或人员的差错往往可以在下一个环节中发现和改正。所以一般而言，一定时间内数据中反复发生错误的可能性并不大。但计算机系统处理的集中化，加之计算机运算的高速性，使得其处理结果一旦发生错误，就往往在短时间内迅速蔓延，使得多种文件、账簿，以至整个系统失真。如果发生错误的原因在于系统程序和系统软件,则计算机就会重复执行同一错误操作。

4. 数据安全性差

手工系统中数据的处理和存储均分散于各个部门和人员,而计算机系统的突出特点就是其处理和存储的集中化,由此对数据安全带来一定的威胁。如未经授权的人员可以利用计算机轻而易举地浏览其他部门文件和数据,从而使得机密数据被泄露。另外,数据大量集中存储于磁、光介质中,一旦发生火灾、水灾、被盗之类的事件,就可能是全部数据丢失或者毁损;同时磁、光介质对环境的要求较高,不仅要防水、防火,还要防尘、防磁,而且对温度还有一定的要求,从而增加了数据的脆弱性。

5. 对不合理的业务缺乏识别能力

尽管计算机运行速度快、精度高,但以其代替人的手工操作的同时也使系统丧失了人类所具有的对不合逻辑、不合理的及例外事项的判断和处理能力,因此要求在数据处理过程中增加多种检查控制。

6. 输入差错的严重性

在信息处理过程中,"垃圾进,垃圾出",即如果输入数据出错,以后的处理环节再正确,也只能输出错误的信息。计算机会计信息系统处理的高速性和集中化,都使得这一问题更加突出。另外,计算机会计信息系统的输入过程较手工系统多了一道程序,即需将人类可读的数据转换为机器可读的代码形式,这一环节无论采用联机系统还是采用批处理系统都可能产生一定的错误,由此使得计算机会计信息系统输入方面的补偿控制更加必要。

7. 程序被非法调用篡改

计算机完全依靠程序进行操作。离开了程序,性能再好的计算机也像没有拐杖的盲人一样。对程序的控制这一在手工系统中不曾有的控制手段在计算机系统中却至关重要。如果对任何人接近计算机系统缺乏控制,则未经授权的人员也可以上机操作,改动程序。同时对于经批准接近系统的操作人员加以限制也非常重要。在历史上,无论国外还是国内,操作人员利用工作之便篡改程序达到非法目的的事件一直屡见不鲜。

8. 系统现状与用户要求不相适应

计算机会计信息系统的建立是一个复杂的过程,需要很多计算机和通信技术知识,单纯依靠用户本身往往难以胜任,所以一般要凭借本单位或者专业公司的计算机专业人员进行。但我国目前的一个普遍现象是,计算机专业人员往往不懂会计与审计知识,而用户又对计算机知识知之甚少。系统的开发过程只能由用户提出具体要求,由计算机专业人员进行相应设计。由于用户和审计人员知识背景的差异,往往造成理解上的障碍,使得设计出来的计算机系统不能满足用户的需要。

9. 计算机的使用提高了控制舞弊、犯罪的难度

随着计算机使用范围的扩大,利用计算机进行的贪污、舞弊、诈骗等犯罪活动也有所增加,由于储存在计算机磁性媒介上的数据容易被篡改,有时甚至能不留痕迹地篡改,数据库技术的提高使数据高度集中,未经授权的人员有可能通过计算机和网络浏览全部数据文件,复制、伪造、销毁企业重要的数据。计算机犯罪具有很大的隐蔽性和危害性,发现计算机舞弊和犯罪的难度较之手工会计系统更大,计算机舞弊和犯罪造成的危害和损失可能比手工会计系统更大,因此,计算机会计信息系统的内部控制不仅难度大、复杂,而且还要有各种控制的计算机技术手段。

由此可见,计算机会计信息系统的内部控制制度与手工会计系统的内部控制制度相比较,计算机会计信息系统的内部控制是范围大、控制程序复杂的综合性控制,是控制的重点为职能部门和计算机数据处理部门并重的全面控制,是人工控制和计算机自动控制相结合的多方位控制。

随着计算机在会计工作中的普遍应用,管理部门对由计算机产生的各种数据、报表等会计信息的依赖越来越大,这些会计信息的产生只有在严格的控制下,才能保证其可靠性和准确性。同时也只有在严格的控制下,才能预防和减少计算机犯罪的可能性。

计算机会计信息系统的内部控制制度,从计算机会计信息系统的建立和运行过程来看,可分为对系统开发和实施的系统发展控制、对计算机会计信息系统各个部门的管理控制、对计算机会计信息系统日常运行过程的日常控制。

三 计算机会计信息系统内部控制的特点

在计算机会计信息系统中,内部控制的目标仍然是保证资产的安全性、数据资料的准确性和可靠性,提高经营效率以及保证管理方针的实现。但其控制的重点、方式、内容和范围有所不同。

1. 控制的重点转向系统职能部门

计算机会计信息系统实现后,数据的处理、存储集中于系统职能部门,因此内部控制的重点必须随之转移。

2. 控制的范围扩大

由于计算机会计信息系统的数据处理方式与手工处理方式相比有所不同,以及计算机系统建立与运行的复杂性,要求内部控制的范围相应扩大,其中包

括一些手工系统中没有的控制内容，如对系统开发过程的控制、数据编码的控制以及对调用和修改程序的控制，等等。

3. 控制方式和操作手段由人工控制转为人工控制和程序控制相结合

在手工系统中，所有的控制手段一般都是手工控制。在计算机系统中，原有的手工控制手段有些仍然保留，但需要增设一些存储与计算机程序中的程序化控制。当然随着计算机应用的程度不同，程序化控制的范围也会有所不同。一般来说，计算机应用的程度越高，采用的程序化控制也就越多。

四 计算机会计信息系统内部控制内容

（一）系统开发、发展控制

计算机会计信息系统的系统开发、发展控制包括开发前的可行性研究、资本预算、经济效益评估等工作，开发过程中系统分析、系统设计、系统实施等工作，以及对现有系统的评估，企业发展需求，系统更新的可行性研究，更新方案的决策等工作。

（二）管理控制

管理控制是指企业建立起一整套内部控制制度，以加强和完善对计算机会计信息系统涉及的各个部门和人员的管理和控制。管理控制包括组织机构的设置、责任划分、上机管理、档案管理、设备管理等，如防止无关人员进入计算机工作区域，防止设备被盗，防止设备用于其他方面等。[①]

（三）应用控制

应用控制指对计算机会计信息系统中具体的数据处理功能的控制。应用控制具有特殊性，不同的应用系统有不同的处理方式和处理环节，因而有不同的控制问题和控制要求。但是，一般来说，计算机会计信息系统的应用控制包括以下几项控制：①输入控制；②处理控制；③输出结果控制。

五 计算机会计信息系统对审计的影响

计算机会计信息系统的实施，大大提高了会计信息处理的速度和准确

---

① 朱建国：《试论电算化会计系统的内部控制》，中华财会网，2008年1月15日。

性，能为用户提供及时、准确的会计信息，是会计事业发展史上一次史无前例的飞跃。但这个飞跃也给审计工作带来很大的影响，归纳起来主要有下列几方面：

(一) 审计的所有领域将全面运用现代信息技术

这是指在审计的理论研究、实务工作、管理模式、知识结构等方面都将运用现代信息技术，使技术与审计高度融合，大大提高审计的工作质量和效率。在理论研究方面，要构筑起适应现代信息技术发展的，可用于解释和预测多种审计现象的审计理论。在实务工作方面，要使审计工作面向"计算机内在审计"和"使用计算机审计"转变；审计人员不再只依赖于纸张记录的会计数据而大部分或全部依赖于磁盘、光盘等介质记录的电子数据，或直接从网络下载的电子数据，诸如电子商务之类；审计底稿和审计证据及其有关审计档案也全部电子化；审计工作将从定期的现场审计转向实时或定时的在线网络审计，即通过网络分散和实时连续抽取证据进行审计。在管理模式上，要利用现代信息技术来管理责任与风险俱在的审计行业。在知识结构上，审计人员除了掌握传统审计的基本知识外，还应掌握计算机知识及其应用技术，掌握数据处理和管理技术，掌握现代信息技术的应用，例如网络知识等；不仅要会操作审计软件，而且要能根据需要编写出各种测试审查程序，使所有审计人员都应成为完全意义上的电脑审计人员。

(二) 审计内容的改变

在计算机会计信息系统条件下，审计的监督职能虽然没有改变，但审计内容却发生了变化。在电算化会计信息系统中，会计事项由计算机按程序自动进行处理，如果系统的应用程序出错或被非法篡改，则计算机只会按给定的程序以同样错误的方法处理所有的有关会计事项，系统就可能被神不知鬼不觉地嵌入非法的舞弊程序，不法分子可以利用这些舞弊程序大量侵吞企业的财物。系统的处理是否合规、合法、安全可靠，都与计算机系统的处理和控制功能有直接关系。电算化会计信息系统的特点及其固有的风险，决定了审计的内容要增加对计算机系统处理和控制功能的审查。在计算机会计信息系统条件下，审计人员要花费较多的时间和精力来了解和审查计算机系统的功能，以证实其处理的合法性、正确性和完整性，保证系统的安全可靠。

当一个系统已经完成并投入使用后，再对它进行改进，比在系统设计、开发阶段进行困难得多，费用昂贵得多。因此，除要对投用后的电算化会计信息系统进行事后审计外，还应提倡在系统的设计、开发阶段，应有审计人员参与进行事前和事中的审计。他们在系统设计开发的各个阶段要注意审查和考核下列问题：一是系统的功能是否恰当、完备，能否满足用户核算和管理的要求；二是系统的数据流程、处理方法是否符合会计制度、法规、法令和财经纪律的要求；三是系统是否建立了恰当的程序控制，以防止或及时发现无意的差错或有意的舞弊；四是系统是否保留了充分的审计线索，能否为日后顺利开发审计提供必需的条件；五是系统的安全保密措施和管理制度是否健全，能否为日后安全可靠地运行进行系统开发控制。

（三）审计线索的改变

由于计算机会计信息系统的建立，使审计线索发生很大变化，传统手工会计系统中的审计线索在计算机会计信息系统中将会中断甚至消失。在手工系统中，由原始凭证到记账凭证，由过账到财务报表的编制，每一步都有文字记录，都有经手人签字，审计线索十分清楚。审计人员进行审计，完全可以根据需要进行顺查、逆查或抽查。但在电算化会计系统中，传统的账簿没有了，绝大部分的文字记录消失了，代之的是存有会计资料的磁盘和磁带，这些磁性介质上的信息是以机器可读的形式存在的，肉眼不能识别。此外，从原始数据进入计算机，到财务报表的输出，这中间的全部会计处理集中由计算机按程序指令自动完成，传统的审计线索在这里中断了、消失了。传统的查账方法，对电算化的会计个体已不完全适用。为了能有效地审计电算化的会计个体，在电算化会计系统的设计和开发时必须注意审计需求，要留下新的审计线索。例如，要留下每笔经济业务的详细记录，而不能只留下更新后的当前余额。有些系统中的暂存文件，经过一定的时间就要被删掉。如果审计需要查这些文件，则应拷贝，以便查寻。

审计人员还参与系统的调试、检测和验收，尽可能及时地发现系统的问题，及时提出改进意见。

（四）明细信息的数据安全性、可靠性是未来审计的重点

在计算机会计信息系统条件下，企业所提供的最主要的会计信息将是各种明细信息，因此，审计的工作重点在于验证企业内部形成的明细信息的真实可靠性，以及审核进入外部网络的明细信息的安全性。

企业内部形成的明细信息的真实可靠性如何，取决于企业会计信息系统内部控制的强弱程度，而审计人员的主要工作将是证实从数据库存取信息的可靠性。为此，他们应当侧重于验证机内原始凭证数据是否真实可靠（如果数据

是从网络上下载的，则应对远程数据的通信过程进行审计），会计凭证数据库的存取是否得当，以及这些数据被不留痕迹修改的风险有多大等问题。对于进入外部网络的明细信息，必须通过对整个系统的网络进行安全控制，以保证此信息的安全性。在会计信息化条件下，必须对会计信息进行连续审计，这种审计不仅应延伸到进入企业内部网络的明细信息，而且应延伸到进入外部网络系统的明细信息。

（五）对审计人员的要求更高

在计算机会计信息系统条件下，由于审计线索的变化、内部控制的变化、审计对象和内容的扩大及审计方法的变化，决定了对审计人员要求的提高。审计人员必须从传统的审计时空观转换为信息化社会的电子时空观（没有物理距离和没有时间滞后的时空观），具体表现为审计人员进行审计时不再局限于传统纸张上的书面数据，也不局限于会计系统，而是部分或全部依赖于电子数据。需要计算机专家参与的工作是深层次的、与技术高度融合的审计工作，如数据仓库的分析评价、网络系统的安全评价、实时监控和实时审计软件的开发、信息系统应用软件的审计等。这些工作，单纯依靠审计人员是难以完成的。审计人员在开展实质性工作前，应与计算机专家交流并拟定专家工作的项目和收集、评价审计证据的索引，以便能充分利用计算机专家的工作结果进行审计判断。不懂得计算机的审计人员，因审计线索的改变而无法踊跃审计；不懂得电算化会计系统的特点和风险而不能识别和审计其内部控制；不懂得使有计算机而无法对计算机进行审查或利用计算机进行审计。同时，审计人员除了掌握传统审计的基本知识外，还应掌握计算机知识及其应用技术，掌握数据处理和管理技术，掌握现代信息技术的应用；不仅要会操作审计软件，而且要能根据需要编写出各种测试审查程序模块。因此，要求审计人员不仅要有会计、审计理论和实务知识，而且要掌握计算机和电算化会计等现代信息方面的知识和技能。

（六）审计技术的改变

在手工会计处理的条件下，审计可根据具体情况进行顺查、逆查或抽查。审查一般采用审阅、核对、分析、比较、调查和证实等方法。所有审查工作都是由人工完成的。在计算机会计信息系统条件下，会计的特点决定了审计的内容和技术的改变。虽然人工的各种审查技术仍是很重要的，但计算机辅助审计是必不可少的审计技术。

信息处理的电算化和信息存储的电磁化，如果没有全部打印输出纸质的账表文件，磁性介质上的会计资料是肉眼所不能识别的，审计人员只能利用计算机对它进行审查。即使系统的全部账表都要硬拷贝，利用计算机比手工可以更迅速、更有效地完成审阅、核对、分析、比较等各项审查工作。例如，计算机可以帮助审计人员审阅账务文件，找出满足指定条件的会计记录；可以对众多的会计事项进行统计抽样，以便审计员对抽出样本进一步审查；还可以根据系统所记录的会计资料计算出各种财务比率、变化率和进行各种分析比较等等。

在计算机会计信息系统的条件下，既要对计算机系统的处理和控制功能进行审查，又要采用计算机辅助审计技术。对计算机系统功能的审查，必须运行计算机，让计算机执行各种操作和处理，也就是利用计算机开展审计。此项审查是不能离开计算机仅由人工来完成的。

另一个计算机辅助审计技术的应用是，在电算化会计信息系统的设计开发过程中，可事先在被审计的计算机系统中嵌入审计程序。这些程序可以执行审计监督，建立审计跟踪文件，记录符合指定条件的会计事项及其操作处理的有关信息，以便日后审计人员踊跃追查。这些程序还可以执行一些特殊的审计功能。

（七）审计工作将从原来事后的静态审计转向事中和事前动态、实时审计

由于社会公众对信息质量要求将不断提高，企业经营成败很大程度上取决于信息的及时取得和应用，所以对于未来的非财务信息的审核和披露，将比传统的报表审计更重要。未来的审计人员在执行业务时，将更注重对这些信息的审核和披露。对企业进行事前和事中的动态审计，可经常性提供管理审计建议书和其他监控必要的信息，从而为企业提供管理决策所需的信息。在上市股份公司实时报告的同时，民间审计机构的事中审计监督也是非常必要的，这也是证券市场发展的一个基本要求。

（八）审计的覆盖面将扩大

在会计信息化环境下，审计的对象是以计算机为处理手段的信息处理系统。这是信息技术下的审计区别其他审计的标志，同时这也表明不仅会计信息化的会计信息系统是审计的对象，其他计算机信息处理系统（像企业资源计划ERP中的人力资源管理子系统、销售与分发管理子系统、物料管理子系统、生产计划子系统、质量管理子系统等）也是审计的对象，甚至包括从互联网下载的所有管理信息都是审计的对象，因为这些管理信息将会影响企业管理者

的决策。[1]

六 计算机辅助审计

(一) 对计算机会计信息系统进行审计

对计算机会计信息系统进行审计就是利用计算机对被审计的计算机会计信息系统进行审查,以确定其处理和控制功能是否可行。可以通过测试数据技术来完成。

测试数据技术是指在实施审计程序时通过向被审单位计算机系统输入数据(如业务样本),并将计算机处理结果与预先确定的结果进行比较的方法。其主要应用举例如下:①审计人员通过计算机会计信息系统进行数据处理,可以测试出计算机程序的特别控制,如联机口令和数据存取控制是否有效。②从以前处理的业务中选择部分业务,或由审计人员设计模拟的业务,用电算化系统进行处理,将处理结果与预先确定的结果进行比较,以确定被审单位计算机系统处理和控制功能是否有效。一般将这些业务与被审单位的正常业务分开进行处理。③将测试数据用于整个测试程序,通过建立一个虚拟单位(例如一个部门或职工),然后由电算化程序在正常业务处理过程中,将测试业务归入该虚拟单位,将被审程序对这些检测业务处理与预期的结果进行比较,可以确定该电算化程序的处理和控制是否有效。④审计人员还可以把一批曾经处理过的业务进行二次处理,以确定被审计程序有无非法篡改,被审计程序的处理和控制功能是否恰当有效。这种方法是在以前已经测试过的数据基础上进行的,不能用于首次审计。

(二) 对计算机会计信息系统的处理对象即会计数据进行审计

由于会计数据的真实性、正确性、可靠性直接影响到会计信息的质量,所以这一部分的审计是至关重要的,它将直接关系到审计结论的正确与否。实际工作中比较可行的审计方法有:

1. 利用电算化系统本身提供的功能进行审计

完整的电算化系统一般都建立有查询、银行对账、统计和财务分析等模块,可以利用这些模块提供的功能进行审计。

---

[1] 张金城:《电子商务对审计实务的影响》,《财务与会计》2000年第10期。

2. 利用数据库技术进行审计

目前，大多数电算化会计信息管理系统是采用数据库技术开发的，数据库本身就具有建立、查询、删除、修改等各种功能，它能按指定的要求查找数据、组织数据、打印输出等。因此，可以利用数据库技术对会计信息进行审计。

3. 通过自行编制查账软件或是利用 EXCEL 审查

在没有实用的计算机辅助软件的情况下，也可以通过自行编制查账软件或是利用 EXCEL 等辅助办公程序来对会计系统的数据进行审查，以提高审计质量和效率。

4. 利用审计软件进行审计

现在已经有比较实用的审计软件，可以方便快捷地对计算机会计信息系统进行审计，这些审计软件一般具有以下功能：

（1）账簿凭证的浏览查询

利用审计软件对总账、明细账、辅助账及相关的记账凭证进行浏览和查询，找出审计线索。这一功能使审计所用的数据与企业财务软件的数据分开，审计人员可以在时间和空间方面获得很大的操作自由；同时可以保证被审计单位提供的账套的唯一性，遏制多套账的发生。

（2）辨别账套的真伪

利用审计软件导入相关财务数据，可以重新生成会计报表，与计算机会计信息系统生成的报表对比，可以验证企业提供电子数据与上报的会计报表数据是否一致，以防止出现"假账真审"的情况。

（3）协助审计人员进行统计抽样

计算机辅助审计技术不但能快速方便地进行审计日常抽样的编码工作，而且在决定恰当的抽样方法及规模、选择样本及评价方面都能使审计人员得到帮助。在统计抽样中运用计算机辅助审计技术可达到迅速、客观、公正的目的。

（4）异常项目的筛选

通过审计辅助软件的综合查询功能，可以方便地查找到一些异常项目。如重要的不常变动的会计科目，价值超过一定数额的账务记录。这一功能有助于审计人员确定审计重点，降低审计风险。

（5）日常会计资料的分析及计算

现代审计要求审计人员对企业的会计资料进行较多的分析，如对企业的应收账款账龄进行分析，对固定资产和材料成本差异的复核等。而这正是计算机辅助审计技术的专长，在以前人工审核需要花费很多时间才能完成的计算，用辅助审计软件可能几秒钟就能完成，大大提高了审计效率，降低了审计人员的劳动强度。

(6) 财务指标分析

利用辅助审计软件导入财务数据后,可以通过软件系统内置的公式自动计算出相关财务指标,帮助审计人员进行赢利能力、负债能力、变现能力、资产管理等方面的分析。

(三) 进行日常审计工作管理

审计部门可以利用计算机辅助审计软件编制年度审计计划、记录审计计划的执行情况、安排审计任务、自动生成审计底稿、撰写审计报告,还可以对审计档案进行有效的管理。

(四) 建立审计数据库

建立审计数据库可以使审计机构更有效地利用审计资料,完成审计任务。审计人员可以利用审计数据库随时检索、查询、调阅有关审计管理的历史资料、历年的审计报告和审计工作底稿,国家有关法规、规章和制度,独立审计准则和有关审计规定,企业的内部控制制度等,建立审计数据库能避免重复劳动,极大地提高审计效率。

(五) 计算机辅助审计技术的发展趋势展望

计算机辅助审计技术的应用过程也是不断发展、完善自身的过程,不久的将来,计算机辅助审计技术将在以下方面得到推广及应用:

1. 对会计电算化软件应用预置审计程序技术

预置审计程序技术是指根据审计人员的需要设计相应的程序,用来即时鉴别出特定的或程序无法识别需要审计人员专业判断的会计事项,并把他们复制到审计人员的文件中。目前,商品化会计电算化软件呈百花齐放的局面,编制软件采用的语言各种各样,数据存放的格式也各不相同,这都给计算机辅助审计带来了一定的难度。从审计工作发展的前景来看,审计部门必然要参与会计电算化软件的鉴定,对会计电算化软件也应采用预置或嵌入审计程序的技术以满足审计工作发展的需要。国外,该技术现已开始运用,不久的将来也必然会出现在我们的审计中,预置审计程序技术为审计人员提高审计效率,降低审计风险提供了最佳的方式及手段。

2. 建立审计信息化系统

主要指建立一个审计工作专用的计算机平台,通过审计系统内部及与被审计单位联网,实现网络资源的共享。审计信息化将使审计监督从单一静态审计转为静态到动态结合的审计监督,使审计人员的作业模式发生重大变化,不但可以促进审计项目的规范化，而且能够使计算机辅助审计工作更加智能化，大大提高审计工作的效率和质量。审计工作平台应当嵌入审计软件或者工具，至少应在审计平台上内嵌 5 种软件，或者同一软件满足 5 种要求：帮助数据下载、系统测试、数据测试、报告生成器、综合性数据库。未来，计算机辅助审计技术必将走向集成与软件化的道路，审计效率和质量将随之大大提高。

3. 信息系统审计

电子商务的推广，使得人们越来越关注电子数据的完整性与可靠性。这种需要促使新的审计业务即信息系统审计的产生。信息系统审计是一个获取并评价证据以判断计算机系统是否能够保证资产的安全、数据的完整以及有效率地利用组织的资源并有效果地实现组织目标的过程。虽然到目前为止，信息系统审计在全球来看，还是一个新的业务，但随着信息技术的不断发展和广泛应用，信息系统审计将逐渐受到重视，甚至会成为发展的主流。

七　计算机舞弊审计

计算机舞弊包含两个方面含义：一是指对计算机系统的舞弊。即把计算机系统当做目标，对计算机硬件、计算机系统中的数据和程序、计算机的辅助设施和资源进行破坏或偷盗；二是利用计算机进行舞弊活动。即利用计算机作为实现舞弊的基本工具，利用计算机编制程序对其他系统进行犯罪活动。

计算机舞弊具有智能性高、隐蔽性强、危害性大的特点。

由于计算机资产本身高价值的吸引力，由于计算机舞弊所面临的法律上的取证困难、审判困难情况，由于计算机安全技术水平的落后，再加上计算机系统本身的薄弱环节，如计算机信息容易泄露，安全存取控制功能还不完善，致使计算机舞弊行为越来越猖獗。要想有效地控制计算机舞弊，必须完善有关计算机安全与犯罪的立法，积极开展计算机系统的审计与安全监督，完善各单位的内部控制系统。另外，审查计算机舞弊首先要对被审单位内部控制系统进行评价，找出其内控的薄弱环节，确定其可能采用的舞弊手段，有针对性地实施技术性审查和取证。

八　会计信息化审计

网络经济时代，网络技术在会计领域的应用与发展，使得会计技术手段从电算化会计跨越到了会计信息化阶段。会计信息化的本质是会计与现代信息技术（主要是网络技术）相融合的一个发展过程。会计信息化系统是一个由人、电子计算机系统、网络系统、数据与程序等有机结合的一个人机交互作用的"智能型"系统。这个系统表现出集成性、简捷性、开放性、多元性、实时性等技术特征，使会计工作的重心从核算转向管理。会计的信息化必将导致会计信息化审计。会计信息化审计的目标是通过审计与现代信息技术的有机结合，评价控制会计信息系统，实施审计监督服务，以促进经济发展和社会进步。在网络系统中，注册会计师人员通过审计客户的信息接口转换，根据授权，在网上直接调阅客户的会计信息。这些会计信息包括货币形态的信息和非货币形态的信息（如职工的招聘与下岗）；数字化信息和图形化信息（如财务分析预测的直线图）；现代化信息和未来信息等。通过对这些信息的调阅与审查，注册会计师人员便可以开展多元化的、实时的审计程序。网络世界中，我们所在的校园与纽约的距离并不比相邻的两个寝室更遥远。网络技术的应用，空间已不再是执行审计的制约因素，这样境外审计、环境审计等就变得更加容易。网络在会计中的应用，会带来诸多安全问题，如篡改数据、信息丢失、黑客入侵、计算机病毒等，在会计信息系统中，安全性是必须考虑的核心问题。会计信息化审计应把网络会计系统的安全审计作为重点。注册会计师人员应在了解企业网络基本情况、安全控制目标、安全控制情况及潜在漏洞等基础上，对企业现存的安全控制措施进行测试。如是否有有效的口令控制，数据是否加密，职能权限的管理是否恰当，是否有持续的供电设备和有关备份设备，对计算机病毒的防范与控制措施是否得当等。在会计信息化审计技术的发展过程中，会计师事务所可以建立自己的网站，将事务所的基本情况、组织结构、业务范围、服务宗旨、客户授权的有关会计信息及对客户实施审计程序后所产生的审计信息全部都纳入会计师事务所的信息网中。会计师事务所可以通过网络获取客户，签订业务约定书，传递审计报告等，从而形成开放的信息化审计体系。但为了防止网上泄密和恶意攻击，会计师事务所应将信息网中的信息进行加密，实行签名机制，并设置安全系统，如回收设备、防火墙技术等，使得审计职业道德准则中的保密性原则得以遵守。

通过对信息的调阅与审查，审计人员便可以开展多元化的、实时的审计程序。网络技术的应用给审计的发展带来了契机与挑战，网络时代审计的创新远远不止局限于审计对象、审计技术、审计业务上，更要求我们在互联网连接起来的全球化经济中，掌握现代化信息技术（包括计算机技术、通信技术、网络技术），对网络时代的审计创新进行全方位的开拓。但我们同时也要认识到电算化会计对信息化会计的基础性作用必然导致电算化会计系统审计对信息化审计的基础性作用，因此，在现阶段，对电算化会计系统的审计仍然需要不断的完善和研究。

第三十二章 现代审计技术和手段革命

一 审计技术建设的发展

20世纪90年代以来，伴随着信息技术的发展，国际审计界在审计技术与方法领域的研究和发展十分显著，审计技术与方法的研究和利用，已经成为各类审计机构的一项重要工作。许多大型会计公司开始投入巨资来总结和规范审计技术与方法，并将这些技术和方法有机地融入其审计手册或审计软件之中，让审计人员在按照规范程序执行审计任务的过程中就能够自觉运用先进的技术与方法。与此同时，许多国际性的会计审计师组织，也就是社会审计的行业协会，例如美国注册会计师协会（AICPA）、英格兰及威尔士特许会计师公会（ICAEW）和英国特许公认会计师公会（ACCA）等，也都投入巨大的资金和人力，组织编写财务审计的指南或手册，总结和利用审计技术与方法方面的研究成果，同时加强了同行业间的交流与合作。

1999年以来，审计署提出加强"人、法、技"建设、推动审计工作全面上台阶的要求，这其中的"技"，就是审计技术基础建设，也就是通常所说的审计技术与方法。对审计技术与方法的科学认识、深入研究和广泛运用，能够有效地降低审计风险、提高审计效率和保证审计质量。了解国际审计界在审计技术与方法领域的一些特点和趋势，将有助于我国审计人员更好地运用先进的技术与方法，为审计工作服务。

审计技术，特别是计算机审计技术、数学和统计学审计技术以及比较流行的分析性复核技术，在国际审计界已经成为通用技术，如果我国审计人员能够充分地学习和借鉴，必将以较低的成本，迅速提高我国审计的技术水平。

二 审计技术建设的科学化、规范化、智能化和系统化

所谓科学化，是指现代审计技术的研究，已经超越了传统的经验论，

非常强调把科学手段和经验总结相结合。比较典型的例子就是分析性复核技术的发展。所谓分析性复核，其实质就是将审计人员掌握的一些客观规律总结出来，测算出被审计事项的合理预期值，再与被审计事项的实际值相比较，进一步评估差异的合理性之后，确定是否还需要对被审计事项进行详细的余额测试。这一个过程，实际上被许多审计人员不自觉地运用了多年，但通过公式和比率等形式总结出来，主动指导审计人员的实践，却是最近20年来审计技术与方法研究的一大突出特点。科学化的另一个表现就是数学和统计学技术在审计中的运用日益广泛，抽样统计技术的全面推广就是例证。

所谓规范化，是指审计机构将审计程序设计与审计技术的运用有机结合，规范和引导审计人员运用适当的审计技术和方法。以往，审计人员在运用审计技术和方法的过程中容易有较大的随意性，用与不用，在什么时候用，如何使用，都没有规范和约束，导致整个审计机构的标准不统一，质量没有保证。随着程序导向式审计软件平台的开发和广泛运用，越来越多的审计机构开始把审计技术与方法融入规范的审计程序之中，要求并指导审计人员合理运用审计技术。

所谓智能化，强调的就是将历史经验总结、科学规律推导和审计人员的专业判断结合起来，指导审计人员得出合理的审计结论。在审计过程中，数学、统计学的分析结果，都不能完全替代审计人员的专业判断，因为在其利用的数学公式中，仍然有许多变量需要审计人员主观确定。在这种情况下，越来越多的审计机构，倾向于在审计软件中为审计人员的决策提供参考。目前，许多审计机构不惜花巨资，邀请审计领域的专家，分析在各种情况下常见的审计策略或方法以及对不同审计结果的判断标准。当然，对审计而言，智能化永远都是一个相对的概念，计算机和机器永远不能替代审计人员的决策，但提供决策辅助和参考意见，确实非常必要。

所谓系统化，是指审计战略（策略）和审计技术的全面协调。审计战略（策略）解决的是要审什么，想达到什么目的，审计技术和方法解决的是怎么审和怎么达到目的，这两者的协调是审计技术与方法的研究成果得以全面运用的关键。回顾最近二十多年来审计技术与方法的研究历程，可以清晰地发现，审计技术的研究和运用完全是在风险基础审计理论指导下的开拓和发展，而脱离理论指导的实践经验总结相对越来越少。这一点给我们的启示在于，审计技术与方法的研究，不能超越基本审计理论和审计目标的研究，也不能脱离审计战略和审计目标的总体要求。

三 计算机审计技术

计算机审计技术就是在计算机系统中模拟社会的审计工作，对计算机系统的活动进行监视和记录的一种安全技术，运用计算机审计技术的目的就是让对计算机系统的各种访问留下痕迹，使计算机犯罪行为留下证据。

（一）计算机的审计技术

1. 审计管理计算机化技术

计算机审计是一件复杂的工作，如果不借助计算机管理整个审计过程，就会出现许多问题并产生不良的后果。因此，应建立必要的审计管理数据和管理软件，为审计管理决策提供各项管理决策信息。

2. 内部控制制度的评价测试技术

内部控制的审查和评价主要是为了找出以下问题的答案：①系统内的部门和人员是否实施充分的职责分离和监督？②数据文件、系统文档和软件的拷贝是否设有必要的控制制度？③软件维护、数据修改是否有控制制度？利用控制测试技术可揭示内部控制的弱点，提出改进建议，保障内部控制制度正常发挥作用。[①]

3. 数据库或数据文件的审计技术

对数据库或数据文件的审计技术主要是为确保数据的完整性而创立的。计算机审计人员可利用这些技术获取所需的审计证据，并对这些证据进行评价，从而判断数据是否真实、可靠、完备、合法、合规。

4. 应用软件的审计技术

对用户应用软件的审计主要是要评价一个系统的软件质量。软件质量的好坏直接影响数据的安全性和完整性。为确保系统发挥正常的作用，对软件的审计，尤其是对软件的维护审计，是一项重要的经常性的工作。这项审计也是计算机审计中最难的，需要有较熟练的计算机软件开发维护以及编程技术。

5. 系统开发和维护的评价技术

新系统的开发和维护是为了改进原来系统的功能。在开发前一般都设定用户的目标，开发新软件就是根据这些目标进行的。但作为系统用户要清晰地了解新软件是否达到既定的要求，需要对新系统在试运行期间进行必要的审计。

---

① 江前忠：《浅谈计算机审计的运用》，中国论文下载中心网，2006年7月22日。

所以这一审计技术比较特殊。①

计算机审计技术的运用形成了计算机审计系统。

(二) 计算机审计系统

计算机审计系统的内涵包括：

1. 对计算机管理的电子数据进行审计

随着会计电算化等的普及和管理信息系统的发展，原来由账簿记录的财务数据，现在已经越来越多地改用计算机来处理；数据存储介质也由纸质账本加文字转为数码形式。对用计算机管理的财政、财务和经济管理电子数据进行审计，核实经济活动记录的正确性，就涉及对各类信息系统管理的电子数据的审核。对电子数据安全进行审计是一项重要的审计内容。

电子数据安全是建立在计算机网络安全基础上的一个子项安全系统，它既是计算机网络安全概念的一部分，但又和计算机网络安全紧密相连，从一定意义上讲，计算机网络安全其实质即是电子数据安全。电子数据安全包括了广义安全和狭义安全。狭义安全仅仅是计算机系统对外部威胁的防范，而广义的安全是计算机系统在保证电子数据不受破坏并在给定的时间和资源内提供保证质量和确定的服务。在电子数据运行在电子商务等以计算机系统作为一个组织业务目标实现的核心部分时，狭义安全固然重要，但需更多地考虑广义的安全。在广义安全中，安全问题涉及更多的方面，安全问题的性质更为复杂。

电子数据安全具有多元性、动态性、复杂性等特点。在网络系统环境中，风险点和威胁点不是单一的，而存在多元性；由于信息技术在不断地更新，电子数据安全问题就具有动态性；不可能用一个防火墙将所有的安全问题挡在门外，黑客常常试探系统漏洞攻入系统，决定了电子数据安全的复杂性。

电子数据安全审计是对每个用户在计算机系统上的操作做一个完整的记录，以备用户违反安全规则的事件发生后，有效地追查责任。电子数据安全审计过程的实现可分成三步：第一步，收集审计事件，产生审计记录；第二步，根据记录进行安全违反分析；第三步，采取处理措施。

电子数据安全审计工作是保障计算机信息安全的重要手段，可随时记录在日志文件中，便于发现、调查、分析及事后追查责任，还可以为加强管理措施提供依据。

2. 对管理电子数据的计算机进行审计

除了审核电子数据，用于生成处理电子数据的计算机及其各类管理信息系

---

① 江前忠：《浅谈计算机审计的运用》，中国论文下载中心网，2006年7月22日。

统也应纳入审计范围。当前，会计信息失真，利用计算机作假舞弊已有发生，一些单位信息系统不完善。审计署对计算机系统审计的重点是：根据数据审计中发现的问题，进一步检查计算机软件可能出现的错弊，避免信息化条件下"假账真查"。这是审计工作内容上的新发展、新探索。进行此类审计，需要审计人员能够从电子业务表示数据内容找出经济业务破绽，要求具有较高的审计业务经验，发现问题之后，还要具备能够审核后台处理电子数据的计算机程序合理性、合法性的技能。

3. 联网审计

2003年，作为国家计委立项并获批准的第一个金字号工程——"金审工程"正式启动。国家统一的网络平台和数据共享平台建设已列入电子政务建设内容。在尚未建成之前，审计部门开始"一对一"地尝试。审计署计算机技术中心王智玉主任表示，金审工程一期已经在开始研究探索技术可行性。联网审计研究的重点放在两端：一端是与被审计单位的数据接口，解决采集什么数据、如何采集的问题。另一端是研制审计软件、数据库和审计模型，解决采集来的数据如何利用、如何审计的问题。王主任表示，联网只是数据传输的一种方式，在前后两端的技术问题解决之后，一旦平台建立，则整个金审工程联网处理自然水到渠成。

计算机审计系统可以用硬件和软件两种方式实现。计算机系统完整的审计功能一般由操作系统层次的审计系统和应用软件层次的审计系统共同完成，两者互相配合、互为补充。

（三）应用计算机审计技术的必要性

21世纪是信息化的社会，是人类历史上突飞猛进的年代，计算机技术的不断进步，财会电算化的深入应用，使审计工作运用计算机审计技术显得尤为紧迫，已成为当前讨论的审计技术的重要内容。从逻辑上讲，对计算机系统的依赖是现代审计的基本策略，如果被审计对象全面采用计算机化的信息系统，而审计人员又没有对信息系统进行了解和审计，那么这种审计得出结论的可靠性就要受到质疑。整个审计行业，包括政府审计、注册会计师审计与内部审计在这方面所面临的问题日益严峻，已经危及到了审计行业的生存。"不搞计算机审计，我们就会失去审计的资格"已经逐渐成为审计业界的共识。

当前我国的审计工作也正在发生变化，由账户基础审计向制度基础审计和风险基础审计过渡，内部控制测试、审计抽样、风险评估、计算机审计等一些先进的审计技术与方法也应在审计工作中加以应用。但在实际审计工作中除计算机审计辅助审计开发应用多一些外，其他的审计方法缺乏自觉的推广应用。

究其原因，首先是审计人员对这些新的审计方法还不熟悉，其次是这些审计方法在手工条件下比较烦琐，效率不高。在审计项目管理系统中可以将这些审计方法编制成模块，按照审计实施方案中计划的审计步骤与方法，在审计实施过程中加以应用，通过审计项目管理系统可将先进的审计技术方法和工作经验与项目审计有机地结合为一体，切实提高审计工作的管理水平。

1. 计算机审计技术的使用有助于提高审计工作的效率，降低审计成本

它的运用既提高了审计的正确性与准确性，也使审计人员从冗长乏味的计算工作中解放出来。计算机的优势在于能对数据进行高速、正确的运算处理，目前奔腾Ⅱ处理器的运算速度已达到上亿次/每秒，而审计工作的对象正是以数据为基础的财务及其他资料，因此正可利用计算机的高速、正确性来辅助审计，以提高审计工作的效率，降低审计成本。另外，许多手工审计方式要求审计人员做大量冗长乏味的计算工作，在某些情况下，可以运用计算机辅助审计技术使这些步骤达到自动化，而审计人员可以集中注意于那些需要专业判断的部分。

例如，对企业材料成本差异的核算进行复核。由于材料成本差异核算具有连贯性，某一月的材料成本差异率的错误会影响到以后所有月份差异率的数值，若审计人员发现企业某一月的差异率有误，用手工的方式对以后月份的差异率作重新计算是非常烦琐的，而采用计算机辅助审计技术只需输入当年年初的差异率和每月材料的借贷发生额（剔除每月材料所摊的差异），在 Excel 等应用软件的帮助下即可对企业全年每月的材料成本差异率和差异额进行重新复核，在企业将材料分类进行差异率核算的情况下，该方法可以"一劳永逸"，更显方便。

2. 计算机审计技术的使用可帮助审计人员扩展审计的范围

目前企业会计电算化日趋普及，其所应用的会计电算化软件也多种多样。根据国家有关法规规定，商品化会计电算化软件必须符合一定条件并通过鉴定，但在实际应用上亦存在种种以书面资料为审计对象所无法解决的难题。例如，有的企业采用的是自行开发的或其他尚未通过鉴定的会计电算化软件，其本身可能存在一定缺陷，不能或不能充分以书面形式提供审计所需的资料，有的企业采用的软件虽然经过了鉴定，但在使用时由于操作或其他原因亦存在同样的问题。而通过计算机辅助审计技术可以直接对企业全部的会计资料进行审计，无论其资料是以书面形式保存还是储存在计算机系统的磁媒介或其他储存器中。由此，计算机辅助审计技术可使审计的范围由书面向其他媒介扩展。

3. 计算机审计技术具有相当大的机动灵活性

在企业采用会计电算化的情况下，运用该技术能使微型计算机在一位审计人员的控制下对会计事项进行全面、迅速、经济、有效的分析。而目前便携式计算机的广泛使用、应用软件的推陈出新更使计算机辅助审计如虎添翼，更灵活、方便地应用于各种场合、各种状况。

（四）发展计算机审计技术，实现审计技术现代化

在管理现代化的今天，我们沿用绕过计算机审计，所有资料都要被审计单位打印出来，不仅造成现有设备的极大浪费，被审计单位在业务上也难以接受。会计数据处理过程的不可见性，称为"黑匣子"，绕过"黑匣子"的审计方法，会带来一种特殊的审计风险。

实现审计技术现代化，首先要利用审计程序，解决"黑匣子"问题。将原始凭证原封不动地搬过来，需用通用的转换工具，将原始数据转换为标准格式，变会计数据的不可见性为可见性，进行任意的查询、分析，随意进行综合归纳，追溯原始依据。我国审计界审计软件研发都在探索数据获取的技术，审计软件中不乏成功者，其中有对我国多数软件，以及美国、韩国等会计软件进行过数据转换，效果良好，说明其不是高不可攀。

其次，建议审计行业采用全过程一体化的审计软件，该审计软件是将已有审计技术方法加以规范化，规范成不同的审计模块和模板，并且将它程序化，运用时审计人员现场分析，现场决定审计方案。这样的软件一般包括项目管理、审计计划、数据转换、符合性测试、实质性测试、合并会计报表、审计工作底稿制作和管理、审计报告生成等，具备完成审计工作所应有的功能。

审计软件可分为四种类型：现场作业软件、法规软件、专用审计软件、审计管理软件。审计现场作业软件是审计工作的主流，是审计工作的主要工具，审计作业软件的发展代表计算机审计软件的发展水平。

现场作业软件是指审计人员在审计一线进行审计作业时应用的软件，如审易软件，它主要具有以下功能：第一，能处理会计电子数据。第二，能运用审计工具对会计电子数据进行审计分析，包括审计的查账、查询、图表分析等。第三，应能在工作底稿制作平台制作生成审计工作底稿，平台内应可以有各种取数公式，像单格取数、列取数、行取数、报表取数等，并且有像 Excel 那样的工具为审计人员提供平台操作服务，且可以保存、修改、删除工作底稿。

法规软件主要是为审计人员提供一种咨询服务，在浩瀚如海的各种财经法规中找出审计人员需要的法规条目及内容。它主要的功能包括：第一，常规查询，有审计法规条目的查询、发文单位时间段的查询。第二，要有一定的数据

量，成熟的软件应有上千万字的法规内容，检索速度要快。第三，应具有按内容查询的功能，这也是法规软件能否适用的主要标准，如果没有按内容检索的功能，这个法规的适用面将受到很大的限制，例如审计人员要查关于"小金库"的相关规定，法规软件应能快速地将涉及"小金库"规定的法规查找出来，将内容以篇的形式提供给审计人员。

专用审计软件是指完成特殊的审计目的而专门设计的审计软件，像基建审计软件。基建审计软件有很强的特殊性，主要是它的工作性质有两点：第一点涉及大量的基建图纸，第二点要有基建定额库来做参照，实际上基建审计软件用市面上的定额核定软件就能实现，所以我们把这类软件归为专用审计软件。

审计管理软件包含审计统计、审计计划、审计管理等方面。统计软件是指将审计工作成果统计上报、汇总的软件。审计计划、审计管理都是可以在这方面专门工作的小软件，实际上审计管理软件可以认为是审计作业软件的延伸，审计作业软件完全可以把这些管理功能承担起来，容纳到审计作业软件中，所以我们说审计软件的代表作应是审计作业软件。

一整套从数据转换到制作底稿系统的成熟审计软件的正确运用，会大大丰富审计技术，加强审计管理，降低审计风险，提高工作效率，扩展审计领域，凝聚审计经验。系统审计软件的出现和应用，标志着计算机审计技术进入了新的境界。

（五）计算机审计技术应用的范围及方法

1. 评价企业采用的会计电算化软件的内在风险

对采用会计电算化的企业，审计人员首先要评价软件的内在风险。目的在于确定审计人员依赖这些软件控制的程度，以减少为检验系统执行而进行数据实质性测试的范围。经评价验证，在内在风险较低的情况下，更可缩短审计时间，减少审计成本。具体方法有：

（1）分析系统的方法

具体操作为：先剔除会计电算化软件中较多的数据库文件，仅对软件中的重要程序模块进行解剖，阅读数据处理的流程，分析程序的逻辑结构。目的在于确定程序是否能可靠、稳定地运行；程序的各种功能是否都能实现；程序的数据处理、数据生成是否正确；是否能满足会计处理的各种需要。该方法的优点在于可发现软件本身存在的根本问题，可确定企业会计核算基础的可靠性。目前亦有众多的反编译工具或其他软件可帮助审计人员对程序进行分析研究，但其难度在于审计人员必须具备相当丰富的计算机软硬件知识，且多数商品化会计电算化软件都经过各种方式的加密，这亦成为实施该方法的一大障碍。

（2）选样测试系统的方法

审计人员首先建立一个包含一个月基本会计资料的数据库，然后输入到会计软件中，根据其核算处理后输出的结果判断软件的可靠性。当然该数据库中必须包含一系列的"错误"。"错误"是指不相关会计科目的分录（借贷双方为通常情况下不应有勾稽关系的会计科目，例如银行存款和盈余公积）、不可能的科目余额（例如至测试结束现金出现贷方余额）等。输入"错误"可测试出软件对"错误"是否识别、如何处理。

（3）评价数据安全性的方法

审计人员可对数据安全性的各个方面进行测试。例如，软件中凭证的制作是否采用二次输入的方法以确保凭证输入的正确性；软件是否已设置在软件运行中，对已输入计算机的凭证不能直接进行修改，而应通过红冲等其他修订的方式；软件是否能对数据进行备份，备份的方式是否安全（备份的安全性主要是指在存储媒介溢满的情况下，是否能提前向使用者发出提示）等。

通过数据测试及评价数据的安全性能直观地反映出该会计软件各方面的性能，更可判断出使用该软件的内在风险。使用该两种方法的主要障碍在于：由于会计电算化软件的不断发展，更新升级，软件的内在风险也在不断降低之中，对于审计人员来讲，现被测试的计算机程序的版本是否与企业在前段时期内所使用的一致，这是很难检验出来的，这意味着审计人员较难确定前后软件版本内在风险的差异。另外，该方法对单机版的会计电算化软件较为适用，对网络版软件来讲存在一定难度。

2. 验证会计资料总体的完整性

在企业采用会计电算化的情况下，可运用计算机辅助审计技术来验证会计资料总体的完整性。常规审计中极少对企业会计资料总体进行验证，至多对某一会计科目进行账账、账表核对，而事实上该项工作同样重要[①]。张淑凤在其论文《不应忽略对账账、账表的核对》中对某企业的其他应收款的七八十户明细账户进行了汇总核对，工作量较大，而在一台486DX2-66型的微型计算机上，汇总中型企业一个月全部的会计凭证资料仅需几十秒，对审计人员来讲，手工完成此项工作几乎是不可能的。验证的具体方法为：

首先，根据企业年初或月初的会计科目余额，确定会计凭证总体的初始年、月初余额，并输入计算机中。

其次，将企业当年或当月的会计凭证库进行转化，将企业会计凭证库转化成审计人员熟悉并能操作的格式，目前有众多的应用软件都能达到这一目的，

---

① 张淑凤：《不应忽略对账账、账表的核对》，《上海审计》1997年第2期。

转化好的会计凭证库需要作进一步的调整，仅保留需要的数据以加快运算速度。例如对会计凭证库中的一级科目名称、借方金额、贷方金额等予以保留，而剔除摘要、二级科目名称等。审计人员再进行汇总计算以得出当年或当月会计科目的发生额。

最后，将年、月初余额与发生额相累加并以报表的形式输出。由此，审计人员可与企业的年报或月报相核对，以验证总体的完整性。

3. 协助审计人员进行统计抽样

近年来，一种建立在科学理论基础上的，已通过国际审计界广泛实践证明的以制度为基础的审计方法已逐步应用于我们的审计之中。该方法在符合性、实质性测试中都运用到统计抽样，而计算机辅助审计技术正可在此领域大显身手，具体方面有：

（1）运用于审计日常抽样的编码工作

一般情况下，无论是否采用计算机辅助审计技术都可选取随机数（运用随机数表），再转化为审计总体的编码，但其工作量大而枯燥。而运用计算机辅助审计技术，仅需几秒即可完成随机数的产生及所有的编码工作。

（2）方便地运用于审计抽样

计算机辅助审计技术在决定恰当的抽样方法及规模、选择样本及评价方面都能使审计人员得到帮助。从总体中抽取样本时，对审计人员来讲最关键的是所有总体中的项目都能被客观地抽取，而采用恰当的统计抽样方法能避免抽取无代表性样本的风险。在统计抽样中运用计算机辅助审计技术可达到迅速、客观、公正的目的。

4. 关键样本及高价值样本的隔离

对企业而言，大量的会计处理是日常性的事务，如报销、成本结算、费用结转等，而审计人员所关心的是一些关键的会计处理，运用计算机辅助审计技术能对企业的会计数据库进行分析，确认及打印出在某段时期内高价值的和关键的样本，人工分析并全部隔离出这些高风险的交易事项常常是不可能的。所谓的高价值及关键样本主要指不相关的会计科目；单笔金额超过审计人员预先设定数的样本，如单笔金额在一万元以上的现金收付；不常变动的会计科目，如资本公积等。审计人员在风险控制的基础上，对关键样本及高价值样本进行重点审计即可满足一般审计的需要。

5. 日常会计资料的分析及计算

现代审计要求审计人员对企业的会计资料进行较多的分析，而这正是计算机辅助审计技术的专长，例如对企业的应收账款账龄进行分析，当前众多企业的应收账款金额居高不下，在企业应收账款电算化的情况下，可以很简单地得到分析结果,而手工输入再由计算机汇总亦很方便,难以想象全部以手工方式来操作的难度;另外计算机辅助审计技术亦可运用于审计日常的计算工作,例如上文谈到的材料成本差异核算的复核。

6. 审计文书及审计项目管理

审计人员亦可运用办公自动化软件进行审计文书管理,如审计通知书、被审计单位基本情况、审计计划、审计工作底稿、审计报告、档案均可由计算机协助处理,方便日后的查询及调阅。例如,在对某公司的审计中,我将全部的审计工作底稿均输入到计算机中,在编写审计报告时仅需调用底稿文件,稍加修改即可完成。而目前多媒体的应用、计算机外设的增多能使计算机将图像、声音、动画、视频等转化为数字处理并存储,由此满足了审计各种方式取证的要求,更为审计工作的无纸化开创了广阔的前景。

(六) 计算机审计技术的拓展

1. 计算机审计技术的集成与软件化

开展计算机审计需要审计人员具有一定的计算机软硬件的基础知识,会使用计算机的某些应用软件,如办公自动化、数据库等,有一定的编制程序的能力。这对大多数的审计人员而言具有一定的难度,由此在实际审计中较少运用。未来,计算机辅助审计技术必将走向集成与软件化的道路,对计算机专业知识的要求将被会使用操作审计软件所替代。国内已出现了一种计算机审计的软件,使用中虽然有不尽完善之处,但这毕竟向集成与软件化跨出了一大步。

2. 网络审计技术

网络经济时代以"网络财务"为代表的财务管理信息系统、电子商务,以 ERP(企业资源计划)为方向的广义管理信息系统等技术和以 BPR(业务流程重组)为代表的现代管理思想的高速发展及广泛应用彻底改变了传统商务的构架和流程,从本质和表象两方面更加深刻地改变着审计的对象和环境,使审计的对象隐性化、数字化、网络化,并呈现出不断变化和发展的趋势,促使传统审计向计算机网络审计方向发展。此外,计算机审计需要关注的对象和范围大大拓展。计算机审计就不能再局限于被审单位的经济活动,还应扩展到对提供下载财务会计软件的网站以及网上为广大用户进行记账、算账、报账及理财活动的那些网络服务公司的业务进行审计,使审计的客体进一步拓展。

互联网的发展给财务管理带来了重大变革,财务管理从"桌面"走向"网络",这是企业财务管理从思想观念到方式手段的一次重大发展,代表了网络经济时代财务管理的方式,是历史上计算机技术对会计模式与会计理论影响最大的一次变革,并使审计正面临网络的挑战。电子商务正改变着许多现有的商务操作和管理规则，促使企业形成更加开放的商务构架，允许企业利用更广的外部和市场资源，把产、供、销各环节及其供应商、客户和合作伙伴集成在一个大的电子商务包中，这必将形成一种与传统商务截然不同的电子商务的操作和管理模式，并对传统审计提出了空前的挑战。

网络经济时代管理思想进一步拓展，管理软件不断走向成熟，出现了ERP和BPR等以信息技术为基础的新的管理思想。ERP软件的应用和BPR的实施加剧了传统管理流程的变革，使审计面临的对象更加复杂，符合性测试和实质性测试的难度大大增加。计算机审计需要考虑的已不单单是财务管理信息系统，还需要考虑各种计算机管理信息系统，使审计面临的对象更加复杂化。

网络审计是指在网络环境下，借助大容量的信息数据库，并运用专业的审计软件对共享资源和授权资源进行实时、在线的个性化审计服务。①网络审计的技术支持需要审计机构建立起适应自身业务系统的集硬件平台、软件平台、网络平台和数据平台于一体的网络化操作平台。②网络审计信息系统的结构构建于计算机技术、数据库技术、Internet/Intranet等现代信息技术基础之上。③以模块化的审计处理程序为中心，联结报告生成器和信息数据库，并对授权数据信息进行处理。在模块化的审计处理程序中存放了各种可供选择使用的审计处理软件，能提供使用不同的计量属性、计量单位、确认基础等多元化的审计处理程序，它是审计软件的组成部分，是数据信息处理的中枢，是网络审计的关键技术所在。④网络审计作为一种网络化运营模式而存在，与其他行业的电子商务交易模式一样，同样需要对网络的安全性进行实时监控和维护，这也是网络审计得以产生和发展的必要技术基础。网络审计不管从审计软件和数据库等方面都要利用安全技术，并建立起一套安全机制，以保障网络审计的安全。对于安全机制，主要包括接入管理、安全监视和安全恢复等三方面。另外还可以将不断开发出的新型安全技术及时应用于网络审计中。

四 数学分析法在现代审计中的应用

数学分析法是指根据某些技术经济问题之间的内在联系，运用数学模型来分析其相互间关系的一种方法。目前，通常将概率论、运筹学等运用于审计风险评估、管理审计等领域。

但在审计实践中，由于审计风险无法通过一般数学计算精确得出，更多地需依赖于执业判断，极大地限制了数学分析法在审计领域的广泛应用。模糊数学分析法的出现为这一难题的解决提供了新思路。1965年由美国控制论专家扎德提出了模糊集合理论。扎德强调人类的思维、推理以及对周遭事物的感知,其概念都是相当模糊的。他同时也认为传统非常精确的数量方法,已经不能完全适用于以人为中心的各类问题,尤其是较为复杂的问题,必须以模糊数学分析法,取代传统的数量方法来处理模糊的问题。将模糊数学分析法引入审计实践,是一项开创性的工作,对审计技术方法的改进和审计效率、效果的提高必将产生深远的影响。

五 抽样审计技术在现代审计中的应用

抽样审计是指注册会计师在实施审计程序时,从审计对象总体中选取一定数量的样本进行测试,并根据测试的结果,推断审计对象总体特征的一种方法。它是与详细审计相对应的技术方法。抽样审计对控制测试和实质性测试都适用。

抽样审计的程序基本上仍然遵循会计的记账程序,同样要运用复核、核对、盘点、询问等基本的审计方法,只是审核的范围相对缩小。抽样审计方法经历了从任意抽样法到判断抽样法再到统计抽样法的发展过程。

任意抽样法是审计人员在确定抽取样本规模、取样方式和处理样本过程上没有可遵循的原则和标准,皆体现出任意性,故其审查结果缺乏科学性和可靠性,审计人员也承担较大的审计风险。因此,该方法不久就被判断抽样法所替代。

判断抽样法是根据审计人员的经验判断,有目的地从特定审计对象总体中抽查部分样本进行审查,并以样本的审查结果来推断总体的抽样结果。同任意抽样法相比,判断抽样法前进了一大步。但由于该方法是审计人员在总结自身经验的基础上形成的,因此,其成效取决于审计人员的经验和判断能力。即判断的正确,就会有成效;判断不准,缺乏客观性,就会影响审计工作的效果。因此,统计抽样法便产生了。

统计抽样法是审计人员运用概率论原理,遵循随机原则,从审计对象总体中抽取部分样本进行审查,然后以样本的审查结果来推断总体的抽样方法。统计抽样法的科学理论依据有:一是充分的数学依据。统计抽样法要利用高等数学方法。抽查时,如选择样本适当,那么根据审查样本的结果,运用概率论的原理,可以通过抽取的样本推断总体。二是健全的内部控制制度依据。企业具有健全的内部控制制度,会减少发生错误和弊端的可能性,能迅速地发现错误和弊端。三是统计抽样允许审计人员计算样本的可靠性及其风险(这是统计抽样与非统计抽样的主要区别),允许审计人员在他们可接受的风险程度下用数学的方法确定最优的样本容量,以避免夸大或缩小审计。

统计抽样法的产生并不意味着判断抽样法的消亡。因为在运用统计抽样法时，存在许多不确定的因素，要凭审计人员的正确判断加以解决。如审计人员必须确定总体，知道其大小、主要特征及什么情况下会构成误差。审计人员必须决定要使用的抽样方式即采用变量抽样方式或属性抽样方式，决定使用的抽样技术是随机数表或是系统选择等。

因此，在审计实践中，不论是统计抽样法还是判断抽样法，只要运用得当，都能取得良好的效果，在审计实践中，往往把统计抽样法和判断抽样法结合使用。具体讲，可用判断抽样法解决应该抽取哪些方面的样本项目的问题，而用统计抽样法解决到底应该抽取多少样本，以及如何从整体中抽取这些样本的问题。或者先用判断抽样法剔除重要的或危险的项目，然后再运用统计抽样法进行审查。

六　分析性复核技术在现代审计中的应用

（一）分析性复核的性质

分析性复核是各国注册会计师在审计实务中常用的一个技术方法。1980年颁布的《国际审计指南》将分析性复核确定为审计计划阶段和报告阶段必用的测试方法，我国在《独立审计具体准则第 11 号——分析性复核》中，具体规范了分析性复核的概念及使用。分析性复核是注册会计师对被审计单位重要的比率或趋势进行分析，包括调查异常变动以及这些重要比率或趋势与预期数额和相关信息的差额，是注册会计师在审计过程中获取审计证据的方法之一，或者说是注册会计师经常运用的审计程序之一。通常，分析性复核较多地在审计计划阶段和进行符合性测试时使用。但是，在审计实务中，从成本效益原则的角度出发，注册会计师越来越多地将分析性复核直接作为实质性测试程序。

我国注册会计师界对此并没有给予足够的重视，在实践中不能大胆运用，往往将分析性复核的"分析"重点忽视了，而将精力只用于"复核"上，结果使得注册会计师陷入烦闷的重复计算中，没有发挥出分析性复核应有的作用。

（二）分析性复核的优点

1. 审计证据容易取得

由于分析性复核是利用客户信息间的内在关系来判断数据的合理性，因此不用搜集大量的资料，仅靠模型的构造及注册会计师的经验、知识来进行，故能节约时间，且能发现细节抽样技术所不能找出的异常。可以在更短的时间内提供相同的或更好的审计证据。

2. 获取审计证据更为客观

分析性复核的应用是基于会计信息或非会计信息间的内在关系，而其内在关系是客观存在的，在一般情况下，这种关系也是稳定的。分析性复核的应用需要凭借注册会计师敏锐的目光和丰富的经验，只要使用得当，分析性复核可提供更为客观的证据。人们之所以怀疑，其原因在于太多的不合格的注册会计师，没有完全掌握分析性复核这种复杂的技术和艺术。分析性复核的正确而有效的应用需要注册会计师具有多方面的知识，至少应掌握三种知识：商务知识、会计知识和分析审计知识。一名优秀的注册会计师可以从分析性复核的使用中发挥其特长和创造力。

3. 便于实现分析自动化

分析性复核的优点是易于借助计算机辅助设计实现自动化分析。例如，在使用回归方程或时间序列构建模型时，运用计算机可以加快模型的建立，并能保证其正确性。

（三）分析性复核技术在审计实务中的应用

分析性复核运用的步骤和推断过程是：确定所需分析的客户的风险因素，选择一个特定的分析性程序，在应用分析性程序前确定重要性差异，应用分析性程序并计算实际结果，计算目标结果，实际结果与目标结果相比，得出认定结论。据此，可实现以下目标：注册会计师可以对被审计单位的会计报表和其他会计资料中的重要比率及其变动趋势进行分析性复核以发现其异常变动项目。对异常变动项目，注册会计师应重新考虑其所采用的方法，必要时，应追加适当的程序，以获取相应的证据。

分析性复核可以循序渐进，逐步缩小分析的范围，获取更详尽的资料，层层深入直至找到症结所在。

在分析性复核时，除可以进行多期比较观察某项比率的正常峰值及值域，也可以与同行业数据进行比较，得出相应的同幅增长的比率，在分析时，先抽取几个最容易反映问题的比率，通过对相关比率复核可以发现问题。

我国的审计人员对于各种分析性复核技术十分熟悉，在审计实践中时有应用。但是，由于观念上认为将分析性复核结果直接作为审计证据，其客观性、可靠性容易令人怀疑，因而应用的积极性不高，在审计工作底稿中也很少见到分析性复核方法的应用及其结果。应该看到，分析性复核方法的运用对提高审计质量至关重要。从已经公布的上市公司年度报告中，某些发表了无保留意见的公司财务报表中存在较为明显的重大差错，注册会计师却没有发现而让其公之于众，间接地说明注册会计师未能充分利用表达。另外，分析性复核方法的应用可以减少细节测试数量，提高抽样检查的针对性。因此，注册会计师应在审计计划阶段、报告阶段充分运用分析性复核方法，从整体上把握所审计财务报表质量，同时，在各类经济业务（循环）及账户余额的检查中，也应尽可能运用分析性复核方法取得相应的审计证据，在保证审计质量的前提下为提高审计效率奠定更可靠的基础。

七 审计方法的历史演进

从历史上看，审计方法经历了从详查法向抽查法、从顺查法向逆查法、从账项基础审计向制度基础导向审计再向风险基础审计等演进的几种不同阶段或层面。

（一）由详查法向抽查法演进

详查法就是对全部资产进行清查，对全部账目进行检查。早期的审计普遍采用这种形式，这是与当时的经济环境相适应的。早期的经济组织，其经济规模小，经济活动的内容单一，会计业务量较少，从而审计对象的数量较少，种类单一，这为详查法提供了可能。审计目标主要是查错防弊，审计人员在做出有把握的审计结论之前，必须对审计对象进行全面的验证。

详查法要耗费大量的人力、时间，要进行大量的重复劳动，审计成本高，审计效率低。随着经济的发展，企业规模越来越大，会计业务也越来越多，详查法的适用范围也就越来越受到限制，抽查法随之产生。

审计抽查法是从全部经济活动中抽取一部分，依会计凭证、账簿到报表进行逐一核对，并依据抽查结果对客户的财务报表提出意见。20世纪中叶，资本主义市场经济迅速发展，经济组织的规模和经营范围也不断扩大，会计记录的数量不断增加，内容日趋复杂，不仅审计人员无法承受对会计记录进行全面验证的巨额成本，会计信息的使用者也无法接受全面审计的低下效率。同时，随着管理理论的现代化和管理手段的科学化，经济组织的内部控制制度日趋完善，能够起到保护财产安全完整和保证会计资料真实可靠的作用。因此，不对经济业务进行全面验证，而是进行抽查，在实践中不仅是必要的，也是可行的。如今，审计抽查法已得到普遍应用。

（二）从顺查法向逆查法演进

顺查法是审计人员按照会计业务处理的先后顺序依次进行审查的方法。这种方法按照业务处理的顺序逐一核对，依次审查，操作简单，审查结果能够做到全面、系统、准确，但机械的审查核对费时费力，不易抓住重点，同时也不便于按照业务类别进行审查，不便于审计人员分工。由于早期的被审计单位规模较小、业务较少，被审单位管理制度和内部控制制度较差，存在的违纪事项需要逐一查实。所以，这种方法的运用有着必要性和重要性。随着审计对象的不断复杂，对审计效率和质量的更高要求，顺查法逐渐演进为逆查法。

逆查法是按照与会计核算相反的处理程序，依次对报表、账簿、凭证的各个环节进行审查的一种方法。这种方法能从全局出发，大处着手，只审查有问题的内容，抓住实质，主攻方向明确，能够节约一定的人力、物力，提高审计效率。

（三）从账项基础审计思路向制度基础审计思路演进，再向风险基础审计思路发展

审计方法的历史演进从整体思路上分析，经过了账项基础审计、制度基础审计和风险基础审计三个阶段。

账项基础审计是审计人员为了查错防弊，以审查被审计单位会计事项为主要审计内容和过程的审计思路。在这种思路下，审计基本没有重点或重点环节。显然，审计工作的早期，这种思路是行得通的。与上述道理一样，随着审计对象和内容的不断复杂化，这种思路便越来越显现出其局限性，取而代之的是制度基础审计。

制度基础审计通过确定经济组织内部控制制度的缺陷，进而判明财产保全和会计记录真实性上可能存在的缺陷，并对此进行详细考证、分析，以查明错弊。在现代经济环境中，电子技术与科学管理方法的融合，使得经济组织的内部控制制度的作用机制更趋完善，内部控制制度与财产和会计记录错弊发生的可能性之间存在着较强的相关关系：内部控制健全并有效运行的相关财产变动业务和会计记录所发生错弊的可能性极小，反之亦然。同时，在20世纪60年代中期以后，审计职业界进入了所谓的"诉讼爆炸"时代，针对注册会计师的频繁诉讼，不仅给注册会计师带来巨大的经济损失，也对审计职业界的生存和发展造成严重威胁，审计风险成为审计人员关注的核心。抽样审计方法的随机性与主观性的缺点，使审计风险难以控制。这就需要寻求一种新的审计方

法，既能有效控制审计风险，又能全面提高审计效率。审计人员把内部控制制度是否健全和有效实行作为发现财产和会计记录存在错弊的基础，恰好能满足这样的要求。风险基础审计是审计人员以规避、控制和防范审计风险为出发点，确定审计性质、范围和时间的一种审计思路。它要求审计人员对被审计单位的固有风险和控制风险进行评价，还要对形成风险的各种因素进行分析。从20世纪80年代开始，理论界对审计风险进行了系统研究。风险导向审计能更有效地提高审计效率和质量，控制和防范审计风险与责任。[①]

综上分析，审计方法经历了不同阶段和层面的演进过程，这一过程综合反映出审计对象和内容不断复杂，反映出整个社会对会计信息的时效性和质量要求也越来越高。

八 审计方法历史演进的内在动因分析

审计方法历史演进的内在动因是基于提高审计效率与质量，规避审计风险和责任，满足所有权监督的需要。审计人员要在审计效率、质量、风险、责任之间不断进行权衡，选择既能提高审计效率和质量，又能规避审计风险与责任，进而满足所有权监督需要的审计方法，从而实现审计目标。正是这种综合影响，才促动了审计方法不断从简单向科学、从随意向规范、从单一向系统等方向发展和演进。

（一）基于提高审计效率和质量的需要

基于提高审计效率和质量的需要是审计方法演进的基本动因。社会的进步、经济的发展导致了庞杂的审计业务与有限的审计资源之间的矛盾日益尖锐，对被审计业务进行全面详细的审查已不能适应审计事业发展的要求。这样，审计方法由简单向科学、由单一向系统等发展与演进就成为历史的必然。运用科学、规范的审计方法，以有限的审计资源担当社会所赋予审计的历史使命，最大限度地提高审计效率，就成为促进审计事业进一步发展的主要因素之一。正是在这样的背景之下，审计方法不断向着科学化、规范化演进和发展已成为世界审计发展的规律和趋势。

审计方法逐渐演进体现出审计实质性测试工作的性质、时间和范围的变化、选择与转移的动态过程。这种情况下，传统的审计质量观正在为新的相对

[①] 赵保卿、任晨煜：《审计方法的历史演进及其动因》，中国论文下载中心网，2006年7月24日。

质量观所替代。所谓相对质量观,即依据一定的参照物来决定审计工作的质量要求和水平高低,而不是以审计结论百分之百的可靠和精确来作为判定审计质量高低的标准。审计人员为了以较少的资源耗费取得较好的审计结果,就不能实施全面细致的审查,而应代之以抽查;不能实施顺查法,而应运用逆查法;不应遵循账项导向审计思路,而应按照系统导向审计以至风险导向审计思路等。于是,审计方法便不断演进与发展。

审计效率和审计质量是相互联系、相互制约的两个方面,一个方面的改善对另一方面可能形成正面影响,也可能形成负面影响。两方面影响需要求得一种最佳平衡状态,这种平衡状态又反过来进一步促动审计方法的演进和发展。

(二) 基于规避审计风险和责任的需要

审计风险是审计组织和人员在审计过程中,受主体、客体和环境等多方面因素影响而形成的致使审计意见和结论与客观实际不符的可能性,其中主体因素主要是审计主体不当或过失行为,客体因素主要是被审计单位的经营、决策失误和造假违规行为,环境因素主要是政治经济环境因素、法律环境因素以及竞争日益激烈的市场环境因素等。审计风险随着审计科学的不断发展和完善而不断变化着,具有客观性、普遍性和潜在性等特点,其基本规律是风险逐步增加和复杂化,但又是可以加以控制和规避的。审计人员只有将风险降低到可接受的水平,才能使得出的审计结论、表述的审计意见有较大的把握。在这种情况下,要求所运用的审计方法能够满足审计人员控制和防范审计风险的需要,审计方法必然通过不断演进而逐步科学与可行。风险导向审计作为一种从账项导向审计和系统导向审计演变而来的现代审计思路,其精髓就是要求审计人员在审计过程中对被审计单位的固有风险和控制风险进行全面的分析与评价,并以此为出发点,确定可接受的检查风险,制定审计战略,以实现审计目标。

审计责任是审计作为一种独立的经济监督形式,其行为主体即审计机构和审计人员对审计委托者及其他各方应承担的责任,这是狭义概念;从广义上讲,审计责任则是审计者、审计委托者、被审计者及有联系的各方在审计活动中所形成的相互责任关系,也就是说,承担审计责任的不单是审计机构和审计人员,还包括审计委托者、被审计者以及与审计活动相关的利益者。审计责任通常是狭义上的。审计责任与审计风险有着内在联系。审计责任决定于审计风险的大小,审计风险越大,审计机构和审计人员所承担的责任就越大。从普遍意义上讲,审计机构和审计人员要对其审计活动中相关行为及其结果承担法律责任,这是一种无形的、持续的、发挥着规范审计行为的积极作用;但是,就某一具体审计责任的承担和落实，需要以审计活动中发生质量与责任纠纷为前提，以审计人员在审计活动中确实存在失误或舞弊行为为事实依据，且要有真实、充分的证据予以证实。这样，审计人员对于审计责任则有一个规避问题，即对于具体审计质量纠纷，若有责任需要也必须承担，但若没有责任则不应承担。在这种情况下，审计方法就通过逐步演进以满足审计机构和审计人员规避审计责任的需要。

与效率和质量的关系一样，风险与责任之间也是相互联系、相互制约的密切关系，两者通过这种关系求得一种动态平衡，并形成促使审计方法不断演进的一种动因。

（三）基于满足所有权监督的需要

20世纪80年代我国恢复审计监督制度以后，对于审计产生与发展的客观基础问题，出现了基于监督会计的需要和基于经济监督的需要的观点。后来，很多学者从委托受托责任关系的角度进行论证，认为审计产生于维系或解除委托受托责任关系的需要。我们认为，两权分离后便形成了委托受托责任关系，出现了所有权监督和经营权监督，在维系或解除委托受托责任关系时，审计更多的是从维护所有者利益的角度出发，或者直接说，审计产生和发展于所有权监督的需要。两权分离后，所有者将财产交托给经营者经营，他关心的是经营者是否保管和经营好其财产，使其财产保值增值。因此，所有者则委托或委派审计进行监督。审计机构和审计人员为了完成所接受委托的经济监督任务，则采取相应的审计程序与方法。当被审计单位的会计资料及其所反映的经济活动较为简单、所接受的审计监督任务较为容易完成的时候，审计人员所采取的审计方法自然就比较单一和片面；相反，当被审计单位的会计资料及其所反映的经济活动较为复杂、所接受的审计监督任务较难完成的时候，审计人员所采取的审计方法自然就比较系统和完善。随着经济社会的发展，会计资料及其经济活动是逐步复杂化的，这样，审计方法就不断向系统化和规范化演进。

综上所述，审计方法的演进体现了提高审计效率和质量、规避审计风险和责任、满足所有权监督需要的内在动因。三个方面是互为一体的。提高审计效率和质量是基本动因，审计方法演进的初期首先考虑的就是这个因素，当演进到一定阶段或层面，规避审计风险和责任就逐渐显现出其必要性了，而这两个方面又都构成了最大限度地实现审计目标、满足所有权监督的需要的前提条件；满足所有权监督的需要又反过来影响着提高审计效率和质量、规避审计风险和责任因素的变化方向与程度。

九　审计技术与方法的发展方向

（一）综合审计模式

回顾审计系统的发展历程，经历了三个阶段：

第一阶段是19世纪中叶，在资本主义得到充分发展、取得工业革命成功的英国出现了现代意义的审计（称英国式审计或详细审计）。当时的审计对象是会计账簿，审计的目的是查错防弊，所使用的审计工具是详细检查，审计信息的使用人是股东。第二阶段是20世纪初，在资本主义发达的美国出现了以资产负债表为对象的资产负债表审计，其目的是判断借款人的信用状况，审计信息使用人从股东扩大到债权人（主要是银行）。第三阶段是20世纪20—30年代，由于资本市场证券化，在美国出现了以损益表为中心的财务会计报表审计，目的是提出客观公正的审计意见，审计信息使用人是所有的企业利害关系人，对上市公司而言就是社会公众。到了40年代以后，由于跨国公司的出现，国际资本流动频繁，在发达的资本主义国家出现了国际化的会计公司。

由于早期审计内容、对象和目标的单一化，决定了此时审计方式方法的单一与片面，如对收支业务很少且简单的审计内容，"审计人员"只需"听其会计"就可以了。随着经济社会的发展，经济业务内容也在不断复杂化，会计核算方法和过程越来越完善和科学，此时，"听"且不说在时间上已受限制，要听清听懂也有了相当难度，甚至根本无法听出所以然了。另外，作为维护自身权益的听者也不像起初那样的单一构成了，需要维护自身权益、监督经济业务活动的人越来越多，乃至审计服务对象更加大众化和分散化，审计目标更加多元化。此时，审计检查方式便演进为对科学的会计核算过程和内容进行全面审查。这需要综合运用审阅、核对、复核、分析、比较、询证等方式方法。

从单一听审发展为运用各种方式审查会计资料，还不能说已形成综合的审查方式。综合审查除了需要运用上述几种方式方法对会计资料进行审查以确认资产的账存数以外，还需要运用监盘、观察、鉴定等方法对被审计单位的资产进行清查以核实存数，并在此基础上确定账实是否相符。

（二）信息系统审计

1. 从计算机审计到信息系统审计

随着计算机的迅速发展，利用计算机处理的业务越来越广泛。计算机在企业的应用，使企业的经营过程、思想意识和方法等产生了显著的变化。信息系统审计从计算机审计发展而来，是随着计算机在财务会计领域的应用而产生的。随着计算机技术应用范围的不断扩展，计算机对被审计单位各个业务环节的影响越来越大，计算机审计所关注的内容也从单纯的对电子的处理，延伸到对计算机系统的可行性、安全性进行了解和评价。在制度基础审计的模式下，计算机审计的业务内容已经扩展到了符合性测试领域。风险基础的审计模式的采用以及信息技术在被审计单位的各个领域的广泛应用，信息系统的安全性、可行性与其所服务的组织所面临的各种风险的联系越来越紧密，并且直接或间接地影响到财务报表的真实、公允。在这种情况下，对被审计单位风险的评估必须将计算机信息系统纳入考虑范围。发展到这一阶段，计算机审计的业务范围已经覆盖了一项审计业务的全过程，计算机审计这一概念已经不能反映这一业务的全部内涵，信息系统审计的概念随之出现。

20世纪90年代后期至今，会计电算化已逐步走向成熟，而企业的信息化建设并没有就此停止，以ERP为代表的企业信息系统的高度集成逐渐开始兴起。这时的企业信息系统不仅仅是一个个孤立的系统，而是集财务、人事、供销、生产为一体的综合性的系统，财务信息只是这个系统所处理信息的一部分，单独的财务系统已不存在。而这时的审计人员只有对整个系统全面了解，才能把握审计对象的总体情况。说到审计，人们比较熟悉的是注册会计师或审计机关的财务审计，是对财务报表或会计账册的监督，好像和信息系统没有必然联系。其实不然，审计业务发展至今，传统就账审账的工作只是现代审计中一个特别小的组成部分。如今的信息系统审计的业务已经超出了为财务报表审计提供服务的范围，现代的风险基础审计理论认为，审计师最重要的工作之一，是发现被审计单位最重大的风险隐患，在认定其持续经营的基础上，再对财务报表的真实性、公允性发表审计意见。如果审计师认为被审计单位的信息系统是业务运转的平台，是风险高发区，那么对信息系统的安全、稳定和有效的评价就成为审计的基础和重点。当然，对信息系统的审计和对财务事项的审计，手段有所不同，但基本的程序和原理都是一样的。在很多大型会计公司内部，信息系统审计部门已经成为一个独立的对外提供多种服务的部门。尤其是互联网和电子商务的兴起，更是为信息系统审计业务带来了无尽的商机。为财务报表审计提供服务只占信息系统审计部门业务内容很小的一部分。与信息安全相关的防火墙审计、安全诊断、信息技术认证以及ERP相关的新型咨询业务也不断涌现。"未来审计行业和审计技术的发展动力将主要来自于信息系统审计的发展"①，这一观点已经逐渐成为国外会计、审计界的一个共识。

---

① 孙强：《国际信息系统审计的发展史》，赛迪网，2008年5月27日。

信息系统审计将扩展审计的领域。有专家预言，随着企业信息系统所覆盖的领域不断扩大，会计作为一个独立的信息系统将逐渐消失，但这并不意味着审计行业的消失。相反它对审计提出了更高的要求，审计人员对被审计对象的了解必须更加深入、全面。从注册会计师审计来看，这种趋势导致了更多的增值服务的出现，这些增值服务的业务量已经超过了传统财务报表审计的业务量。从国家审计的角度来看，查错纠弊式的审计已经越来越不能满足政府和社会公众的要求。国家审计机关的审计对象的信息系统较之普通的企业更加庞大，这些系统是否安全可靠，不仅关系到某一个组织本身，甚至会影响到国家的安全。

早在计算机进入实用阶段时，美国就开始提出系统审计（System Audit）。1969 年在洛杉矶成立了电子数据处理审计师协会（EDPAA），1994 年该协会更名为信息系统审计与控制协会（Information System Audit and Control Association），即 ISACA，总部设在芝加哥。目前该组织在世界上 100 多个国家设有 160 多个分会，现有会员两万多人，它是从事信息系统审计的专业人员唯一的国际性组织，信息系统审计师 CISA（Certified Information System Auditor）资格由 ISACA 授予，也是这一领域唯一的职业资格，在世界各国都被广泛的认可。日本的系统审计是从 20 世纪 80 年代开始，1983 年通产省公开发表了《系统审计标准》，并在全国软件水平考试中增加了"系统审计师"一级的考试，着手培养从事信息系统审计的骨干队伍。近几年东南亚各国也开始制定电子商务法规，成立专门机构开展信息系统审计业务，并制定技术标准。

正如对财务信息可靠性的要求造就了注册会计师行业一样，信息社会的到来使得人们对信息系统的可靠性更加依赖，这种依赖为信息系统审计提供了十分广阔的发展空间，也代表了审计未来发展的一个重要方向。

2. 信息系统审计在我国的普及和发展前景

我国的信息系统审计工作目前还处于探索阶段，还没有形成一套成形的专业规范，也没有形成一支能够全面开展信息系统审计业务的人才队伍。目前我国会计审计界所进行的一些计算机审计的探索和尝试以及开发的一些计算机审计软件还大都停留在对被审计单位的电子数据进行处理的阶段。无论是国际上大型的跨国公司还是国内一些规模较大的企业都在不断地扩大信息技术在其经营活动和会计领域的应用范围，运用传统的会计审计知识已经不能对这样的客户进行风险评估、内控测试与评价，从而无法进行真正意义上风险基础的审计业务，进而也影响到我国会计师行业审计业务的质量。这一现状使得我国的注册会计师行业在与国外大型会计公司的竞争中处于不利地位。我国在 1999 年颁布了《独立审计准则第 20 号——计算机信息系统环境下的审计》。但是我国信息系统审计才刚起步，审计技术、审计规范、审计制度等都有待研究。随着我国信息化水平的提高，对信息系统的有效控制与审计将逐渐成为研究热点。

信息系统审计师（CISA）对于大多数人来讲，还是一个陌生的名词。但在国外，CISA证书早已同MCSE、CCEP等证书一样，成为追求高薪的人们争相追捧的对象了。目前在我国香港、台湾、北京、上海、广州、深圳设有考点。在很多大型会计公司内部，信息系统审计部门早已成为一个独立运作的体系。这些公司中甚至出现了没有CPA资格的合伙人，他们持有的专业资格就是CISA。

信息系统审计师，也称IT审计师或IS审计师，是指一批专家级人士，既通晓信息系统的软件、硬件、开发、运营、维护、管理和安全，又熟悉经济管理的核心要义，能够利用规范和先进的审计技术，对信息系统的安全性、稳定性和有效性进行审计、检查、评价和改造。经过认证的信息系统审计师最擅长鉴别信息系统的有效性，最安全和最稳定的系统不一定是最有效的系统，而效率不高的系统就会消耗企业大量的资源，信息系统审计师的优势就是对财经管理和信息技术融会贯通，为企业信息系统的改造提供建议。

信息系统审计师正在升温，信息系统审计师的出现，可以从项目计划开始介入信息系统建设的每个环节，以他们的专业素养，从项目的初始阶段一直到运营的全过程，给予项目投资者风险控制的评估与建议，提高信息系统的投资效益。会计师审计师事务所、软件供应商、管理咨询机构将成为信息系统审计师的重要服务行业。

预见这一发展方向，并着手准备，踏实工作，积极应对这场审计革命的到来，就一定会把握住这个机遇，使我国的审计事业焕发出更加旺盛的生命力。

第三十三章　建立审计风险控制体系

审计风险是指会计报表存在重大错报或漏报，而注册会计师审计后发表不恰当审计意见的可能性。20世纪60年代以来，在西方发达国家，针对注册会计师的诉讼案件大量增加，审计职业界进入了一个"诉讼爆炸"的时代，注册会计师职业逐渐成为了一项高风险的专门职业。进入90年代后，注册会计师成为被告的诉讼案件更是有增无减，一些会计师事务所甚至不堪巨额索赔而倒闭或陷入困境。审计风险问题，不仅影响到审计质量的提高，也关系到独立审计事业的生存和发展，已经成为审计职业界密切关注的一个热点问题。

一　审计风险的分类和特征

（一）审计风险的分类

1. 根据影响范围大小分为审计职业风险和审计项目风险

审计职业风险是指给审计职业界发展可能带来不利影响的各种行为和环境的总和。主要包括两个方面：①宏观经济环境风险。在我国主要表现为法律风险和不正当竞争风险。例如，跨地区执业经常受到地方保护主义干扰；会计主体舞弊得不到应有的惩罚；个别审计人员违背职业道德得不到及时的处罚；等等。②客户经营风险。它是指由于客户经营失败而导致审计人员被迫承担连带责任的风险。当客户由于经营不善而破产倒闭时，报表使用者通常会指责审计失误，而要求补偿其损失。这就是通常所说的"深口袋（deep pockets）责任"概念。审计职业风险影响的是审计整个职业的发展，因此相对于审计项目风险来说，承受者众，影响面广。对于审计组织来说，属于不可控制的风险，只能采取规避的方法来减少。

审计项目风险即本书所定义的审计风险，指由于发表的审计意见恰当与否的不确定，导致其遭受损失的可能性。审计项目风险存在于单独审计项目中，其风险的承受者是具体执行审计的会计事务所及其审计人员。审计项目风险可以通过详细制定审计计划，搜集充分的审计证据等方法来控制。

2. 根据风险产生的原因分为审计主体风险、审计客体风险和审计环境风险

审计主体风险是指审计主体针对审计活动发生的审计风险，审计主体风险的主要特征是审计风险是由审计主体行为本身所造成的，因而是可控的。它包括审计决策风险、审计检查风险、审计技术风险和审计处理风险。

审计客体风险是指审计客体的经济业务和控制系统本身存在错误和弊端的可能性。审计客体风险存在于审计工作之前，虽不属于审计中的风险，但从整个审计风险管理角度看，仍应当包括在内。它可以科学地预测、评估，为审计工作顺利进行创造条件，同时也是实施审计风险分析的前提。其最明显的特征是不可控性。审计客体风险一般有固有风险和控制风险两种。

审计环境风险是指由政治、经济、法律等宏观方面的影响带来的风险，既包括被审计单位内部控制状况，又包括财政风险、金融风险以及与审计相关的会计风险因素等。

3. 根据审计风险的组成要素分为固有风险、控制风险和检查风险

固有风险，是指假定不存在相关内部控制时，某一账户或交易类别单独或连同其他账户、交易类别产生重大错报或漏报的可能性。固有风险水平取决于会计报告对于业务处理中的错误和舞弊的敏感程度，受客户外部经济环境的间接影响，其产生与客户有关，而与注册会计师工作无关，它是独立存在于审计过程之中的风险。

控制风险，是指通过内部控制而未能防止、发现和纠正某一账户或业务产生错报或漏报的可能性。控制风险水平与客户的控制水平有关，而与注册会计师工作无关，它是审计过程中的一种独立的风险。

检查风险，是指某一账户或交易类别存在重大错报或漏报，而未能被实质性测试发现的可能性。检查风险是必然存在的风险，它与被审计单位无关，而与审计程序的有效性相关。

（二）审计风险的特征

审计职业的特征决定了审计风险既具备风险的一般特征，又具备自身的特点。现分述如下：

1. 审计风险的客观性

审计风险和其他风险一样，无论其由何种原因产生，但就风险本身而言，它是普遍存在的，只要开展审计工作就始终存在产生风险的客观条件，被审计单位生产经营、财务收支及审计活动的复杂性，审计客体的局限性和审计主体抽样审计的方法及认识能力的滞后性等各种因素，使审计风险的存在成为必

然，人们只能通过各种手段来尽可能地降低和减少审计风险及其可能带来的损失，却不可能完全避免它。

2. 审计风险的普遍性

虽然审计风险通过最后的审计结论与预期的偏差表现出来，但这种偏差是由多方面的因素引起的，审计活动的每一个环节都可能导致风险因素的产生。因此审计风险普遍地存在于审计过程的每一个环节。审计过程中任何一个环节的疏忽大意都可能导致或增加最终的审计风险。审计风险贯穿于审计全过程的始终。

3. 审计风险的复杂性

就造成风险的原因来说，与国家审计、内部审计相比，独立审计由于不依赖于任何权势而自主执业，独立处理各种关系，使其产生风险的原因多样化，既包括外部环境造成的风险，如政策因素、被审单位因素、与审计活动有关的单位或人员对审计施加的影响因素，也包括内部环境造成的风险，如审计人员的思想作风、职业道德、业务能力及审计组织的管理水平、领导艺术、抗干扰能力等。这些因素从不同角度对审计风险的发生产生影响，致使审计风险产生的原因复杂化，相对于国家审计、内部审计来说增加了控制风险的难度。

4. 审计风险的潜在性

审计风险的潜在性特征，即它只是一种可能性，潜在地存在于审计工作中。审计风险由潜在的可能转化为现实的损失需要有一定的条件，如果注册会计师在审计过程中判断失误，或其行为偏离了审计准则的规定，出现了判断错误，只要审计报告的使用者没有因此遭受损失，或追究注册会计师的责任，此时也仅仅是潜在的风险。只有公众要求注册会计师对其工作失误和判断错误承担责任，并对造成的损失进行赔偿时，潜在的审计风险才转化为现实的损失。

5. 审计风险的全过程性

审计风险的全过程性是指审计风险贯穿于审计活动的始末，审计过程中的每一项具体审计活动都会产生与之相应的具体审计风险。审计风险的全过程性是由于导致审计风险的原因众多并充斥于审计活动的全过程所造成的。也就是说，由于各种不确定因素的存在，审计活动的每一环节，都可能产生误差并导致最终判断结果与企业的客观实际不相符。

6. 审计风险的可控性

审计风险虽然具有全程性和复杂性，具有多发、易变的特点，但不是不可防范。由于风险来源于主客观两个方面，客观方面的原因不以人的意志为转移，但主观方面的原因可以通过人的努力得到排除。因此审计风险具有可控性，独立审计组织或人员应力争通过主观努力，规范审计行为，采取多种防范措施，使风险防患于未然，即使发生了风险，也可以通过努力得到排除。

7. 审计风险的模糊性

审计风险的模糊性是指风险与机会并存，损失与收益并存。成功的机会可能发生风险，而风险的可能发生又可能给注册会计师带来更多的收入。究竟是损失大还是收益大模糊不清。在风险评估的实践中，有许多事件的风险程度是不可能精确描述的。一项交易发生舞弊的可能性到底有多大，一个账户发生重大错误的可能性到底有多大，往往无法简单地用高或低去描述，也难以准确地用数字表述出来，这也属于审计风险的模糊性。

二 审计风险的成因

从审计的发展历史来看，审计风险的出现和发展是一个渐进的过程。不同时期的审计风险，又表现出不同的时代特征；不同时期的审计风险，也都有各自形成的主要原因。结合审计实践，研究审计风险的形成原因，有助于审计人员找到控制和防范审计风险的新途径。目前来看，形成审计风险的主要原因有以下几个方面。

(一) 审计环境日趋复杂

由于我国正处于经济转型时期，尽管颁布了一些相关法律法规，但是仍不完善，企业依据自己对市场的理解和判断去参与市场竞争。企业的经营活动缺乏规范，投机心理和短期行为较为普遍，企业管理当局出于经济或政治目的，经常采取多种手段粉饰会计报表，而且手段越来越高明，越来越隐蔽。这种管理当局的欺诈行为如果没有被注册会计师识别出来，最终，投资者、社会公众或有关部门就会追究注册会计师的责任。一些企业的经营管理者缺乏起码的诚实与信誉，甚至贿赂审计人员，使其失去独立性，以达到欺骗投资者、债权人以及相关的利害关系人的目的，最终使 CPA 及其事务所承担法律责任。我国曾经发生的多起相关案件即是证明。

企业为了在激烈的市场竞争中谋求生存和发展，经营规模不断扩大，所进行的交易也日趋复杂，这给审计人员的工作带来了挑战和风险。同时，现代社会是信息爆炸的时代，互联网等现代化传播工具使信息的传递更加迅速和便捷，这导致审计人员失察和出现差错的机会增加。另外，企业经营管理人员的欺诈舞弊行为也增加了审计工作的难度。近些年来，我国企业大量存在的会计信息失真问题就一直是审计工作的一个陷阱，稍有不慎，就可能引发审计风险。

会计师事务所的管理体制和不正当竞争也加剧了审计环境的恶化。近年来，CPA 职业界普遍存在低价竞争、高额回扣的现象，加之一些行政管理部门的越权介入，使 CPA 与会计师事务所处于不平等竞争的不良环境之中，在此种恶劣的审计环境中，审计风险的管理与控制难以实现，或者是要付出高昂代价方能实现。

（二）审计范围不断扩展

随着信息技术和市场经济的发展，社会公众对审计的要求越来越高。审计人员的审计目标从最初的查错防弊已经发展到现在的验证财务报表与查错防弊并重。与此同时，审计范围也在逐渐扩大。会计核算如所得税会计、期货会计、衍生金融工具会计、合并会计、外币会计以及网络会计等远远超出了传统财务会计的内容。审计范围已经从传统的财务报表区域扩大到财务报表以外的信息系统领域。对这些业务的处理，显然要比传统的财务会计更具挑战性，更容易发生争议。需要审计人员根据实践经验进行职业判断，一旦判断失误，则可能要承担法律责任。审计范围的扩大，不仅加大了审计人员的审计责任，也使审计人员的工作内容和工作难度大幅度增加，从而使审计活动中的审计风险也相应增加了。

（三）社会公众期望越来越高

市场经济的繁荣发展，使社会上参与投资的人越来越多，于是更多的人开始关心企业的财务状况。人们为了提高投资的安全性，不惜支付高额费用聘请注册会计师对财务信息进行鉴证，以提高信息的可靠性。政府部门、投资者、债权人、潜在的投资人以及社会公众都对审计鉴证过的财务信息给予了极大的关注，社会上依赖审计报告的人越来越多。公众对审计人员提出了很高的期望，他们要求审计人员保证查出全部的差错和欺诈行为，保证财务报表不产生误导行为，从而审计人员承担的审计责任越来越大。但事实上注册会计师审计不可能达到如此完美的效果，注册会计师们实际能担负的审计责任比社会公众的期望要小。然而，正是这一差异，使得社会公众对审计职业界产生不信任感，从而加大了审计风险。

（四）审计人员执业能力、职业道德水准的有限性

在从事审计职业时，审计人员应该具备必要的业务能力和职业道德。审计人员的专业知识水平、分析判断能力、工作经验，是否能做到客观公正、实事求是并保持应有的职业谨慎，这些都对审计工作质量有重要影响。如果审计人

员的工作能力、职业道德水准难以达到完成审计任务所需的理想期望,审计人员在审计过程中就不可避免地会出现一些失误,使审计工作的实际结果与要求达到的理想状态之间产生差异,由此产生审计风险。

(五) 审计质量降低

世界大牌审计事务所在亚洲的分部,由于聘用当地的人员较多,使用当地的规则较多,使得其审计结果与世界通行规则有一定差距。有的事务所一年出具3000多份报告,10来个人,每天每人10份报告;有的会计师事务所向中注协报告,事务所五六个人,一年提交168份验资报告,收益很好;有个事务所被起诉,经检查审计底稿只有一行字:"验资证据已收齐,出具验资报告,完毕。"像这些事务所如何保证审计质量?结果有三分之一的事务所被卷入了诉讼浪潮。有的事务所受10多宗起诉,起诉赔偿金额1400万元。有的为此倾家荡产。

(六) 审计技术方法本身的局限性

账户基础审计模式与制度基础审计模式关注的重点是差错风险,对欺诈风险、财务危机或经营失败风险则关注较少;而现行审计模式还是建立在账户基础审计和制度基础审计之上的,防范和控制因财务危机、经营失败和财务欺诈而导致审计风险的系统体系还未建立。现代审计特别强调制度基础审计的应用,广泛采用抽样技术,即根据审计抽样样本的特征来推断审计对象总体的特征,这种方法虽然可以提高审计效率,但用样本的审计结果去推断审计总体的实际情况必然存在误差。另外,由于现代审计方法强调成本和效益原则,在审计过程中,审计人员可能会舍弃一些对审计结论影响不大但耗时费力的审计程序,而这种取舍观可能导致一些影响审计意见正确性的程序被放弃,从而使审计结论出错,引起审计风险。

(七) 审计信息在传递过程中的误差

审计人员在执行完审计程序,搜集到足够的审计证据、提出审计意见、签发审计报告之后,要将审计结论传达给委托人、投资者、债权人、有关主管机构以及社会公众等信息使用人。然而,在信息传递过程中,由于种种原因会引起一些误差,从而降低了审计报告的效用。比如,由于信息使用者缺乏必要的专业知识而没有感知到有用的信息数据,或者对感知到的信息作出了错误的理解和解释,影响到他们的决策。这样的事件发生后,信息使用者往往会对审计人员产生误解,并因而使审计人员的信誉遭到损害。

（八）审计事项在司法认定与审计职业认定上的不一致

在涉及审计的诉讼案件中，司法界和审计职业界对某些审计事项的理解是不同的。比如真实性，司法界要求的是"审计结果的真实性"，即必须保证审计结果真实、准确、可靠，而不管审计人员在审计过程中是否履行了必要的程序和手续。审计职业界要求的则是"审计过程的真实性"，即审计人员的责任在于按审计准则的规定恰当地执行了必要的审计程序和手续，由于审计活动本身存在着一定的不确定性，因而审计人员并不能保证最后的审计结论完全正确，也就是说，只要审计过程没有重大失误，审计人员就无须为含有差错的审计结论承担审计责任。认识上的差异使得双方在审计责任认定上存在重大分歧，这往往使审计人员在司法诉讼中处于劣势，从而在一定程度上加大了审计风险。[①]

三 审计风险评估

（一）审计风险评估的重要性

审计风险评估是审计风险管理程序中的关键环节，审计风险控制直接信赖于对审计风险估测与评价的结果，审计风险管理目标的实现离不开这一重要保证。

1. 审计风险评估是现代审计发展的要求

随着审计模式的发展，独立审计的目标、要求和侧重点都在发生着变化。为适应现代社会高风险的特性，出现了风险导向审计模式。它是继账项基础审计、制度基础审计之后的全新的审计模式。风险导向审计立足于对审计风险进行系统的分析和评估，并以此作为出发点，制定审计战略，制定与企业状况相适应的多样化审计计划，以达到审计工作的效率性和效果性。

与制度基础审计相比，风险导向审计对于风险的考虑更进一步。它不仅对控制风险进行评估，而且要对产生风险的各个环节进行评估。同时，将审计风险予以量化和模型化，确定审计证据的数量，使审计风险的控制更加科学、有效。正是因为风险基础审计方法全面考虑了审计风险各个要素的内涵，使它在企业面临的不确定性不断增加的环境下，受到审计人员的青睐，成为有效控制审计风险的最新审计方法。

[①] 郭双来、李志远：《注册会计师审计风险原因剖析》，中华会计网校，2002年11月20日。

2. 审计风险评估是我国审计风险准则体系的重要内容

自 20 世纪 80 年代初我国恢复建立审计制度以来，经过多年的审计理论建设，我国对审计风险的研究取得了一定的进展，《独立审计准则》的制定也一直坚持国际化方向。2006 年 2 月 15 日，中国注册会计师协会颁布了四个新的审计准则，形成与国际趋同的中国审计准则体系。这次准则体系的修订核心在于风险评估的内容、程序及应对措施，要求的审计起点为风险评估程序，加强审计计划工作，体现风险评估的重要性。

3. 审计风险评估是提高我国审计实践水平的关键

从行业整体分析，大多数审计人员对审计风险评估的意义和作用的认识尚未达到应有的深度，没有实施风险导向审计，没有将风险管理引入审计实践。因此，正确认识审计风险评估问题，提高审计工作水平，是审计职业界自身发展的需要。开展审计风险评估，为审计职业界创造一个张弛有序的风险竞争环境，是我国审计实践健康发展的客观要求，也是我国经济健康发展的迫切需要，有着十分重要的现实意义。

(二) 审计风险评估程序

1. 确定期望审计风险

审计师首先要确定期望审计风险。所谓期望审计风险是指审计师所愿承担的一种主观确定的审计风险，又称可接受的审计风险，或终极审计风险。期望审计风险是审计师主观预先确认而又客观存在的准备承受的审计风险。一般情况下，审计师要根据会计师事务所的审计手册或根据以往的经验进行确定。大多数审计师会将期望审计风险确定为 5%。当然，也有一些风险偏好型的会计师事务所和审计师确定的期望审计风险大于 5%。但是笔者认为，近几年审计失败案例层出不穷，一个重要的原因在于企业财务舞弊越来越多，舞弊手段越来越隐蔽。在这样的审计环境下，审计师对于期望审计风险的确定应坚持"宁可低估，不可高估"的原则，将期望审计风险确定在 5% 以下。

2. 评估重大错报风险

(1) 对客户进行经营分析，包括战略分析和流程分析，以评估战略风险和流程风险，战略风险和流程风险构成了经营风险。首先了解客户的内外部经营环境，包括客户所处的行业状况、法律环境与监管环境以及其他外部因素，如宏观经济环境和国际经济环境等。了解客户的所有权结构、组织结构及其所从事的经营活动、投资活动和筹资活动的类型和性质。审计师应重点了解客户的经营目标以及实现这些目标的战略，并分析对实现目标和战略产生不利影响的因素,因为经营风险常常源于对客户实现目标和战略产生不利影响的重大情况、事项、环境和行动,或源于不恰当的目标和战略,通过以上的了解和分析,初步评估客户的战略风险。其次,了解和分析客户的经营流程。从流程目标、投入、作业、交易类型、威胁流程目标的风险以及对客户所依赖的关键经营流程进行了解,通过价值链分析客户创造价值的方式,以此评价流程风险。

(2) 了解客户财务业绩的衡量和评价标准以及客户对会计政策的选择和运用,初步评估绩效风险。审计师应当了解客户财务业绩的衡量和评价情况,考虑这种压力是否可能导致管理层采取行动,以至于增加财务报表发生重大错报的风险。并注意客户对会计政策的选择和运用,是否符合适用的会计准则和相关会计制度,是否符合客户的具体情况。

(3) 进行控制测试,评估控制风险。经过对客户经营战略、经营流程、经营绩效的分析,审计师已经对客户的内部控制有了初步的了解。若客户的内部控制是值得信赖的,审计师还要执行控制测试,以取得证据评估控制风险。

(4) 综合考虑客户的经营风险、绩效风险和控制风险,评估财务报告的重大错报风险,并依据重大错报风险水平来制定整体审计策略。

3. 将重大错报风险分配到账户认定层次

审计师对审计风险进行评估的目的是指导账户认定层次的实质性测试,因此,只有将重大错报风险与账户认定层次相联系才有实际意义。首先,审计师应考虑形成重大错报风险的某一因素是否会对客户某一个或某几个业务循环产生影响,如何影响,影响程度怎样。即将各风险因素分配到业务循环层次。其次,再深入到该具体业务循环中,分析影响该业务循环的风险因素如何影响循环中的具体账户,即将重大错报风险分配到账户和认定层次。最后,由于某个特定的账户可能受多个业务循环的影响,在前面的风险分配中可能造成了交叉重叠或遗漏,因此,有必要再以各单独账户为对象,综合该账户可能受到的各方面风险因素的影响,从而最终得到账户认定层次上重大错报风险的评估结果。

4. 确定剩余风险

根据风险模型(审计风险=重大错报风险×检查风险),确定检查风险,并根据检查风险水平来安排实质性测试。

5. 综合评估审计风险

在实质性测试完成后,审计师已经掌握了较充分的审计证据。此时,审计师还要综合考虑这些审计证据以及各风险因素,再次评估审计风险,并与期望审计风险比较,以判断审计风险是否控制在期望审计风险之下。

(三) 重大错报风险评估的几种基本方法

1. 定性风险评价法

定性风险评价是指通过观察、检查、询问、函证、穿行测试等多种取证手段搜集审计证据，审计师借助于经验、专业标准、专业判断等对审计证据进行定性分析，特别是针对导致重大错报风险产生的相关因素进行分析，再将各因素进行综合后评估重大错报风险。定性风险评价法由于它不需要统计资料和复杂的数学模型，具有成本低廉、操作简单、易于掌握等优点，但是它容易受审计师经验和判断能力的影响。

2. 管理工具分析

审计师可以利用一些管理工具对经营风险进行评估。例如用宏观环境分析模型（PEST）方法进行宏观分析，用行业分析模型（POTER）进行行业分析，客户如果涉及多元化经营，还要运用 PEST 和 POTER 方法进行分业分析；通过价值链分析（VCA），将客户的资源及流程融合在一起，分析客户的竞争优势及劣势，并运用波士顿矩阵（BCG）分析客户的主业赢利能力；运用 SWOT、KSF 方法综合分析客户的核心竞争力；运用管理信息系统（MIS）、平衡记分卡方法和最佳实践的标杆比较等工具进行绩效分析，从而对客户的经营风险进行全方位的评估。[①]

3. 分析性复核

分析性复核是以财务资料及非财务资料之间的表面关系或可预测关系，评估财务信息，分析财务信息中包含的审计风险。分析性复核程序通常经历几个步骤：确定要执行的计算及比较——估计合理预期值——执行计算及比较实际数据与合理预期——分析数据及确认异常——评估重大错报风险。其中，关键的一步是估计合理预期值。通常，可以采用四种方法估计合理预期值：一是进行同业分析，找到行业平均数和竞争者数据；二是进行纵向分析，将被审计会计期间前后若干年度的财务数据进行比较；三是财务数据与非财务数据进行比较分析；四是财务数据之间的比较分析。在估计预期值方面，国外采用一些更加先进的方法以提高预期值的合理性。如进行纵向分析时，采用简单移动平均法、指数平滑法、差分自回归移动平均模型（ARIMA 模型）；在进行财务数据与非财务数据的比较分析时，采用结构化分析性程序；在测试方面，国外还采用了 Benford 定律分析法。

[①] 严晖：《风险导向内部审计整合框架研究》，中国财政经济出版社 2005 年版。

4. 控制测试

控制测试是指对客户内部控制的设计与运行的有效性进行测试。控制测试是在审计师通过了解，打算信赖客户的内部控制时进行的。测试的方法包括询问、审阅证据、实地观察、重复执行等。通过控制测试，审计师据以评估因内部控制产生的相关风险。

5. 模糊综合评价法

在审计风险评估中，绝大部分风险是无法精确描述的，这类事件就属于模糊事件。模糊综合评价的步骤是：第一步，选定评价因素，构成评价因素集；第二步，根据评价的要求，划分等级，构造评语；第三步，通过实地调查，对各风险因素进行独立评价，建立评价矩阵；第四步，根据各风险因素影响程度确定其相应的权重；第五步，运用模糊数学运算方法，计算出评价结果。

上述方法的使用，既可以是审计师手工完成，也可以借助计算机信息系统来实现风险的评估，如设计审计风险评估专家系统，利用专家的经验，模仿专家思维作出判断和决策。无论哪种方法，都需要通过审计风险模型来确定检查风险，从而确定实质性测试的性质、时间和范围。

(四) 建立审计风险评估机制

1. 建立审计风险评估体系

审计风险评估体系的建立必须根据风险生成的原因，围绕项目审计各环节进行。整个体系主要应该包括：项目计划可行性评估、审计人员资格和素质（可信任度）评估、审计程序合规性评估、审计证据证明力评估、审计报告（审计意见）公正性和准确性评估、审计决定执行情况评估以及作出评价的方法、标准、成果利用等方面。

2. 确定审计风险评估标准

审计风险与审计质量是相对而言的，因此，审计风险评估可以以衡量和评价审计质量的标准为尺度。即依据《审计法》、《审计法实施条例》、《审计基本准则》以及有关的法律、法规、规范要求，结合审计工作实际确定评估标准。

3. 实行层级风险评估制

即在审计项目的选项、立项及制定审计方案，实施取证，编制工作底稿，出具审计报告（审计意见书、审计决定），实施后续审计等的审核、复核环节上规范风险评估要求，落实风险评估责任制，规避审计风险。同时，开展经常性的审计风险教育，不断增强全体审计人员的风险意识，自觉规避审计风险。

4. 开展风险评估成果综合开发和利用

对风险评估结果作阶段性小结，回顾风险评估工作情况，总结风险评估成果，分析风险评估存在的问题及对策。对风险评估中出现的带规律性的问题、经验、做法进行归纳、加工、利用，逐步探索更加科学、合理的风险评估机制，提高规避审计风险的效果。

四 审计风险的防范与控制

（一）强化风险意识，构筑意识层面的防火墙

强化审计风险意识，保持应有的职业道德。重视防范和控制审计风险是保障审计质量，维护审计声誉，促进审计事业发展的需要。审计人员一定要冲破传统审计思路的束缚，从思想上、观念上深入理解审计风险，并在执行审计业务的过程中，寻求积极有效的方法和措施控制审计风险。

1. 建立全面的防风险意识

随着审计对象和风险的范围不断扩大，潜在风险转化为现实风险的可能性日趋增长，这就要求审计人员具备全面的风险意识，不断学习审计理论知识，掌握新的审计方法。重视从审计立项到审计结论评价的每一个步骤，并采取相应的风险防范措施，实施必要的审计程序，使每一个环节风险降到最低。同时积极探索适应信息经济的灵活高效的审计模式和方法，力避审计风险。

2. 保持审计的独立性

实践证明，只有牢固树立风险观念，保持审计独立性，才能最大限度地降低审计风险，防止审计失败。注册会计师应该站在独立的立场上，对公众用于决策的会计信息发表客观、公正的审计意见。注册会计师与客户达成的任何妥协，都要以不伤害公众利益为前提。虽然审计费是由客户支付的，违反客户的意志可能失去客户，但注册会计师必须明白，公众才是其服务的真正对象。从服务于客户转到服务于公众，这是事务所减少审计风险的基本前提。如果某项信息按会计准则可以不需要披露，但按照充分与公允的要求需要披露，注册会计师就不能为了讨好客户躲在会计准则的背后，而应挺身而出，促使客户披露有关信息。

（二）完善对会计师事务所及其从业人员的执业法律责任，构建法制层面的钢铁长城

首先，应进一步改革会计师事务所体制，从法律上确立有限合伙制与无

限合伙体制。由于有限责任会计师事务所其法律责任大大小于其执业责任,根本无法有效解决其职业道德问题,自然也无法从根本上制止有限责任会计师事务所及其合伙人不负责任的执业行为。以高责任风险体制来制约会计师事务所及其合伙人不遵守注册会计师行业职业道德的行为,才能让会计师事务所及其合伙人自觉遵守行业职业道德与执业规范等准则,杜绝或避免诸如"琼民源"、"郑百文"等案件发生。

其次,应从法律上完善对会计师事务所及其从业人员的执业责任。对我国注册会计师行业相关法律、法规,着重在体现专业性和具体可操作性方面进行完善、修订,使得颁布实施的注册会计师行业相关法规执业法律责任具体、明确,具有较强的可操作性。

最后,中注协应加强执法监管力度。1997 年 1 月 1 日,中国注册会计师协会在全行业颁布施行《中国注册会计师职业道德基本准则》,规范注册会计师职业道德行为。一些会计师事务所及其从业人员违规执业,行业协会对行业内执行《职业道德基本准则》监督不够,是重要原因之一。近年来,我国注册会计师行业执业信誉明显提高,主要是注册会计师协会强化对会计师事务所及其从业人员职业道德与执业质量监管的结果。通过行业协会有力的监管,并对违规会计师事务所及相关执业人员查处、曝光,有效地维护了《中国注册会计师职业道德基本准则》的权威与注册会计师行业的信誉,扭转了过去一些会计师事务所及其从业人员藐视行业职业道德的不良状况。

(三) 完善审计质量控制体系,建立制度层的"防风林"

1. 建立全面质量控制制度

全面质量控制制度是指会计师事务所为保证每个审计项目按照《独立审计准则》的要求进行而制定的控制程序或政策。主要包括以下几个方面:独立、客观、公正原则,专业胜任能力,工作委派,指导与监督,业务承接,底稿的复核等控制程序。(1) 注册会计师执业时,应以超然独立的心态在实质和形式上独立于委托人或其他机构。(2) 对相关审计项目的调查、判断及据以形成审计结论时,一定要尊重客观事实,克服主观臆断,注重调查研究,从而作出恰当的专业判断。(3) 应以正直、诚实的品质,公正地对待相关利益各方,不为权势和利益所动,以严谨的态度、高尚的职业道德和过硬的执业本领从事各项审计工作。(4) 注册会计师应以多种渠道的方式获得和掌握与审计相关的知识和技能,不断提高业务素质和专业判断能力。注册会计师本人不应接受不能胜任的审计业务委派。(5) 会计师事务所承接并分配审计业务时,应根据审计业务的性质和复杂程度,向能够完成该项目的注册会计师下达审计任务通知书。(6) 会计师事务所应成立专门的由主任会计师领导的业务指导和监督部门，制定明确的业务指导和监督程序及方法，使所有参与该审计项目的执业人员所从事的工作符合审计准则及会计师事务所质量控制规范的要求。指导和监督制度是全面质量控制制度的灵魂，如果这一制度流于形式或者根本就不存在，则全面质量控制制度就可能是一纸空文。(7) 对即将承接的审计业务，会计师事务所在委托方正式签约前，应对其进行充分的了解，以决定是否接受业务委托。审计证据支持审计结论的业务，应考虑拒绝接受委托或解除业务约定。(8) 会计师事务所应对审计工作底稿实行三级复核制度。项目负责人的复核、部门经理的复核和主任会计师的复核。

2. 贯彻《质量控制准则》

《中国注册会计师质量控制基本准则》（以下简称《质量控制准则》）是注册会计师职业规范体系的重要组成部分，是使会计师事务所审计工作符合《独立审计准则》要求的基本规范，是保证审计工作质量、规范审计行为的基本准则。中国注册会计师职业规范体系包括四个组成部分：一是注册会计师《独立审计准则》；二是注册会计师《职业道德准则》；三是注册会计师《质量控制准则》；四是注册会计师《后续教育准则》。《质量控制准则》在实际审计工作过程中的贯彻执行情况，直接关系到会计师事务所的特定审计项目乃至所有审计工作是否符合《独立审计准则》以及审计工作质量的好坏。

质量控制是指会计师事务所为了确保审计质量符合审计准则要求而建立和实施的控制政策和程序的总称，是会计师事务所内部控制体系的重要组成部分。会计师事务所的内部控制与其他企业一样，主要包括资产控制、会计控制和业务控制三大块，而业务控制也即质量控制居于核心地位。注册会计师的审计风险在很大程度上取决于被审计单位的内部控制制度是否完善，而会计师事务所的内部控制在很大程度上决定了审计质量的保证程度和审计风险的防范水平。因此，会计师事务所本身的内部控制制度健全与否非常重要。

《质量控制准则》是针对会计师事务所进行审计工作的基本规范。《质量控制准则》所提出的各项基本要求，为提高会计师事务所的审计工作质量、降低审计风险提供了有力的保证。

健全的规章制度是会计师事务所开展审计工作的依据和保证。结合质量控制准则的要求，会计师事务所可参考制定具体的质量控制制度。

3. 制定具体审计项目质量控制制度

具体审计项目的质量控制制度是会计师事务所为使某一具体审计项目按已拟订总体审计计划顺利进行而制定的控制程序或政策。其内容及要点主要包括：明确会计责任和审计责任以及工作委派、指导、检查、复核等控制程序。①明确会计责任和审计责任。审计项目工作，应当签订业务约定书。②工作委派。业务承接、分配由事务所统一的专门部室按业务性质、特点及对应的部门设置，报经主任会计师、副主任会计师批准后进行。③全面了解客户情况，制定完善的审计计划。④审计项目工作，应当有完备的工作底稿。工作底稿是考核审计责任和法律责任的重要证据，必须按规定要求认真编制。

4. 加强审计全过程的质量控制

(1) 加强准备阶段的质量控制

深入了解客户的情况，谨慎承接审计业务。这是搞好执业质量控制的前提。委派有经验的注册会计师与客户洽谈业务，必要时由风险控制专家小组讨论是否承接业务；重视对客户及其项目的了解，关注客户的一些特殊事项；业务约定书中业务范围、职责一定要明确；建立健全严格、合理、透明的各种制度，确保全体专业人员达到并保持履行其职责所需要的专业胜任能力，以应有的职业谨慎态度执行审计业务；事务所与客户签订业务约定书后，对审计风险及项目的重要性作出合理评估，做好工作的委派；对于具体的审计项目要确立项目负责人负责制；强化对业务质量的三级复核制度的执行；设置专门的质量控制部门（如技术标准部），依据统一标准，对所内各业务部门及下属分所、成员所进行定期质量检查，做到防检结合，以防为主。

(2) 强化审计中的质量控制

审计中的质量控制是整个审计过程质量保证的核心。在具体审计业务实施阶段，明确项目负责人对审计项目的工作质量负全部责任，规范审计工作底稿的编制，要求注册会计师在工作底稿上反映出其专业判断的过程和工作轨迹，把好审计证据的质量关，重视审计计划和审计总结的编制，完善信息传递系统，保证上下之间信息渠道的畅通，避免外勤工作的失控；重视审计风险，采用可靠、有效的审计方法；规范审计程序，严格执行三级复核程序；确保每一个审计项目的每一个环节自始至终都符合《独立审计准则》的要求；抓实着力点，完善督导机构，要求督导人员对各层次的审计工作给予充分的指导、监督和复核，必要时，应当聘请有关专家进行协作，征求有关专家的意见；建立审计报告的签发制度，保证审计报告按规定的程序、格式对外出具，避免出现纰漏。

(3) 重视审计后的质量控制

每一个审计项目结束，项目经理都应对本次审计工作进行总结，简要阐述本次审计工作中发现的重大疑难问题和采取的相应措施，指明今后类似审计工作中应注意的事项；加强审计档案的管理，充分利用这一宝贵资源为今后的审计业务服务，为降低审计风险，化解潜在的诉讼服务。[①]

5. 建立审计风险点，培植风险防范技术

在会计报表最容易产生重大错报或漏报的地方，设置风险点，以此来提醒和警示审计人员在整个审计过程中引起重视，十分必要，这是降低审计风险的有效做法。是审计技术中的"点穴"术。

建立审计风险点的模式，是会计师事务所制定质量控制政策与程序的一个方面。审计风险点可着重关注以下几个方面：

（1）不合理关联交易中的审计风险

我国大多数上市公司利用与改组前母公司及其下属公司之间存在的关联方关系和关联交易，利用关联方购销、转嫁费用负担等手段调节其报告业绩。如低价向关联方购买原材料，高价向关联方销售产品；无偿占用关联方的资产；集团公司将获利能力强的优质资产以低收益形式让上市公司托管，以填充上市公司利润等。但上市公司在对关联交易的披露上大多简单含糊，故意避开实质性内容。对此，注册会计师首先应让上市公司提供关联方及其交易清单，并对其实施必要的审计程序，对已经发生的关联交易进行必要的内控检查和实质性测试，尤其应关注该公司是否已按会计准则的规定进行披露，否则注册会计师将要承担不必要的审计风险。

（2）非合理交易和非货币交易中的审计风险

在上市公司面临着连续三年亏损遭"摘牌"和要达到配股资格线的双重压力下，地方政府往往以"看得见的手"帮助上市公司通过不等价交换的资产转让及置换、税费返还、补贴收入等非合理交易方式改善报表形象。上市公司的非货币交易主要有：①转让土地、股权等收益，这些收益往往并无现金流入，与应收账款同时增加的只是账面转让利润；②对无法收回的投资和拆借资金仍然确认为投资收益、利息收入；③购买母公司优质资产的款项计入往来账中，且不计利息及资金占用费，上市公司既获得了优质资产的经营收益，又无须支付任何代价。如果上市公司非货币性收入占公司收入总额的比例过高，就难免令人对该公司的生产和获利能力产生怀疑。因此，大额的非常交易和非货币交易只要加以必要的关注并不难审查。注册会计师应重点关注这些交易的法律手续是否完备、协议约定的交易条款是否均已完成、产权是否已过户，在确认大额收益无现金流入时，应考虑谨慎性原则。大额非常交易和非货币交易应作为重大事项予以披露，注册会计师还需要根据具体情况选择不同的审计报告类型。

[①] 邹晶、方松：《风险导向审计的重心：审计风险评估》，《审计月刊》2006 年第 7 期。

(3) 主营收入萎缩，一次性收益骤增情况下的审计风险

有些上市公司的主营持续萎缩，主营业绩严重滑坡，经营难以为继。造成这种局面的原因是多种多样的，有的是因产业结构调整，全行业不景气，如纺织业；有的是因产品在市场上日趋饱和，市场竞争激烈，如商业零售业；有的是因公司管理混乱，导致主营业绩萎缩，公司亏损；等等。但为了不使会计报表太难堪，有的公司便设法虚计主营收入，或提前确认销售收入，或者在其他利润构成上煞费苦心，以期公司业绩一次性得到改观，如变卖家产，出售土地使用权、经营权，出让股权，以取得巨额收益；有的地方政府为维护本地上市公司形象，还会以各种手段进行补贴。目前，上市公司作为稀缺的"壳资源"，在危难时刻，母公司或上市公司往往会伸出"看不见的手"进行粉饰打扮，或由政府伸出"看得见的手"进行援助。注册会计师对此必须给予重点关注，尤其要关注以出售长期资产方式取得高额收益的行为，还要密切关注其协议中是否有回购条款，或虽无回购条款但存在回购可能性。

(4) 资产重组和"报表重组"中的审计风险

资产重组在扩大企业经营规模、改善资产结构等方面有积极作用，但目前一些上市公司在实施了"突击重组"后就产生了立竿见影的丰厚收益，未免有"报表重组"之嫌，因此，资产出售和股权置换作为业绩提升最快的方式，颇受上市公司青睐。在资本市场上，资产出售是上市公司将赢利能力弱、流动性差的资产售出，以优化企业资产结构，促进公司新肌体的健康发展。但在我国上市公司资产重组的现实中，"魔术游戏"层出不穷，人为操纵痕迹明显，似乎企业在主业不景气、扭亏无望的情况下，舍此就无他途。对于资产重组事项，注册会计师应关注交易的法律手续是否完备，如是否进行资产评估及确认，有关部分是否获得批准，董事会、股东会是否表决通过并如实公告，涉及收益的，还应检查收入确认的条件是否已具备等。

(5) 会计政策变更及会计估计导致的审计风险

会计政策变更是为了满足在会计环境改变的情况下使会计报表重新达到可比、相关与真实公允反映的目的。合理的会计政策变更可以看做是企业在会计准则规范下的会计创新。然而，大量的事实和证据表明，企业管理者当局进行会计政策变更的主要动机和目的并非为了公允反映，而是为了操纵会计报表利润。其常用手法可简述如下：①改变固定资产折旧政策。如延长固定资产的折旧年限，降低折旧率，这样可收到降低当期成本费用与高估资产价值的双重效应。②潜亏挂账。根据现行会计制度和会计惯例，三年以上的应收账款、待摊费用、开办费及待处理财产损失属低效、不良资产，系利润的抵减项。上市公司为了提高当期的经营业绩，往往会对这些应摊销项目不作摊销而长期挂账，

从而虚增资产和利润。③利息资本化。按照现行会计准则的规定，属于日常生产经营用的利息支出应计入当期损益，属于在建工程用的资金利息应计入固定资产价值。按照实质重于形式的原则，如果某项固定资产已交付使用，即使未办理竣工决算手续，也应该停止利息资本化。但一些上市公司往往故意混淆收益性支出与资本性支出的界限，通过对已竣工工程的利息资本化而虚增资产价值和当期利润。④巨额冲销。已连续两年亏损而被特别处理的上市公司，为免遭第三年亏损而被摘牌的厄运，往往通过把以后会计期间发生的损失提前确认，即所谓的"长痛不如短痛"，以便减轻以后期间的赢利压力。⑤坏账准备。目前我国上市公司大多采用应收账款余额百分比法提取坏账准备金，由于《股份有限公司会计制度》并未对提取比例作出规定，故一些上市公司便将此作为其调节利润的法宝。在应收账款占资产总额比重普遍较大的情况下，过低的提取率可以平滑收益，既虚增了当期利润，也夸大了应收账款的可实现价值。⑥存货计价。企业期初存货计价如果过高或过低，其当期利润有可能因此相应减少或增多，期末存货计价的高低则与当期利润呈正比例变动，存货计价方法的改变为上市公司操纵会计报表利润留下了较大的空间。⑦收入的实现与确认。尽管《具体会计准则——收入》中提出了收入实现的四因素，较之原有规定更为严谨，但上市公司会计实务中提前确认收入的案例仍层出不穷，特别是在会计报表的截止日前后。⑧长期投资的计价。上市公司经常还利用长期投资成本法与权益法的"串换"高估长期投资的价值以及虚增当期利润。⑨合并会计报表范围的伸缩。上市公司根据报告资产和收益水平高低多寡的需要，调节合并会计报表的编制范围，并在会计报表附注中故意对编制范围含糊其辞。

（6）非规范资金运作中的审计风险

按照现行有关规定，企业之间不允许相互拆借资金，但现实中的这种情况却司空见惯，似乎是法不治众。较为普遍的是上市公司对资金占用的数量、资金占用费的标准均不公告，投资者无法对其作出准确的判断和决策。

（7）建立审计程序风险点

严格按审计程序操作是提高审计质量的主要保证。在审计程序上寻找风险易发生点，进而设置风险点，是非常必要的。审计程序的风险点主要有：①审计计划。花足够长的时间搞审前调查，做深入细致的调查研究，对客户所面临的潜在的风险进行分析、判断、评估，并以此为出发点，制定审计策略和与企业状况相适应的审计计划，使审计风险控制在可接受的范围内。个别会计师事务所审计工作底稿上无审计计划底稿，或审计计划过于简单，无具体针对性的内容，审计计划流于形式，增加了审计风险度。②审计取证。选择减轻风险的技术和方法，建立减轻风险的程序以规避风险，降低风险，转移风险，取得审计证据。③审计底稿、审计报告。对审计底稿、审计报告中的事项、证据的有效性进行分析、检查、修正和评估，以最大限度降低审计风险。审计人员编制的审计工作底稿要与被审计单位领导或财会人员交换意见，让其对审计工作底稿记录的经济事项予以认可或作出说明。审计报告的表述应持十分慎重的态度。对非审计事项不作评价；对审计过程中未涉及的具体事项和审计证据不足的审计事项，只用客观写实的方法将有关事项反映清楚，不作审计评价和处理。

审计风险点应由会计师事务所统一制定。审计风险点的内容可传达到全体审计人员。让助理人员在实施审计程序过程中，项目经理（或注册会计师）在督导助理人员和全面考虑审计项目时，三级复核人员在复核过程中，对照审计风险点，分不同层次控制和防范审计风险，完成各自的工作。在实施和运用之前，可以通过培训，让全体审计人员理解和掌握，在执行审计项目中，通过督导、咨询、监控等手段，让审计风险点得以有效运用和发挥作用。

各个时期的审计风险点不尽相同，它会随着时间的推移发生变化。因此，经济形势发展和审计环境变化以后，必须适时修改和健全已经建立的审计风险点。只有这样，建立的审计风险点模式才具有生命力。

（四）合理评估风险大小，强化审计风险的量化控制

审计的"重要性"是影响审计风险的一个重要因素。重要性概念在会计审计理论中，指会计报告与实际情况不一致的严重程度。《独立审计准则第10号——审计重要性》中指出，重要性"是指被审计单位会计报表错报或漏报的严重程度，这一程度在特定环境下可能影响会计报表使用者的判断或决定"。重要性实质上强调了一个"度"，在会计或审计报告中，允许一定程度的不准确或不正确的存在，但是要以这个"度"为界。

重要性原则的运用贯穿于会计审计理论及实务中，但重要性水平则可以是针对会计报表、会计账户，乃至于各项交易，在多数场合是针对和首先针对会计报表的。

1. 重要性与审计风险的内在关系

重要性和审计风险水平之间存在反比关系，即重要性水平越高，审计风险越低，反之，重要性水平越低，审计风险就越高。要想把审计风险保持在人们可接受的水平，就要围绕真实性这个核心，以重要性为重点，通过不同的检查手段和测算方法，合理地评估风险的大小，从而提出客观、公正的审计报告。

2. 重要性数量水平、审计风险水平与审计实践

重要性理论的目的在于指导审计实践。审计人员对会计报表进行审计,首先要对重要性进行初步的判断。判断要从数量和性质等方面来考虑。从数量角度讲,重要性表现为重要性数量水平,如"税前利润的5% 10%"、"总资产的0.5%—1%",等等。在此之所以单独称之为"重要性数量水平",是为了区别于一般论述中的"重要性"、"重要性程度"、"重要性水平"。在审计实务中,"重要性数量水平"的作用在于作为会计报告允许出现差错的最高水平,评价所发现问题的重要性,进而确定发表审计意见的类型。重要性数量水平与审计风险成正向对应关系。即重要性数量水平越小,实际出现的审计风险也就越小。

审计风险决策模型为:

审计风险(AR) = 固有风险(IR) × 控制风险(CR) × 检查风险(DR)

由审计风险决策模型可知,审计风险是对审计个过程的评价,山几个因素共同作用而成。审计人员所能控制的只有检查风险要素。所以,控制审计风险的要点在于控制检查风险。检查风险和审计风险成正比关系。从而,重要性数量水平与检查风险水平成正向对应关系。

实务中,可由审计风险水平确定重要性数量水平。然后将该数量水平按报表每一相关项目的比重大小进行分配,接下来就进入实质性测试,审查各项目,判断各项目的错误金额。最后加总计算全部错误金额在总额中所占的比重,将其与总的重要性数量水平进行比较。如前者小于后者,说明该项目审计风险在可接受范围内,否则应修改审计计划和审计风险水平或采取其他的措施。

我国审计事业恢复、发展时间较短,审计人员业务素质尚低,专业判断能力不强,还不能熟练运用专业判断来确定审计重要性水平。而一味地照搬西方经验,或只用一个重要性水平来决定所有情况下的所有审计项目,未免死板、教条。运用审计风险理论,据以确定重要性数量水平,使审计人员既有所遵循,又具体情况具体对待,才能真正发挥审计风险理论的作用。

五 信息时代的新增审计风险及其防范

(一) 新增审计风险

计算机审计、网络审计、信息系统审计在带来审计环境、审计线索、审计对象和内容、审计技术和方法的改变的同时,也带来了新的审计风险。

1. 系统环境风险

分软件环境风险和硬件环境风险。目前已经通过评审的会计电算化软件可以说是千姿百态，各有千秋。由于计算机数据处理系统的复杂性，使得文件记录和系统操作都缺乏标准和规范，因而产生了系统环境风险。另外由于联机实施系统和数据库管理系统化，病毒、黑客的入侵随时可以威胁会计信息系统的安全。因此，审计的系统环境风险增大。再者由于计算机硬件设备的千差万别，也产生了硬件环境审计风险。

2. 系统控制风险

实现会计电算化后，监督和控制主要表现为人对机器的控制。由于审计对象和内容的改变，审计人员需要对内部控制软件方面的内容进行测试，对审计人员而言难度极大。电子商务还包括外部网及网上交易的安全控制。

3. 财务数据风险

由于网络的开放性，网络内部管理人员有可能对会计数据进行非法访问、篡改、泄密和破坏，由于审计抽样的限制，有些隐蔽较好的欺诈舞弊行为极难发现，审计人员尽管被赋予一定的网络权限，但无法获得有关会计报表是否会因内部管理人员舞弊事项而导致重要错报的充分证据，存在着提出错误审计意见的风险。而在网络环境下，业务信息和财务信息都通过网络传输，电子符号代替了会计数据，磁介质代替了纸介质，审计人员通过在线访问，查询获取无纸化审计线索的真实性、完整性、可靠性难以保证，必将形成审计风险。

4. 审计软件风险

审计软件风险是指审计软件在设计开发过程中由于本身的不完善等原因而造成的风险。主要有以下几个因素：（1）研究开发人员对审计、会计业务不熟悉，致使开发的软件达不到审计的要求；（2）所使用的审计软件没有经过有关部门的鉴定、评审就投入使用，造成软件本身运行不稳定；（3）审计软件与会计电算化软件之间的接口不完全一致，数据不能完全导出。

5. 人员操作风险

这种风险是指计算机审计系统的操作人员、技术人员和开发人员等在工作中由于主观或客观原因造成的风险。包括计算机审计技术，避免因业务不熟或者知识不够，遗漏审计证据，出现审计风险。

(二) 防范措施

1. 完善有关计算机审计的标准和准则

1996年审计署发布了《审计机关计算机辅助审计方法》，1999年施行中国《独立审计具体准则第20号——计算机信息系统环境下的审计》等对有关计算机审计的标准和准则进行了规定，但不够完善。面对日益发展的计算机审计，急需完善有关计算机审计标准和准则，建立一系列与新情况相适应的审计准则，来规范计算机审计业务的发展，将审计风险降低到可以接受的水平。

2. 加强网络系统的安全控制评价

检查软件公司是否严格执行计算机系统及环境安全法规与管理制度。网络硬件设备、网络应用软件是否可靠，用户管理设置是否合理，各种授权控制是否具有审计功能，网络传输数据是否加密。审查网络系统是否设置外部访问区域，是否建立防火墙，是否实时监控，从而正确评估控制风险。

3. 开发适用的审计软件

在现有审计软件的功能基础上进一步开发新的工具软件。例如：针对企业审计领域的固定资产折旧审计工具和产品利润情况分析工具等，针对金融审计领域的利率检查工具等。通过软件的开发和利用，建立起自己的计算机审计信息系统。

4. 全面实施实时审计

国内外审计实践证明，有效的实时审计必须是持续的、全过程的审计，这既是各国审计发展的趋势，也是防范和化解审计风险的重要途径。实时审计就是指审计部门通过电子网络系统实时、动态、全面搜集被审计单位在业务处理过程中的资产负债表、损益表、现金流量表等主要报表所包含各项指标的变动情况及相关信息，对被审计单位日常运营进行动态、实时、持续全过程的监管。整个实时审计系统的组成是由与实时审计有关的业务应用信息进行系统集成，形成具有辅助决策支持的综合性管理信息系统。

5. 建立审计风险分析预警系统

建立起一套敏感性强的实时监控指标和风险预警指标，通过网络系统对现场检查和非现场监控取得的数据进行计算、对比和衡量，分析被审计单位财务状况、现金流量、会计风险状况，客观评价被审计单位的信誉等级，自动生成检查报告，对可能出现的会计风险起到应有的预警作用。

6. 合理配置审计人员与提高审计人员的计算机素质

注重审计人员的合理配置，将审计专家和计算机专家合理搭配，组成审计组。加强在职人员计算机应用水平的培训，培养和引进既懂计算机又懂会计和审计的复合型知识结构的审计系统开发人员。[①]

---

① 张云龙：《计算机审计风险及其防范》，中国论文下载中心网，2007年4月2日。

第三十四章 构建多维动态虚假会计信息防范体系

一 明确界定会计责任和审计责任

会计责任和审计责任是一对联系紧密的概念,涉及注册会计师和被审计单位的责任划分和可能承担的法律责任。如果由于会计信息的失真造成各有关利益主体损失时,就会追究相应责任主体的法律责任,提供虚假会计资料的企业负责人和相关会计人员需承担相应的会计责任,而为企业出具审计报告的注册会计师及会计师事务所,亦会因未能通过审计发现和披露企业会计资料中存在的错误、舞弊和企业经营风险,而会被追究其审计责任。为保障我国注册会计师事业沿着规范化、法制化、科学化的发展,为维护注册会计师的合法权益,提高注册会计师的自身素质,促使会计信息提供者依法履行职责,提高会计信息质量,更好地为社会主义市场经济服务,进一步明确注册会计师的审计责任和被审计单位的会计责任之间的关系十分必要。

(一) 会计责任和审计责任产生的理论阐释

受托经济责任是会计责任和审计责任产生的纽带。在财产的所有权与经营权相分离的背景下,委托人将资财的经营管理权授予受托人,受托人接受托付后即应承担所托付的责任,这种责任就是受托责任。受托人所承担的责任可依据法规、合约和惯例等来加以规范,亦即要有衡量受托责任完成情况的标准。受托人接受资源或决策权,只应按委托人的要求、委托人的标准去行事,而委托人的这种要求或标准正反映了委托人对受托人行为理想化的期望。所以,理论上的受托责任机制应该由委托人来控制。然而,在现实受托责任时代,由于委托人和受托人的多样化形成了不同形式的受托责任关系,故谁能控制受托责任机制或过程是一个复杂的、难以绝对确定的问题。受托责任的内容具有可计量性。可细化为财产受托责任和管理受托责任等。既有财务指标,也有非财务指标;既有定量指标,也有非定量指标。

会计和审计就是受托责任内容的最好计量者、控制者，是受托责任关系中联系委托人和受托人的桥梁。会计责任是通过计划、预算和控制等手段来确定、分解受托责任目标，并协助受托人完成受托责任目标，在受托人接受托付后，按照公认会计准则的要求，对受托责任的完成情况进行自我认定，并定期编制各种受托责任财务报告。[①] 审计的责任是对管理当局自我认定按照公认审计准则和审计程序的要求，进行重新认定，旨在判断受托人对受托责任履行情况，以便解脱或确认受托人的受托责任。

(二) 会计责任和审计责任的划分

保证会计资料的真实、完整，是被审计单位的会计责任。被审计单位对进行会计核算、编制会计报表所应负的责任，包括四个方面的内容：一是选择和运用恰当的会计处理方法，包括会计政策和会计方法；二是对各项经济事项作出完整的记录；三是建立健全内部控制制度，保证财产的安全与完整；四是保证会计资料的真实性、完整性、合法性。单位负责人是单位的法定代表人，代表单位依法行使职权，应当对本单位的会计行为负责，是承担会计责任的主体。

下列行为应界定为单位的会计责任：①违反《会计法》及相关法律、法规的规定，未依法设置会计账簿及进行会计核算。如在法定的会计账簿之外，另设一套或多套账簿，造成企业的会计资料不真实、不完整。②违反《会计法》、《企业会计准则》等法律法规的规定，编制虚假会计报表。如伪造、变造会计凭证和其他会计资料，编制虚假会计报表；随意改变资产、负债、所有者权益、收入、费用成本的确认标准和计量方法，随意调节利润；用以资信等为目的的非法定资产评估增值，随意调增其资产账面价值和资本公积；通过关联交易，运用不合理的交易价格，或在交易未实现的情况下，调节企业的收益；对应确认或披露的损失、负债不予确认或披露；通过虚假的资产重组或债务重组，虚构利润，粉饰会计报表。③违反国家及地方税收法律法规的行为。如故意隐瞒应纳税事项，对应税经济事项不作账务处理，逃避纳税；购买、虚开或代开增值税专用发票等非法取得纳税凭证行为；提供虚假资料，骗取国家税收优惠及其他违反税收法规行为。④在社会审计机构审计过程中，企业故意弄虚作假、隐瞒事实真相的应认定为企业会计责任。如不提供真实、合法、完整的会计资料，对提供给注册会计师的资料进行伪造、变造的；对注册会计师审计要求提供资料原件或复印件拒绝提供的；注册会计师向被审计单位有关人

---

① 王光远：《受托责任会计观和受托责任审计观》，中国论文下载中心网，2006年7月21日。

员进行询问时，拒绝回答或不如实回答解释有关情况，导致注册会计师误解的；对注册会计师要求执行的审计程序不给予必要配合或有意设置障碍，导致注册会计师无法实施必要的审计程序的。⑤社会审计机构发表了审计意见，出具了审计报告，而企业不予采纳的，应界定为企业会计责任。如企业对注册会计师出具的审计意见报告不予采纳，不进行相应的账务调整或披露；企业对注册会计师出具的审计意见报告采取避重就轻的处理方法，部分采纳审计报告意见。⑥企业与会计师事务所、注册会计师通同作弊，企业应承担相应的会计责任。⑦企业发生的其他违反国家财务会计法律、法规的行为。如违反会计监督方面的其他法规，未建立健全和有效实施内部会计监督制度，拒绝接受依法检查的；违反会计机构和会计人员管理方面的法规，未依法设置会计机构和配备会计人员的；违反会计工作基础、工作规范等会计管理方面的法规，未妥善保管会计资料，造成丢失和毁损的。

审计责任是针对注册会计师和会计师事务所而言的。注册会计师的审计责任具有既对被审计单位负责，又要对政府负责的双重性。依照《独立审计准则》，根据国家的有关法律法规及会计准则，对被审计单位的会计核算和会计报表是否公允地表达了其财务状况、经营成果和资金变动情况，进行审查，将其审查结论表达于审计报告。并对其出具的审计报告的真实性、合法性负责。

下列行为应界定为注册会计师和会计师事务所的审计责任：①注册会计师在执行审计业务时，未根据《中国注册会计师独立审计准则》的要求实施必要的审计程序，仅根据企业提供的会计报表，就出具审计报告的。②注册会计师在审计过程中，未索取客户在经营过程中的必要的审计证据，如重要的购销、投资（联营）、担保合同，重大经济事务的董事会决议（或纪要）和法律诉讼事项，造成对其重大经济事项的漏审，导致审计报告失实、失真的。③注册会计师虽实施了必要的审计程序和审计方法，却因遗漏或回避了企业重大问题而发表了不恰当审计意见的。如注册会计师在审计过程中发现了客户会计处理的重大错误，或涉及其高层管理人员舞弊时，迫于客户关系或压力，未能根据事实真相，记录于其审计工作底稿，而出具不恰当意见的审计报告的。④注册会计师在审计报告中对应予披露或揭示的事项不予披露揭示，而出具不恰当意见的审计报告的。如注册会计师明知企业在经营活动中有重大的违法行为，而不予指明揭示；明知企业存在会计处理方法前后不一致，重大的会计报表期后事项、关联交易和或有损失事项，而在其审计报告中未予适当披露和揭示，出具不实审计报告的。⑤注册会计师及其会计师事务所出具的审计报告类型与审计工作底稿的证据和结论不相符，而出具虚假审计报告的。如注册会计师及其会计师事务所未能按《独立审计准则》的要求出具审计报告意见，有意回避企业存在的问题，使其审计工作底稿的结论与审计报告意见类型不一致。⑥会计师事务所与注册会计师与被审计单位通同作弊，出具不真实、不合法的审计报告，应承担相应的审计责任。⑦会计师事务所和注册会计师存在的其他违反《注册会计师法》和其他相关法律法规的行为。

(三) 会计责任与审计责任界定不清的原因

1. 中外审计准则的界定分歧

各国审计准则对于会计责任、审计责任界定不同，在审计目标、审计责任上还存在着分歧。分歧的焦点在于对审计师是否有责任查找舞弊的认定不同。以瑞士为代表的欧洲国家，对审计师查找重大差错和舞弊方面的责任极少规定，审计师不必系统地查找舞弊。美国、加拿大、墨西哥、日本等国，严格规定了注册会计师的法律责任与查找舞弊的责任，审计师对能导致财务报表重大差异的舞弊和差错负有责任，至于查找舞弊和差错的法律责任，如果审计师因疏忽，没能发现应查出的舞弊和差错，对客户和第三者负责造成损失，就要承担相应的法律责任。《国际审计准则》在协调各国分歧的基础上，指出："注册会计师应能为检查出对会计报表有重大影响的舞弊和错误，提供合理的保证。"同时也指出："未检查出会计报表的重大错误和舞弊，并不表示审计工作未按一般公认审计准则执行，而将承担相应的责任和后果。"

我国现行准则中，对审计人员责任对象无明确规定，也没有相关的法律对企业管理当局的会计责任对象明文规定。既然无责任对象，在会计责任与审计责任的界定上就可能模糊。

2. 会计执业界的审计目的同公众期望的差距

公众审计期望与审计实际作用之间存在着一些差距，就是所谓的"期望差距"问题。社会公众要求注册会计师查出所有的舞弊，消除财务报表中不可信的因素，使利润操纵者无可遁形，这样才能据财务报告进行决策。而注册会计师却由于种种原因和限制并不承诺查出所有的舞弊，而且对于重大舞弊的检查与揭露的责任承担也是有条件的。这也是会计责任与审计责任界定不清的又一个客观原因。

3. 我国会计准则的不完善

会计准则对许多交易及事项采用可选择的会计方法，这种选择性以及准则外业务的会计处理，是诱发会计与审计责任不清的动因。这种选择性使得公司据以编制会计报告的备选会计方法很多，独立审计人员在评价会计方法的选用上又缺乏明确的标准，使得会计责任容易向审计责任转嫁，从而引起注册会计师的法律责任。

4. 职业判断无明确依据

独立审计过程中，经常需要运用注册会计师的职业判断，在区分会计责任和审计责任时具有较强的主观性。例如注册会计师对"重要性"进行的评估，会计准则、审计准则，都对此作出了规定，但均需会计人员、审计人员运用职业判断。由于所处环境与各自目标不同，两者所作出的职业判断不可能完全相同，而对重要性原则的判断又是影响审计质量的一个很重要的因素。一旦涉及两者的责任，很难去界定到底是会计人员误用会计政策，还是审计人员未保持应有的职业谨慎。

（四）进一步明确界定会计责任和审计责任的对策

1. 继续完善审计准则

我国注册会计师行业起步较晚，应更多地借鉴《国际审计准则》的意见。《国际审计准则》在协调各国分歧的基础上，指出："注册会计师应能为检查出对会计报表有重大影响的舞弊和错误，提供合理的保证。"同时也指出："未检查出会计报表的重大错误和舞弊，并不表示审计工作未按一般公认审计准则执行，而将承担相应的责任和后果。"《国际审计准则》的意见表明，只要注册会计师严格按照审计准则执业，就不应负审计责任。对于报表中的虚假信息所造成的影响，由被审计单位承担会计责任。

由于现代审计受其自身的审计技术、审计方法、审计成本等固有审计风险的限制，对于单位负责人的会计造假行为，注册会计师即使具有应有的职业谨慎，有时也很难发现所有的错误和舞弊。因此，注册会计师的审计意见只能合理地保证会计报表使用人确定已审计会计报表的可靠程度，会计报表使用人不能苛求注册会计师对已审计会计报表的真实性、完整性提供绝对保证，不能因为会计报表已经注册会计师的审计，就认为注册会计师是会计报表质量的绝对保证人和责任人。也就是说，注册会计师的审计责任不能替代、减轻或免除单位负责人的会计责任。当注册会计师完全遵循了《独立审计准则》和职业规范时，仍有可能没有发现会计报表中的某些错误的漏报，以致出具了与事实不相称的审计报告。这种情况下，由于注册会计师已按职业规范执业，就不能认定是审计失败，也无须承担任何法律责任。而由于注册会计师不具备专业胜任能力或没有尽到应有的职业谨慎，没有依据《独立审计准则》执业，未实施必要的审计程序并获取充分的审计证据，或与被审计单位合谋舞弊，出具了虚假、错误的审计报告，就必须承担相应的审计责任，注册会计师也不能借口会计报表是由被审计单位负责人提供而不承担过失责任。

2. 加快相关法律的修订和完善

我国《民法》在追究民事违法行为人责任中是以"过错责任"为基本原则，而我国《证券法》将会计师事务所等中介机构的虚假陈述行为视为特殊侵权行为，采用"过错推定"原则。我国《证券法》第202条规定，中介机构就其所负责的内容弄虚作假的，若造成损失，承担连带赔偿责任。此种过错实质上是一种推定的过错，只要中介机构弄虚作假，便可以推定其具有过错，其行为具有一种法律的可归责性，由此要承担连带赔偿责任。

美国1933年的《证券法》把审计人员的责任对象扩大到任何推定的财务报表使用者，并且规定了审计师（作为被告）负有举证责任，这直接增加了审计师被起诉的概率和诉讼成本。美国惩罚性损害赔偿制度使得审计师一旦败诉就可能承担巨额赔偿责任。1981年，安达信公司因70年代初在一家共同基金管理公司审计失败而被判支付8000万元赔偿金；安永会计公司因1987年一家银行审计失败支付了超过5亿美元的诉讼费及赔偿金。2002年之前我国法院不受理"涉证券民事赔偿"诉讼，审计师的责任无从谈起。2002年1月15日，最高人民法院发布了《关于受理证券市场因虚假陈述引发的民事侵权纠纷案件有关问题的通知》，确立了审计师被提起审计民事赔偿诉讼可操作的法律依据，但其中规定的四项前提条件严格限制了诉讼主体、对象和内容的范围，使审计师因失信被起诉的概率极低。我国奉行的"谁主张，谁举证"的司法体例使处于信息弱势的投资者诉讼成本很高。如果诉讼成本高于诉讼收益，投资者的理性选择只能是放弃诉讼。赔偿制度方面，我国目前能援引的就是《消费者权益保护法》。按照这一法律，审计师的赔偿通常是"退一赔一"，最高不超过审计收费若干倍。法律的缺位使得审计师的诚信约束毫无力度可言。

建议修订时应在遵循《民法》的"过错责任"基本原则的基础上，细化故意、过失、无错的认定，区分故意舞弊和重大过失与一般过失的区别，在体现法律责任认定严格化和科学化的同时，进一步突出法律的人性化归责色彩。如果有关方属故意违反《证券法》，则特定方须对所有损失承担无限连带责任；如果不是故意，则在各方之间按其所造成损失的比例承担相应责任。如果注册会计师按照行业准则和相关法律规定尽到了勤勉尽职，而发生轻微过失，则不应承担民事责任。同时，又要体现增加审计师失信被诉的概率及惩罚的力度的思想，完善赔偿惩罚金额的量化机制，使失信的成本大于失信的收益，促进诚信的回归。

一直以来，我国证券市场存在着民事责任缺位问题，现行的相关法律是重行政责任和刑事责任，轻民事责任。然而，不同的法律责任在功能和目的上有本质的区别：行政责任和刑事责任为公法责任，强调的是对违法者的惩罚和教育来实现对公共秩序的保护；民事责任是私法责任，强调的是对受损害的民事权益的恢复和救济。银广夏案应该引起我们的反思并加快《注册会计师法》及相关法律的修订和完善，打开我国证券市场民事赔偿责任制度的大门，促进我国证券市场走向规范和成熟。

二　正确处理注册会计师行业自律监管与政府行政监管的关系

（一）政府行政监管与注册会计师行业自律监管的矛盾

回顾一下我国注册会计师行业的管理体制，大致分为两个阶段：一是完全行政主导阶段，时间为注册会计师协会成立前后的一段时期，主要由各级财政部门直接行使行业管理权限；二是《注册会计师法》颁布后，尤其是"两所、两师、两会"合并后，对注册会计师行业的管理由完全行政主导过渡到由协会对内作为财政部门的一个事业单位行使法律规定的行政职权和对外作为社会团体行使法律赋予的一部分自律管理权限。从此，协会变成了半官方半自律的组织，扮演着"双重角色"，也正是从这个时候开始，协会作为一个国际通行的自律组织，但其自律机制没有建立起来，表面上是协会，实际上是准政府。在行业管理过程中，协会是以财政部门的文件形式行文的，并没有以协会的形式履行法律规定的行政职权，协会只是一个执行者，最终的审批权仍由各级财政主管领导决定。因此根本谈不上收回行政权限的问题。注册会计师和会计师事务所是协会的会员，如果作为协会的一个会员，协会连会员的入会权（即注册权），退会权（包括法定退会、自然退会、开除退会，即处罚权等）都没有，就不是真正意义上的协会，更谈不上行业自律。

（二）注册会计师协会在行业管理中具有不可替代的自律监管地位

注册会计师是一个专业性强、风险极高，组织形式和组织管理有别于公司的特殊行业。1988年前后财政部门直接管理注册会计师行业的实践证明，财政部门是难于管好专业性强、风险很高的注册会计师行业的。在注册会计师行业管理中协会自律管理比行政管理具有更大的优势。

一是行业协会能做到持续的监管，能根据行业出现的问题有针对性地进行事前事后的监管，能运用自律处罚、业务研讨、质量评价、专业指引等手段解决行业中存在的问题，属于建设性的监管，优于运动式的、事后的、批判性的政府行政监管管理。

二是政府与会计师事务所之间的信息不对称，难以全面、真实地掌握注册会计师行业的特点及运行规律，更难以识别注册会计师的执业风险。而协会则是对称的，能较全面、客观地掌握行业的运行规律。

三是财政部门直接管理注册会计师行业的具体事务，也不符合体制改革的要求，不利于政府职能转换。

四是行业协会自律管理符合国际惯例要求。世界上发达国家和地区依法赋予了行业协会相当大的管理权限，充分发挥了行业协会在行业自律管理中的主导作用。美国、加拿大、英国、香港等莫不如此。

（三）在完善行业自律监管的同时，应强化政府行政监管

我们强调行业自律管理，并不是说行政机关不要管理注册会计师行业，而由行业协会的自律管理取而代之。事实上，自律监管也有缺陷，一是自律监管独立性不够。在行业自律管理中，由于协会与事务所之间存在会费交纳的利益关系，社会公众会怀疑行业自律监管是否具有独立性。二是协会的地位有待加强。目前协会在社会上的地位还不高，一些问题如改善注册会计师的执业环境等，协会有时力不从心，除了协会努力工作之外，还需要政府的大力支持。三是威慑力不高。由于行业处罚属于自律性处罚，在当前市场竞争激烈的情况下，一些注册会计师为了生存，铤而走险，此时行业自律监管的有效性大打折扣，只有在法律较完善、社会诚信基础较好的背景下，自律监管才更加有效。因此在我国注册会计师行业起步晚，发展快，发展不规范，制度性问题较多，执业环境较差的情况下，注册会计师行业的发展，还离不开政府的支持和监管，尤其是在当前注册会计师行业还比较紊乱的情况下，加强政府的监管显得更加必要，以解决自律管理独立性不够、威力不强的问题。

加强注册会计师行业的政府监督，目前尚无成熟的国际惯例可资借鉴。即使是美国等市场经济发达国家，也是在安然事件后才真正重视和确立对注册会计师行业的政府监管。[1] 从长远考虑，政府监督应该重在监控、重在预防。要研究和建立全国会计师事务所和注册会计师监控分析机制，跟踪会计师事务所为上市公司和国有大型企业出具的审计报告，实现对会计师事务所的实时监控和分析评价。

---

[1] 林江辉：《谈注册会计师行业监管制度的创新》，中国会计师网，2006年5月21日。

（四）走自律监管和行政监管相结合的行业管理之路

1. 界定协会和财政部门的职权范围

财政部门拥有审批执照权，吊销执照和罚款的处罚权，对协会决议决定事项的否决权、行政复议权、委派理事权、调查权（包括对公司的调查权）等五大权利；协会拥有审批资格权，吊销资格、暂停执业和警告的处罚权，调查权（不包括对公司的调查权），维护注册会计师的合法权益权等权利。协会和财政部门的职权明确后，财政部门将更多的精力用于对行业重大违法违纪案件的处理和罚款，以增强注册会计师处罚的威慑力，增加注册会计师造假的成本；制定行业政策和法规；监督和指导行业协会的工作；为注册会计师执业营造良好的执业环境等，而把日常的监管工作交由行业协会处理。

2. 理顺三方面的关系

一是协会与财政部门的关系。明确自律管理和行政管理的职权后，协会与财政部门的关系必须理顺。协会不能再扮演双重角色，而应该完全自律。财政部门不再把协会作为其下属的一个事业单位，不对其经费和人事进行管理，而由协会依法进行自治，但财政部门仍然是协会的监管单位，对于协会的违法违纪行为，由财政部门进行行政查处。二是协会会员大会、理事会、秘书处三者的关系，即要建立会员大会、理事会、秘书处三方相互制衡的内部治理结构，充分发挥会员代表大会和理事会在行业管理中的作用。理事会要设立多个委员会，如注册委员会、专业技术委员会、调查委员会、惩戒委员会、行政财务员会、法律委员会、道德委员会、注册会计师权益保障委员会、注册会计师执业责任鉴定委员会、考试委员会、外事委员会、非执业会员委员会等，让一些优秀的会员参与协会的工作，使理事会的决策建立在广泛的会员基础之上，以保证决策的科学性。秘书处应成为理事会及其各委员会的秘书服务机构，秘书处和秘书长不应该有重大事项的决定权，但有程序权。秘书长及秘书处的工作人员不应该成为协会的理事和委员会的委员。协会的一切工作和财务收支都应该在会员的监督之下公开、公正地进行。深圳市注册会计师协会基本建立了三者相互制衡的协会内部治理结构，这也是深圳市注协这几年取得一些成绩的体制保证。要相信体制的力量永远大于个人的道德力量。我们不要把注册会计师行业建立在某个人的道德力量上，最重要的是要建立一种机制。三是中国注册会计师协会与各省级协会的关系。地方协会是中国注册会计师协会的地方分会，实行垂直领导，以增强协会内部的协调性和统一性，保证行业方针政策的有效执行。

(五) 美国对注册会计师行业自律监管与政府行政监管关系的处理

20世纪70年代以来,美国国会对会计职业的立法经历了两次大的立法调整:1984年颁布的《美国统一会计师法案》对原有的纯民间自律体制和联邦制中分散在各州的会计职业管理发挥了统一、规范的巨大作用,既确立了法律授权州政府内设的"会计事务委员会"(public accounting committee)实施行业监管的模式,又明确了行业协会自律的法律地位;《2002年公众公司会计改革法案》则在证券市场财务信息披露的监管方面,授权另一个非政府性质的"公众公司会计监察委员会"对会计师事务所从事公众公司审计的有关监管职能,并确立了美国证监会(SEC)对其行政监督的法律地位。

1. 会计事务委员会与注册会计师协会相结合

会计事务委员会设在州政府,成员法定任期为2年,具体由州长决定,州长可以在听证后罢免任何成员,该委员会显然可视为法律授权的准政府机构。但《统一会计师法案》规定,其法定成员"必须有半数以上是持证注册会计师或者拥有提供会计服务方面的专业经验,非持证成员也应拥有财务会计方面的专业经验,目的是有能力对个人或会计师事务所进行资格评审"。这又显示出它具有鲜明的政府和行业结合管理的特征。

委员会负责举办注册会计师考试,颁发执照(包括申请和变更执照的审核、执照管理、强制措施、吊销执照),制定上述事项的有关规则。

委员会与注册会计师协会的关系。《统一会计师法案》明确规定,注册会计师协会的同业互查,要遵守委员会制定的规则,并应定期接受依据委员会规则设立或认可的监督机构的监督,由监督机构向委员会报告检查情况,定期报告和提供参与同业互查的事务所名单。

会计事务委员会与注册会计师协会相结合的管理方式,体现了国家法律、政府对社会相关利益主体的平衡。政府很容易对行业政策施加影响和调控,也容易产生行业的认同和得到社会公众的认可。

但委员会的监管,按照《统一会计师法案》的规定,主要借助于行业自律,即同业互查来实现。让监督者作为利益相关者来监督"自己",显然,这种监管是比较弱化的,其弊端也明显表露出来了。特别是安然事件以后,AICPA一直以来作为行业自律管理的主导地位受到置疑,舆论对州会计事务委员会的监管能力也提出疑问,埋怨委员会没有很好履行监管职责,大有削减行业自治、强化政府监督之势。

2. 新法案下的兼顾政府调控、专业组织特点、社会公众利益的多元化监管体系

安然事件以及一系列造假事件发生后，美国以难以想象的速度进行立法调整，确立了在美国证券交易委员会（SEC）监督下的法律授权的另一个非政府性质的、独立的监管机构——"公众公司会计监察委员会"（PCAOB），专门监督会计师事务所对公众公司的信息披露事项，从而完成了对会计职业"资本市场信息披露监管领域"管理体制的一次调整。但美国新的会计改革法案的作用领域仅限于公众公司审计业务及其有关会计师事务所，并非管束所有的审计业务和所有的会计师事务所。该法案决定成立取代原来的公众监督组织（POB）的 PCAOB 负责监督公众公司的审计及相关事项，其权力涉及备案、制定审计和相关鉴证标准、检查、调查和惩戒、外国事务所相关管理等。PCAOB 的五名委员由 SEC 经与美国财政部、联邦储备委员会磋商后任命，其中至多两名理事来自会计行业，但限定"如果两名理事中有一名是主席，其在委员会任职前至少五年不可以是执业会计师"，并要求超过一半的委员能够代表公众利益，以提高公众公司信息披露的可靠性。

新法案下，监管体系在处理各方关系上很富创造性，兼顾了政府调控、专业组织特点、社会公众利益的平衡，考虑到了社会各界的参与，满足了专业团体的专业管理需要，也强调了政府的有效监督。（1）强化 SEC 对公众公司会计监察委员会的监管。（2）公众公司会计监察委员会是法律授权的独立监管机构，不是政府机构，但法律赋予它很大的权力，涉及公众公司信息披露者执业的资格、执业程序和执业结果全过程。（3）没有完全否认行业协会的自律监管体系。只是强化了对从事公众公司审计业务的事务所的监管，类似我国对执行证券相关业务事务所的准入和执业质量的措施。而对于从事公众公司审计以外的事务所的监管，仍由同业互查来实现。《统一会计师法案》所确立的同业互查没有被否认，AICPA 上百年来形成的行业自律监管体系以及 NASBA 还是保留了下来。但 AICPA 也提出了成立主要由公众成员组成的同业互查和惩戒机构的改革主张。

三 正确处理内部审计与外部审计的关系

（一）内部审计与外部审计的区别

所谓内部审计，顾名思义，是指单位内部设置的审计机构对本单位内部的有关经济活动所实施的审计监督，它是对于外部审计而言的。内部审计是一种

企业行为，是企业内部经营管理的一个环节，因此，它与外部审计（社会审计）无论是在审计目的方面，还是在审计的方法和内容方面都有着很大的不同。

外部审计（社会审计）是由独立的注册会计师对企业所执行的、主要是针对财务报表的审计，审计范围集中在财务会计系统和那些仅仅对财务报表有直接和重要影响的组织活动上，其目的主要是证明财务报表的完整性、公允性，以及会计政策的一贯性。其最终工作成果主要是面向社会公众，对社会公众负责。而内部审计则不同，从内涵角度来讲，内部审计应该大致包括两方面的内容：一是对本单位的财务状况及经营成果进行审计，即内部财务审计；二是对本公司的经营管理行为和效果进行的审计，即内部经营审计（或称内部管理审计）。从最终目的来看，内部财务审计主要是为了保证内部财务会计核算的正确性、准确性和合法合规性，从而保证内部经营管理决策基础的正确合理性，提高管理效率和经营效果，也就是为内部经营服务的。所以内部审计的终极目的是提高企业内部经营管理水平，保证内部管理决策的科学正确，其含义不仅指财务，更倾向于管理。

（二）内部审计与外部审计的协调

中国内部审计协会2003年发布的《内部审计具体准则第10号——内部审计与外部审计的协调》明确指出，所谓"内部审计与外部审计的协调"，就是指内部审计机构与会计师事务所、国家审计机关在审计工作中的沟通与合作。

1. 内部审计与外部审计协调的基平台

内部审计与外部审计协调的基础在于：内部审计与外部审计的内容、范围、标准、依据、程序、方法，有很多相通相近之处。内部审计可以利用外部审计提供的相关资料，提高审计效率，可以委托社会审计协助完成内部审计工作任务，甚至可以与有实力、信誉好的社会审计机构结成战略合作联盟，进一步加大对单位内部的审计监督力度；外部审计可以向内部审计了解情况，在工作中得到内部审计的配合与支持，也可以利用内部审计成果，提高审计工作效率。

2. 切实做好内部审计与外部审计的协调工作

内部审计机构负责人要定期对内部审计与外部审计的协调工作进行评估，并根据评估结果及时调整，改进协调工作。其中应着重做好以下两个方面的工作：

第一，内部审计与外部审计要在以下五个方面注意沟通：一是知识沟通，注意相互交流信息，讨论工作；二是审计范围沟通，外部审计机构在制定审计计划时，应考虑双方的工作，最大限度减少重复性工作；三是审计工作底稿沟通，内部审计与外部审计在必要的范围内交流相关工作底稿，提高审计工作效率；四是审计结论和管理建议沟通，外部审计通常应就可能影响内部审计的重大事项与被审计单位管理当局沟通；五是具体审计程序和审计方法沟通，内部审计应与外部审计探讨审计程序和审计方法的缺陷，并及时提请对方改正，以降低审计风险。

第二，内部审计与外部审计要注意在以下四个方面加强合作：一是在内部控制方面，内部审计首要目标是评价和评估内部控制系统，它通过风险评估来进行内控系统的审计。外部审计则需要对会计系统和控制环境进行初步的评估，进而进行内部控制测试并决定实质性审计的时间、范围和程序。会计系统和内部控制受到内部审计和外部审计的共同关注，当外部审计认为内部审计采用了适当的方法进行风险评估并能提供内部控制健全性的保证时，外部审计可以据此决定审计程序和重点范围，从而提高审计的效率。二是在揭示和防止舞弊方面，内部审计和外部审计都有责任防止和发现舞弊。内部审计可以参与任何特定的舞弊的调查。外部审计则更为关注舞弊可能引起的财务报表重大误报的风险，外部审计在评估财务报表舞弊的风险时应考虑内部审计关于舞弊的检查活动。三是在改进建议方面，内部审计在编制整合治理报告中所起的作用和其关于整合治理方面的控制系统的意见，都会被外部审计在执行检查中加以考虑。四是相互利用审计成果方面，由于外部审计在报表审计时十分关注财务信息反映上市公司经济活动的及时性和适当性，并会对形成会计信息的渠道及系统安全给予相当关注。因此，外部审计关于单位内部控制制度的评审结果，特别是外部审计所指出的薄弱环节，内部审计要进行跟踪调查核实，内部审计要利用外部审计发现的问题线索，确定审计的重点领域。内部审计要向外部审计提供所需要的审计成果，扩大审计影响。[①]

[①] 张艳秋：《浅谈内部审计与外部审计的协调》，《白城师范学院学报》2005 年第 4 期。

参考文献

1. ［美］诺斯、托马斯著，厉以宁、蔡磊译：《西方世界的兴起》，华夏出版社1999年版。
2. 曹林：《诚信漏斗下的"良俗"危机》，《法制日报》2003年2月18日。
3. 傅刚：《低信誉让企业吃了大亏》，《经济日报》2006年4月16日。
4. 张鸿翔：《建立科研管理过程中的信用制度》，《中国科学院院刊》2004年第3期。
5. 张海洋：《美国经济建在信用上》，《环球时报》2002年6月24日。
6. 于维勤：《应尽快建立健全我国个人信用体系》，信用中国网，2005年6月1日。
7. 汪劲：《国外信用制度建设和比较》，信用中国网，2004年4月20日。
8. 李若山、金日方、洪剑峭：《上市公司作假5种手段大曝光》，中华会计网校，2005年5月18日。
9. 陈敏昭：《会计信息失真问题研究》，中国论文联盟网，2008年7月21日。
10. 罗正英：《现代企业制度与会计信息含量》，《会计研究》1996年第6期。
11. 仇俊林、李宇飞：《会计造假：主体、环境与心理分析》，中国会计师网，2006年5月21日。
12. 殷官林：《上市公司会计信息披露缺陷的分析》，《财务会计》2000年第5期。
13. 李爽、吴溪：《审计失败与证券审计市场监管——基于中国证监会处罚公告的思考》，《会计研究》2002年第2期。
14. 汤云为、陆建桥：《论证券市场中的会计研究：发现与启示》，《经济研究》1998年第7期。
15. 李沐红：《上市公司会计信息披露的问题及对策》，中国论文下载中心网，2006年8月1日。

16. 湖北省审计厅：《虚假确认费用会计舞弊行为的审计（一）》，中国审计网，2003 年 12 月 10 日。

17. 李杰：《直面信用缺失，重建我国信用体系》，《新疆石油教育学院学报》2004 年第 1 期。

18. 娄权：《我国上市公司财务报告舞弊行为之经验研究》，《证券市场导报》2003 年第 10 期。

19. 明丽：《浅析上市公司财务欺诈的审计对策》，《中国注册会计师》2002 年第 12 期。

20. 李永森、张艳辉：《从银广夏到安然，从中天勤到安达信——审视会计师事务所诚信危机》，中国石油网，2002 年 4 月 3 日。

21. 姜志华、刘斯敖：《外资并购上市公司的利弊分析》，《投资与证券》2004 年第 1 期。

22. 李岚清副总理给项怀诚部长的一封信，1999 年 3 月 3 日。

23. 王光远：《注册会计师为何屡屡卷入上市公司"造假"漩涡》，《中国注册会计师》2002 年第 2 期。

24. 陈汉文、夏文贤：《英国审计委员会制度的最新发展》，《中国注册会计师》2003 年第 10 期。

25. ［英］戈登·怀特著，何增科译：《公民社会、民主化和发展：廓清分析的范围》，社会科学文献出版社 2000 年版。

26. 刘明辉、徐正刚：《注册会计师行业管理模式的现实选择——兼论行业自律》，《审计研究》2004 年第 1 期。

27. 颜红：《英国民间审计对我国民间审计的启示与借鉴》，湖北会计网，2005 年 8 月 16 日。

28. 樊千：《浅析我国注册会计师行业监管存在的问题及对策》，无忧会计网，2008 年 4 月 2 日。

29. 柴珐：《关于注册会计师和会计师事务所法律责任的思考》，《中国注册会计师》2003 年第 10 期。

30. 孙春梅：《浅论注册会计师的法律责任与防范措施》，《科技信息（学术研究）》2007 年第 7 期。

31. 郭俊兰：《建立注册会计师行业信用制度的设想》，《中国注册会计师》2002 年第 9 期。

32. 黄震：《试论注册会计师信任危机的原因及对策》，《山东对外经贸》2002 年第 4 期。

33. 《充分发挥中国注册会计师行业的建议》，中国网，2003 年 3 月 5 日。

34. 薛许军、吕博：《论会计师事务所激励机制的选择与创新》，《会计研究》2007年第8期。

35. 曹伟：《上市公司审计轮换制研究》，《中国注册会计师》2003年第7期。

36. 杜兴强：《谈现行财务报告模式的局限性及改进设想》，《财会月刊》1998年第4期。

37. 董琼慧：《论未来财务报告的发展》，《上海会计》2000年第5期。

38. 孙永祥、黄祖辉：《上市公司的股权结构与绩效》，《经济研究》1999年第12期。

39. 万鹏：《上市公司治理驶上制度化道路》，中华财会网，2004年2月26日。

40. 赵国习：《摇摆中的美国公司治理》，《IT经理人世界》2002年8月28日。

41. 刘利、陈博平：《中美注册会计师执业资格、执业范围和事务所组织形式的比较与思考》，中华财会网，2004年1月12日。

42. 张文娟、赵迪：《美国严格审计推动有效公司治理》，中华会计网校，2005年5月21日。

43. 娄芳：《国外独立董事制度的研究现状》，《外国经济与管理》2001年第12期。

44. 徐志翰、李常青：《美国注册会计师的法律风险及其防护》，《上海会计》1999年第4期。

45. 王涛、康均、许辉：《监事会、审计委员会职能定位辨析》，《财会月刊》（理论）2005年第12期。

46. 齐莲英、王森：《美国上市公司治理结构中的审计委员会概述》，中华财会网，2003年11月12日。

47. 胡鞍钢、胡光宇：《公司治理中外比较》，新华出版社2004年版。

48. 李维安：《公司治理》，南开大学出版社2001年版。

49. 彭真明、江华：《美国独立董事制度与德国监事会制度之比较——也谈中国公司治理结构模式的选择》，中国民商法律网，2003年12月9日。

50. 杜莹、刘立国：《股权结构与公司治理效率：中国上市公司的实证分析》，《管理世界》2002年第11期。

51. 未艾：《上市公司推行独立董事制度的现状》，《上市公司》2002年第11期。

52. 喻猛国：《试议独立董事制度的局限性》，《经济导刊》2001年第

4 期。

53. 李志生、徐林刚、王宗军:《独立董事制度在中国的运用》,《华中科技大学学报》(人文社会科学版) 2002 年第 4 期。

54. 赵增耀:《董事会的构成与其职能发挥》,《管理世界》2002 年第 3 期。

55. 张德明、曹秀英:《中国上市公司董事会独立性实证研究》,中华财会网,2003 年 11 月 21 日。

56. 冯根福、韩冰、闫冰:《中国上市公司股权集中度变动的实证分析》,《经济研究》2002 年第 8 期。

57. 林志毅等:《公司治理结构与会计信息质量》,《会计研究》1999 年第 5 期。

58. 陈汉文:《证券市场与会计监管》,中国财政经济出版社 2001 年版。

59. 陈郁:《注册会计师:造假就别端"证券"这碗饭》,《经济日报》2001 年 11 月 17 日。

60. 王常松、李霞:《审计证据转化为刑事诉讼证据的可行性研究》,《审计研究》2006 年第 1 期。

61. 刘实:《浅论企业内部控制》,《审计研究资料》2002 年第 4 期。

62. 卜聪铎:《论我国现代企业制度下的内部控制》,中华会计网校,2006 年 11 月 5 日。

63. 孙睦优:《企业战略管理与组织结构》,《冶金经济与管理》2005 年第 5 期。

64. 夏冬林等:《转轨过程中的企业监控与会计管制》,《会计研究》1997 年第 10 期。

65. 吴水澎、陈汉文、邵贤弟:《企业内部控制理论的发展与启示》,《会计研究》2000 年第 5 期。

66. 叶克林:《企业家期权激励的国际经验》,《经济学消息报》2001 年 2 月 16 日。

67. 陈彩虹:《认清股票期权激励机制的陷阱》,《人民日报》2002 年 4 月 13 日。

68. 吴冬辉、胡冰冰:《转轨经济下国有企业的代理与管理报酬契约》,《会计研究》1999 年第 9 期。

69. [苏] 霍姆林斯基著,安徽大学苏联问题研究所译:《培养集体的方法》,安徽教育出版社 1983 年版。

70. 张士彦、刘辉、李志刚:《会计诚信外部治理机制的研究》,《中国乡镇企业会计》2006年第2期。

71. 郭利敏、刘辉：《会计委派制——以利益剥离为原则的会计管理体系》，《中国乡镇企业会计》2005年第7期。

72. 王满、刘媛媛：《关于会计委派制的经济学思考》，中国论文下载中心网，2006年8月23日。

73. 国际内部审计协会编、中国内部审计协会译：《内部审计实务标准》，中国时代经济出版社2001年版。

74. 许华、姜兆培、崔良华：《浅谈公司治理、内部控制和内部审计三者关系》，中国论文下载中心网，2007年12月19日。

75. 陈新国：《审计职业判断与审计风险关系分析》，《会计之友》2003年第3期。

76. ［美］道格拉斯·卡迈克尔著，刘明辉等译：《审计概念与方法：现行理论与实务指南》，东北财经大学出版社1999年版。

77. 王光远、杨宏图：《非审计服务与审计独立性关系的理论分析与现实规范》，中华会计网校，2004年11月4日。

78. 王道成：《内部审计是外部监督基石》，新浪财经网，2005年7月5日。

79. 施岩：《浅谈企业内部审计的作用问题及对策》，《内蒙古科技与经济》2007年第9期。

80. 李哲、王静：《内部审计如何在公司治理中发挥作用》，贵州企业网，2006年11月6日。

81. 石伟：《企业内部审计工作机制创新的思考》，《经济视角》2007年第9期。

82. 申香华：《论现代企业制度下内部审计的职能》，《经济经纬》2002年第2期。

83. 国际注册内部审计师协会（ⅡA）2001年的《内部审计实务标准》。

84. 贾海涛：《关于内部审计职能的几点思考》，《教科文汇（上半月）》2006年第8期。

85. 朱灿明：《对企业内部审计职能转换的几点思考》，智典网，2008年8月16日。

86. ［美］詹姆斯罗瑟著，倪为红、贾文勒译：《四个革新型审计部门的增值方法》，石油工业出版社2002年版。

87. 吴晓巍、牛学坤：《论内部审计制度的完善》，《财经问题研究》1997年第12期。

88. 王桂红：《内部审计在会计信息失真治理中的作用探讨》，《经济师》2006年第8期。

89. 韩晓梅：《浅议内部审计独立性的含义与实现》，中国论文下载中心网，2006年7月20日。

90. 王越豪：《审计模式的比较与选择》，《中国注册会计师》2003年第8期。

91. 蔺晓杰：《风险导向审计浅析》，《技术经济与管理研究》2008年第1期。

92. 中国人民银行淮南市中心支行课题组：《浅议风险导向审计在基层央行内部审计的运用》，淮南审计网，2008年8月1日。

93. 严晖：《风险导向内部审计整合框架研究》中国财政经济出版社2005年版。

94. 徐宏峰：《公司治理下内部审计定位、作用与实现途径》，中国学术引擎网，2008年3月17日。

95. 南开大学公司治理研究中心公司治理评价课题组：《中国上市公司治理评价研究报告》，中华财会网，2004年2月25日。

96. 孙伟龙：《增值型内部审计初探》，《财会月刊》2006年第5期。

97. 余玉苗、詹俊：《论增值型企业内部审计的发展》，《审计研究》2001年第5期。

98. 钟哲天：《确保企业内部审计增值》，《上海国资》2007年第10期。

99. 王雄元、严艳：《注册会计师职业道德建设的经济视角》，中华财会网，2002年10月22日。

100. 黎瑛：《对推进我国内部审计职能化的建议》，《财务与会计》2006年第1期。

101. 张龙平、王泽霞：《美国舞弊审计准则的制度变迁及其启示》，《会计研究》2003年第4期。

102. 安志蓉：《舞弊审计与财务审计的区别》，《审计与理财》2004年第11期。

103. 金一方：《对舞弊审计的几点认识》，温州审计网，2007年10月25日。

104. 胡玲：《在会计信息化环境下审计的特点》，铭万网，2006年12月18日。

105. 朱建国：《试论电算化会计系统的内部控制》，中华财会网，2008年1月15日。

106. 张金城：《电子商务对审计实务的影响》，《财务与会计》2000 年第 10 期。

107. 江前忠：《浅谈计算机审计的运用》，中国论文下载中心网，2006 年 7 月 22 日。

108. 张淑凤：《不应忽略对账账、账表的核对》，《上海审计》1997 年第 2 期。

109. 赵保卿、任晨煜：《审计方法的历史演进及其动因》，中国论文下载中心网，2006 年 7 月 24 日。

110. 孙强：《国际信息系统审计的发展史》，赛迪网，2008 年 5 月 27 日。

111. 郭双来、李志远：《注册会计师审计风险原因剖析》，中华会计网校，2002 年 11 月 20 日。

112. 邹晶、方松：《风险导向审计的重心：审计风险评估》，《审计月刊》2006 年第 7 期。

113. 张云龙：《计算机审计风险及其防范》，中国论文下载中心网，2007 年 4 月 2 日。

114. 王光远：《受托责任会计观和受托责任审计观》，中国论文下载中心网，2006 年 7 月 21 日。

115. 林江辉：《谈注册会计师行业监管制度的创新》，中国会计师网，2006 年 5 月 21 日。

116. 张艳秋：《浅谈内部审计与外部审计的协调》，《白城师范学院学报》2005 年第 4 期。